Sophie Ludewig

Fromm – fröhlich – (un-)frei

Religion – Kultur – Gesellschaft

Studien zur Kultur- und Sozialgeschichte
des Christentums in Neuzeit und Moderne

herausgegeben von

Prof. Dr. Thomas K. Kuhn
(Universität Greifswald)

und

Prof. Dr. Bernhard Schneider
(Theologische Fakultät Trier)

Band 7

LIT

Sophie Ludewig

Fromm – fröhlich – (un-)frei

Die Kirchentage der Evangelischen Landeskirche Greifswald und der Evangelisch-Lutherischen Landeskirche Mecklenburgs (1978 – 1988)

LIT

Umschlagbild:
Bischof Heinrich Rathke bei der Abschlussversammlung des Stralsunder Kirchentags 1978.
Fotografin: Dorothea Puttkammer
Archiv der Mecklenburgischen & Pommerschen Kirchenzeitung

∞

Gedruckt auf alterungsbeständigem Werkdruckpapier entsprechend
ANSI Z3948 DIN ISO 9706

Bibliografische Information der Deutschen Nationalbibliothek
Die Deutsche Nationalbibliothek verzeichnet diese Publikation in der Deutschen Nationalbibliografie; detaillierte bibliografische Daten sind im Internet über http://dnb.dnb.de abrufbar.

ISBN 978-3-643-14668-7 (br.)
ISBN 978-3-643-34668-1 (PDF)
Zugl.: Greifswald, Univ., Diss., 2019

Verlagskontakt:
Fresnostr. 2 D-48159 Münster
Tel. +49 (0) 2 51-62 03 20
E-Mail: lit@lit-verlag.de http://www.lit-verlag.de

Auslieferung:
Deutschland: LIT Verlag, Fresnostr. 2, D-48159 Münster
Tel. +49 (0) 2 51-620 32 22, E-Mail: vertrieb@lit-verlag.de

Inhaltsverzeichnis

Vorwort

Die vorliegende Arbeit ist die leicht überarbeitete und ergänzte Version meiner Dissertation, die 2019 von der Theologischen Fakultät der Universität Greifswald angenommen wurde. Ich danke Prof. Dr. Thomas K. Kuhn und Prof. Dr. Bernhard Schneider für die Aufnahme meiner Untersuchung in die Reihe „Religion – Kultur – Gesellschaft. Studien zur Kultur- und Sozialgeschichte des Christentums in Neuzeit und Moderne".

Von der ersten Idee bis zum abgeschlossenen Projekt ist es ein langer und oft steiniger Weg. Gott sei Dank habe ich während dieser Zeit von vielen verschiedenen Seiten Unterstützung, Hilfe und Förderung erfahren. Ich möchte mich herzlich bei meinem Doktorvater Prof. Dr. Thomas K. Kuhn für die freundliche Begleitung meiner Arbeit und die beständige Forderung nach einer noch tiefer gehenden Analyse und „mehr Fleisch am Knochen" bedanken. Prof. Dr. Volker Gummelt danke ich für die Anfertigung des Zweitgutachtens. Den Treffen der kirchengeschichtlichen Sozietät der Universitäten Greifswald und Rostock verdanke ich viele wichtige Hinweise und Anregungen. An dieser Stelle sei vor allem Marita Gruner gedankt, mit der ich Freud und Leid des Promotionsprozesses wohl am stärksten geteilt habe und deren Freundschaft mir viel bedeutet. Außerdem möchte ich mich bei allen Hochschullehrerinnen und Hochschullehrern bedanken, die in mir die Begeisterung für wissenschaftliches Arbeiten geweckt und gefördert haben, insbesondere bei Prof. Dr. Veronika Albrecht-Birkner und Prof. Dr. Udo Sträter. Markus Meckel danke ich, dass er mir den entscheidenden Hinweis für mein Promotionsthema gegeben hat, und Christoph Wunnicke für seine großzügige fachliche Unterstützung und ermutigenden E-Mails.

Bei meinen zahlreichen Archivbesuchen in Greifswald, Schwerin, Neubrandenburg und Berlin habe ich die kompetente Hilfsbereitschaft vieler Mitarbeiter schätzen gelernt. Ulrike Reinfeldt (LKAG), Christine Schröder (BStU-Außenstelle Neubrandenburg) und Dr. Peter Beier (EZA) sind in dieser Hinsicht besonders hervorzuheben. Ein herzlicher Dank gebührt auch Joachim Gauck, Heiko Lietz, Winrich Jax und Wolfgang Bernschein, die sich als Zeitzeugen zur Verfügung gestellt und damit so manchen Aktenfund erhellt haben. Die Suche nach geeigneten Fotos für die vorliegende Publikation gestaltete sich deutlich schwieriger als gedacht. Es ist der großzügigen Hilfe von Chefredakteur Tilman Baier (MPKZ) und der Fotografin Dorothea Puttkammer zu verdanken, dass ein Abdruck doch noch realisiert werden konnte. Für ihren Einsatz bei der Fotorecherche danke ich außerdem Arvid Schnauer, Eberhard Erdmann, Dietlind Glüer, Marion Wulf-Nixdorf und Rainer Cordes. Christian Kaatz (LOGOMedia) danke ich für die unkomplizierte Erstellung des Drucksatzes und Dr. Michael J. Rainer (LIT Verlag) für die freundliche Gestaltung des Drucklegungsprozesses.

Für die finanzielle Förderung der Veröffentlichung meiner Dissertation bedanke ich mich herzlich bei der Evangelisch-Lutherischen Kirche in Norddeutschland, beim Evangelisch-Lutherischen Kirchenkreis Mecklenburg, beim Verein zur Förderung des Deutschen Evangelischen Kirchentages, bei der Arbeitsgemeinschaft für pommersche Kirchengeschichte, der Arbeitsgemeinschaft für mecklenburgische Kirchengeschichte und bei der Landesbeauftragten für Mecklenburg-Vorpommern für die Aufarbeitung der SED-Diktatur.

Ein großer Dank gilt meinen Eltern, ohne deren Unterstützung die Fertigstellung meiner Studie so nicht möglich gewesen wäre. Für dringend benötigte Ablenkung,

Ermutigung und Aufheiterung während der Promotionszeit haben ganz besonders Anne Tauscher und Wenke Frankiw sowie meine „Kollegen“ vom Chor „Gospel Union“ gesorgt – ihnen sei an dieser Stelle ausdrücklich gedankt.

Sophie Ludewig Ankershagen, im Juli 2020

1. Einleitung

Die evangelischen Kirchentage in Deutschland begeistern seit nunmehr siebzig Jahren eine große Zahl von Menschen. Dabei waren und sind die Gründe für eine Teilnahme so unterschiedlich wie die Besucher selbst: Viele haben ein generelles Interesse an den Themen Glaube und Kirche und suchen die Auseinandersetzung mit Grundfragen des Lebens. Andere wiederum favorisieren die Diskussion gesellschaftspolitischer Probleme und schätzen die Möglichkeit des Austauschs sowohl mit Gleichgesinnten als auch mit Andersdenkenden. Wieder andere genießen die besondere Atmosphäre und das vielseitige Kulturprogramm[1]. Zwar konnten die beeindruckenden Besucherzahlen der Kirchentage der 1950er Jahre[2] bis heute nicht wieder erreicht werden, aber auch die Treffen in jüngster Zeit fanden große Resonanz[3].

In der DDR hatte sich nach dem Mauerbau 1961 eine Kirchentagsarbeit ganz eigener Prägung entwickelt. Durch die Abschottung des SED-Staats waren gesamtdeutsche Treffen vorerst unmöglich geworden, und so mussten sich die Kirchentagsmitarbeiter die Frage stellen, ob und wie es dort mit der Bewegung überhaupt weitergehen konnte. Schließlich besann man sich auf eine Tradition, die bereits vor 1961 existiert hatte: die Landeskirchentage. Regionale Treffen, die von einer oder mehreren Landeskirchen gemeinsam durchgeführt wurden, schienen die einzige Lösung für das Fortbestehen der Kirchentagsbewegung in der DDR zu sein[4]. Anders als die Organisatoren der bundesdeutschen Treffen sahen sich die Veranstalter der DDR-Kirchentage darüber hinaus zum Teil massiven staatlichen Zwängen ausgesetzt. Vor allem im organisatorischen Bereich bestanden für die staatlichen Stellen viele Möglichkeiten, durch Verweigerung eines Plazets die Durchführung der kirchlichen Großveranstaltungen zu torpedieren. Mithilfe ihrer administrativen und geheimdienstlichen Organe versuchte die SED zudem, Einfluss auf die inhaltliche Gestaltung der Kirchentage zu gewinnen. Die Veranstalter stellte das unberechenbare Verhalten der Staatsorgane vor einige Herausforderungen. Obwohl die SED-Führung den Treffen ab Ende der 1970er Jahre scheinbar wohlwollender gegenüberstand, konnten sich die Verantwortlichen niemals sicher sein, dass es bei diesem Kurs blieb. Somit bewahrten sie sich eine von Vorsicht geprägte Haltung im Umgang mit den staatlichen Stellen,

---

1 Vgl. dazu auch Alexander Yendell: „Eigene Religiosität leben, politisch diskutieren oder bloß an einem Event teilnehmen?" – Die Besuchsmotivation der Kirchentagsbesucher, in: Gert Pickel/Yvonne Jaeckel/Alexander Yendell: Der Deutsche Evangelische Kirchentag – Religiöses Bekenntnis, politische Veranstaltung oder einfach nur ein Event? Eine empirische Studie zum Kirchentagsbesuch in Dresden und Hamburg, Baden-Baden 2015, S. 39-51.

2 Den Höhepunkt bildete die Hauptversammlung des Leipziger Kirchentags 1954 mit rund 650.000 Teilnehmern. Vgl. Harald Schroeter: Kirchentag als vor-läufige Kirche, S. 146.

3 Im Jahr 2013 zog der DEKT in Hamburg rund 117.000 Dauerteilnehmer sowie 350.000 Teilnehmer beim „Abend der Begegnung" und 130.000 Besucher beim Abschlussgottesdienst an. Der DEKT in Stuttgart 2015 verzeichnete rund 97.000 Dauerteilnehmer sowie 250.000 Besucher beim „Abend der Begegnung" und 95.000 beim Abschlussgottesdienst. Zum Berliner Kirchentag 2017 kamen 105.000 Dauerteilnehmer. Am „Abend der Begegnung" in Berlin und am Abschlussgottesdienst in Wittenberg nahmen nach offizieller Statistik des DEKT 200.000 respektive 120.000 Menschen teil. Der Kirchentag 2019 in Dortmund hatte insgesamt rund 121.000 Besucher, darunter 80.000 Dauerteilnehmer. Vgl. https://www.kirchentag.de/service/archiv/uebersicht/ sowie https://www1.wdr.de/dossiers/religion/christentum/kirchentag-dortmund/ [Stand: 16.1.2020].

4 Außerdem entwickelte sich vor allem in der sächsischen Kirche das Format des Kirchentagskongresses, an dem eine begrenzte Anzahl von Delegierten teilnehmen konnte. Siehe dazu Kapitel 2.1.

die sich auch auf ihre Äußerungen während der Veranstaltungen auswirkte. Gleichzeitig sollten die Kirchentage in den 1980er Jahren eine „Zeitansage" darstellen und drängende gesellschaftliche Themen aufgreifen[5]. In den Augen des Staates hatte sich die Kirche allerdings auf die Erörterung religiöser Fragen zu beschränken und allenfalls die SED-Politik positiv zu würdigen – alles andere wertete man als Angriff. Der langjährige Vorsitzende des mecklenburgischen Kirchentagsausschusses, Joachim Gauck, beschreibt in seinen Memoiren die zwiespältige Situation, in der sich die offiziellen Redner bei den Kirchentagen befanden: „Wie sollte ich die allgegenwärtige Kritik formulieren, die ich weder verschweigen wollte noch so anklagend vortragen durfte, dass der Staat künftige Kirchentage hätte verbieten oder zumindest stark behindern können?"[6] Inwieweit die Organisatoren der Treffen auf dem Gebiet der mecklenburgischen und der Greifswalder Kirche kritischen Äußerungen und Diskussionen zu gesellschaftspolitischen Themen trotz potentieller staatlicher Repressionen Freiräume boten, ist ein Aspekt der vorliegenden Untersuchung[7]. Die Treffen in der DDR besaßen aber nicht nur eine kirchenpolitische und gesellschaftliche Dimension. Ihrem eigenen Verständnis nach waren sie vor allem eine religiöse Bewegung, die eine Stärkung des Glaubens und der Gemeinschaft der Christen zum Ziel hatte[8]. Als landeskirchliche Projekte richteten sie sich vorrangig an Gemeindemitglieder, doch die Veranstalter hatten außerdem den Anspruch, mit verschiedenen Programmangeboten auch kirchenferne Menschen anzusprechen. Darüber hinaus sahen sich die Organisatoren vor dem Hintergrund der Traditionen der Kirchentagsbewegung nach 1945 dazu verpflichtet, die Einbindung kirchlicher Laien in die Kirchentagsarbeit zu fördern. Die Umsetzung dieses Anspruchs wurde sowohl durch äußere als auch innerkirchliche Faktoren erschwert, wie diese Studie aufzeigt.
Der Begriff „Laie" geht auf das griechische λαϊκός (von λαός = Volk) zurück und bedeutet in etwa „zum Volk gehörig"[9]. Er taucht nicht im Neuen Testament auf und wurde erst seit Anfang des 3. Jahrhunderts im kirchenrechtlichen Sinn verwendet, um das kultisch abhängige „Volk" von den Kultdienern (Priestern) abzugrenzen[10]. Waren die Ausbreitung des Christentums und der Gemeindeaufbau zu Beginn noch fast ausschließlich durch Nicht-Kleriker erfolgt, nahm der Einfluss der Laien auf die Gestaltung des kirchlichen Lebens mit der Herausbildung der Ämterstruktur stetig ab[11]. Im Mittelalter vergrößerte sich die Kluft zwischen Klerus und Laien aufgrund des unterschiedlichen Bildungsgrads weiter[12]. Außerdem kam nun Papst, Bischöfen und Priestern eine Mittlerstellung zwischen Gott und den Gläubigen zu, was eine weitere Entmündigung der Gemeinde darstellte[13]. Dagegen richteten sich im 16. Jahrhundert die Reformatoren, die die Mittlerfunktion des Klerus und die Unterscheidung zwischen Priestern und Laien als unbiblisch verwarfen[14].

5 Vgl. LKAS, LA KT, Nr. 1: „Bericht über das Treffen der Kirchentagspräsidien BRD und DDR vom 10. bis 12. September 1987 in Potsdam", S. 2.
6 Vgl. Joachim Gauck: Winter im Sommer – Frühling im Herbst, S. 139. Joachim Gauck bezieht sich hier auf seine Predigt beim Abschlussgottesdienst des Rostocker Kirchentags 1988. Siehe dazu Kapitel 8.3.
7 Zu den leitenden Fragestellungen dieser Arbeit siehe Punkt 1.3.
8 Vgl. hierzu die Ordnung des EKT, dargestellt in Kapitel 2.2.
9 Vgl. Adolf-Martin Ritter: Art. Laie I, in: TRE 20, Berlin/New York 2000, S. 378.
10 Vgl. ebd.
11 Vgl. ebd. S. 379.
12 Vgl. ebd.
13 Vgl. Heiko Franke/Manfred Kießig: Wo der Glaube wohnt, S. 59.
14 Vgl. Ritter: Art. Laie I, in: TRE 20, Berlin/New York 2000, S. 380.

Gleichzeitig hielten Luther und seine Mitstreiter an dem besonderen Amt der öffentlichen Verkündigung und Sakramentsverwaltung fest, was besonders in den lutherischen Kirchen zu einer Vorherrschaft der Theologen führte[15]. Im Pietismus des 17. und 18. Jahrhunderts gewann die auf Luther zurückgehende Idee des Priestertums aller Gläubigen wieder mehr an Bedeutung[16]. Kirchenstrukturelle Konsequenzen ergaben sich daraus zum Beispiel in Württemberg und bei der Herrnhuter Brüdergemeine[17]. Während des 19. Jahrhunderts gingen die stärksten Impulse zur Laienmobilisierung von den Erweckungsbewegungen und der von Johann Hinrich Wichern begründeten „Inneren Mission" aus[18]. Darüber hinaus kam es Mitte des 19. Jahrhunderts zur Einführung der Wahl von Kirchenvorständen und Synoden, wodurch die Gemeindemitglieder an der Leitung der Kirche beteiligt wurden[19]. Bis heute bleibt der Terminus „Laie" in der evangelischen Kirche aus theologischer Perspektive umstritten[20]. Allgemein werden Laien als Nicht-Theologen respektive Nicht-Ordinierte definiert[21]. Zu ihren Aufgaben in der Gemeinde gehören die gegenseitige Hilfe, Ermutigung und Zurechtweisung in Bezug auf den gelebten Glauben[22]. Auch in institutionalisierter Form gestalten sie das Gemeindeleben mit, beispielsweise als Lektoren, Kirchenmusiker, Prädikanten, Leiter von Gemeindegruppen oder als Mitglied kirchlicher Gremien wie Kirchengemeinderat und Synode[23]. Grundsätzlich besteht in der evangelischen Kirche kein hierarchischer Unterschied zwischen Amtsträgern und Laien, dennoch machen die Gemeinden oft andere Erfahrungen[24]. Bis heute ist in den Landeskirchen eine Dominanz der Pfarrer zu beobachten[25]. Von Laien lassen sich Pastoren nicht nur aufgrund ihrer eigenen Tracht, dem Talar, unterscheiden[26]. Sie werden außerdem dienstrechtlich gegenüber anderen kirchlichen Mitarbeitern durch einen beamtenähnlichen Status hervorgehoben und privilegiert[27].

---

15 Vgl. ebd. In Artikel 14 der *Confessio Augustana* wurde schließlich festgeschrieben, dass nur von der Gemeinde ordnungsgemäß Berufene in der Kirche öffentlich lehren und predigen sowie die Sakramente verwalten dürfen. Vgl. Franke/Kießig: Wo der Glaube wohnt, S. 60.

16 Vgl. Ritter: Art. Laie I, in: TRE 20, Berlin/New York 2000, S. 381.

17 Vgl. ebd.

18 Vgl. ebd.

19 Vgl. Franke/Kießig: Wo der Glaube wohnt, S. 71.

20 Vgl. Hans-Martin Barth: Art. Laie II, in: TRE 20, Berlin/New York 2000, S. 386.

21 Vgl. ebd.; Karl Foitzik: Art. Laien IV, in: RGG[4] 5, Tübingen 2002, Sp. 24; Franke/Kießig: Wo der Glaube wohnt, S. 73.

22 Vgl. Barth: Art. Laie II, in: TRE 20, Berlin/New York 2000, S. 389.

23 Vgl. ebd.

24 Vgl. Friedrich Wintzer: Art. Laie III, in: TRE 20, Berlin/New York 2000, S. 394 und S. 396.

25 Vgl. Christian Grethlein: Kirchentheorie, S. 110.

26 Vgl. ebd.

27 Vgl. ebd. In der DDR fiel das Gehalt der Pastoren zwar ebenfalls höher aus als das der nichtordinierten kirchlichen Mitarbeiter, aber es lag deutlich unter dem Durchschnittsgehalt vollbeschäftigter Arbeitnehmer in der DDR. So erhielt ein Pfarrer Anfang der 1980er Jahre in Mecklenburg in den ersten drei Berufsjahren ein Monatsgehalt in Höhe von 600 Mark, nach 9 Dienstjahren 720 Mark und nach 15 Dienstjahren 800 Mark (Höchststufe). Selbst der Landesbischof der mecklenburgischen Kirche bezog ein monatliches Grundgehalt von 800 Mark, wobei jedoch eine Funktionszulage in Höhe von 400 Mark pro Monat hinzukam. Pastoren hatten außerdem Anspruch auf eine mietfreie Dienstwohnung. Das durchschnittliche Monatseinkommen in der DDR lag im Jahr 1979 bei 1.006 Mark, im Jahr 1984 bei 1.102 Mark. Vgl. Kirchengesetz über die Besoldung und Versorgung in der Evangelisch-Lutherischen Landeskirche Mecklenburgs vom 4.11.1979, § 3, abgedruckt in: Kirchliches Amtsblatt der Evangelisch-Lutherischen Landeskirche Mecklenburgs, Nr. 12/79 vom 3.12.1979, S. 89; Anlage zum Kirchengesetz vom 4.11.1979, S. 1, abgedruckt in: ebd. S. 100; Schroeder: Der SED-Staat, S. 521.

Auch auf die Gestaltung der Kirchentage im Norden der DDR wirkte sich die besondere Stellung der Pastorenschaft aus.

Ein weiterer wichtiger Bestandteil der Kirchentage war die Ökumene. Die Möglichkeiten zur Pflege der weltweiten christlichen Gemeinschaft, die sich die in Hannover begründete Bewegung nach dem Zweiten Weltkrieg auf die Fahnen geschrieben hatte, blieben für die Treffen in der DDR aufgrund der restriktiven Kirchenpolitik lange Zeit sehr beschränkt. Gegen Ende der 1970er Jahre und insbesondere seit dem Lutherjubiläum 1983 konnten internationale Gäste allerdings in zunehmend größerer Zahl an den DDR-Kirchentagen teilnehmen. Im Hinblick auf die ökumenische Dimension der Treffen ist außerdem die Zusammenarbeit mit Vertretern anderer Konfessionen und Religionen vor Ort bedeutsam, die sich nicht immer konfliktfrei gestaltete. Eine Besonderheit und ein absolutes Novum in der Geschichte der Kirchentage in der DDR stellte dabei die Förderung des interreligiösen Dialogs in den 1980er Jahren dar.

Die Kirchentage gehörten zu den vielschichtigsten Erscheinungs- und Ausdrucksformen von Kirche in der DDR. Ihre Entwicklung im Kontext der Phase von 1978 bis 1988, die gleichermaßen von neuen Freiheiten und andauernden Repressionen gekennzeichnet war, am Beispiel zweier unterschiedlicher Landeskirchen zu untersuchen, ist das Anliegen der vorliegenden Arbeit.

1.1 Forschungsstand

Nach dem Zusammenbruch der DDR führten die Öffnung wichtiger Aktenbestände, zum Beispiel vom Parteiarchiv der SED und des Ministeriums für Staatssicherheit, sowie aufgehobene Sperrfristen und großzügige Förderprogramme zu einem rasanten Anstieg von Publikationen im Bereich der DDR-Forschung[28]. Seitdem haben sich zahlreiche Studien mit verschiedenen Aspekten der Geschichte des untergegangenen SED-Regimes befasst[29]. Während das öffentliche Interesse an diesem Themengebiet nach wie vor relativ groß ist, wird innerhalb der Geschichtswissenschaft diskutiert, ob man es mittlerweile nicht ausgeschöpft habe[30]. Die Befürworter der Fortsetzung von Studien zur DDR-Geschichte argumentieren mit dem durchaus berechtigten Einwand, dass die vollständige Erforschung eines Themas und das Ausbleiben jeglicher neuen Fragestellungen und Perspektiven kaum möglich seien[31]. Vielmehr bestünde noch eine ganze Reihe von Forschungsdesideraten, beispielsweise Untersuchungen zur SED-Diktatur im Kontext der Geschichte anderer Ostblockstaaten, zu sozialen Schichten und Berufsgruppen nach dem Mauerbau oder zur Kulturgeschichte[32]. In jüngster Zeit erschienen weitere

28 Vgl. Jens Gieseke: Zeitgeschichtsschreibung und Stasi-Forschung, S. 218f.; Ulrich Mählert: Totgesagte leben länger, S. 11.

29 Vgl. Mählert: Totgesagte leben länger, S. 9.

30 Vgl. ebd. S. 20. So bilanzierte der Sozialhistoriker Jürgen Kocka im Jahr 2003, die Geschichte der DDR sei bereits größtenteils erforscht. Etwa zehn Jahre später revidierte er sein Urteil, indem er einräumte, dass zum Beispiel eine transregionale und transnationale DDR-Forschung durchaus lohnenswert wäre. Vgl. Dierk Hoffmann et al.: Die DDR als Chance, S. 23; Jürgen Kocka: Grenzüberschreitung als Chance, S. 134-137.

31 Vgl. Hoffmann et al.: Die DDR als Chance, S. 23.

32 Vgl. ebd. S. 28-38 und S. 49-54.

Arbeiten zum MfS sowie zur Umwelt-, Alltags-, Medizin-, Sozial- und Wirtschaftsgeschichte[33].

Forschungsarbeiten zur Rolle der evangelischen Kirchen in der DDR sorgten vor allem in den 1990er Jahren für einige Kontroversen und großes mediales Aufsehen[34]. Zu den Grundlagenarbeiten zum Verhältnis von SED-Staat und Kirche zählen beispielsweise der von Clemens Vollnhals herausgegebene Sammelband „Die Kirchenpolitik von SED und Staatssicherheit"[35], Detlef Pollacks Studie „Kirche in der Organisationsgesellschaft"[36], der zweiteilige Dokumentationsband „SED und Kirche" von Frédéric Hartweg[37] und die Überblicksdarstellung „Der Protestantismus im Osten Deutschlands" von Rudolf Mau[38]. Mit einzelnen Problemfeldern kirchlichen Lebens und Handelns zwischen 1949 und 1990 wie der Beziehung zwischen Kirchenbund und EKD, den theologischen Fakultäten oder der Friedensarbeit beschäftigten sich zum Beispiel die Arbeiten von Friedemann Stengel[39], Anke Silomon[40],

---

33 So zum Beispiel Susanne Muhle: Auftrag: Menschenraub. Entführungen von Westberlinern und Bundesbürgern durch das Ministerium für Staatssicherheit der DDR, Göttingen 2015; Julia Spohr: In Haft bei der Staatssicherheit. Das Untersuchungsgefängnis Berlin-Höhenschönhausen 1951-1989, Göttingen 2015; Tobias Huff: Natur und Industrie im Sozialismus. Eine Umweltgeschichte der DDR, Göttingen 2015; Jan Palmowski: Die Erfindung der sozialistischen Nation. Heimat und Politik im DDR-Alltag, Berlin 2016; Jenny Linek: Gesundheitsvorsorge in der DDR zwischen Propaganda und Praxis, Stuttgart 2016; Peter Hübner: Arbeit, Arbeiter und Technik in der DDR 1971 bis 1989. Zwischen Fordismus und digitaler Revolution, Bonn 2014; Matthias Judt: Der Bereich Kommerzielle Koordinierung. Das DDR-Wirtschaftsimperium des Alexander Schalck-Golodkowski. Mythos und Realität, Berlin 2013.

34 Hier sind vor allem die Arbeiten von Gerhard Besier zu nennen, insbesondere seine dreibändige Darstellung „Der SED-Staat und die Kirche" (1993-1995) und die gemeinsam mit Stephan Wolf herausgegebene Studie „Pfarrer, Christen, Katholiken. Das Ministerium für Staatssicherheit der ehemaligen DDR und die Kirchen" (1991), die in der Forschung nicht unumstritten waren. Einerseits wird Besiers methodischer Zugang zur kirchlichen Zeitgeschichte kritisiert, andererseits gilt er mit seinen Werken als wichtiger Bezugspunkt in der Forschungslandschaft. Vgl. dazu Katarzyna Stokłosa/Andrea Strübind: Zum 65. Geburtstag von Gerhard Besier, in: Kirchliche Zeitgeschichte, Jg. 25, Heft 2 (2012), S. 264f.; Felix Krämer: Rezension zu: Katarzyna Stokłosa/Andrea Strübind (Hg.): Glaube - Freiheit - Diktatur in Europa und den USA. Festschrift für Gerhard Besier zum 60. Geburtstag, Göttingen 2007, in: H-Soz-Kult vom 3.6.2008; Harald Schultze: Die Geschichte der evangelischen Kirchen in der DDR, S. 285-288; Christoph Markschies: Arbeitsbuch Kirchengeschichte, S. 68; Peter Maser: Rezension zu: Gerhard Besier: Der SED-Staat und die Kirche. Höhenflug und Absturz. Bd. 3, Berlin 1995, in: Frankfurter Allgemeine Zeitung, Nr. 272 vom 22.11.1995, S. 15.

35 Clemens Vollnhals (Hg.): Die Kirchenpolitik von SED und Staatssicherheit. Eine Zwischenbilanz, Berlin ^{2}1997.

36 Detlef Pollack: Kirche in der Organisationsgesellschaft. Zum Wandel der gesellschaftlichen Lage der evangelischen Kirchen in der DDR, Stuttgart 1994.

37 Frédéric Hartweg (Hg.): SED und Kirche. Eine Dokumentation ihrer Beziehungen, Bd. 1: 1946-1967, bearbeitet von Joachim Heise, Neukirchen-Vlyn 1995; ders. (Hg.): SED und Kirche. Eine Dokumentation ihrer Beziehungen, Bd. 2: 1968-1989, bearbeitet von Horst Dohle, Neukirchen-Vlyn 1995.

38 Rudolf Mau: Der Protestantismus im Osten Deutschlands (1945-1990), Leipzig 2005.

39 Friedemann Stengel: Die Theologischen Fakultäten in der DDR als Problem der Kirchen- und Hochschulpolitik des SED-Staates bis zu ihrer Umwandlung in Sektionen 1970/71, Leipzig 1998.

40 Anke Silomon: Anspruch und Wirklichkeit der „besonderen Gemeinschaft". Der Ost-West-Dialog der deutschen evangelischen Kirchen 1969-1991, Göttingen 2006; dies.: „Schwerter zu Pflugscharen" und die DDR. Die Friedensarbeit der evangelischen Kirchen in der DDR im Rahmen der Friedensdekaden 1980 bis 1982, Göttingen 1999; dies.: Synode und SED-Staat. Die Synode des Bundes der Evangelischen Kirchen in der DDR in Görlitz vom 18. bis 22. September 1987, Göttingen 1997.

Katharina Kunter[41], Irena Ostmeyer[42], Claudia Lepp[43] und Hedwig Richter[44]. In jüngerer Zeit kamen weitere Studien zum Verhältnis zwischen Staat und Kirche[45], zur gesellschaftspolitischen Dimension der evangelischen Kirche[46] und zu kirchlichen Berufsgruppen[47] hinzu. Darüber hinaus erschienen in den vergangenen zwanzig Jahren einige Beiträge, die den Fokus auf einzelne Landeskirchen legten, so zur thüringischen[48], sächsischen[49] und berlin-brandenburgischen Kirche[50].

Zur Geschichte der pommerschen respektive Greifswalder Landeskirche sowie der mecklenburgischen Kirche wurden bisher nur wenige Arbeiten publiziert. Dazu gehören zum einen die Studie von Aulikki Mäkinen zu Bischof Friedrich-Wilhelm Krummacher[51], die von Irmfried Garbe und Wolfgang Nixdorf herausgegebene Aufsatzsammlung zur Wiedereinweihung des Greifswalder Doms 1989[52] und die

---

41 Katharina Kunter: Erfüllte Hoffnungen und zerbrochene Träume. Evangelische Kirchen in Deutschland im Spannungsfeld von Demokratie und Sozialismus (1980-1993), Göttingen 2006; dies.: Die Kirchen im KSZE-Prozess 1968-1978, Stuttgart 2000.

42 Irena Ostmeyer: Zwischen Schuld und Sühne. Evangelische Kirche und Juden in SBZ und DDR 1945-1990, Berlin 2002.

43 Claudia Lepp: Tabu der Einheit? Die Ost-West-Gemeinschaft der evangelischen Christen und die deutsche Teilung (1945-1969), Göttingen 2005.

44 Hedwig Richter: Pietismus im Sozialismus. Die Herrnhuter Brüdergemeine in der DDR, Göttingen 2009.

45 Markus Anhalt: Die Macht der Kirchen brechen. Die Mitwirkung der Staatssicherheit bei der Durchsetzung der Jugendweihe in der DDR, Göttingen 2016; Peter Maser: „Mit Luther alles in Butter?“ Das Lutherjahr 1983 im Spiegel ausgewählter Akten, Berlin 2013.

46 Sabine Stach: Vermächtnispolitik. Jan Palach und Oskar Brüsewitz als politische Märtyrer, Göttingen 2016; Cornelia von Ruthendorf-Przewoski: Der Prager Frühling und die evangelischen Kirchen in der DDR, Göttingen 2015.

47 Margit Herfarth: „Diakon wurde man, weil man anders war“: Die Geschichte des Kirchlich-Diakonischen Lehrgangs in Berlin-Weißensee (1952 bis 1991), Leipzig 2017; Claudia Lepp: Wege in die DDR. West-Ost-Übersiedlungen im kirchlichen Bereich vor dem Mauerbau, Göttingen 2015; Marco Lemme: Die Ausbildung von Kirchenmusikern in Thüringen 1872-1990, Köln 2013.

48 Christine Koch-Hallas: Die Evangelisch-Lutherische Kirche in Thüringen in der SBZ und Frühzeit der DDR (1945-1961). Eine Untersuchung über Kontinuitäten und Diskontinuitäten einer landeskirchlichen Identität, Leipzig 2009; Ludwig Große: Einspruch! Das Verhältnis von Kirche und Staatssicherheit im Spiegel gegensätzlicher Überlieferungen, Leipzig 2009; Karoline Rittberger-Klas: Kirchenpartnerschaften im geteilten Deutschland am Beispiel der Landeskirchen Württemberg und Thüringen, Göttingen 2006; Henning Pietzsch: Jugend zwischen Kirche und Staat. Geschichte der kirchlichen Jugendarbeit in Jena 1970-1989, Köln 2005.

49 Georg Wilhelm: Die Diktaturen und die evangelische Kirche. Totaler Machtanspruch und kirchliche Antwort am Beispiel Leipzigs 1933-1958, Göttingen 2004; Sebastian Engelbrecht: Kirchenleitung in der DDR. Eine Studie zur politischen Kommunikation in der Evangelisch-Lutherischen Landeskirche Sachsens 1971-1989, Leipzig 2000; Josef Schmid: Kirchen, Staat und Politik in Dresden zwischen 1975 und 1989, Köln 1998.

50 Dirk Moldt: Zwischen Hass und Hoffnung: die Blues-Messen 1979-1986. Eine Jugendveranstaltung der Evangelischen Kirche Berlin-Brandenburg in ihrer Zeit. Eine Dokumentation, Berlin 2008; Christian Halbrock: Evangelische Pfarrer der Kirche Berlin-Brandenburg 1945-1961: Amtsautonomie im vormundschaftlichen Staat?, Berlin 2004; Marianne Subklew-Jeutner: Der Pankower Friedenskreis. Geschichte einer Ost-Berliner Gruppe innerhalb der Evangelischen Kirchen in der DDR 1981-1989, Osnabrück 2004; Werner Radatz/Friedrich Winter: Geteilte Einheit. Die Evangelische Kirche Berlin-Brandenburg 1961 bis 1990, Berlin 2000.

51 Aulikki Mäkinen: Der Mann der Einheit: Bischof Friedrich-Wilhelm Krummacher als kirchliche Persönlichkeit in der DDR in den Jahren 1955-1969, Frankfurt am Main 2002. Mäkinen untersucht darin allerdings vor allem Krummachers Wirken in der Kirchlichen Ostkonferenz und im EKD-Rat sowie seine Rolle bei der Gründung des Kirchenbunds in der DDR.

52 Irmfried Garbe/Wolfgang Nixdorf (Hg.): Dom St. Nikolai Greifswald: Gemeindekirche zwischen Politik und Polemik. Studien zur Greifswalder Landeskirche und zur Wiedereinweihung des Domes 1989, Schwerin 2005.

Arbeit von Rahel Frank zum kirchenpolitischen Weg der ELKG zwischen 1980 und 1989[53]. Für die ELLKM ist als einzige umfangreichere Untersuchung Rahel Franks Darstellung „'Realer, exakter, präziser'?" zu nennen, die sich der staatlichen Kirchenpolitik im Hinblick auf die mecklenburgische Kirche im Zeitraum von 1971 bis 1989 widmet[54]. Daneben existieren einige Studien, die im Rahmen der Analyse der Friedlichen Revolution und oppositioneller Strömungen in der DDR auch auf die Situation in der mecklenburgischen und der Greifswalder Landeskirche eingehen[55].

Die Forschungsliteratur zu den evangelischen Kirchentagen in Deutschland ist ebenfalls recht überschaubar. Daniel Bormuth untersuchte die Kirchentagsbewegung während der Weimarer Republik in seiner 2007 veröffentlichten Dissertation[56]. Zum 1949 begründeten Deutschen Evangelischen Kirchentag erschien bisher eine zeitgeschichtliche Monografie. Dirk Palm beschrieb darin die Entwicklung des DEKT bis zum Mauerbau 1961, wobei er den Fokus seiner Analyse auf Versuche der Einflussnahme durch staatliche und kirchliche Stellen in der Bundesrepublik und der DDR legte[57]. Daneben war der Kirchentag Gegenstand mehrerer praktisch-theologischer Studien, wie zum Beispiel Harald Schroeters Untersuchung der Treffen

53 Rahel Frank: Einsam oder gemeinsam? Der „Greifswalder Weg" und die DDR-Kirchenpolitik 1980 bis 1989, Schwerin 2016. Dabei handelt es sich um die überarbeitete und um ein Kapitel zur Aufarbeitung nach 1990 erweiterte Ausgabe der 1998 veröffentlichten Dissertation der Autorin (Rahel von Saß: Der „Greifswalder Weg". Die DDR-Kirchenpolitik und die Evangelische Landeskirche Greifswald 1980 bis 1989, Schwerin 1998).

54 Rahel Frank: „Realer, exakter, präziser"? Die DDR-Kirchenpolitik gegenüber der Evangelisch-Lutherischen Landeskirche Mecklenburgs 1971 bis 1989, Schwerin 2008. Außerdem geben Georg Diederich und Bernd Schäfer in ihrer Studie „Religiöses Brauchtum und kirchliches Leben im Alltag der DDR – zwischen Anfechtung und Behauptung" einen Überblick zur Einschränkung der Kirchen in den drei Nordbezirken, wobei sie sich auf Beispiele aus der ELLKM, der ELKG und insbesondere der katholischen Kirche beziehen. Vgl. Diederich/Schäfer: Religiöses Brauchtum und kirchliches Leben im Alltag der DDR – zwischen Anfechtung und Behauptung, in: Landtag Mecklenburg-Vorpommern (Hg.): Aufarbeitung und Versöhnung. Zur Arbeit der Enquete-Kommission „Leben in der DDR, Leben nach 1989 – Aufarbeitung und Versöhnung", Bd. VI, Schwerin 1997, S. 155-294.

55 Birge-Dorothea Pelz: Revolution auf der Kanzel. Politischer Gehalt und theologische Geschichtsdeutung in evangelischen Predigten während der deutschen Vereinigung 1989/90, Göttingen 2019; Christian Halbrock „Freiheit heißt, die Angst verlieren." Verweigerung, Widerstand und Opposition in der DDR: der Ostseebezirk Rostock, Göttingen 2014; Kai Langer: „Ihr sollt wissen, daß der Norden nicht schläft ...". Zur Geschichte der „Wende" in den drei Nordbezirken der DDR, Bremen 1999; Lothar Probst: Die Rolle von kirchlichen Basisgruppen und Netzwerken vor und in der Wende in Mecklenburg-Vorpommern, in: Landtag Mecklenburg-Vorpommern (Hg.): Aufarbeitung und Versöhnung. Zur Arbeit der Enquete-Kommission „Leben in der DDR, Leben nach 1989 – Aufarbeitung und Versöhnung", Bd. IX, Schwerin 1997, S. 275-314; Georg Herbstritt: Die Rolle der evangelischen Kirche in Mecklenburg in der Wende unter Einbeziehung der Vorgeschichte, in: ebd. S. 229-273; Heiko Lietz: Die Entwicklung der Opposition im Norden, in: ebd. S. 197-228; Philipp Busch: Die Treffen „Konkret für den Frieden" in Schwerin (1985) und Greifswald (1989), in: ebd. Bd. VII, S. 233-307.

56 Daniel Bormuth: Die Deutschen Evangelischen Kirchentage in der Weimarer Republik, Stuttgart 2007. Vgl. auch seinen Aufsatz: „Der deutsche Protestantismus wird Kirche sein, oder er wird nicht sein!" – Das Wiedererwachen evangelischen Kirchenbewusstseins in den 1920er Jahren am Beispiel des Nürnberger Kirchentages 1930, in: Tobias Sarx et al. (Hg.): Protestantismus und Gesellschaft. Beiträge zur Geschichte von Kirche und Diakonie im 19. und 20. Jahrhundert. Jochen-Christoph Kaiser zum 65. Geburtstag, Stuttgart 2013, S. 233-238.

57 Dirk Palm: „Wir sind doch Brüder!" Der evangelische Kirchentag und die deutsche Frage 1949-1961, Göttingen 2002.

von 1949 bis 1963[58]. Schroeter verfasste außerdem einige Aufsätze zum DEKT, so zu dessen Weiterentwicklung in den 1960er und 70er Jahren, zum Eventcharakter der Kirchentage bis Anfang des 21. Jahrhunderts und zu den Gottesdienstformen des DEKT[59]. Aufsätze zu den Hintergründen der Entstehung der Kirchentagsbewegung nach 1945 enthält ein 2017 erschienener Sammelband[60]. Die Beiträge schildern den Einfluss der Deutschen Evangelischen Woche, des Verbandsprotestantismus und des Deutschen Katholikentags auf die Gründung des DEKT und erörtern darüber hinaus theologische und gesellschaftspolitische Themen der Kirchentage bis Anfang der 1950er Jahre. In der amerikanischen Geschichtswissenschaft hat sich Benjamin Pearson mit der politischen Seite des DEKT bis ins Jahr 1969 beschäftigt, seine Dissertation wurde allerdings bisher nicht übersetzt und in Deutschland verlegt[61]. Einen ersten Überblick zur Geschichte des DEKT bieten außerdem die anlässlich der Jubiläen 1989, 1999 und 2009 veröffentlichten Dokumentationsbände[62]. Aus religionssoziologischer Perspektive untersuchten Gert Pickel, Yvonne Jaeckel und Alexander Yendell die DEKT 2011 in Dresden und 2013 in Hamburg, wobei die Frage nach der Motivation der Besucher für die Teilnahme im Mittelpunkt stand[63]. Die Geschichte der Kirchentagsbewegung in der DDR wurde in der Forschung bislang sehr selten in den Blick genommen. Als einzige umfassendere Arbeit ist Peter Beiers Studie zu den Kirchentagskongressen in Sachsen zwischen 1968 und

---

58 Harald Schroeter: Kirchentag als vor-läufige Kirche: der Kirchentag als eine besondere Gestalt des Christseins zwischen Kirche und Welt, Stuttgart 1993.

59 Harald Schroeter-Wittke: „Why surrender this important means of public expression of solidarity to the enemies of freedom?“ Die frühen Kirchentage als Events, in: Ellen Ueberschär (Hg.): Deutscher Evangelischer Kirchentag. Wurzeln und Anfänge, Gütersloh 2017, S. 220-253; ders.: Kirchentage und ihre Gottesdienstformen, in: Albert Gerhards/Matthias Schneider (Hg.): Der Gottesdienst und seine Musik. Bd. 2: Liturgik: Gottesdienstformen und ihre Handlungsträger, Laaber 2014, S. 217-226; ders.: Evangelische Kirche und Event-Kultur – Beobachtungen zu einer popkulturellen Vergemeinschaftungsform anhand der Deutschen Evangelischen Kirchentage seit 1949, in: Jahrbuch für Evangelische Kirchengeschichte des Rheinlandes, Jg. 62 (2013), S. 221-240; ders.: Der Deutsche Evangelische Kirchentag in den 1960er und 70er Jahren – eine soziale Bewegung?, in: Siegfried Hermle et al. (Hg.): Umbrüche. Der deutsche Protestantismus und die sozialen Bewegungen in den 1960er und 70er Jahren, Göttingen 2007, S. 213-225.

60 Ellen Ueberschär (Hg.): Deutscher Evangelischer Kirchentag. Wurzeln und Anfänge, Gütersloh 2017.

61 Im Jahr 2007 wurde Pearson an der University of North Carolina at Chapel Hill zum Thema „Faith and Democracy: Political Transformations at the German Protestant Kirchentag, 1949-1969” promoviert. Die Arbeit ist online abrufbar unter https://cdr.lib.unc.edu/concern/dissertations/0z708w878 [Stand: 16.1.2020]. In Deutschland erschien sein Aufsatz zur Thematisierung der Dritte-Welt-Problematik und der Entwicklungspolitik beim DEKT bis Anfang der 1970er in einem Sammelband zu dem von Katharina Kunter geleiteten Forschungsprojekt „Auf dem Weg zum globalisierten Christentum“. Vgl. Pearson: A Divided Nation in a Divided World. The Kirchentag and the Globalization of German Protestantism from the 1950s to the 1970s, in: Katharina Kunter/Annegreth Schilling (Hg.): Globalisierung der Kirchen. Der Ökumenische Rat der Kirchen und die Entdeckung der Dritten Welt in den 1960er und 1970er Jahren, Göttingen 2014, S. 255-276.

62 Rüdiger Runge/Christian Krause (Hg.): Zeitansage. 40 Jahre Deutscher Evangelischer Kirchentag, Stuttgart 1989; Rüdiger Runge/Margot Käßmann (Hg.): Kirche in Bewegung. 50 Jahre Deutscher Evangelischer Kirchentag, Gütersloh 1999; Rüdiger Runge/Ellen Ueberschär (Hg.): Fest des Glaubens – Forum der Welt. 60 Jahre Deutscher Evangelischer Kirchentag, Gütersloh 2009.

63 Gert Pickel/Yvonne Jaeckel/Alexander Yendell: Der Deutsche Evangelische Kirchentag – Religiöses Bekenntnis, politische Veranstaltung oder einfach nur ein Event? Eine empirische Studie zum Kirchentagsbesuch in Dresden und Hamburg, Baden-Baden 2015.

1975 zu nennen[64]. Sie konzentriert sich zwar auf die sächsische Landeskirche, bietet aber in ihrem einleitenden Teil auch einen kurzen Überblick zur Entwicklung der Kirchentagsarbeit vom Mauerbau bis Anfang der 1970er Jahre[65]. Im Mittelpunkt von Beiers Untersuchung steht zum einen das Verhältnis von Staat und Kirche in einem Zeitraum, in dem die Kirchentagsarbeit größtenteils von starken Restriktionen betroffen war. Außerdem beschäftigt sich der Autor mit den Reaktionen der Landeskirche Sachsens und ihres Kirchentagsausschusses auf die Herausforderungen für das kirchliche Handeln in einer zunehmend säkularisierten Gesellschaft. Dabei arbeitet er heraus, inwiefern sich die missionarische Verkündigung und die theologische Bildung der Teilnehmer für die Organisatoren der Kirchentagskongresse zu den wichtigsten Zielen entwickelten. Indem sie die Kongressarbeit als besonderen Bestandteil der Kirchentagsbewegung würdigt, beleuchtet diese Forschungsarbeit aber nur einen kleinen Ausschnitt aus der Geschichte der DDR-Kirchentage. Als herausragendes kirchliches Ereignis stand außerdem der Wittenberger Kirchentag im Rahmen des Lutherjubiläums 1983 im Zentrum einiger Kurzdarstellungen. Diese legten den Fokus jedoch hauptsächlich auf das öffentlichkeitswirksame Umschmieden eines Schwertes zu einer Pflugschar im Lutherhof und die staatlichen Versuche der Beeinflussung des Verlaufs des Treffens, insbesondere die „Bearbeitung" des Kirchentags durch die Stasi[66].

Zu den wenigen Untersuchungen, die die Treffen im Norden der DDR aufgreifen, gehört die Arbeit von Rahel Frank zur Greifswalder Kirche in den 1980er Jahren[67]. In Franks Studie zur staatlichen Kirchenpolitik gegenüber der mecklenburgischen Kirche von 1971 bis 1989 bleiben die Kirchentage erstaunlicherweise unberücksichtigt, obwohl sich gerade anhand dieser Großveranstaltungen das Verhältnis von Staat und Kirche gut herausarbeiten lässt. Stattdessen konzentriert sich die Autorin auf die verschiedenen Ebenen der landeskirchlichen Struktur, die Basisgruppen sowie die Jugend- und Studentenarbeit. Bei ihrer Untersuchung der Beziehung zwischen der Greifswalder Landeskirche und den Staatsorganen im Bezirk Rostock geht Rahel Frank nach einem ähnlichen Muster vor, wirft dabei aber auch einen kurzen Blick auf die Kirchentage 1985 in Greifswald und 1988 in Rostock[68]. In diesem Zusammenhang beleuchtet sie insbesondere das Wirken des MfS und den Einsatz von

64 Peter Beier: Missionarische Gemeinde in sozialistischer Umwelt. Die Kirchentagskongressarbeit in Sachsen im Kontext der SED-Kirchenpolitik (1968-1975), Göttingen 1999.

65 Vgl. ebd. S. 8-102.

66 Annette Hildebrandt/Lothar Tautz: Protestanten in Zeiten des Kalten Krieges. Der Wittenberger Kirchentag zum Lutherjubiläum 1983 im Fokus der Staatssicherheit, Halle/Saale 2017; Kathy Hannemann: Der Wittenberger Kirchentag im Lutherjahr 1983, in: Jan Scheunemann (Hg.): Reformation und Bauernkrieg. Erinnerungskultur und Geschichtspolitik im geteilten Deutschland, Leipzig 2010, S. 301-313. Auch Peter Maser geht in seiner Studie zum Lutherjubiläum 1983 nur sehr kurz auf die sieben Kirchentage jenes Jahres ein, wobei er den Treffen in Wittenberg und Eisleben die meiste Aufmerksamkeit schenkt. Vgl. Maser: „Mit Luther alles in Butter?", S. 338-381.

67 Siehe Anm. 53 in diesem Kapitel. Von Matthias Kleiminger stammt eine in den 1990er Jahren entstandene und bisher unveröffentlichte Arbeit mit dem Titel „Zur Geschichte der Kirchentagsbewegung in Mecklenburg". Pastor Kleiminger wirkte beim Rostocker Kirchentag 1988 mit und hält in seinem Text eine kurze Rückschau zu den mecklenburgischen Landeskirchentagen von 1932 bis 1988, größtenteils basierend auf Beiträgen aus der Mecklenburgischen Kirchenzeitung. Das Manuskript liegt der Verfasserin vor.

68 Vgl. Frank: Einsam oder gemeinsam?, S. 137-174.

inoffiziellen Stasi-Mitarbeitern im Raum der Kirche[69]. Nach ihrer Analyse bildete die Anpassung an den Staat den Kern der Greifswalder Kirchenpolitik, was die bewusste Öffnung einiger kirchenleitender Amtsträger gegenüber dem MfS einschloss[70]. Rahel Frank beurteilt die mangelnde Selbstkritik der Kirchenvertreter, die sich freiwillig auf Gespräche mit dem Staatssicherheitsdienst eingelassen hatten, und deren Einschätzung des praktischen Nutzens ihrer Stasi-Kontakte für die Greifswalder Landeskirche äußerst kritisch[71]. Im Hinblick auf die Kirchentage 1985 und 1988 schlussfolgert sie größtenteils zutreffend, dass es sich bezüglich der staatlichen Kirchenpolitik und des Verhaltens der Veranstalter um zwei gegensätzliche Kirchentage handelte[72]. Allerdings bleiben aufgrund ihres auf die Kirchenpolitik beschränkten Blickwinkels und der schmalen Quellenbasis viele wichtige Aspekte der Kirchentage, darunter vor allem die theologische Perspektive, unbeachtet. Äußerst knapp bezieht sich Martin Henschels Beitrag im Rahmen der Studie „Religiöses Brauchtum und kirchliches Leben im Alltag der DDR" von Georg Diederich und Bernd Schäfer auf die Rostocker Kirchentage 1966, 1983 und 1988[73]. Henschel skizziert in sehr verkürzter Weise einige wenige Maßnahmen des RdB Rostock im Zusammenhang mit den kirchlichen Treffen und resümiert, die staatlichen Kontrollmechanismen hätten bis zum Ende der 1980er Jahre noch perfekt funktioniert[74]. Mit einem Landeskirchentag der ELKG beschäftigt sich wiederum ein Aufsatz von Christoph Wunnicke[75]. Darin zeichnet der Autor unter Verwendung zahlreicher Zitate aus Stasi-Akten die „Bearbeitung" des Stralsunder Treffens 1978 durch die CDU und das MfS sowie die Berichterstattung in den bundesdeutschen Medien nach. Kurz greift Wunnicke auch die Unterschriftensammlung im Jakobiturm gegen die Einführung des Wehrunterrichts[76] auf, die ihn schlussfolgern lässt, in Stralsund 1978 sei „[…] der bescheidene Keim des gesellschaftspolitisch ausschlaggebenden, gemeinsamen Kirchentages der beiden DDR-Nordkirchen von 1988 in Rostock" erkennbar gewesen[77]. Neben diesen wissenschaftlichen Untersuchungen liegt auch eine kleine Anzahl an Publikationen von ehemaligen Akteuren der Kirchentagsarbeit vor, die einen ersten Einblick in die Entwicklungsgeschichte des EKT ermöglichen[78].

69 Dabei konzentriert sie sich auf Superintendent Siegfried Bohl (IM „Titus"), die Vikarin Ines Fleckstein (IM „Gisela"), Präses Dietrich Affeld (IM „Dietrich") und Konsistorialrat Christoph Ehricht (IM-Kandidat „Erich").

70 Vgl. ebd. S. 351f.

71 Vgl. ebd. S. 322-335 und S. 351-361.

72 Vgl. ebd. S. 138.

73 Martin Henschel: „Kirchliches Leben und religiöses Brauchtum in Rostock. Einige Beispiele von Anfechtung und Behauptung in der Zeit von 1945 bis 1989", in: Georg Diederich/Bernd Schäfer: „Religiöses Brauchtum und kirchliches Leben im Alltag der DDR – zwischen Anfechtung und Behauptung", in: Landtag Mecklenburg-Vorpommern (Hg.): Aufarbeitung und Versöhnung. Zur Arbeit der Enquete-Kommission „Leben in der DDR, Leben nach 1989 – Aufarbeitung und Versöhnung". Bd. VI, Schwerin 1997, S. 247-250.

74 Vgl. ebd. S. 249.

75 Christoph Wunnicke: „Auf der Suche nach Leben". Das MfS, die Westmedien, die CDU und auch ein wenig Friedensbewegung. Der Kirchentag in Stralsund vom 16. bis 18. Juni 1978, in: Zeitgeschichte regional, 1/2004, S. 72-76.

76 Siehe dazu Kapitel 4.2 und 4.4.

77 Vgl. Wunnicke: „Auf der Suche nach Leben", S. 76.

78 Otto Schröder/Hans-Detlef Peter (Hg.): Vertrauen wagen. Evangelischer Kirchentag in der DDR, Berlin 1993; Annemarie Schönherr: Kirchentage in der DDR: Gottes Wege führen weiter, in:

Es lässt sich also feststellen, dass die Erforschung der Geschichte der Kirchentage in der DDR noch deutliche Lücken aufweist. Insgesamt ist die Zahl der Studien, die sich damit beschäftigen, wie und unter welchen Bedingungen diese kirchlichen Großereignisse im SED-Staat stattfanden, vergleichsweise gering. Vor allem im Hinblick auf die Treffen im Bereich der mecklenburgischen und der Greifswalder Landeskirche ist Grundlagenarbeit zu leisten. Bisher wurden einzelne Kirchentage im Nordosten lediglich zur Untersuchung des Verhältnisses zwischen den Staatsorganen im Bezirk Rostock und der Greifswalder Landeskirche oder der kirchenpolitischen Maßnahmen der SED in den Blick genommen. Die genannten Studien griffen die Kirchentage einzig im Rahmen wenig umfangreicher Unterpunkte auf, wobei selbst im Hinblick auf die staatliche Position zu den Treffen viele Hintergründe und Zusammenhänge unberücksichtigt blieben. So sind zum Beispiel die Veränderungen in der Haltung der SED-Führung zu den Kirchentagen und die daraus resultierenden staatlichen Maßnahmen nach wie vor nicht hinreichend erforscht. Außerdem wurden bei der Analyse der Treffen der Landeskirchen Mecklenburg und Greifswald hauptsächlich Akten aus dem Bestand des MfS und der SED-Bezirksleitung Rostock ausgewertet, kirchliche Quellen wurden hingegen selten herangezogen. Der Kirchentag als Veranstaltung für Gemeindeglieder stand kaum im Fokus, obwohl dies ein grundlegender Aspekt ist. Auch theologische und ökumenische Themen sowie das Engagement der Laien – ein zentraler Punkt der Kirchentagsidee – wurden zumeist ausgeblendet. Darüber hinaus blieben Fragen zur Organisationsstruktur der Kirchentage und zur Verortung der Treffen in ihrem kirchlichen Umfeld weitgehend unbeantwortet. Es fehlt somit eine Forschungsarbeit, die dem Facettenreichtum des Kirchentags in der DDR umfassend Rechnung trägt und damit einen Beitrag zu seiner Rolle und seinem Wesen leistet.

1.2 Methodik und Quellenlage

Die vorliegende Arbeit behandelt ein Thema der Kirchlichen Zeitgeschichte[79]. Sie stützt sich auf eine breite Quellenlage, vornehmlich aus kirchlichen Archiven.

Runge/Käßmann (Hg.): Kirche in Bewegung, S. 67-92. Als Nachlese zu den sieben Kirchentagen gab das Präsidium des EKT im Jahr 1983 den Dokumentationsband „Vertrauen wagen. Kirchentage in der DDR im Lutherjahr 1983“ in Auftrag, herausgegeben von Otto Schröder und Hans-Detlef Peter.

79 Zur Periodisierung in der Kirchengeschichtsforschung vgl. Markschies: Arbeitsbuch Kirchengeschichte, S. 7-19; Martin Greschat: Kirchliche Zeitgeschichte, S. 11-38. Zu den Zielen, Inhalten und Methoden der kirchlichen Zeitgeschichtsforschung vgl. Greschat: „Kirchliche Zeitgeschichte“. Überlegungen zu ihrer Verortung, in: Theologische Literaturzeitung, Jg. 139, Nr. 3 (2014), S. 291-310; ders.: Anmerkungen zur Standortbestimmung der Kirchlichen Zeitgeschichte, in: Jochen-Christoph Kaiser (Hg.): Vom Ertrag der neueren Kirchengeschichte für Kirche und Gesellschaft. Symposium zum 70. Geburtstag von Martin Greschat, Marburg 2008, S. 263-281; ders.: Kirchliche Zeitgeschichte. Versuch einer Orientierung, Leipzig 2005; Anselm Doering-Manteuffel/Kurt Nowak (Hg.): Kirchliche Zeitgeschichte. Urteilsbildung und Methoden, Stuttgart 1996. Zum Verhältnis der Kirchengeschichte zur allgemeinen Geschichtswissenschaft und ihrer Stellung innerhalb der Theologie in den Diskursen nach 1945 vgl. Greschat: Kirchliche Zeitgeschichte, S. 82-99; Klaus Fitschen: „Kirchengeschichtsschreibung muss um das Wesen der Kirche wissen.“ Selbstbesinnung und Selbstbegrenzung des Faches Kirchengeschichte nach 1945, in: Mitteilungen zur Kirchlichen Zeitgeschichte 1/2007, S. 27-46; Bernd Jaspert (Hg.): Kirchengeschichte als Wissenschaft, Münster 2013; Wolfgang Kinzig/Volker Leppin/Günther Wartenberg (Hg.): Historiographie und Theologie. Kirchen- und Theologiegeschichte im Spannungsfeld von geschichtswissenschaftlicher Methode und theologischem Anspruch, Leipzig 2004.

Darüber hinaus wurde eine große Anzahl staatlicher Aktenbestände gesichtet und ausgewertet. Bei den Akten zu den Kirchentagen der ELLKM und ELKG, die im Landeskirchlichen Archiv Schwerin (LKAS) und im Landeskirchlichen Archiv Greifswald (LKAG) lagern, handelt es sich um unverzeichnete Bestände. Ein zentrales Problem stellte die vorläufige Schließung des LKAG dar. Aus bautechnischen Gründen wurde die Einrichtung Ende des Jahres 2014 vorübergehend geschlossen und seither nicht wieder für Besucher zugänglich gemacht. Zum Teil konnte dieses Manko durch Funde von Dokumenten des Greifswalder Landesausschusses und anderer Materialien der Greifswalder Landeskirche im LKAS und im Evangelischen Zentralarchiv (Berlin) sowie in den staatlichen Beständen (Landesarchiv Greifswald, BStU) ausgeglichen werden. Das verwendete Material umfasst vor allem Protokolle und Planungsdokumente der beiden Landesausschüsse und der durch sie eingesetzten Vorbereitungsgruppen, Aufzeichnungen zu Gesprächen beim RdB Rostock sowie bei Veranstaltungen des Kirchentags gehaltene Referate und Predigten. Im Evangelischen Zentralarchiv wurden größtenteils Akten zur organisatorischen Entwicklung der Kirchentagsarbeit eingesehen, ab 1949 zum DEKT und ab 1961 vorrangig bezogen auf die DDR. Hinzu kamen Materialien des Kirchenbunds, insbesondere Protokolle der Konferenz der Kirchenleitungen. Trotz der zur DDR-Zeit üblichen Zurückhaltung der Kirchen im Hinblick auf die schriftliche Dokumentation ihrer Aktivitäten zum Schutz vor staatlichen Übergriffen ist der Wert der Quellen zur Planung und Durchführung der Kirchentage für die Forschung als relativ hoch einzuschätzen.
Neben schriftlichen Quellen aus kirchlichen Archiven wurde eine Vielzahl staatlicher Dokumente ausgewertet. Die Bestände des RdB Rostock und der SED im Bezirk Rostock, die im Landesarchiv Greifswald lagern, sind äußerst umfangreich. Zu den Kirchentagen und der kirchenpolitischen Lage im Bezirk verfassten die Mitarbeiter der Abteilung Kirchenfragen und des Stellvertreters für Inneres beim Rat des Bezirks zahlreiche „Informationen" und Konzeptionen sowie Berichte von Gesprächen mit Kirchenvertretern und von Kirchentagsveranstaltungen. Auch die Bezirksleitung und die Kreisleitungen der SED in Greifswald, Stralsund und Rostock erstellten Arbeitspläne und Konzeptionen und werteten einzelne Veranstaltungen sowie den Gesamtverlauf der Treffen aus. Ein Großteil dieser Akten ist paginiert und in gutem Zustand. Da die Kirchentage im untersuchten Zeitraum ausnahmslos auf dem Gebiet des Bezirks Rostock stattfanden, stellten die dort ansässigen Staatsorgane die Ansprechpartner für die Organisatoren dar und befassten sich auch mit der „Bearbeitung" der kirchlichen Treffen in ihrem Verantwortungsbereich. Das erklärt, warum in den im Landeshauptarchiv Schwerin gelagerten Beständen des RdB Schwerin – dem eigentlichen „Leitbezirk"[80] der mecklenburgischen Kirche – kaum eigene Dokumente zu den Kirchentagen vorhanden sind. Im Bundesarchiv Berlin befindet sich die Überlieferung des Staatssekretariats für Kirchenfragen, das Konzeptionen und Vorgaben zum Vorgehen der Räte der Bezirke hinsichtlich der Kirchentage erarbeitete. Das Staatssekretariat erhielt wiederum Berichte und „Informationen" aus den Bezirken zur Vorbereitung und Durchführung der kirchlichen Großveranstaltungen. Dem Bundesarchiv ist auch die „Stiftung Archiv der Parteien und Massenorganisationen der DDR" (SAPMO-BArch) zugeordnet. Sie archiviert Akten aus den Beständen der SED, unter anderem von der Arbeitsgruppe Kirchenfragen beim Zentralkomitee, die sich ebenfalls mit den Kirchentagen beschäftigte.

80 Zum Begriff „Leitbezirk" siehe Kapitel 3.2.

Eine weitere wichtige Quelle für die vorliegende Untersuchung bilden die Akten des Ministeriums für Staatssicherheit, die durch den Bundesbeauftragten für die Unterlagen des MfS in der Zentralstelle in Berlin und in den Außenstellen Rostock und Schwerin archiviert werden bzw. sich in Privatarchiven[81] befinden. Dabei handelt es sich vor allem um Maßnahmepläne sowie Tages- und Abschlussberichte zu den Kirchentagen, die die Mitarbeiter der Abteilung XX/4[82] der Bezirksverwaltung Rostock verfassten, und Berichte zu Kirchentagsveranstaltungen aus den Kreisdienststellen Rostock, Greifswald und Stralsund. Außerdem wurden Dokumente aus IM-Akten, Operativen Personenkontrollen (OPK) und Operativen Vorgängen (OV) ausgewertet. Zum Schutz personengebundener Angaben unterliegen die MfS-Bestände besonderen Nutzungsbedingungen, die das Stasi-Unterlagen-Gesetz (StUG) festlegt[83]. Über den Wert der Stasi-Akten für die Forschung wurde seit der Öffnung der Archive Anfang der 1990er Jahre zum Teil heftig diskutiert. Dass die Archive der ehemaligen MfS-Dienststellen überhaupt öffentlich zugänglich sind, ist dem Engagement der Bürgerkomitees der Friedlichen Revolution 1989/90 zu verdanken. Der Zugang zu den geheimdienstlichen Unterlagen gehörte zu den zentralen Forderungen der Demonstranten[84]. Gegenstimmen warnten vor potentiellen Hetzjagden auf Mitarbeiter der Staatssicherheit, doch letztlich setzten sich die Befürworter mit dem Hinweis auf das Recht der MfS-Opfer auf Einsicht in die sie betreffenden Akten und das Interesse der Öffentlichkeit an der Aufdeckung der Aktivitäten dieses Unterdrückungsapparates durch[85]. So beschloss die erste frei gewählte Volkskammer der DDR im August 1990 ein Gesetz zur Öffnung der Stasi-Archive[86]. Nach der Wiedervereinigung Deutschlands wurde der Rostocker Pastor Joachim Gauck[87] zum Sonderbeauftragten der Bundesregierung zur Verwaltung der MfS-Akten gewählt, dessen Behörde mit der Verabschiedung des StUG im Dezember 1991 ihre rechtliche Grundlage erhielt[88]. Für die evangelischen Kirchen bedeutete die Öffnung des MfS-Archivs zunächst einen großen Imageschaden: Hatte man sie während der Friedlichen Revolution noch als entscheidenden Faktor des Umbruchs und Hort des Widerstands gegen die SED-Diktatur angesehen, stand sie nach der Enthüllung der Stasi-Kontakte von einigen prominenten Kirchenvertretern wie Konsistorialrat Manfred Stolpe oder dem früheren thüringischen Bischof Ingo Braecklein plötzlich unter dem Verdacht der Kollaboration mit dem DDR-Regime[89].

81 So gewährte der frühere Pastor und Bürgerrechtler Heiko Lietz (Schwerin) der Verfasserin Einsicht in die zu seiner Person angelegten MfS-Akten aus seinem Privatbesitz.

82 Diese Abteilung war für die „politisch-operative Bearbeitung“ der Kirchen und Religionsgemeinschaften zuständig.

83 Das aktuelle StUG ist einsehbar unter: https://www.bstu.de/ueber-uns/rechtsgrundlagen/ [Stand: 16.1.2020]. Zur Entstehung und Entwicklung der Gesetzgebung im Hinblick auf die Unterlagen der Staatssicherheit vgl. Große: Einspruch!, S. 67-71; Wolfgang Ullmann: Das Stasi-Unterlagen-Gesetz. Eine Demokratieinitiative der Friedlichen Revolution, in: Suckut/Weber (Hg.): Stasi-Akten zwischen Politik und Zeitgeschichte. Eine Zwischenbilanz, München 2003, S. 45-66; Roger Engelmann: Der Weg zum Stasi-Unterlagen-Gesetz, in: ebd. S. 81-100. Vgl. dazu außerdem: https://www.bstu.de [Stand: 16.1.2020].

84 Vgl. Suckut/Weber: Einleitung, in: dies. (Hg.): Stasi-Akten zwischen Politik und Zeitgeschichte, S. 11.

85 Vgl. ebd.

86 Vgl. Gauck: Rückblick auf die Anfänge der Behörde des Bundesbeauftragten, S. 20.

87 Joachim Gauck hatte zuvor bereits den Vorsitz des im Juni 1990 von der Volkskammer konstituierten „Sonderausschusses zur Kontrolle der Auflösung des MfS/AfNS“ innegehabt. Vgl. David Gill: Von den Bürgerkomitees zur Gauck-Behörde, S. 77.

88 Vgl. ebd. S. 79; Engelmann: Der Weg zum Stasi-Unterlagen-Gesetz, S. 95.

89 Vgl. Vollnhals: Zugleich Helfer der Opfer und Helfer der Täter?, S. 434.

Dem Verlust an Glaubwürdigkeit und Vertrauen versuchten die Landeskirchen entgegenzuwirken, indem sie Ausschüsse zur Aufarbeitung der MfS-Verstrickung ihres Personals bildeten. Ab Herbst 1990 wurden so genannte Vertrauensräte eingerichtet, an die sich Betroffene wenden konnten, um Kontakte zur Stasi selbst zu offenbaren[90]. Parallel dazu führten die Landeskirchen formale Überprüfungen ihrer aktiv im Dienst stehenden Mitarbeiter durch, allerdings basierend auf Freiwilligkeit[91]. Im Rahmen der kirchlichen Aufarbeitungsprozesse wurden die Stasi-Akten zum Teil als zweifelhafte Quelle ohne echten Aussagewert über die tatsächliche Zusammenarbeit der Kirchenvertreter mit dem MfS abgelehnt[92].
In der Forschung bestand jedoch bald nach der ersten Sichtung der Bestände ein allgemeiner Konsens darüber, dass die Unterlagen der Staatssicherheit eine unverzichtbare Quelle für die Aufarbeitung der DDR-Geschichte – nicht nur in Bezug auf die Rolle der Kirchen – darstellen. Zum einen wegen des außerordentlich großen Umfangs der Materialien und zum anderen, weil das MfS in nahezu alle Bereiche des gesellschaftlichen Lebens eingedrungen war[93]. Für eine Verwendung spricht außerdem, dass sich die Stasi bei der Informationsbeschaffung darum bemühte, verfälschende Faktoren auszuschließen, da jene die Effizienz ihrer Tätigkeit beeinträchtigt hätten[94]. Daher nahm sie eine ständige Bewertung, Kontrolle und Überprüfung ihrer Informationserhebung vor, besonders im Hinblick auf die Zusammenarbeit mit Inoffiziellen Mitarbeitern, die auf Ehrlichkeit und Zuverlässigkeit geprüft wurden[95]. Darüber hinaus sind die Akten des MfS sachlicher gehalten und weniger beschönigend als die Berichte der SED und anderer staatlicher Organe, weshalb man ihren Wahrheitsgehalt als vergleichsweise hoch einschätzen kann[96]. Dennoch muss man bei der Auswertung der Unterlagen der Stasi quellenkritische Vorsicht walten lassen, da auch sie einen hohen Grad an Ideologisierung aufweisen, der teilweise zu erheblichen Perzeptionsstörungen der Verfasser bei der Bewertung von Ereignissen, Aussagen und Handlungsweisen führte[97]. Hinzukommt, dass die Arbeitsberichte

90 Vgl. Frank: Einsam oder gemeinsam?, S. 363f.; Ulrich Schröter: Die „Bearbeitung" der Landeskirche Berlin-Brandenburg durch das MfS, S. 191; Christoph Stier: „Um der Kirche willen", S. 417 und S. 419.

91 Lediglich in Thüringen und Mecklenburg wurde eine Regelüberprüfung aller aktuell in der Landeskirche angestellten Personen beschlossen. Vgl. Walter Schilling: Die „Bearbeitung" der Landeskirche Thüringen durch das MfS, S. 212f. Im Hinblick auf die beiden nördlichen Landeskirchen ergaben sich folgende Ergebnisse: In Mecklenburg prüfte man rund 850 Fälle. Darauf folgten zwölf disziplinarische Verfahren und zehn Entlassungen aus dem Dienst. Bei der pommerschen Kirche wurden 660 Fälle untersucht, aber nur zwei Disziplinarverfahren eingeleitet. Einem Pastor wurden die Ordinationsrechte entzogen, ein anderer wurde zwei Jahre seines Amtes enthoben, danach aber wieder als Pfarrer in der PEK beschäftigt. Vgl. Stier: „Um der Kirche willen", S. 421f.; Frank: Einsam oder gemeinsam?, S. 373f. Gegen einige belastete leitende Mitglieder der ELKG respektive PEK, darunter der frühere Bischof Horst Gienke und OKR Siegfried Plath, kam es aus verschiedenen Gründen nicht zur Einleitung eines Verfahrens. Siehe dazu Kapitel 3.2.

92 Vgl. Frank: Einsam oder gemeinsam?, S. 389 und S. 401.

93 Vgl. Jochen Hecht: Die Stasi-Unterlagen als Quelle zur DDR-Geschichte, S. 215; Engelmann: Zum Quellenwert der Unterlagen des Ministeriums für Staatssicherheit, S. 24f.

94 Vgl. Engelmann: Zum Quellenwert der Unterlagen des Ministeriums für Staatssicherheit, S. 30f.; Hecht: Die Stasi-Unterlagen als Quelle zur DDR-Geschichte, S. 216.

95 Vgl. Hecht: Die Stasi-Unterlagen als Quelle zur DDR-Geschichte, S. 216; Engelmann: Zum Quellenwert der Unterlagen des Ministeriums für Staatssicherheit, S. 31f.

96 Vgl. Engelmann: Zum Quellenwert der Unterlagen des Ministeriums für Staatssicherheit, S. 39; Stefan Wolle: Die Aktenüberlieferung der SED als historische Quelle, S. 218f.

97 Vgl. Engelmann: Zum Quellenwert der Unterlagen des Ministeriums für Staatssicherheit, S. 37-39.

von hauptamtlichen Mitarbeitern oft auf die Erwartungshaltung der Vorgesetzten zugeschnitten waren[98]. Außerdem weisen die MfS-Dokumente einige sprachliche Besonderheiten auf: Neben dem auf einem eindimensionalen Freund-Feind-Schema basierenden Sprachduktus und zahlreichen Abkürzungen sind die Texte durch eine spezifische Terminologie gekennzeichnet, die es zu dekodieren gilt[99]. In der vorliegenden Arbeit wurden Akten der Staatssicherheit vorwiegend dazu herangezogen, die „Bearbeitung" der Kirchentage durch das MfS zu beleuchten. Dabei lag der Fokus vor allem darauf, an welchen Informationen und Veranstaltungen die Stasi interessiert war, welche Äußerungen und Handlungen sie als „feindlich-negativ" einstufte und welche Maßnahmen sie einleitete. Rekonstruktionen innerkirchlicher Abläufe anhand von Unterlagen des MfS wurden nur unter Anwendung methodischer Vorsichtsmaßnahmen wie dem Vergleich mit vorhandenen kirchlichen Dokumenten vorgenommen. Diese Vorgehensweise wurde auch in Bezug auf die Akten anderer Staatsorgane, zum Beispiel des RdB Rostock, angewandt.

Um weitere Informationen zum Verlauf der Kirchentage und ihrer öffentlichen Bewertung zu gewinnen, wurden für diese Untersuchung Beiträge aus der staatlichen und kirchlichen Presse der DDR sowie bundesdeutscher Medien berücksichtigt. Das zentrale Presseorgan der SED, Neues *Deutschland*, die dem ZK der SED unterstellte Berliner Zeitung und das Zentralorgan der Ost-CDU, Neue Zeit, sind im Volltext digitalisiert im „Zeitungsportal DDR-Presse" der Staatsbibliothek zu Berlin einsehbar[100]. In der Zeitungsabteilung der Staatsbibliothek lagert außerdem ein Großteil der für die vorliegende Arbeit verwendeten Zeitungen aus Ost und West. Die Jahrgänge der *Mecklenburgischen Kirchenzeitung* sind im Landeskirchlichen Archiv Schwerin zu finden und die Greifswalder Ausgaben der Wochenzeitung *Die Kirche* liegen im Evangelischen Zentralarchiv Berlin sowie im Landeskirchlichen Archiv Greifswald vor.

Da die Ereignisse, Abläufe und Hintergründe der Kirchentage in den kirchlichen und staatlichen Akten insgesamt gut dokumentiert sind, hatten die wenigen mit Zeitzeugen geführten Gespräche für diese Studie lediglich eine ergänzende Funktion[101]. Die nach dem Zweiten Weltkrieg in den USA entwickelte Form der

98 Vgl. ebd. S. 37.

99 Vgl. dazu Siegfried Suckut (Hg.): Das Wörterbuch der Staatssicherheit. Definitionen zur „politisch operativen Arbeit", Berlin ^{3}2001; Christian Bergmann: Die Sprache der Stasi: ein Beitrag zur Sprachkritik, Göttingen 1999; Bettina Bock: „Blindes" Schreiben im Dienste der Staatssicherheit. Eine text- und diskurslinguistische Untersuchung von Texten der inoffiziellen Mitarbeiter, Bremen 2013.

100 Unter http://zefys.staatsbibliothek-berlin.de/ddr-presse/ [Stand: 16.1.2020].

101 Einige der zentralen Akteure der Kirchentagsarbeit der ELLKM und ELKG, darunter der Regionalsekretär der Kirchentage 1983 und 1988, Eberhard Beyer, und die Landesausschussvorsitzenden Siegfried Plath und Siegfried Bohl, waren zum Zeitpunkt der Untersuchung bereits verstorben. Ergänzende Gespräche wurden mit dem ehemaligen Vorsitzenden des mecklenburgischen Landesausschusses in den 1980er Jahren, Joachim Gauck, sowie mit Pastor i. R. Winrich Jax und Wolfgang Bernschein geführt. Da sich das schriftliche Quellenmaterial zur Entstehung der wichtigen Aktion „Sei unser Gast" im Rahmen des Stralsunder Treffens 1978 als sehr spärlich erwies, konnte das Interview mit Winrich Jax, dem Initiator dieses Programmpunkts, dazu beitragen, einige Informationslücken zu schließen. Wolfgang Bernschein wiederum führte beim Stralsunder Kirchentag 1978 eine Unterschriftensammlung gegen die Einführung des Wehrunterrichts durch. Die Hintergründe zu dieser inoffiziellen Aktion ließen sich allein aus der Untersuchung der dazu angelegten MfS-Akten nicht erschließen, sodass sich Herr Bernschein bereit erklärte, nähere Auskünfte zu dem zu ihm angelegten OV „Partnerschaft" zu geben.

Zeitzeugenbefragung, die so genannte Oral History, wurde seit den 1970er Jahren in der Bundesrepublik zunächst vor allem im Rahmen der Alltags- und Mentalitätsgeschichte eingesetzt[102]. In der deutschen Geschichtsforschung hatte man die Oral History seither zum Teil sehr kontrovers diskutiert, besonders im Hinblick auf ihre methodischen Schwierigkeiten[103]. Dennoch hat die Akzeptanz dieser Methode im Laufe der Zeit deutlich zugenommen[104], sodass sie inzwischen in zahlreichen historischen Studien Anwendung findet.

1.3 Vorgehensweise

Die vorliegende Untersuchung leistet einen Beitrag zur Entwicklung des Kirchentags in der DDR aus regionalgeschichtlicher Perspektive. Damit ergänzt sie auch die Forschung zur Geschichte der Landeskirchen Mecklenburg und Greifswald im Zeitraum zwischen 1978 und 1988 um einen bisher weitgehend vernachlässigten, wichtigen Aspekt. Um ein möglichst umfassendes Bild dieser Großveranstaltungen zu zeichnen, sollen sieben Hauptaspekte der Durchführung eines DDR-Kirchentags in den Blick genommen werden: die Organisation durch die Kirchentagsausschüsse, die staatlichen Konzeptionen und Maßnahmen, das Engagement kirchlicher Laien, die Behandlung theologischer Themen, die gesellschaftspolitische Dimension, die Ökumene sowie die Auswertungen durch die Organisatoren, staatliche Stellen und Presse.

Die Kirchentage waren in erster Linie eine Veranstaltung der Landeskirchen für die Gemeindeglieder. Gab es dennoch Versuche, auch kirchenferne Menschen als Zielgruppe zu berücksichtigen? Im Hinblick auf die Programmgestaltung soll außerdem aufgezeigt werden, welche Intentionen und Entwicklungen sich in den Vorbereitungsphasen bei der Erarbeitung der Losungen, Themenbereiche und Veranstaltungsformate erkennen lassen. Inwiefern sind die Treffen dabei den in der Präambel der EKT-Ordnung von 1972/74 festgeschriebenen Ansprüchen gerecht geworden, die evangelischen Christen „[…] im Glauben [zu] stärken, sie für die Verantwortung in ihrer Kirche [zu] rüsten, sie zum Zeugnis und zum Dienst in

102 Vgl. Julia Obertreis: Oral History – Geschichte und Konzeptionen, S. 7-10. Zu den Hintergründen, der Entstehung und der Methodik der Oral History vgl. außerdem dies. (Hg.): Oral History, Stuttgart 2012; Stefan Jordan: Theorien und Methoden der Geschichtswissenschaft, S. 152-174; Dorothee Wierling: Oral History, in: Michael Maurer (Hg.): Neue Themen und Methoden der Geschichtswissenschaft, Stuttgart 2003, S. 81-151; Donald A. Ritchie: Doing oral history. A practical guide, Oxford 2003.

103 In der Forschung wurde die Oral History seit ihren Anfängen kritisch hinterfragt, vor allem unter dem Gesichtspunkt der Subjektivität der Quellen, der Verlässlichkeit des menschlichen Erinnerungsvermögens und der Konstruktion von Lebensgeschichten und Geschichtsbildern. Vgl. dazu Alexander von Plato: Oral History als Erfahrungswissenschaft. Zum Stand der „mündlichen Geschichte" in Deutschland, in: Obertreis (Hg.): Oral History, Stuttgart 2012, S. 73-95; Harald Welzer: Das Interview als Artefakt. Zur Kritik der Zeitzeugenforschung, in: ebd. S. 247-260; Wierling: Oral History, in: Maurer (Hg.): Neue Themen und Methoden der Geschichtswissenschaft, Stuttgart 2003, S. 87-89 und S. 94-105; Plato: Zeitzeugen und die historische Zunft. Erinnerung, kommunikative Tradierung und kollektives Gedächtnis in der qualitativen Geschichtswissenschaft – ein Problemaufriss, in: BIOS (2000), Heft 1, S. 5-29; Clemens Wischermann (Hg.): Die Legitimität der Erinnerung und die Geschichtswissenschaft, Stuttgart 1996; Alexander C. T. Geppert: Forschungstechnik oder historische Disziplin? Methodische Probleme der Oral History, in: Geschichte in Wissenschaft und Unterricht, Nr. 45 (1994), S. 303-323.

104 Vgl. Obertreis: Oral History – Geschichte und Konzeptionen, S. 7.

der Gesellschaft [zu] ermutigen und mit ihnen in der Gemeinschaft weltweiter Christenheit [zu] bleiben“[105]? Wichtige Entscheidungen hatten die Veranstalter zudem in organisatorischer Hinsicht zu treffen. Dabei ist zu untersuchen, wie es ihnen unter den spezifischen Rahmenbedingungen der DDR gelang, beispielsweise die Finanzierung der Treffen, Werbemaßnahmen, die Verpflegung und den Transport der Teilnehmer oder ausreichende Veranstaltungsräume zu gewährleisten. Eine besondere Sachlage ergab sich bei den gemeinsam von der mecklenburgischen und der Greifswalder Landeskirche verantworteten Treffen 1983 und 1988. Wie gestaltete sich die Zusammenarbeit der Greifswalder und Mecklenburger? Welche Probleme und Konflikte traten dabei zutage? In diesem Kontext wird auch der Umgang der Verantwortlichen mit staatlichen Organen in den Blick genommen. Hier erscheint der Vergleich der beiden Landeskirchen als sehr lohnenswerte Perspektive. Die Greifswalder Kirche, allen voran ihr Bischof Horst Gienke, galt bereits zur DDR-Zeit als relativ staatsloyal, während der mecklenburgischen Kirche in der Forschung größere Standfestigkeit gegenüber dem Staat zugeschrieben wird[106]. Beherrschend ist das Bild, dass die leitenden Amtsträger der ELKG vor allem in den 1980er Jahren stark mit der Staatssicherheit kooperierten, wohingegen ihre mecklenburgischen Kollegen vornehmlich durch die Stasi bespitzelt wurden[107]. Die vorliegende Studie gibt eine Antwort auf die Frage, ob diese gegensätzliche Haltung auch im Rahmen der Kirchentage erkennbar ist.
Ohne ein gewisses Maß an Wohlwollen und Unterstützung seitens der staatlichen Stellen hätten die Kirchentage in der DDR kaum stattfinden können. Nahezu alle Bereiche des gesellschaftlichen Lebens hatte die SED unter ihrer Kontrolle und ließ nur denjenigen Personen und Institutionen Förderung zukommen, die ihr treu ergeben waren oder von denen sie sich in politischer Hinsicht einen Vorteil erhoffte. Diskussionen um eine finanzielle Unterstützung kirchlicher Großereignisse durch staatliche Einrichtungen, wie sie im Zusammenhang mit dem DEKT oder den Deutschen Katholikentagen immer wieder aufkommen, wären in der DDR unvorstellbar gewesen, weil der SED-Staat sich niemals finanziell daran beteiligt hätte. Die negative Sicht der SED auf die Kirchentage führte vor allem in den 1960ern dazu, dass die Staatsorgane versuchten, die kirchlichen Treffen so weit wie möglich einzuschränken[108]. Gegen Ende der 1970er Jahre änderte sich die kirchenpolitische Strategie der SED und damit ihre Haltung zu den Kirchentagen. Mit dem Ziel, sie zu ihrem außen- und innenpolitischen Nutzen zu instrumentalisieren, wies die DDR-Führung nun eine organisatorische Unterstützung der Treffen an, die allerdings an bestimmte Konditionen gebunden war. In dieser Untersuchung wird herausgearbeitet, wie die staatlichen Stellen die Vorbereitung und Durchführung der Kirchentage zu beeinflussen suchten und welche Folgen sich daraus ergaben. Welche neuen Handlungsspielräume eröffneten sich den Verantwortlichen durch das Entgegenkommen der Staatsorgane? Wie begegnete der Staat dem Problem, die Kirchentage für eigene Ziele zu nutzen, ohne dass seine Unterstützung den Erfolg für die Kirchen zu sehr steigerte? Dabei ist der Fokus außerdem darauf zu richten,

105 Vgl. LKAG, Best. KT, Nr. 59: Ordnung des Evangelischen Kirchentags in der DDR, S. 1.
106 Vgl. die Untersuchungen von Rahel Frank zur ELKG und ELLKM (siehe Anm. 53 und 54 in Kapitel 1.1).
107 Vgl. ebd. Zur Zusammenarbeit einzelner Vertreter der ELKG mit dem MfS siehe auch Kapitel 3.2 sowie die Kapitel 4 bis 8.
108 Siehe Kapitel 2.2.

ob und inwiefern sich die Taktik der SED im Laufe der 1980er Jahre veränderte und welche tatsächlichen Auswirkungen die staatlichen Maßnahmen hatten. Obwohl die Staatsorgane den Kirchentagen im untersuchten Zeitraum nach außen hin relativ wohlgesonnen entgegentraten, blieben ihr Misstrauen gegenüber den Kirchen und das damit verbundene repressive Handeln bestehen. In die so genannte „politisch-operative Arbeit“[109] vor Ort, also die Beobachtung und Kontrolle der Treffen, waren neben den administrativen Organen wie dem RdB Rostock und den Bezirks- und Kreisleitungen der SED vor allem die Dienststellen des MfS im Bezirk Rostock involviert. Diese Studie erörtert daher auch die Frage nach den Versuchen der Stasi, Einfluss auf die Planung und den Verlauf der Kirchentage zu nehmen, sowie nach dem Erfolg der geheimdienstlichen Interventionshandlungen.

Nach Ansicht des Staates hatten sich die Kirchen jeglicher Kritik an den politischen und gesellschaftlichen Verhältnissen in der DDR zu enthalten. Griffen sie, zum Beispiel im Rahmen der Kirchentage, dennoch gesellschaftspolitische Fragen auf, konnte es zu Auseinandersetzungen mit den Staatsorganen kommen. Die vorliegende Arbeit untersucht, auf welche Weise gesellschaftspolitisch relevante Themen wie Frieden, Umwelt oder Gerechtigkeit bei den Kirchentagsveranstaltungen zur Sprache kamen und inwieweit sich daraus Konflikte mit den staatlichen Stellen ergaben. Insgesamt galten die evangelischen Kirchen als rarer Freiraum, in dem Probleme der Gesellschaft offen angesprochen und diskutiert werden konnten. Wie frei und offen gestalteten sich die Diskussionen bei den Kirchentagen im Norden der DDR? Haben die Organisatoren bewusst gesellschaftspolitische Themen in die Programme aufgenommen oder haben sie sie eher vermieden? Einen besonderen Aspekt stellt hierbei die Einbeziehung von Basisgruppen und Ausreisewilligen in die Gestaltung dar. Lassen sich in dieser Hinsicht unterschiedliche Haltungen der mecklenburgischen und der Greifswalder Landeskirche erkennen? Die Analyse schließt außerdem eine Betrachtung der Impulse ein, die bei den Kirchentagen von Vertretern der Basisinitiativen und von Ausreiseantragstellern ausgingen.

Für viele Besucher gehörten das Erleben von Gemeinschaft und die Suche nach Glaubenshilfe zu den wichtigsten Gründen für die Teilnahme an den Kirchentagen[110]. Auch die DDR-Kirchentagsarbeit selbst hatte es sich laut ihrer Ordnung zum Ziel gesetzt, die Christen zu sammeln, im Glauben zu stärken und für die Verantwortung in ihrer Kirche zu rüsten[111]. Inwiefern also waren die Programme auf eine Stärkung und Reflexion des Glaubens ausgerichtet? Wie wurden in den Bibelarbeiten, Arbeitsgruppen, Gesprächsforen, Vorträgen und Predigten die Themen Glaube und kirchliches Leben behandelt? In diesem Zusammenhang ist außerdem der Frage nachzugehen, welche Rolle innerkirchliche Entwicklungen und theologische Diskurse bei den Kirchentagen gespielt haben. Ein weiteres Element dieser Studie bildet die Untersuchung des Engagements der Laien im Kontext der Kirchentage. Der DEKT, auf den die Kirchentage in der DDR zurückgingen, war explizit als Laienbewegung gegründet worden[112]. Konnten die Treffen der ELLKM und ELKG diesem Erbe gerecht werden? Dabei ist zu klären, inwieweit die Organisatoren Laien

109 Zu diesem Begriff vgl. Suckut (Hg.): Das Wörterbuch der Staatssicherheit, S. 52-54.

110 So lautete das Ergebnis einer Befragung unter den Teilnehmern der Kirchentage 1976 in Rostock und Halle/Saale. Vgl. LKAS, OKR Gen., Nr. 753: „Evangelischer Kirchentag in der DDR: Dokumentation 1962-1978“, 1.2.1979, S. 53.

111 Vgl. LKAG, Best. KT, Nr. 59: Ordnung des Evangelischen Kirchentags in der DDR, S. 1.

112 Siehe Kapitel 2.1.

in die Vorbereitung und Durchführung der Kirchentage einbezogen haben. In welchen Bereichen engagierten sich die Laien? Wie viel Verantwortung wurde ihnen von den Veranstaltern übertragen? Hierbei ist zu prüfen, ob sich die Laien auch inhaltlich in die Planung und den Ablauf der Treffen eingebracht haben und welche Impulse von ihnen in Bezug auf die Programmgestaltung ausgingen. Ein wichtiger Aspekt besteht dabei in der Analyse des Jugendprogramms, denn die entsprechende Zielgruppe besaß für die Zukunft der Kirchentagsarbeit eine große Bedeutung. Wie viel Aufmerksamkeit schenkte man diesem Bereich und inwiefern war man darauf bedacht, eine aktive Teilnahme von Jugendlichen an der Ausgestaltung der Treffen zu fördern? Darüber hinaus spielte auch die Ökumene eine Rolle bei den Kirchentagen. Ab 1978 nahm die Zahl der Einreisegenehmigungen für Kirchentagsgäste deutlich zu. Unter dem Begriff „ökumenische Gäste" wurden alle offiziell eingeladenen kirchengebundenen Besucher aus dem Ausland zusammengefasst. Somit führten die entsprechenden Verzeichnisse der Organisatoren auch Vertreter von evangelisch-lutherischen Kirchen auf, zum Beispiel aus der Bundesrepublik oder aus Schweden. Auf welche Weise brachten sich die Vertreter der verschiedenen Kirchen aus dem In- und Ausland bei den Treffen im Norden ein? Welche Bedeutung maßen die Veranstalter ökumenischen Angeboten bei der Planung bei? Ebenso wird die thematische Auseinandersetzung mit interkonfessionellen bzw. interreligiösen Fragen und Problemstellungen betrachtet. Eine Besonderheit bilden in diesem Kontext die Auswirkungen des zunehmenden Dialogs zwischen Christen und Juden auf die Kirchentage der 1980er Jahre.
Angesichts des sehr umfangreichen Quellenmaterials zu den DDR-Kirchentagen erschien eine Eingrenzung der Untersuchung auf einen Zeitraum und eine Kirchenregion sinnvoll. Für eine Betrachtung des Nordens der DDR spricht, dass zu den Kirchentagen der mecklenburgischen und der Greifswalder Landeskirche bisher keine einzige umfassende Einzelstudie vorliegt. Außerdem bietet sich ein Vergleich dieser beiden Kirchen, wie oben bereits erwähnt, aufgrund der ihnen in der Forschung zugeschriebenen unterschiedlichen kirchenpolitischen Haltungen an. Die zeitliche Begrenzung der Studie orientiert sich an zwei Hauptaspekten: dem Verhältnis von SED und Kirche sowie der Entwicklung des EKT. In Bezug auf beide Bereiche stellt das Jahr 1978 einen Markstein dar. Obwohl es mit dem Gespräch zwischen Erich Honecker und dem Vorstand der KKL am 6. März 1978 letztlich nicht zu einer grundlegenden Veränderung der Staat-Kirche-Beziehungen kam, hat dieses Datum aufgrund der damit verbundenen öffentlichen Aufwertung der Kirche eine wichtige Bedeutung[113]. In den darauffolgenden Jahren appellierten die Staatsorgane in Gesprächen mit kirchlichen Vertretern immer wieder daran, den „Geist des 6. März" nicht zu gefährden, und die Kirchen erinnerten an das Spitzengespräch, wann immer es um das Thema Gleichberechtigung der Christen in der DDR oder die Zusammenarbeit von Staat und Kirche ging. Die von der SED mit dem Spitzengespräch von 1978 beabsichtigte Instrumentalisierung der Kirchen für politische Zwecke hatte auch Auswirkungen auf die Organisation der Kirchentage. Seit 1978 ließ der Staat den Treffen eine zuvor nicht gekannte organisatorische Unterstützung angedeihen, die im Rahmen des Lutherjubiläums 1983 ihren Höhepunkt erreichte.

113 Vgl. Mau: Der Protestantismus im Osten Deutschlands (1945-1990), S. 134 und S. 139; Pollack: Kirche in der Organisationsgesellschaft, S. 293-297; Silomon: „Schwerter zu Pflugscharen" und die DDR, S. 12; Klein: „Frieden und Gerechtigkeit!", S. 84. Siehe dazu auch Kapitel 3.1.

Dadurch eröffnete sich den Veranstaltern eine Reihe neuer Möglichkeiten, zum Beispiel im Hinblick auf die Nutzung öffentlicher Plätze und Gebäude, die Einladung ausländischer Gäste oder Werbemaßnahmen im öffentlichen Raum. Darüber hinaus ragten die vier Treffen des Jahres 1978 noch in anderer Hinsicht heraus: So verzeichneten sie die bis dato höchsten Teilnehmerzahlen und zogen deutlich mehr jugendliche Besucher an als in den vorangegangenen Jahren[114]. Die neuen Maßstäbe, welche die Treffen 1978 damit setzten, veranlassten außerdem die Konferenz der Kirchenleitungen, einen entsprechenden Bericht vom Vorsitzenden des EKT-Präsidiums anzufordern, was insgesamt nur dreimal in der Geschichte des Kirchentags in der DDR geschah[115]. Im Jahr 1988 fand schließlich der letzte große Kirchentag auf dem Gebiet der Landeskirchen Mecklenburg und Greifswald statt, sodass dieses Datum den Schlusspunkt der Betrachtung bildet.
Zur inhaltlichen Gliederung der vorliegenden Arbeit ist Folgendes anzumerken: Weil sich die Kirchentage in der DDR aus der gesamtdeutschen Kirchentagsbewegung heraus entwickelten, die mit dem von Reinold von Thadden-Trieglaff initiierten Treffen 1949 in Hannover ihren Anfang nahm, zeichnet das zweite Kapitel in einem ersten Teil die Genese des DEKT bis ins Jahr 1961 nach. Infolge des Mauerbaus war eine gemeinsame Organisation in Ost und West unmöglich geworden, sodass sich die Kirchentagsarbeit in der DDR neu formieren musste und ein eigenes Gepräge erhielt. Diesen Prozess beleuchtet der zweite Teil von Kapitel 2, wobei auch die wichtigsten Gremien des EKT vorgestellt werden. Außerdem bietet dieses Unterkapitel einen Überblick zur Entwicklung der Treffen bis zum Ende der DDR. Im dritten Kapitel erfolgt eine Einführung in die Organisation und Geschichte der evangelischen Kirchen in der DDR, insbesondere der Landeskirchen Greifswald und Mecklenburg, mit Blick auf ihre Haltung und Beziehung zum Staat. Da die Durchführung der Kirchentage in der DDR massiv von den staatlichen Stellen abhing, werden in Kapitel 3 zudem die Arbeitsweise und Ziele der kirchenpolitisch relevanten Organe der SED, der Staatssicherheit und der administrativen Institutionen dargestellt. Hierbei liegt der Fokus vor allem auch auf den Intentionen der Staatsführung in Bezug auf kirchliche Großveranstaltungen. Die Kapitel 4 bis 8 widmen sich unter Berücksichtigung der eingangs genannten sieben Hauptgesichtspunkte in chronologischer Reihenfolge den Landeskirchentagen der ELKG in Stralsund 1978 und 1981[116] und in Greifswald 1985 sowie den 1983 und 1988 gemeinsam von den Landeskirchen Mecklenburg und Greifswald durchgeführten Treffen in Rostock. Der Rostocker Kirchentag 1988 war das organisatorisch und inhaltlich umfangreichste Treffen im untersuchten Zeitabschnitt, sodass seine Darstellung wesentlich mehr Raum einnimmt als die der anderen vier Kirchentage. Im abschließenden Teil der Arbeit (Kapitel 9) werden die Ergebnisse der Untersuchung systematisierend und vergleichend im Hinblick auf die Gemeinsamkeiten und Unterschiede bei der Vorgehensweise der Kirchentagsverantwortlichen der ELKG und der ELLKM, die Organisation der Kirchentage,

114 Vgl. „Bericht vor der Konferenz der Kirchenleitungen am 13.1.79 über die Kirchentage 1978", abgedruckt in: Otto Schröder: Werden und Wachsen des Evangelischen Kirchentages in der DDR, S. 134f.

115 Vgl. ebd. S. 134. Otto Schröder, der Vorsitzende des Präsidiums des EKT, hielt vor der KKL jeweils zu den Kirchentagen 1970, 1978 und 1983 einen Bericht. Siehe Kapitel 2.2.

116 Der deutlich geringere Umfang von Kapitel 5 im Vergleich zu den anderen vier Kirchentags-Kapiteln ergibt sich daraus, dass das Stralsunder Treffen im Jahr 1981 nur einen einzigen Tag umfasste.

die staatliche Perspektive, die Einbindung der Laien in die Kirchentagsarbeit sowie die gesellschaftspolitische, theologische und ökumenische Dimension der Treffen zusammengefasst.

Es bleibt darauf hinzuweisen, dass offensichtliche grammatikalische und orthografische Fehler in den direkten Zitaten in der Regel ohne ausdrückliche Kennzeichnung korrigiert wurden. Außerdem werden aus stilistischen Gründen nur die maskulinen Formen von Personenbezeichnungen verwendet.

2. Vorgeschichte: Der evangelische Kirchentag

2.1 Die Entstehung des Deutschen Evangelischen Kirchentags

Die Geschichte der evangelischen Kirchentage in Deutschland reicht bis ins 19. Jahrhundert zurück. Im Kontext der Märzrevolution von 1848 entstand eine protestantische Bewegung, die sich erstmals die Bezeichnung „Kirchentag" gab[1]. Dabei handelte es sich um regelmäßige[2] Versammlungen von Vertretern der geistlichen und nichtgeistlichen Führungselite, die nach kirchenpolitischen Wegen zur Stabilisierung und Zusammenarbeit der Landeskirchen suchten[3]. Zu den prägenden Themen der Treffen bis 1872 gehörten die Überwindung der deutschen Kleinstaaterei, die Probleme der Industrialisierung und die zunehmende Entkirchlichung der Gesellschaft[4]. In der Anfangsphase nahmen vor allem Nichttheologen an den Treffen teil, doch ab Ende der 1850er Jahre dominierten Pastoren die Kirchentage[5]. Das führte dazu, dass dort statt kirchenpolitisch brisanter Fragen hauptsächlich nur noch theologische Spezialthemen diskutiert wurden[6]. Der erste Kirchentag mit rund 500 Teilnehmern fand vom 21. bis 23. September 1848 in Wittenberg unter der Leitung der beiden Kirchentagspräsidenten August von Bethmann Hollweg[7], Rechtsprofessor aus Bonn, und Friedrich Julius Stahl[8], Staatsrechtler aus Berlin, statt[9]. Besondere Bedeutung erlangte dieses Treffen durch die Beteiligung des Hamburger Theologen Johann Hinrich Wichern. Wichern hatte durch seine Sonntagsschularbeit die soziale Notlage großer Teile der Stadtbevölkerung kennen

1 Vgl. Bormuth: Die Deutschen Evangelischen Kirchentage in der Weimarer Republik, S. 11.

2 Insgesamt fanden im 19. Jahrhundert 16 Kirchentage statt: 1848 und 1849 in Wittenberg, 1850 in Stuttgart, 1851 in Elberfeld, 1852 in Bremen, 1853 in Berlin, 1854 in Frankfurt am Main, 1856 in Lübeck, 1857 in Stuttgart, 1858 in Hamburg, 1860 in Barmen, 1862 in Brandenburg/Havel, 1864 in Altenburg, 1867 in Kiel, 1869 in Stuttgart und 1872 in Halle/Saale. Vgl. Peter Steinacker: Art. Kirchentage, in: TRE 19, Berlin/New York 2000, S. 102.

3 Vgl. ebd. S. 101; Jochen-Christoph Kaiser: Verbandsprotestantismus und Kirchentagsbewegung bis 1945, S. 85.

4 Vgl. Steinacker: Art. Kirchentage, in: TRE 19, Berlin/New York 2000, S. 101.

5 Vgl. Bormuth: Die Deutschen Evangelischen Kirchentage in der Weimarer Republik, S. 56; Kaiser: Verbandsprotestantismus und Kirchentagsbewegung bis 1945, S. 84f.

6 Vgl. Bormuth: Die Deutschen Evangelischen Kirchentage in der Weimarer Republik, S. 56.

7 August von Bethmann Hollweg (1795-1877) wirkte ab 1823 als Juraprofessor in Berlin und ab 1829 in Bonn. Seit 1845 war er Mitglied des Preußischen Staatsrats und von 1858 bis 1862 preußischer Kultusminister. Wenngleich er sich dem konservativen politischen Spektrum zuordnen ließ, übte er Kritik am reaktionären Kurs des preußischen Ministerpräsidenten Otto Theodor von Manteuffel. Bethmann Hollweg stand den Erweckungsbewegungen in Bayern und Berlin nah. Er setzte sich für die Schaffung gesamtkirchlicher Strukturen in Deutschland ein und warb in diesem Zusammenhang für ein neues volkskirchliches Bewusstsein. Von 1848 bis 1872 übernahm er das Amt des Kirchentagspräsidenten. Vgl. Kaiser: Moritz August von Bethmann Hollweg (1795-1877), S. 27-50.

8 Friedrich Julius Stahl (1802-1861) lehrte ab 1840 Staats- und Kirchenrecht sowie Rechtsphilosophie in Berlin, wo er zu den Mitbegründern der Konservativen Partei in Preußen gehörte. Seit 1849 gehörte er der preußischen ersten Kammer (später Herrenhaus) und dem Erfurter Parlament an, 1854 wurde er Mitglied des preußischen Staatsrates. Ab 1846 engagierte er sich in der preußischen Generalsynode und war von 1852 bis 1859 Mitglied des Oberkirchenrats. Als Verfechter eines autoritären Staats- und Kirchenverständnisses trug Stahl dazu bei, antidemokratische Haltungen innerhalb des deutschen Protestantismus zu verstärken. Vgl. Traugott Jähnichen: Art. Stahl, Friedrich Julius (1802-1861), in: TRE 32, Berlin/New York 2001, S. 107-109.

9 Vgl. Bormuth: Die Deutschen Evangelischen Kirchentage in der Weimarer Republik, S. 54.

gelernt und daraufhin das „Rauhe Haus“, ein Heim für verwahrloste Kinder, sowie eine Ausbildungsstätte für christliche Erzieher und Sozialarbeiter gegründet[10]. Beim Wittenberger Treffen überzeugte er die Anwesenden im Rahmen einer über fünf Stunden dauernden, improvisierten Rede von der Notwendigkeit einer breiten kirchlichen Unterstützung seines sozial-diakonischen Projekts „Innere Mission“[11]. Die Versammlung beschloss anschließend die Gründung eines „Central-Ausschusses für Innere Mission“, der die sozialen Aktivitäten der evangelischen Kirchen in Deutschland koordinieren sollte[12]. Das Ende der ersten Kirchentagsbewegung zeichnete sich in den 1860er Jahren immer deutlicher ab, da die ursprünglich intendierte Bildung eines Verbunds der evangelischen Kirchen aufgrund theologischer und politischer Differenzen sowie der ablehnenden Haltung der Landesherren nicht zustande kommen konnte[13]. Somit wirkten sich die Treffen zwar letztlich nicht auf die gesamtkirchliche Organisation aus, förderten aber dennoch ein protestantisches Gemeinschaftsbewusstsein, insbesondere durch die seit 1849 jeweils im Anschluss an die Kirchentage abgehaltenen „Kongresse für die Innere Mission der Deutschen Evangelischen Kirche“[14]. Allerdings trugen die Kirchentage auch zum schwindenden Rückhalt der Kirche in verschiedenen Gesellschaftsgruppen bei, indem sie demokratische Bestrebungen verurteilten und den Protestantismus an obrigkeitsstaatliche und nationalistische politische Kräfte banden[15].
Diese antidemokratische Haltung hatte die zweite Kirchentagsbewegung während der Weimarer Republik mit der des 19. Jahrhunderts gemeinsam. Ihre Entstehung hing wesentlich mit dem Untergang des deutschen Kaiserreichs 1918 zusammen. Durch die Gründung der Republik endete die enge Verbindung zwischen den evangelischen Kirchen und dem Staat, weil damit das Landesherrliche Kirchenregiment aufgehoben war[16]. Die Kirchen mussten also nach einer neuen Stellung und verfassungsrechtlichen Grundlage in dem neuen Staatssystem suchen[17]. Um diesen Prozess zu fördern und zu begleiten, regten die Landeskirchen die Bildung einer Art Synode an, die den Namen Kirchentag tragen sollte[18]. Somit waren die Kirchentage zwischen 1919 und 1930 im Gegensatz zu den gleichnamigen Treffen des 19. Jahrhunderts eine Veranstaltung der Amtskirche. Zu den Delegierten gehörten Vertreter der Kirchenleitungen, Synoden, theologischen Fakultäten und freien Verbände sowie Religionslehrer[19]. Die Mehrheit der Teilnehmer ließ sich dem konservativen kirchlichen und politischen Spektrum zuordnen, das sich energisch

10 Vgl. ebd. S. 57.
11 Vgl. ebd. S. 56-60. Zur Inneren Mission vgl. einführend Kaiser: Art. Innere Mission, in: RGG[4] 4, Tübingen 2001, Sp. 151-154; Jürgen Albert: Art. Innere Mission, in: TRE 16, Berlin/New York 1987, S. 166-175.
12 Vgl. Kaiser: Verbandsprotestantismus und Kirchentagsbewegung bis 1945, S. 85. Zum ersten Präsidenten des „Central-Ausschusses“ wurde August von Bethmann Hollweg gewählt, Vizepräsident wurde Friedrich Julius Stahl. Vgl. Bormuth: Die Deutschen Evangelischen Kirchentage in der Weimarer Republik, S. 58.
13 Vgl. ebd. S. 69f.
14 Vgl. ebd. S. 56.
15 Vgl. Steinacker: Art. Kirchentage, in: TRE 19, Berlin/New York 2000, S. 102.
16 Vgl. ebd. Zum „Landesherrlichen Kirchenregiment“ vgl. einführend Hans-Walter Krumwiede: Art. Kirchenregiment, Landesherrliches, in: ebd. S. 59-68.
17 Vgl. Steinacker: Art. Kirchentage, in: ebd. S. 102.
18 Vgl. ebd. S. 101f.
19 Vgl. ebd. S. 102.

gegen Parteienpluralismus und Parlamentarismus aussprach und der untergegangenen Monarchie nachtrauerte[20]. So zählten dann auch – neben Fragen zur religiösen Schulbildung – der Zusammenbruch des Kaiserreichs und der Versailler Vertrag zu den wichtigsten Themen der insgesamt fünf Treffen[21]. Ähnlich wie bei der ersten Kirchentagsbewegung bestand das zentrale Anliegen der Kirchentage während der Weimarer Republik in der Gründung einer Konföderation der Landeskirchen. Bereits beim zweiten Treffen in Stuttgart 1921 wurde die Verfassung des „Deutschen Evangelischen Kirchenbundes" angenommen, der sich daraufhin im Mai 1922 konstituierte[22]. Der Kirchentag fungierte zudem neben dem Kirchenausschuss und dem Kirchenbruderrat als Organ dieses Bundes[23]. Im Jahr 1924 erkannte der Reichsinnenminister den Verbund als Körperschaft des öffentlichen Rechts an – ein Status der Kirchen, den man später unverändert ins Grundgesetz der Bundesrepublik übernahm[24]. Abgesehen von der erfolgreichen Unterstützung der Bildung des Kirchenbunds fiel die Wirkung der Kirchentage auf Kirche und Gesellschaft relativ gering aus. So waren die Versammlungen zwar als synodales Repräsentativorgan des deutschen Protestantismus gedacht, konnten jedoch angesichts ihrer Zusammensetzung keineswegs als repräsentativ gelten[25]. Darüber hinaus hatten sie kaum gesetzgeberische Befugnisse und erfuhren in den Gemeinden sehr wenig Resonanz[26]. Als Fortschritt ist hingegen die überproportionale Frauenquote im Vergleich zu den Landessynoden zu bewerten: Während der Anteil der Frauen an der Teilnehmerzahl der Kirchentage bei circa neun Prozent lag, hatten die Synoden im Durchschnitt nur etwa vier bis fünf Prozent weibliche Mitglieder[27]. Letztlich profitierten die konservativen kirchlichen Kräfte am meisten von den Treffen, indem sie sie quasi als evangelische Einheitsfront gegen den „religionslosen" Staat inszenierten[28]. Ihr starker Einfluss führte außerdem dazu, dass die Kirchentage der Weimarer Zeit von einem zunehmenden Nationalismus geprägt waren[29].

Die Folgen dieses Nationalismus bildeten wiederum den Kontext für die Entstehung der dritten deutschen Kirchentagsbewegung. Der Zusammenbruch der Gesellschaft im Mai 1945 und die wirtschaftliche, geistige und geistliche Notlage der Bevölkerung in der Nachkriegszeit bewegte eine Gruppe von Laien und Theologen zur Gründung einer neuen Form des evangelischen Kirchentags. Im Zentrum dieser Gruppe stand der pommersche Jurist und Gutsbesitzer Reinold von Thadden-Trieglaff. Da er aus einer sehr pietistisch geprägten Familie stammte, war ihm die Stärkung der Position und des Engagements der Laien innerhalb der Amtskirche äußerst wichtig[30]. Thadden-Trieglaff und seine engsten Mitarbeiter, der württembergische Theologe

20 Vgl. ebd. S. 103.

21 Vgl. Bormuth: Die Deutschen Evangelischen Kirchentage in der Weimarer Republik, S. 188-207. Das erste Treffen fand vom 1. bis 5. September 1919 in Dresden statt. Darauf folgten die Kirchentage 1921 in Stuttgart, 1924 in Bethel, 1927 in Königsberg und 1930 in Nürnberg. Vgl. dazu ebd. S. 123-153, S. 179-187, S. 208-221, S. 229-243 und S. 244-260.

22 Vgl. Steinacker: Art. Kirchentage, in: TRE 19, Berlin/New York 2000, S. 103.

23 Vgl. ebd.

24 Vgl. ebd.

25 Vgl. Bormuth: Die Deutschen Evangelischen Kirchentage in der Weimarer Republik, S. 92 und S. 261.

26 Vgl. ebd. S. 261f.

27 Vgl. ebd.

28 Vgl. ebd. S. 267.

29 Vgl. Schroeter-Wittke: Art. Kirchentag, in: RGG[4] 4, Tübingen 2001, Sp. 1303.

30 Vgl. Rudolf von Thadden: Der Initiator, S. 51 und S. 54.

Eberhard Müller und Landesbischof Hanns Lilje (Hannover), hatten es sich zum Ziel gesetzt, dass die evangelischen Christen sich „mitten im Zusammenbruch einer vergangenen bürgerlichen Welt, mitten unter den mannigfaltigen Auflösungserscheinungen einer scheinbar dem Nihilismus verfallenen Nachkriegsgeneration“ auf ihr geistliches Erbe besannen und die sich neu formierende Gesellschaft aktiv mitgestalteten[31]. Die Laien sollten ihre Aufgabe bei der Erneuerung von Kirche und Staat im Gegensatz zu früheren Zeiten „endlich einmal ernst nehmen“[32]. Um sie dazu zu befähigen, war der Kirchentag als Ort der Begegnung und des Austauschs gedacht, wo Glauben und Gemeinschaft gestärkt sowie Handlungsmöglichkeiten im Hinblick auf die „großen Nöte und ungelösten Probleme im sozialen und politischen Raum“ aufgezeigt wurden – denn: „Die Epoche ist vorbei, wo man diese Dinge dem Staat vertrauensvoll überließ und sich selber auf die rein religiösen Bezirke zurückzog.“[33] Als maßgebliche Vorbilder dieser Kirchentagsidee dienten die Deutsche Evangelische Woche (DEW) der Bekennenden Kirche und der Deutsche Katholikentag[34]. Von den Katholikentagen, die in der Nachkriegszeit ebenfalls einen Neuanfang starteten, nachdem sie während des Dritten Reichs verboten worden waren[35], übernahm man das Konzept einer Laienbewegung, die sich nicht als Gegenentwurf zur Amtskirche verstand, sondern als deren Partner[36]. Auch die Frage nach dem Beitrag der Christen zum Wiederaufbau der Gesellschaft sowie die auf Glaubensstärkung und Gemeinschaftserlebnis abzielende Programmgestaltung hatten Katholikentag und Kirchentag gemeinsam[37]. Der starke Einfluss der DEW ließ sich bereits daran erkennen, dass der erste Kirchentag vom 28. Juli bis zum 1. August 1949 in Hannover zunächst die Bezeichnung „Deutsche Evangelische Woche“ führte[38]. Reinold von Thadden-Trieglaff und Eberhard Müller hatten bereits an der Organisation der ersten DEW im Jahr 1935 in Hannover mitgewirkt[39]. Sie ging auf eine Idee der Deutschen Christlichen Studentenvereinigung (DCSV) zurück, welcher während der 1920er und 30er Jahre alle drei Hauptinitiatoren der dritten Kirchentagsbewegung angehörten[40]. Die drei Evangelischen Wochen während der NS-Zeit[41] veranstaltete die DCSV in enger

31 Vgl. EZA, Best. 71, Nr. 1253: „Deutscher Evangelischer Kirchentag in Hannover: Rückblick und Ausblick“ von Reinold von Thadden-Trieglaff, S. 1.

32 Vgl. ebd. S. 2.

33 Vgl. ebd. S. 2-5.

34 Vgl. Schroeter: Kirchentag als vor-läufige Kirche, S. 47.

35 Der erste Deutsche Katholikentag fand im Oktober 1848 in Mainz statt. Dort trafen sich vorrangig katholische Laien aus den verschiedenen deutschen Ländern, um gemeinsam über politische Themen zu beraten, die ganz Deutschland betrafen, wie die soziale Notlage der Arbeiterschicht oder Bildungsfragen. Ebenso wie sein damaliges evangelisches Pendant wollte der Katholikentag außerdem das sozial-diakonische Engagement der Kirche fördern. Während der NS-Zeit wurde der Katholikentag verboten, da die Organisatoren die geforderte Treueerklärung zu „Führer und Reich“ nicht leisten wollten. Der erste Katholikentag nach dem Zweiten Weltkrieg wurde 1948 in Mainz durchgeführt. Vgl. Claudio Kullmann: Vorbild und Weggefährte, S. 106-111.

36 Vgl. ebd. S. 123f.

37 Vgl. ebd. S. 120-122.

38 Vgl. Palm: „Wir sind doch Brüder!“, S. 42 und S. 52.

39 Vgl. Martin Cordes: Fromm – und politisch wider Willen?, S. 61.

40 Vgl. ebd. S. 60f.

41 Auf die Deutsche Evangelische Woche in Hannover 1935 folgten die DEW 1936 in Stuttgart sowie 1937 in Dresden und Görlitz. Daneben fanden ähnliche Veranstaltungen auf regionaler Ebene statt. Da sich diese Veranstaltungen gegen die „Deutschen Christen“ und die nationalsozialistische Weltanschauung abgrenzten, wurden sie 1937 verboten. Ein Jahr später wurde auch die DCSV verboten. Nach dem Zweiten Weltkrieg, im Jahr 1948, führte der „Leiterkreis der

Kooperation mit der Bekennenden Kirche als Rüstzeit für Laien und Pastoren[42]. Ihr Ablauf (Gottesdienste, Bibelarbeiten, Vorträge zu theologischen und gesellschaftlichen Fragen) bildete auch den Kern der Kirchentage seit 1949[43]. Weitere Gemeinsamkeiten zwischen DEW und Kirchentag waren die große Bedeutung der Laienbeteiligung, des Erlebens von Gemeinschaft und des ökumenischen Gedankens[44]. Gelebte Ökumene zählte zu den wichtigsten Anliegen von Thadden-Trieglaff, seitdem er von 1928 bis 1938 als Vorsitzender der zum Christlichen Studentenweltbund gehörenden DCSV an zahlreichen internationalen Treffen teilgenommen hatte[45]. Nachdem er Ende 1945 aus russischer Kriegsgefangenschaft entlassen wurde, engagierte er sich weiter in der Ökumene, unter anderem als Dozent am „Ökumenischen Institut Bossey" in Genf und als Mitglied des Stabs des Ökumenischen Rates der Kirchen[46].

Für die Realisierung des Ziels einer maßgeblich von Laien mitgestalteten Erneuerung von Kirche und Gesellschaft erschien es Thadden-Trieglaff und seinen Mitarbeitern notwendig, den Kirchentag nicht nur als regelmäßiges Treffen, sondern als dauerhafte, eigenständige Institution zu konzipieren[47]. Deshalb proklamierte Tagungspräsident Gustav Heinemann am 31. Juli 1949 während der Nachmittagsversammlung in Hannover den Kirchentag als „Einrichtung in Permanenz"[48]. Dieser Beschluss wurde durch die rund 6.000 Anwesenden bestätigt[49]. Damit waren auch die Bildung eines Präsidialausschusses unter dem Vorsitz von Reinold von Thadden-Trieglaff, die Einrichtung eines ständigen Kirchentagsbüros in Fulda, die Einsetzung eines Generalsekretärs[50] und die Gründung von Landesausschüssen in allen Gliedkirchen der EKD verbunden[51]. Die Landesausschüsse in der DDR schlossen sich zudem im September 1951 im so genannten „Ostausschuss" zusammen[52].

Im Gegensatz zu den darauffolgenden Kirchentagen fand das Treffen in Hannover nicht unter einer bestimmten Losung statt[53]. Doch sein liturgischer Aufbau, geprägt

---

Evangelischen Akademien" unter der Leitung von Eberhard Müller eine Deutsche Evangelische Woche in Frankfurt am Main durch. Vgl. ebd. S. 64, S. 70-72 und S. 76.

42 Vgl. ebd. S. 63.

43 Vgl. ebd. S. 62.

44 Vgl. ebd. S. 81.

45 Vgl. Kunter: Hoffnung auf die erneuerte Laienkirche nach dem Krieg, S. 137.

46 Vgl. ebd. S. 141 und S. 143f.

47 Vgl. EZA, Best. 71, Nr. 1253: „Deutscher Evangelischer Kirchentag in Hannover: Rückblick und Ausblick" von Reinold von Thadden-Trieglaff, S. 5.

48 Vgl. Schroeter: Kirchentag als vor-läufige Kirche, S. 51.

49 Vgl. ebd. Nach Schätzung der Veranstalter hatten insgesamt etwa 7.000 Menschen den Kirchentag in Hannover besucht, darunter auch Teilnehmer aus der SBZ. Vgl. EZA, Best. 71, Nr. 1253: „Deutscher Evangelischer Kirchentag in Hannover: Rückblick und Ausblick" von Reinold von Thadden-Trieglaff, S. 7.

50 Der erste Generalsekretär war von August 1949 bis 1954 der ehemalige Generalstabsoffizier Otto-Heinrich Ehlers. Ihm wurde mit dem Kölner Studentenpfarrer Heinrich Giesen im August 1950 ein weiterer Generalsekretär zur Seite gestellt. Giesen blieb bis 1961 Generalsekretär des DEKT. Vgl. Palm: „Wir sind doch Brüder!", S. 43f.

51 Vgl. Schroeter: Kirchentag als vor-läufige Kirche, S. 44, S. 59 und S. 79.

52 Vgl. ebd. S. 142.

53 Vgl. ebd. S. 65. Beim zweiten DEKT in Essen 1950 lautete die Kirchentagslosung „Rettet den Menschen". Die Treffen bis zur Teilung der gesamtdeutschen Kirchentagsarbeit im Jahr 1961 hatten folgende Losungen: „Wir sind doch Brüder" (Berlin 1951), „Wählt das Leben" (Stuttgart 1952), „Werft euer Vertrauen nicht weg" (Hamburg 1953), „Seid fröhlich in Hoffnung" (Leipzig 1954), „Lasst euch versöhnen mit Gott" (Frankfurt am Main 1956), „Der Herr ist Gott, der Herr

von Eröffnungs- und Schlussgottesdienst sowie Morgensegen, Bibelarbeit und Vorträgen, war grundlegend für die Struktur der kommenden Kirchentage[54]. Inhaltlich standen die gesellschaftliche Verantwortung der Christen und ethische Fragen im Mittelpunkt, unter anderem zu den Themen Familie, Erziehung, Recht und Wirtschaft[55]. Beim zweiten DEKT in Essen 1950 zeigte sich, dass Thadden-Trieglaff mit seiner Idee offensichtlich einen Nerv der Protestanten getroffen hatte. In der Industriestadt an der Ruh kamen mehr als 25.000 Dauerteilnehmer zusammen, um über ihre Nöte und Hoffnungen in Bezug auf Glauben, Heimat und die Nachkriegsgesellschaft zu diskutieren[56]. Die Hauptversammlung zum Abschluss war mit über 150.000 Besuchern die bis dato teilnehmerstärkste Veranstaltung in der Geschichte des deutschen Protestantismus und steigerte dadurch die öffentliche Aufmerksamkeit für das Projekt Kirchentag immens[57]. In der Folge nahmen die Teilnehmerzahlen der Treffen 1951 in Berlin, 1952 in Stuttgart, 1953 in Hamburg und 1954 in Leipzig deutlich zu[58]. Mit rund 650.000 Besuchern stellte die Hauptversammlung in Leipzig alle bisherigen Kirchentage in den Schatten und steht nach wie vor an der Spitze der größten Versammlungen evangelischer Christen in Deutschland[59]. Beim dritten DEKT in Berlin rückte die Problematik der deutschen Einheit in den Fokus, welche die Treffen der 1950er Jahre sehr stark prägen sollte[60]. Da dieser Kirchentag auch im Ostteil Berlins stattfand, konnte er erstmals eine gesamtdeutsche Wirkung erreichen[61]. Um die Anschuldigung einer Unterdrückung der Kirchen in der DDR zu widerlegen, hatte die SED-Regierung der Durchführung des Treffens in Ost-Berlin zugestimmt[62]. Im Hinblick auf den darauffolgenden Kirchentag in Stuttgart verhielt sich die DDR-Führung jedoch vollkommen anders. Ursprünglich hatten die Veranstalter etwa 20.000 Besucher aus der DDR eingeplant, aber die Unterzeichnung des „Deutschland-Vertrags“[63] durch die Bundesrepublik im Mai 1952 zog eine Verweigerung der Reisegenehmigungen nach sich[64]. Letztlich erhielten nur 35 Personen einen Interzonenpass, darunter vor allem Referenten und Mitarbeiter

---

ist Gott“ (Berlin 1957), „Ihr sollt mein Volk sein“ (München 1959), „Ich bin bei euch“ (Berlin 1961). Vgl. Runge/Ueberschär (Hg.): Fest des Glaubens – Forum der Welt, S. 244-246.

54 Vgl. Schroeter: Kirchentag als vor-läufige Kirche, S. 67.

55 Vgl. ebd. S. 66f.

56 Vgl. ebd. S. 74.

57 Vgl. ebd. S. 70 und S. 74.

58 In Berlin waren rund 92.000 Dauerteilnehmer und 300.000 Besucher bei der Abschlussversammlung. In Stuttgart nahmen die Zahlen im Vergleich zu Berlin zunächst wieder ab: 200.000 Menschen nahmen dort an der Hauptversammlung teil, 31.000 Dauerteilnehmer reisten an. Der Hamburger Kirchentag konnte bereits wieder 41.000 Dauerteilnehmer und 250.000 Besucher bei der Hauptversammlung begrüßen. Der Leipziger DEKT verzeichnete insgesamt 60.000 Dauerteilnehmer. Vgl. ebd. S. 86, S. 113, S. 127 und S. 146.

59 Vgl. ebd. S. 146.

60 Vgl. Palm: „Wir sind doch Brüder!“, S. 303-306.

61 Vgl. Schroeter: Kirchentag als vor-läufige Kirche, S. 88.

62 Vgl. Mau: Der Protestantismus im Osten Deutschlands (1945-1990), S. 39.

63 Mit der Unterzeichnung des „Deutschland-Vertrags“ in Bonn am 26.5.1952 wurde die Souveränität der Bundesrepublik gestärkt und ihre Integration in die Allianz der Westmächte vorangetrieben. Die DDR-Regierung reagierte darauf mit der Abriegelung der innerdeutschen Grenze und der Zwangsumsiedlung von mehr als 12.000 Menschen aus dem Grenzgebiet. Vgl. Schroeder: Der SED-Staat, S. 87 und S. 96f.

64 Vgl. EZA, Best. 614, Nr. 9: Bericht von Propst Böhm beim Presse-Empfang am 26.8.1952, S. 1; Schroeter: Kirchentag als vor-läufige Kirche, S. 113.

des Kirchentags[65]. Aus Anlass des DEKT fanden in der DDR allerdings viele Gottesdienste statt, die die Verbindung der Christen in Ost und West betonten[66]. Zu den herausragenden Aspekten des Stuttgarter Treffens gehörten neben der Diskussion um die Wiedereinführung militärischer Strukturen in beiden deutschen Staaten die Erörterung des Verhältnisses von Christen und Juden respektive Deutschland und Israel sowie die deutlich gestiegene Teilnahme von Jugendlichen[67]. Auch das Hamburger Treffen 1953 zog viele junge Christen an, die etwa ein Drittel der Dauerteilnehmer bildeten[68]. Spirituelle Themen und volksmissionarische Veranstaltungen dominierten das Programm[69]. Zudem wurden gesellschaftspolitische Fragen aufgegriffen, insbesondere zu den Handlungsmöglichkeiten in den zwei verschiedenen deutschen Gesellschaftsordnungen[70]. Ein Austausch über die Erfahrungen in Ost und West war durch die Reisegenehmigung von rund 16.000 Besuchern aus der DDR nun wieder möglich[71]. Dank des nach Josef Stalins Tod im März 1953 proklamierten „Neuen Kurses" der Sowjetunion hatte die SED-Regierung die Konfrontationshaltung gegenüber der Kirche zunächst aufgegeben und sich zu Zugeständnissen bereit gezeigt[72]. Der Hamburger Kirchentag konnte neben einer großen Anzahl ostdeutscher Christen auch rund 800 Vertreter der Ökumene begrüßen[73]. Die zunehmende Beteiligung ökumenischer Gäste machte deutlich, welche Bedeutung die interkonfessionelle Gemeinschaft für den DEKT bereits in der Anfangsphase besaß[74]. Im darauffolgenden Jahr ergingen die Einladungen ausnahmsweise von der DDR in die Bundesrepublik. Nur ein einziges Mal in der Geschichte des DEKT fand ein Treffen ausschließlich auf dem Gebiet der DDR statt. Das Interesse an dem Ereignis war auf beiden Seiten der Grenze enorm, sodass man aus Gründen der Kapazität der Stadt Leipzig die Anzahl der Dauerteilnehmer aus der Bundesrepublik auf 10.000 beschränken musste[75]. Zunächst hatte die SED der Durchführung des Treffens ablehnend gegenübergestanden, aber da sie sich eine Aufwertung ihres Ansehens und bessere Einflussmöglichkeiten auf den Kirchentag erhoffte, stimmte sie schließlich doch zu[76]. Nicht nur aufgrund der außergewöhnlich hohen Teilnehmerzahlen bildete der Leipziger DEKT den Höhepunkt der Kirchentage in den 1950er Jahren[77]. Weder vorher noch nachher wurde die Verbundenheit der Protestanten aus beiden deutschen Staaten derart stark zum Ausdruck gebracht und der Öffentlichkeit das Einheitsbewusstsein der EKD so deutlich vor Augen geführt[78]. Darüber hinaus bot der fünfte DEKT erstmals eine Veranstaltung nur für Kinder an und öffnete sich somit einer neuen Zielgruppe[79]. Eine weitere Besonderheit dieses Treffens bestand darin, dass der Fokus

65 Vgl. EZA, Best. 614, Nr. 9: Pressemitteilung des DEKT Stuttgart, 27.8.1952.
66 Vgl. Palm: „Wir sind doch Brüder!", S. 162.
67 Vgl. Schroeter: Kirchentag als vor-läufige Kirche, S. 124f.
68 Vgl. ebd. S. 127.
69 Vgl. ebd.
70 Vgl. ebd.
71 Vgl. ebd.
72 Vgl. ebd. S. 128.
73 Vgl. ebd. S. 145.
74 Vgl. ebd.
75 Vgl. ebd. S. 146.
76 Vgl. ebd.; Palm: „Wir sind doch Brüder!", S. 195f.
77 Vgl. Schroeter: Kirchentag als vor-läufige Kirche, S. 146.
78 Vgl. ebd. S. 154f.
79 Vgl. ebd. S. 162.

sehr viel mehr auf theologischen Themen als auf gesellschaftspolitischen Fragen lag[80]. Denn eine offene Diskussion oder gar Kritik an den Verhältnissen in der DDR hätte sowohl für die Veranstalter als auch die Teilnehmer zu Problemen mit den Staatsorganen führen können[81].

Nach dem Leipziger Treffen setzte eine neue Phase in der Entwicklung des Kirchentags ein[82]. Im November 1955 gab sich der DEKT eine neue Ordnung, welche die provisorische von 1951 ersetzte[83]. Die Präambel hielt die zentralen Aspekte der Kirchentagsarbeit fest: Es handele sich um eine Laienbewegung, die ihre Verantwortung in Bezug auf Kirche und Gesellschaft wahrnehmen wolle und sich als Teil der weltweiten Ökumene verstehe[84]. Daneben bestimmte die Ordnung, dass die Präsidialversammlung, der Präsidialrat, das Präsidium sowie der Präsident und die Generalsekretäre die Leitung des Kirchentags übernahmen[85]. Die Präsidialversammlung hatte die Aufgabe, das Präsidium zu beraten sowie den Präsidenten und die Vizepräsidenten zu wählen[86]. Das Präsidium trug die Gesamtverantwortung für den DEKT und vertrat ihn in der Öffentlichkeit[87]. In eiligen Angelegenheiten besaß der Präsidialrat, bestehend aus dem Kirchentagspräsidenten, den zwei Vizepräsidenten sowie zwei Präsidiumsmitgliedern, die Entscheidungsbefugnis[88]. Der Präsident sollte die Verbindung zu den kirchlichen und gesellschaftlichen Institutionen aufrechterhalten und die Generalsekretäre trugen die Verantwortung für die laufenden Geschäfte des Kirchentags[89]. Auf landeskirchlicher Ebene hatten die Landesausschüsse die Aufgabe, die Treffen in ihrem Gebiet vor- und nachzubereiten[90]. Da der DEKT sich als Laieninitiative verstand, mussten mindestens zwei Drittel des Präsidiums, die Hälfte der Präsidialversammlung, mindestens zwei Mitglieder des Präsidialrats, der Präsident sowie die Vorsitzenden der Landesausschüsse Nichttheologen sein[91]. Zur Bewahrung

---

80 Vgl. ebd. S. 146; Palm: „Wir sind doch Brüder!", S. 207.

81 Vgl. ebd.

82 Dirk Palm setzt die Zäsur erst für 1957/58 an, da die Thematik des DEKT in Frankfurt am Main 1956 noch ganz in der Tradition der Kirchentage der ersten Hälfte der 1950er Jahre gestanden habe. Harald Schroeter hält dem entgegen, dass das Treffen 1956 durch die verstärkte Beteiligung von ökumenischen Gästen bereits einen zukunftsweisenden Akzent gesetzt habe. Vgl. Palm: „Wir sind doch Brüder!", S. 247; Schroeter: Kirchentag als vor-läufige Kirche, S. 166f.

83 Vgl. Schroeter: Kirchentag als vor-läufige Kirche, S. 172.

84 Die Präambel lautete: „Der Deutsche Evangelische Kirchentag wurde im Jahre 1949 bei der Deutschen Evangelischen Woche in Hannover von Reinold von Thadden-Trieglaff und seinen Freunden als Laienbewegung ins Leben gerufen. Er will die evangelischen Christen in Deutschland sammeln, sie im Glauben stärken, sie für die Verantwortung in ihrer Kirche rüsten, sie zum Zeugnis in der Welt ermutigen und mit ihnen in der Gemeinschaft weltweiter Christenheit bleiben." Vgl. EZA, Best. 71, Nr. 130: Ordnung des Deutschen Evangelischen Kirchentags, 30.11.1955, S. 1.

85 Vgl. ebd. S. 1, § 3.

86 Vgl. ebd. S. 3f., § 16. Diesem Gremium gehörten die Generalsekretäre, die Mitglieder des Präsidiums und des Finanzausschusses, die Vorsitzenden der Landesausschüsse und der Arbeitsgruppenleitungen, je zwei Vertreter der Ständigen Ausschüsse, bis zu zehn Vertreter kirchlicher Werke und Verbände sowie bis zu 15 weitere berufene Persönlichkeiten an. Vgl. ebd. S. 1f., § 4.

87 Vgl. ebd. S. 4, § 21. Zu den Mitgliedern des Präsidiums zählten der Präsident, die beiden Vizepräsidenten, der Vorsitzende und der stellvertretende Vorsitzende des Finanzausschusses sowie fünf bis neun Personen, die von der Präsidialversammlung auf Vorschlag des Präsidialrats gewählt wurden. Vgl. ebd. S. 2, § 7.

88 Vgl. ebd. S. 3, § 9, und S. 5, § 26.

89 Vgl. ebd. S. 5, § 28, und S. 6, § 32.

90 Vgl. ebd. S. 8, § 41.

91 Vgl. ebd. S. 3, § 14, und S. 8, § 42.

seiner Unabhängigkeit von der verfassten Kirche finanzierte sich der Kirchentag seit seiner Gründung als eigenständiger Verein selbst[92]. Die Mittelverwaltung übertrug die Ordnung einem aus fünf bis sieben Personen bestehenden Finanzausschuss[93]. Obwohl der DEKT großen Wert auf seine Selbstständigkeit legte, war ihm die Beziehung zur Institution Kirche sehr wichtig. Schließlich bestand das Anliegen der Initiatoren auch darin, dass sich die EKD mithilfe des Kirchentags zu einer echten Gemeinschaft deutscher Protestanten entwickelte[94]. Im März 1955 bekräftigte die EKD auf ihrer Synode in Espelkamp ihre positive Haltung zum Kirchentag, indem die Synodalen ihm ihre Unterstützung bei der Umsetzung seiner Aufgaben zusagten und für die Förderung des Zusammenhalts der evangelischen Christen in Deutschland dankten[95].

Nachdem der DEKT 1955 eine Veranstaltungspause eingelegt hatte, lud er ein Jahr später nach Frankfurt/Main ein. Mit 65.000 Dauerteilnehmern und 500.000 Besuchern bei der Hauptveranstaltung[96] erreichte dieses Treffen beinahe die Dimensionen des Leipziger Kirchentags. Obwohl eine deutsche Wiedervereinigung aufgrund der Eingliederung der DDR und der Bundesrepublik in die jeweiligen politischen und militärischen Machtblöcke[97] immer unwahrscheinlicher erschien, blieb diese Thematik durch die etwa 24.000 ostdeutschen Teilnehmer in der hessischen Metropole präsent[98]. Im Kontext der Losung „Lasset euch versöhnen mit Gott" spielte darüber hinaus das Thema Beichte eine wichtige Rolle[99]. Zu den Besonderheiten des Frankfurter DEKT gehörten außerdem die noch einmal deutlich gestiegene Anzahl ökumenischer Gäste[100] und die starke Beteiligung von Jugendlichen, die zum ersten Mal das Programm mitgestalten durften[101]. Für das darauffolgende Treffen wollte das Präsidium wieder einen Veranstaltungsort in der DDR auswählen, wobei Erfurt in die engere Wahl kam[102]. Vor dem Hintergrund der allgemeinen Verschlechterung der deutsch-deutschen Beziehungen und der Krise in Ungarn[103] verweigerte die

92 Vgl. Schroeter: Kirchentag als vor-läufige Kirche, S. 174. Dabei ist er allerdings auf Zuschüsse und Spenden angewiesen, unter anderem von den gastgebenden Landeskirchen und der EKD. Vgl. dazu René Leudesdorff: Das Uhrwerk des Kirchentages, S. 200-204.

93 Vgl. EZA, Best. 71, Nr. 130: Ordnung des Deutschen Evangelischen Kirchentags, 30.11.1955, S. 7, § 35 und § 36.

94 Vgl. ebd. Nr. 1253: „Deutscher Evangelischer Kirchentag in Hannover: Rückblick und Ausblick" von Reinold von Thadden-Trieglaff, S. 2.

95 Vgl. EZA, Best. 2, Nr. 1081: Wortprotokoll der EKD-Synode in Espelkamp vom 6. bis 11. März 1955, S. 572.

96 Vgl. Schroeter: Kirchentag als vor-läufige Kirche, S. 196.

97 Am 9. Mai 1955 erfolgte der Beitritt der Bundesrepublik zur NATO, woraufhin die UdSSR im selben Monat die DDR in den „Warschauer Vertrag über Freundschaft, Zusammenarbeit und gegenseitigen Beistand" einbezog. Vgl. Schroeder: Der SED-Staat, S. 131f.

98 Vgl. Schroeter: Kirchentag als vor-läufige Kirche, S. 196.

99 Vgl. ebd. S. 205.

100 Insgesamt kamen 3.200 Vertreter der Ökumene nach Frankfurt. Vgl. ebd. S. 196.

101 Vgl. ebd. S. 197.

102 Vgl. Palm: „Wir sind doch Brüder!", S. 247.

103 Im Oktober 1956 ereignete sich in Ungarn ein Volksaufstand, der sich gegen die kommunistische Diktatur und die UdSSR richtete. In Anlehnung an den Arbeiteraufstand im polnischen Posen im Sommer 1956 wurden in Budapest und anderen ungarischen Städten Demonstrationen organisiert, bei denen die Teilnehmer unter anderen die Wiedereinsetzung des reformorientierten Kommunisten Imre Nagy als Ministerpräsidenten forderten. Nachdem Nagy zum Ministerpräsidenten ernannt worden war, erwirkte er am 30. Oktober 1956 den Abzug der sowjetischen Truppen aus Budapest. Am 4. November kehrten die Truppen allerdings zurück, da Nagy eine

Regierung allerdings die Genehmigung des Kirchentags in Thüringen[104]. Da die Verhandlungen zwischen dem DEKT und der DDR erst im Frühjahr 1957 – also nur wenige Monate vor Beginn des geplanten Treffens – endgültig scheiterten, zog man eine Verlegung in die Bundesrepublik nicht mehr in Betracht[105]. Stattdessen sollte der Kirchentag im Oktober 1957 in Berlin in Form mehrerer regionaler Veranstaltungen und eines Delegiertentreffens stattfinden[106]. Mit seiner dezentralen Struktur fiel der achte DEKT aus dem bisherigen Rahmen und wurde deshalb von den Zeitgenossen nicht als vollwertiger Kirchentag angesehen, auch wenn er bei der Mehrzahl der Teilnehmer eine positive Resonanz hervorrief[107].

Im Jahr 1957 hatte die Leitung des DEKT außerdem beschlossen, dass die Kirchentage zukünftig in einem zweijährigen Rhythmus stattfinden sollten[108]. Somit wurde das nächste Treffen für 1959 in München geplant. Dort versammelten sich 48.500 Dauerteilnehmer und 350.000 Besucher bei der Abschlussveranstaltung[109]. Die Teilnahme von Christen aus der DDR fiel im Vergleich zum letzten großen DEKT in Frankfurt deutlich geringer aus, weil die SED-Führung nur etwa 1.000 Interzonenpässe genehmigte[110]. Dadurch spielte in der bayrischen Landeshauptstadt die Situation der christlichen Bevölkerung in der DDR kaum noch eine Rolle[111]. Weil sich die Beziehungen zwischen der DDR und der Bundesrepublik weiter verschlechterten, schien die Hoffnung auf eine baldige Wiedervereinigung, die der Kirchentag bisher versucht hatte aufrechtzuerhalten, nahezu zerstört[112]. In der Folge konzentrierte sich der DEKT immer stärker auf die Situation in Westdeutschland und verlor nach und nach den Bezug zu den Gegebenheiten in der DDR[113]. Inhaltlich war in München der Themenbereich „Juden und Christen" prägend, der im Programm der darauffolgenden bundesdeutschen Treffen einen festen Platz erhielt[114].

Im Vorfeld des für Juli 1961 geplanten Kirchentags kam es im Präsidium zu heftigen Auseinandersetzungen über die Wahl des Tagungsortes[115]. Während einige Mitglieder Dortmund favorisierten, sprachen sich andere für Berlin aus – vor allem deshalb,

---

Koalitionsregierung mit den 1948 verbotenen antifaschistischen Parteien eingegangen war und den Austritt Ungarns aus dem „Warschauer Pakt" erklärt hatte. Der Volksaufstand wurde mit militärischer Gewalt niedergeschlagen, der mehrere Tausend Menschen zum Opfer fielen. Rund 200.000 Ungarn flüchteten ins Ausland, Nagy wurde am 16. Juni 1958 hingerichtet. Vgl. Schroeder: Der SED-Staat, S. 135; Hugh Seton-Watson: Art. Russland und Osteuropa, in: Propyläen Weltgeschichte, Bd. 10, Berlin/Frankfurt am Main 1991, S. 211-214.

104 Vgl. Schroeter: Kirchentag als vor-läufige Kirche, S. 214; Palm: „Wir sind doch Brüder!", S. 249-253.

105 Vgl. EZA, Best. 95, Nr. 138: Brief von Reinold von Thadden-Trieglaff an die Leitungen der Gliedkirchen der EKD, 8.5.1957, S. 1.

106 Vgl. ebd. S. 1f. Zu dem Herbsttreffen vom 25. bis 27. Oktober 1957 in Berlin waren 3.000 Delegierte eingeladen. Vgl. Schroeter: Kirchentag als vor-läufige Kirche, S. 214.

107 Vgl. ebd.

108 Vgl. Runge/Käßmann (Hg.): Kirche in Bewegung, S. 53.

109 Vgl. Schroeter: Kirchentag als vor-läufige Kirche, S. 245.

110 Vgl. Palm: „Wir sind doch Brüder!", S. 273. Als Reaktion darauf fanden in der DDR einige wenige regionale Treffen statt, so zum Beispiel in Greifswald am 6. und 7. Juni 1959. Vgl. Schroeter: Kirchentag als vor-läufige Kirche, S. 249; „Erinnerungen an den ersten Landeskirchentag" In: Die Kirche (Greifswalder Ausgabe), Jg. 39, Nr. 24 vom 10./11.6.1984, S. 4.

111 Vgl. Schroeter: Kirchentag als vor-läufige Kirche, S. 246.

112 Vgl. ebd.

113 Vgl. ebd.

114 Vgl. ebd. S. 250.

115 Vgl. Palm: „Wir sind doch Brüder!", S. 278-280.

weil der Kirchentag ihrer Ansicht nach nicht nur eine „westdeutsche Angelegenheit" war[116]. Das Präsidium entschied sich zwar tatsächlich für Berlin, konnte das Treffen allerdings nicht wie beabsichtigt in allen vier Sektoren der Stadt durchführen, da die SED ihre Zustimmung verweigerte[117]. Mit ihrem repressiven Verhalten verfolgte die DDR-Führung das Ziel, die deutsche evangelische Kirche zu spalten[118]. Doch auch vor dem Hintergrund der politischen Bedeutung Berlins und des vom sowjetischen Regierungschef Chruschtschow verhängten Ultimatums war eine Genehmigung des Kirchentags im Ostteil der Stadt unmöglich geworden[119]. Trotz massiver Behinderungen reisten nach Angaben der Veranstalter aber 20.000 der insgesamt 45.000 Dauerteilnehmer aus der DDR an[120]. Somit kam es in Berlin doch noch zu vielen Begegnungen zwischen Besuchern aus Ost und West, die allerdings nicht darüber hinwegtäuschen konnten, dass sich die Christen aus beiden deutschen Staaten zunehmend voneinander entfernten[121]. Die endgültige Trennung der west- und ostdeutschen Protestanten schien mit dem Bau der Berliner Mauer am 13. August 1961 besiegelt. Auch die Kirchentagsarbeit zwang der Mauerbau in eine neue Entwicklungsphase, die vom Ende ihres gesamtdeutschen Anspruchs und einer verstärkten Konzentration auf Reformen in Kirche und Gesellschaft gekennzeichnet war[122].

2.2 Die Kirchentagsarbeit in der DDR nach 1961

Durch die Abriegelung der innerdeutschen Grenze wurde auch die Kirchentagsarbeit gespalten. Von ihren Mitarbeitern in der Bundesrepublik zunehmend isoliert, mussten die Kirchentagsverantwortlichen in der DDR zu einer eigenständigen Organisationsform finden. Obwohl der gegenseitige Austausch nicht völlig abriss und sich ab Ende der 1970er Jahre sogar wieder intensivierte[123], entwickelten sich zwischen 1961 und 1989 zwei unterschiedliche Zweige des evangelischen Kirchentags.
Während der bundesdeutsche Stab die bisherige DEKT-Tradition fortführte, stellten die ostdeutschen Mitarbeiter die Durchführung von Treffen in der DDR zunächst generell zur Diskussion[124]. Dass DDR-Christen eine Teilnahme an den Treffen in der Bundesrepublik bis auf Weiteres verwehrt blieb, machte der Kirchentag 1963 in Dortmund

116 Vgl. ebd. S. 279.
117 Vgl. ebd.; EZA, Best. 95, Nr. 165: „Erklärung des Deutschen Evangelischen Kirchentags", 11.7.1961.
118 Vgl. Palm: „Wir sind doch Brüder!", S. 283.
119 Vgl. ebd. S. 283f. Im November 1958 hatte Nikita Chruschtschow gefordert, dass die drei Westmächte Berlin binnen sechs Monaten verließen. Vgl. ebd.
120 Nach Angaben der westlichen Presse und des MfS kamen lediglich 4.000 bis 4.500 Dauerteilnehmer aus der DDR. Vgl. ebd. S. 299.
121 Vgl. ebd. S. 301.
122 Vgl. ebd. S. 305; Schroeter: Kirchentag als vor-läufige Kirche, S. 285. Zur weiteren Entwicklung des DEKT vgl. Steinacker: Art. Kirchentage, in: TRE 19, Berlin/New York 2000, S. 106f.; Schroeter-Wittke: Art. Kirchentag, in: RGG[4] 4, Tübingen 2001, Sp. 1304-1306; ders.: Der Deutsche Evangelische Kirchentag in den 1960er und 70er Jahren, S. 213-225; Runge/Krause (Hg.): Zeitansage. 40 Jahre Deutscher Evangelischer Kirchentag, Stuttgart 1989; Runge/Käßmann (Hg.): Kirche in Bewegung. 50 Jahre Deutscher Evangelischer Kirchentag, Gütersloh 1999; Runge/Ueberschär (Hg.): Fest des Glaubens – Forum der Welt. 60 Jahre Deutscher Evangelischer Kirchentag, Gütersloh [2]2010; Teresa Klement: Der 14. Deutsche Evangelische Kirchentag 1969 und die öffentlich-rechtlichen Rundfunkmedien, Göttingen 2019.
123 Siehe dazu Kapitel 4 bis 8.
124 Vgl. Schröder: Werden und Wachsen des Evangelischen Kirchentages in der DDR, S. 22.

deutlich, der erstmals ganz ohne ostdeutsche Beteiligung stattfand[125]. Daneben traten auch auf der Leitungsebene immer mehr organisatorische Probleme auf. Das Ost-Präsidium[126] blieb zwar Teil des Gesamtpräsidiums unter der Leitung des Präsidenten in Fulda, wurde aber nach dem 13. August 1961 massiv an der Mitwirkung gehindert und konnte nur noch als ferner Zuschauer fungieren[127]. So war es den Mitgliedern zum Beispiel nicht möglich, an der Wahl des neuen Präsidenten am 31. Mai 1964 in West-Berlin teilzunehmen[128]. Damit sich die Präsidiumsmitglieder aus der DDR trotzdem an der Wahl beteiligen konnten, erfolgte eine zweite Abstimmung am 1. Juni in Ost-Berlin[129]. Angesichts der zunehmenden Schwierigkeiten war aber nicht mehr zu leugnen, dass man für die ostdeutsche Kirchentagsarbeit eine eigene Struktur und ein eigenes Konzept finden musste. Wegen der repressiven Haltung der Regierung gegenüber dem Kirchentag erwiesen sich zentral durchgeführte Großveranstaltungen als unmöglich[130]. Daher bildete sich der in manchen Gliedkirchen bereits bekannte Landeskirchentag als wesentliche Veranstaltungsform heraus[131]. Zu den ersten Treffen nach dem Mauerbau gehörten die Landeskirchentage 1962 in Schwerin, Stralsund und Dessau[132]. Ein Jahr später wurden als „Kirchentagstreffen" bezeichnete Delegiertentagungen unter der Losung „Das Wagnis des Glaubens" in Brandenburg/Havel, Zwickau und Erfurt veranstaltet[133]. Nach den Landeskirchentagen 1964 in Bernburg und Greifswald fanden 1965 die beiden ersten größeren „Kirchentagstreffen" in Wittenberg und Frankfurt/Oder statt[134]. Besonders das Frankfurter Treffen besaß aus Sicht der Verantwortlichen Modellcharakter, weil es Arbeitstagung und Gemeindefest gut miteinander verbunden hatte[135]. In der zweiten Hälfte der 1960er Jahre entstand außerdem eine ganz neue Form von Kirchentagsarbeit: Ab 1968 wurden vor allem vom

125 Vgl. Schroeter: Kirchentag als vor-läufige Kirche, S. 287.

126 Zum vierköpfigen Rest-Präsidium wurden zwei weitere Mitglieder kooptiert. Es bestand demnach aus Reimer Mager (Dresden), Fritz Figur (Berlin), Ilse von Münchhausen (Naumburg), Helga Krummacher (Greifswald), Reinhold Hildebrandt (Berlin) und Heinz Pflugk (Rostock). Vgl. „Bericht über die Kirchentagsarbeit in der DDR, gegeben am 13.3.1971 vor der Konferenz der Evangelischen Kirchenleitungen in der DDR", abgedruckt in: Schröder: Werden und Wachsen des Evangelischen Kirchentages in der DDR, S. 131; LKAS, OKR Gen., Nr. 753: „Evangelischer Kirchentag in der DDR: Dokumentation 1962-1978", 1.2.1979, S. 13.

127 Vgl. Beier: Missionarische Gemeinde in sozialistischer Umwelt, S. 24f.

128 Vgl. ebd. S. 30.

129 Vgl. ebd.

130 Vgl. ebd. S. 24; Schröder: Werden und Wachsen des Evangelischen Kirchentages in der DDR, S. 25.

131 Vgl. Beier: Missionarische Gemeinde in sozialistischer Umwelt, S. 30. So gab es bereits im Jahr 1932 erste Landeskirchentage in Güstrow und Stettin, wobei das Güstrower Treffen am 19. Juni 1932 etwa 20.000 Teilnehmer verzeichnete. Die nächsten Kirchentage in Mecklenburg und Pommern fanden erst wieder nach dem Krieg statt: am 5. Juli 1953 in Güstrow und am 6. und 7. Juni 1959 in Greifswald. Vgl. Kleiminger: Zur Geschichte der Kirchentagsbewegung in Mecklenburg, S. 17 und S. 24; Schroeter: Kirchentag als vor-läufige Kirche, S. 47; „Erinnerungen an den ersten Landeskirchentag" In: Die Kirche (Greifswalder Ausgabe), Jg. 39, Nr. 24 vom 10./11.6.1984, S. 4.

132 Vgl. LKAS, OKR Gen., Nr. 753: „Evangelischer Kirchentag in der DDR: Dokumentation 1962-1978", 1.2.1979, S. 21.

133 Vgl. ebd. S. 21f.

134 Vgl. ebd. S. 22f.

135 Vgl. ebd. S. 6.

sächsischen Landesausschuss so genannte „Kirchentagskongresse“ organisiert, an denen Laien als Delegierte teilnahmen und die einen missionarischen Anspruch verfolgten[136].
Ein erster Schritt auf dem Weg zu einer eigenständigen Konzeption stellten die am 15. Januar 1964 von der Konferenz der Landesausschüsse[137] beschlossenen „Richtlinien für die Arbeit des Kirchentages im Raum der DDR“ dar[138]. Sie definierten den Kirchentag ähnlich wie die Ordnung des DEKT von 1955 als eine landeskirchenübergreifende Sammlungsbewegung für evangelische Christen, die in einem festgelegten Jahresrhythmus Aktionen plant[139]. Kernstück sei dabei die Beantwortung von Lebensfragen aus der Perspektive des christlichen Glaubens[140]. Dass außerdem die Präambel der Ordnung von 1955 zitiert wurde[141], belegt, wie eng sich die ostdeutsche Kirchentagsarbeit noch mit der Tradition des DEKT verbunden sah. Das Novum der „Richtlinien“ waren die Vorschläge, die sich aus der aktuellen Situation in der DDR ergaben. Da „Gesamtkirchentage“ in der DDR in nächster Zeit nicht möglich schienen, schlug die Konferenz Landeskirchentage sowie von mehreren Landeskirchen gemeinsam organisierte Treffen vor[142]. Zu deren Vorbereitung waren regelmäßige Arbeitsgruppentagungen und Ortstreffen von Teilnehmern sowie die Bildung eines Arbeitskreises zur Ausarbeitung der Themen angedacht[143]. Neben den „Richtlinien“ wurde auch eine Geschäftsordnung für die Konferenz erarbeitet, welche die bisher nur als Entwurf vorhandene Ordnung des Ostausschusses ersetzte[144]. Die am 14. Juni 1966 verabschiedete Geschäftsordnung bestand aber weiterhin im Rahmen der Ordnung des DEKT[145]. Zu den wenigen Änderungen gehörten die Neuregelung der Zusammensetzung[146] und die Berufung eines Beauftragten, der die Koordinierung der Kirchentagsvorhaben übernehmen sollte[147]. Die

136 Zur Entstehung der Kirchentagskongresse vgl. Beier: Missionarische Gemeinde in sozialistischer Umwelt, S. 103-242.

137 Der 1951 gebildete Ostausschuss des DEKT benannte sich unter dem Vorsitz von Reimer Mager in „Konferenz der Landesausschüsse in der DDR“ um. Mager war seit 1959 Vorsitzender des Ostausschusses, daneben hatte er das Amt des Vizepräsidenten des DEKT und des Präsidenten der sächsischen Landessynode inne. Vgl. ebd. S. 31.

138 Vgl. ebd. S. 33.

139 Vgl. EZA, Best. 71, Nr. 362: Anhang zum Vermerk vom 22.1.1964 über die Sitzung der Konferenz der Landesausschüsse am 15.1.1964, S. 1.

140 Vgl. ebd.

141 Vgl. ebd.

142 Vgl. ebd.

143 Vgl. ebd. S. 1-3.

144 Vgl. Beier: Missionarische Gemeinde in sozialistischer Umwelt, S. 34.

145 Vgl. EZA, Best. 71, Nr. 361: „Geschäftsordnung für die Konferenz der Landesausschüsse des Deutschen Evangelischen Kirchentages in der DDR“ vom 14.6.1966, S. 1.

146 Die Anzahl der Delegierten der einzelnen Landesausschüsse für den Ostausschuss richtete sich nach den jeweiligen Mitgliederzahlen der Landeskirchen, sodass Berlin-Brandenburg vier Delegierte entsenden durfte, die KPS und die sächsische Landeskirche je drei, Thüringen und Mecklenburg je zwei und Pommern, Anhalt und Görlitz je einen Vertreter. Nach der Geschäftsordnung von 1966 waren aus jedem Landesausschuss einheitlich drei Delegierte zulässig. Vgl. ebd. S. 1, Artikel 2; EZA, Best. 95, Nr. 184: Entwurf der Ordnung des Ostausschusses des DEKT, S. 1, Artikel 3.

147 Vgl. EZA, Best. 71, Nr. 361: „Geschäftsordnung für die Konferenz der Landesausschüsse des Deutschen Evangelischen Kirchentages in der Deutschen Demokratischen Republik“, 14.6.1966, S. 2, Artikel 5. Der erste Kirchentagsbeauftragte war Pastor Horst Krüger-Haye, der dieses Amt von 1967 bis 1977 innehatte. Ihm folgte bis 1993 der Berliner Diakon Hans-Detlef Peter. Vgl. Beier: Missionarische Gemeinde in sozialistischer Umwelt, S. 34; Runge/Ueberschär (Hg.): Fest des Glaubens – Forum der Welt, S. 243.

endgültige Loslösung der ostdeutschen Kirchentagsarbeit vom DEKT vollzog sich parallel zur Bildung des „Bundes der Evangelischen Kirchen in der DDR" (BEK)[148]. So strich die Konferenz der Landesausschüsse im Jahr 1969 die Bezeichnung „Deutscher Evangelischer Kirchentag" aus ihrem Namen und nannte sich fortan „Evangelischer Kirchentag. Konferenz der Landesausschüsse in der DDR"[149]. Am 11. März 1972 erhielt der DDR-Kirchentag eine vom bundesdeutschen Pendant unabhängige Ordnung, die am 16. November 1974 erweitert wurde[150]. Die Präambel dieser Ordnung hatte fast den gleichen Wortlaut wie jene von 1955, was erneut die Verbundenheit der Kirchentagsarbeit in der DDR mit der im DEKT verankerten Idee belegt. Sie erklärte: „Der Evangelische Kirchentag will evangelische Christen sammeln, sie im Glauben stärken, sie für die Verantwortung in ihrer Kirche rüsten, sie zum Zeugnis und zum Dienst in der Gesellschaft ermutigen und mit ihnen in der Gemeinschaft weltweiter Christenheit bleiben."[151] Dass die Konferenz der Landesausschüsse die Formulierung von 1955 „evangelische Christen *in Deutschland* sammeln"[152] änderte und neben das „Zeugnis" den „Dienst in der Gesellschaft" stellte, macht die veränderte Situation der Kirchentagsarbeit in der DDR deutlich. Nach dem Mauerbau und der mit der Abspaltung von der EKD verbundenen Konstituierung des Kirchenbunds konnte von einer Sammlung der Christen „in [ganz] Deutschland" nicht mehr die Rede sein. Der „Dienst"-Zusatz mag wiederum auf die Debatten innerhalb des BEK zum Auftrag der Kirchen zurückgehen. So hatte die Bundessynode zum Beispiel bei ihrer ersten regulären Tagung im Juni 1970 erklärt, der Bund müsse sich als eine „Zeugnis- und Dienstgemeinschaft von Kirchen in der sozialistischen Gesellschaft" bewähren[153]. Auch bei der Bundessynode 1971 forderte Bischof Albrecht Schönherr die „Zeugnis- und Dienstgemeinschaft der Kirchen" auf, ihren Wirkungsbereich in der DDR neu zu bedenken, und zwar „*in* dieser so geprägten Gesellschaft, nicht *neben* ihr, nicht *gegen* sie"[154].
In der Ordnung wurden drei Gremien zur Leitung der Kirchentagsarbeit in der DDR bestimmt: das Präsidium, die Konferenz der Landesausschüsse und der Leitungskreis der Konferenz. Das Präsidium, bestehend aus dem Vorsitzenden sowie vier bis sechs weiteren Mitgliedern, die die Konferenz auf sechs Jahre wählte[155], hielt die Verbindung zum BEK und dessen Gliedkirchen und vertrat den Kirchentag nach außen[156]. Darüber hinaus sollte es Impulse für die Arbeit des Kirchentags geben und besaß ein Vetorecht gegenüber den Konferenzbeschlüssen[157]. Die Konferenz wiederum stellte kein zentrales Leitungsgremium dar, sondern war eine Arbeitsgemeinschaft der Ausschüsse der Landeskirchen, sodass ihre Beschlüsse lediglich den

148 Vgl. Beier: Missionarische Gemeinde in sozialistischer Umwelt, S. 35. Zur Entstehungsgeschichte des BEK vgl. Mau: Der Protestantismus im Osten Deutschlands (1945-1990), S. 92-108.
149 Vgl. Beier: Missionarische Gemeinde in sozialistischer Umwelt, S. 35.
150 Vgl. LKAG, Best. KT, Nr. 59: „Beschluß der Konferenz der Evangelischen Kirchenleitungen in der DDR zur Ordnung des Evangelischen Kirchentages in der DDR vom 8. Mai 1976".
151 Vgl. ebd.: Ordnung des Evangelischen Kirchentags in der DDR, S. 1.
152 Vgl. EZA, Best. 71, Nr. 130: Ordnung des Deutschen Evangelischen Kirchentags, 30.11.1955, S. 1.
153 Vgl. Mau: Der Protestantismus im Osten Deutschlands (1945-1990), S. 108.
154 Vgl. ebd. S. 109.
155 Vgl. LKAG, Best. KT, Nr. 59: Ordnung des Evangelischen Kirchentags in der DDR, S. 1, Abschnitt I.1 und I.2.
156 Vgl. ebd. S. 2, Abschnitt I.3a.
157 Vgl. ebd. Abschnitt I.3b und I.3c.

Rang einer Empfehlung hatten[158]. Zu den Mitgliedern zählten die Vorsitzenden der acht Landesausschüsse und deren Geschäftsführer, je ein Delegierter der Landesausschüsse, die Präsidiumsmitglieder sowie ein Vertreter des BEK[159]. Der Vorsitzende der Konferenz[160] hatte gleichzeitig den Vorsitz im Präsidium inne[161]. Für die inhaltliche Vorbereitung der Treffen bildete die Konferenz zunächst einen ständigen Themenausschuss zur Erarbeitung der Losung und der entsprechenden Unterthemen[162]. Im Vorfeld der Kirchentage von 1970 löste sie diesen ständigen Ausschuss auf und ersetzte ihn durch Ad-hoc-Themenkonvente, die sie jeweils eineinhalb Jahre vor geplanten Kirchentagen einberief[163]. Der Leitungskreis setzte sich aus dem Vorsitzenden der Konferenz, dessen Stellvertreter, dem Beauftragten sowie dem Sachbearbeiter der Kirchentagsgeschäftsstelle zusammen[164]. Als Exekutivorgan hatte er die Beschlüsse des Präsidiums und der Konferenz umzusetzen und die Arbeit des Kirchentags zu koordinieren[165]. Wie die Ordnung des DEKT legte auch die Ordnung des DDR-Kirchentags eine Laienquote für die Leitungsgremien fest. Dabei beschränkte man sich allerdings auf die Forderung, dass mindestens drei Präsidiumsmitglieder und entweder der Vorsitzende der Konferenz oder sein Stellvertreter Laien waren[166]. An dieser Stelle deutete sich bereits an, dass die ostdeutsche Kirchentagsarbeit vornehmlich von Pastoren geleitet und gestaltet wurde.

Nach der Verabschiedung der eigenständigen Ordnung erkannte der BEK den Kirchentag mit dem Schreiben vom 25. Oktober 1974 als Arbeitsgemeinschaft des Bundes an[167]. Am 8. Mai 1976 bekräftigte die KKL die Anerkennung als Arbeitsgemeinschaft noch einmal in einem ausdrücklichen Beschluss[168]. Darin heißt es, der Kirchenbund habe die Ordnung zustimmend zur Kenntnis genommen und gewähre dem Kirchentag Rechtsschutz[169]. Für die Kirchentagsarbeit in der DDR, die vor allem in den 1960er Jahren massiven staatlichen Repressionen ausgesetzt war[170], bedeutete dieser Rückhalt in der verfassten Kirche eine entscheidende Voraussetzung für die Verhandlungen mit den staatlichen Stellen im Hinblick auf die

---

158 Vgl. Beier: Missionarische Gemeinde in sozialistischer Umwelt, S. 38.

159 Vgl. LKAG, Best. KT, Nr. 59: Ordnung des Evangelischen Kirchentags in der DDR, S. 2, Abschnitt II.3a bis II.3d.

160 Reimer Mager war der erste Vorsitzende der Konferenz. Nach Magers Tod 1966 übernahm Landessuperintendent Otto Schröder (Mecklenburg) im Mai 1967 den Vorsitz. Ihm folgte im März 1984 der Wittenberger Chefarzt Bernhard Opitz. Vgl. Beier: Missionarische Gemeinde in sozialistischer Umwelt, S. 34f.; Irmgard Lent: Der Weg des Kirchentages in der DDR durch drei Jahrzehnte, S. 169.

161 Vgl. LKAG, Best. KT, Nr. 59: Ordnung des Evangelischen Kirchentags in der DDR, S. 2, Abschnitt II.4.

162 Vgl. Schröder: Werden und Wachsen des Evangelischen Kirchentages in der DDR, S. 35f.

163 Der erste Themenkonvent fand 1969 in der evangelischen Bildungsstätte Hirschluch in Storkow/Mark statt. Vgl. Lent: Der Weg des Kirchentages in der DDR durch drei Jahrzehnte, S. 172f.

164 Vgl. LKAG, Best. KT, Nr. 59: Ordnung des Evangelischen Kirchentags in der DDR, S. 3, Abschnitt III.3.

165 Vgl. Schröder: Werden und Wachsen des Evangelischen Kirchentages in der DDR, S. 45.

166 Vgl. LKAG, Best. KT, Nr. 59: Ordnung des Evangelischen Kirchentags in der DDR, S. 1, Abschnitt I.1, und S. 2, Abschnitt II.4.

167 Vgl. Beier: Missionarische Gemeinde in sozialistischer Umwelt, S. 37.

168 Vgl. LKAG, Best. KT, Nr. 59: „Beschluß der Konferenz der Evangelischen Kirchenleitungen in der DDR zur Ordnung des Evangelischen Kirchentages in der DDR vom 8. Mai 1976".

169 Vgl. ebd.

170 Vgl. dazu Beier: Missionarische Gemeinde in sozialistischer Umwelt, S. 58-101. Siehe auch Kapitel 4.1.

Organisation der Treffen. Denn als unabhängiger Verein wie in der Bundesrepublik wäre der Kirchentag vom Staat kaum als Gesprächspartner anerkannt worden. Deshalb hatte bereits vor der offiziellen Anerkennung als Arbeitsgemeinschaft eine enge Verbindung zwischen Kirchentag und Kirchenbund bestanden. So kam es zum Beispiel am 9. September 1970 zu einem Treffen zwischen Mitgliedern des Vorstands der KKL und des Kirchentagspräsidiums[171]. Außerdem lud die KKL den Vorsitzenden der Konferenz der Landesausschüsse, Otto Schröder, mehrfach zur Berichterstattung über die Entwicklung des Kirchentags ein[172]. In seinem ersten Bericht am 13. März 1971 erläuterte Otto Schröder die Umstände, die zur Teilung der Kirchentagsarbeit in Deutschland geführt hatten, und gab einen Überblick zur organisatorischen Struktur des DDR-Kirchentags[173]. Darüber hinaus äußerte er sich zu aktuellen Plänen, unter anderem zur möglichen Bildung landeskirchenübergreifender Kirchentagsregionen[174]. So hatte zum Beispiel beim Erfurter Treffen 1970 die thüringische Kirche mit der Kirchenprovinz Sachsen kooperiert[175]. Andere Ausschüsse standen einer engeren Kooperation weniger aufgeschlossen gegenüber. So zeigte sich der Greifswalder Landesausschuss nur zu einer losen Zusammenarbeit mit den Mecklenburgern bereit[176]. Daher wurde letztlich keine feste „Kirchentagsregion Nord" gebildet[177], auch wenn die beiden Kirchen 1983 und 1988 zwei gemeinsame Treffen in Rostock veranstalteten[178]. Der zweite Bericht vor der KKL am 13. Januar 1979 beinhaltete eine Auswertung der Treffen des Jahres 1978 in Erfurt, Stralsund, Leipzig und Brandenburg/Havel. Otto Schröder bezeichnete diese Kirchentage als ein „Zeichen der Ermutigung"[179]. Das hing unter anderem damit zusammen, dass sie die bis dato höchsten Besucherzahlen verzeichnen konnten: Insgesamt zogen die vier Treffen etwa 6.500 Dauerteilnehmer und 90.000 Besucher an den Abschlusstagen an[180]. Im Vergleich zu den Kirchentagen von 1970 hatten sich die Zahlen damit verdoppelt respektive sogar verdreifacht[181]. Dieser quantitative Sprung war im Übrigen auch der Anlass für die KKL gewesen, die EKT-Leitung um einen Bericht zu ersuchen[182]. Einen weiteren Fortschritt bei der Entwicklung der Kirchentage in der DDR sah der Vorsitzende der Konferenz der Landesausschüsse in Bezug auf die Zusammenarbeit mit den staatlichen Stellen[183]. Zum Beispiel seien die Staatsorgane den Veranstaltern hinsichtlich der Nutzungsgenehmigung für öffentliche Plätze und der Bewilligung der Einreise einer „überraschend große[n] Anzahl" ökumenischer

171 Vgl. „Bericht über die Kirchentagsarbeit in der DDR, gegeben am 13.3.1971 vor der Konferenz der Evangelischen Kirchenleitungen in der DDR", abgedruckt in: Schröder: Werden und Wachsen des Evangelischen Kirchentages in der DDR, S. 133.

172 Vgl. Schröder: Werden und Wachsen des Evangelischen Kirchentages in der DDR, S. 58.

173 Vgl. „Bericht über die Kirchentagsarbeit in der DDR, gegeben am 13.3.1971 vor der Konferenz der Evangelischen Kirchenleitungen in der DDR", abgedruckt in: ebd. S. 130-133.

174 Vgl. ebd. S. 132.

175 Vgl. ebd.

176 Vgl. Beier: Missionarische Gemeinde in sozialistischer Umwelt, S. 57.

177 Vgl. Schröder: Werden und Wachsen des Evangelischen Kirchentages in der DDR, S. 26.

178 Siehe Kapitel 6 und 8.

179 Vgl. „Bericht vor der Konferenz der Kirchenleitungen am 13.1.79 über die Kirchentage 1978", abgedruckt in: Schröder: Werden und Wachsen des Evangelischen Kirchentages in der DDR, S. 139.

180 Vgl. ebd. S. 134.

181 Insgesamt hatten die vier Treffen 1970 rund 3.000 Dauerteilnehmer und 30.000 Besucher an den Abschlusstagen verzeichnet. Vgl. ebd.

182 Vgl. ebd.

183 Vgl. ebd. S. 137.

Gäste entgegengekommen[184]. Otto Schröder kommentierte diese Entwicklung mit den Worten: „Hier ist ein Wandel eingetreten. [...] Man könnte von einer Anerkennung der Kirchentage sprechen.“[185] Aus staatlicher Perspektive war man von einer Anerkennung des Kirchentags allerdings weit entfernt. Vielmehr verfolgte die SED die Absicht, die Treffen für ihre eigenen Ziele zu nutzen, wie zur Verbesserung des internationalen Ansehens der DDR[186]. Die staatliche Unterstützung der Organisation der Kirchentage von 1978 änderte nichts am eigentlichen Ziel der SED-Kirchenpolitik: der Marginalisierung der Kirche in der Gesellschaft[187].

Bisher ungekannte staatliche Großzügigkeit erfuhren auch die sieben Treffen im so genannten „Lutherjahr“ 1983, die einen absoluten Höhepunkt in der Geschichte der DDR-Kirchentage darstellten. Anlässlich des 500. Geburtstags des Reformators fanden die Treffen in Erfurt, Rostock, Eisleben, Frankfurt/Oder, Magdeburg, Dresden und Wittenberg unter der Losung „Vertrauen wagen“ statt. Da die Veranstaltungen im Rahmen des Lutherjubiläums nach Ansicht der SED-Führung eine große innen- und außenpolitische Bedeutung besaßen, waren die Staatsorgane zu vielen Zugeständnissen bereit[188]. Seit den 1960er Jahren hatte sich zudem das Luther-Bild innerhalb der marxistischen Historiografie gewandelt und zunehmend positive Züge erhalten[189]. Die scheinbar wohlmeinende Haltung der SED im Hinblick auf das Lutherjubiläum, die sich zum Beispiel an der Bildung des staatlichen Luther-Komitees unter dem Vorsitz von Erich Honecker zeigte[190], veranlasste die Konferenz der Landesausschüsse sogar dazu, die Durchführung eines zentralen Kirchentags vorzuschlagen[191]. Ein DDR-weites Treffen konnte zwar letztlich nicht realisiert werden, aber die regionalen Kirchentage verzeichneten ebenfalls beachtliche Besucherzahlen[192]. Darüber hinaus dürften sich einige der Kirchentagsaktionen tief ins Gedächtnis der Teilnehmer eingeprägt haben. Dazu gehörte eindeutig das Umschmieden eines Schwertes zu einer Pflugschar in Wittenberg[193]. Es erinnerte an die ein Jahr zuvor massiv vom Staat bekämpfte Aktion „Schwerter zu Pflugscharen“[194] und entwickelte

184 Vgl. ebd.

185 Vgl. ebd.

186 Vgl. LAG, Rep. 200 II 7.3, Nr. 30, Blatt 1: „Konzeption zur Vorbereitung und Durchführung des Kirchentages der Evangelischen Landeskirche Greifswald in der Zeit vom 16.-18.6.1978 in Stralsund“, S. 1.

187 Siehe dazu Kapitel 4.2.

188 Vgl. BArch, DO-4/1391, Blatt 620: „Konzeption zur staatlichen Einflußnahme auf die Kirchentage 1983“, 27.10.1981, S. 1.

189 Siehe dazu Kapitel 6.2.

190 Vgl. SAPMO-BArch, DY/30/J IV 2/2 Nr. 1843, Blatt 7: Anlage Nr. 1 zum Protokoll Nr. 23/80: Rede von Erich Honecker anlässlich der Konstituierung des Martin-Luther-Komitees am 13. Juni 1980, S. 1.

191 Siehe dazu Kapitel 6.1.

192 Insgesamt nahmen 200.000 Menschen an den sieben Kirchentagen teil. Vgl. LKAS, LA KT, Nr. 4: Protokoll der Klausurtagung der Konferenz der Landesausschüsse vom 9. bis 11.12.1983, S. 2.

193 Vgl. Mau: Der Protestantismus im Osten Deutschlands (1945-1990), S. 158f.

194 Während der evangelischen Friedensdekade im November 1981 unter dem Motto „Gerechtigkeit, Abrüstung, Frieden“ wurden Aufnäher verteilt, die vor allem bei Jugendlichen breite Resonanz fanden. Sie zeigten das Denkmal „Schmieden wir die Schwerter zu Pflügen um“, ein Geschenk der UdSSR an die Vereinten Nationen in New York, sowie den Schriftzug „Schwerter zu Pflugscharen (Micha 4)“. Dieses Symbol führte 1981/1982 zu einem heftigen innenpolitischen Konflikt, der trotz starker Proteste führender Kirchenvertreter nicht gelöst werden konnte. Schließlich durfte die Druckerei der Herrnhuter Brüdergemeine den Aufnäher ab März 1982 nicht mehr herstellen. Allerdings war er bereits so weit verbreitet, dass es der SED schwerfiel, ihn aus der Öffentlichkeit

sich zu einem wichtigen Symbol der staatlich unabhängigen Friedensbewegung[195]. Vor dem Hintergrund des außergewöhnlichen Verlaufs der Kirchentage des Lutherjahrs hielt Otto Schröder am 28. Oktober 1983 zum dritten Mal einen Bericht vor der KKL. Darin lobte er die neue Qualität des Zusammenwirkens der Landesausschüsse, der Geschäftsstelle und des Leitungskreises, die besonders bei der Arbeitsgruppe der Regionalsekretäre unter der Leitung des Beauftragten Hans-Detlef Peter zum Ausdruck gekommen sei[196]. Außerdem hob er die große Anzahl ökumenischer Gäste hervor, die sich auch aktiv an der Durchführung der Treffen beteiligt hätten[197]. An dieser Stelle wies Schröder darauf hin, dass die Einreise der zahlreichen Gäste erst dank der „intensiven Zusammenarbeit" zwischen der Geschäftsstelle des Kirchentags und dem Staatssekretariat für Kirchenfragen möglich geworden sei und die Treffen generell „in diesem Umfang" nicht ohne die großzügige Unterstützung der Staatsorgane realisierbar gewesen wären[198].
Große staatliche Hilfe erhielten auch die kirchlichen Veranstaltungen im Rahmen der 750-Jahr-Feier Berlins[199]. Unter dem Motto „750 Jahre Kirche in Berlin" gestaltete die EKiBB anlässlich des Stadtjubiläums viele Aktionen, mit dem Kirchentag im Juni 1987 als Höhepunkt[200]. Gegenüber dem Kirchentag selbst ließen es die staatlichen Stellen allerdings zunächst an Unterstützung fehlen, was sich unter anderem in den zähen Verhandlungen um die Nutzungsgenehmigung für einen öffentlichen Platz für die Abschlussveranstaltung ausdrückte[201]. Schließlich erfolgte die Zusage für das Köpenicker Fußballstadion „Alte Försterei" doch, weil sich die SED-Führung von diesem Zugeständnis einen insgesamt ruhigen Verlauf des Treffens erhoffte[202]. Diese Hoffnung erfüllte sich größtenteils, auch wenn die Aktion „Kirchentag von unten" für einige Störungen sorgte[203]. Getragen wurde der „Kirchentag von unten" von Mitgliedern verschiedener Basisgruppen und ehemaligen Mitwirkenden des Kirchentags, die sich vom offiziellen Programm enttäuscht zeigten und deshalb alternative staats- und kirchenkritische Veranstaltungen in der Pfingstgemeinde anboten[204]. Das Berliner Treffen 1987 war im Übrigen der letzte Kirchentag, der ein größeres Maß an staatlicher Unterstützung erfuhr. Die Kirchentage 1988 in Erfurt, Görlitz, Halle/Saale und Rostock[205] fielen bereits in eine Zeit, in der sich das kirchenpolitische Klima

---

zu verdrängen. Vgl. Maser: Die Kirchen in der DDR, S. 57f.; Neubert: Geschichte der Opposition in der DDR 1945-1989, S. 401-403.

195 Vgl. Neubert: Geschichte der Opposition in der DDR 1949-1989, S. 404.

196 Vgl. „Bericht über die Kirchentagsarbeit in der DDR, gegeben am 28. Oktober 1983 vor der Konferenz der Kirchenleitungen in der DDR", abgedruckt in: Schröder: Werden und Wachsen des Evangelischen Kirchentages in der DDR, S. 106. Zur Arbeitsgruppe der Regionalsekretäre siehe Kapitel 6.1.

197 Vgl. ebd. S. 107.

198 Vgl. ebd. S. 109.

199 Vgl. Goeckel: Die evangelische Kirche und die DDR, S. 281.

200 Vgl. ebd.

201 Vgl. Besier: Der SED-Staat und die Kirche 1983-1991, S. 208f.

202 Vgl. Lent: Der Weg des Kirchentages in der DDR durch drei Jahrzehnte, S. 210.

203 Vgl. Mau: Der Protestantismus im Osten Deutschlands (1945-1990), S. 174f.

204 Vgl. ebd. S. 138f.; LAG, IV/E/2.14, Nr. 616, Blatt 231: Kirchliches Informationsblatt „Fliegendes Papier 2" der „Initiative Kirchentag von unten", Mai 1987, S. 1. Auch nach dem Berliner Kirchentag setzte die Gruppe unter der Bezeichnung „Kirche von unten" ihre gesellschaftspolitische Arbeit fort und trug beispielsweise zur Vernetzung der Basisgruppenarbeit in der DDR bei. Vgl. Thomas Klein: „Frieden und Gerechtigkeit!", S. 286-296.

205 Siehe dazu Kapitel 8.

in der DDR deutlich verschärft hatte. Hatten viele Christen nach dem als sehr offen und frei von staatlicher Zensur empfundenen „Olof-Palme-Friedensmarsch" im September 1987 noch die Überzeugung vertreten, dass sich im Verhältnis von Staat und Kirche Grundlegendes ändern könnte[206], wurden sie schon zwei Monate später enttäuscht. Nachdem eine MfS-Einsatzgruppe die Räume der „Umweltbibliothek" in der Zionsgemeinde Berlin besetzt und sieben ihrer Mitarbeiter verhaftet hatte, nahmen die Spannungen erkennbar zu[207]. Die Verhaftungen und Abschiebungen im Zusammenhang mit der Berliner Luxemburg-Liebknecht-Demonstration im Januar 1988 und die zunehmende Zensur der kirchlichen Presse im Frühjahr 1988 trugen ebenfalls zur Verschlechterung der Beziehung zwischen Kirche und Staat bei[208]. Von der sich verstärkenden innenpolitischen Krise war auch der letzte größere Kirchentag in der DDR betroffen, der vom 6. bis 9. Juli 1989 in Leipzig stattfand[209]. So gestalteten sich die Vorbereitungen des Treffens aufgrund der angespannten politischen Lage äußerst schwierig[210]. Indem sie beispielsweise zentrale Versammlungsorte nicht zur Verfügung stellten, versuchten die staatlichen Stellen, den Kirchentag vollkommen aus der Öffentlichkeit zu verdrängen[211]. Die Stadt selbst konnte als Paradebeispiel für den wirtschaftlichen und ökologischen Verfall der DDR in den 1980er Jahren gelten: Etliche Stadtviertel waren baulich heruntergekommen und Industrieabfälle hatten die durch Leipzig fließende Pleiße völlig verschmutzt[212]. Daher gehörten auch die desolate Wirtschaftslage, der Umweltschutz und die im Sommer 1989 brennend gewordene Ausreiseproblematik zu den Kernthemen des Leipziger Treffens[213].
Der Fall der Berliner Mauer am 9. November 1989 und die Wiedervereinigung Deutschlands am 3. Oktober 1990 läuteten schließlich das Ende des eigenständigen Konzepts des evangelischen Kirchentags in der DDR ein. Parallel zum Zusammenschluss von BEK und EKD kam es im November 1991 zur Vereinigung der Kirchentagsarbeit in Ost und West[214]. Zwar flossen einige Erfahrungen der ostdeutschen Kirchentagsgeschichte in die neue Ordnung des DEKT ein, zum Beispiel indem regionale Treffen und Kongresse als Ausdrucksformen des Deutschen Evangelischen Kirchentags aufgeführt wurden[215]. Doch im Großen und Ganzen fügten sich die zentralen Treffen in den 1990er Jahren nahtlos in die Tradition der bundesdeutschen Kirchentagsarbeit ein[216].

206 Vgl. Maser: Die Kirchen in der DDR, S. 62.
207 Vgl. Neubert: Geschichte der Opposition in der DDR 1949-1989, S. 694f. Siehe dazu auch Kapitel 8.2.
208 Siehe Kapitel 8.2.
209 Vgl. Runge/Ueberschär (Hg.): Fest des Glaubens – Forum der Welt, S. 254.
210 Vgl. Lent: Der Weg des Kirchentages in der DDR durch drei Jahrzehnte, S. 197.
211 Vgl. Mau: Der Protestantismus im Osten Deutschlands (1945-1990), S. 197.
212 Vgl. ebd.
213 Vgl. ebd.
214 Vgl. EZA, Best. 71, Nr. 221: Ordnung des Deutschen Evangelischen Kirchentags, 1.11.1991, S. 10, § 34.
215 Vgl. ebd. S. 1.
216 Vgl. dazu Johannes Weiss: Geöffnete Schranken, neue Grenzen, in: Runge/Käßmann (Hg.): Kirche in Bewegung, S. 183-186.

3. Strukturen der Kirchenpolitik in der DDR

3.1 Der Bund der Evangelischen Kirchen in der DDR

Nach dem Zweiten Weltkrieg kam es zunächst zu einem gesamtdeutschen Bündnis der Kirchen: Die Evangelische Kirche in Deutschland (EKD) gründete sich im August 1945 auf der Kirchenführerversammlung in Treysa (Hessen) und im Juli 1948 erfolgte die Annahme ihrer Grundordnung bei der Versammlung in Eisenach[1]. Als sich im Jahr 1949 zwei verschiedene deutsche Staaten konstituierten, geriet die Einheit der EKD allerdings zunehmend in Gefahr. Dabei unterschied sich die Lage der Kirchen in der DDR grundlegend von jener der bundesdeutschen Landeskirchen. Vor allem Anfang der 1950er Jahre führte die SED-Regierung einen offenen Konfrontationskurs gegen die Kirchen und unternahm den Versuch, sie mit administrativen und repressiven Methoden aus dem gesellschaftspolitischen Bereich zu verdrängen[2]. Zwar garantierte die DDR-Verfassung vom 7. Oktober 1949 Glaubens- und Gewissensfreiheit, freie Ausübung der Religion, das Recht auf Religionsunterricht in schulischen Räumen sowie das Recht der Kirchen, zu gesellschaftlichen Fragen Stellung zu nehmen (Artikel 40, 44 und 51)[3]. Die Kirche konnte sich aber bezüglich ihrer Rechte zu keinem Zeitpunkt auf konkrete gesetzliche Regelungen berufen, sondern war auf eine „Gesprächspolitik" angewiesen, deren Rahmen und Inhalt allein die SED festlegte[4].

Besonders scharf ging die SED ab 1951 gegen die Jungen Gemeinden vor. Sie erhob den Vorwurf, dass es sich bei diesen kirchlichen Jugendgruppen in Wahrheit um eine illegale Agenten- und Spionageorganisation des amerikanischen Imperialismus handelte[5]. Parallel bekämpfte der Staat auch die Studentengemeinden[6]. Anfang 1953 erreichten die antikirchlichen Maßnahmen einen vorläufigen Höhepunkt: Rund 3.000 christliche Schüler wurden von den Oberschulen verwiesen, zahlreiche kirchliche Mitarbeiter zu hohen Haftstrafen verurteilt, evangelische und katholische Pflege- und Rüstzeitheime enteignet, die Bahnhofsmissionen geschlossen und die staatlichen finanziellen Zuschüsse an die Kirchen eingestellt[7]. Da die Flüchtlingswelle gen Westen daraufhin stark anstieg und die Sowjetunion inoffiziell Druck auf die Regierung der DDR ausübte, die repressiven Maßnahmen zurückzunehmen, verkündete die SED im Juni 1953 den „Neuen Kurs" der staatlichen Kirchenpolitik[8]. Am 10. Juni 1953 wurde ein Staat-Kirche-Kommuniqué verabschiedet, welches die Einstellung des Vorgehens gegen die Jungen Gemeinden und die Studentengemeinden versprach und erklärte, die von der Schule verwiesenen Schüler dürften wieder am Unterricht teilnehmen und Exmatrikulationen im Zusammenhang mit der Mitgliedschaft in einer Studentengemeinde würden zurückgenommen[9]. Außerdem sollten laut dem Kommuniqué die aufgrund ihrer kirchlichen Bindung

---

1 Vgl. Maser: Die Kirchen in der DDR, S. 18.
2 Vgl. Lepp: Entwicklungsetappen der Evangelischen Kirche, S. 51.
3 Vgl. Maser: Die Kirchen in der DDR, S. 18.
4 Vgl. ebd. S. 23.
5 Vgl. ebd. S. 21.
6 Vgl. ebd.
7 Vgl. ebd.; Lepp: Entwicklungsetappen der Evangelischen Kirche, S. 51.
8 Vgl. Maser: Die Kirchen in der DDR, S. 21.
9 Vgl. ebd. S. 22.

entlassenen Lehrer ihre Anstellung zurückerhalten und der Religionsunterricht wieder in den Schulräumen stattfinden sowie Gerichtsurteile überprüft, staatliche Zuschüsse an die Kirchen ausgezahlt und Enteignungen kirchlicher Einrichtungen teilweise zurückgenommen werden[10]. Bereits ein Jahr später sahen die Kirchen ihre Arbeit allerdings erneut durch einen staatlichen Propagandafeldzug bedroht, als die SED die Einführung der Jugendweihe beschloss, um die nachwachsenden Generationen der Kirche zu entfremden und die Entkirchlichung der Gesellschaft insgesamt voranzutreiben[11]. Zunächst beharrten die Kirchenleitungen noch auf der Unvereinbarkeit des neuen staatlichen Ritus mit der Konfirmation und schlossen Jugendweiheteilnehmer kategorisch vom Konfirmandenunterricht aus, doch bereits 1958 fassten sie einen Kompromiss: In den am 27. August verabschiedeten Richtlinien der „Kirchlichen Ostkonferenz" hieß es, dass Jugendliche ein Jahr nach ihrer Teilnahme an der Jugendweihe konfirmiert werden konnten, wenn sie ihre Verbundenheit mit der Gemeinde und dem christlichen Glauben zum Ausdruck brachten[12]. Trotz dieses Vorstoßes gelang es den Kirchen jedoch letztlich nicht, die starke Abnahme der Konfirmandenzahlen und die wachsende Bedeutung der Jugendweihe zu verhindern[13].
Mit dem Bau der Berliner Mauer am 13. August 1961 verschärften sich die Behinderungen der gesamtdeutschen kirchlichen Arbeit, aber die Leitung der EKD hielt nach wie vor an der Einheit fest[14]. Um Handlungsfähigkeit zu bewahren, war eine partielle organisatorische Verselbstständigung der ostdeutschen Gliedkirchen jedoch unumgänglich. Daher kam es 1962 zur Einrichtung der „Konferenz der Evangelischen Kirchenleitungen in der DDR" (KKL) unter dem Vorsitz des pommerschen Bischofs Friedrich-Wilhelm Krummacher[15]. Die praktische Notwendigkeit einer vollständigen organisatorischen Trennung der DDR-Kirchen von der EKD zeichnete sich im Laufe der 1960er Jahre immer deutlicher ab, sodass man im Juni 1969 die Bildung des „Bundes der Evangelischen Kirchen in der DDR" beschloss. Damit hatte die SED eines ihrer wichtigsten kirchenpolitischen Ziele erreicht[16]. Andererseits stellte der Kirchenbund auch ein Problem für den Staat dar, denn die Bildung einer neuen kirchlichen Dachorganisation lag nicht in seinem Interesse[17]. In den Augen der SED-Regierung waren die acht Landeskirchen[18] einzeln betrachtet weniger problematisch als ein gemeinsamer Bund[19]. Deshalb sollte die staatliche Kirchenpolitik insbesondere mit dem Instrument der „Differenzierung"[20] durchgesetzt werden, um die

10 Vgl. ebd.

11 Vgl. ebd. S. 23 und S. 110-115.

12 Vgl. Mäkinen: Der Mann der Einheit, S. 51f. und S. 59.

13 Vgl. Maser: Die Kirchen in der DDR, S. 114f.

14 So konnten zum Beispiel die ostdeutschen Mitglieder nicht an der Tagung der EKD-Synode 1963 in Bethel teilnehmen, weil die SED-Führung die Reisegenehmigungen verweigerte. Auch 1965 musste die Synode getrennt tagen, jeweils in Frankfurt am Main und in Magdeburg. Vgl. ebd. S. 50; Lepp: Entwicklungsetappen der Evangelischen Kirche, S. 57f.

15 Vgl. Lepp: Entwicklungsetappen der Evangelischen Kirche, S. 58.

16 Vgl. ebd. S. 65.

17 Vgl. Maser: Die Kirchen in der DDR, S. 26.

18 Der BEK umfasste folgende Gliedkirchen: die Evangelische Kirche in Berlin-Brandenburg, die Evangelische Kirche der Kirchenprovinz Sachsen, die Evangelische Landeskirche Greifswald, die Evangelische Landeskirche Anhalts, die Evangelische Kirche des Görlitzer Kirchengebietes, die Evangelisch-Lutherische Landeskirche Sachsens, die Evangelisch-Lutherische Kirche in Thüringen und die Evangelisch-Lutherische Landeskirche Mecklenburgs.

19 Vgl. Frank: „Realer, exakter, präziser"?, S. 33.

20 Siehe dazu Kapitel 3.4.

Zusammenarbeit und die Einflussmöglichkeiten des BEK zu behindern[21]. Aber nicht nur ein potentiell enger Zusammenhalt der Landeskirchen lief den Plänen der SED zuwider. In Artikel 4,4 der Ordnung des Kirchenbunds hatte man die „besondere Gemeinschaft der ganzen evangelischen Christenheit in Deutschland" festgeschrieben[22]. Bereits kurz nach der Gründung des Bundes wurde eine Beratergruppe zur praktischen Umsetzung dieses Artikels gegründet, der Vertreter von Kirchenbund und EKD angehörten[23]. Auch wenn sich aufgrund unterschiedlicher politischer und theologischer Auffassungen die Beziehung zwischen den Kirchen in Ost und West zum Teil sehr spannungsreich gestaltete[24], wurde sie intensiv gepflegt. Partnerschaften auf der landeskirchlichen und gemeindlichen Ebene stellten für beide Seiten eine große Bereicherung dar[25]. Außerdem gaben EKD und BEK seit Ende der 1970er Jahre gemeinsame öffentliche Erklärungen ab, unter anderem zur Friedensfrage[26]. Darüber hinaus profitierten viele Bereiche des kirchlichen Lebens in der DDR von der großzügigen finanziellen Unterstützung durch die bundesdeutschen Kirchen: Bis 1990 erhielten die DDR-Kirchen mindestens vier Milliarden DM, wobei Zuwendungen im Rahmen von Gemeindepartnerschaften oder anderen persönlichen Kontakten noch hinzuzurechnen wären[27].

Die Struktur des neu gegründeten Kirchenbunds erwies sich als eher hierarchisch und sehr geprägt von leitenden Amtsträgern[28]. So bestand das höchste Organ, die KKL, zur Mehrheit aus hauptamtlichen kirchlichen Mitarbeitern[29]. Außerdem dominierte die KKL das Tagesgeschehen deutlich stärker als die Bundessynode[30] – allein schon aus dem Grund, dass sie alle zwei Monate tagte, die Bundessynode hingegen nur einmal im Jahr[31]. Der fünfköpfige KKL-Vorstand trat sogar monatlich zusammen[32]. Er bestimmte maßgeblich die Kirchenpolitik des Bundes und führte so genannte Sach- oder Informationsgespräche mit dem Staatssekretariat für Kirchenfragen[33]. Zu den wichtigsten Treffen von Vertretern von Kirche und Staat zählte das „Spitzengespräch" zwischen dem Vorstand der KKL und dem Staatsratsvorsitzenden Erich Honecker am 6. März 1978, das den Kirchen zwar keine Rechtssicherheit, aber immerhin eine Reihe von Erleichterungen brachte[34]. Beispielsweise sagte Honecker ein Entgegenkommen im Hinblick auf die Gefangenenseelsorge, kirchliche Bauvorhaben

21 Vgl. Frank: „Realer, exakter, präziser"?, S. 33.
22 Vgl. Lepp: Entwicklungsetappen der Evangelischen Kirche, S. 65.
23 Vgl. Veronika Albrecht-Birkner: Freiheit in Grenzen, S. 211.
24 Vgl. ebd. S. 212-216.
25 Vgl. ebd. S. 217.
26 Vgl. Lepp: Entwicklungsetappen der Evangelischen Kirche, S. 74f.
27 Vgl. Albrecht-Birkner: Freiheit in Grenzen, S. 203.
28 Vgl. ebd. S. 141.
29 Der KKL gehörten die sieben Landesbischöfe und der Präsident der anhaltinischen Kirche, die acht leitenden Juristen der Landeskirchen sowie der Präses und sieben weitere Mitglieder der Bundessynode an. Vgl. Frank: „Realer, exakter, präziser"?, S. 33f.
30 Die Bundssynode als höchstes kirchliches Parlament hatte 60 Mitglieder. Vgl. Albrecht-Birkner: Freiheit in Grenzen, S. 73.
31 Vgl. ebd. S. 141.
32 Vgl. ebd.
33 Vgl. Frank: „Realer, exakter, präziser"?, S. 35.
34 Vgl. Lepp: Entwicklungsetappen der Evangelischen Kirche, S. 69. Vgl. dazu auch Besier: Der SED-Staat und die Kirche 1969-1990, S. 99-115; Mau: Der Protestantismus im Osten Deutschlands (1945-1990), S. 132-136; Goeckel: Die evangelische Kirche und die DDR, S. 272-277; Pollack: Kirche in der Organisationsgesellschaft, S. 292-297.

und die Bewirtschaftung von Kirchenländereien zu[35]. Wegen der unterschiedlichen Interessen der einzelnen Gliedkirchen gelang es dem Bund jedoch bis zum Ende der DDR nicht, sich auf zentrale Parameter im Verhältnis zum Staat zu verständigen[36]. Während Bischof Albrecht Schönherr bei der Bundessynode 1972 in Dresden die Formel „Kirche im Sozialismus"[37] prägte, wonach die Kirchen sich nicht gegen die sozialistische Gesellschaft stellen oder in eine „innere Emigration" flüchten, sondern die DDR als ihr konkretes Betätigungsfeld betrachten sollten, plädierten andere Bischöfe wie Heinrich Rathke für eine „Kirche für andere", die den Dienst am Einzelnen in den Vordergrund stellte[38]. Wieder andere forderten von den Kirchen eine „kritische Solidarität" gegenüber dem Staat oder sahen es als kirchliche Aufgabe an, im Sinne eines „Wächteramts" die Menschen vor staatlichem Machtmissbrauch zu schützen[39]. Bis zum Herbst 1989 gab es keinen einheitlichen politischen Kurs des Kirchenbunds – stattdessen versuchte er, nach allen Seiten zu vermitteln[40]. Erst die Bundessynode im September 1989 in Eisenach stellte geschlossen die offene Forderung nach demokratischen Strukturen in der DDR, wie Parteienpluralität, freie Wahlen, Demonstrationsrecht und Abschaffung der Zensur[41]. Letztlich waren die Kirchen zwar nicht der Motor des gesellschaftlichen Umbruchs 1989/90, aber sie trugen zur Schaffung der nötigen Rahmenbedingungen bei, indem sie in ihren Räumen freie Diskussionen ermöglichten, die Einübung demokratischer Verhaltensweisen förderten, Versammlungsorte für die Bürgerbewegung zur Verfügung stellten und bei den Demonstrationen zu Gewaltlosigkeit aufriefen[42].
Wichtige Handlungsfelder der Kirchen in der DDR waren außerdem die Ökumene, insbesondere auf der Ebene des Ökumenischen Rates der Kirchen und des Lutherischen Weltbunds[43], die Kirchenmusik[44], die Diakonie und die Friedensarbeit. Vor allem die zwei letztgenannten Bereiche gaben den Kirchen die Möglichkeit, in die Gesellschaft hineinzuwirken. Die diakonischen Einrichtungen wie Alters- und Pflegeheime, Krankenhäuser und Gemeindeschwesternstationen genossen bei der Bevölkerung hohes Ansehen – unter anderem, weil sie dank der Unterstützung der westdeutschen Kirchen oft eine bessere Ausstattung besaßen als die entsprechenden staatlichen Institutionen[45]. Zur Friedensproblematik äußerten sich die Kirchen bereits in den 1950er Jahren im Zusammenhang mit der Wiederbewaffnung der beiden deutschen Staaten und der atomaren Aufrüstung[46]. In den 1960er Jahren wandte

---

35 Vgl. SAPMO-BArch, DY 30/IV B 2/14 Nr. 49, Blatt 71-74: „Festlegungen zu den vom Bund der Evangelischen Kirchen in der DDR gestellten Sachfragen", S. 1-4.

36 Vgl. Frank: „Realer, exakter, präziser"?, S. 35.

37 Zu den Hintergründen vgl. Wolfgang Thumser: Kirche im Sozialismus. Geschichte, Bedeutung und Funktion einer ekklesiologischen Formel, Tübingen 1996; Ulrich Schröter/Helmut Zeddies (Hg.): Nach-Denken. Zum Weg des Bundes der Evangelischen Kirchen in der DDR, Frankfurt am Main 1995, S. 56-63.

38 Vgl. Goeckel: Die evangelische Kirche und die DDR, S. 199f.

39 Vgl. ebd. S. 200f.

40 Vgl. Lepp: Entwicklungsetappen der Evangelischen Kirche, S. 87.

41 Vgl. ebd. S. 88.

42 Vgl. ebd. S. 89f.

43 Vgl. dazu einführend Maser: Die Kirchen in der DDR, S. 79-83; Albrecht-Birkner: Freiheit in Grenzen, S. 218-226.

44 Vgl. dazu Christfried Brödel: Unter Kreuz, Hammer, Zirkel und Ährenkranz. Kirchenmusik in der DDR, Leipzig 2018.

45 Vgl. Maser: Die Kirchen in der DDR, S. 35.

46 Vgl. ebd. S. 49f.; Lepp: Entwicklungsetappen der Evangelischen Kirche, S. 49f.

sich der kirchliche Protest im Kontext Frieden besonders gegen die Einführung der allgemeinen Wehrpflicht[47] und in den 1970er Jahren gegen den Wehrunterricht[48]. Seit Ende der 1970er formierten sich zudem innerhalb und am Rande der Kirche viele Gruppen, die sich mit sozialen, friedens- und umweltpolitischen Fragen auseinandersetzten[49]. Zu den wichtigsten gesamtdeutschen Friedensinitiativen gehörte darüber hinaus die 1958 vom Magdeburger Präses Lothar Kreyssig gegründete „Aktion Sühnezeichen“[50].
Ein schwerwiegendes Problem der Kirchen, das ihre Position innerhalb der sozialistischen Gesellschaft deutlich schwächte, stellte der enorme Mitgliederschwund seit Anfang der 1950er Jahre dar. Weniger Mitglieder bedeuteten nicht nur weniger gesellschaftlichen Einfluss, sondern zogen auch organisatorische Schwierigkeiten wie Pfarrermangel und den Rückgang der finanziellen Mittel nach sich[51]. Hatten 1950 noch rund 90 Prozent der Bevölkerung angegeben, einer Kirche oder Religionsgemeinschaft anzugehören, war dieser Anteil im Jahr 1989 auf etwa 30 Prozent geschrumpft[52]. Von diesen 30 Prozent entfielen rund 25 Prozent auf die evangelische und fünf Prozent auf die katholische Kirche[53]. Die protestantischen Landeskirchen umfassten somit gegen Ende der DDR insgesamt etwa 4,4 Millionen Mitglieder in 6.200 Gemeinden und beschäftigten rund 4.000 Pastoren[54].
Durch den Zusammenbruch der DDR löste sich der Kirchenbund schließlich auf und setzte gemeinsam mit der EKD am 27. Juni 1991 das Vereinigungsgesetz in Kraft[55].

3.2. Die Evangelische Landeskirche Greifswald

Die pommersche Kirche, deren Anfänge bis ins 12. Jahrhundert zurückreichen[56], musste sich nach dem Zweiten Weltkrieg einer grundlegenden organisatorischen Neuordnung unterziehen. Mit der Flucht- und Vertreibungswelle aus den ehemaligen deutschen Ostgebieten und der Festlegung der neuen Grenze zwischen Deutschland und Polen verlor sie etwa zwei Drittel ihres damaligen Gebietes[57] und einen Großteil

47 Vgl. Maser: Die Kirchen in der DDR, S. 53. Dabei konnten die Kirchen mit der Einrichtung des Bausoldatendienstes einen Teilerfolg erzielen. Eine echte Alternative zum Wehrdienst in der NVA war damit allerdings nicht erreicht, und so setzte sich der kirchliche Protest teilweise fort, insbesondere an der Basis. Siehe dazu Anm. 116 in Kapitel 5.4.
48 Siehe Kapitel 4.4.
49 Siehe Kapitel 6.3.
50 Vgl. Maser: Die Kirchen in der DDR, S. 84-86. Vgl. dazu auch Gabriele Kammerer: Aktion Sühnezeichen Friedensdienste: aber man kann es einfach tun, Göttingen 2008; Claudia Schneider: Konkurrenz der Konzepte? Die „Aktion Sühnezeichen in der DDR“ zwischen christlichem Schuldverständnis und offiziellem Antifaschismus, Wrocław 2007; Konrad Weiß: Lothar Kreyssig: Prophet der Versöhnung, Gerlingen 1998.
51 Vgl. Goeckel: Die evangelische Kirche und die DDR, S. 324.
52 Vgl. Maser: Die Kirchen in der DDR, S. 11. Zu den Hintergründen des Mitgliederschwunds vgl. Pollack: Kirche in der Organisationsgesellschaft, S. 373-445.
53 Vgl. ebd. S. 373.
54 Vgl. Maser: Die Kirchen in der DDR, S. 11.
55 Vgl. Mau: Der Protestantismus im Osten Deutschlands (1945-1990), S. 217.
56 Im Zuge der Missionsreisen von Bischof Otto von Bamberg 1124 und 1128 begann die Christianisierung Pommerns. Im Jahr 1140 wurde das erste pommersche Bistum mit Sitz in Wollin errichtet. Vgl. Norbert Buske: Pommersche Kirchengeschichte in Daten, S. 3.
57 Vgl. Hans-Günter Leder: Art. Pommern, in: TRE 27, Berlin/New York 2000, S. 51.

ihrer Mitglieder: Im Jahr 1939 gehörten rund 2,3 Millionen Menschen der Pommerschen Evangelischen Kirche an, 1946 hatte sie noch etwa 640.000 Mitglieder[58]. Der Sitz des Konsistoriums – der Verwaltung der Landeskirche – musste von Stettin nach Greifswald verlegt werden, wo es sich unter der Leitung von Karl von Scheven neu bildete[59]. Scheven war von 1947 bis 1954 der erste Landesbischof der pommerschen Kirche, ihm folgten Friedrich-Wilhelm Krummacher und Horst Gienke[60]. Das Konsistorium war in Dezernate eingeteilt, die von drei Theologen und einem Juristen geleitet wurden[61]. In den 1980er Jahren beschäftigte es rund 50 Mitarbeiter[62]. Die Leitung der Greifswalder Kirche setzte sich aus dem Bischof, dem Theologischen sowie dem Juristischen Leiter des Konsistoriums, acht Delegierten der Landessynode und vier zusätzlich berufenen Mitgliedern zusammen[63]. Neben der Kirchenleitung und dem Konsistorium gehörte die etwa 70 Mitglieder umfassende Landessynode zu den wichtigsten Gremien der PEK respektive ELKG[64]. Eine Besonderheit der pommerschen Kirche bestand darin, dass ihre Verfassung von 1950 sowohl die Bindung an das Luthertum als auch an die unierten Kirchen betonte, sodass sie gleichzeitig Mitglied in der EKU und im LWB war[65]. Außerdem blieb sie die finanziell schwächste Landeskirche der DDR und im besonderen Maße auf Zuwendungen ihrer bundesdeutschen und schwedischen Partnerkirchen angewiesen[66].
In den 1950er und 60er Jahren war das Verhältnis zwischen der pommerschen Kirche und dem SED-Staat deutlich angespannt, was sich unter anderem am staatlichen Kampf gegen die Jungen Gemeinden und Studentengemeinden, an den Behinderungen im Kirchenbauwesen und an den Pressekampagnen gegen Bischof Krummacher zeigte[67]. So versuchte die SED mithilfe ihrer Presseorgane, den eher staatskritisch eingestellten Krummacher zum Beispiel aufgrund seiner Rolle als Seelsorger in der Wehrmacht zu kompromittieren[68]. Nach der Rede des Bischofs bei der EKD-Synode in Fürstenwalde 1967, in der er sich gegen eine Trennung der östlichen Landeskirchen von der EKD aus politischen Gründen ausgesprochen hatte, verstärkte sich die öffentliche Diffamierung noch einmal deutlich[69]. Außerdem war die PEK 1968 auf staatlichen Druck gezwungen, ihren Namen in „Evangelische Landeskirche Greifswald“ zu ändern[70]. Die Verwendung des Begriffs „Pommern“ hatte die SED-Führung als Ausdruck einer Nichtanerkennung der Oder-Neiße-Grenze angesehen und verurteilt[71]. Nach der Gründung des Kirchenbunds kam es zwischen den staatlichen Stellen des Bezirks Rostock und Bischof Krummacher zu einer sichtlichen

58 Vgl. Buske: Pommersche Kirchengeschichte in Daten, S. 29; Viola Vogel: Abgestorben?, S. 142.
59 Vgl. Buske: Pommersche Kirchengeschichte in Daten, S. 31; Leder: Art. Pommern, in: TRE 27, Berlin/New York 2000, S. 51.
60 Vgl. Leder: Art. Pommern, in: TRE 27, Berlin/New York 2000, S. 51f.
61 Vgl. Frank: Einsam oder gemeinsam?, S. 77.
62 Vgl. ebd. Zur Entwicklung des Konsistoriums vgl. Christoph Ehricht (Hg.): 487 Jahre Rechtsprechung, Organisation, Leitung und Verwaltung der Pommerschen Evangelischen Kirche. Zur Geschichte der Konsistorien, Schwerin 2012.
63 Vgl. Frank: Einsam oder gemeinsam?, S. 71.
64 Vgl. ebd. S. 108.
65 Vgl. Albrecht-Birkner: Freiheit in Grenzen, S. 102.
66 Vgl. Frank: Einsam oder gemeinsam?, S. 37f.
67 Vgl. ebd. S. 38 und S. 40f.
68 Vgl. Albrecht-Birkner: Freiheit in Grenzen, S. 102.
69 Vgl. Mäkinen: Der Mann der Einheit, S. 179-184.
70 Vgl. Frank: Einsam oder gemeinsam?, S. 34.
71 Vgl. Albrecht-Birkner: Freiheit in Grenzen, S. 83.

Annäherung, die ab 1972 unter Bischof Gienke vertieft wurde[72]. Im Kontext der Feierlichkeiten zur Wiedereinweihung des Greifswalder Doms im Juni 1989 erhielt der von Horst Gienke eingeschlagene kirchenpolitische Weg erstmals die Bezeichnung „Greifswalder Weg“[73]. Dieser Terminus lehnte sich an den so genannten „Thüringer Weg“[74] an und bezog sich auf die staatsnahe Haltung der Greifswalder Kirchenführung in den 1980er Jahren[75]. Ein zentrales Kennzeichen des „Greifswalder Wegs“ war, dass konspirative Treffen mit der Stasi nicht abgelehnt, sondern als wichtiges kirchenpolitisches Instrument angesehen wurden[76]. So pflegten zum Beispiel der als IM „Orion“ geführte Bischof Horst Gienke[77], Oberkonsistorialrat Siegfried Plath alias IM „Hiller“[78], Oberkonsistorialrat Christoph Ehricht (geführt als IM „Ingolf Seidel“[79]) und Präses Dietrich Affeld (registriert als IM „Dietrich“[80]) jahrelange Kontakte zum MfS. Auch der Vorsitzende des Kirchentagsausschusses Siegfried Bohl[81] führte

72 Vgl. Frank: Einsam oder gemeinsam?, S. 41f.

73 Vgl. ebd. S. 14. Zu den Hintergründen und Folgen von Gienkes kirchenpolitischem Alleingang im Kontext der Domeinweihung vgl. ebd. S. 287-314; Irmfried Garbe/Wolfgang Nixdorf (Hg.): Dom St. Nikolai Greifswald: Gemeindekirche zwischen Politik und Polemik. Studien zur Greifswalder Landeskirche und zur Wiedereinweihung des Domes 1989, Schwerin 2005; Gienke: Dome, Dörfer, Dornenwege, S. 329-356.

74 Vgl. hierzu Albrecht-Birkner: Freiheit in Grenzen, S. 96-100; Koch-Hallas: Die Evangelisch-Lutherische Kirche in Thüringen in der SBZ und Frühzeit der DDR, S. 287-347; Rittberger-Klas: Kirchenpartnerschaften im geteilten Deutschland, S. 184-193.

75 Vgl. Frank: Einsam oder gemeinsam?, S. 14.

76 Vgl. ebd. S. 352.

77 Die Bezirksverwaltung Rostock legte 1972 den IM-Vorgang „Orion“ an. Bis 1989 führte Horst Gienke Gespräche mit dem MfS, erklärte im Nachhinein allerdings, dass er sich nur für Anfragen und nicht für eine geregelte Zusammenarbeit zur Verfügung gestellt habe. Da der Inhalt der IM-Akte vernichtet wurde, können über den tatsächlichen Ablauf der Treffen keine Aussagen getroffen werden. Auch weil Gienke bereits 1989 in den Ruhestand gegangen war, leitete die PEK nach 1990 kein Verfahren gegen ihn ein. Vgl. ebd. S. 62-71 und S. 374.

78 Von 1960 bis 1989 wurde Siegfried Plath von der Stasi als IM/IMS/IMB „Hiller“ geführt. Laut seiner Akte erhielt er zahlreiche Geld- und Sachgeschenke sowie den Kampforden der NVA. Sein Führungsoffizier schätzte ihn als zuverlässige Quelle ein. Der Großteil seiner IM-Berichtsakte wurde vernichtet. Einem disziplinarischen Verfahren durch die PEK entzog sich Plath, indem er in den Ruhestand ging. Vgl. ebd. S. 79-84 und S. 373; Krone/Schult (Hg.): „Seid untertan der Obrigkeit“, S. 8-12.

79 Das MfS kontaktierte Christoph Ehricht erstmals im November 1984 und schlug ihn als IM-Kandidaten vor. Als er Bischof Gienke und OKR Plath von seinen Kontakten zur Stasi berichtete, setzte das MfS trotz dieser Dekonspiration die Gespräche fort und registrierte ihn ab 1987 als IME „Ingolf Seidel“. Ehricht gilt aus der Sicht der PEK als entlastet und behielt seine leitende Position im Konsistorium, auch nachdem seine Stasi-Kontakte bekannt wurden. Vgl. Frank: Einsam oder gemeinsam?, S. 84-93; BStU, MfS, BV Rostock, AIM 381/91, Teil I, Blatt 75f.: „Vorschlag zur Kontaktierung des IM-Kandidaten ‚Erich'“, 7.11.1984, S. 1f.; ebd. Blatt 234: „Bericht über die durchgeführte Werbung des IM-Kandidaten ‚Erich' als IME“, 8.5.1987, S. 8.

80 Dietrich Affeld war Vizepräses der Landessynode, als ihn das MfS 1970 als IM „Dietrich“ registrierte. Im Februar 1985 brach er die Kontakte zur Stasi ab, indem er seinem Führungsoffizier mitteilte, er stehe für weitere Gespräche nicht mehr zur Verfügung. Gegen ihn wurde nach 1990 kein Disziplinarverfahren durch die PEK eingeleitet. Vgl. Frank: Einsam oder gemeinsam?, S. 109-114 und S. 373; BStU, MfS, BV Rostock, AIM 944/86, Teil I, Blatt 146: „Aktenvermerk zum Treff mit IMS ‚Dietrich' vom 6.2.1985“, S. 1.

81 Im Jahr 1984 nahm die Stasi erstmals Kontakt zu Siegfried Bohl auf. In Zusammenhang mit dem Greifswalder Kirchentag 1985 intensivierte sie die Kontakte. Im Februar 1986 wurde Bohl von der MfS-Bezirksverwaltung Rostock als IM/IMB „Titus“ registriert. Es fand nach 1990 kein Disziplinarverfahren gegen ihn statt. Vgl. Frank: Einsam oder gemeinsam?, S. 144f., S. 212-216 und S. 373; BStU, MfS, BV Rostock, AIM 4171/90, Teil I, Blatt 36: „Bericht über das Bekannt-

Gespräche mit dem Staatssicherheitsdienst. In keiner anderen Landeskirche hatten so viele hochrangige Amtsträger ein derart enges Verhältnis zu den staatlichen Stellen wie in der Greifswalder[82]. Zwar hielten die Pastoren der ELKG Distanz zur Stasi und vertraten im Hinblick auf den SED-Staat viele verschiedene Positionen[83], doch bis in die zweite Hälfte der 1980er Jahre hinein äußerten sie kaum offen Einwände gegen den kirchenpolitischen Kurs ihres Bischofs[84]. Darüber hinaus wurde die Aufarbeitung der MfS-Verstrickungen durch die pommersche Kirche nach 1990 und das scheinbar mangelnde Schuldbewusstsein ihrer belasteten Mitarbeiter vielfach kritisiert[85]. Der gesamten Greifswalder Kirche eine stark ausgeprägte Staatsloyalität zu attestieren, wäre allerdings falsch[86]. So engagierten sich Pfarrer und Gemeinden zum Beispiel im Herbst 1989 mit Friedensgebeten und Friedensgottesdiensten für eine Veränderung der Gesellschaft[87]. Die erste größere Friedensdemonstration auf dem Gebiet der ELKG fand am 18. Oktober 1989 im Anschluss an das Friedensgebet im Greifswalder Dom mit Pastor Reinhard Glöckner statt[88]. Auch im Rahmen der Jugend- und Studentenarbeit kam in den 1980ern immer wieder Gesellschaftskritik zum Ausdruck. Die Förderung der Jugendarbeit war eines der wichtigsten Ziele der Landeskirche und schloss ab Ende der 1970er Jahre zunehmend die „Offene Arbeit" mit ein[89]. Zwar stand die Leitung der ELKG dieser Arbeit mit Jugendlichen aus nichtkirchlichen und teilweise subkulturellen Milieus eher ablehnend gegenüber – Bischof Gienke hielt sie gar für unnötig –, doch insbesondere in Stralsund, Greifswald und Grimmen übte diese Form der Jugendarbeit eine starke Anziehungskraft aus[90]. Vor allem in den beiden größeren Städten Greifswald und Stralsund erreichte die „Offene Arbeit" viele gesellschaftskritische Jugendliche, die unter anderem den Austausch in Friedens- und Ökologiekreisen suchten[91]. Einen ähnlich großen Zulauf hatte in den 1980er Jahren auch die Evangelische Studentengemeinde in Greifswald, die seit 1945 existierte[92]. Aufgrund ihres regen Engagements in der Friedensarbeit zog die ESG nicht nur Theologiestudenten an, sondern auch Studierende aus anderen Fachbereichen wie Germanistik, Pädagogik oder Kunst[93].

---

werden des IM-Kandidaten", 15.5.1984; ebd. Blatt 150: „Bericht über das 3. Gespräch mit dem IM-Kandidaten ‚Grimm'", 2.5.1985, S. 1.

82 Vgl. Frank: Einsam oder gemeinsam?, S. 61.

83 Das MfS konnte nur wenige Pfarrer der ELKG als Inoffizielle Mitarbeiter anwerben. Vgl. ebd. S. 128f.

84 Vgl. ebd. S. 122 und S. 135.

85 Vgl. ebd. S. 399-414.

86 Vgl. ebd. S. 14.

87 Daran beteiligten sich unter anderem die Kirchen in Stralsund, Greifswald, Bergen (Rügen), Demmin und Loitz. Vgl. Langer: Vorgeschichte und Geschichte der „Wende" in den drei Nordbezirken der DDR, S. 87-90; Wunnicke: Der Bezirk Neubrandenburg im Jahr 1989, S. 122.

88 Vgl. Langer: Vorgeschichte und Geschichte der „Wende" in den drei Nordbezirken der DDR, S. 92.

89 Vgl. Frank: Einsam oder gemeinsam?, S. 209. Zur Entstehung und inhaltlichen Gestaltung der „Offenen Arbeit" vgl. Anne Stiebritz: Gespräche zur Offenen Arbeit. Interviews mit Uwe Koch, Walter Schilling, Arnd Morgenroth, Wolfgang Thalmann und Thomas Auerbach, Jena 2010; dies.: Mythos „Offene Arbeit". Studien zur kirchlichen Jugendarbeit in der DDR, Jena 2010.

90 Vgl. Frank: Einsam oder gemeinsam?, S. 209-211 und S. 220.

91 Vgl. ebd. S. 222-224; Halbrock: „Freiheit heißt, die Angst verlieren", S. 266f.

92 Vgl. Frank: Einsam oder gemeinsam?, S. 187; Eckhard Gummelt: Kleines „ABC" der Landeskirche, S. 63.

93 Vgl. Frank: Einsam oder gemeinsam?, S. 192.

Das Gebiet der Greifswalder Landeskirche erstreckte sich hauptsächlich auf den Bezirk Rostock, der deshalb ihr Leitbezirk[94] war, und umfasste außerdem Teile der Bezirke Neubrandenburg und Frankfurt/Oder. Während die beiden Letztgenannten eine sehr geringe Bevölkerungsdichte aufwiesen, befanden sich im so genannten „Ostseebezirk" auch mehrere größere Städte, darunter die Bezirkshauptstadt mit rund 250.000 Einwohnern sowie Stralsund mit etwa 76.000 und Greifswald mit 67.000 Einwohnern[95]. Der Bezirk Rostock war dabei nicht nur der bevölkerungsreichste der drei Nordbezirke, sondern dank des Schiffbaus, der Fischerei und des Tourismus auch der wirtschaftsstärkste[96]. Darüber hinaus galt er als sozialistischer „Vorzeigebezirk", unter anderem wegen der zahlreichen Urlauber und weil dort die Kollektivierung der Landwirtschaft und die Verdrängung der Christenlehre aus den Schulen zuerst abgeschlossen waren[97]. Aufgrund seiner Grenzlage sah sich dieser Bezirk in besonderem Maße der atheistischen Propaganda ausgesetzt[98]. Die Mitgliederzahlen der Greifswalder Kirche waren wie die der anderen Landeskirchen seit den 1950er Jahren deutlich zurückgegangen. In der zweiten Hälfte der 1980er Jahre zählte sie in den rund 400 Gemeinden der 15 Kirchenkreise etwa 450.000 Mitglieder[99]. Anfang der 1970er hatte man die Kirchenkreise neu geordnet, sodass die ELKG nun 248 statt 228 Pfarrstellen umfasste[100]. Im Jahr 1990 nahm die Landeskirche erneut ihre frühere Bezeichnung Pommersche Evangelische Kirche an[101] und ging am 27. Mai 2012 als Pommerscher Evangelischer Kirchenkreis in der Nordkirche auf.

3.3 Die Evangelisch-Lutherische Landeskirche Mecklenburgs

Die ELLKM, deren Anfänge ebenfalls bis ins 12. Jahrhundert zurückreichen[102], entstand im Jahr 1933 durch die Zwangsvereinigung der Landeskirchen Mecklenburg-Strelitz und Mecklenburg-Schwerin[103]. Durch eine lang etablierte Leitungsstruktur und einige über Jahrhunderte hinweg gewachsene Pastorendynastien erwies sich die mecklenburgische Kirche als relativ homogen[104]. Eine gute innerkirchliche Kommunikationsstruktur sorgte außerdem für einen vergleichsweise starken Zusammenhalt unter den Mitarbeitern[105]. Darüber hinaus war die Landeskirche aber auch von der Konkurrenz zwischen den beiden Kirchenkreisen Rostock-Stadt und Schwerin geprägt[106]. Der Umbruch nach dem Ende des Zweiten Weltkriegs vollzog sich in

94 Der Begriff „Leitbezirk" bezeichnete die Zuständigkeit eines Bezirks für eine bestimmte Landeskirche. Vgl. ebd. S. 16.
95 Vgl. Werner Ostwald (Hg.): Die DDR im Spiegel ihrer Bezirke, S. 113, S. 241 und S. 283.
96 Vgl. ebd. S. 283 und S. 290f.
97 Vgl. Frank: „Realer, exakter, präziser"?, S. 41.
98 Vgl. ebd.
99 Vgl. Maser: Die Kirchen in der DDR, S. 12; Frank: Einsam oder gemeinsam?, S. 58.
100 Vgl. Gummelt: Kleines „ABC" der Landeskirche, S. 16 und S. 18.
101 Vgl. Frank: Einsam oder gemeinsam?, S. 34.
102 Nachdem Herzog Heinrich der Löwe die Wenden in Mecklenburg besiegt hatte, gründete er 1160 das Bistum Schwerin, zu dessen erstem Bischof der Zisterziensermönch Berno ernannt wurde. Die Errichtung von Zisterzienserklöstern und eine zunehmende Einwanderung deutscher Siedler trieb die Christianisierung im 12. Jahrhundert voran. Vgl. Gert Haendler: Art. Mecklenburg, in: TRE 22, Berlin/New York 2000, S. 311.
103 Vgl. ebd. S. 315.
104 Vgl. Albrecht-Birkner: Freiheit in Grenzen, S. 86.
105 Vgl. Frank: „Realer, exakter, präziser"?, S. 542.
106 Vgl. ebd. S. 317f.

Mecklenburg nicht so dramatisch wie in Pommern, obwohl die mecklenburgische Kirche beispielsweise durch die Bodenreform und den Zustrom von Flüchtlingen aus den früheren deutschen Ostgebieten ebenfalls maßgebliche Veränderungen erlebte[107]. Im Juni 1945 musste Bischof Walther Schultz zurücktreten, dessen Amtsgeschäfte der ehemalige Bruderrat der Bekennenden Kirche übernahm, bis Niklot Beste ein Jahr später zum neuen Bischof gewählt wurde[108]. Auf Beste folgte ab 1971 Heinrich Rathke und von 1984 bis 1996 Christoph Stier. Der Oberkirchenrat, die Verwaltungsbehörde der ELLKM, hatte seinen Sitz in Schwerin[109]. In der ehemaligen Residenzstadt tagte auch das höchste Gremium der Landeskirche, die Synode, die in den 1970ern und 80ern aus durchschnittlich 57 Mitgliedern bestand[110].
Das Gebiet der mecklenburgischen Landeskirche schloss Teile der Bezirke Schwerin, Rostock und Neubrandenburg ein. Abgesehen vom Bezirk Rostock[111] handelte es sich dabei um sehr dünn besiedelte Regionen – Neubrandenburg wies mit 57 Einwohnern pro Quadratkilometer gar die geringste Bevölkerungsdichte aller DDR-Bezirke auf –, die stark von der Landwirtschaft geprägt waren[112]. Im Bezirk Schwerin, der als Leitbezirk für die mecklenburgische Kirche fungierte[113], befand sich mit der 129.000 Einwohner zählenden Bezirksstadt das zweitgrößte städtische Zentrum im Norden der DDR[114]. Ende der 1980er Jahre hatte die ELLKM rund 500.000 Mitglieder[115]. Die Anzahl der Pfarrstellen in den neun Kirchenkreisen war seit der Gründung der DDR stark zurückgegangen: Bis in die 1960er Jahre umfasste die Landeskirche noch rund 400 Pfarrstellen, in den 1970ern war die Zahl auf 320 geschrumpft, wobei man allerdings auch etwa 25 neue Stellen eingerichtet hatte[116]. Da sich die neuen Stellen jedoch vor allem in städtischen Neubaugebieten wie Rostock-Südstadt befanden, kam es zu einer Verschiebung der kirchlichen Strukturen, in deren Folge die Landgemeindestrukturen geschwächt und die Stadtgemeinden gestärkt wurden[117]. Darüber hinaus hatte die mecklenburgische ähnlich wie die Greifswalder Kirche in den 1980er Jahren insbesondere in ländlichen Gebieten mit einer zunehmenden Anzahl vakanter Pastorenstellen zu kämpfen[118]. Heute ist Mecklenburg keine eigenständige Landeskirche mehr, sondern seit Mai 2012 ein Kirchenkreis der Evangelisch-Lutherischen Kirche in Norddeutschland.
Wie alle evangelischen Landeskirchen in der DDR litt auch die ELLKM unter der sehr repressiven Kirchenpolitik der SED-Führung in den 1950er und 60er Jahren. Im Kontext der Maßnahmen gegen die kirchliche Jugend- und Studentenarbeit

107 Vgl. Haendler: Art. Mecklenburg, in: TRE 22, Berlin/New York 2000, S. 316.
108 Vgl. Frank: „Realer, exakter, präziser"?, S. 38.
109 Vgl. ebd. S. 117.
110 Vgl. ebd. S. 240.
111 Siehe dazu Kapitel 3.2.
112 Vgl. Ostwald (Hg.): Die DDR im Spiegel ihrer Bezirke, S. 241 und S. 303.
113 Vgl. Frank: „Realer, exakter, präziser"?, S. 41.
114 Vgl. Ostwald (Hg.): Die DDR im Spiegel ihrer Bezirke, S. 303.
115 Peter Maser gibt an, dass die ELLKM in der zweiten Hälfte der 1980er Jahre rund 452.000 Mitglieder hatte. Im „Lexikon der Organisationen und Institutionen in der DDR" (Andreas Herbst et al.) heißt es, der ELLKM hätten 1987 etwa 520.000 Personen angehört. Vgl. Maser: Die Kirchen in der DDR, S. 12; Herbst et al.: So funktionierte die DDR, Bd. 1, S. 156.
116 Vgl. Herbstritt: Die Rolle der evangelischen Kirche in Mecklenburg in der Wende unter Einbeziehung der Vorgeschichte, S. 243.
117 Vgl. ebd.
118 Vgl. ebd. S. 245; Vgl. Frank: Einsam oder gemeinsam?, S. 58.

Anfang der 1950er Jahre wurde zum Beispiel der jährliche Landesjugendsonntag verboten und einige Mitarbeiter erhielten hohe Zuchthausstrafen[119]. Unter anderem in Rostock setzten sich Pfarrer und Landessuperintendenten für Schüler ein, die wegen ihrer Mitgliedschaft in der Jungen Gemeinde in den Schulen drangsaliert wurden[120]. Auch im Zusammenhang mit der Zwangskollektivierung der Landwirtschaft ab Ende der 1950er suchten die Mecklenburger Rat und Zuspruch bei der Pastorenschaft und erhofften sich von ihr eine vermittelnde Rolle[121]. Bischof Beste bemühte sich aber andererseits auch oft um Konfliktvermeidung im Verhältnis zu den staatlichen Stellen[122]. Staatssekretär Hans Seigewasser lobte Beste bei dessen Abschiedsbesuch im Jahr 1971 im Staatssekretariat für Kirchenfragen sogar für seine „positive Haltung" in Bezug auf bestimmte politische Entscheidungen[123]. In den 1970er und 80er Jahren verschlechterte sich das Verhältnis zwischen den Staatsorganen und der ELLKM jedoch merklich[124]. Das lag unter anderem an der „Offenen Jugendarbeit"[125] der Landeskirche sowie am Wirken der Rostocker Studentengemeinde und der Friedens- und Umweltgruppen[126]. Anders als in der Nachbarkirche Greifswald erfuhr die „Offene Arbeit" in Mecklenburg Unterstützung durch den Bischof, der sich bei Angriffen seitens der staatlichen Organe hinter die Mitarbeiter stellte[127]. Zu den Zentren dieser Form der Jugendarbeit gehörten Schwerin mit dem „Paulskirchenkeller" und Neubrandenburg[128]. Die 1946 gegründete ESG Rostock engagierte sich seit Anfang der 1980er stark in der Friedensarbeit und organisierte zum Beispiel Friedensgottesdienste, die eine sehr breite Resonanz hatten und teilweise mehrere Hundert Teilnehmer anzogen[129]. Einen guten Kontakt pflegten die Bischöfe Rathke und Stier nicht nur zur Jugendarbeit, sondern auch zu den rund 20 mecklenburgischen Friedens- und Umweltkreisen, die sie in ihrem gesellschaftspolitischen Engagement ermutigten[130]. Viele Aktionen und Initiativen gingen von den Basisgruppen aus, insbesondere im Herbst 1989, als sie sowohl in größeren Städten wie Schwerin und Rostock als auch in kleineren Zentren wie Malchin, Goldberg oder Röbel Friedensgebete und Demonstrationen veranstalteten[131]. Die erste größere Friedensdemonstration im Norden fand übrigens in einer kleineren Stadt statt: Am 16. Oktober 1989 beteiligten sich in Waren/Müritz etwa 400 Menschen an der von Pastor Hans-Henning Harder angeführten Demonstration

119 Vgl. Rathke: „Wohin sollen wir gehen?", S. 36. Vgl. dazu exemplarisch den Fall der Katechetin Margarete Reuter aus Brüel bei Sternberg, die zu acht Jahren Gefängnis verurteilt wurde. Beschrieben in: Margarete Wegener: Erst wenn die Deutschen sich ihre Geschichte erzählen, Grabenstätt 2008.

120 Vgl. Henschel: Kirchliches Leben und religiöses Brauchtum in Rostock, S. 239f.

121 Vgl. Rathke: „Wohin sollen wir gehen?", S. 47.

122 Vgl. Frank: „Realer, exakter, präziser"?, S. 44 und S. 48.

123 Vgl. ebd. S. 78.

124 Vgl. ebd. S. 522.

125 Zur „Offenen Arbeit" siehe Anm. 89 in Kapitel 3.2.

126 Vgl. Frank: „Realer, exakter, präziser"?, S. 522.

127 Vgl. ebd. S. 372.

128 Vgl. ebd. S. 369f., S. 379 und S. 386.

129 Vgl. ebd. S. 390, S. 400 und S. 417.

130 Vgl. ebd. S. 426f. Siehe dazu auch Kapitel 6.3.

131 Vgl. Langer: Vorgeschichte und Geschichte der „Wende" in den drei Nordbezirken der DDR, S. 88f.; Wunnicke: Der Bezirk Neubrandenburg im Jahr 1989, S. 85-91.

von der Georgen- zur Marienkirche[132]. Die ELLKM verstand sich nach Aussage ihres Bischofs Heinrich Rathke im Sinne Dietrich Bonhoeffers als eine „Kirche für andere“[133]. Ob in Seminaren, bei den Tagungen der Landessynode oder auf Kirchentagen – immer wieder machte Rathke darauf aufmerksam, dass die Kirche für andere da sein und daher auch Risiken eingehen müsse[134]. Rathke und Stier gelang es auch, sich anhaltend der staatlichen Einflussnahme zu entziehen und eine kritische Haltung im Hinblick auf den Staat zu bewahren[135]. Ab 1988 verfolgte Christoph Stier gegenüber den Staatsorganen sogar einen bewussten Konfrontationskurs[136]. Bei allen Verweisen auf gesellschaftliche Defizite ging es jedoch nie darum, das System als Ganzes infrage zu stellen[137]. Ein deutlich erkennbarer Unterschied zwischen den Bischöfen der mecklenburgischen und der Greifswalder Landeskirche bestand in ihrer Haltung zum Staatssicherheitsdienst. Während Bischof Gienke und einige seiner engsten Mitarbeiter den Kontakt zur Stasi als kirchenpolitisches Mittel einsetzten, erhielten die Angestellten der ELLKM vom Bischof die Aufforderung, Gesprächsangebote vonseiten des MfS ihrem Vorgesetzten zu melden und anschließend zu beenden[138]. Obwohl der staatliche Einfluss auf die mecklenburgische Kirchenleitung insgesamt viel geringer ausfiel als im Fall der ELKG[139], soll nicht unerwähnt bleiben, dass es auch in Mecklenburg einflussreiche Inoffizielle Mitarbeiter gab, wie zum Beispiel Oberkirchenrat Konrad Müller alias IM „Schmitt“[140].

3.4 Staatliche Institutionen und Instrumente der Kirchenpolitik

Die staatliche Kirchenpolitik basierte auf dem Zusammenwirken von SED, MfS und den administrativen Institutionen[141]. Zu den ranghöchsten kirchenpolitischen Organen der SED zählten die dem Zentralkomitee angeschlossene Arbeitsgruppe für Kirchenfragen, die Abteilung HA XX/4 des Ministeriums für Staatssicherheit und das Staatssekretariat für Kirchenfragen[142].

Die Konstituierung der Arbeitsgruppe für Kirchenfragen erfolgte im November 1954[143]. Sie unterstand einem Sekretär des Zentralkomitees, der zugleich dem Politbüro

132 Vgl. Langer: Vorgeschichte und Geschichte der „Wende“ in den drei Nordbezirken der DDR, S. 91. Vgl. dazu auch Hans-Henning Harder: In Erwartung des Kommenden. Rückblicke und Anmerkungen eines mecklenburgischen Dorf- und Kleinstadtpastors zu DDR-Zeiten, Egelsbach [u. a.] 1999, S. 247-252.

133 Vgl. Frank: „Realer, exakter, präziser“?, S. 41 und S. 100.

134 Vgl. ebd. S. 101.

135 Vgl. ebd. S. 114.

136 Vgl. ebd. S. 522.

137 Vgl. Herbstritt: Die Rolle der evangelischen Kirche in Mecklenburg in der Wende unter Einbeziehung der Vorgeschichte, S. 249.

138 Vgl. Frank: Einsam oder gemeinsam?, S. 65 und S. 326; dies.: „Realer, exakter, präziser“?, S. 314f.

139 Vgl. dies.: „Realer, exakter, präziser“?, S. 541f.

140 Konrad Müller wurde 1956 in Dresden als Geheimer Mitarbeiter (GM) vom MfS angeworben. Als IMV erhielt er zunächst den Decknamen „Konrad“. Im Jahr 1959 trat er das Amt des Oberkirchenratspräsidenten an. In dieser Position hielt er zur MfS-Bezirksverwaltung Schwerin engen Kontakt, den er auch nach seiner Versetzung in den Ruhestand 1970 fortführte. Vgl. ebd. S. 138-144; Stier: „Um der Kirche willen“, S. 423.

141 Vgl. Frank: „Realer, exakter, präziser“?, S. 63.

142 Vgl. Armin Boyens: Das Staatssekretariat für Kirchenfragen, S. 120.

143 Vgl. Klein: „Frieden und Gerechtigkeit!“, S. 192. Die Leitung dieser Arbeitsgruppe übernahm

angehörte, war gegenüber dem Staatssekretariat faktisch weisungsberechtigt und bestimmte in Konfliktsituationen den kirchenpolitischen Weg[144]. Abteilungen für Kirchenpolitik bestanden ebenso bei den Bezirks-, Kreis- und Stadtleitungen der SED, wobei die Anleitung und Ausbildung der Mitarbeiter in der Verantwortung der Arbeitsgruppe des ZK lag[145]. Beim MfS trug die kirchenpolitische Abteilung seit 1964 die Bezeichnung HA XX/4[146]. Die Hauptabteilung XX umfasste die Bereiche Staatsapparat, Kunst, Kultur und Untergrund[147]. Zu den Aufgaben der HA XX/4 zählten die Beobachtung und Unterwanderung der Kirchen, um Einfluss auf interne Entscheidungen und Entwicklungen zu nehmen[148]. Auch bei den Bezirksverwaltungen und Kreisdienststellen der Stasi gab es das Referat XX/4. Die Bezirksverwaltung Rostock gehörte im Übrigen zu den größten in der gesamten DDR[149]. Im Vergleich zur BV Schwerin waren dort etwa doppelt so viele hauptamtliche Mitarbeiter angestellt[150].
Die offiziellen Ansprechpartner der Greifswalder und der mecklenburgischen Kirche waren das Staatssekretariat für Kirchenfragen sowie die Räte der Bezirke Rostock und Schwerin[151]. Das 1957 gegründete Staatssekretariat blieb dem Ministerrat unterstellt und beschäftigte seit 1979 etwa 45 Mitarbeiter in sieben Abteilungen[152]. Zu seinen Aufgaben zählte die Gesprächsführung mit den obersten leitenden Vertretern des Kirchenbunds, die Bearbeitung kirchlicher Reise- und Bauanträge, die Entgegennahme von Eingaben, die Schulung der Bezirksreferate sowie die Erstellung

von 1954 bis 1977 Willi Barth, von 1977 bis 1988 Rudi Bellmann und von 1988 bis 1989 Peter Kraußer.

144 Vgl. Frank: „Realer, exakter, präziser"?, S. 46; dies.: Einsam oder gemeinsam?, S. 52f. Von 1971 bis 1984 war Paul Verner der zuständige Sekretär. Werner Jarowinsky übernahm diese Aufgabe von 1984 bis 1989.

145 Vgl. dies.: Einsam oder gemeinsam?, S. 53. Der 1. Sekretär der SED-Bezirksleitung in Rostock war von 1975 bis 1989 Ernst Timm, auf den ab November 1989 Ulrich Peck folgte. In der dem Sekretariat der Bezirksleitung angeschlossenen Abteilung „Staat und Recht" war Reinhard Brüssow für die Greifswalder Kirche zuständig. Bei der SED-Bezirksleitung Schwerin hatte Heinz Ziegner von 1974 bis November 1989 das Amt des 1. Sekretärs inne, ihm folgte bis März 1990 Hans-Jürgen Audehm. Vgl. dies.: „Realer, exakter, präziser"?, S. 69f.

146 Vgl. Besier/Wolf (Hg.): Pfarrer, Christen, Katholiken, S. 18.

147 Vgl. ebd. S. 726.

148 Vgl. Frank: Einsam oder gemeinsam?, S. 49.

149 Der Leiter der BV Rostock war bis Dezember 1989 Rudolf Mittag, ihm folgte Artur Amthor. Die Abteilung XX mit 76 Mitarbeitern und 752 IM leitete zunächst Major Crull und anschließend Oberst Klawun. Das Referat XX/4 der Rostocker Bezirksverwaltung hatte acht Mitarbeiter, ihr Leiter war seit den 1970er Jahren Hauptmann Jürgen Fiedler. Vgl. ebd. S. 49f.; dies.: „Realer, exakter, präziser"?, S. 71f.; Thomas Ammer/Hans-Joachim Memmler (Hg.): Staatssicherheit in Rostock, S. 12.

150 Ende der 1980er hatte die BV Rostock 3.686 hauptamtliche Mitarbeiter, in Schwerin waren es 1.797. Die BV Schwerin wurde von Werner Korth geleitet, Oberst Kralisch war der Stellvertreter Operativ. Seit 1985 leitete Claus-Dieter Wulf das Referat XX/4, sein Vorgänger war Fritz Reinschmiedt. Vgl. Frank: „Realer, exakter, präziser"?, S. 69-71; David Gill/Ulrich Schröter: Das Ministerium für Staatssicherheit, S. 55.

151 Das Amt des Vorsitzenden des RdB Rostock hatte Willi Marlow inne, bis Eberhard Kühl 1986 dessen Nachfolge antrat. Der für kirchenpolitische Fragen zuständige Stellvertreter des Vorsitzenden für Inneres war bis 1981 Werner Steinbach, ihm folgte bis 1989 Jürgen Haß. Der Referent für Kirchenfragen war Roland Macht. Der Vorsitzende des RdB Schwerin war von 1968 bis 1989 Rudi Fleck. Von 1977 bis 1979 übernahm Moritz Klemt das Amt des Stellvertreters für Inneres, ihm folgte ab 1980 Fred Schwoerke. Der Referent für Kirchenfragen war von 1970 bis 1989 Rudolf Franze. Vgl. Frank: „Realer, exakter, präziser"?, S. 63f. und S. 70f.

152 Vgl. Boyens: Das Staatssekretariat für Kirchenfragen, S. 126 und S. 138.

kirchenpolitischer Analysen und Konzepte[153]. Geleitet wurde es von 1957 bis 1960 von Werner Eggerath, auf den Hans Seigewasser folgte[154]. Von 1979 bis 1988 übernahm Klaus Gysi die Leitung des Staatssekretariats, dessen Nachfolge ab Juli 1988 Kurt Löffler und ab Januar 1990 Hermann Kalb antraten[155]. Durch regelmäßige Arbeitstagungen und Besuche des „Bezirksbeauftragen" gestaltete sich die Beziehung zwischen dem Staatssekretariat und den Räten der Bezirke sehr intensiv[156]. Die Räte der Kreise hatten ebenfalls Referate für Kirchenfragen, die den Kontakt zu den Amtsträgern ihres Bereiches halten sollten[157]. Sie waren im Vergleich zu den Referaten der Bezirke allerdings eher unbedeutend[158]. Eigenständige kirchenpolitische Entscheidungen konnte aber keines der administrativen Organe treffen, da die Kirchenpolitik auf allen Ebenen mit der SED abgestimmt werden musste[159]. Darüber hinaus bestanden zwischen der Partei, dem Staatssicherheitsdienst und den administrativen Stellen zahlreiche Verknüpfungen: Zum einen aufgrund des fest geregelten Informationsaustauschs, zum Beispiel in Form der von den Bezirksräten verfassten „Informationsberichte zur kirchenpolitischen Lage", und zum anderen durch die automatische Mitgliedschaft der höchsten Funktionäre des Bezirks im Sekretariat der SED-Bezirksleitung[160]. Außerdem gehörten alle wichtigen staatlichen Mitarbeiter der SED an und waren somit an deren kirchenpolitische Vorgaben gebunden[161]. Für eine Periodisierung der SED-Kirchenpolitik sind nach Robert F. Goeckel mehrere Ansätze möglich[162]. Geht man nach den Grundsatzerklärungen der SED, ergibt sich folgende Einteilung: Die Jahre 1945 bis 1953 als Anfangsphase mit der Erklärung zur Trennung von Staat und Kirche (1946) und der relativ liberalen Verfassung (1949); 1953 bis 1958 mit dem Kampf gegen die Jungen Gemeinden, dem Benjamin-Erlass[163] und dem Lange-Erlass[164]; die Periode von 1958 bis 1971, die durch Gespräche mit „progressiven" Kirchenvertretern und die neue Verfassung von 1968 geprägt war; von 1971 bis 1985 erfolgte eine zunehmende Kooperation zwischen Staat und Kirche, die in der Anerkennung des BEK (1971) und dem Gespräch vom 6. März 1978 ihren stärksten Ausdruck fand; und schließlich die Endphase 1985 bis 1989, in der der Staat die Kirche wiederholt ermahnte, den „Geist des 6. März" nicht aufs Spiel zu setzen[165]. Ein anderer Periodisierungsansatz ist die Beschreibung der Geschichte der staatlichen Kirchenpolitik als Zyklus von Repression und Liberalisierung: Diese Einteilung beginnt mit einer relativ liberalen Frühphase, auf die eine Repressionswelle (1952/53) folgte, woraufhin eine „Tauwetter"-Phase nach Stalins

153 Vgl. Frank: „Realer, exakter, präziser"?, S. 44.
154 Vgl. ebd.
155 Vgl. ebd. S. 45.
156 Vgl. ebd.
157 Vgl. dies.: Einsam oder gemeinsam?, S. 47.
158 Vgl. ebd.
159 Vgl. ebd. S. 48.
160 Vgl. ebd. S. 53f.
161 Vgl. ebd. S. 54.
162 Vgl. Goeckel: Thesen zu Kontinuität und Wandel in der Kirchenpolitik der SED, S. 29.
163 Der Benjamin-Erlass von 1956 verhinderte, dass die Kirchen ihre Steuern weiterhin mittels staatlicher Gerichte einfordern konnten. Vgl. Lepp: Entwicklungsetappen der Evangelischen Kirche, S. 52.
164 Der Erlass des Ministers für Volksbildung Fritz Lange vom 12. Februar 1958 bewirkte die Verdrängung des konfessionellen Religionsunterrichts aus den Schulen. Vgl. Maser: Die Kirchen in der DDR, S. 23.
165 Vgl. Goeckel: Thesen zu Kontinuität und Wandel in der Kirchenpolitik der SED, S. 29f.

Tod 1953 einsetzte, die bis ins Jahr 1955 anhielt und der sich eine Phase des Angriffs auf die EKD bis zur Gründung des Kirchenbunds 1969 anschloss, gefolgt von einer Liberalisierungsphase in den 1970ern sowie einer erneuten Phase der Konfrontation in der zweiten Hälfte der 1980er Jahre[166]. Ein wichtiges Merkmal der „Parteipolitik in Kirchenfragen" bestand darin, dass man die staatlichen Leitungsmechanismen auf die kirchlichen Entscheidungsstrukturen übertrug[167]. Daher versuchte der Staat gemäß dem Hierarchieprinzip die Kirchen „von oben" zu beeinflussen, ohne zu berücksichtigen, dass die kirchlichen Leitungsgremien nach dem Demokratieprinzip aufgebaut waren[168]. Deshalb konnte diese Strategie nur dort Erfolge erzielen, wo die kirchlichen Leitungswege mit den staatlichen übereinstimmten, wie zum Beispiel im Fall der Greifswalder Kirche in den 1980er Jahren[169].
Zur Durchsetzung seiner Interessen gegenüber den Kirchen nutzte der Staat drei Methoden: die „Differenzierung", die „Zersetzung" und die „Instrumentalisierung". Der Terminus „Differenzierung" stammte aus dem Sprachgebrauch der Stasi und sah die Ausnutzung von Unterschieden innerhalb bestimmter Gruppen vor, um Auseinandersetzungen zu provozieren, damit sich die „positiv-realistischen Kräfte" gegen die „feindlich-negativen" durchsetzten[170]. Sie blieb bis zum Ende der DDR das wichtigste Instrument der staatlichen Kirchenpolitik und fand sowohl beim MfS als auch bei den administrativen Organen und der SED Anwendung[171]. Auch bei der „Zersetzung" handelte es sich um eine Methode der Stasi, die darauf ausgerichtet war, Konflikte in einer Gruppe oder im Umfeld eines Einzelnen hervorzurufen respektive zu verstärken[172]. Dabei lag der Fokus auf „feindlich-negativen" Personen, die „gelähmt, desorganisiert und isoliert" und deren Handlungen „vorbeugend verhindert, wesentlich eingeschränkt oder gänzlich unterbunden" werden sollten[173]. Zu den Maßnahmen der „Zersetzung" gehörte die systematische Diskreditierung des öffentlichen Rufs, das Herbeiführen beruflicher und gesellschaftlicher Misserfolge zur Untergrabung des Selbstvertrauens der „bearbeiteten" Personen, die Erzeugung von Misstrauen und gegenseitigen Verdächtigungen innerhalb einer Gruppe, anonyme Briefe und Telefonanrufe sowie der Einsatz oftmals gefälschter und kompromittierender Fotos[174]. Die „Instrumentalisierung" stellte dagegen die Ausnutzung gesellschaftlicher Institutionen oder einzelner Personen durch den Staat dar. Sie zielte darauf ab, über eine Landeskirche, einen Amtsträger oder ein Ereignis eine bestimmte Botschaft zu vermitteln, eine Handlung zu initiieren oder eine Entscheidung zu beeinflussen[175]. Eine Voraussetzung dieser Strategie war, dass zwischen den Staatsorganen und der zu instrumentalisierenden Person oder Einrichtung zumindest eine partielle Interessenübereinstimmung vorlag[176]. Als eine wichtige

166 Vgl. ebd. S. 30.
167 Vgl. Frank: „Realer, exakter, präziser"?, S. 58.
168 Vgl. ebd.
169 Vgl. ebd. S. 59.
170 Vgl. dies.: Einsam oder gemeinsam?, S. 316; Besier/Wolf (Hg.): Pfarrer, Christen, Katholiken, S. 75f.
171 Vgl. Frank: Einsam oder gemeinsam?, S. 317.
172 Vgl. „Richtlinie Nr. 1/76 zur Entwicklung und Bearbeitung Operativer Vorgänge (OV) (GVS MfS 008-100/76)", 1.1.1976, abgedruckt in: Gill/Schröter: Das Ministerium für Staatssicherheit, S. 389.
173 Vgl. ebd.
174 Vgl. ebd. S. 390f.
175 Vgl. Frank: Einsam oder gemeinsam?, S. 320.
176 Vgl. ebd. S. 320f.

Form der „Instrumentalisierung" sahen die staatlichen Stellen die Forcierung einer innerkirchlichen Disziplinierung an, bei der leitende kirchliche Amtsträger „negativ" auftretende Mitarbeiter zur Ordnung rufen sollten[177]. Disziplinarverfahren wurden dabei eher selten eingeleitet, zumeist erfolgte die gewünschte Zurechtweisung im Rahmen eines „brüderlichen Gesprächs" unter vier Augen oder per Telefon[178].
Auch die Kirchentage versuchte der Staat politisch für sich nutzbar zu machen. Die Haltung der SED-Führung im Hinblick auf diese kirchlichen Großereignisse änderte sich im Laufe der Jahre allerdings mehrfach. Besonders häufig wechselte die staatliche Position in den 1950er Jahren. Der erste DEKT auf dem Gebiet der DDR war das Berliner Treffen 1951. Ministerpräsident Otto Grotewohl erteilte die Genehmigungen für die Veranstaltungen im Ostteil Berlins, da der Staat den Kirchentag für Propagandazwecke nutzen wollte[179]. Um das Ansehen der noch jungen DDR zu steigern, beschloss das Politbüro, den Veranstaltern in allen organisatorischen Fragen entgegenzukommen[180]. Darüber hinaus veröffentlichte das SED-Parteiorgan *Neues Deutschland* ab Anfang Juli 1951 fast täglich Leitartikel zum Kirchentag, in denen regimefreundliche Pastoren und Laien zu Wort kamen[181]. Nachdem die von der SED gezogene Bilanz des Berliner DEKT äußerst ernüchternd ausgefallen war, da die Teilnehmer die Propaganda gegen eine Remilitarisierung der Bundesrepublik nicht unterstützt hatten, kam es zum kirchenpolitischen Konzeptionswechsel: Statt auf „sanfte" Instrumentalisierung und Unterwanderung setzte man nun auf einen rücksichtslosen Konfrontationskurs[182]. Daraus ergab sich, dass den DDR-Christen ein Jahr später die Reisegenehmigung zum Kirchentag in Stuttgart verweigert wurde[183]. Im Zuge des „Neuen Kurses" der Sowjetunion nach Stalins Tod und der immensen Flüchtlingswelle in die Bundesrepublik änderte die SED-Führung 1953 erneut ihre Haltung und genehmigte 16.000 Bürgern die Teilnahme am Hamburger Kirchentag[184]. Als der DEKT im darauffolgenden Jahr in Leipzig stattfand, erarbeitete das Politbüro im Vorfeld einen „Beschluss der Partei in Kirchenfragen", der das staatliche Entgegenkommen gegenüber den Kirchen als wichtige Strategie zu deren Beeinflussung und zur Verbesserung des Ansehens der DDR bei der christlichen Bevölkerung festgelegte[185]. Im Zusammenhang mit dem Volksaufstand in Ungarn im Oktober 1956 und den Reformvorschlägen der „Harich-Gruppe"[186] gewannen allerdings die orthodoxen Kader um Walter Ulbricht zunehmend an Einfluss in der SED, was eine verstärkte Propagierung der Einbindung der DDR in das sozialistische Lager und eine Ablehnung kirchlicher Veranstaltungen mit gesamtdeutschem Charakter

177 Vgl. ebd. S. 321.
178 Vgl. ebd.
179 Vgl. Palm: „Wir sind doch Brüder!", S. 90.
180 Vgl. ebd. S. 92.
181 Vgl. ebd. S. 94.
182 Vgl. ebd. S. 135-137.
183 Vgl. ebd. S. 137.
184 Vgl. Schroeter: Kirchentag als vor-läufige Kirche, S. 127f.
185 Vgl. Palm: „Wir sind doch Brüder!", S. 194f.
186 Die „Harich-Gruppe" um den Philosophen Wolfgang Harich sprach sich für einen vom Stalinismus befreiten Marxismus-Leninismus und einen eigenen deutschen Weg zum Sozialismus aus. In Aufsätzen forderte sie beispielsweise die Auflösung des MfS und die Beendigung des Kampfes gegen die evangelischen Kirchen. Im November 1956 wurden Harich und einige seiner Mitstreiter verhaftet und zu zehn Jahren Zuchthaus verurteilt. Vgl. Schroeder: Der SED-Staat, S. 136f.

zur Folge hatte[187]. Deshalb konnte auch der für 1957 geplante Kirchentag nicht in Erfurt stattfinden – stattdessen wurden mehrere regionale Veranstaltungen sowie ein Delegiertentreffen in Berlin organisiert[188]. Gesamtdeutsche Treffen in der DDR zu verhindern gehörte auch in den folgenden Jahren zu den wichtigsten kirchenpolitischen Zielen der SED, sodass es zum Beispiel unmöglich war, den Berliner DEKT 1961 in allen vier Sektoren der Stadt durchzuführen[189].
Nach dem Mauerbau gelang es den staatlichen Stellen bis in die 1970er Jahre hinein, die regionalen Kirchentage in der DDR stark einzuschränken oder ganz zu unterbinden[190]. Statt ausdrückliche Verbote auszusprechen, wie im Zusammenhang mit dem DEKT 1961, bediente sich die Staatsführung von nun an weniger spektakulärer, doch gleichsam wirkungsvoller Mittel[191]. So wurde die „Anordnung über das Genehmigungsverfahren für die Herstellung von Druck- und Vervielfältigungserzeugnissen" vom 20. Juli 1959 genutzt, um die Druckgenehmigung von Plakaten, Programmen und Einladungen zu verweigern oder an strenge Auflagen zu binden[192]. Vor allem Werbemittel erhielten in den 1960ern in den seltensten Fällen eine Genehmigung[193]. Mitte der 1970er Jahre begann sich diese Haltung zu lockern, was sich unter anderem an der Zusage von 2.000 Plakaten für das Stralsunder Treffen 1974 zeigte[194]. Weitaus effektiver als der Einsatz von Verordnungen und die Verweigerung von Genehmigungen erwies sich aber die Nutzung der umfassenden zentralistischen Struktur der DDR[195]. Denn jeder Teilbereich der Gesellschaft hatte eine übergeordnete Instanz, die den Kirchen per Anweisung die Inanspruchnahme nichtkirchlicher Betriebe oder Institutionen verweigern konnte[196]. Aufgrund ihrer relativ hohen Teilnehmerzahlen waren die Kirchentage jedoch auf organisatorische Hilfe der Staatsorgane angewiesen, weil ihre eigenen Möglichkeiten in Bezug auf Verpflegung, Übernachtungsmöglichkeiten, Transportmittel oder sanitäre Einrichtungen sehr begrenzt waren[197]. Das ermöglichte den staatlichen Stellen, die verschiedenen Landeskirchen zu instrumentalisieren, indem sie ihre Unterstützung gemäß der „Loyalität" der jeweiligen Kirchenleitung erteilten[198]. Nach dem Spitzengespräch vom 6. März 1978 setzte es sich die SED-Regierung zum Ziel, die Kirchen und deren außenpolitische Kontakte fortan intensiver zu nutzen, um das Image der DDR im westlichen Ausland zu verbessern[199]. Eine wichtige Rolle spielten dabei auch die Kirchentage, die das vermeintlich gute Verhältnis von Staat und Kirche bestätigten und damit zur Steigerung des internationalen Ansehens des SED-Staats beitragen sollten[200]. Ein Zeichen dieser Annäherung stellte die erste

187 Vgl. Palm: „Wir sind doch Brüder!", S. 249f.
188 Vgl. EZA, Best. 95, Nr. 138: Brief von Reinold von Thadden-Trieglaff an die Leitungen der Gliedkirchen der EKD, 8.5.1957, S. 1f.
189 Vgl. Palm: „Wir sind doch Brüder!", S. 283.
190 Vgl. Beier: Missionarische Gemeinde in sozialistischer Umwelt, S. 58.
191 Vgl. ebd.
192 Vgl. ebd.
193 Vgl. ebd.
194 Vgl. ebd. S. 59.
195 Vgl. ebd. S. 64f.
196 Vgl. ebd. S. 65.
197 Vgl. ebd.
198 Vgl. ebd. S. 66.
199 Vgl. Goeckel: Die evangelische Kirche und die DDR, S. 282 und S. 317.
200 Vgl. LAG, Rep. 200 II 7.3, Nr. 30, Blatt 1: „Konzeption zur Vorbereitung und Durchführung

Begegnung zwischen Vertretern des Präsidiums des EKT und des Staatssekretariats für Kirchenfragen dar, die auf Einladung von Klaus Gysi am 26. November 1982 in Berlin stattfand[201]. Sie ergab sich im Rahmen der Vorbereitungen der Treffen im Lutherjahr 1983, für deren „bisher nicht so gekannte Förderung" der Präsidiumsvorsitzende Otto Schröder seinen besonderen Dank gegenüber den staatlichen Stellen ausdrückte[202]. Klaus Gysi betonte daraufhin, die Grundlage dieses Treffens im Staatssekretariat bestünde im „Geist der Begegnung vom 6. März 1978", und sicherte den Kirchenvertretern die staatliche Unterstützung bei technisch-organisatorischen Fragen wie der Bereitstellung von Räumen, Druckgenehmigungen und Transport zu[203]. Staatlicherseits diente diese Zusammenkunft allerdings nicht nur der Demonstration der vermeintlichen staatlichen Großzügigkeit, sondern hatte die Kirchentagsveranstalter auch auf die Einhaltung der Bedingungen für das Entgegenkommen einzuschwören[204].

Die vom Staatssekretariat erstellte „Konzeption zur staatlichen Einflussnahme auf die Kirchentage" vom 27. Oktober 1981 verdeutlicht ebenfalls die Position der SED im Hinblick auf die Kirchentage in den 1980er Jahren. Demnach waren die Verantwortlichen so zu beeinflussen, dass während der Veranstaltungen nur „realistische", also unkritische, Aussagen zu Politik und Gesellschaft getroffen wurden[205]. Außerdem hatten die Staatsorgane dafür zu sorgen, dass der „religiöse Charakter" der Treffen gewahrt blieb[206] – das heißt, dass keine brisanten gesellschaftspolitischen Fragen zur Sprache kamen. Hielten sich die Veranstalter an die Vorgaben, konnten sie mit der Zusage von Sonderzügen, Druckgenehmigungen, der Einreise einer größeren Anzahl ausländischer Gäste sowie der Nutzung öffentlicher Plätze und Gebäude belohnt werden[207]. Dieser Linie blieb die SED-Führung bis in die zweite Hälfte der 1980er Jahre treu[208]. In den Jahren 1988 und 1989 führte die Verschärfung der innenpolitischen Lage jedoch dazu, dass die Kirchentage erheblich weniger Unterstützung durch den Staat erfuhren[209]. Das zeigte sich insbesondere am Leipziger Treffen 1989, dem man unter anderem die Bereitstellung zentraler Versammlungsorte verweigerte, um es so weit wie möglich aus dem Stadtbild zu verdrängen und somit seine

des Kirchentages der Evangelischen Landeskirche Greifswald in der Zeit vom 16.-18.6.1978 in Stralsund", S. 1.

201 Vgl. LKAS, Landesbischöfe Rathke und Stier, Nr. 66: Ansprache von Otto Schröder bei der Begegnung mit dem Staatssekretariat für Kirchenfragen am 26.11.1982, S. 1. Vom EKT-Präsidium nahmen dort auch Manfred Stolpe und Hans Geisler teil. Außerdem waren der Beauftragte des EKT, Hans-Detlef Peter, und der Geschäftsführer des kirchlichen Luther-Komitees, Gottfried Zollmann, anwesend. Vgl. „Kirchentage 1983 – Ermutigung zum Glauben im Alltag" In: Mecklenburgische Kirchenzeitung, Jg. 37, Nr. 51/52 vom 19.12.1982, S. 3.

202 Vgl. LKAS, Landesbischöfe Rathke und Stier, Nr. 66: Ansprache von Otto Schröder bei der Begegnung mit dem Staatssekretariat für Kirchenfragen am 26.11.1982, S. 5.

203 Vgl. „Kirchentage 1983 – Ermutigung zum Glauben im Alltag" In: Mecklenburgische Kirchenzeitung, Jg. 37, Nr. 51/52 vom 19.12.1982, S. 3.

204 Vgl. LAG, IV/E/2.14, Nr. 621, Blatt 29: „Information zum Gespräch am 26.11.1982 beim Staatssekretär für Kirchenfragen", S. 1.

205 Vgl. BArch, DO-4/1391, Blatt 621: „Konzeption zur staatlichen Einflußnahme auf die Kirchentage 1983", 27.10.1981, S. 2.

206 Vgl. ebd. S. 3.

207 Vgl. ebd. S. 3f.

208 Vgl. BArch, DO-4/1420, Blatt 202-206: „Schriftliche Information zur Entwicklung der Kirchentagsarbeit der evangelischen Kirchen in der DDR 1986 und 1987", 24.4.1986, S. 1-5.

209 Siehe dazu Kapitel 8.2.

öffentliche Wirkung einzuschränken[210]. Damit war die Angst der SED-Regierung vor dem lautstarken Protest der Bürger schließlich größer geworden als ihr Vertrauen auf den politischen Nutzen einer Instrumentalisierung der Kirchentage.

210 Vgl. Mau: Der Protestantismus im Osten Deutschlands (1945-1990), S. 197.

4. „Auf der Suche nach Leben" – der Stralsunder Kirchentag 1978

4.1 Planung und Vorbereitung durch die Kirche

Die Vorbereitungen für den Kirchentag in Stralsund trafen vor allem der Greifswalder Landesausschuss[1] und die Zentrale Organisationsgruppe (ZORG[2]). Der Ausschuss fasste die Beschlüsse und nahm die Sachvertretung gegenüber der Kirchenleitung, den Gemeinden sowie den kirchlichen und staatlichen Behörden wahr[3]. Die ZORG sorgte für die Realisierung der im Ausschuss gefassten Beschlüsse und besaß die Bevollmächtigung zu verbindlichen Absprachen und Beauftragungen[4]. Außerdem war sie für die zentrale Planung sowie die organisatorische und inhaltliche Absicherung der Veranstaltungen zuständig[5]. Die Kirchenleitung als oberstes Gremium der Landeskirche war ebenfalls an der Vorbereitung und Durchführung des Stralsunder Kirchentags beteiligt. Sie übernahm die Aufgabe der Sachvertretung gegenüber den Gemeinden, den ökumenischen Gästen sowie dem Staat und kümmerte sich um die Einladung und Betreuung der offiziellen Gäste des Kirchentags[6]. Um die technisch-organisatorische Absicherung der Veranstaltungen zu unterstützen, setzte der Landesausschuss einen Ortsausschuss unter der Leitung von Pastor Winrich Jax (Stralsund) ein[7]. Dieser Ausschuss traf die nötigen Vorbereitungen in Bezug auf die Bereitstellung der Räumlichkeiten, der sanitären Einrichtungen, der medizinischen Hilfe, der Quartiere, Hinweisschilder und Verpflegung[8]. Darüber hinaus war er für die Helfer und Ordner des Kirchentags verantwortlich und richtete ein Organisationsbüro im Jakobiturm ein[9]. Das Organisationsbüro sollte während des Kirchentags als Fundbüro dienen, Stadtbesichtigungen organisieren, Informationen zur Aktion „Sei unser Gast" herausgeben sowie Rückfragen zur Verpflegung beantworten[10]. Zusätzlich wurde im Gemeindehaus an der Marienkirche

---

1 Dem Landesauschuss gehörten Propst Siegfried Lange, Kreisjugendwart Gustav-Adolf Fleischer, Superintendent Siegfried Bohl, Landespfarrer Friedrich Harder, Ingenieur Heinz Hunger, Rechtsanwalt Wolfgang Schnur, Ingrid Plath als Geschäftsführerin und OKR Siegfried Plath als Vorsitzender an. Vgl. LKAG, Best. KT, Nr. 53.1: Protokoll der Sitzung des Greifswalder Landesausschusses am 29.9.1977, S. 1; ebd.: Brief des Greifswalder Landesausschusses an Landespfarrer Harder, 20.10.1976.

2 Die Einberufung der ZORG erfolgte im Januar 1977 nach dem Vorbild des Rostocker Kirchentags 1976. Zu ihren Mitgliedern zählten Siegfried Bohl, Gustav-Adolf Fleischer, Pastor Winrich Jax, Ingrid Plath und Diakon Eberhard Beyer (Mitglied des Landesausschusses der ELLKM). Vgl. ebd.: Protokoll der Sitzung des Greifswalder Landesausschusses am 22.1.1977; ebd.: Kirchentag Stralsund, 16.-18.06.1978, Tabelle 2, Stand: 29.09.77 (ZORG).

3 Vgl. ebd.: „Aufgabenliste, in Ergänzung zur Vorlage vom 22.01.77".

4 Vgl. ebd.

5 Vgl. ebd.

6 Vgl. ebd.; ebd.: „Vorlage zur Vorbereitung des Kirchentages in Stralsund (16.-18.06.78), Altefähr 22.01.77".

7 Vgl. ebd.: „Vorlage zur Vorbereitung des Kirchentages in Stralsund (16.-18.06.78), Altefähr 22.01.77".

8 Vgl. ebd: „Aufgabenliste, in Ergänzung zur Vorlage vom 22.01.77".

9 Vgl. ebd. Die Leitung des Organisationsbüros übernahm Frohwald Kritzler, Pastor in Blumberg bei Prenzlau (Kirchenkreis Pasewalk).

10 Vgl. „Hinweise zum Kirchentag" In: Die Kirche (Greifswalder Ausgabe), Jg. 33, Nr. 24 vom 11.6.1978, S. 4.

ein Tagungsbüro eingerichtet, das als Quartierbüro, Telefonzentrale und Informationsstand fungierte[11]. Im ständigen Austausch mit dem Organisationsbüro regelte es im Vorfeld auch den Versand von Informationsmaterial sowie die Finanzen[12].
Das erste Problem, mit dem sich die Organisatoren des für 1978 geplanten Kirchentags auseinandersetzen mussten, war der Veranstaltungsort. Der sechste Landeskirchentag der ELKG hatte 1974 in Stralsund stattgefunden. Nach der landeskirchlichen Tradition[13] hätte Greifswald der nächste Veranstaltungsort sein müssen. Im September 1976 teilte der Greifswalder Superintendent Dietrich Zarneckow dem Landesausschuss allerdings mit, dass dort aufgrund geplanter umfangreicher Arbeiten am Dom und an der Marienkirche keine Räume für den Kirchentag zur Verfügung stünden[14]. Auf dem Gebiet der ELKG verfügte neben Greifswald nur die Stadt Stralsund über adäquate Rahmenbedingungen für die Ausrichtung eines Landeskirchentags. Als Zeitraum wurde das Wochenende vom 16. bis 18. Juni oder vom 23. bis 25. Juni 1978 ins Auge gefasst[15]. Vorschläge, den Kirchentag nur auf einen Sonntag zu legen und dann eventuell an zwei Orten durchzuführen, lehnte die Mehrheit der Ausschussmitglieder ab[16]. Um ausreichend Zeit für ein breit gefächertes Programm zur Verfügung zu haben, sollte der Kirchentag 1978 wieder an drei Tagen stattfinden[17]. Im November 1976 gab der Stralsunder Pfarrkonvent dem Landesausschuss schließlich die Zusage zur Durchführung des Kirchentags vom 16. bis 18. Juni 1978 in Stralsund[18]. In Bezug auf die inhaltliche Gestaltung des Kirchentags schlug der Ausschuss vor, das Thema „Missionarische Dienste in der Gemeinde“ der Landessynode 1977 aufzuarbeiten und weiterzuführen[19]. In diesem Zusammenhang sollte auch das Gedenkjahr für Bischof Otto von Bamberg, der 1128 zu einer Missionsreise nach Pommern aufgebrochen war, Berücksichtigung finden[20]. Um weitere thematische Anregungen zu erhalten, war die Teilnahme von drei Mitgliedern des Ausschusses am DDR-weiten Themenkonvent vom 14. bis 16. Januar 1977 in der evangelischen Bildungsstätte Hirschluch in Storkow/Mark geplant[21]. Dort suchten die Delegierten auf der Grundlage der Jahreslosung von 1978 „Suchet mich, so werdet ihr leben“ (Amos 5,4) nach einem gemeinsamen Rahmenthema[22]. Nachdem sie sich in einer Diskussion über mögliche Themen unter der Überschrift „Lebt so, dass Gott euch finden kann“ ausgetauscht hatten,

---

11 Vgl. LKAG, Best. KT, Nr. 53.1: „Aufgabenliste, in Ergänzung zur Vorlage vom 22.01.77“.
12 Vgl. ebd.
13 Die Landeskirchentage wurden abwechselnd in diesen beiden Hansestädten durchgeführt. Der erste Landeskirchentag der PEK nach dem Zweiten Weltkrieg fand 1959 in Greifswald statt. Der zweite Landeskirchentag wurde 1962 in Stralsund veranstaltet, der dritte 1964 in Greifswald, der vierte 1967 in Stralsund, der fünfte 1970 in Greifswald, der sechste 1974 in Stralsund.
14 Vgl. LKAG, Best. KT, Nr. 53.1: Brief von Superintendent Zarneckow an Siegfried Plath, 9. 9.1976.
15 Vgl. ebd.: Protokoll der Sitzung des Greifswalder Landesausschusses am 12.10.1976.
16 Vgl. ebd.
17 Vgl. BStU, MfS, BV Rostock, AS Nr. 194/78, Blatt 51: „7. Landeskirchentag Stralsund 16.-18. Juni 1978. Informationsdienst 1 (herausgegeben von der ZORG)“, S. 1.
18 Vgl. LKAG, Best. KT, Nr. 53.1: Protokoll der Sitzung des Greifswalder Landesausschusses am 30.11.1976.
19 Vgl. ebd.: Protokoll der Sitzung des Greifswalder Landesausschusses am 12.10.1976.
20 Vgl. ebd.
21 Vgl. ebd.
22 Vgl. EZA, Best. 95, Nr. 267 : Protokoll der Sitzung der Konferenz der Landesausschüsse am 19.3.1977, S. 1.

einigten sie sich auf die Losung „Suchet – ihr werdet leben“[23]. Da jedoch nicht alle Teilnehmer von dieser Formulierung überzeugt waren, überließ die Konferenz der Landesausschüsse die Themenwahl den einzelnen Landesausschüssen[24]. Auch wenn sie sich nicht für eine einheitliche Losung entscheiden konnten, griffen letztlich alle beteiligten Ausschüsse den Vorschlag des Themenkonvents im Rahmen ihrer Programme auf[25].

Der Ablauf des Stralsunder Treffens stand im Wesentlichen Ende September 1977 fest[26] und der Landesausschuss hatte es sich zum Ziel gesetzt, ein möglichst breites Angebot zusammenzustellen. Neben Vorträgen, Gesprächsgruppen und Gottesdiensten waren unter anderem ein „Ökumenisches Forum“, „Schwarzes Theater“, Kabarett sowie verschiedene kirchenmusikalische Angebote geplant[27]. Für die Vorträge konnten Raimund Hoenen, der Rektor des Kirchlichen Oberseminars in Potsdam-Hermannswerder, Hansjürgen Schulz, der Direktor des Wittenberger Predigerseminars, und Kurt Winkelmann, der Neustrelitzer Landessuperintendent, gewonnen werden. Für das Podiumsgespräch sagten Vertreter der Greifswalder und der berlin-brandenburgischen Landeskirche zu[28]. Im Zusammenhang mit dem 850-jährigen Jubiläum der Christianisierung Pommerns durch Bischof Otto planten die Organisatoren zudem die Uraufführung eines Musik-Spiels. Pastor Roland Springborn aus Greifswald und Kantor Hartmut Grosch aus Anklam schrieben das Stück „Otto von Bamberg“ aus Anlass des Kirchentags und organisierten die Aufführung gemeinsam mit Pastor Rudolf Dibbern (Kummerow), KMD Günter Wehmer (Stralsund) und Gemeindemitgliedern, unter anderem aus Rostock[29]. Um den Besuchern zwischen den thematischen Veranstaltungen Abwechslung und Erholung zu ermöglichen, wurde der Turm der Jakobikirche zu einem Treffpunkt umgestaltet.

---

23 Vgl. ebd.

24 Vgl. ebd. S. 1f.

25 In Leipzig lautete das Kirchentagsmotto „Leben heißt ein Ziel haben“, in Erfurt „Es geht ums Leben“, in Stralsund „Auf der Suche nach Leben“ und beim Kirchentagskongress in Brandenburg/Havel „Zurück zu Gott – mit Gott ins Leben“. Vgl. LKAS, OKR Gen., Nr. 753: „Evangelischer Kirchentag in der DDR: Dokumentation 1962-1978“, 1.2.1979, S. 30f.

26 Vgl. LKAG, Best. KT, Nr. 53.1: Kirchentag Stralsund, 16.-18.6.78, Veranstaltungsplan 2, Stand: 29.9.77 (ZORG).

27 Vgl. ebd.: „Aufgabenliste, in Ergänzung zur Vorlage vom 22.01.77“. Für die Organisation und Koordination der Rahmenveranstaltungen (Startabend, „Schwarzes Theater“, Kabarett usw.) war Landesjugendpfarrer Christoph Schramm verantwortlich, die Leitung der Vorbereitungen im Bereich Kirchenmusik (Orgel- und Posaunenkonzerte) hatte LKMD Manfred Schlenker. Die Planung und Durchführung der Abschlussveranstaltung gehörte zum Aufgabenbereich von Superintendent Siegfried Bohl, der dabei von Kreisjugendwart Gustav-Adolf Fleischer sowie Mitgliedern der Jungen Gemeinde und der Gemeindekirchenräte aus den Kirchenkreisen Greifswald-Stadt, Grimmen, Demmin und Barth unterstützt wurde. Vgl. ebd.: Kirchentag Stralsund, 16.-18.06.1978, Tabelle 2, Stand: 29.09.77 (ZORG); ebd.: „Vorlage zur Vorbereitung des Kirchentages in Stralsund (16.-18.06.78), Altefähr 22.01.77“; ebd.: Kirchentag Stralsund, 16.-18.6.78, Veranstaltungsplan 2, Stand: 29.9.77 (ZORG).

28 Das Podium im Gustav-Adolf-Saal am 17. Juni 1978 bildeten der Berliner Pastor Gerhard Linn, Pastorin Jutta Zimmermann vom Ökumenisch-Missionarischen Zentrum Berlin, Oberin Anne Heuke vom Diakonischen Werk Berlin, der Leiter des Jungmännerwerks Berlin, Pastor Hilmar Schmidt, sowie der Stralsunder Zahnarzt Friedrich Nemitz und Edgar Zobel, Diakon der Züssower Diakonie-Anstalten. Vgl. LAG, Rep. 200 II 7.3, Nr. 30: „7. Kirchentag der Ev. Landeskirche Greifswald, Stralsund 16.-18. Juni 1978. Gruß zum Jahreswechsel (herausgegeben von der ZORG)“, S. 2.

29 Vgl. ebd.

Es war beispielsweise geplant, dort ein Café einzurichten, Ausstellungen mit Fotografien und Grafiken zu präsentieren sowie Konzerte für Kinder, Lesungen und ein Puppenspiel zu veranstalten[30].

Die einzelnen Programmpunkte sollten auf Wunsch des Landesausschusses nicht allein von Mitgliedern der ELKG vorbereitet werden. Nachdem die Zusammenarbeit mit der mecklenburgischen Landeskirche beim Kirchentag 1976 in Rostock positiv verlaufen war, beschloss der Ausschuss, die Mecklenburger zum Kirchentag 1978 einzuladen und in die Vorbereitungen einzubinden[31]. Um den gegenseitigen Austausch zu erleichtern, sollten drei Mitglieder des mecklenburgischen Landesausschusses regelmäßig an den Sitzungen in Greifswald teilnehmen[32]. Zunächst war geplant, dass die Mecklenburger die Konzipierung einer Arbeitsgruppe beim Stralsunder Treffen übernahmen[33]. In gleicher Weise hatte sich der Greifswalder Landesausschuss beim Rostocker Kirchentag 1976 eingebracht, wo er die AG 5 „Gottes Wege führen weiter in der Sorge um den Menschen“ geleitet hatte[34]. Die Arbeitsgruppenarbeit gehörte seit den Anfängen nach 1945 zu den wichtigsten Traditionen des Kirchentags. Die Ordnung des DEKT von 1955 legte fest, dass die Arbeitsgruppen zu aktuell relevanten Fragen zu Kirche, Politik, Gesellschaft und Kultur Stellung nehmen und dadurch die Laien bei der Wahrnehmung ihrer Aufgaben in Kirche und Welt im Sinne der biblischen Botschaft unterstützen sollten[35]. In der Regel waren sie durch Vorträge und Diskussionen gestaltet, die sich verschiedenen Aspekten der Kirchentagslosung widmeten. An den durchschnittlich fünf bis sechs Arbeitsgruppen[36] pro Kirchentag nahmen vor allem in den 1950er Jahren oft mehrere Zehntausend Menschen teil[37]. Als sich die Kirchentagsarbeit nach dem Mauerbau in der DDR neu konsolidieren musste, hielten die Veranstalter an den Arbeitsgruppen fest, die allerdings durch das Prinzip der Regionalisierung in deutlich kleinerem Rahmen stattfanden[38]. In der Greifswalder Landeskirche waren die

30 Vgl. „Jakobitreff beim Kirchentag“ In: Die Kirche (Greifswalder Ausgabe), Jg. 33, Nr. 13 vom 26.3.1978, S. 4. Die Leitung der Organisationsgruppe „Jakobitreff“ hatte der Löcknitzer Pastor Christoph Wittenberg. Vgl. LAG, Rep. 200 II 7.3, Nr. 30: „7. Landeskirchentag Stralsund 16.-18. Juni 1978. Mitarbeiterbrief“, S. 2.

31 Vgl. LKAG, Best. KT, Nr. 53.1: Protokoll der Sitzung des Greifswalder Landesausschusses am 30.11.1976.

32 Dabei handelte es sich um Kurt Winkelmann, Diakon Eberhard Beyer und Propst Udo Struck. Vgl. ebd.

33 Vgl. ebd.: Protokoll der Sitzung des Greifswalder Landesausschusses am 22.1.1977.

34 Vgl. ebd.: Protokoll der Sitzung des Greifswalder Landesausschusses am 26.6.1975, S. 1.

35 Vgl. EZA, Best. 71, Nr. 130: Ordnung des Deutschen Evangelischen Kirchentags, 30.11.1955, S. 8, § 44.

36 Die Anzahl der Arbeitsgruppen variierte oft. So gab es beispielsweise beim ersten DEKT vier, in Leipzig 1954 sechs und in München 1959 sogar zehn. Vgl. Runge/Käßmann (Hg.): Kirche in Bewegung, S. 47-54.

37 Zum Beispiel nahmen 1951 in Berlin nach Einschätzung der Veranstalter rund 40.000 Menschen an der Arbeitsgruppe III „Wir sind doch Brüder – Im Volk“ teil. Vgl. Palm: „Wir sind doch Brüder!“, S. 123.

38 Zum Beispiel 1963 beim Görlitzer Landeskirchentag verzeichneten die sechs Arbeitsgruppen insgesamt rund 900 Besucher. Bei den Kirchentagen der Greifswalder Kirche waren es ebenfalls durchschnittlich 150 Teilnehmer pro Arbeitsgruppe. So hatten die vier Arbeitsgruppen beim Landeskirchentag 1970 in Greifswald insgesamt etwa 500 Besucher und in Stralsund 1974 zogen die drei Arbeitsgruppen ca. 560 Menschen an. Dabei wurden sie mitunter in verschiedene Untergruppen geteilt, wie beim Rostocker Kirchentag 1976. Dort kamen insgesamt 1.000 Teilnehmer in sechs Hauptgruppen zusammen, die sich in mehrere Untergruppen à 20 Personen gliederten.

Arbeitsgruppen traditionell für den zweiten Veranstaltungstag vorgesehen[39]. Eine entsprechende Vorbereitungsgruppe sollte für die inhaltliche und technisch-organisatorische Absicherung gebildet werden, mit dem Fokus auf der Förderung von Begegnungen zwischen Gemeindemitgliedern und kirchenfernen Teilnehmern[40]. Im Landesausschuss gab es jedoch bereits in der Anfangsphase der Vorbereitungen Diskussionen darüber, ob die Arbeitsgruppen noch als angemessene Form der Begegnung zwischen den Besuchern gelten konnten. Deshalb arbeitete Pastor Winrich Jax in Zusammenarbeit mit Stralsunder Gemeindemitgliedern ein neues Gesprächsmodell aus, welches unter der Bezeichnung „Sei unser Gast" im April 1977 erstmals Erwähnung fand[41]. Im September desselben Jahres entschied sich der Ausschuss endgültig für die Streichung der Arbeitsgruppen aus dem Programm und nahm stattdessen „Sei unser Gast" in die Veranstaltungsliste auf[42]. Diesen Schritt unterstützten allerdings nicht alle Ausschussmitglieder. So gab Propst Siegfried Lange im Oktober 1977 seinen Austritt aus dem Gremium bekannt, da er der geplanten Gestaltung des Kirchentags nicht seine Zustimmung geben wollte[43]. Den unmittelbaren Zusammenhang zwischen der Entscheidung des Ausschusses, die Arbeitsgruppen durch „Sei unser Gast" zu ersetzen, und dem Austritt von Lange belegt ein Brief des Propstes an Siegfried Plath. Darin erläuterte er, dass ihn nur eine Kompromisslösung, nämlich die Durchführung beider Angebote, zur Weiterarbeit im Landesausschuss hätte bewegen können[44]. Der Austritt stellte zwar eine harsche Kritik an der Programmplanung dar, doch die Mehrheit der Ausschussmitglieder sprach sich weiter für das Experiment „Sei unser Gast" aus[45]. Die Entscheidung von Propst Lange änderte somit nichts an den weiteren Vorbereitungen des Kirchentags. Sie führte lediglich dazu, dass man die bis dato von ihm übernommene Pressearbeit dem Barther Superintendenten Wolfgang Nixdorf übertrug.

Insgesamt war das Programm in Stralsund durch ein breites geistliches Angebot gekennzeichnet. Vor allem im Hinblick auf die Gottesdienste hatte man ein sehr vielfältiges Programm konzipiert[46]. Gesellschaftspolitische Themen fehlten im offiziellen Veranstaltungskalender völlig und auch ökumenische Fragen wurden nur in geringem Maße aufgegriffen[47]. Dafür hatten die Organisatoren allerdings eine relativ große Anzahl kultureller Angebote geplant, darunter etliche Orgelkonzerte, Kabarett, „Schwarzes Theater" nach Prager Vorbild und Konzerte des Liedermachers Gerhard Schöne[48].

Vgl. LKAS, OKR Gen., Nr. 753: „Evangelischer Kirchentag in der DDR: Dokumentation 1962-1978", 1.2.1979, S. 22-29 und S. 42.

39 Vgl. LKAG, Best. KT, Nr. 53.1: Protokoll der Sitzung des Greifswalder Landesausschusses am 26.6.75, S. 1.

40 Vgl. ebd.: „Aufgabenliste, in Ergänzung zur Vorlage vom 22.01.77".

41 Vgl. ebd.: Protokoll der Sitzung des Greifswalder Landesausschusses am 21.4.1977. Zu den Hintergründen und der Realisierung des Projekts siehe Kapitel 4.3.

42 Vgl. ebd.: Kirchentag Stralsund, 16.-18.06.1978, Tabelle 2, Stand: 29.09.77 (ZORG).

43 Vgl. ebd.: Brief von Siegfried Lange an den Landesausschuss Greifswald, 6.10.1977.

44 Vgl. ebd.: Brief von Siegfried Lange an OKR Siegfried Plath, 12.10.1977.

45 Vgl. Gespräch mit Winrich Jax am 29. Mai 2013.

46 Siehe dazu Kapitel 4.5.

47 Siehe dazu Kapitel 4.4 und 4.6.

48 Vgl. LKAG, Best. KT, Nr. 53.1: Programmheft Kirchentag Stralsund 1978, S. 8f.

Um die Finanzierung des Kirchentags zu sichern, war die Erschließung verschiedener Einnahmequellen notwendig. Dazu gehörten zum einen die Teilnehmerbeiträge[49], die trotz des hohen finanziellen Aufwands der Gesamtveranstaltung erschwinglich bleiben mussten. Für besonders kostenintensive Veranstaltungen, wie die Aufführung des Oratoriums „Go down, Moses", sollten Eintrittskarten verkauft werden[50]. Ein weiteres wichtiges Mittel zur Finanzierung waren die Kollektenspenden. In einem Brief an die Gemeinden bat der Landesausschuss, die Kollekte einer Gemeindeveranstaltung während der Monate März bis Mai 1978 für die Kirchentagsarbeit zur Verfügung zu stellen[51]. In den letzten Monaten vor Beginn des Treffens gingen somit einige Spenden auf das Kirchentagskonto ein, unter anderem von Gottesdiensten in Stralsund und Ducherow[52]. Außerdem beschloss der Ausschuss, die Kollekte der Abschlussversammlung für die Kirchentagsarbeit der ELKG zu verwenden[53]. Auch aus finanziellen Gründen verfolgten die Veranstalter das Ziel, dass möglichst viele Menschen am Kirchentag teilnahmen, und dafür waren Werbemaßnahmen unerlässlich. Die Möglichkeiten für Werbung im öffentlichen Raum waren aber sehr eingeschränkt, da der Staat den Kirchentag als ein rein innerkirchliches Ereignis ansah. In Stralsund ließ sich aber die veränderte Taktik der SED-Regierung erkennen, die nun durch großzügigeres Entgegenkommen Einfluss gewinnen wollte: Die Veranstalter durften ihre Plakate nicht nur in den kirchlichen Schaukästen, sondern auch an 80 Werbeflächen in der Hansestadt anbringen[54]. Abgesehen davon erfolgte die Werbung für das Treffen aber vor allem innerhalb der Kirche. Der Greifswalder Landesausschuss beauftragte Pfarrer Hans-Jörg Krug aus Neuenkirchen, Informationsblätter für Mitarbeiter und Gemeinden zu erstellen sowie den Vertrieb der Programmhefte und Plakate zu übernehmen[55]. Parallel dazu veröffentlichten die Vorbereitungsgruppen Mitteilungen in der kirchlichen Presse, das heißt in der Wochenzeitung *Die Kirche* und in der *Mecklenburgischen Kirchenzeitung*.

Ein weiterer wesentlicher Bestandteil der Vorbereitungen waren die Verhandlungen mit den staatlichen Stellen, da deren Unterstützung große Bedeutung für die Organisation des Kirchentags hatte. Die Greifswalder Kirchenleitung, die sich seit Anfang der 1970er Jahre sehr stark um ein positives Verhältnis zu den staatlichen Vertretern bemüht hatte[56], bezog daher ihre Ansprechpartner beim RdB Rostock so früh wie möglich ein. Nachdem Ende November 1976 Ort und Zeitraum des geplanten Treffens feststanden, informierte Siegfried Plath den Stellvertretenden Vorsitzenden des RdB Rostock, Werner Steinbach, im Dezember 1976 in einem Gespräch über das Vorhaben[57]. Später wandte Plath sich auch noch einmal schriftlich an Steinbach,

49 Dauerteilnehmer zahlten 20 Mark, wobei Schüler, Studenten und Lehrlinge nur die Hälfte zu zahlen hatten. Die Tagesgebühr für die Sonntagsteilnehmer betrug 2 Mark. Vgl. ebd. S. 16.

50 Die Kosten für die Aufführung des Oratoriums beliefen sich auf 4.000 Mark. Vgl. ebd.: Protokoll der Sitzung des Greifswalder Landesausschusses am 21.4.1977.

51 Vgl. ebd.: Brief des Landesausschusses Greifswald an alle Pfarrämter der Landeskirche, 1.3.1978.

52 Der Gottesdienst in Stralsund erbrachte eine Kollekte in Höhe von 110 Mark. Die Sammlung in Ducherow ergab 197,60 Mark. Vgl. ebd.: Brief von Ingrid Plath an Superintendent Torkler, 26.4.1978; ebd.: Brief von Ingrid Plath an Pastor Dr. Schirr, 26.4.1978.

53 Vgl. ebd.: Protokoll der Sitzung des Greifswalder Landesausschusses am 29.9.1977, S. 2.

54 Vgl. ebd.: Protokoll über die Auswertung des 7. Kirchentags der ELKG, 29.6.1978, S. 1.

55 Vgl. ebd.: „Aufgabenliste, in Ergänzung zur Vorlage vom 22.01.77"; LAG, Rep. 200 II 7.3, Nr. 30: „7. Landeskirchentag Stralsund 16.-18. Juni 1978. Mitarbeiterbrief", S. 2.

56 Vgl. Frank: Einsam oder gemeinsam?, S. 41f.

57 Vgl. LAG Rep. 200 II 7.3 Nr. 69, Blatt 12: „Aktenvermerk über ein Gespräch des Genossen

um ihn um organisatorische Unterstützung „in altbewährter Weise“ zu bitten[58]. Als „altbewährt“ konnte man das staatliche Entgegenkommen im Hinblick auf die Kirchentage der ELKG allerdings nicht bezeichnen. Zwar hatten die staatlichen Stellen der Greifswalder Kirche im Vorfeld des vorangegangenen Kirchentags 1974 Zugeständnisse gemacht, indem sie zum Beispiel die Stralsunder Freilichtbühne für die Abschlussveranstaltung zur Verfügung stellten[59]. Den Organisatoren der Treffen in Stralsund 1967 und Greifswald 1970 hatten die Staatsorgane die Unterstützung aber größtenteils verwehrt. So erhielten die Veranstalter beispielsweise keine Genehmigungen für die Nutzung öffentlicher Plätze oder den Druck von Plakaten[60]. Auch durch die kurzfristige Annullierung von Verträgen über Verpflegung in staatlichen Gaststätten, Hotelzimmerreservierungen und Busbestellungen versuchte der Staat die Kirchentagsveranstaltungen stark zu begrenzen[61]. Dass Siegfried Plath angesichts dessen dennoch von Unterstützung „in altbewährter Weise“ sprach, mag als rhetorisches Mittel gelten, um die zuständigen Stellen beim RdB Rostock in Bezug auf das aktuelle Vorhaben wohlwollend zu stimmen. So sollen auch andere Vertreter des Landesausschusses und der Kirchenleitung die Bitte um organisatorische Hilfe wiederholt mit der Zusage verbunden haben, alles zu tun, damit es zu keinerlei Belastung des „vertrauensvollen Verhältnisses“ zu den staatlichen Organen des Bezirkes käme[62]. Die Strategie der Vermeidung jeglicher Konflikte mit den staatlichen Stellen verfolgten die Veranstalter während der gesamten Vorbereitungsphase. Nur in einem Punkt gab es eine längere Auseinandersetzung: bei der Bezeichnung des Kirchentags. Die Ankündigungen und Mitarbeiterbriefe trugen zunächst die Überschrift „7. Landeskirchentag Stralsund 16. bis 18. Juni 1978“[63]. Im November 1977 beschwerte sich jedoch der Referent für Kirchenfragen beim RdB Rostock, Roland Macht, telefonisch bei OKR Hans-Martin Harder über diese Formulierung[64]. Seiner Ansicht nach brachte sie nicht ausreichend zum Ausdruck, dass es sich um einen Kirchentag der ELKG handelte[65]. Hinter diesem Vorwurf stand vermutlich die Befürchtung, dass man den Stralsunder Kirchentag – ähnlich wie das Rostocker Treffen 1976 – als eine Art großen „Nordkirchentag“ ansehen konnte, der für die Christen aller drei Nordbezirke veranstaltet wurde. Dies hätte nicht nur einen entscheidenden Bedeutungszuwachs für den Kirchentag, sondern auch eine stärkere

Steinbach, Stellvertreter des Vorsitzenden des Bezirkes Rostock für Inneres, mit Bischof Gienke und OKR Dr. Plath, 27.12.1976“, S. 5.

58 Vgl. LKAG, Best. KT, Nr. 53.1: Brief des Landesausschusses Greifswald an Werner Steinbach, 3.2.1977.

59 Vgl. Beier: Missionarische Gemeinde in sozialistischer Umwelt, S. 61. Außerdem profitierte das Stralsunder Treffen 1974 von der allgemeinen Lockerung der sehr restriktiven Druckgenehmigungspraxis, da neben Einladungen und Programmen auch 2.000 Plakate gedruckt werden konnten. Vgl. ebd. S. 59.

60 Vgl. ebd. S. 87.

61 Vgl. ebd. S. 88 und S. 99.

62 So zum Beispiel bei der Übergabe des vollständigen Kirchentagsprogramms an Vertreter des RdB Rostock und der SED-Bezirksleitung Rostock im Dezember 1977. Vgl. LAG, IV/D/2.13, Nr. 612, Blatt 148: „Aktenvermerk über ein Gespräch mit Bischof Gienke, Präses Affeld und Oberkonsistorialrat Dr. Plath“, 2.1.1978, S. 5.

63 Vgl. LAG, Rep. 200 II 7.3, Nr. 30: „7. Landeskirchentag Stralsund 16.-18. Juni 1978. Mitarbeiterbrief“, S. 1.

64 Vgl. LKAG, Best. KT, Nr. 53.1: Auszugsweise Abschrift des Eingangs C 30235-15/77 zur besonderen Vorlage in den Sachakten, 10.11.1977, S. 1.

65 Vgl. ebd.

Beteiligung der mecklenburgischen Kirche zur Folge gehabt, der die staatlichen Stellen aufgrund der vermeintlich „negativen" politischen Haltung Bischof Rathkes mit großem Argwohn begegneten[66]. Hans-Martin Harder reagierte mit Unverständnis auf Machts Beschwerde. Er erklärte, die Bezeichnung „Landeskirchentag" und die Ortsangabe „Stralsund" wiesen die ELKG eindeutig als Veranstalter aus[67]. Eine Änderung dieses Textes käme für ihn nur in Frage, wenn sie als „unerlässlich" betrachtet würde, weshalb Harder um eine erneute Prüfung der Angelegenheit bat[68]. Als Roland Macht ihm wenige Tage später mitteilte, dass der Rat des Bezirks auf der Änderung in „7. (Landes-) Kirchentag der Evangelischen Kirche Greifswald" bestand, wurde der Oberkonsistorialrat ungehalten. Bereits beim Kirchentag 1967 habe die Bezeichnung „Landeskirchentag in Stralsund" die staatliche Zustimmung gefunden – dass diese Formulierung nun nicht mehr möglich sei, zeige, dass sich „unser Verhältnis zueinander in den 10 Jahren von 1967 bis 1977 offenbar doch nicht so weiterentwickelt [hat]"[69]. Diese Kritik an der permanenten Propagierung des „vertrauensvollen Verhältnisses" zwischen Staat und Kirche änderte allerdings nichts daran, dass der Landesausschuss in diesem Punkt einlenken musste. Um keine weiteren Verzögerungen bei der Bearbeitung des Druckgenehmigungsantrags zu verursachen, stimmte OKR Harder der Änderung schließlich zu[70]. Daraufhin trug erstmals der im Dezember 1977 versendete Mitarbeiterbrief die Überschrift „7. Kirchentag der Evangelischen Landeskirche Greifswald"[71].
Dass das Verhältnis zwischen dem RdB Rostock und der Greifswalder Kirchenleitung im Grunde genommen aber relativ eng war, zeigte sich zum Beispiel an den Entscheidungen hinsichtlich der Genehmigungen der für den Kirchentag erforderlichen Druckerzeugnisse. So erhielt OKR Harder im Oktober 1977 die Druckgenehmigung für einen Mitarbeiterbrief direkt in einem Gespräch mit Roland Macht, ohne dass vorher ein förmlicher Antrag gestellt werden musste[72]. Nachdem die Auseinandersetzung um die Bezeichnung des Kirchentags beigelegt war, konnten die Veranstalter auch mit einer schnellen Bearbeitung des Antrags für die 4.000 Plakate rechnen, die ihnen Roland Macht während der Herbsttagung der Landessynode im November 1977 persönlich zusagte[73]. Das Bemühen der führenden Vertreter der ELKG um ein positives Verhältnis zum Staat ließ sich auch an der Einladung politischer Prominenz des Bezirks Rostock zum Kirchentag ablesen. Zu dem geplanten Empfang der Kirchenleitung und des Landesausschusses am 17. Juni wurden neben zahlreichen Kirchenvertretern auch Politiker eingeladen. Dazu gehörten der Staatssekretär für Kirchenfragen, Hans Seigewasser, der Vorsitzende des CDU-Bezirkverbands Rostock, Otto Sadler, der Abteilungsleiter beim Sekretariat

66 Vgl. Frank: „Realer, exakter, präziser"? , S. 94-97.
67 Vgl. LKAG, Best. KT, Nr. 53.1: Auszugsweise Abschrift des Eingangs C 30235-15/77 zur besonderen Vorlage in den Sachakten, 10.11.1977, S. 1.
68 Vgl. ebd.
69 Vgl. ebd. S. 2.
70 Vgl. ebd.
71 Vgl. LAG, Rep. 200 II 7.3, Nr. 30: „7. Kirchentag der Ev. Landeskirche Greifswald, Stralsund 16.-18. Juni 1978. Gruß zum Jahreswechsel", S. 1.
72 „Der Vollständigkeit wegen muß aber noch ein förmlicher Antrag nachgereicht werden." Vgl. LKAG, Best. 5 Konsistorium 30108, Landeskirchentage, Bd. II 1967-1985: Auszugsweise Abschrift des Eingangs C 30235-13/77 zur besonderen Vorlage bei den Sachakten, 13.10.1977.
73 Vgl. LKAG, Best. KT, Nr. 53.1: Auszugsweise Abschrift des Eingangs C 30235-15/77 zur besonderen Vorlage in den Sachakten, 10.11.1977, S. 1.

des CDU-Hauptvorstands, Wulf Trende, sowie Roland Macht und Werner Steinbach[74]. Außerdem standen der Stralsunder Oberbürgermeister Horst Lehmann, sein Stellvertreter Pawlovic sowie Reinhard Brüssow von der SED-Bezirksleitung auf der Gästeliste[75]. Diese Geste erwiderte die staatliche Seite, indem Roland Macht einen Empfang beim Stralsunder Oberbürgermeister vorschlug[76]. Er fand ebenfalls am 17. Juni statt, und zwar in der Achtmannskammer des Rathauses[77]. Eine nicht unwesentliche Rolle mag dabei gespielt haben, dass der Empfang nicht nur für die Vertreter der Landeskirche und des Kirchentagsausschusses, sondern auch für die internationalen Gäste geplant war. Dadurch konnten die Staatsvertreter das so oft beschworene „vertrauensvolle Verhältnis" zwischen Staat und Kirche sowohl vor den lokalen Repräsentanten der Kirche als auch vor den Augen der aus dem Ausland angereisten Gäste inszenieren. Letzteres war besonders wichtig in einer Zeit, in der es dem SED-Staat um die Verbesserung seines Ansehens in der Welt ging, wie das folgende Kapitel zeigt.

4.2 Staatliche Vorbereitungen und „politisch-operative Arbeit"

Die Vorbereitungen zum Kirchentag in Stralsund wurden staatlicherseits auf drei Ebenen getroffen: durch das Staatssekretariat für Kirchenfragen in Berlin, den Rat des Bezirks Rostock und das Ministerium für Staatssicherheit. In Bezug auf die Kirchentage in der DDR verfolgte die SED-Führung Ende der 1970er Jahre zum Teil sehr widersprüchliche Ziele. Einerseits zielten die Maßnahmen darauf ab, die Treffen zu kontrollieren und ihre Wirkung auf das nicht-kirchliche Umfeld so gering wie möglich zu halten. Andererseits wollte sie die Kirchentage nutzen, um ihr Ansehen innenpolitisch und außenpolitisch zu verbessern. Nach Ansicht der staatlichen Organe veranstaltete die Kirche diese Treffen, um öffentliche Präsenz zu zeigen, den Prozess des ständigen Rückgangs des kirchlichen Lebens in der Gesellschaft aufzuhalten und auf die Lebensweise von Jugendlichen und Familien einzuwirken[78]. Die besondere Gefahr, die in den Augen des Staates von den Kirchentagen ausging, lag in ihrer Ausrichtung auf Jugendliche und Nichtchristen, die sie durch kulturelle und gesellige Veranstaltungen ansprechen wollten[79]. Im Gegensatz zur gängigen Praxis in den 1960er Jahren, Kirchentage so stark wie möglich einzuschränken oder ganz zu verhindern, war nun jedoch der Durchführung der geplanten Kirchentage im Sinne der „konstruktiven Kirchenpolitik" und im Interesse der „positiven Entwicklung" des Staat-Kirche-Verhältnisses zuzustimmen[80]. Dazu gehörte die Gewährung der für einen „ordnungsmäßigen Verlauf" notwendigen Unterstützung, zum Beispiel im Hinblick auf die Versorgung der Teilnehmer mit

74 Vgl. ebd.: Gästeliste vom Empfang in Stralsund am 17. Juni 1978 im „Schweriner Hof", S. 1f.
75 Vgl. ebd.
76 Vgl. LKAG, Best. 5 Konsistorium 30108, Landeskirchentage, Bd. II 1967-1985: Auszug zur besonderen Vorlage, 17.3.1978.
77 Vgl. LAG, Rep. 200 II 7.3, Nr. 30, Blatt 96: Einladung des Oberbürgermeisters der Stadt Stralsund, 13.6.1978.
78 Vgl. ebd. Blatt 1: „Konzeption zur Vorbereitung und Durchführung des Kirchentages der Evangelischen Landeskirche Greifswald in der Zeit vom 16.-18.6.1978 in Stralsund", S. 1.
79 Vgl. BArch, DO-4/665, Blatt 396: „Konzeption zur Einflußnahme auf die 1978 in der DDR stattfindenden Kirchentage", 2.2.1978, S. 2.
80 Vgl. ebd.

Lebensmitteln[81]. Die wichtigsten Ziele der staatlichen Einflussnahme auf die Vorbereitung und Durchführung der Kirchentage bestanden also in der Förderung einer aus staatlicher Sicht positiven kirchenpolitischen Entwicklung sowie der Stärkung des internationalen Ansehens der DDR[82]. Das entsprechende Vorgehen wurde zum Beispiel in den vom Staatssekretariat für Kirchenfragen erarbeiteten Konzeptionen festgelegt, die die Grundhaltung der SED-Führung hinsichtlich kirchlicher Veranstaltungen im Allgemeinen widerspiegelten. So sollten die Staatsorgane bei der „politisch-ideologischen Einflussnahme“ besonders darauf achten, dass bei den Kirchentagen alle Fragen nur religiös betrachtet wurden, da die Kirche nicht das Recht besitze, „sich in innere Entwicklungsprozesse des real existierenden Sozialismus einzumischen“ – vor allem nicht in die Bereiche Ökonomie, Bildung und Landesverteidigung[83]. Außerdem waren die betreffenden Bischöfe dazu zu bewegen, die volle Verantwortung dafür zu übernehmen, dass die Kirchentage nicht als Forum für „Provokationen und Konfrontationen gegen den Staat“ genutzt wurden[84]. Die staatlichen Stellen erkannten, dass Nichtchristen vor allem im Hinblick auf kulturelle Veranstaltungen und Angebote für Kinder eine Teilnahme am Kirchentag in Betracht zogen. Um dieser Außenwirkung entgegenzusteuern, sollten nach Ansicht des Staatssekretariats „allgemein-kulturelle und gesellige Veranstaltungen (Dichterlesungen, Basteln, Malen, Puppenspiele)“ so weit wie möglich verhindert werden[85]. Eine weitere Maßnahme zur Einschränkung der Massenwirksamkeit der Kirchentage stellte das Kriterium für die Genehmigung von Druckerzeugnissen dar. Die zuständigen staatlichen Stellen durften diese nur erteilen, wenn die Plakate und so fort keinen werbenden Charakter trugen, sondern allein der innerkirchlichen Information dienten[86]. Außerdem wies das Staatssekretariat an, dass alle Veranstaltungen – mit Ausnahme der Abschlussversammlung – nur in kirchlichen Räumen stattzufinden hätten[87]. Damit die Teilnehmer ausreichend mit Speisen und Getränken versorgt waren, konnte den Veranstaltern aber die volle Unterstützung der staatlichen Handelsorgane zugesichert werden[88].

Die Umsetzung der Konzeptionen zu den Kirchentagen des Jahres 1978 delegierte das Staatssekretariat für Kirchenfragen an die Räte der Bezirke. Auf seine Anweisung hin bildete sich in jedem Bezirk, in dem ein Kirchentag stattfand, eine Arbeitsgruppe

81 Vgl. ebd. Die Veranstalter beantragten Verpflegungsbeutel für den 16. und 17. Juni, 400 Portionen Eintopf für den 17. Juni und 2.000 Portionen Eintopf für den 18. Juni sowie Kioske an der Freilichtbühne für den 18. Juni. Die staatlichen Stellen genehmigten offensichtlich die beantragte Verpflegung, allerdings geben weder die kirchlichen noch die staatlichen Akten Aufschluss über den genauen Umfang. Vgl. LAG, Rep. 200 II 7.3, Nr. 30, Blatt 41: „Aktenvermerk über die Beratung mit Dr. Plath am 10.1.1978“; LKAG, Best. KT, Nr. 53.1: Protokoll über die Auswertung des 7. Kirchentags der ELKG, 29.6.1978, S. 2.

82 Vgl. LAG, Rep. 200 II 7.3, Nr. 30, Blatt 1: „Konzeption zur Vorbereitung und Durchführung des Kirchentages der Evangelischen Landeskirche Greifswald in der Zeit vom 16.-18.6.1978 in Stralsund“, S. 1.

83 Vgl. BArch, DO-4/665, Blatt 402: „Konzeption zur Einflußnahme auf die Kirchentage 1978 in der DDR“, 17.1.1978“, S. 2.

84 Vgl. ebd.

85 Vgl. ebd. Blatt 397: „Konzeption zur Einflußnahme auf die 1978 in der DDR stattfindenden Kirchentage“, 2.2.1978, S. 3.

86 Vgl. ebd. Blatt 402: „Konzeption zur Einflußnahme auf die Kirchentage 1978 in der DDR“, 17.1.1978, S. 2.

87 Vgl. ebd.

88 Vgl. ebd.

unter der Leitung des jeweiligen Stellvertreters für Inneres[89]. Zur Realisierung der Konzeptionen hatte der Leiter der AG die Aufgabe, im Vorfeld regelmäßige Beratungen mit dem Bischof und der Kirchentagsleitung durchzuführen[90]. Um die ständige Einflussnahme auf die Organisatoren während der Vorbereitung und des Verlaufs der Kirchentage abzusichern, waren die Räte der Bezirke dafür zuständig, das Zusammenwirken der Staatsorgane vor Ort zu fördern[91]. Darüber hinaus sollten sie über verschiedene Veranstaltungen berichten und dort für das Auftreten „positiver kirchlicher Kräfte" sorgen[92]. Mit der Arbeit des RdB Rostock war das Staatssekretariat zunächst unzufrieden. Im November 1977 bemängelte es, dass Roland Macht noch immer kein Kirchentagsprogramm vorlegen konnte und auch keine inhaltlichen Vorstellungen vom Stralsunder Treffen hätte[93]. Durch die Gespräche mit Mitgliedern des Greifswalder Landesausschusses und die Prüfung der beantragten Druckerzeugnisse war Roland Macht allerdings bereits gut über das Programm und dessen thematische Gestaltung informiert. Weshalb er, der gemeinhin als politischer Hardliner galt[94], sich zu jenem Zeitpunkt trotz der an den RdB Rostock gerichteten Mahnung[95] nicht mit den zentralen Dienststellen abstimmte, geht aus den Akten nicht hervor. Vielleicht war er der Ansicht, die auf Kooperation bedachte Greifswalder Kirchenführung selbst ausreichend unter Kontrolle zu haben und keine Hilfe von übergeordneten Stellen zu benötigen. Abgesehen von diesem mangelnden Austausch mit dem Staatssekretariat versuchte der RdB Rostock die Vorgaben zum Kirchentag vorbildlich zu erfüllen. Dabei spielten die Gespräche mit der Greifswalder Kirchenleitung und den Mitgliedern des Landesausschusses eine wichtige Rolle. In regelmäßigen Abständen machten Werner Steinbach, Roland Macht und Reinhard Brüssow die Kirchenvertreter darauf aufmerksam, dass sie für einen friedlichen Kirchentagsverlauf und die Verhinderung von Äußerungen verantwortlich waren, die das „Vertrauensverhältnis" zwischen Staat und Kirche belasten könnten. Durch diese Gespräche blieb die Arbeitsgruppe des Bezirksrats stets über die Entwicklung der kirchlichen Vorbereitungen informiert und konnte ihren Einsatz während des Kirchentags mit ausreichend zeitlichem Vorlauf planen. Auch das Ziel, durch wohl kalkulierte Unterstützung der Veranstaltungen innen- und außenpolitisch das Ansehen der DDR zu steigern, nahm der RdB Rostock sehr ernst. Ein großes Zeichen staatlichen Entgegenkommens war die Genehmigung der Nutzung öffentlicher Plätze. Beim sechsten Landeskirchentag 1974 durfte die Abschlussversammlung erstmals auf der Freilichtbühne in Stralsund stattfinden[96]. Vier Jahre später gingen die Behörden noch einen Schritt weiter: Die Freilichtbühne wurde nicht nur für die Abschlussversammlung, sondern auch für einen Kinder- und Jugendgottesdienst am Vormittag des 18. Juni zugesagt[97]. Vermutlich wirkte es sich begünstigend aus,

89 Vgl. ebd.
90 Vgl. ebd. S. 3.
91 Vgl. ebd. Blatt 400: „Konzeption zur Einflußnahme auf die 1978 in der DDR stattfindenden Kirchentage", 2.2.1978, S. 5.
92 Vgl. ebd.
93 Vgl. ebd. Blatt 593: „Landeskirchentag in Stralsund".
94 Vgl. Frank: „Realer, exakter, präziser"?, S. 66.
95 Vgl. BArch, DO-4/665, Blatt 412: „Information über Kirchentage 1978", S. 4.
96 Vgl. Beier: Missionarische Gemeinde in sozialistischer Umwelt, S. 61.
97 Vgl. LAG, IV/D/2.13 Nr. 612, Blatt 148: „Aktenvermerk über ein Gespräch mit Bischof Gienke, Präses Affeld und Oberkonsistorialrat Dr. Plath", 2.1.1978, S. 5.

dass Bischof Gienke für beide Veranstaltungen als Prediger vorgesehen war[98]. Von Gienke, den der Staatssekretär für Kirchenfragen als den „gegenwärtig klarste[n] Kopf unter den Bischöfen der DDR“ bezeichnete[99] und der nach Einschätzung des RdB Rostock stets einen „realistischen“ Standpunkt vertrat[100], musste man keine staatskritischen Äußerungen auf der Freilichtbühne befürchten.
Ein weiterer Organisationspunkt, bei dem die Kirchen staatliche Unterstützung benötigten, war der Transport der Teilnehmer zum Veranstaltungsort. Die Gemeinden der ELKG stellten deshalb beim RdB Rostock einen Antrag auf die Bereitstellung von 54 Bussen für den 18. Juni[101]. Zusätzlich wurde ein Sonderzug für etwa 1.600 Personen von Schwerin nach Stralsund für denselben Tag bestellt[102]. Nach Anweisung des Staatssekretariats konnte Anträgen für Sonderfahrten mit Zug oder Bus in bestimmten Fällen zugestimmt werden, wenn man dadurch zum Beispiel eine Überlastung der öffentlichen Verkehrsmittel vermied[103]. Ein wichtiges Kriterium für die Genehmigung dieser Sonderfahrten bestand allerdings darin, dass mit den zusätzlichen Bussen und Bahnen nicht überdurchschnittlich mehr Besucher als sonst zum Kirchentag anreisten[104]. Im Fall des Stralsunder Treffens waren die Staatsorgane anscheinend davon überzeugt, dass die Teilnehmerzahl trotz zusätzlicher Verkehrsmittel nicht ungewöhnlich ansteigen würde, denn sie gingen in fast allen Punkten auf die Wünsche der Veranstalter ein. So sagten sie zwar nicht alle bestellten Busse zu[105], genehmigten aber die Sonderzüge und wollten auch verstärkte Regelzüge einsetzen[106]. Angesichts der sehr frühen Abfahrtszeiten für Teilnehmer aus Mecklenburg – die Abfahrt ab Schwerin war auf 4.24 Uhr angesetzt[107] – hatten die staatlichen Stellen vielleicht auch die Hoffnung, dass die Züge

98 OKR Harder äußerte gegenüber Roland Macht im Oktober 1977, dass der Bischof vermutlich auch den Vormittagsgottesdienst übernehmen werde. Letztlich hielt Siegfried Plath die Predigt des Kinder- und Jugendgottesdienstes, aber auch er zählte aus staatlicher Sicht zu den „progressiven Kräften“. Vgl. LKAG, Best. 5 Konsistorium 30108, Landeskirchentage, Bd. II 1967-1985: Auszugsweise Abschrift des Eingangs C 30235-13/77 zur besonderen Vorlage bei den Sachakten, 13.10.1977.

99 Vgl. LAG, Rep. 200 II 7.3, Nr. 71, Blatt 85: Staatssekretär für Kirchenfragen: „Information über ein Gespräch bei Bischof Gienke, Greifswald“, 18.2.1977, S. 1.

100 Vgl. LAG, IV/D/2.13 Nr. 612, Blatt 104: „Einige Aspekte über die kirchenpolitische Situation in der Evangelischen Landeskirche Greifswald, ausgearbeitet von den Genossen Macht und Brüssow“, August 1977, S. 8.

101 Vgl. LKAG, Best. KT, Nr. 53.1: Brief des Greifswalder Landesausschusses an Roland Macht, 8.3.1978.

102 Vgl. ebd.: Brief von Eberhard Beyer an die Reichsbahndirektion Schwerin, 17.4.1978.

103 Vgl. BArch, DO-4/665, Blatt 399: „Konzeption zur Einflussnahme auf die 1978 in der DDR stattfindenden Kirchentage“, 2.2.1978, S. 4.

104 Vgl. ebd.

105 Vgl. LKAG, Best. 5 Konsistorium 30108, Landeskirchentage, Bd. II 1967-1985: Auszug zur besonderen Vorlage, 17.3.1978.

106 Es gab zwei Sonderzüge am 18. Juni: Von Schwerin (Abfahrt 4.24 Uhr) über Bützow, Rostock, Rövershagen, Ribnitz-Damgarten, Velgast nach Stralsund (Ankunft 7 Uhr) und zurück (ab 16.25 Uhr) sowie von Wismar (Abfahrt 5.30 Uhr) über Neubukow, Bad Doberan, Velgast nach Stralsund (Ankunft 9 Uhr) und zurück (ab 16.38 Uhr). Verstärkte Regelzüge fuhren ab Grimmen, Greifswald, Ribnitz, Barth, Altentreptow und Demmin. Vgl. LAG, Rep. 200 II 7.3, Nr. 30, Blatt 16: „Aufstellung über Sonderzüge und verstärkte Regelzüge zum Kirchentag in Stralsund“; LKAG, Best. KT, Nr. 53.1: Brief von Eberhard Beyer an die Kirchengemeinden der Kirchenkreise Schwerin, Wismar u. a., 17.5.1978, S. 2.

107 Vgl. LAG, Rep. 200 II 7.3, Nr. 30, Blatt 16: „Aufstellung über Sonderzüge und verstärkte Regelzüge zum Kirchentag in Stralsund“.

nur geringfügig ausgelastet waren. Die vom MfS durchgeführte Fahrgastzählung schien diese Prognose zu bestätigen: Demnach nutzten nur etwa 600 Personen die Züge auf der Hinfahrt und 940 Personen auf der Rückfahrt[108]. Aber selbst wenn die Auslastung der Sonderzüge geringer ausgefallen sein sollte als geplant, nahmen im Vergleich zum Kirchentag 1974 immerhin etwa doppelt so viele Menschen an der Abschlussversammlung teil, darunter auch etwa 2.000 Besucher aus Mecklenburg[109]. Bei der Bereitstellung von Unterkünften für die Kirchentagsgäste kam der RdB Rostock den Veranstaltern ebenfalls entgegen. Acht Jahre zuvor hatten die staatlichen Stellen noch versucht, den Kirchentag mittels kurzfristiger Annullierung von Verträgen zu behindern[110], doch nun wurde den Organisatoren bei der Suche nach Hotelquartieren ausdrücklich die Hilfe des stellvertretenden Oberbürgermeisters zugesagt[111].

Auch das Ministerium für Staatssicherheit befasste sich bereits in der Vorbereitungsphase mit dem Stralsunder Treffen. Der Stasi gelang es, die Programmgestaltung zu beeinflussen, indem sie den Auftritt einer aus staatlicher Sicht unbequemen Sängerin verhinderte. Diese sollte als Ersatz für Gerhard Schöne beim Kirchentag auftreten. Obwohl Schönes Konzert im Dezember 1977 offiziell im Programm angekündigt worden war[112], sah es wenige Wochen vor Beginn des Treffens so aus, als könnte der Liedermacher den Termin wegen seines Bausoldatendienstes doch nicht wahrnehmen[113]. Damit trotzdem ein Konzert im Jakobitreff stattfand, wandte sich ein Mitglied des Landesjugendvereins Greifswald im Mai 1978 an Bettina Wegner[114]. Als Generalmajor Paul Kienberg, Leiter der HA XX, von der Einladung erfuhr, erteilte er der Bezirksverwaltung Rostock den Auftrag, das Auftreten der Berliner Liedermacherin zu verhindern[115]. Nach ihrem öffentlichen Protest gegen die Ausbürgerung Wolf Biermanns im November 1976[116] war Wegner mit einer zunehmenden

108 Vgl. BStU, MfS, BV Rostock, AS Nr. 194/78, Blatt 501-505: „Informationen zur Auslastung der Sonderzüge am 18.6.1978“, S. 1-5.

109 Nach kirchlichen Schätzungen nahmen etwa 8.000 bis 10.000 Besucher an der Abschlussveranstaltung 1978 teil. Die Abschlussversammlung 1974 hatte ca. 5.000 Teilnehmer. Vgl. LKAG, Best. KT, Nr. 53.1: Protokoll über die Auswertung des 7. Kirchentags der ELKG, 29.6.1978, S. 1; LKAG, Bericht zur Landessynode und Berichte der Superintendenten, 13.-16.11.1975, Blatt 111: „Bericht für die Landessynode vom 14. bis 16.11.1975“, S. 1. Die staatlichen Schätzungen variierten stark. In den Berichten zu 1978 ist von 5.000 bzw. 8.000 Teilnehmern die Rede. Vgl. LAG, Rep. 200 II 7.3, Nr. 30, Blatt 7: „Information über den Verlauf des 7. Kirchentags der ELKG“; BStU, MfS, BV Rostock, AS Nr. 194/78, Blatt 227: Bericht über die Abschlussversammlung, 18.6.1978.

110 Vgl. Beier: Missionarische Gemeinde in sozialistischer Umwelt, S. 99.

111 Vgl. LKAG, Best. 5 Konsistorium 30108 Landeskirchentage, Bd. II 1967-1985: Auszug zur besonderen Vorlage, 17.3.1978.

112 Vgl. LAG, Rep. 200 II 7.3, Nr. 30, Blatt 88: „7. Kirchentag der Ev. Landeskirche Greifswald, Stralsund 16.-18. Juni 1978. Gruß zum Jahreswechsel“.

113 Vgl. BStU, MfS, BV Rostock, AS Nr. 194/78, Blatt 11: „Information 470/78. Eventuelles Auftreten von Bettina Wegner-Schlesinger im Programm des Kirchentages in Stralsund", 25.5.1978.

114 Vgl. ebd.

115 Vgl. ebd.

116 Vgl. dazu Robert Grünbaum: Wolf Biermann 1976: die Ausbürgerung und ihre Folgen, Erfurt 2006; Wolf Biermann/Fritz Pleitgen: Die Ausbürgerung: Anfang vom Ende der DDR, Berlin 2006; Robert Allertz (Hg.): Sänger und Souffleur: Biermann, Havemann und die DDR, Berlin 2006; Roland Berbig (Hg.): In Sachen Biermann: Protokolle, Berichte und Briefe zu den Folgen einer Ausbürgerung, Berlin 1994.

Einschränkung ihrer Arbeitsmöglichkeiten in der DDR konfrontiert[117]. Obwohl das MfS sie mit „Zersetzungsmaßnahmen" drangsalierte, blieb sie bis zur erzwungenen Ausreise in die Bundesrepublik 1983 in der oppositionellen Szene der DDR aktiv[118]. Ein Auftritt beim Kirchentag in Stralsund hätte ihr die Aufmerksamkeit eines großen Publikums sichern können, was aus staatlicher Sicht unbedingt zu vermeiden war. Um das Problem zu lösen, sollte sich Major Thode vom Referat XX/4 der BV Rostock mit IMS „Hiller" alias OKR Siegfried Plath in Verbindung setzen[119]. Nach einem Gespräch mit Plath am 30. Mai 1978 entschied der Stasimitarbeiter, dass die Möglichkeit eines kurzen Diensturlaubs für Gerhard Schöne zu prüfen sei[120]. Die geheimdienstliche Intervention war also erfolgreich, und so musste Gustav-Adolf Fleischer von der ZORG – nur eine Woche vor Beginn des Kirchentags! – Bettina Wegner „kurzfristig und […] überraschend" wieder absagen[121]. Ironischerweise konnte die Stasi Bettina Wegner nicht völlig aus dem Programm des Stralsunder Treffens verbannen: Bei seinem Konzert am 16. Juni gab ausgerechnet Gerhard Schöne das bekannteste Stück der Sängerin, „Kinder (Sind so kleine Hände)", zum Besten[122].

Nachdem die Vorbereitungen für den Kirchentag abgeschlossen waren, begann für die staatlichen Stellen die zweite wichtige Phase der Einflussnahme auf das Treffen: die „operative Absicherung". Dafür war vor allem die Staatssicherheit zuständig, die auch nach dem Spitzengespräch vom 6. März 1978 äußerst misstrauisch gegenüber den Kirchen blieb[123]. Außerdem hatten der RdB Rostock und die CDU im Bezirk Rostock die Aufgabe, Berichte von einzelnen Veranstaltungen an die SED – und damit auch an das MfS – zu liefern. Zusätzlich sollten vor allem die CDU-Informanten einen „positiven" Einfluss auf die Diskussionen und Gespräche beim Kirchentag ausüben[124]. Wie vom Staatssekretariat für Kirchenfragen gefordert, hatte der Rat des Bezirks eine Arbeitsgruppe gebildet, welche für die Einschätzungen der Veranstaltungen und die Einleitung eventuell erforderlicher „operativer Maßnahmen" zuständig war[125]. Die Tagesberichte und Abschlussinformation hatte die Arbeitsgruppe an die Ersten Sekretäre der Bezirks- und Kreisleitung der SED weiterzuleiten, die diese wiederum dem MfS zukommen ließen[126]. Die CDU wurde stets in die „Bearbeitung" und Auswertung kirchlicher Veranstaltungen einbezogen, denn seit der Gründung

---

117 Vgl. Neubert: Geschichte der Opposition in der DDR 1949-1989, S. 244f.; Joachim Walther: Sicherungsbereich Literatur, S. 91.

118 Vgl. Neubert: Geschichte der Opposition in der DDR 1949-1989, S. 245.

119 Vgl. BStU, MfS, BV Rostock, AS Nr. 194/78, Blatt 10: Handschriftlicher Vermerk zur „Information 470/78".

120 Vgl. ebd.

121 Vgl. LKAG, Best. KT, Nr. 53.1: Brief von der ZORG an Bettina Wegner-Schlesinger, 8.6.1978.

122 Vgl. BStU, MfS, BV Rostock, AS Nr. 194/78, Blatt 303: „Information zur Veranstaltung 'Lieder zur Gitarre'", 16.6.1978.

123 Vgl. Besier/Wolf: Pfarrer, Christen, Katholiken, S. 34. Zum Gespräch am 6.3.1978 siehe Kapitel 3.1.

124 Vgl. LAG, Rep. 200 II 7.3, Nr. 30, Blatt 4: „Konzeption zur Vorbereitung und Durchführung des Kirchentages der Evangelischen Landeskirche Greifswald in der Zeit vom 16.-18.6.1978 in Stralsund", S. 4.

125 Die Gruppe wurde von Reinhard Brüssow von der SED-Bezirksleitung geleitet. Zu ihren Mitgliedern gehörten Roland Macht, Herr Pawlovic (Stellvertreter des Stralsunder Oberbürgermeisters), Herr Klöpel (Bezirksbehörde der DVP), Herr Schreiber (Volkspolizeikreisamt Stralsund) und Herr Klingenberg von der SED-Kreisleitung. Vgl. ebd. S. 3.

126 Vgl. ebd.

des „sozialistischen Mehrparteiensystems“ der DDR kam ihr die Aufgabe zu, die christliche Bevölkerung von der Politik der SED zu überzeugen[127]. Seit Ende der 1960er Jahre waren CDU-Mitglieder verstärkt bei Kirchentagen im Einsatz, um gegen mögliche „Provokationen“ vorzugehen[128]. Auch in Stralsund 1978 hatten die „Unionsfreunde“ in den Veranstaltungen für eine möglichst positive Darstellung der gesellschaftspolitischen Verhältnisse in der DDR zu sorgen. Damit die Kontrolle der CDU-Arbeitsgruppe gesichert war, schleuste die Stasi dort einen Inoffiziellen Mitarbeiter ein[129]. Die Koordination des Einsatzes erfolgte in Zusammenarbeit des Staatssekretariats für Kirchenfragen mit der Abteilung Kirchenfragen beim CDU-Hauptvorstand sowie der Arbeitsgruppe des Rates des Bezirks mit dem Vorsitzenden des CDU-Bezirksverbands Rostock, Otto Sadler[130]. Dabei sah der Bereitschaftsdienstplan die Teilnahme von Parteigenossen aus allen drei Nordbezirken vor[131]. Somit nahmen an jeder Veranstaltung, außer an kirchenmusikalischen Angeboten, ein bis vier CDU-Informanten teil[132]; insgesamt waren 150 „Unionsfreunde“ im Einsatz[133]. Die Berichte der Arbeitsgruppe des RdB Rostock und der CDU-Mitglieder enthielten neben einer kurzen inhaltlichen Zusammenfassung fast durchgängig statistische Angaben, wie zum Beispiel die Teilnehmerzahl. Ihr Fokus lag auf zwei Aspekten: Inhaltlich ging es vor allem um Äußerungen in Bezug auf Politik und Gesellschaft. Bei den statistischen Angaben wurde stets der Anteil Jugendlicher an der Besucherzahl hervorgehoben, denn es galt auszuwerten, welchen Einfluss die Veranstalter auf diese in politisch-ideologischer Hinsicht wichtige Altersgruppe ausüben konnten. Der Jugendgottesdienst mit der „Gruppe Schalom“ zog besonders viele jüngere Besucher an – der Bericht spricht von etwa 400 Teilnehmern, davon 95 Prozent Jugendliche[134]. Während des Gottesdienstes wurden nicht nur religiöse Themen angesprochen,

127 Vgl. Hermann Wentker: Die kirchenpolitische Abteilung der Ost-CDU, S. 159 und 167. Zur Geschichte der CDU in der SBZ und der DDR vgl. Wunnicke: Die Blockparteien der DDR, S. 8-66; Ute Schmidt: Von der Blockpartei zur Volkspartei? Die Ost-CDU im Umbruch 1989-1994, Opladen 1997; Stephan Zeidler: Auf dem Weg zur Kaderpartei? Zur Rolle der Ost-CDU in der inneren Entwicklung der DDR 1952-53, Hamburg 1996; Michael Richter (Hg.): Die Ost-CDU. Beiträge zu ihrer Entstehung und Entwicklung, Weimar 1995; Martin Rißmann: Kaderschulung in der Ost-CDU 1949-1971 – zur geistigen Formierung einer Blockpartei, Düsseldorf 1995.

128 Vgl. Wunnicke: Die Blockparteien der DDR, S. 34f.

129 Dabei handelte es sich um IMV „Bäcker“. Vgl. BStU, MfS, BV Rostock, AS Nr. 194/78, Blatt 367: IM-Aufstellung für den Kirchentag in Stralsund, 25.5.1978, S. 2. Heinz-Peter Scholz alias IMV „Bäcker“ war Sekretär für Agitation und Propaganda beim Bezirksvorstand der CDU. Er wurde 1973 als Inoffizieller Mitarbeiter in Rostock angeworben und arbeitete bis 1989 mit dem MfS zusammen. Vgl. BStU, MfS, BV Rostock, AIM 136/91, Teil I, Bd. 1, Blatt 04: „Vorschlag zur Anwerbung der Person Scholz, Heinz-Peter als IMV“, 14.9.1973, S. 1; ebd. Blatt 12: „Bericht über die durchgeführte Werbung des Kandidaten Scholz, Heinz-Peter“, 26.9.1973, S. 1.

130 Vgl. BArch, DO-4/665, Blatt 402: „Konzeption zur Einflußnahme auf die Kirchentage 1978 in der DDR“, 17.1.1978, S. 2; LAG, Rep. 200 II 7.3, Nr. 30, Blatt 4: „Konzeption zur Vorbereitung und Durchführung des Kirchentages der Evangelischen Landeskirche Greifswald in der Zeit vom 16.-18.6.1978 in Stralsund“, S. 4.

131 Vgl. LAG, IV/D/2.13 Nr. 613, Blatt 34: Bereitschaftsdienstplan des Bezirksvorstands der CDU Rostock anlässlich des Kirchentags 1978 in Stralsund, S. 1.

132 Vgl. ebd. S. 1-4.

133 Vgl. BStU, MfS, BV Rostock, AS Nr. 194/78, Blatt 207: Abschlussbericht zum Kirchentag in Stralsund vom 16. bis 18. Juni 1978 von Otto Sadler, S. 3.

134 Vgl. LAG, IV/D/2.13, Nr. 613, Blatt 115: Bericht vom Gottesdienst in der Heilgeistkirche mit der Gruppe Schalom, 17.6.1978.

sondern „an mehreren Stellen negative Kritik am gesellschaftlichen Leben geübt“[135]. Das habe jedoch kein Missfallen erregt, sondern rief im Gegenteil „den Beifall der Jugendlichen in starkem Maße hervor“[136].

Außer Veranstaltungen, bei denen eine große Besucherzahl zu erwarten war, nahmen die staatlichen Beobachter vor allem das neue Projekt „Sei unser Gast“ genau unter die Lupe. Aufgrund seines informellen Charakters mussten sie diesem Programmpunkt mit Argwohn begegnen. Die Vorbereitung von „Sei unser Gast“ entzog sich weitgehend der Kontrolle der Kirchenleitung und des Greifswalder Ausschusses, sodass der inhaltliche Verlauf für die staatlichen Organe kaum absehbar war. Somit war aus ihrer Sicht ein erhöhtes Maß an „operativer Absicherung“ notwendig. Da es sich bei „Sei unser Gast“ um Gesprächsrunden handelte, nutzten die CDU-Spitzel die Gelegenheit, die Wortmeldungen ihrer Parteifreunde herauszustreichen. So habe beispielsweise Otto Sadler „positiv“ in die Diskussion zum Wehrunterricht[137] während des Gesprächs mit Mitgliedern der Kirchenleitung im Jakobiturm eingegriffen: „Er hob die Friedenspolitik unseres Staates hervor und wies nach, in welcher Weise die CDU die Friedensbemühungen unseres sozialistischen Staates unterstützt“, notierte der Informant[138]. Im Gemeindezentrum Birkenweg ging es ebenfalls um die bevorstehende Einführung des Wehrunterrichts. Dort habe Präses Dietrich Affeld, Mitglied der CDU und der Kirchenleitung der ELKG, für einen guten Gesprächsverlauf gesorgt[139]. Laut dem Bericht hatte Affeld die Fragen zum Wehrunterricht „sehr geschickt“ heruntergespielt und für seine Ausführungen sogar Beifall erhalten[140]. Mitunter führte die Anwesenheit von CDU-Informanten bei „Sei unser Gast“ allerdings zu unangenehmen Situationen: Bei der Diskussion in einer Privatwohnung über das neue Unterrichtsfach antwortete eine aufgebrachte Teilnehmerin auf die Äußerungen des „Unionsfreundes“, dass sie nicht damit gerechnet habe, auch beim Kirchentag mit einem CDU-Mitglied in einer Runde zu sitzen und „praktisch auch hier unter Kontrolle“ zu sein[141]. Von diesem Vorwurf peinlich berührt, sei man rasch zu einem anderen Thema übergegangen[142].

Auch wenn zahlreiche CDU-Mitglieder sowie Mitarbeiter des RdB Rostock als Spitzel an den Veranstaltungen in Stralsund teilnahmen, die Hauptverantwortung bei der „operativen Absicherung“ lag bei der Staatssicherheit. Auf Anweisung des Stellvertreters von Erich Mielke, Rudi Mittig, bildete die BV Rostock in der Zeit vom 16. bis 18. Juni 1978 einen Einsatzstab, der ständigen Kontakt zu den Verbindungsoffizieren der HA XX halten sollte[143]. Die besondere Bedeutung der Kirchentage für das MfS lässt sich auch daran erkennen, dass die Tagesberichte des Rostocker Einsatzstabs direkt an Generalmajor Mittig zu senden waren[144]. Dabei bestand die wichtigste Zielstellung der „Bearbeitung“ darin, den Missbrauch der Veranstaltungen

135 Vgl. ebd.
136 Vgl. ebd.
137 Zur Einführung des Wehrunterrichts siehe Kapitel 4.4.
138 Vgl. LAG, IV/D/2.13, Nr. 613, Blatt 151: Bericht von „Sei unser Gast“ im Jakobiturm, 17.6.1978, S. 2.
139 Vgl. LAG, IV/D/4.09, Nr. 166, Blatt 48: Bericht von „Sei unser Gast“ im Birkenweg, 17.6.1978.
140 Vgl. ebd.
141 Vgl. ebd. Blatt 47: Bericht von „Sei unser Gast“, 17.6.1978.
142 Vgl. ebd.
143 Vgl. BStU, MfS, BdL Nr. 874, Blatt 02: „Politisch-operative Sicherung des Kirchentages der Evangelischen Landeskirche in Stralsund“, Berlin, 26.5.1978, S. 2.
144 Vgl. ebd. S. 3.

durch „oppositionelle oder negativ-feindliche Kräfte“ zu verhindern[145]. Dazu arbeitete die Abteilung XX der Rostocker Bezirksverwaltung einen umfangreichen Einsatzplan aus. Neben den Inoffiziellen Mitarbeitern der Abteilung XX/4 der Bezirksverwaltungen Rostock, Schwerin und Neubrandenburg sowie der KD Stralsund sollten „inoffizielle Kräfte“ des Volkspolizeikreisamts und aus den Bereichen Handel, Dienstleistungen, Hotel und Gaststätten zum Einsatz kommen[146]. Darüber hinaus hatte die für Verkehr, Post und Nachrichtenwesen zuständige Abteilung XIX der BV Rostock die Aufgabe, in den Zügen und auf dem Bahnhof in Stralsund „provokatorische Handlungen“ zu unterbinden[147]. Für die fotografische Dokumentation der Ausstellungen, Teilnehmer der Schwerpunktveranstaltungen sowie der offiziellen Gäste war die Rostocker Abteilung VIII zuständig[148]. Die Stasi war vor allem an Informationen zur Altersstruktur der Besucher, zur Kritik am Bildungswesen, zu Auswertungen des Gesprächs vom 6. März 1978 und zu Einschätzungen zum Kirchentag interessiert[149]. Da die SED auf eine Verbesserung des Ansehens der DDR im Ausland bedacht war, hatten einige IM – darunter Siegfried Plath alias „Hiller“ – die Aufgabe, die Meinung der ökumenischen Gäste in Erfahrung zu bringen[150]. Zu den am stärksten observierten Programmpunkten gehörten der „Startabend“, „Sei unser Gast“ mit der Kirchenleitung, der Jugendgottesdienst, die Gottesdienste an der Freilichtbühne und das „Ökumenische Forum“[151]. Diese Auswahl spiegelt die Aspekte des Kirchentags wider, die der Staat einerseits zwar als besonders beunruhigend ansah, aber gleichzeitig für sich nutzen wollte. Die „Massenwirksamkeit“, die den stark besuchten Angeboten wie dem „Startabend“ oder Open-Air-Gottesdiensten zugesprochen wurde, die Anziehungskraft auf die Jugend sowie die Unkontrollierbarkeit innovativer Konzepte wie „Sei unser Gast“ stellten aus staatlicher Sicht negative Erscheinungen dar. Die ökumenische Dimension sahen die Staatsorgane hingegen als Chance, um positive Bilder vom SED-Staat im In- und Ausland zu verbreiten.

Die Befürchtung der staatlichen Organe, dass es während des Stralsunder Kirchentags zu „provokatorischen Handlungen“ kommen könnte, bewahrheitete sich weitgehend nicht. Zwar wurde in verschiedenen Veranstaltungen Kritik an Politik und Gesellschaft in der DDR geäußert[152], aber das MfS entschied sich nur an einer Stelle zu einem direkten Eingriff, und zwar bei einer Unterschriftenaktion. Wolfgang Bernschein, ein Teilnehmer aus Greifswald, hatte im Jakobitreff ein an das Ministerium für Volksbildung adressiertes Protestschreiben ausgelegt, in dem er sich gegen die Einführung des Wehrunterrichts aussprach[153]. Durch einen „inoffiziellen Hinweis“ erhielt die Stasi davon Kenntnis und leitete umgehende Maßnahmen ein[154]. Laut IM „Brunst“[155] kamen zunächst einige Stasimitarbeiter zum Jakobitreff, die die

145 Vgl. BStU, MfS, BV Rostock, AS Nr. 194/78, Blatt 04: „Maßnahmeplan“, 14.4.1978, S. 2.
146 Vgl. ebd. S. 3.
147 Vgl. ebd.
148 Vgl. ebd. S. 4.
149 Vgl. ebd. Blatt 371: „Informationsbedarf“, 7.6.1978.
150 Vgl. ebd. Blatt 366: IM-Aufstellung für den Kirchentag in Stralsund, 25.5.1978, S. 1.
151 Vgl. ebd. Blatt 26-48: „Einsatzplan für IM während des Stralsunder Kirchentags“, 25.5.1978.
152 Siehe dazu Kapitel 4.4.
153 Vgl. LAG, Rep. 200 II 7.3, Nr. 30, Blatt 13: Anlage zur „Information über den Verlauf des 7. Kirchentags der Evangelischen Landeskirche Greifswald“. Siehe dazu auch Kapitel 4.4.
154 Vgl. BStU, MfS, BV Rostock, AS Nr. 194/78, Blatt 404: „2. Information über den Kirchentag der Landeskirche Greifswald vom 16. bis 18.6.1978 in Stralsund“, 17.6.1978, S. 3.
155 Bei IM „Brunst“ handelte es sich um Pastor Werner Lucas aus Jarmen. Von 1957 bis 1989

Aktion zwar nicht verboten, aber durch ihr Erscheinen „eine gewisse Reserve“ bei den Anwesenden ausgelöst hätten[156]. Der IM berichtete weiter, dass Siegfried Plath die Unterschriftensammlung schließlich abgebrochen habe[157]. Anderen Angaben zufolge hatte sie OKR Hans-Martin Harder unterbunden[158]. Wie die Kirchenleitung von der Unterschriftenaktion erfahren hatte, geht aus den Akten nicht eindeutig hervor. Unabhängig davon, ob sie den Hinweis vom Staatssicherheitsdienst oder einem Kirchentagsmitarbeiter erhalten hatte, musste die Kirchenleitung die Unterschriftensammlung sofort beenden, wenn sie größere Konflikte mit den staatlichen Stellen vermeiden wollte. Bischof Horst Gienke und dem Landesausschuss war an einem ruhigen, harmonischen Kirchentag gelegen, auch weil sie damit die Hoffnung auf eine Unterstützung bei zukünftigen Treffen verbanden. Der Initiator der Aktion im Jakobiturm, der dem MfS bereits durch frühere Proteste bekannt war, wurde für die restliche Dauer des Kirchentags unter „ständige operative Kontrolle“ gestellt[159]. Zwar führte der Abbruch der Aktion dazu, dass es zu keiner Veröffentlichung der Resolution kam, doch die Diskussionen beim Kirchentag zum Thema Wehrunterricht und zu anderen gesellschaftspolitisch relevanten Fragen konnte das MfS damit nicht eindämmen. Somit hielt sich der Erfolg der „operativen Bearbeitung“ des Stralsunder Kirchentags in Grenzen.

4.3 „Sei unser Gast“

In der Greifswalder Landeskirche wurde die Kirchentagsarbeit vornehmlich von Pastoren und anderen kirchlichen Angestellten getragen. Unter den 170 Personen, die sich an der Vorbereitung und Durchführung des Stralsunder Treffens beteiligten, fanden sich nur 48 Laien[160] – das machte nicht einmal ein Drittel der Mitarbeiter aus. Die Laien engagierten sich unter anderem bei der Aufführung des Stücks „Otto von Bamberg“ und bei der Abschlussversammlung[161]. Am stärksten waren sie aber beim Angebot „Sei unser Gast“ involviert, mit dem die Verantwortlichen sich auf völlig neues Terrain begaben. Die Idee zu der Aktion stammte von Pastor Winrich Jax[162], der als Mitglied der ZORG an der Vorbereitung des Kirchentags mitwirkte. Innerhalb der ZORG hatte es Debatten darüber gegeben, ob die Arbeitsgruppen, die sich bisher immer am zweiten Veranstaltungstag zur Diskussion vorgegebener

arbeitete er mit dem MfS zusammen. Im Jahr 1998 wurden ihm die Ordinationsrechte und der Pensionsanspruch entzogen. Vgl. Frank: Einsam oder gemeinsam?, S. 128 und S. 359.

156 Vgl. BStU, MfS, BV Rostock, AS Nr. 194/78, Blatt 337: Bericht von IM „Brunst" zum Stralsunder Kirchentag, 17.6.1978, S. 3.

157 Vgl. ebd.

158 Vgl. Gespräch mit Wolfgang Bernschein am 24. Februar 2014. IM „Nikolaus“, der mit der „Aufklärung“ von Bernscheins Aktivitäten beauftragt war, gab in seinem Bericht ebenfalls an, dass OKR Harder die Aktion abgebrochen hatte. Außerdem habe Harder zuvor beim RdB Rostock angerufen, um Roland Macht über das Ereignis zu informieren. Vgl. BStU, MfS, BV Rostock, AOP 639/80, Blatt 61: „Information über das Auftreten von Wolfgang Bernschein während des Kirchentages in Stralsund“, 20.6.1978, S. 2.

159 Vgl. BStU, MfS, BV Rostock, AS Nr. 194/78, Blatt 404: „2. Information über den Kirchentag der Landeskirche Greifswald vom 16. bis 18.6.1978 in Stralsund", 17.6.1978, S. 3.

160 Vgl. LKAG, Best. KT, Nr. 50: „Kirchentag Stralsund 1978 – Mitarbeiterliste“.

161 Vgl. ebd.; LKAG, Best. KT, Nr. 53.1: Kirchentag Stralsund, 16.-18.6.78, Mitarbeiterliste, Stand: 29.9.77 (ZORG).

162 Vgl. Gespräch mit Winrich Jax am 29. Mai 2013.

Themen getroffen hatten, noch zeitgemäß wären[163]. Ein Anlass waren die Veränderungen, die sich in den 1970er Jahren bei den bundesdeutschen Kirchentagen abgezeichnet hatten[164]. Nachdem der DEKT Ende der 60er und Anfang der 70er Jahre immer mehr an Anziehungskraft und gesellschaftlicher Relevanz verloren hatte, vollzog sich Mitte der 70er eine grundlegende Wandlung der Treffen[165]. Man entwickelte neue Veranstaltungsformate wie den „Markt der Möglichkeiten" und die „Liturgische Nacht", die den Teilnehmern mehr Partizipation ermöglichten[166]. Inspiriert von den Neuerungen beim DEKT drängten auch Kirchentagsvorbereitende in Stralsund auf Veränderungen[167]. Durch „Sei unser Gast" erhofften sie sich eine Neubelebung des Interesses am Kirchentag und eine bessere Gesprächsbeteiligung der einzelnen Besucher[168]. Jax und andere ZORG-Mitglieder kritisierten an den traditionellen Arbeitsgruppen zum einen die Gruppenstärke, die eine Einbeziehung aller Teilnehmer verhindere, und zum anderen die als zu akademisch empfundene Atmosphäre[169]. Bei „Sei unser Gast" sollten die Gespräche hingegen in kleinem Kreis mit höchstens zehn Personen und in „familiärem" Ambiente stattfinden[170]. Als Vorbild dienten die Hauskreise, die in den städtischen Neubaugebieten wie Knieper-West in Stralsund oder Rostock-Südstadt eine wichtige Grundlage für das Gemeindeleben darstellten[171]. Bereits im Vorfeld des Kirchentags wollte man eine stärkere Einbindung der Teilnehmer, insbesondere der Laien, erreichen. Deshalb gehörten der Vorbereitungsgruppe auch hauptsächlich Laien an[172]. Der Landesausschuss begegnete diesem Programmpunkt zunächst mit großer Skepsis, vor allem im Hinblick auf die praktische Durchführung[173]. Da die Vorbereitungen in Stralsund jedoch bereits angelaufen waren, beschloss er im September 1977 die Fortsetzung der Aktion[174]. Vermutlich hingen die Bedenken des Landesausschusses auch mit der Frage zusammen, wie die staatlichen Stellen auf „Sei unser Gast" reagieren würden. Und wie nicht anders zu erwarten, standen diese der geplanten Aktion mit deutlicher Ablehnung gegenüber. Mit der Begründung, dass „derartige Zusammenkünfte" über den Rahmen des Kirchentags hinausgingen und „für keine Seite kontrollfähig" wären, versuchten Roland Macht und Werner Steinbach im Gespräch mit Bischof Gienke und Siegfried Plath zu erreichen, dass die Kirchenleitung Einfluss auf die Auswahl der Gastgeber nahm[175]. Aus den Akten geht allerdings nicht eindeutig hervor, welche Rolle die Staatsorgane bei der Aufnahme der Treffen mit Mitgliedern der Kirchenleitung im Rahmen von „Sei unser Gast" spielten.

163 Vgl. ebd.
164 Vgl. ebd.
165 Vgl. Schroeter-Wittke: Der Deutsche Evangelische Kirchentag in den 1960er und 70er Jahren, S. 219.
166 Vgl. ebd. S. 220.
167 Vgl. Gespräch mit Winrich Jax am 29. Mai 2013.
168 Vgl. ebd.
169 Vgl. ebd.
170 Vgl. ebd.
171 Vgl. ebd.
172 Vgl. ebd.
173 Vgl. LKAG, Best. KT, Nr. 53.1: Protokoll der Sitzung des Greifswalder Landesausschusses am 29.9.1977, S. 1.
174 Vgl. ebd. Das Ergebnis der Abstimmung belief sich auf acht Zustimmungen und drei Enthaltungen.
175 Vgl. LAG, IV/D/2.13 Nr. 612, Blatt 148: „Aktenvermerk über ein Gespräch mit Bischof Gienke, Präses Affeld und OKR Dr. Plath", 2.1.1978, S. 5.

Diese drei Veranstaltungen wurden erst im Februar 1978 im Ausschuss besprochen[176], das heißt nach dem Gespräch zu „Sei unser Gast" mit Steinbach und Macht. Da sie zudem nicht in Privatwohnungen, sondern in kirchlichen Räumen stattfanden, und sich unter den Mitwirkenden einige „progressive Kräfte" befanden[177], ist es durchaus vorstellbar, dass die Kirchentagsverantwortlichen die Forderungen der Staatsvertreter berücksichtigt hatten. Eine Beeinflussung der Auswahl der anderen Gastgeber durch die Kirchenleitung lässt sich anhand der Akten jedoch nicht vermuten.
Die Suche nach geeigneten Gastgebern war zunächst eine Herausforderung. Zwar wollten sich einige Mitarbeiter der Vorbereitungsgruppe selbst zur Verfügung stellen, aber man ging davon aus, dass deutlich mehr Freiwillige erforderlich seien[178]. Schließlich konnte die Gruppe weitere Stralsunder – darunter Gemeindeglieder, Kirchenälteste und Künstler – als Gastgeber gewinnen[179]. Insgesamt nahmen 52 Menschen als Gastgebende an der Aktion teil, hinzu kamen die drei Gesprächsrunden mit der Kirchenleitung[180]. Um eine vertraute Atmosphäre zu schaffen, wurde etwa drei Monate vor Beginn des Kirchentags ein Briefwechsel zwischen den angemeldeten Teilnehmern und den gastgebenden Stralsundern initiiert[181]. Das erleichterte den Beteiligten das gegenseitige Kennenlernen und sollte sich positiv auf das Gesprächsklima auswirken. Im Hinblick auf die Zusammensetzung der Gruppen achtete der Ortsausschuss darauf, dass Menschen unterschiedlichen Alters und verschiedener Herkunft zusammentrafen[182]. Auch bezüglich möglicher Gesprächsthemen wurde Vielseitigkeit angestrebt. Die Themen sollten sich vorrangig aus den einzelnen Gruppen heraus ergeben, weshalb die geplanten Gesprächsimpulse bewusst einfach gehalten waren[183]. Um den Gastgebern die Einleitung zu erleichtern, erhielten sie zum Beispiel eine Meditationskarte – ein Foto von einem mecklenburgischen See – für freie Assoziationen[184]. Die Kirchentagslosung bildete dabei das Grundthema[185]. Tatsächlich erwies sich das Spektrum der von den insgesamt etwa 300 Teilnehmern[186] diskutierten Themen als relativ umfangreich. Man sprach über die Losung und persönliche Erlebnisse und griff Fragen des christlichen Lebens, die Einführung des Wehrunterrichts oder die Friedensproblematik auf[187]. Bei den drei öffentlichen

---

176 Vgl. LKAG, Best. KT, Nr. 53.1: Protokoll der Sitzung des Greifswalder Landesausschusses am 1.2.1978.

177 So nahmen beispielsweise OKR Harder, Präses Affeld und Superintendent Haack daran teil. Vgl. LAG, IV/D/2.13 Nr. 613, Blatt 116: Brief von OKR Plath an die ZORG, 27.4.1978. Zu den staatlichen Einschätzungen der Mitglieder der Kirchenleitung vgl. LAG, IV/D/2.13, Nr. 612, Blatt 102-108: „Einige Aspekte über die kirchenpolitische Situation in der Evangelischen Landeskirche Greifswald, ausgearbeitet von den Genossen Macht und Brüssow", August 1977, S. 6-12.

178 Vgl. Gespräch mit Winrich Jax am 29. Mai 2013.

179 Vgl. ebd.

180 Vgl. LKAG, Best. KT, Nr. 53.1: Protokoll über die Auswertung des 7. Kirchentags der ELKG, August 1978, S. 3.

181 Vgl. Gespräch mit Winrich Jax am 29. Mai 2013.

182 Vgl. „'Auf der Suche nach Leben' – Vom Kirchentag in Stralsund" In: Die Kirche (Greifswalder Ausgabe), Jg. 33, Nr. 29 vom 16.7.1978, S. 1.

183 Vgl. Gespräch mit Winrich Jax am 29. Mai 2013.

184 Vgl. ebd.

185 Vgl. ebd.

186 Vgl. LAG, Rep. 200 II 7.3, Nr. 30, Blatt 7: „Information über den Verlauf des 7. Kirchentags der Evangelischen Landeskirche Greifswald", S. 1.

187 Vgl. LKAG, Best. KT, Nr. 53.1: Protokoll über die Auswertung des 7. Kirchentags der ELKG, August 1978, S. 3; „Sei unser Gast" In: Die Kirche (Greifswalder Ausgabe), Jg. 33, Nr. 33 vom 13.8.1978, S. 4.

Treffen mit der Kirchenleitung ging es, abgesehen vom Wehrunterricht, hauptsächlich um Aspekte des kirchlichen Lebens, wie die Arbeit der Kirchenleitung und des Kirchentags, den Missionsauftrag der Kirche oder Möglichkeiten einer modernen Gottesdienstgestaltung[188].
Die Auswertung dieses Experiments fiel aus Sicht der Veranstalter, Teilnehmer und der kirchlichen Presse sehr positiv aus[189]. Man war sich einig, dass „Sei unser Gast" eine große Bereicherung des Kirchentagsprogramms war und sich positiv auf die Stimmung unter den Besuchern auswirkte. Nach Meinung der Greifswalder Kirchenzeitung *Die Kirche* konnte sich das Stralsunder Treffen dank „Sei unser Gast" zu einem „großen Kirchentag der vielen kleinen Begegnungen" entwickeln[190]. Durch die Aktion gelang es den Initiatoren offenbar, die bei Großveranstaltungen vorherrschende Anonymität weitgehend aufzulösen. Vor allem der vorangegangene Briefwechsel zwischen Gastgebern und Gästen trug dazu bei, dass aus den Zufallsbekanntschaften oftmals Freundschaften entstanden[191]. „Sei unser Gast" besaß aber anscheinend nicht nur ein großes Integrationspotential, sondern erwies sich für manche Besucher auch als glaubensstärkend[192]. Das ermöglichten der intensive Austausch mit Gleichgesinnten und die gemeinsame Reflexion von Glaubensinhalten – zwei grundlegende Aspekte von Kirchentagen, die bei diesem Angebot offenbar besonders gut zum Tragen gekommen sind. Schließlich bewog der Erfolg die Veranstalter, „Sei unser Gast" beim Rostocker Kirchentag 1983 zu wiederholen, wo die Resonanz sogar noch größer ausfiel[193].
Eine weitere Besonderheit des Stralsunder Kirchentags 1978 bestand darin, dass er eine große Anzahl jüngerer Besucher anzog, obwohl nur wenige Veranstaltungen explizit auf Jugendliche ausgerichtet waren. Nach kirchlichen Schätzungen gehörte etwa ein Drittel der Dauerteilnehmer der Altersgruppe bis 20 Jahre an[194]. Die Stasi schätzte den Anteil der Jugendlichen an der Gesamtteilnehmerzahl (ca. 8.000 Personen) sogar auf 40 Prozent[195]. Vermutlich hing das merklich gestiegene Interesse der Jugendlichen am Kirchentag mit dem in der zweiten Hälfte der 1970er Jahre aufgekommenen Trend zusammen, dass die Kirche als Alternative zur SED-Ideologie an gesellschaftlicher Attraktivität gewann und sich ihr nun deutlich mehr

188 Vgl. LKAG, 6. Tagung der 6. Landessynode vom 3. bis 5.11.1978: Bericht der Kirchenleitung der ELKG vor der Landessynode, 3.11.1978, S. 2; BStU, MfS, BV Rostock, AS Nr. 194/78, Blatt 299: Bericht von „Sei unser Gast" im Jakobiturm; ebd. Blatt 235: Bericht von „Sei unser Gast" im Schwesternheimathaus.

189 Vgl. LKAG, Best. KT, Nr. 53.1: Protokoll über die Auswertung des 7. Kirchentags der ELKG, August 1978, S. 3; „Sei unser Gast" In: Die Kirche (Greifswalder Ausgabe), Jg. 33, Nr. 33 vom 13.8.1978, S. 4; „Sei unser Gast" In: Mecklenburgische Kirchenzeitung, Jg. 33, Nr. 27 vom 2.7.1978, S. 2; Gespräch mit Winrich Jax am 29. Mai 2013.

190 Vgl. „Sei unser Gast" In: Die Kirche (Greifswalder Ausgabe), Jg. 33, Nr. 33 vom 13.8.1978, S. 4.

191 Vgl. Gespräch mit Winrich Jax am 29. Mai 2013.

192 Vgl. LKAG, Best. KT, Nr. 53.1: Auswertung des Stralsunder Kirchentags durch Paul-Hartmut Heide, 23.6.1978, S. 1.

193 Siehe dazu Kapitel 6.4.

194 Vgl. LAG, Rep. 200 II 7.3, Nr. 30, Blatt 22: Bericht vom Pressegespräch, 18.6.1978, S. 4. Die Anzahl der Dauerteilnehmer wurde von den Veranstaltern auf etwa 800 bis 1.000 Personen geschätzt. Vgl. LKAG, Best. KT, Nr. 53.1: Protokoll über die Auswertung des 7. Kirchentags der ELKG, August 1978, S. 1.

195 Vgl. BStU, MfS, BV Rostock, AS Nr. 194/78, Blatt 371: „Information über den Verlauf des 7. Kirchentags der evangelischen Landeskirche Greifswald vom 16.-18.6.1978 in Stralsund", 23.6.1978, S. 1.

gesellschaftskritische Jugendliche zuwandten[196]. Neben dem politisch motivierten Interesse an der Kirche nahm seit den 1970ern innerhalb der jüngeren Generation außerdem die Suche nach spirituellen Erfahrungen zu[197]. Darüber hinaus war zu dieser Zeit die Bereitschaft zur Partizipation an kirchlichen Angeboten bei jungen Christen im Vergleich zu älteren Kirchenmitgliedern viel stärker ausgeprägt[198]. Das zeigte auch der Stralsunder Kirchentag. Dort waren bei den jüngeren Besuchern außer traditionellen geistlichen Angeboten wie Bibelarbeit und Abendmahlsgottesdienst[199] vor allem moderne Gottesdienstformate gefragt. Dazu gehörten der „Gottesdienst in anderer Form" mit der Greifswalder Studentengemeinde[200], der Gesprächsgottesdienst[201] und der Jugendgottesdienst[202]. Die große Resonanz des Jugendgottesdienstes mag sich auch aus der Verknüpfung zweier wichtiger Interessen der jüngeren Teilnehmer ergeben haben: moderne Gottesdienstelemente und Gesellschaftskritik[203]. Abgesehen von den geistlichen Angeboten besuchten Jugendliche besonders die kulturellen, wie das „Schwarze Theater"[204], die Konzerte von Gerhard Schöne[205] oder das Oratorium „Go down, Moses"[206]. Damit bestätigten sie die Befürchtungen der Staatsorgane, dass kulturelle Veranstaltungen das Treffen attraktiver machen könnten. Die gestiegene Teilnahme von Jugendlichen war für die Veranstalter zwar eine positive Überraschung, doch die aktive Beteiligung junger Christen an der Programmplanung fiel äußerst gering aus. Bis auf die Darsteller bei der Aufführung des Stücks „Otto von Bamberg" sowie die Mitwirkung von Mitgliedern Junger Gemeinden und der katholischen Pfarrjugend an der Abschlussversammlung[207] blieb das Engagement junger Christen bei der Programmgestaltung auf ein Minimum beschränkt. Das lag womöglich weniger an einem Desinteresse der Jugendlichen an der Kirchentagsmitarbeit, sondern vor allem an den Organisatoren, die die christliche Jugend in der Vorbereitungsphase weitgehend übersehen hatten.

196 Vgl. Pollack: Kirche in der Organisationsgesellschaft, S. 444.

197 Vgl. ebd. S. 438f.

198 Vgl. ebd. S. 440.

199 So waren nach staatlichen Schätzungen bei der Bibelarbeit zum Thema „Jesus ist die Tür zum Leben" am 17. Juni in der Heilgeistkirche 70 Prozent der 150 Teilnehmer Jugendliche. Beim Abendmahlsgottesdienst im Gustav-Adolf-Saal am 18. Juni sollen rund 60 Prozent der Besucher Jugendliche gewesen sein. Vgl. LAG, Rep. 200 II 7.3, Nr. 30, Blatt 91: Bericht von der Bibelarbeit in der Heilgeistkirche, 17.6.1978; BStU, MfS, BV Rostock, AS Nr. 194/78, Blatt 244: Bericht vom Abendmahlsgottesdienst im Gustav-Adolf-Saal.

200 Etwa 60 Prozent der 130 Teilnehmer waren nach staatlichen Schätzungen Jugendliche. Vgl. BStU, MfS, BV Rostock, AS Nr. 194/78, Blatt 240: Bericht vom „Gottesdienst in anderer Form" in der Lutherkirche.

201 An diesem Gottesdienst haben nach staatlichen Angaben etwa 80 Menschen teilgenommen, 70 Prozent der Anwesenden seien Jugendliche gewesen. Vgl. LAG, IV/D/2.13, Nr. 613, Blatt 85: Bericht vom Gesprächsgottesdienst im Bonhoefferhaus.

202 Der staatliche Bericht spricht von etwa 400 Teilnehmern, davon 95 Prozent Jugendliche. Vgl. ebd. Blatt 115: Bericht vom Gottesdienst in der Heilgeistkirche mit der Gruppe Schalom.

203 Siehe dazu Kapitel 4.2 und 4.4.

204 Die staatlichen Stellen zählten 210 Besucher, zu 70 Prozent Jugendliche. Vgl. LAG, Rep. 200 II 7.3, Nr. 30, Blatt 81: Bericht zum „Schwarzen Theater", 17.6.1978.

205 Das Konzert von Gerhard Schöne am 16. Juni soll 130 Besucher angezogen haben, darunter 60 Prozent Jugendliche. Am 17. Juni waren nach staatlichen Schätzungen 90 Prozent der 120 Teilnehmer Jugendliche. Vgl. ebd. Blatt 80: Bericht vom Konzert um 18 Uhr, 17.6.1978; BStU, MfS, BV Rostock, AS Nr. 194/78, Blatt 303: Bericht vom Konzert „Lieder zur Gitarre", 16.6.1978.

206 Laut staatlichem Bericht waren 60 Prozent der rund 1.000 Teilnehmer Jugendliche. Vgl. LAG, Rep. 200 II 7.3, Nr. 30, Blatt 80: Bericht vom Oratorium „Go down, Moses", 17.6.1978.

207 Vgl. LKAG, Best. KT, Nr. 50: „Kirchentag Stralsund 1978 – Mitarbeiterliste"; „Das große Abschlußfest" In: Die Kirche (Greifswalder Ausgabe), Jg. 33, Nr. 30 vom 23.7.1978, S. 4.

4.4 Wehrunterricht als rotes Tuch

Bei den evangelischen Kirchentagen in der DDR sollte es in erster Linie um Fragen des Glaubens und des kirchlichen Lebens gehen. Das lässt sich auch am Programm des Stralsunder Kirchentags 1978 ablesen, bei dem es keine einzige Veranstaltung gab, die sich dezidiert gesellschaftlichen Themen und Problemen widmete. Ein solcher Programmpunkt hätte darüber hinaus kaum in das kirchenpolitische Konzept der ELKG gepasst, das auf Entgegenkommen und Konfliktvermeidung ausgerichtet war. Im Jahr 1978 führten jedoch aktuelle Geschehnisse dazu, dass die Teilnehmer von sich aus gesellschaftspolitische Fragen in die Diskussionen einbrachten, auf die die Veranstalter schließlich reagieren mussten. Aus Sicht des Staates handelte es sich bei den Kirchentagen ohnehin nicht um die rein religiösen Treffen, die sie seiner Meinung nach zu sein hatten. Nach Ansicht des Staatssekretariats für Kirchenfragen bargen bereits die Kirchentagslosungen ein Konfliktpotential, denn alle vier drehten sich um das Thema „Leben"[208]. Da man diese Thematik sehr vielschichtig ausgestalten konnte, befürchtete das Staatssekretariat Debatten über politische und soziale Fragen[209]. Aus staatlicher Sicht hätten solche Diskussionen zum einen die ideologische Vormachtstellung des Sozialismus bedroht, weil die Kirche sich damit anmaßen würde, ein Lebensmodell für alle Menschen anzubieten[210]. Außerdem konnten die Kirchentage dann womöglich „kontroverse Vorstellungen" zum marxistisch-leninistischen Menschenbild, zur sozialökonomischen Entwicklung, der sozialistischen Erziehung und der Verteidigungsbereitschaft formulieren[211]. Nach Meinung der SED hatte sich die Kirche jedoch nur mit religiösen Fragen zu beschäftigen und sich aus den Bereichen Ökonomie, Bildung und Landesverteidigung herauszuhalten[212]. Im Frühjahr 1978 sah sich die Kirche allerdings gezwungen, gegen eine staatliche Maßnahme vorzugehen, die eben diese Gesellschaftsbereiche berührte.

Ihr Protest richtete sich gegen die Einführung eines neuen Fachs, das die Militarisierung in den Schulen weiter verstärkte. Im April wurde bekannt, dass ab September 1978 die Teilnahme am so genannten Wehrunterricht für Schüler der neunten und zehnten Klasse an den Polytechnischen Oberschulen (POS) obligatorisch sein sollte[213]. Das Fach umfasste unter anderem Wehrtheorie, einen zweiwöchigen Lehrgang am Schuljahresende sowie ein zweiwöchiges Lager für Jungen unter der Leitung von Offiziers- und Unteroffiziersschülern der NVA[214]. Im Mai wandte sich der Vorsitzende der KKL, Bischof Schönherr, an den Staatssekretär für Kirchenfragen mit der Bitte, dass die Regierung von dem Plan Abstand nahm[215]. „Besorgte Stimmen aus den Gemeinden" gäben zu Bedenken, dass der Wehrunterricht einer Erziehung zum Frieden zuwiderlaufe und die Glaubwürdigkeit der SED-Friedenspolitik beschädigen könnte[216]. Die Kirchenleitungen seien ebenfalls der Ansicht, dass

208 Siehe Anm. 25 in Kapitel 4.1.
209 Vgl. BArch, DO-4/665, Blatt 401: „Konzeption zur Einflußnahme auf die Kirchentage 1978 in der DDR", 17.1.1978, S. 1.
210 Vgl. ebd.
211 Vgl. ebd.
212 Vgl. ebd. S. 2.
213 Vgl. Maser: Die Kirchen in der DDR, S. 54f.
214 Vgl. Klaus Ehring/Martin Dallwitz: Schwerter zu Pflugscharen, S. 25.
215 Vgl. SAPMO-BArch, DY 30/IV B 2/14, Nr. 52, Blatt 80f.: Brief von Bischof Schönherr an Hans Seigewasser, 5.5.1978, S. 1f.
216 Vgl. ebd. S. 1.

die zu erwartenden negativen Auswirkungen in keinem Verhältnis zu dem geplanten Gewinn für die Sicherheit des Landes stünden[217]. Da das darauffolgende Treffen mit Hans Seigewasser am 1. Juni kein Einlenken erkennen ließ, verabschiedete die KKL bei ihrer Sitzung am 14. Juni ein zweites Protestschreiben[218]. Außerdem beschloss sie die Veröffentlichung einer „Orientierungshilfe" zum Wehrunterricht und die Verlesung eines „Wortes an die Gemeinden" in den Gottesdiensten am 25. Juni[219]. Um einen unkoordinierten Protest der kirchlichen Basis und damit eine Störung der im Spitzengespräch vom 6. März 1978 erzielten Verständigung zwischen Staat und Kirche zu verhindern, rückten die Kirchenleitungen jedoch bald von der grundsätzlichen Ablehnung des Wehrunterrichts ab[220]. Stattdessen richteten sie den Fokus auf die individuelle Betreuung der von Repressionen betroffenen Schüler, die eine Teilnahme an dem Fach aus Gewissensgründen verweigerten[221]. Inzwischen war allerdings der Protest der Basis – mit Schwerpunkt im Süden der DDR – ins Rollen gekommen[222]. Zahlreiche Offene Briefe und Flugblattaktionen richteten sich gegen die geplante Einführung, die auch ein wichtiges Thema bei den Kirchentagen in Leipzig und Erfurt war[223]. Im Norden verfolgte man die Pläne des Ministeriums für Volksbildung ebenfalls mit Besorgnis. Im Mai äußerte Bischof Gienke Bedenken gegenüber dem RdB Rostock im Hinblick auf mögliche Reaktionen aus seiner Landeskirche. Gienke habe zwar bis dato keine große Protestbewegung feststellen können, vermutete aber, dass „die Lawine" erst noch auf die Kirchenleitung zukäme[224]. Auch wenn die Greifswalder Kirche letztlich kein gewaltiger Protest erfasste, wurden die ablehnenden Stimmen in den darauffolgenden Wochen durchaus lauter.
Dazu trug auch der Kirchentag in Stralsund bei, wo der Wehrunterricht zu den zentralen Diskussionsthemen gehörte. Bei der Aktion „Sei unser Gast" debattierten die Teilnehmer nicht nur in vielen Wohnzimmern über das neue Schulfach. Auch bei den Treffen mit der Kirchenleitung im Jakobiturm und im Gemeindezentrum Birkenweg sahen sich die Gastgeber mit Fragen nach ihrer Position und den bisher eingeleiteten kirchlichen Schritten konfrontiert[225]. Um Konfliktvermeidung bemüht, betonten die Mitglieder der Kirchenleitung die Vorrangstellung der Erziehung zum Frieden, ohne jedoch den Wehrunterricht ganz zu verurteilen[226]. Darüber hinaus

217 Vgl. ebd. S. 2.
218 Vgl. Besier: Der SED-Staat und die Kirche 1969-1990, S. 253 und S. 256.
219 Vgl. EZA, Best. 101, Nr. 104: Protokoll zur außerordentlichen Tagung der KKL am 14.6.1978, S. 2.
220 Vgl. Mau: Der Protestantismus im Osten Deutschlands (1945-1990), S. 141.
221 Vgl. ebd.
222 Vgl. ebd. S. 55f.
223 Vgl. Besier: Der SED-Staat und die Kirche 1969-1990, S. 255.
224 Vgl. LAG, Rep. 200 II 7.3, Nr. 71, Blatt 82: „Aktenvermerk über ein Gespräch mit Vertretern der Kirchenleitung der Greifswalder Landeskirche", 19.5.1978, S. 2.
225 Vgl. LAG, IV/D/2.13 Nr. 613, Blatt 150: Bericht vom Treffen „Sei unser Gast" im Jakobiturm; LAG, IV/D/4.09 Nr. 166, Blatt 48: Bericht vom Treffen „Sei unser Gast" im Birkenweg.
226 Vgl. ebd. Laut MfS-Akten war die Kirchenleitung der ELKG dem Staat beim Thema Wehrunterricht noch einen Schritt weiter entgegengekommen. Angeblich hatten Vertreter der sächsischen Kirche bei der Tagung der KKL am 14. Juni gefordert, dass die Greifswalder den in dieser Sitzung verabschiedeten Brief an die Gemeinden bei der Abschlussversammlung ihres Kirchentags verlasen. Die Vertreter aus Greifswald hätten dies abgelehnt und der Brief habe eine Sperrfrist bis zum 25. Juni 1978 erhalten. In einer Sitzung am 17. Juni sollten die anderen Mitglieder der Kirchenleitung der ELKG darüber informiert werden. Vgl. BStU, MfS, BV Rostock, AS Nr. 194/78, Blatt 417: „1. Information über den 7. Kirchentag der Landeskirche Greifswald in Stralsund in der Zeit vom 16.-18.6.78", 16.6.1978, S. 2; Wunnicke: „Auf der Suche nach Leben", S. 74. Dass

informierten sie die Teilnehmer über die bisherigen Schreiben der KKL sowie das Treffen des KKL-Vorstands mit Staatssekretär Seigewasser am 1. Juni 1978[227]. Beim „Ökumenischen Forum" kamen ebenfalls neben kirchenspezifischen Fragen gesellschaftliche Probleme zur Sprache. Dort scheint sich Bischof Gienke zwar etwas entschiedener als seine Kollegen bei „Sei unser Gast" gegen den Wehrunterricht ausgesprochen zu haben, aber im Sinne seiner kirchenpolitischen Strategie griff er die SED-Führung ebenso wenig direkt an[228]. Darüber hinaus wurde auch in vielen Gottesdiensten die Erziehung zum Frieden hervorgehoben, den Besuchern seelsorgerlicher Beistand zugesprochen sowie Eltern und Schüler, die durch den Wehrunterricht in Bedrängnis kommen konnten, in zahlreiche Fürbitten aufgenommen[229]. Den stärksten Protest gegen die Einführung des Wehrunterrichts bildete allerdings eine nicht angemeldete Unterschriftenaktion. Sie ging vom Greifswalder Wolfgang Bernschein aus, einem Angestellten des Rentamts der ELKG, welcher der Stasi bereits früher durch staatskritische Äußerungen aufgefallen war[230]. Bernschein war zwar bei einer Behörde der Greifswalder Landeskirche angestellt und Mitglied der Kirche, nach eigenen Angaben aber kein überzeugter Christ[231]. So habe er den Kirchentag nur deshalb als Ort für seinen Protest gegen die fortschreitende Militarisierung im Bildungswesen gewählt, weil er dort eine hohe Besucherzahl und damit ein großes Maß an Öffentlichkeit erwartete[232]. Seine Aktion ist somit ein Beispiel dafür, wie regimekritische Bürger ab Ende der 1970er Jahre versuchten, die Kirchentage als Plattform für die Darstellung und die Förderung ihrer Anliegen zu nutzen.

---

der Brief beim Stralsunder Treffen nicht verlesen wurde, wertete die Stasi als Zeichen der „harten und konsequenten Leitungstätigkeit" der Greifswalder Kirchenführung. Vgl. ebd. Blatt 414: „Einschätzung des VII. Kirchentags der Landeskirche Greifswald vom 16. bis 18.6.1978 in Stralsund", 18.6.1978, S. 3. Im Protokoll zur Sondertagung der KKL am 14. Juni finden sich allerdings keine Belege für die Behauptungen der Stasi. Darin ist lediglich der Beschluss enthalten, die KKL empfehle, das Schreiben an die Gemeinden während der Gottesdienste am 25. Juni verlesen zu lassen. Von einer Sperrfrist war jedoch keine Rede. Vgl. EZA, Best. 101, Nr. 104: Protokoll zur außerordentlichen Tagung der KKL am 14.6.1978, S. 2. Da das Protokoll allerdings äußerst knapp gehalten ist, kann nicht ganz ausgeschlossen werden, dass die sächsischen Kirchenvertreter die vom MfS geschilderte Forderung in der Diskussion tatsächlich vorgetragen haben. Eine Niederschrift zur angeblich stattgefundenen Kirchenleitungssitzung am 17. Juni in Stralsund ist weder in den kirchlichen noch in den staatlichen Aktenbeständen überliefert.

227 Vgl. LAG, IV/D/2.13 Nr. 613, Blatt 150: Bericht vom Treffen „Sei unser Gast" im Jakobiturm; LAG, IV/D/4.09 Nr. 166, Blatt 48: Bericht vom Treffen „Sei unser Gast" im Birkenweg.

228 So soll Horst Gienke betont haben, dass die KKL und die ELKG die Einführung des Fachs entschieden ablehnten. Auch wenn der Staat an seinen Plänen festhalte, seien die Bemühungen zur Verhinderung des Wehrunterrichts „noch nicht am Ende". Gleichzeitig habe der Bischof unterstrichen, dass die entsprechenden Gespräche mit den Staatsvertretern „sehr fair" verlaufen seien. Vgl. BStU, MfS, BV Rostock, AS Nr. 194/78, Blatt 231: Bericht vom „Ökumenischen Forum" in der Marienkirche, 18.6.1978, S. 2.

229 Vgl. LAG, IV/D/2.13, Nr. 613, Blatt 83: Bericht vom Fürbittgottesdienst in der Marienkirche; LAG, Rep. 200 II 7.3, Nr. 30, Blatt 57: Bericht vom Frühgottesdienst in der Bruderschaftskapelle.

230 Wolfgang Bernschein hatte 1976 einen Ausreiseantrag gestellt, der zunächst abgelehnt wurde. Nachdem er einen kritischen Brief an die Redaktion der Zeitung *Neues Deutschland* gerichtet hatte, nahm das MfS im März 1977 die „operative Bearbeitung" auf. Im Jahr 1979 wurde seine Ausreise schließlich genehmigt. Vgl. BStU, MfS, BV Rostock, AOP 639/80, Blatt 12: Protokoll zur Berichterstattung zum OV „Partnerschaft", 29.8.1978, S. 1; ebd. Blatt 39: Sachstandsbericht zum OV „Partnerschaft", 29.3.1979, S. 1; ebd. Blatt 211: Beschluss über die Archivierung des OV „Partnerschaft", 4.1.1980.

231 Vgl. Gespräch mit Wolfgang Bernschein am 24. Februar 2014.

232 Vgl. ebd.

In Stralsund hing Wolfgang Bernschein eine selbstverfasste Protestresolution aus, die er an das Ministerium für Volksbildung gerichtet hatte. Darin kritisierte er die zunehmende Militarisierung des Bildungssystems, forderte die Aufhebung der Pläne zur Einführung des Wehrunterrichts und schlug stattdessen die Einrichtung des Fachs „Friedenserziehung" vor[233]. Den Ort für den Aushang und die damit verbundene Unterschriftensammlung hatte er gut gewählt: Der Turm der Jakobikirche diente den Kirchentagsbesuchern als Treffpunkt, an dem sie eine Pause machen und sich austauschen konnten. Bernschein hatte dort also Gelegenheit, mit vielen Menschen ins Gespräch zu kommen und sie für sein Vorhaben zu gewinnen. Innerhalb kurzer Zeit gelang es ihm, etwa 75 Unterschriften zu sammeln[234], was die starke Ablehnung des Wehrunterrichts durch die Teilnehmer des Kirchentags verdeutlicht. Sie beließen es nicht bei stillem Protest, sondern zeigten sich bereit, mit ihrer Unterschrift persönlich Stellung zu beziehen. In einem Land, in dem Kritik an Entscheidungen der Regierung zu Sanktionen und „operativer Bearbeitung" durch das MfS führen konnte, war das keine Selbstverständlichkeit.

Da Wolfgang Bernscheins inoffizielle Aktion einen Konflikt mit den staatlichen Stellen auslösen konnte, brachen die Kirchentagsveranstalter sie so schnell wie möglich ab. Hans-Martin Harder soll im Jakobiturm erschienen sein und Bernschein die Unterschriftenliste mit dem Versprechen abgenommen haben, sie an das Staatssekretariat für Kirchenfragen weiterzuleiten[235]. Die Greifswalder Kirchenleitung gab diese Liste letztlich aber nicht an die staatlichen Organe weiter[236]. Es ist denkbar, dass sie dadurch weitere Ermittlungen verhindern wollte, um die Unterzeichner vor Repressionen zu schützen. Vielleicht hoffte sie außerdem, dass die staatlichen Stellen keine Kenntnis von der Aktion hatten oder, falls doch, dass es das Konfliktpotential schmälerte, wenn sie keine detaillierten Informationen darüber erhielten. Obwohl die Unterschriftensammlung nur kurze Zeit stattfand, konnte sie nicht so einfach unter den Teppich gekehrt werden. Da Bernschein im Jakobitreff relativ viele Teilnehmer erreicht hatte, erfuhren schließlich auch die Pressevertreter davon. Bei der Pressekonferenz am 18. Juni erkundigte sich ein Journalist der *Mecklenburgischen Kirchenzeitung* nach der Reaktion der Kirchenleitung auf die Unterschriftensammlung[237]. Darauf bedacht, die Aktion nicht zu dramatisieren, wich Siegfried Plath einer ausführlichen Stellungnahme aus. Er erklärte lediglich, die Kirchenleitung lehne die Einführung des Wehrunterrichts ebenfalls ab, setze in dieser Angelegenheit aber nicht auf Konfrontation, sondern auf die Fortsetzung der Gespräche zwischen Staat und Kirche[238]. Während die DDR-Presse – einschließlich der kirchlichen – nicht über die Protestresolution berichtete, gaben die aus der Bundesrepublik angereisten Journalisten die Information über das scheinbar einzige politisch brisante Ereignis des Stralsunder Treffens an ihre Redaktionen weiter. Der *Evangelische Pressedienst* soll die Information zwar noch mit einem Sperrvermerk versehen haben[239],

233 Vgl. BStU, MfS, BV Rostock, AS Nr. 194/78, Blatt 405f.: „2. Information über den Kirchentag der Landeskirche Greifswald vom 16. bis 18.6.1978 in Stralsund", 17.6.1978, S. 4f.

234 Vgl. ebd. S. 3.

235 Vgl. Gespräch mit Wolfgang Bernschein am 24. Februar 2014.

236 Vgl. LAG, Rep. 200 II 7.3, Nr. 30, Blatt 9: „Information über den Verlauf des 7. Kirchentages der Evangelischen Landeskirche Greifswald", S. 3.

237 Vgl. ebd. Blatt 20: Bericht vom Pressegespräch, 18.6.1978, S. 2.

238 Vgl. ebd.

239 Vgl. BStU, MfS, BV Rostock, AS Nr. 194/78, Blatt 405: „2. Information über den Kirchentag der

doch die *Frankfurter Allgemeine Zeitung* erwähnte die Aktion in ihrem Beitrag zum Kirchentag[240].

Nachdem im Sommer 1978 immer deutlicher wurde, dass die SED von der Einführung des neuen Unterrichtsfachs auf keinen Fall absehen würde, ebbte der Protest der Kirchenleitungen wie auch der kirchlichen Basis nach und nach ab. Die meisten Eltern und Schüler schienen sich mit der angeblichen Notwendigkeit des Wehrunterrichts abgefunden zu haben. So gab es beispielsweise im Bezirk Rostock nach staatlichen Angaben bis Oktober 1978 nur drei Anträge auf Unterrichtsbefreiung[241].

Aus staatlicher Sicht war der Start des Schulfachs ein voller Erfolg, wie es zum Beispiel der Rat der Stadt Greifswald in einem Bericht vom November 1978 ausdrückte: „Wir schätzen ein, daß die Einführung dieses Faches von der Mehrheit der Pädagogen, Eltern und Schüler als richtig erkannt wurde. [...] Nur einzelne Bürger, insbesondere kirchlich gebundene, äußerten sich [...] gegen die Einführung.“[242]

Ein weiteres gesellschaftspolitisches Thema des Stralsunder Treffens war der Wehrdienst. Beim „Volksmissionarischen Angebot“ soll der mecklenburgische Landessuperintendent Kurt Winkelmann gesagt haben, dass es sich lohne, „für Gott Bausoldat zu werden“[243]. Diese offene Werbung für den Ersatzdienst bei der NVA blieb in Stralsund allerdings eine Ausnahme. Wie andere gesellschaftliche Fragen wurde auch der Wehrdienst vor allem im seelsorgerlichen Kontext betrachtet, indem man unter anderem in den Gottesdiensten Wehrdienstverweigerer in Fürbittgebete aufnahm[244]. Eingang in Fürbitten, Predigten und Vorträge fanden außerdem die Forderung nach militärischer Abrüstung[245] sowie Kritik an der Umweltzerstörung durch die Industrie[246] und an den Repressionen gegenüber Christen in Bildung und Beruf[247]. Darüber hinaus wurde auch allgemeine Kritik an den gesellschaftlichen Verhältnissen in der DDR geäußert. Am deutlichsten kam das während des Jugendgottesdienstes mit der „Gruppe Schalom“ zum Ausdruck: In einer Spielszene wurde eine „Republik der Gartenzwerge“ dargestellt, in der es nur einen einzigen Machthaber gab, die ständige Erhöhung des Produktionsplans zu keinem höheren Ergebnis führte und die Bewohner schließlich sehnsüchtig durch den Zaun in den Nachbargarten blickten[248].

Landeskirche Greifswald vom 16. bis 18.6.1978 in Stralsund“, 17.6.1978, S. 4; ebd. Blatt 328f.: Tonbandabschrift des Berichts von IME „Torsten“, 17.6.1978, S. 2f.

240 Vgl. „'Wir entdecken Menschen, die uns brauchen'“ In: Frankfurter Allgemeine Zeitung vom 20.6.1978.

241 Vgl. LAG, Rep. 200 II 7.3, Nr. 16/1, Blatt 158: „Konzeption für die Arbeitsberatung mit den Stellvertretern für Inneres der drei Nordbezirke am 3.10.1978“, S. 4.

242 Vgl. LAG, IV/D/4/02, Nr. 50, Blatt 148: „Information zum Stand der Einführung des Wehrunterrichtes in den neunten Klassen der Polytechnischen Oberschulen“, S. 1.

243 Vgl. LAG, Rep. 200 II 7.3, Nr. 30, Blatt 81: Bericht vom „Volksmissionarischen Angebot“, 17.6.1978.

244 Vgl. ebd. Blatt 57: Bericht vom Frühgottesdienst in der Bruderschaftskapelle; LAG, IV/D/2.13, Nr. 613, Blatt 83: Bericht vom Fürbittgottesdienst in der Marienkirche.

245 Vgl. LAG, IV/D/2.13, Nr. 613, Blatt 82: Bericht vom Gottesdienst in der Marienkirche, 18.6.1978; ebd. Blatt 83: Bericht vom Fürbittgottesdienst in der Marienkirche; LAG, Rep. 200 II 7.3, Nr. 30, Blatt 74: Bericht vom Kinder- und Jugendgottesdienst auf der Freilichtbühne.

246 Vgl. LAG, Rep. 200 II 7.3, Nr. 30, Blatt 85: Bericht vom Vortrag von Dr. Hoenen, 17.6.1978, S. 1.

247 Vgl. ebd. Blatt 57: Bericht vom Frühgottesdienst in der Bruderschaftskapelle; ebd. Blatt 74: Bericht vom Kinder- und Jugendgottesdienst auf der Freilichtbühne; LAG, IV/D/2.13, Nr. 613, Blatt 83: Bericht vom Fürbittgottesdienst in der Marienkirche.

248 Vgl. LAG, IV/D/2.13, Nr. 613, Blatt 115: Bericht vom Gottesdienst in der Heilgeistkirche mit der Gruppe Schalom, 17.6.1978.

Die Parallelen zum DDR-System waren für die Besucher, die die Kritik mit starkem Beifall unterstützten[249], selbstverständlich offensichtlich.
Insgesamt gesehen war die Behandlung gesellschaftspolitisch relevanter Themen beim Stralsunder Kirchentag vonseiten der Veranstalter von großer Vorsicht geprägt, was ganz der kirchenpolitischen Strategie der Konfliktvermeidung der Greifswalder Kirchenleitung entsprach. In diesem Sinne lag es den Organisatoren des Treffens absolut fern, öffentliche Protestaktionen zu planen oder zu dulden. In Bezug auf den Wehrunterricht machten die Kirchenvertreter zwar deutlich, dass sie die Einführung dieses Schulfachs ablehnten, doch vermieden sie stets offene Kritik an der SED-Politik. Ihr Fokus lag auf der Seelsorge, sodass die gesellschaftlichen Probleme zumeist im Rahmen von Gebeten aufgegriffen wurden und man den Betroffenen seelsorgerlichen Beistand zusicherte. Der entscheidende Impuls zur Diskussion gesellschaftspolitischer Fragen kam von den Teilnehmern, also der kirchlichen Basis. Sie hatten diese Themen durch beständiges Nachfragen eingebracht, sodass die Organisatoren sich schließlich dazu äußern mussten.

4.5 „Jesus bringt Leben ins Leben"

Eines der zentralen Anliegen des evangelischen Kirchentags ist die geistliche Zurüstung der Besucher durch gemeinsames Gebet, die Feier von Gottesdiensten und die Reflexion des eigenen Glaubens. Mit „Auf der Suche nach Leben" hatten die Veranstalter ein Thema gewählt, das sich in geistlicher Hinsicht auf vielschichtige Art und Weise ausloten ließ. Bischof Gienke formulierte das Ziel des Kirchentags als gemeinsame Suche nach dem, „was der Glaube uns heute schenkt"[250]. Seine Antwort auf diese Suche mündete bei der Abschlussversammlung in einem Satz, der die religiösen Aussagen des Treffens pointiert zusammenfasste: „Jesus bringt Leben ins Leben."[251]
Zur Entfaltung der Losung waren vier Schwerpunktveranstaltungen vorgesehen: eine Bibelarbeit zum Jesus-Wort „Ich bin die Tür" (Joh 10, 9-10), ein Podiumsgespräch, eine Meditation sowie Vorträge[252]. Aus diesen deutlich kognitiv ausgerichteten Angeboten sticht die Meditation hervor. Dabei wollte man den Besuchern Gelegenheit geben, sich durch Musik, Stille und Besinnung zu Gesprächen anregen zu lassen[253].
Bei den Vorträgen von Raimund Hoenen (Potsdam) und Hansjürgen Schulz (Wittenberg) standen die Suche des Einzelnen nach dem Sinn des Lebens sowie die Möglichkeiten, die der Glaube dem Suchenden eröffnen kann, im Mittelpunkt. Der Rektor des Kirchlichen Oberseminars setzte sich mit zwei Aspekten des modernen Lebens auseinander: dem Leistungsgedanken und dem Konsumverhalten. Überspitzt fragte Hoenen die Zuhörer „Können wir beruhigt unser Schnitzel und unsere Torte essen, wenn zwei Drittel der Menschheit nicht satt werden?"[254] und forderte sie zum

249 Vgl. ebd.
250 Vgl. LKAG, Best. KT, Nr. 53.1: Programmheft Kirchentag Stralsund 1978, S. 3.
251 Vgl. „Das große Abschlußfest" In: Die Kirche (Greifswalder Ausgabe), Jg. 33, Nr. 30 vom 23.7.1978, S. 4.
252 Vgl. LKAG, Best. KT, Nr. 53.1: Programmheft Kirchentag Stralsund 1978, S. 4.
253 Vgl. BStU, MfS, BV Rostock, AS Nr. 194/78, Blatt 68: „7. Kirchentag der Evangelischen Landeskirche Greifswald, Stralsund 16.-18. Juni 1978. Informationsdienst 2 (herausgegeben von der ZORG)", S. 2.
254 Vgl. „Auf der Suche nach Leben" – Konzept des Vortrags von Raimund Hoenen, in: epd-Dokumentation Nr. 30/78 vom 3.7.1978, S. 54.

Verzicht auf ein Konsumverhalten auf, das mehr nehme, als zum Leben notwendig sei[255]. Auch wenn Raimund Hoenens Hinweise auf die globale Armutsproblematik und ein bewussteres Verbraucherverhalten prinzipiell richtig und wichtig waren, erscheint die Konsumkritik im Kontext der DDR jedoch fragwürdig. Zwar hatte die von Erich Honecker in der ersten Hälfte der 1970er Jahre verordnete sozialpolitische Offensive eine Anhebung niedriger Einkommen und damit eine größere Kaufkraft bewirkt, aber das Warenangebot in den staatlichen Verkaufsstellen war weiterhin sehr überschaubar[256]. Höherwertige DDR-Produkte oder westliche Artikel konnte man lediglich in den „Intershops", „Exqusit"- und „Delikat"-Läden erwerben, dann allerdings auch nur gegen DM oder für extrem überhöhte Preise[257]. Das heißt, selbst wenn er wollte, konnte der Durchschnittsbürger in der DDR sein Konsumverhalten gar nicht übersteigern. Kaufte er Dinge, die er momentan nicht für den Eigenbedarf benötigte, dann meistens nur, um sie für ein zukünftiges Tauschgeschäft einzulagern[258]. Das musste eigentlich auch Raimund Hoenen wissen. Vielleicht richtete er seine Kritik deshalb in Wahrheit gar nicht an den einzelnen Bürger, sondern an die politischen Entscheidungsträger und die Gesellschaft als Ganzes, die nach mehr Wohlstand und immer größerer Produktionssteigerung verlangten und so die natürlichen Ressourcen verschwendeten. Schließlich kritisierte er ebenso den allgemein verbreiteten Egoismus, der im Namen des Wohlstands und Fortschritts zur Verschmutzung der Umwelt und zur Ausbeutung der Bodenschätze geführt habe[259]. Die Infragestellung des menschlichen Suchens nach „immer noch mehr" kam in Hoenens Referat auch im Hinblick auf das Leistungsprinzip zum Tragen. So würden die Menschen nicht erkennen, dass das Leben einen Sinn in sich selbst habe, und stattdessen versuchen, ihrem Leben durch von außen herangetragene Ziele und Zwecke einen Sinn zu verleihen[260]. Erst wenn man etwas aus seinem Leben mache, wenn man etwas leiste, führe man ein sinnvolles Leben[261]. Dieser weit verbreiteten Ansicht setzte Raimund Hoenen die christliche Auffassung vom Leben als einem Geschenk Gottes entgegen[262]. Den richtigen Umgang mit diesem Geschenk lehre Jesus Christus: Verzicht auf Egoismus und sinnlosen Konsum, Dankbarkeit gegenüber Gott und Nächstenliebe[263].
Liebe, Achtsamkeit und Dankbarkeit im Umgang mit sich selbst, anderen und Gott als Weg zu einem erfüllten Leben empfahl auch Hansjürgen Schulz den Besuchern seines Vortrags zur Kirchentagslosung. Indem man sich Jesus zum Vorbild nehme, könne man den Spannungen des Lebens entspannter und offener begegnen[264]. Noch stärker als Hoenen bemühte sich der Direktor des Wittenberger Predigerseminars in seinen Ausführungen darum, an die alltäglichen Lebenserfahrungen der Teilnehmer

255 Vgl. ebd. S. 56.
256 Vgl. Schroeder: Der SED-Staat, S. 220 und S. 576; Kowalczuk: Die 101 wichtigsten Fragen: DDR, S. 79 und S. 93.
257 Vgl. Schroeder: Der SED-Staat, S. 577f.
258 Vgl. ebd. S. 576; Kowalczuk: Die 101 wichtigsten Fragen: DDR, S. 68f.
259 Vgl. „Auf der Suche nach Leben" – Konzept des Vortrags von Raimund Hoenen, in: epd-Dokumentation Nr. 30/78 vom 3.7.1978, S. 54 und S. 56.
260 Vgl. ebd. S. 55.
261 Vgl. ebd.
262 Vgl. ebd.
263 Vgl. ebd. S. 56.
264 Vgl. „Auf der Suche nach Leben" – Konzept des Vortrags von Hans-Jürgen Schulz, in: epd-Dokumentation Nr. 30/78 vom 3.7.1978, S. 59.

anzuknüpfen. Schulz ging nicht auf globale oder nationale gesellschaftliche Probleme ein, sondern konzentrierte sich auf Aspekte der Losung, die alle Menschen gleichermaßen betreffen. So stellte er die Erfahrung des Lebens als einer immerwährenden Spannung zwischen Suchen und Finden, Werden und Vergehen in den Mittelpunkt[265]. Diese Spannung auszuhalten, falle oft schwer und sei von vielen Problemen begleitet[266]. Zwischen Aufbruch und Geborgenheit, Risiko und Sicherheit, Kraft und Schwäche suche der Mensch nach einer Balance, die er nur selten finde[267]. Der Glaube hebe diese Spannungen zwar nicht auf, da Unvollkommenheit nach christlichem Verständnis ein grundlegendes Merkmal irdischen Lebens sei[268]. Aber der Trost und die Kraft, die der Glaube spende, bestünden in der Gewissheit, dass Gott sich ebenso auf die Suche nach dem Menschen mache[269].

Neben der Sinnfrage des (christlichen) Lebens gehörte die Mission zu den bestimmenden geistlichen Themen in Stralsund. Eine Neuentdeckung des Missionsauftrags hatte Bischof Gienke schon bei der Tagung der Landessynode im November 1977 gefordert[270]. Beim Stralsunder Kirchentag bot sich die Gelegenheit, den Missionsauftrag im Kontext des Gedenkens an Bischof Otto von Bamberg, den „Apostel der Pommern“, neu zur Sprache zu bringen. Pommernfürst Wartislaw I. hatte Otto im Jahr 1128 mit einer Missionsreise beauftragt, die den Bischof unter anderem nach Demmin, Gützkow, Wolgast und Usedom führte[271]. Auf Usedom konnte Otto bewirken, dass die einheimischen Slawen die Annahme des Christentums beschlossen, woraufhin die ersten Kirchen in Pommern erbaut wurden[272]. Diese Missionsreise verarbeiteten Pastor Roland Springborn und Kantor Hartmut Grosch eigens für den Kirchentag zu einem Musik-Spiel, dessen Uraufführung beim „Startabend“ am 16. Juni in der Nikolaikirche stattfand. Obwohl die Reise bereits 850 Jahre zurücklag, war der Stoff zur aktuellen Thematisierung des Missionsgedankens durchaus geeignet. Die Christen in der DDR mussten zwar nicht wie einst Bischof Otto um ihr Leben bangen, wenn sie das Wort Gottes verbreiten wollten, aber auch sie befanden sich in einem Umfeld, das dem christlichen Glauben größtenteils ablehnend bis feindlich gegenüberstand. Vielleicht erschienen die Entschlossenheit, der Mut und die Überzeugungskraft des Bischofs den etwa 1.200 Zuschauern[273] gar vorbildhaft, den eigenen Glauben offen zu bekunden und mit Nichtchristen darüber ins Gespräch zu kommen. Neben dem Musik-Spiel boten auch das „Volksmissionarische Angebot“ mit Landessuperintendent Kurt Winkelmann und der Evangelisationsgottesdienst den Kirchentagsbesuchern die Gelegenheit, sich intensiver mit dem Thema „Mission heute“ auseinanderzusetzen. Auch das breite Gottesdienstangebot ließ erkennen, dass die Veranstalter nicht nur die Stammgemeinde im Blick hatten, sondern das Programm ebenso auf Außenstehende ausrichteten.

---

265 Vgl. ebd. S. 58.

266 Vgl. ebd.

267 Vgl. ebd.

268 Vgl. ebd. Siehe dazu auch einführend Jürgen Hübner: Art. Leben V, in: TRE 20, Berlin/New York 1990, S. 533f. und S. 546f.; Jean Zumstein: Art. Leben II, in: RGG[4] 5, Tübingen 2002, Sp. 136.

269 Vgl. „Auf der Suche nach Leben“ – Konzept des Vortrags von Hans-Jürgen Schulz, in: epd-Dokumentation Nr. 30/78 vom 3.7.1978, S. 59.

270 Vgl. LKAG, 4. Tagung der 6. Landessynode vom 4.-6.11.1977: Bericht des Bischofs, S. 2.

271 Vgl. Buske: Pommersche Kirchengeschichte in Daten, S. 3.

272 Vgl. ebd.

273 So die staatliche Schätzung. Vgl. BStU, MfS, BV Rostock, AS Nr. 194/78, Blatt 305: Bericht vom Startabend in der Nikolaikirche, 16.6.1978.

Gottesdienste sind bei den Kirchentagen von besonderer Bedeutung für das Erleben der „Gemeinschaft in Christus", und so stand der Kirchentagssonntag ganz im Zeichen der Gottesdiensterfahrung. Die Besucher konnten aus 14 verschiedenen Angeboten wählen, die vom Familiengottesdienst über musikalische Gottesdienste bis hin zu eher ungewöhnlichen Angeboten reichten. Letztere, wie zum Beispiel der „Gottesdienst in anderer Form" oder der Meditationsgottesdienst, sollten der Gestaltung der Gottesdienste in den Gemeinden neue Impulse verleihen[274]. Man verfolgte den Anspruch, dass der Kirchentag kein in sich geschlossenes Ereignis blieb, sondern für die Arbeit in den Gemeinden vor Ort fruchtbar gemacht wurde[275]. So betonte der Greifswalder Landesausschuss bei der Planung der Gottesdienste, traditionelle und moderne Formen seien als gleichwertig zu betrachten[276]. Der Versuch einer Verbindung von Tradition und Moderne zeigte sich ebenfalls an der Auswahl der Kirchentagshymnen. Während das Kirchentagslied „Such, wer da will, ein ander Ziel" von Georg Weissel aus dem Jahr 1623 stammte, war der Kirchentagskanon eine moderne Komposition von Hans-Peter Günther, dem Landessing- und Posaunenwart der ELKG. Mit dem abwechslungsreichen Gottesdienstangebot wollten die Veranstalter offensichtlich den verschiedenen Interessen der christlichen Besucher Rechnung tragen und darüber hinaus auch kirchenferne Menschen ansprechen, die sich vielleicht eher für eine Teilnahme an einem Gottesdienst „in anderer Form" oder mit Chorgesang entschieden als für einen Abendmahlsgottesdienst oder die Deutsche Messe. Das Gottesdienstprogramm machte außerdem deutlich, dass die Organisatoren Wert auf Angebote für unterschiedliche Altersgruppen legten. So fanden beispielsweise ein Gottesdienst für Familien mit Kindern im Alter bis zehn Jahren und ein Jugendgottesdienst statt[277]. Der plattdeutsche Gottesdienst richtete sich zwar nicht dezidiert an ältere Menschen, aber den Veranstaltern dürfte bewusst gewesen sein, dass das Niederdeutsche mehr in der älteren als in der jüngeren Generation verbreitet war. Neben altersspezifischen Angeboten gab es Gottesdienste, die der Integration verschiedener Altersgruppen dienten. Dazu gehörte der Gottesdienst an der Freilichtbühne für Kinder, Jugendliche und Erwachsene. Dort verfolgten die Organisatoren das Ziel, dass diese Begegnung „entkrampft, verbindet, eint"[278]. Die positive Rückmeldung auf diese Veranstaltung in der kirchlichen Presse[279] lässt vermuten, dass der Versuch gelang. Insgesamt nahmen an den Gottesdiensten am 18. Juni etwa 6.000 Menschen teil[280]. Dabei waren vor allem die Gottesdienste mit besonderer kirchenmusikalischer Gestaltung sowie Angebote für Familien sehr gut besucht: Der Kantate-Gottesdienst zog ca. 1.400 Teilnehmer an[281], der Gottesdienst mit Chören der Landeskirche etwa 1.200[282] und der Gottesdienst für Kinder,

274 Vgl. LKAG, 6. Tag der 6. Landessynode vom 3.-5.11.1978: Bericht der Kirchenleitung, S. 9f.
275 Vgl. LKAG, Best. KT, Nr. 53.1: „Aufgabenliste in Ergänzung zur Vorlage vom 22.01.77".
276 Vgl. ebd.
277 Vgl. ebd.: Programmheft Kirchentag Stralsund 1978, S. 11f.
278 Vgl. LAG, Rep. 200 II 7.3, Nr. 30: „7. Kirchentag der Ev. Landeskirche Greifswald, Stralsund 16.-18. Juni 1978. Gruß zum Jahreswechsel", S. 2.
279 Vgl. „Wie kann ich leben" In: Die Kirche (Greifswalder Ausgabe), Jg. 33, Nr. 31 vom 30.7.1978, S. 4.
280 Vgl. „6000 Gottesdienstbesucher" In: ebd. S. 4.
281 Vgl. BStU, MfS, BV Rostock, AS Nr. 194/78, Blatt 250: Bericht vom Kantate-Gottesdienst, 18.6.1978.
282 Vgl. LAG, Rep. 200 II 7.3, Nr. 30, Blatt 58: Bericht vom Gottesdienst in der Marienkirche, 18.6.1978.

Jugendliche und Erwachsene rund 2.000[283]. Der ökumenische Gottesdienst[284] und der Jugendgottesdienst[285] erfuhren ebenfalls eine rege Beteiligung. Mit rund 10.000 Besuchern[286] war die Abschlussversammlung die größte Veranstaltung. Sie wurde zwar nicht als Gottesdienst bezeichnet, trug aber stark gottesdienstliche Züge. Dort fasste der mecklenburgische Bischof Heinrich Rathke in seinem Grußwort, das mehr wie eine Predigt wirkte, noch einmal die wichtigsten geistlichen Botschaften des Stralsunder Treffens zusammen: Jesus Christus ist den Menschen in allen Lebensbereichen nahe, er kann dem Leben eine neue Perspektive geben und schenkt den Gläubigen dadurch Mut für die Zukunft[287].

Insgesamt lag in Stralsund der Fokus in geistlicher Hinsicht auf der Erörterung von Fragen zum Thema Lebensbewältigung. Dabei stand die Sinnfrage im Vordergrund, ethische Fragen waren hingegen weitgehend ausgeklammert. Die Impulsgebung in Bezug auf das Leben in den Gemeinden konzentrierte sich auf die Gestaltung von Gottesdiensten. Eine breitere Darstellung konkreter Gemeindearbeit, wie sie zum Beispiel beim Erfurter Kirchentag mit dem „Markt der Möglichkeiten" erfolgte[288], gab es jedoch nicht.

4.6 Die Ökumene

Kirchentage lassen Christen große Gemeinschaft mit Gleichgesinnten unterschiedlicher Herkunft erleben. Durch die Beteiligung ökumenischer Gäste aus dem In- und Ausland wird den Teilnehmern deutlich, dass sie in eine weltweite Gemeinschaft eingebunden sind. Dieses Erlebnis war besonders für die christliche Bevölkerung in der DDR, die in einer stark säkularisierten und kirchenfeindlichen Umgebung lebte, von großer Bedeutung. Wie bei den anderen Kirchentagen 1978[289] stieg die Anzahl der ausländischen Gäste auch in Stralsund deutlich an. Laut einer Einschätzung des MfS nahmen 14 offizielle Gäste an dem Treffen in der Hansestadt teil[290]. Damit hatte sich diese Besucherzahl im Vergleich zum sechsten Landeskirchentag immerhin mehr als verdoppelt[291]. Traditionell ergingen die Einladungen zu den Kirchentagen der ELKG an Vertreter der Anrainerstaaten der Ostsee. Besonders zur lutherischen

283 Vgl. ebd. Blatt 94: Bericht vom Kinder- und Jugendgottesdienst, 18.6.1978.

284 Daran nahmen nach staatlichen Schätzungen etwa 350 Personen teil. Vgl. BStU, MfS, BV Rostock, AS Nr. 194/78, Blatt 249: Bericht vom ökumenischen Gottesdienst.

285 Nach staatlichen Schätzungen hatte die Veranstaltung 400 Teilnehmer. Vgl. LAG, IV/D/2.13, Nr. 613, Blatt 115: Bericht vom Stralsunder Kirchentag: Gottesdienst in der Heilgeistkirche mit der Gruppe Schalom.

286 Vgl. „Das große Abschlußfest" In: Die Kirche (Greifswalder Ausgabe), Jg. 33, Nr. 30 vom 23.7.1978, S. 4. Nach staatlichen Schätzungen hatte die Abschlussversammlung rund 8.000 Besucher. Vgl. BStU, MfS, BV Rostock, AS Nr. 194/78, Blatt 227: Bericht zur Abschlussversammlung.

287 Vgl. ebd. Blatt 253-255: Grußwort von Bischof Rathke bei der Abschlussversammlung in Stralsund, 18.6.1978, S. 1-3.

288 Vgl. „'Es geht ums Leben'" In: Die Kirche (Greifswalder Ausgabe), Jg. 33, Nr. 28 vom 9.7.1978, S. 2.

289 Vgl. „Bericht vor der Konferenz der Kirchenleitungen am 13.1.79 über die Kirchentage 1978", abgedruckt in: Schröder: Werden und Wachsen des Evangelischen Kirchentages in der DDR, S. 137.

290 Vgl. BStU, MfS, BV Rostock, AS Nr. 194/78, Blatt 416: „1. Information über den 7. Kirchentag der Landeskirche Greifswald in Stralsund in der Zeit vom 16.-18.6.78", 16.6.1978, S. 1.

291 Zum Kirchentag 1974 waren nach staatlichen Angaben sechs internationale Gäste gekommen. Vgl. LAG, Rep. 200 II 7.3, Nr. 28, Blatt 25: „1. Information über den evangelischen Kirchentag 1974 vom 14. bis 16. Juni in Stralsund", S. 2.

Kirche in Schweden pflegte die Greifswalder Landeskirche seit Jahrzehnten enge Kontakte. Der entscheidende Grund für das enge Verhältnis zur schwedischen Kirche liegt in der Herrschaft der Schweden über Pommern zwischen 1648 und 1815, die einen wesentlichen Einfluss auf die Entwicklung der evangelischen Kirche in diesem Gebiet ausübte[292]. Nach dem Zweiten Weltkrieg intensivierte sich die Verbindung, als die PEK aufgrund der starken Zerstörung vieler ihrer Sakralbauten dringend Hilfe von außen benötigte[293]. Der Bau der Berliner Mauer führte zunächst dazu, dass sich die Aufrechterhaltung der internationalen Kontakte wie zur schwedischen Diözese Växjö für die pommersche Kirche immer schwieriger gestaltete[294]. In den 1970er Jahren gelang es allerdings, die Kontakte zur schwedischen Kirche wieder zu vertiefen. So nahmen schwedische Bischöfe an kirchlichen Großereignissen wie dem Landeskirchentag 1974 oder der 700-Jahr-Feier der Stralsunder Nikolaikirche 1976 teil und im Gegenzug besuchten Delegationen der ELKG regelmäßig die schwedischen Diözesen[295]. Darüber hinaus leisteten die schwedischen Gemeinden großzügige finanzielle Hilfe, zum Beispiel im Rahmen der Sanierung des Greifswalder Doms in den 1980er Jahren[296]. Zum Stralsunder Kirchentag reisten eine Delegation des Bischofs von Växjö und ein Chor aus Schweden an[297]. Weitere Einladungen erhielt die Nordelbische Kirche in der Bundesrepublik, eine wichtige Partnerkirche, zu deren Gründungsfeier Bischof Gienke 1977 nach Lübeck gereist war und die die ELKG bei ihren Bauvorhaben finanziell stark unterstützte[298]. Außerdem wurden Vertreter der Evangelisch-Augsburgischen und der orthodoxen Kirche in Polen, der lutherischen Kirchen in Estland und Lettland, der Schlesischen Evangelischen Kirche A. B.[299] sowie der Generalsekretär des LWB, Carl Mau, und der Präsident des DEKT, Klaus von Bismarck, eingeladen[300]. Auch wenn letztlich nicht alle

292 Vgl. Leder: Art. Pommern, in: TRE 27, Berlin/New York 2000, S. 45f.

293 Vgl. Frank: Einsam oder gemeinsam?, S. 37f.

294 Vgl. ebd. S. 40.

295 Vgl. LAG, Rep. 200 II 7.3, Nr. 28, Blatt 25: „1. Information über den evangelischen Kirchentag 1974 vom 14. bis 16. Juni in Stralsund", S. 2; LKAG, Bericht des Konsistoriums für die 3. Tagung der 6. Landessynode vom 5. bis 7.11.1976: Bericht zur ökumenischen Arbeit der ELKG, S. 7; „Auf Besuchsreise in Schweden" In: Die Kirche (Greifswalder Ausgabe), Jg. 32, Nr. 27 vom 3.7.1977, S. 4.

296 Vgl. Frank: Einsam oder gemeinsam?, S. 290.

297 Vgl. LKAG, Best. 5 Konsistorium 30108, Landeskirchentage, Bd. II 1967-1985, Blatt 11/78: Abschrift des Eingangs C 30235-2/78 zur besonderen Vorlage bei den Sachakten, 15.2.1978. Zur Delegation gehörten neben Bischof Sven Lindegård der Pastor Harald Nyström sowie Marianne Björkmann und Kerstin Jerkstål. Vgl. LKAG, Best. KT, Nr. 53.1: Brief von Bischof Gienke an Bischof Lindegård, 31.1.1978.

298 Vgl. LAG, Rep. 200 II 7.3, Nr. 69, Blatt 8: „Aktenvermerk über ein Gespräch des Stellvertreters Inneres des Vorsitzenden des Rates des Bezirks Rostock mit Bischof Gienke und OKR Plath", 27.12.1976, S. 1; Frank: Einsam oder gemeinsam?, S. 290. Eine Einladung erhielten Bischof Friedrich Hübner und Herbert Dreßler, Mitglied der nordelbischen Kirchenleitung. Vgl. LKAG, Best. KT, Nr. 53.1: Brief von Bischof Gienke an Bischof Hübner, 31.1.1978; ebd.: Liste der ökumenischen Gäste.

299 Dazu gehörten Synodalpräsident Glowacki (Lodz), Metropolit Bazyli (Warschau), Propst Edgar Hark (Tallinn), Erzbischof Janis Matulis (Riga) und Bischof Vladislav Kiedron (ČSSR). Vgl. LKAG, Best. 5 Konsistorium 30108, Landeskirchentage, Bd. II 1967-1985, Blatt 17/78: Brief von OKR Plath an Präses Glowacki, 16.5.1978; LKAG, Best. KT, Nr. 53.1: Briefe von Bischof Gienke an Metropolit Bazyli, Propst Hark, Erzbischof Matulis, Bischof Kiedron, 31.1.1978.

300 Vgl. LKAG, Best. KT, Nr. 53.1: Brief von Bischof Gienke an Carl Mau, 31.1.1978. Carl Mau konnte den Termin nicht wahrnehmen, weshalb ihn Reverend Charles Austin vom Genfer Stab des LWB vertrat. Klaus von Bismarck reiste an. Vgl. ebd.: Liste der ökumenischen Gäste.

eingeladenen Gäste nach Stralsund reisten[301], waren es dennoch deutlich mehr als in den vorangegangenen Jahren. Die Gäste nahmen beispielsweise an „Sei unser Gast" im Schwesternheimathaus, im Birkenweg und bei Stralsunder Familien teil[302]. An der Programmgestaltung wirkten sie allerdings nur vereinzelt mit.
Der Umfang des ökumenischen Programms beim Stralsunder Kirchentag erwies sich als äußerst überschaubar. Lediglich zwei Veranstaltungen griffen die Thematik auf und zwei weitere beteiligten Vertreter der Ökumene an der inhaltlichen Gestaltung. Im Saal der Freikirchlichen Gemeinde hielten Landespfarrer Polzin und Prediger Günther am 18. Juni einen Evangelisationsgottesdienst[303] und die katholische Pfarrjugend Stralsund wirkte bei Spielszenen zur Kirchentagslosung während der Abschlussveranstaltung mit[304]. In der katholischen Kirche gestalteten zudem Propst Lange und der katholische Dekan Lewicki einen ökumenischen Gottesdienst[305]. Den bedeutendsten ökumenischen Programmpunkt bildete das „Ökumenische Forum". Umrahmt vom Auftritt des schwedischen Chors stellte sich dort ein internationales Podium[306] den Fragen der Besucher. Vermutlich hatten die Veranstalter auch eine Teilnahme der polnisch-orthodoxen Vertreter eingeplant, aber die eingeladene Delegation war aus unbekannten Gründen nicht nach Stralsund gekommen. Somit bestand die Expertenrunde ausschließlich aus Repräsentanten verschiedener evangelischer Kirchen, was aus ökumenischer Sicht nicht sehr repräsentativ erscheint. Warum man keinen katholischen Geistlichen aus Stralsund und Umgebung zur Mitwirkung bewogen hatte, lässt sich anhand der Akten nicht nachvollziehen. Durch eine katholische Beteiligung hätte man das Forum inhaltlich bereichern können und außerdem wäre es so der Bezeichnung „ökumenisch" deutlich gerechter geworden. Die fehlende Mitwirkung von Vertretern der katholischen und der orthodoxen Kirchen bemängelten übrigens auch einige Besucher[307]. Bereits im Vorfeld des „Ökumenischen Forums" hatten die Kirchentagsteilnehmer die Möglichkeit, Fragen an das Podium zu senden, und während der Veranstaltung sammelten Helfer weitere Fragen ein[308]. Die Themen reichten vom Verhältnis zwischen evangelischer und

301 Nach den Berichten vom Stralsunder Kirchentag zu urteilen, waren folgende Kirchenvertreter nicht nach Stralsund gekommen: Metropolit Bazyli, Erzbischof Matulis und Bischof Kiedron. Laut eines staatlichen Berichts hatte aber eine Delegation aus der ČSSR am Empfang im „Schweriner Hof" teilgenommen. Vgl. LAG, Rep. 200 II 7.3, Nr. 30, Blatt 87: Bericht vom Empfang der Kirchenleitung und des Greifswalder Landesausschusses am 17.6.1978, S. 1.

302 Vgl. LAG, IV/D/4.09, Nr. 166, Blatt 65: Bericht von „Sei unser Gast" im Schwesternheimathaus; ebd. Blatt 48: Bericht von „Sei unser Gast" im Birkenweg; LAG, IV/D/2.13, Nr. 613, Blatt 119: Bericht von „Sei unser Gast".

303 Vgl. LKAG, Best. KT, Nr. 53.1: Programmheft Kirchentag Stralsund 1978, S. 12. Dieser Gottesdienst hatte nach staatlichen Angaben ca. 140 Besucher. Vgl. BStU, MfS, BV Rostock, AS Nr. 194/78, Blatt 242: Bericht vom Evangelisationsgottesdienst, 18.6.1978.

304 Vgl. LAG, Rep. 200 II 7.3, Nr. 30, Blatt 51: Programm der Abschlussversammlung am 18.6.1978 an der Freilichtbühne Stralsund.

305 Vgl. BStU, MfS, BV Rostock, AS Nr. 194/78, Blatt 249: Bericht vom ökumenischen Gottesdienst.

306 Das Podium bildeten Bischof Lindegård, Synodalpräsident Glowacki, Propst Rätsep (Estland), Charles Austin (LWB), Bischof Hübner, Bischof Gienke und OKR Plath. Die Moderation übernahm Konsistorialrat Eckhard Gummelt. Vgl. „6000 Gottesdienstbesucher" In: Die Kirche (Greifswalder Ausgabe), Jg. 33, Nr. 31 vom 30.7.1978, S. 4; LAG, IV/D/2.13, Nr. 613, Blatt 104: Bericht vom „Ökumenischen Forum", 18.6.1978.

307 Vgl. BStU, MfS, BV Rostock, AS Nr. 194/78, Blatt 230: Bericht vom „Ökumenischen Forum" in der Marienkirche, 18.6.1978, S. 1.

308 Vgl. „Informationen zum Kirchentag" In: Die Kirche (Greifswalder Ausgabe), Jg. 33, Nr. 23 vom 4.6.1978, S. 4.

katholischer Kirche, der kirchlichen Jugendarbeit in den beim Forum vertretenen Ländern und der Zielstellung der Ökumene bis hin zu gesellschaftspolitischen Fragen wie Frieden, Abrüstung und Wehrunterricht[309]. Dass die Kirchentagsbesucher in Stralsund ein starkes Interesse an ökumenischen Themen hatten, zeigt die große Teilnehmerzahl des Forums, wobei besonders der relativ hohe Anteil der Jugendlichen bemerkenswert ist[310]. Einige Teilnehmer mögen vielleicht nur aus Neugier auf die ausländischen Gäste gekommen sein, aber die Vielseitigkeit der eingereichten Fragen macht erkennbar, dass die Christen im Norden der DDR eine große Offenheit bezüglich ökumenischer Belange besaßen. Bis die Organisatoren der Kirchentage der ELKG, wie auch der ELLKM, diesem Interesse bei der Programmplanung in stärkerem Maße Rechnung trugen, vergingen allerdings noch einige Jahre.
In den Rückmeldungen der Gäste drückte sich vor allem die Freude über die offene und herzliche Atmosphäre während des Kirchentags aus. So erklärte beispielsweise Propst Hamann von der Nordelbischen Kirche in einem Brief an Bischof Gienke, dass er voller Begeisterung vielen Gemeindegliedern und Kollegen von den „schönen Tagen in Stralsund" berichtet habe[311]. Bischof Lindegård von der Diözese Växjö äußerte ebenfalls große Dankbarkeit und lobte die gute Organisation und besonders die Aktion „Sei unser Gast"[312]. Welchen positiven Einfluss das gemeinsame Erleben von Kirchentagen auf die Beziehung zwischen Partnerkirchen haben kann, ließ der schwedische Bischof im Schreiben an seinen Greifswalder Amtsbruder erkennen: „Wir waren [...] uns alle einig, dass uns die Reise zum Kirchentag in Stralsund persönlich bereichert und einen noch festeren Grund für die schöne Zusammenarbeit zwischen unseren Kirchen gegeben hat"[313]. Dieser positiven Bilanz schlossen sich die Veranstalter an und auch die Staatsorgane waren weitgehend zufrieden mit dem Stralsunder Treffen, wie das folgende Kapitel zeigt.

4.7 Bilanz und Presseecho

Aus Sicht der Verantwortlichen war der Stralsunder Kirchentag ein voller Erfolg. Sowohl die Kirchenleitung als auch der Landesausschuss werteten den Verlauf als „erfreulich"[314]. Nicht nur aufgrund der hohen Beteiligung mecklenburgischer Gemeindeglieder war es der bisher größte Kirchentag der ELKG[315]. Die Zahl der Dauerteilnehmer schätzten die Veranstalter auf 800 bis 1.000 Personen[316].

309 Vgl. BStU, MfS, BV Rostock, AS Nr. 194/78, Blatt 230f.: Bericht vom „Ökumenischen Forum" in der Marienkirche, 18.6.1978, S. 1f. Siehe dazu auch Kapitel 4.4.

310 Nach Angaben der staatlichen Stellen nahmen etwa 1.000 bis 1.500 Personen am Forum teil. Den Anteil der Jugendlichen schätzten die staatlichen Beobachter auf 40 respektive 60 Prozent. Vgl. BStU, MfS, BV Rostock, AS Nr. 194/78, Blatt 230: Bericht vom „Ökumenischen Forum" in der Marienkirche, 18.6.1978, S. 1; LAG, Rep. 200 II 7.3, Nr. 30, Blatt 79: Bericht vom „Ökumenischen Forum", 18.6.1978.

311 Vgl. LKAG, Best. 5 Konsistorium 30108, Landeskirchentage, Bd. II 1967-1985, Blatt 25/78: Brief von Propst Hamann an Bischof Gienke, 26.6.1978.

312 Vgl. ebd. Blatt 30/78: Brief von Bischof Lindegård an Bischof Gienke, 26.6.1978.

313 Vgl. ebd.

314 Vgl. ebd. Blatt 31/78: Protokoll der Sitzung der Kirchenleitung am 23.6.1978.

315 Vgl. LKAG, 6. Tagung der 6. Landessynode vom 3. bis 5.11.1978: Bericht der Kirchenleitung der ELKG vor der Landessynode, 3.11.1978, S. 1.

316 Offiziell angemeldet waren 620 Dauerteilnehmer. Vgl. LKAG, Best. KT, Nr. 53.1: Protokoll über die Auswertung des 7. Kirchentags der ELKG, August 1978, S. 1.

Ein Drittel von ihnen soll der Altersgruppe bis 20 Jahren angehört haben[317]. Vor allem der Sonntag hatte die Besucherströme angezogen: Etwa 10.000 Menschen, darunter 2.000 mecklenburgische Christen, nahmen an der Abschlussversammlung teil und spendeten ca. 10.000 Mark Kollekte[318]. Nach Meinung der Veranstalter sei es trotz der großen Teilnehmerzahlen ein familiäres Treffen geblieben, was sie wesentlich der Aktion „Sei unser Gast" zuschrieben[319]. Der Landesausschuss befand, dass sich dieses Experiment bewährt und zu einer engagierten Beteiligung der Stralsunder Gemeinden beigetragen habe[320]. Nach Ansicht des Ausschusses und der Kirchenleitung sei der reibungslose organisatorische Ablauf vor allem der „konstruktiven" Zusammenarbeit mit den staatlichen Organen zu verdanken gewesen[321]. Bereits während des Kirchentags wurden die Veranstalter nicht müde, das großzügige Entgegenkommen der staatlichen Stellen zu loben. Das entsprach sicherlich zum Teil echter Dankbarkeit, aber darüber hinaus zielte es darauf ab, den Weg für die kommenden Kirchentage zu ebnen. Für die Staatsorgane lieferte es allerdings den Beweis dafür, dass die Strategie, den Kirchentag durch organisatorische Unterstützung zur Durchsetzung eigener Interessen zu nutzen, aufging.
Der Fokus der staatlichen Auswertungen lag vor allem auf den Äußerungen der Mitglieder der Kirchenleitung – allen voran des Bischofs – und der ausländischen Gäste. Besonders hervorgehoben wurden die Aussagen von DEKT-Präsident Klaus von Bismarck. Beim Empfang der Kirchenleitung und des Kirchentagsausschusses am 17. Juni soll er den staatlichen Vertretern für die Genehmigung seiner Einreise gedankt und sich außerdem „positiv" zum Kirchentagsgeschehen in der DDR geäußert haben[322]. Zufrieden berichtete die MfS-Kreisdienststelle Stralsund, dass der bedeutende Gast bei seinem Aufenthalt in Stralsund den Eindruck religiöser Toleranz und Offenheit in der DDR gewonnen habe[323]. Darüber hinaus hatte der Empfang des Oberbürgermeisters Horst Lehmann die Gelegenheit geboten, den internationalen Gästen ein „vertrauensvolles Verhältnis" zwischen Staat und Kirche zu suggerieren. Auf Lehmanns Behauptung, der SED-Staat garantiere allen Bürgern Chancengleichheit und freie Religionsausübung[324], habe Gienke mit überschwänglichen Dankesworten reagiert und betont, die organisatorische Unterstützung des Kirchentags habe gezeigt, wie ernst der Staat die Gleichberechtigung der Christen nähme[325]. Angesichts dessen resümierte der RdB Rostock, dass

317 Vgl. LAG, Rep. 200 II 7.3, Nr. 30, Blatt 22: Bericht vom Pressegespräch des Kirchentags, 18.6.1978.

318 Vgl. LKAG, Best. KT, Nr. 53.1: Protokoll über die Auswertung des 7. Kirchentags der ELKG, August 1978, S. 1.

319 Vgl. ebd. S. 4.

320 Vgl. ebd. S. 1.

321 Vgl. LKAG, 6. Tagung der 6. Landessynode vom 3. bis 5.11.1978: Bericht der Kirchenleitung der ELKG vor der Landessynode, 3.11.1978, S. 22.

322 Vgl. LAG, Rep. 200 II 7.3, Nr. 30, Blatt 88: Bericht vom Empfang der Kirchenleitung und des Landesausschusses, 17.6.1978, S. 2; BStU, MfS, BV Rostock, AKG Nr. 98, Blatt 372: „Information über den Verlauf des 7. Kirchentags der ELKG vom 16.6.-18.6.1978 in Stralsund", S. 2.

323 Vgl. BStU, MfS, BV Rostock, AKG Nr. 98, Blatt 372: „Information über den Verlauf des 7. Kirchentags der ELKG vom 16.6.-18.6.1978 in Stralsund", S. 2.

324 Vgl. LAG, Rep. 200 II 7.3, Nr. 30, Blatt 83: „Toast des Oberbürgermeisters Horst Lehmann zum Empfang der Gäste des Kirchentages mit Bischof Gienke am 17.6.1978".

325 Vgl. LAG, IV/D/4.09, Nr. 166, Blatt 43: Bericht vom Empfang des Oberbürgermeisters von Stralsund am 17.6.1978. So soll Gienke es zum Beispiel als „ausgemachte Liebenswürdigkeit" bezeichnet haben, dass der Oberbürgermeister die Organisatoren und Gäste des Kirchentags zu

der Kirchentag dazu beigetragen habe, allen Teilnehmern und insbesondere den offiziellen Gästen „die von Konstruktivität, Sachlichkeit und großem Verständnis gegenüber den kirchlichen Belangen getragene Politik anschaulich zu dokumentieren“[326]. An diesem guten Verlauf hatte die Greifswalder Kirchenleitung nach Meinung der Staatssicherheit einen besonderen Anteil[327]. Da es den „positiven Kräften“ der Kirchenleitung gelungen sei, ihre Position weiter auszubauen, könne man das Treffen als „weiteres Kettenglied in der kontinuierlichen Gestaltung guter Beziehungen zwischen Staat und Kirche“ betrachten[328]. Das „positive“ Verhalten der Kirchenleitung illustrierten die staatlichen Berichte auch am Beispiel der Behandlung der Wehrunterrichtsthematik. Nach Einschätzung des RdB Rostock hatte die Einführung des Schulfachs in den Diskussionen zwar eine „erhebliche Rolle“ gespielt, aber die Veranstalter hätten stets glaubhaft gemacht, dass sie an einer „spektakulären“ Erörterung dieses Themas nicht interessiert waren[329]. Die Stasi hob außerdem lobend hervor, der Kirchenleitung sei es gelungen, eine öffentliche Diskussion über Probleme der Wehrerziehung zu unterbinden, indem sie beispielsweise die Unterschriftensammlung im Jakobiturm nach kurzer Zeit abbrechen ließ[330]. Neben der Einführung des Wehrunterrichts hatte „Sei unser Gast“ den Kirchentag entscheidend geprägt. Diese Veranstaltung bewerteten die Staatsorgane durchaus unterschiedlich. Während die Stasi festhielt, es seien keinerlei „negative Aspekte“ bekannt geworden[331], und der CDU-Abschlussbericht sie gar als „gelungenes Experiment“ bezeichnete, bei dem die Gastgeber „sachlich“ argumentiert hätten[332], war der Rat des Bezirks anderer Meinung. Immer noch äußerst skeptisch konstatierte man im Abschlussbericht, dass „Sei unser Gast“ aus kirchenpolitischer Sicht nicht positiv zu bewerten sei[333]. Ein weiterer wichtiger Punkt der staatlichen Auswertungsberichte betraf die Wirkung des Kirchentags auf das öffentliche Leben. Hier sollte unbedingt der Eindruck erweckt werden, dass das Treffen kaum Ausstrahlungskraft auf die Stadt hatte und die Besucherzahlen entgegen der Erwartungen der Veranstalter relativ gering ausgefallen seien. Vor allem im Hinblick auf die Anzahl der Dauerteilnehmer und der Besucher der Abschlussversammlung liegen die angegebenen Schätzungen weit unter den kirchlichen. Laut dem RdB Rostock hatte das Treffen 500 Dauergäste und 5.000 Besucher

einem Empfang ins Rathaus eingeladen hatte. Die Stadt habe „ausgezeichnete Vorarbeit“ zum Kirchentag geleistet, was ein gutes Zeichen für die Umsetzung der Gleichberechtigung der Christen in der DDR sei. Die guten Beziehungen zwischen Staat und Kirche, so habe Gienke es ausgedrückt, bewährten sich immer wieder.

326 Vgl. LAG, Rep. 200 II 7.3, Nr. 30, Blatt 11: „Information über den Verlauf des 7. Kirchentags der Evangelischen Landeskirche Greifswald“, S. 5.

327 Vgl. BStU, MfS, BV Rostock, AKG Nr. 98, Blatt 372: „Information über den Verlauf des 7. Kirchentags der ELKG vom 16.6.-18.6.1978 in Stralsund“, S. 2.

328 Vgl. ebd. S. 3.

329 Vgl. LAG, Rep. 200 II 7.3, Nr. 30, Blatt 8f.: „Information über den Verlauf des 7. Kirchentags der Evangelischen Landeskirche Greifswald“, S. 2f.

330 Vgl. BStU, MfS, BV Rostock, AKG Nr. 98, Blatt 372: „Information über den Verlauf des 7. Kirchentags der ELKG vom 16.6.-18.6.1978 in Stralsund“, S. 2.

331 Vgl. ebd. S. 1.

332 Vgl. BStU, MfS, BV Rostock, AS Nr. 194/78, Blatt 206: Abschlussbericht zum Kirchentag in Stralsund 1978 von Otto Sadler (CDU), S. 2.

333 Vgl. LAG, Rep. 200 II 7.3, Nr. 30, Blatt 7: „Information über den Verlauf des 7. Kirchentags der Evangelischen Landeskirche Greifswald“, S. 1.

bei der Abschlussveranstaltung verzeichnet[334]. Damit seien die Teilnehmerzahlen zwar höher als bei den vorangegangenen Kirchentagen gewesen, aber trotz großer Bemühungen der Kirche unter den Erwartungen geblieben[335]. Doch selbst wenn die Organisatoren die Schätzungen zu ihren Gunsten etwas großzügiger veranschlagt haben sollten, erscheint es unwahrscheinlich, dass sie die Zahlen für die eigene Statistik und die offiziellen Statements gleich verdoppelten. Vielmehr liegt nahe, dass die staatlichen Einschätzungen der SED-Ideologie angepasst wurden, wonach im Sozialismus der Einfluss von Religion und Kirche stetig zurückgehen musste. Außerdem hätte die Angabe der tatsächlichen Zahlen eine Bestätigung des kirchlichen Erfolgs dargestellt – ein aus staatlicher Sicht unmögliches Zugeständnis. Die MfS-Kreisdienststelle Stralsund folgte ebenfalls diesem Duktus, indem sie festhielt: „Insgesamt erreichten die Veranstaltungen keine Öffentlichkeitswirksamkeit auf die Bevölkerung der Stadt“[336]. Eine öffentliche Wirksamkeit befürchteten die staatlichen Stellen allerdings nicht nur in Bezug auf Stralsund, sondern auch über die Landesgrenzen hinaus. Daher richteten sie ihren Blick auf die Medienberichte zum Kirchentag – besonders auf jene der westdeutschen Presse.

Das Interesse der westlichen Medien an diesem Kirchentag war in der Tat groß. Das lag mit Sicherheit an den innenpolitischen Entwicklungen, die dem Treffen vorausgegangen waren: Für die bundesdeutschen Korrespondenten stellten die kirchlichen Treffen im Mai und Juni einen Gradmesser für die Haltung der christlichen Bürger zum Gespräch vom 6. März 1978 und zur angekündigten Einführung des Wehrunterrichts dar. Außerdem trugen die unerwartet hohen Besucherzahlen dazu bei, dass die Kirchentage in der Bundesrepublik größere Beachtung erfuhren[337]. So würdigte der *Evangelische Pressedienst* (epd) die gestiegene Bedeutung der Kirchentage in der DDR, indem er ausgewählte Ansprachen und Vorträge aus Leipzig, Erfurt und Stralsund veröffentlichte[338]. Nach staatlichen Angaben hatten 13 Journalisten aus der Bundesrepublik eine Akkreditierung für den Kirchentag in Stralsund erhalten[339]. Die Journalisten hätten vor allem das Ziel verfolgt, eine Diskussion zum Wehrunterricht auszulösen, was die Kirchenleitung jedoch offensiv unterbunden habe[340]. Angesichts des anfänglich starken Protests der Kirchen war die Debatte um den Wehrunterricht für die bundesdeutschen Journalisten zwar von erheblichem Interesse, doch es bedurfte keiner Einmischung der Medien, damit dieses Thema in Stralsund zur Sprache kam. Außerdem war die westdeutsche Berichterstattung keineswegs von Überspitzung

334 Vgl. ebd. In einem Bericht zur Abschlussversammlung selbst ist allerdings von 8.000 Teilnehmern die Rede. Vgl. BStU, MfS, BV Rostock, AS Nr. 194/78, Blatt 227: Bericht zur Abschlussversammlung, 18.6.1978.

335 Vgl. LAG, Rep. 200 II 7.3, Nr. 30, Blatt 7: „Information über den Verlauf des 7. Kirchentags der Evangelischen Landeskirche Greifswald“, S. 1.

336 Vgl. BStU, MfS, BV Rostock, AKG Nr. 98, Blatt 371: „Information über den Verlauf des 7. Kirchentags der ELKG vom 16.6.-18.6.1978 in Stralsund“, S. 1.

337 Vgl. epd-Dokumentation Nr. 30/78 vom 3.7.1978, S. 1.

338 Dazu gehörten neben den Vorträgen von Hansjürgen Schulz und Raimund Hoenen in Stralsund auch drei Vorträge von Leipziger Arbeitsgruppen, die Ansprachen vom Ausschussvorsitzenden Johannes Cieslak und Bischof Johannes Hempel in Leipzig sowie der Vortrag von Bischof Werner Krusche und die Predigt von Propst Heino Falcke in Erfurt. Vgl. ebd. S. 4-59.

339 Sie berichteten für die Frankfurter Allgemeine Zeitung, den Evangelischen Pressedienst, RIAS, ARD, ZDF, Deutsche Welle und dpa. Vgl. BStU, MfS, BV Rostock, AKG Nr. 98, Blatt 372: „Information über den Verlauf des 7. Kirchentags der ELKG vom 16.6.-18.6.1978 in Stralsund“, S. 2.

340 Vgl. ebd. S. 2f.

geprägt. Die *Frankfurter Allgemeine Zeitung* machte beispielsweise deutlich, dass die beim Kirchentag zum Ausdruck gekommene Ablehnung des Wehrunterrichts nicht mit einer Ablehnung des DDR-Staats als Ganzes gleichzusetzen sei[341]. So hätten trotz bestehender Spannungen im Verhältnis von Christen und Staatsorganen Zuversicht, Gelassenheit und Vertrauen auf die Kraft der christlichen Botschaft das Treffen bestimmt[342]. Außer für Diskussionen zum Wehrunterricht interessierten sich die Journalisten besonders für die Aktion „Sei unser Gast"[343]. Diese Veranstaltung war nicht nur als neues Kirchentagsformat bedeutsam. Da sie größtenteils im inoffiziellen, geschützten Rahmen durchgeführt wurde, hätte sie den Korrespondenten die Möglichkeit bieten können, authentische Meinungen der Teilnehmer zu gesellschaftlichen Fragen zu erheben. Während der Pressekonferenz am 16. Juni machten die Veranstalter jedoch deutlich, dass eine Teilnahme von Journalisten an den Treffen in Privatwohnungen ausdrücklich nicht erwünscht war[344].
Während die SED keinen Einfluss auf die Berichterstattung in den westlichen Medien ausüben konnte, setzte sie ihre eigene Presse beim Kirchentag zwar sparsam, aber gezielt ein. Die *Ostsee-Zeitung*, das *Neue Deutschland* und die *Berliner Zeitung* beschränkten sich auf äußerst kurze Meldungen, wobei Zitate im Mittelpunkt standen, in denen der Dank an die staatlichen Stellen sowie eine Unterstützung der SED-Friedenspolitik zum Ausdruck kamen[345]. Der am häufigsten zitierte Ausspruch stammte von Bischof Gienke, der die Gemeinde der Abschlussversammlung dazu aufgerufen hatte: „Wir können nun nicht mehr gleichgültig bleiben, wenn Leben und Frieden der Völker und Menschen durch Hass und Gewalt bedroht werden." Dabei blieb der Kontext dieser Äußerung – die Verantwortung der Christen vor dem Hintergrund des Evangeliums – in den Artikeln der SED-Presse natürlich unerwähnt. Im Gegensatz dazu fand die geistliche Dimension des Kirchentags in den CDU-Organen durchaus Erwähnung. Die Artikel der Bezirkszeitung *Der Demokrat* und des CDU-Zentralorgans, *Neue Zeit*, hoben zwar ebenfalls „positive" Äußerungen zu Frieden und Abrüstung sowie zum Entgegenkommen der staatlichen Stellen hervor, aber die Berichte fielen deutlich umfangreicher aus und beinhalteten auch kulturelle und geistliche Aspekte des Treffens. Besonders *Der Demokrat* lobte den Kirchentag als „Fest lebendiger christlicher Gemeinschaft", von welchem wichtige Impulse für das Leben in den Gemeinden ausgingen[346]. Darüber hinaus veröffentlichte die *Neue Zeit* die von der ELKG genannte Teilnehmerzahl der Abschlussversammlung, anstatt sich der Formulierung „mehrere Tausend Besucher" der anderen staatlichen Presseorgane anzuschließen[347]. Diese inszenierte Nähe der CDU zur Kirche sollten die abgedruckten Fotos untermauern, die führende CDU-Politiker wie Wulf Trende und Otto Sadler im Gespräch mit offiziellen Gästen oder als Teilnehmer

341 Vgl. „'Wir entdecken Menschen, die uns brauchen'" In: Frankfurter Allgemeine Zeitung vom 20.6.1978.
342 Vgl. ebd.
343 Vgl. LAG, Rep. 200 II 7.3, Nr. 30, Blatt 52: Tagesinformation zum Stralsunder Kirchentag, 16.6.1978.
344 Vgl. ebd.
345 Vgl. „Stralsunder Kirchentag beendet" In: Ostsee-Zeitung, Jg. 27, Nr. 142 vom 19.6.1978, S. 2; „Kirchentag in Stralsund" In: Neues Deutschland, Jg. 33, Nr. 141 vom 17./18.6.1978, S. 2; „Stralsunder Kirchentag gestern beendet" In: Berliner Zeitung, Jg. 34, Nr. 142 vom 19.6.1978, S. 2.
346 Vgl. „Ein Fest christlicher Gemeinschaft" In: Der Demokrat, Jg. 33, Nr. 142 vom 19.6.1978, S. 1; „'Auf der Suche nach Leben'" In: ebd. S. 4.
347 Vgl. „'Jesus bringt Leben ins Leben'" In: Neue Zeit, Jg. 34, Nr. 142 vom 19.6.1978, S. 1f.

der Abschlussversammlung zeigten[348]. Dahinter verbarg sich die Aufgabe, welche die SED der CDU seit den 1950er Jahren übertragen hatte: Die christlichen Bürger anzusprechen und sie für die Politik der SED zu gewinnen.
Die ausführlichste Berichterstattung erfolgte in den kirchlichen Wochenzeitungen im Norden. *Die Kirche* (Greifswalder Ausgabe) und die *Mecklenburgische Kirchenzeitung* (*MKZ*) hatten bereits im Vorfeld regelmäßig Werbung für den Kirchentag betrieben. Beide veröffentlichten umfangreiche Artikel zu verschiedenen Veranstaltungen, vor allem von der Abschlussversammlung. In den Beiträgen wurde immer wieder der festliche, offene und fröhliche Charakter des Kirchentags betont[349]. Außerdem fand die unerwartet hohe Teilnahme von Jugendlichen häufig Erwähnung. Die *MKZ* führte dieses Phänomen darauf zurück, dass die jüngere Generation bei den Kirchentagen das finde, was sie in ihren Ortsgemeinden oft vermisse: die Möglichkeit zu echter Teilhabe[350]. Die Kirchenzeitungen waren außerdem die einzigen DDR-Medien, welche die Thematisierung des Wehrunterrichts beim Kirchentag erwähnten. Dabei trugen sie jedoch der auf Konfliktvermeidung bedachten Haltung der Greifswalder Kirchenführung Rechnung, indem sie sich auf die Mitteilung beschränkten, die Kirchenleitung sei an verschiedenen Stellen auf Fragen zu diesem Thema eingegangen[351].
Insgesamt waren also sowohl die Greifswalder Kirche als auch die staatlichen Stellen mit dem Verlauf des Stralsunder Treffens sehr zufrieden. Der Kirchentagsausschuss und die Kirchenleitung zeigten sich erfreut über die unerwartet hohen Besucherzahlen, die rege Beteiligung von Jugendlichen und den nahezu reibungslosen organisatorischen Ablauf. Dass sie die gute Organisation zum großen Teil der staatlichen Unterstützung zuschrieben und dies öffentlich bekundeten, trug wiederum dazu bei, dass die Staatsorgane den siebten Landeskirchentag der ELKG für sich als Erfolg betrachteten. Überzeugt von der Effizienz ihrer Strategie, durch großzügiges Entgegenkommen die Loyalität von Kirchenführung und kirchlicher Basis zu gewinnen, sahen sie den nächsten Kirchentagen erwartungsvoll entgegen.

4.8 Fazit

In der Geschichte des EKT setzten die Kirchentage des Jahres 1978 in einiger Hinsicht neue Maßstäbe. Höhere Besucherzahlen, eine stärkere Teilnahme von Jugendlichen, mehr internationale Gäste und eine deutliche Zunahme staatlicher Unterstützung im technisch-organisatorischen Bereich zeichneten auch das Stralsunder Treffen aus. Mit der Losung „Auf der Suche nach Leben“ hatten die Veranstalter offensichtlich ein Thema gefunden, das Christen wie Nichtchristen gleichermaßen ansprach. Kulturelle Angebote, ein vielfältiges Gottesdienstprogramm und neue Formate wie „Sei unser Gast“ steigerten die Attraktivität zusätzlich. Die Einbeziehung einzelner Vertreter des Landesausschusses Mecklenburg bei den Vorbereitungen mag dazu beigetragen haben, dass auch eine relativ große Anzahl mecklenburgischer Christen an den Veranstaltungen teilnahm.

---

348 Vgl. „Angebot und Aufgabe“ In: ebd. Nr. 147 vom 24.6.1978, S. 5.
349 Vgl. „Das große Abschlußfest“ In: Die Kirche (Greifswalder Ausgabe), Jg. 33, Nr. 30 vom 23.7.1978, S. 4; „Kirchentag der Begegnungen und Gespräche“ In: Mecklenburgische Kirchenzeitung, Jg. 33, Nr. 26 vom 25.6.1978, S. 1.
350 Vgl. „Kirchentagsfrühling“ In: Mecklenburgische Kirchenzeitung, Jg. 33, Nr. 28 vom 9.7.1978, S. 1.
351 Vgl. „Kirchentag der Begegnungen und Gespräche“ In: ebd. Nr. 26 vom 25.6.1978, S. 1; „'Auf der Suche nach Leben'“ In: Die Kirche (Greifswalder Ausgabe), Jg. 33, Nr. 29 vom 16.7.1978, S. 1.

Die Erarbeitung der Aktion „Sei unser Gast" zählte zu den Besonderheiten des Stralsunder Treffens. Sie machte den Einfluss von Entwicklungen des DEKT auf die Kirchentage in der DDR deutlich. Gleichzeitig war diese Aktion, bei der sich die Besucher in sehr kleinen Gruppen und informeller Atmosphäre zu verschiedenen Themen austauschen konnten, ein Zeichen für das Innovationspotential der DDR-Treffen. Trotz gegenläufiger Ansichten, die sogar zum Austritt eines Mitglieds aus dem Landesausschuss führten, hielten die Veranstalter an der Durchführung fest und wurden dafür in vieler Hinsicht belohnt. „Sei unser Gast" erhielt viel Zuspruch von den Teilnehmern, prägte die familiäre Stimmung des Kirchentags und diente in den darauffolgenden Jahren als Vorbild für ähnliche Angebote unter anderem in Rostock und Magdeburg[352]. Darüber hinaus gehörte „Sei unser Gast" zu den wenigen Programmpunkten, bei denen Laien inhaltlich gestaltend mitwirkten. Die Beteiligung von Laien an der Vorbereitung und Durchführung des Stralsunder Treffens fiel insgesamt relativ gering aus, was vor allem auf die christliche Jugend zutraf. Die Organisatoren waren von der regen Teilnahme der Jugendlichen am Kirchentag überrascht – wohl deshalb, weil sie diese wichtige Zielgruppe bei der Planung weitgehend außer Acht gelassen hatten. Das explizit für Kinder und Jugendliche konzipierte Programm erwies sich als recht überschaubar und eine inhaltliche Mitwirkung war so gut wie gar nicht vorgesehen. Lediglich als Darsteller im Stück „Otto von Bamberg" oder bei der Gestaltung der Abschlussversammlung konnten junge Christen sich einbringen. Ähnlich wie den jugendlichen Teilnehmern erging es den offiziellen Gästen und den Vertretern der Ökumene. Auch wenn ihre Anzahl im Vergleich zu späteren Kirchentagen noch sehr gering anmutete, hatte sie sich seit den letzten beiden Treffen im Norden der DDR doch mehr als verdoppelt. Trotzdem blieb das Thema Ökumene auf sehr wenige Veranstaltungen beschränkt, von denen das „Ökumenische Forum" herausstach, weil sich dort ein internationales Podium den Fragen der Besucher stellte. Die Themen reichten von ökumenischen Fragen bis hin zu gesellschaftspolitischen Problemfeldern. Für die Veranstalter war das Forum einerseits ein Erfolg, denn die rege Teilnahme hatte ein starkes Interesse der Kirchentagsbesucher an der Ökumene deutlich gemacht. Da das Podium allerdings nur aus Vertretern protestantischer Kirchen bestand, mussten die Diskussionen einseitig bleiben. Vielseitig war hingegen das geistliche Angebot des Kirchentags, insbesondere im Hinblick auf die Gottesdienste. Ob für Kirchenmusikliebhaber, traditionsbewusste Kirchgänger, an moderner Gestaltung Interessierte, Alt und Jung – das Treffen bot Gottesdienste für fast jeden Geschmack. Das hing vermutlich auch damit zusammen, dass bei diesem Kirchentag die Mission stärker in den Mittelpunkt rücken sollte. Mission nach innen – als Stärkung des Glaubens der Kirchenmitglieder – und außen wurde verschiedentlich aufgegriffen, wie beim „Volksmissionarischen Angebot" oder bei einem Evangelisationsgottesdienst. Den Hintergrund zur stärkeren Entfaltung dieses Themas bildete das Gedenken an die Missionsreise von Bischof Otto im Jahr 1128, die wesentlich zur Verbreitung des Christentums in Pommern beigetragen hatte. Insgesamt war der Stralsunder Kirchentag sehr auf religiöse Themen ausgerichtet, die Auseinandersetzung mit gesellschaftlichen oder politischen Fragen war vonseiten der Veranstalter nicht vorgesehen. Aktuelle Ereignisse führten aber dazu, dass die Teilnehmer selbst gesellschaftspolitische Fragen einbrachten. Ob bei „Sei unser Gast", beim „Ökumenischen Forum" oder in den Gottesdiensten: Immer wieder kam die

352 Siehe Kapitel 6.4.

geplante Einführung des Wehrunterrichts zur Sprache. Die evangelischen Kirchen hatten zwar auf mehreren Ebenen versucht, die SED-Führung von ihren Plänen abzubringen, doch wie nicht anders zu erwarten, blieb die Regierung stur. In Stralsund bemühten sich die Kirchenvertreter um Vorsicht bei der Thematisierung des Wehrunterrichts, was ganz der auf Konfliktvermeidung ausgerichteten kirchenpolitischen Strategie der Greifswalder Kirchenleitung entsprach. Ihr Fokus lag auf der Seelsorge und nicht auf Konfrontation. Eine nicht angemeldete Unterschriftenaktion machte allerdings die Protesthaltung vieler Besucher in Bezug auf den Wehrunterricht deutlich. Diese Aktion veranlasste auch die Stasi zu einem Eingriff. Sie beobachtete das Treffen sehr intensiv und bemühte sich bereits in der Vorbereitungsphase, mögliche „Provokationen“ zu unterbinden, was ihr teilweise gelang.

Offiziell gaben sich die anderen Staatsorgane den Anschein, als wären sie vollkommen auf eine großzügige Unterstützung des Kirchentags bedacht. Durch ein Entgegenkommen bei vielen organisatorischen Details wie Transport, Verpflegung oder Nutzung öffentlicher Plätze versuchte die SED ihr Ansehen innen- und außenpolitisch zu verbessern. Noch wenige Jahre zuvor hatte es gegolten, die Treffen so stark wie möglich einzuschränken oder am besten ganz zu verhindern, doch nun wurden Druckgenehmigungen erteilt, Hotelzimmer reserviert, Sonderzüge eingesetzt, Besucher mit Eintopf und Limonade versorgt und öffentliche Plätze für Veranstaltungen zugesagt. Bei aller dargestellten Großzügigkeit machten die staatlichen Stellen den Kirchenvertretern allerdings unentwegt deutlich, dass diese Hilfe an gewisse Bedingungen geknüpft war, wie die Übernahme der vollen Verantwortung für die Verhinderung von „Provokationen“. Bei der Greifswalder Landeskirche rannten die Staatsorgane damit jedoch offene Türen ein. Die Leitung der ELKG, die sich bereits seit Anfang der 1970er Jahre sehr stark um ein positives Verhältnis zu den staatlichen Stellen bemüht hatte[353], war genauso wenig an „Provokationen“ interessiert. Dafür erhielt sie in den staatlichen Berichten viel Lob. Den „positiven Kräften“ innerhalb der Kirchenleitung sei es gelungen, ihre Positionen durch den Kirchentagsverlauf auszubauen und damit zu einer „konstruktiven“ kirchenpolitischen Entwicklung beizutragen[354]. Die Veranstalter hatten sich aber nicht nur aus einem großen Harmoniebedürfnis heraus so loyal gegenüber dem Staat verhalten. Nach dem Kirchentag ist vor dem Kirchentag, und daher hofften sie, dass ihnen ein „störungsfreier“ Ablauf des aktuellen Treffens die staatliche Unterstützung kommender Kirchentage garantierte. Diese Hoffnung sollte sich zunächst auch erfüllen.

353 Vgl. Frank: Einsam oder gemeinsam?, S. 41f.

354 Vgl. BStU, MfS, BV Rostock, AKG Nr. 98, Blatt 372: „Information über den Verlauf des 7. Kirchentags der ELKG vom 16.6.-18.6.1978 in Stralsund“, S. 3.

5. „Mit Gott für den Menschen“ – der Stralsunder Kirchentag 1981

5.1 Die landeskirchlichen Vorbereitungen

Der achte Landeskirchentag der ELKG fiel im Vergleich zu den anderen Treffen zwischen 1978 und 1988 deutlich kleiner aus. Das lag unter anderem daran, dass der Greifswalder Landesausschuss[1] praktisch zwei Kirchentage parallel planen musste, denn bereits 1979 begann die zentrale und regionale Planung für die Treffen im Lutherjahr 1983[2]. Obwohl der Landesausschuss mit den Vorbereitungen des Rostocker Kirchentags 1983 eigentlich schon ausreichend ausgelastet war, wollte er nicht auf den regulären nächsten Landeskirchentag verzichten. Vermutlich empfand der Ausschuss eine Zeitspanne von fünf Jahren – zwischen den Treffen 1978 in Stralsund und 1983 in Rostock – als zu groß und wollte die Gemeinden nicht so lange auf eine Gelegenheit zu großer Gemeinschaft und intensivem Austausch warten lassen. Gleichzeitig belegt diese Entscheidung den Enthusiasmus der Mitarbeiter für das Projekt Kirchentag. Angesichts der aufwändigen Vorbereitungen des Lutherjubiläums gab die Konferenz der Landesausschüsse allen regionalen Gremien die Empfehlung, weitere Vorhaben zunächst in kleinerem Rahmen als 1978 zu veranstalten[3]. Diesem Vorschlag folgten auch die Greifswalder. Zur Unterstützung der Kirchentagsplanung setzten sie wie bereits 1978 eine zusätzliche Vorbereitungsgruppe[4] und ein Organisationsbüro[5] ein. Erneut stellte die Festlegung des Veranstaltungsorts das erste Problem dar, mit dem sich die Organisatoren

1 Nach dem siebten Landeskirchentag kam es bei der Zusammensetzung zu einigen Veränderungen. Siegfried Plath kündigte im September 1978 an, dass er sein Amt als Vorsitzender wegen Arbeitsüberlastung abgeben wolle, woraufhin Superintendent Siegfried Bohl zum neuen Vorsitzenden gewählt wurde. Während Siegfried Plath Mitglied des Gremiums blieb, schieden Kreisjugendwart Gustav-Adolf Fleischer und Rechtsanwalt Wolfgang Schnur aus. An ihre Stellen traten Pastor Winrich Jax, der beim Kirchentag 1978 in der ZORG mitgearbeitet hatte, und Pastor Roland Springborn. Zu den Mitgliedern des Ausschusses gehörten weiterhin Landespfarrer Friedrich Harder, Ingenieur Heinz Hunger und Ingrid Plath als Geschäftsführerin. Vgl. LKAG, Best. KT, Nr. 2: Protokolle der Sitzungen des Greifswalder Landesausschusses am 12.9.1978, 19.9.1979 und 6.5.1980; ebd. Nr. 53.1: Protokoll der Sitzung des Greifswalder Landesausschusses am 27.9.1978.

2 So nahmen zwei Mitglieder des Greifswalder Ausschusses am Themenkonvent für die sieben Kirchentage 1983 teil, der vom 29. Juni bis 1. Juli 1979 in Berlin stattfand. Vgl. ebd. Nr. 2: Protokoll der Sitzung des Greifswalder Landesausschusses am 31.5.1979. Die ZORG, in der von der ELKG Winrich Jax, Hans-Peter Günter und Ingrid Plath mitwirkten, begann ihre Arbeit im April 1981. Vgl. LKAS, LA KT, Nr. 4: Einladung an die Mitglieder der ZORG, 10.4.1981. Die Landesausschüsse Mecklenburg und Greifswald trafen sich zur ersten gemeinsamen Sitzung im September 1980. Die nächste Sitzung fand erst ein Jahr später statt – also nach dem achten Landeskirchentag der ELKG. In der Zwischenzeit wurden die Vorbereitungen größtenteils von der ELLKM getroffen, die offenbar Rücksicht darauf nahm, dass die Greifswalder zunächst vorrangig mit der Organisation ihres eigenen Vorhabens 1981 beschäftigt waren. Vgl. ebd.: Protokoll der Sitzung des gemeinsamen Landesausschusses am 27.9.1980, S. 1f. Siehe dazu auch Kapitel 6.1.

3 Vgl. LKAG, Best. KT, Nr. 70: „Evangelischer Kirchentag in der DDR: Dokumentation II“, Dezember 1982, S. 2f.

4 In dieser Gruppe wirkten Winrich Jax, Roland Springborn, Hans-Peter Günther und Ingrid Plath vom Landesausschuss mit sowie Pfarrer Frohwald Kritzler, der 1978 das Organisationsbüro geleitet hatte. Vgl. ebd. Nr. 2: Protokoll der Sitzung des Greifswalder Landesausschusses am 11.2.1980.

5 Die Leitung des Organisationsbüros übertrug der Ausschuss erneut Pastor Kritzler. Vgl. ebd.: Protokoll der Sitzung der Vorbereitungsgruppe am 16.1.1981, S. 2.

auseinanderzusetzen hatten. Da der vorangegangene Landeskirchentag in Stralsund stattgefunden hatte, hätte nach der Kirchentagstradition der ELKG[6] die Stadt Greifswald das kommende Treffen ausrichten müssen. Ein Wechsel wäre allein schon deshalb angebracht gewesen, weil Stralsund bereits zwei Kirchentage in Folge geplant hatte. Von den Stralsunder Gemeinden zu verlangen, drei Landeskirchentage nacheinander derart intensiv mitzuorganisieren, ging eigentlich über das vertretbare Maß hinaus. Daher war Greifswald zunächst auch als Veranstaltungsort für das Treffen 1981 vorgesehen. Zwei Jahre vor dem Ereignis zeichnete sich jedoch ab, dass die Restaurierungsarbeiten an den Greifswalder Kirchen länger dauern würden als ursprünglich gedacht, weshalb sich der Landesausschuss doch wieder an den Stralsunder Konvent wenden musste[7]. Um den Stralsundern die Organisation zu erleichtern, fasste der Landesausschuss den Beschluss, den Veranstaltungszeitraum von drei Tagen auf einen zu verkürzen[8]. Daraufhin erklärten sich die Stralsunder Gemeinden bereit, den achten Landeskirchentag am 28. Juni 1981 in ihrer Stadt vorzubereiten[9].
Als Inspirationsquelle für das Thema eines Kirchentags diente traditionellerweise die jeweilige Jahreslosung. Das war bei den drei Treffen 1981 ebenso der Fall: Ausgehend von der Jahreslosung „Vergesst nicht, Gutes zu tun und mit anderen zu teilen" (Hebr 13,16) plädierten die Teilnehmer des Themenkonvents der Konferenz der Landesausschüsse am 12. Mai 1979 in Rothenburg/Oberlausitz für die Losung „Füreinander leben – miteinander teilen"[10]. Darüber hinaus berieten die Vertreter der Ausschüsse der Anhaltinischen und der Görlitzer Kirche[11] in Rothenburg über mögliche Themenbereiche. An den Vorschlägen lassen sich die Inhalte ablesen, die in den 1980er Jahren die evangelischen Kirchentage in Ost und West gleichsam dominierten: Frieden, Abrüstung, Dritte Welt, Ökologie und Solidarität[12]. Beim Themenkonvent zeigte sich außerdem, dass das für 1981 von der UNO ausgerufene „Internationale Jahr der Behinderten" eine wichtige Rolle bei der inhaltlichen Gestaltung der geplanten Treffen spielen sollte[13]. Die einzelnen Landesausschüsse setzten die Beratungsergebnisse des Themenkonvents wie so oft auf unterschiedliche Weise um. Während die Görlitzer die Losung „Füreinander leben – miteinander teilen" übernahmen, entschieden sich die Gremien von Anhalt und Greifswald für eigene Formulierungen, wobei sie jedoch der vorgeschlagenen Thematik verbunden

6 Siehe Kapitel 4.1.
7 Vgl. LKAG, Best. KT, Nr. 2: Protokoll der Sitzung des Greifswalder Landesausschusses am 31.5.1979.
8 Vgl. ebd.: Protokoll der Sitzung des Greifswalder Landesausschusses am 19.9.1979.
9 Vgl. ebd.: Protokoll der Ideenkonferenz am 7.11.1979.
10 Vgl. ebd. Nr. 70: „Evangelischer Kirchentag in der DDR: Dokumentation II", Dezember 1982, S. 9.
11 Eigentlich sollten auch Vertreter der ELKG an diesem Themenkonvent teilnehmen, aber der Greifswalder Landesausschuss musste feststellen, dass keines seiner Mitglieder die Reise nach Rothenburg antreten konnte. Vgl. ebd. Nr. 2: Protokoll der Sitzung des Greifswalder Landesausschusses am 31.5.1979.
12 Vgl. ebd. Die Themenvorschläge lauteten im Einzelnen: 1. Frieden, Macht, Abrüstung, Vertrauen, Hass; 2. Dritte Welt, Ökologie, Arme, Reiche, Entwicklungsländer; 3. Behinderte, Überforderte, Alte, Junge, Gefährdung, Starke und Schwache, Gemeinsamkeit und Einsamkeit; 4. Mann und Frau in Ehe und Ehelosigkeit, Rollenmuster in Beruf, Gesellschaft und Gemeinde, Geben und Nehmen; 5. Gemeinde und Kirche, miteinander teilen in der Kirche der DDR, Trainingsfeld Ökumene; 6. Der Andersdenkende, der Nachbar, andere Völker.
13 Vgl. ebd.

blieben[14]. Die Veranstalter des Stralsunder Treffens lehnten die in Rothenburg formulierte Losung ab, weil sie ihrer Ansicht nach dem Motto des vorherigen Landeskirchentags zu ähnlich gewesen wäre und den Fokus auf soziale Aspekte beschränkt hätte[15]. Durch die Losung „Mit Gott für den Menschen“ brachten die Greifswalder den religiösen Aspekt der Kirchentagsthematik tatsächlich stärker zum Ausdruck als die Dessauer und Görlitzer Gremien. Darüber hinaus schlugen die Kirchentagsmitarbeiter der ELKG für die inhaltliche Entfaltung der Losung zunächst sogar deutlich kontroversere Unterthemen vor als der Rothenburger Konvent. So fassten sie bei ihrer Ideenkonferenz im November 1979 die Themenbereiche Kirche und Geld sowie Wahrheit, Ehrlichkeit und Offenheit ins Auge[16]. Wenig später lenkten sie allerdings auf die Vorschläge aus Rothenburg um, wobei sie den Bereich „Behinderung und Krankheit“ in den Mittelpunkt stellten. Weder aus den kirchlichen noch aus staatlichen Akten geht hervor, weshalb die Veranstalter von den ursprünglich anvisierten Themen wieder Abstand nahmen. Vielleicht erschien ihnen das Konfliktpotential doch als zu groß, auch im Hinblick auf mögliche Reaktionen der staatlichen Stellen, sodass sie schließlich vor einer konsequenten und offenen Auseinandersetzung damit zurückscheuten.

Die Programmgestaltung in Stralsund war durch den sehr eng gefassten zeitlichen Rahmen stark eingeschränkt. Auf einige beliebte Programmpunkte früherer Treffen verzichtete man ganz, wie ein vielfältiges Gottesdienstangebot, umfangreiche Gruppengespräche oder kulturelle Angebote. Stattdessen plante man, den Kirchentag in zwei Phasen einzuteilen: Vormittags sollte es Programme zum Kirchentagsthema in St. Marien, St. Nikolai, der Heilgeistkirche und im Gemeindezentrum Birkenweg geben und für den Nachmittag hatte man einen Abendmahlsgottesdienst unter freiem Himmel als Höhepunkt vorgesehen[17]. Die Veranstaltungen am Vormittag des 28. Juni umfassten ein Morgengebet[18], „Treffpunkt Gemeinde“[19], „Treffpunkt Jugend und Familie“[20], „Treffpunkt Gespräch“[21] sowie einen Vortrag und eine Bibelarbeit zur Losung[22]. Nur zwei Monate vor Beginn des Treffens sahen sich die

14 In Dessau lautete das Motto „Miteinander leben, teilen, beten“. Vgl. ebd. Nr. 70: „Evangelischer Kirchentag in der DDR: Dokumentation II“, Dezember 1982, S. 10.

15 Vgl. ebd. Nr. 2: Protokoll der Ideenkonferenz am 7.11.1979; ebd.: Brief der Vorbereitungsgruppe an den Landesausschuss Greifswald, 12.3.1980.

16 Vgl. ebd.: Protokoll der Ideenkonferenz am 7.11.1979.

17 Vgl. ebd.: Protokoll der Sitzung der Vorbereitungsgruppe am 18.4.1980, S. 1f.; LAG, Rep. 200 II 7.3, Nr. 30: Programmheft zum Stralsunder Kirchentag 1981, S. 3.

18 Das Morgengebet gestalteten Mitglieder des Kreiskirchenrats Greifswald-Stadt. Vgl. LKAG, Best. KT, Nr. 2: Brief von Superintendent Zarneckow an den Landesausschuss Greifswald, 10.10.1980.

19 Diesen Programmpunkt in der Marienkirche bereitete der Kummerower Pastor Rudolf Dibbern gemeinsam mit einer Gruppe des Kirchenkreises Demmin vor. Vgl. ebd.: Protokoll der Sitzung der Vorbereitungsgruppe am 19.9.1980, S. 1; ebd.: Brief des Landesausschusses Greifswald an Pastor Dibbern, 16.10.1980.

20 Die Vorbereitungen für dieses Angebot in der Nikolaikirche übernahmen Pastor Lembcke und die „Gruppe Schalom“. Vgl. ebd.: Protokoll der Sitzung der Vorbereitungsgruppe am 18.5.1980, S. 2.

21 Die Organisation der Veranstaltung im Gemeindezentrum Knieper-West mit Meditation, Vortrag und einer anschließenden Diskussion in sechs Gesprächsrunden übernahmen Landespfarrer Friedrich Harder, Propst Hans-Georg Haberecht sowie der Mediziner Dr. Gall. Vgl. ebd.: Protokolle der Sitzungen der Vorbereitungsgruppe am 19.9.1980, S. 1, und am 1.12.1980, S. 1.

22 Für dieses Programm in der Heilgeistkirche waren der Landespfarrer für Diakonie, Siegfried Hildebrand, und OKR Siegfried Plath verantwortlich. Vgl. ebd.: Protokolle der Sitzungen der Vorbereitungsgruppe am 1.12.1980, S. 1, und am 21.4.1981, S. 1.

Veranstalter gezwungen, das Programm noch einmal zu ändern, weil wegen anhaltender Bauarbeiten in der Nikolaikirche nur eine sehr begrenzte Anzahl Sitzplätze vorhanden gewesen wäre[23]. Da aber nach den Erfahrungen der vorherigen Kirchentage bei Angeboten für Familien mit einer größeren Teilnehmerzahl zu rechnen war, mussten die Organisatoren umdisponieren und kurzfristig eine zusätzliche Veranstaltung an der Freilichtbühne planen[24].
Zu den Programmbereichen, die man beim achten Landeskirchentag völlig vernachlässigte, gehörte die Ökumene. Obwohl der Kirchentag 1978 ein großes Interesse der Besucher an ökumenischen Angeboten deutlich gemacht hatte[25], gab es 1981 keinen einzigen dezidiert ökumenischen Programmpunkt. Vielleicht vertraten die Verantwortlichen die Ansicht, dass ein „Ökumenisches Forum" oder ein ökumenischer Gottesdienst wie beim Treffen 1978 den zeitlichen Rahmen dieses Kirchentags gesprengt hätte. Dennoch wäre eine stärkere Beteiligung der ökumenischen Gäste durchaus möglich gewesen, zum Beispiel im Rahmen der drei „Treffpunkte". Die ausländischen Gäste traten nur beim Abschlussgottesdienst offiziell in Erscheinung. Dort wandten sich der nordelbische Bischof Karlheinz Stoll und der schwedische Bischof Sven Lindegård mit Grußworten an die Besucher[26]. Neben Vertretern der nordelbischen und der schwedischen Kirche[27] hatten die Veranstalter auch Mitglieder der bremischen Kirche[28] sowie Christen aus Polen und der ČSSR eingeladen[29]. Laut einem MfS-Bericht sollen die polnischen Vertreter der Einladung nach Stralsund gefolgt sein[30], wobei allerdings nicht daraus hervorgeht, um wen es sich im Einzelnen handelte. Die polnischen Gäste waren jedenfalls nicht offiziell ins Programm eingebunden, was möglicherweise mit der durch die Solidarność-Bewegung[31]

23 Vgl. ebd.: Protokoll der Sitzung der Vorbereitungsgruppe am 21.4.1981, S. 1.

24 Für die Vorbereitung der Veranstaltung „Treffpunkt Jugend und Familie II" an der Freilichtbühne waren Frau Nixdorf sowie die Pastoren Krüger, Schlenker, Prophet und Jax zuständig. Vgl. ebd.: Protokoll der Sitzung der Vorbereitungsgruppe am 22.5.1981, S. 2.

25 Siehe Kapitel 4.6.

26 Vgl. „Offen für alle – Vom Abschlußgottesdienst des Stralsunder Kirchentages" In: Die Kirche (Greifswalder Ausgabe), Jg. 36, Nr. 34 vom 23.8.1981, S. 4.

27 Zur schwedischen Delegation der Diözese Växjö, die vom 23. bis 30. Juni die ELKG besuchte, gehörten Bischof Sven Lindegård mit Ehefrau, Pastor Harald Nyström, Gemeindejugendwart Solbritt Carlsson, Superintendent Sven Hullfors, Pastor Christer Svensson, die Diakonisse Gunvor Landström sowie die Vorschullehrerin Christina Leandersson. Als Vertreter der Nordelbischen Kirche reiste Bischof Karlheinz Stoll mit seiner Ehefrau an. Vgl. LAG, Rep. 200 II 7.3, Nr. 30, Blatt 129: Liste der Mitglieder der Delegation der Diözese Växjö; ebd. Blatt 130: Teilnehmerliste vom Kirchentag am 28.6.1981.

28 Aus Bremen folgten Architekt Hans Budde und Pastor Theodor Immer mit ihren Ehefrauen der Einladung nach Stralsund. Vgl. ebd. Blatt 130: Teilnehmerliste vom Kirchentag am 28.6.1981.

29 Vgl. LKAG, Best. KT, Nr. 2: Protokoll der Sitzung des Greifswalder Landesausschusses am 25.6.1980.

30 Vgl. BStU, MfS, BV Rostock, AS 217/81, Blatt 05: „Einschätzung zum Verlauf des 8. Kirchentags der evangelischen Landeskirche Greifswald am 28.6.1981 und des landeskirchlichen Jugendtreffs am 27.6.1981 in Stralsund", S. 4.

31 Nachdem die Preise für Grundnahrungsmittel deutlich erhöht worden waren, entwickelte sich im Sommer 1980 in Polen eine vor allem von Arbeitern getragene Bewegung, deren Streiks und Protestaktionen zur Bildung der unabhängigen Gewerkschaft *Solidarność* führten. Nachdem das Oberste Gericht im Oktober 1980 die offizielle Registrierung der Gewerkschaft genehmigt hatte, verfügte die DDR-Regierung die nahezu vollständige Einstellung des privaten Reiseverkehrs zwischen den beiden Staaten. Die SED befürchtete, dass die sozialen Proteste und Unruhen auf die DDR übergreifen könnten und sah besonders in den Forderungen nach einem Streikrecht, Meinungsfreiheit und der Abschaffung der Zensur eine große Gefahr. Das Verhältnis der SED

hervorgerufenen angespannten Situation zwischen der DDR und Polen zusammenhing. Anders als 1978 kooperierten die Organisatoren auch nicht mit Gemeinden anderer Konfessionen vor Ort. Da das Programm klein ausfiel und man somit weniger Veranstaltungsräume benötigte, kam es offensichtlich nicht zur Zusammenarbeit mit der katholischen oder der freikirchlichen Gemeinde. Dabei wäre auch eine über das Organisatorische hinausgehende inhaltliche Mitwirkung der lokalen Ökumenevertreter vorstellbar gewesen, doch das erachtete man scheinbar nicht für notwendig. Die Finanzierung sollte weiterhin unabhängig von landeskirchlichen Mitteln erfolgen, und zwar vor allem durch Kollekten[32] und den Verkauf von Werbematerial[33]. Weder im Programmheft noch in den Protokollen des Ausschusses und der Vorbereitungsgruppe wurden Teilnehmerbeiträge erwähnt. Den Wegfall dieser Einnahmequelle kompensierten die Veranstalter offenbar durch den Vertrieb von Souvenirs. So wurden im Vorfeld 800 Kalender zum Verkauf an die Kirchenkreise der ELKG verschickt[34]. Während des Treffens konnten die Besucher ein mit dem Kirchentagspiktogramm (Jerusalemkreuz) und der Stralsunder Losung bedrucktes Vlies kaufen[35]. Um möglichst viele Kirchenmitglieder zu einer Teilnahme zu bewegen, verschickte man das Werbematerial (Informationsblätter, Plakate, Programmhefte) an alle Pfarrämter in der ELKG sowie an die ELLKM[36]. Die Veranstalter warben aber nicht nur innerhalb der Kirche für ihr Vorhaben, sondern nutzten auch die Möglichkeiten, die ihnen die staatlichen Stellen im Hinblick auf die Werbung an öffentlichen Flächen boten. Ermutigt von den Erfahrungen drei Jahre zuvor übergab der Landesausschuss 200 Plakate an die DEWAG[37] – wie viele davon letztlich in Stralsund zu sehen waren, bleibt offen. Dass die Staatsorgane aber auch diesmal die Direktive erhalten hatten, den Organisatoren in bestimmten Fragen entgegenzukommen, lässt sich beispielsweise an der Genehmigung eines Informationsstands am 28. Juni 1981 im Stralsunder Bahnhof erkennen[38]. Auch der neue Vorsitzende des Landesausschusses, Siegfried Bohl, war sich bewusst, dass die Einbindung der staatlichen Stellen für die Vorbereitungen des Kirchentags große Bedeutung besaß.

---

zu Polen entspannte sich teilweise wieder, nachdem im Dezember 1981 in Polen das Kriegsrecht verhängt, die Gewerkschaft verboten und ihre führenden Vertreter verhaftet wurden. Vgl. Schroeder: Der SED-Staat, S. 232 und S. 250-253; Neubert: Geschichte der Opposition in der DDR 1949-1989, S. 384f.; Katarzyna Stokłosa: Polen und die deutsche Ostpolitik 1945-1990, S. 473-478. Vgl. dazu auch Agnieszka Zaganczyk-Neufeld: Die geglückte Revolution. Das Politische und der Umbruch in Polen 1976-1997, Paderborn 2014; Burkhard Olschowsky: Einvernehmen und Konflikt – das Verhältnis zwischen der DDR und der Volksrepublik Polen 1980-1989, Osnabrück 2005; Hartmut Kühn: Das Jahrzehnt der Solidarność – die politische Geschichte Polens 1980-1990, Berlin 1999.

32 Vgl. LKAG, Best. KT, Nr. 2: Brief des Greifswalder Landesausschusses an das Konsistorium der ELKG, 12.6.1981.

33 Die Plakate kosteten 2 Mark pro Stück, die Programmhefte je 1 Mark. Vgl. ebd.: Informationsdienst II.

34 Ein Kalender sollte etwa 4 oder 5 Mark kosten. Vgl. ebd.: Protokoll der Sitzung der Vorbereitungsgruppe am 5.11.1980, S. 2.

35 Die Auflage betrug 4.000 Stück, der Einzelpreis 1 Mark. Vgl. ebd.: Protokolle der Sitzungen der Vorbereitungsgruppe am 3.2.1981, S. 1, und am 22.5.1981, S. 2.

36 Vgl. ebd.: Protokolle der Sitzungen der Vorbereitungsgruppe am 3.2.1981, S. 1, und am 22.5.1981, S. 1.

37 Vgl. ebd.: Protokoll der Sitzung der Vorbereitungsgruppe am 22.5.1981, S. 1. Die staatliche Deutsche Werbe- und Anzeigengesellschaft, kurz DEWAG, war in der DDR für die öffentliche Werbung zuständig.

38 Vgl. ebd.: Protokoll über die Auswertung des 8. Landeskirchentags, 30.6.1981, S. 1.

Deshalb wandte er sich Anfang 1980 an den RdB Rostock und die Stadt Stralsund mit der Bitte um Unterstützung[39]. Tatsächlich gewährten die Staatsorgane den Veranstaltern eine ähnliche Unterstützung wie 1978. Ob bei der Druckgenehmigung für die Plakate und Programmhefte[40], beim Transport der Teilnehmer[41] oder der Genehmigung der Nutzung öffentlicher Plätze[42] – die staatlichen Vertreter sagten in allen Punkten ihre Hilfe zu. Dieses Entgegenkommen entsprach ganz der Konzeption des Staatssekretariats für Kirchenfragen in Bezug auf die Kirchentage 1981[43]. Als Zeichen des Danks richtete die Kirchenleitung im „Schweriner Hof" einen Empfang aus, zu dem neben Mitarbeitern und Gästen des Kirchentags auch staatliche Vertreter eingeladen waren[44]. Der Empfang fand auf Initiative der Kirchenleitung statt, wohingegen der Landesausschuss keine Veranlassung zu einer solchen Geste gesehen hatte. Noch im Februar 1981 hielt er im Protokoll fest: „Es wird festgestellt, daß kein Empfang stattfindet."[45] Im Mai vertrat der Ausschuss weiterhin die Meinung, dass die Ausrichtung eines Empfangs nicht nötig sei[46]. Er erhob jedoch keinen Einwand gegen die Pläne der Kirchenleitung, im Anschluss an den Abschlussgottesdienst in den „Schweriner Hof" einzuladen[47]. Warum der Landesausschuss den Empfang nicht selbst organisieren wollte, geht aus den Akten nicht hervor. Vielleicht hielt er ihn angesichts der Tatsache, dass der Kirchentag 1981 nur an einem einzigen Tag stattfand, für übertrieben oder meinte, er würde nicht in den zeitlichen Rahmen passen. Die Kirchenleitung bestand auf dieser Veranstaltung, weil sie vermutlich einen Dank an die Mitarbeiter und Gäste des Treffens für angebracht hielt und besonders auch die staatlichen Stellen für deren Hilfe würdigen wollte, um ihr Wohlwollen im Hinblick auf zukünftige Vorhaben zu sichern. Horst Gienke nutzte die Zusammenkunft im „Schweriner Hof" jedenfalls, um den Staatsvertretern seinen ausdrücklichen Dank für das Entgegenkommen auszusprechen[48]. Die staatliche Hilfe wertete der Bischof dabei als Zeichen des „praktizierten Vertrauens" im Verhältnis zwischen Staat und Kirche[49]. Mit dieser Äußerung entsprach Horst Gienke vollkommen den Erwartungen der Staatsorgane, die in Bezug auf den Landeskirchentag in Stralsund – wie bereits 1978 – ihre ganz eigenen Interessen verfolgten.

39 Vgl. ebd.: Briefe von Siegfried Bohl an Werner Steinbach und Oberbürgermeister Lehmann, 11.2.1980.

40 Die Druckgenehmigung umfasste 3.500 Plakate und 9.000 Programmhefte. Vgl. LAG, IV/D/2.13, Nr. 612/1, Blatt 102: „Bericht über den am 28.6.81 stattgefundenen Kirchentag der Greifswalder Landeskirche in Stralsund", S. 1.

41 Die Kraftverkehrsbetriebe stellten 20 Busse zur Verfügung. Vgl. LKAG, Best. KT, Nr. 2: Protokoll über die Auswertung des 8. Landeskirchentags, 30.6.1981, S. 1.

42 Die Veranstalter erhielten die Zusage für die Nutzung der Freilichtbühne bei der Abschlussversammlung und beim Zusatzprogramm „Treffpunkt Familie II".

43 Vgl. BArch, DO-4/408, Blatt 1579: „Konzeption zur einheitlichen Einflußnahme auf die Kirchentage 1981", 23.10.1980, S. 1 und S. 5.

44 Von staatlicher Seite nahmen Werner Steinbach und Oberbürgermeister Horst Lehmann teil. Vgl. LAG, Rep. 200 II 7.3, Nr. 30, Blatt 114: „Abschlussbericht zum 8. Kirchentag der ELKG am 28.6.1981", S. 4.

45 Vgl. LKAG, Best. KT, Nr. 2: Protokoll der Sitzung des Landesausschusses Greifswald am 3.2.1981, S. 1.

46 Vgl. ebd.: Protokoll der Sitzung des Landesausschusses Greifswald am 5.5.1981, S. 1.

47 Vgl. ebd.

48 Vgl. „Eine bunte Kette" In: Die Kirche (Greifswalder Ausgabe), Jg. 36, Nr. 32 vom 9.8.1981, S. 4; BStU, MfS, BV Rostock, AS 217/81, Blatt 05: „Einschätzung zum Verlauf des 8. Kirchentags der evangelischen Landeskirche Greifswald am 28.6.1981 und des landeskirchlichen Jugendtreffs am 27.6.1981 in Stralsund", S. 5.

49 Vgl. „Eine bunte Kette" In: Die Kirche (Greifswalder Ausgabe), Jg. 36, Nr. 32 vom 9.8.1981, S. 4.

5.2 Bewährtes weiterführen – die Vorbereitungen der staatlichen Stellen

In einer Auswertung zu kirchlichen Großveranstaltungen konstatierte das Staatssekretariat für Kirchenfragen Ende April 1981: „Die staatliche Einflußnahme auf die Kirchentage [...] hat sich bewährt und ist weiterzuführen“[50]. Da sie von der Effektivität ihres Vorgehens überzeugt war, setzte die SED-Führung auf Kontinuität im Umgang mit den Kirchentagen. So enthielt die Konzeption des Staatssekretariats zu den Treffen 1981 nahezu denselben Wortlaut wie die entsprechende Ausarbeitung von 1978[51]. Erneut betonte man den innerkirchlichen Charakter der Treffen, die dementsprechend nur in Ausnahmefällen außerhalb kirchlicher Räume stattfinden sollten und sich inhaltlich auf religiöse Themen zu beschränken hatten[52]. Die „konstruktive“ SED-Kirchenpolitik stellte auch diesmal die Grundlage für die Genehmigung der Kirchentage dar[53]. Eine Unterstützung der Treffen konnte nach Meinung des Staatssekretariats die Haltung der Kirchen zum sozialistischen Staat in positiver Weise beeinflussen[54]. Ein solches Entgegenkommen war aber auch 1981 an Bedingungen geknüpft. Die Kirchenleitungen hatten erneut die volle Verantwortung für Ordnung und Sicherheit zu übernehmen und dafür zu sorgen, dass keine „negativen“ Äußerungen zur Politik der SED und den gesellschaftlichen Verhältnissen in der DDR zum Ausdruck kamen[55]. Zwar vertrat das Staatssekretariat die Meinung, die Kirchentagsarbeit läge gegenwärtig in den Händen „loyaler Kräfte“, die „realistische Positionen“ zu Staat und Gesellschaft vertraten[56]. Trotzdem befürchtete es, „negativen Kräften“ könnten sich Möglichkeiten zu „politischen Provokationen“ eröffnen[57]. Um daraus resultierende „schwerwiegende Auswirkungen“ auf das Verhältnis von Staat und Kirche zu vermeiden, plante das Staatssekretariat eine „zielgerichtete Arbeit“ mit den verantwortlichen Amtsträgern[58]. Diese „zielgerichtete Arbeit“ sowie die „Absicherung“ der Veranstaltungen lagen im Verantwortungsbereich der Räte der Bezirke, die bis Februar 1981 entsprechende Arbeitsgruppen zu bilden hatten[59]. Dabei oblag es den Stellvertretern für Inneres, die Dienststelle des Staatssekretärs über die Vorbereitung und Durchführung der Kirchentage zu informieren und eine Auswertung der Ereignisse vorzulegen[60]. Für den RdB Rostock waren die Gespräche

50 Vgl. BArch, DO-4/409, Blatt 210: „Schlußfolgerungen zur Arbeit der staatlichen Organe mit kirchlichen Jugendmitarbeitern und zu kirchlichen Massen- und Jugendveranstaltungen“, 30.4.1981, S. 2.

51 Vgl. BArch, DO-4/408, Blatt 1579: „Konzeption zur einheitlichen Einflußnahme auf die Kirchentage 1981“, 23.10.1980, S. 1. Zur Konzeption im Hinblick auf die Kirchentage 1978 siehe Kapitel 4.2.

52 Vgl. ebd.

53 Vgl. ebd.

54 Vgl. ebd.

55 Vgl. ebd.

56 Vgl. ebd. S. 5.

57 Vgl. ebd.

58 Vgl. ebd.

59 Vgl. ebd.

60 Vgl. ebd.

mit Vertretern der Kirchenleitung und des Landesausschusses nach wie vor das wichtigste Mittel, um Einblick in die Vorbereitungen des Kirchentags zu erhalten und zu versuchen, den Verlauf zu beeinflussen[61]. In den Gesprächen mit Bischof Gienke, OKR Hans-Martin Harder und Siegfried Bohl brachten die Staatsvertreter immer wieder zum Ausdruck, dass sie zu großzügiger Unterstützung bereit wären, solange sich die Organisatoren an die staatlichen Vorgaben hielten. Wie beim Kirchentag 1978 kamen die staatlichen Stellen den Veranstaltern bei der Verpflegung[62] der Teilnehmer entgegen und erteilten die beantragten Genehmigungen für Druckerzeugnisse und die Nutzung öffentlicher Plätze[63]. Damit die Freilichtbühne für den Kirchentag zur Verfügung stand, war der RdB Rostock sogar bereit, die für das betreffende Wochenende geplante Spartakiadefeier zu verschieben[64]. Außerdem sollte es zugunsten des Kirchentags am 28. Juni 1981 keine weitere Großveranstaltung in Stralsund geben[65], was in den 1980er Jahren ein einmaliges Zugeständnis darstellte. Bei den darauffolgenden Treffen erteilte die SED-Bezirksleitung hingegen die Vorgabe, die Besucherzahlen durch staatlich organisierte Parallelveranstaltungen wie Kinder- oder Wohngebietsfeste zu minimieren[66]. Dass die staatlichen Stellen 1981 an ihrer Strategie festhielten, ihr Ansehen bei der christlichen Bevölkerung durch die Unterstützung der Kirchentage zu verbessern, machten sie auch bei den Transportfragen deutlich. Als Probleme bei der Bereitstellung der 40 beantragten Busse[67] auftraten, plädierte Roland Macht für eine schnelle Lösung, damit „[...] hinterher niemand sagt, er wäre gern zum Kirchentag gefahren, hätte aber keine entsprechende Verkehrsmöglichkeit gehabt“[68]. Dafür wurden die Räte der Bezirke Neubrandenburg und Frankfurt/Oder miteinbezogen, da die Kirchenkreise Altentreptow, Anklam, Demmin, Ueckermünde, Pasewalk und Gartz/Penkun in deren Zuständigkeitsbereich fielen. So setzte sich zum Beispiel der Stellvertreter für Inneres in Neubrandenburg, Eckard Geisler, persönlich mit dem Kraftverkehrsbetrieb Demmin in Verbindung und sagte zudem seine Unterstützung bei den Verhandlungen mit dem RdB Frankfurt/Oder zu[69].

61 Vgl. LAG, IV/D/2.13, Nr. 612/1, Blatt 102: „Bericht über den am 28.6.81 stattgefundenen Kirchentag der Greifswalder Landeskirche in Stralsund“, S. 1.

62 Die Stralsunder HO-Gaststätten stellten 2.500 Portionen Eintopf und 1.000 Bockwürste bereit. Außerdem gab es zwei Getränkewagen und ein Kiosk an der Jakobikirche. Vgl. LAG, IV/D/4.09, Nr. 166, Blatt 151: „Information an das Sekretariat der Kreisleitung der SED zur Durchführung des Kirchentages am 28. Juni 1981“, S. 2.

63 Vgl. LAG, IV/D/2.13, Nr. 612/1, Blatt 102: „Bericht über den am 28.6.81 stattgefundenen Kirchentag der Greifswalder Landeskirche in Stralsund“, S. 1. Die Freilichtbühne durften die Veranstalter sogar bereits am 27. Juni 1981 zum Aufbau und für Proben nutzen. Vgl. LAG, IV/D/4.09, Nr. 166, Blatt 151: „Information an das Sekretariat der Kreisleitung der SED zur Durchführung des Kirchentages am 28. Juni 1981“, S. 2.

64 Vgl. LKAG, Best. 5 Konsistorium 30108, Landeskirchentage, Bd. I, Blatt 1/80: Auszugsweise Abschrift des Eingangs C 30235-5/80 zur besonderen Vorlage bei den Sachakten, 26.8.1980.

65 Vgl. ebd. Blatt 1/81: Auszug zur besonderen Vorlage, 2.1.1981.

66 Siehe dazu Kapitel 6.7, 7.2 und 8.2.

67 Im Bezirk Rostock wurden 16 Busse bestellt, im Bezirk Neubrandenburg 20 und im Bezirk Frankfurt/Oder vier. Vgl. LAG, Rep. 200 II 7.3, Nr. 30: Busbestellungen für den Kirchentag Stralsund am 28.6.1981.

68 Vgl. LKAG, Best. 5 Konsistorium 30108, Landeskirchentage, Bd. I, Blatt 2/81: Auszug zur besonderen Vorlage, 16.3.1981.

69 Vgl. ebd. Blatt 6/81: Auszugsweise Abschrift des Eingangs C 30235-6/81 zur besonderen Vorlage, 21.4.1981.

Zu den staatlichen Vorbereitungen gehörte auch die „Absicherung" der Veranstaltungen. Diese Aufgabe übernahmen eine Arbeitsgruppe des Rates der Stadt Stralsund[70], Mitglieder der CDU[71] und die Stasi. Die MfS-Bezirksverwaltung Rostock sowie die KD Stralsund, Greifswald, Grimmen, Rügen und Wolgast erhielten die Anweisung, alle einsetzbaren IM, insbesondere aus dem Bereich der kirchlichen Jugend, zum Kirchentag zu beordern[72]. Die Inoffiziellen Mitarbeiter sollten vor allem am „Treffpunkt Gespräch", „Treffpunkt Jugend und Familie" und am Abschlussgottesdienst teilnehmen[73]. Damit deckte die Stasi jene Bereiche des Kirchentags „operativ" ab, welche die SED am stärksten missbilligte: Diskussionsrunden, Jugend- und Großveranstaltungen. Zu den Schwerpunkten des IM-Einsatzes gehörten wie beim Kirchentag 1978 mögliche Aktivitäten „feindlich-negativer Kräfte", vor allem im Zusammenhang mit dem Wehrunterricht, der Wehrpflicht und der Zivilverteidigung[74]. Außerdem sollten die IM erneut über das Auftreten der offiziellen Gäste und Journalisten sowie Aussagen zum Verhältnis von Staat und Kirche berichten[75]. Der Umfang der Berichterstattung der Stasi und des RdB Rostock fiel im Gegensatz zum siebten Landeskirchentag deutlich geringer aus – allein schon deshalb, weil das Programm viel weniger Veranstaltungen umfasste. Darüber hinaus war der achte Landeskirchentag nahezu ausschließlich auf religiöse Themen beschränkt. Aktuelle gesellschaftliche Fragen und Probleme wurden größtenteils ausgeklammert und auch abseits des offiziellen Programms sahen sich die Staatsorgane zu keinem Zeitpunkt zu einem Eingriff veranlasst. Vom Standpunkt der SED aus betrachtet entsprach der Verlauf dieses Treffens beinahe vollkommen dem eines idealen Kirchentags: kurz, ruhig, religiös und unkritisch gegenüber gesellschaftspolitischen Problemen.

5.3 Nächstenliebe im Mittelpunkt

Ausgehend von der Jahreslosung „Vergesst nicht, Gutes zu tun und mit anderen zu teilen" (Hebr 13,16) stand das Thema Nächstenliebe und Verantwortung gegenüber den Mitmenschen im Mittelpunkt des Landeskirchentags in Stralsund. Bei der inhaltlichen Entfaltung der Kirchentagslosung legte die Vorbereitungsgruppe Wert darauf, dass das Handeln Gottes am Einzelnen als Voraussetzung für den Umgang der Menschen untereinander deutlich wurde[76]. Außerdem sollte der Gedanke Berücksichtung finden, dass die Gemeinschaft mit Gott dazu befähigt, als beschenkter,

70 Die Leitung übernahm Oberbürgermeister Lehmann. Die anderen Mitglieder wurden nicht namentlich aufgeführt, es hieß lediglich: „Es gibt eine enge Zusammenarbeit mit der Kreisleitung der SED, dem VPKA sowie der Kreisdienststelle des MfS." Vgl. LAG, IV/D/4.09, Nr. 166, Blatt 151: „Information an das Sekretariat der Kreisleitung der SED zur Durchführung des Kirchentages am 28. Juni 1981", S. 2.

71 Vgl. LAG, Rep. 200 II 7.3, Nr. 57, Blatt 110: „Rat des Kreises Stralsund: Information zu Fragen der Kirchenpolitik lt. Rahmenplan", 24.7.1981, S. 5.

72 Vgl. BStU, MfS, BV Rostock, AS 217/81, Blatt 07: „Kirchentagssonntag der Evangelischen Landeskirche Greifswald", 17.6.1981. Aus den Akten geht nicht hervor, um wie viele IM es sich dabei handelte. Auch allgemeine Statistiken der BV Rostock zur Anzahl der Inoffiziellen Mitarbeiter im Bereich der kirchlichen Jugendarbeit sind nicht überliefert.

73 Vgl. ebd.

74 Vgl. ebd.

75 Vgl. ebd.

76 Vgl. LKAG, Best. KT, Nr. 2: Brief der Vorbereitungsgruppe an den Landesausschuss Greifswald, 12.3.1980.

geborgener und hoffnungsvoller Mensch für andere da zu sein[77]. Nächstenliebe war aus Sicht der Organisatoren somit nicht als Selbstzweck oder schlicht notwendige soziale Aufgabe zu betrachten, sondern als essentieller Bestandteil der Nachfolge Jesu. Die liebende Hinwendung Gottes zum Menschen stellte sowohl Vorbild als auch Kraftquelle für den Dienst am Mitmenschen dar. Es ging den Vorbereitenden also darum, die theologische Grundlage der Nächstenliebe in den Blick zu nehmen und zu erörtern, inwiefern der Glaube eine Hilfe bei der Bewältigung der von Gott übertragenen Aufgabe sein könne. Die Rückbindung des sozialen Aspekts des Themas an theologische Inhalte besaß für die Veranstalter erwartungsgemäß eine große Bedeutung.

Im Kontext des UNO-Jahres der Behinderten gehörten das Verhältnis von Krankheit und Glaube sowie das Zusammenleben von Gesunden und Kranken zu den inhaltlichen Schwerpunkten des Treffens. Menschen mit körperlichen oder geistigen Behinderungen standen dabei allerdings nicht so stark im Fokus, wie man hätte erwarten können. Dabei wäre ein Kirchentag durchaus der passende Ort für eine breitere Thematisierung der Situation von Behinderten in der DDR gewesen, denn die Betreuung von körperlich oder geistig behinderten Kindern, Jugendlichen und Erwachsenen hatte der Staat zum großen Teil kirchlichen Einrichtungen überlassen[78]. Auch in der Greifswalder Landeskirche gab es Behindertenheime, erst ein Jahr zuvor hatte man in den Züssower Diakonieanstalten das „Karl-von-Scheven-Haus" für Männer mit geistiger Behinderung eingeweiht[79]. Während des Kirchentags traten Behinderte jedoch selten in Erscheinung. Der Abschlussgottesdienst scheint die einzige Veranstaltung gewesen zu sein, an der sie aktiv beteiligt waren. Dort gestaltete ein Körperbehinderter das Fürbittgebet gemeinsam mit einem Kind, einem Jugendlichen, einem Ehepaar, einer ledigen Frau, einem Rentner und einem Pfarrer[80]. Die einzelnen Gebetsanliegen waren sehr persönlich formuliert, berührten aber gleichsam zeitlose Themen wie Probleme des Erwachsenwerdens oder das Bedürfnis nach Anerkennung und gesellschaftlicher Teilhabe[81]. In der Passage, die der Körperbehinderte vortrug, kam neben der Verzweiflung angesichts der physisch bedingten Einschränkungen und des mangelnden Verständnisses gesunder Menschen für die

77 Vgl. ebd.

78 Vgl. Sieglind Ellger-Rüttgardt: Geschichte der Sonderpädagogik, S. 321 und S. 325. Insgesamt gab es in den 1980er Jahren rund 90 Heime für Behinderte mit etwa 6.200 Plätzen in Trägerschaft der evangelischen Kirchen und ca. 20 Heime mit etwa 900 Plätzen für geistig Behinderte in der Verantwortung der katholischen Kirche. Anfang der 1980er Jahre stellten die kirchlichen Einrichtungen fast die Hälfte aller Heimplätze für Schwerstbehinderte in der DDR zur Verfügung. Ihre Finanzierung erfolgte durch staatlich festgelegte Pflegekostensätze und kirchliche Eigenmittel sowie vor allem durch finanzielle und materielle Zuwendungen der Kirchen aus der Bundesrepublik. Vgl. Maser: Die Kirchen in der DDR, S. 36-39. Zur Entwicklung der Sonder- respektive Rehabilitationspädagogik in der SBZ und DDR sowie zur Stellung und zur Situation von Behinderten in der sozialistischen Gesellschaft vgl. Ellger-Rüttgardt: Geschichte der Sonderpädagogik, S. 309-328; Diana Ramm: Die Rehabilitation und das Schwerbeschädigtenrecht der DDR im Übergang zur Bundesrepublik Deutschland. Strukturen und Akteure, Kassel 2016; Sebastian Barsch: Geistig behinderte Menschen in der DDR: Erziehung, Bildung, Betreuung, Oberhausen 2007; Nils Petersen: Geistigbehinderte Menschen – im Gefüge von Gesellschaft, Diakonie und Kirche, Münster 2003.

79 Vgl. „75 Behinderte haben ein neues Heim" In: Die Kirche (Greifswalder Ausgabe), Jg. 35, Nr. 32 vom 10.8.1980, S. 4.

80 Vgl. „Offen für alle" In: Die Kirche (Greifswalder Ausgabe), Jg. 36, Nr. 34 vom 23.8.1981, S. 4.

81 Vgl. „Ein Gebet für alle" In: ebd. Nr. 38 vom 20.9.1981, S. 4.

Situation von Behinderten auch große Lebensfreude zum Ausdruck[82]. Das war ein durchaus erfreulicher Ansatz, denn er holte die Behinderten ein Stück aus ihrer Opferrolle heraus und gab ihnen eine Stimme, anstatt nur über sie zu sprechen. Die praktische Umsetzung der Gemeinschaft von behinderten und nichtbehinderten Menschen spielte bei der technischen Organisation des Kirchentags allerdings leider eine untergeordnete Rolle. Die Vorbereitungsgruppe hatte zwar beschlossen, dass Gehörlose eine Möglichkeit zur Teilnahme erhalten sollten[83], engagierte sich aber bis auf die Reservierung von zwei Bankreihen in der Marien- und der Heilgeistkirche nicht weiter für die Realisierung dieses Vorhabens[84]. Inwieweit die Gruppe sich für Barrierefreiheit für andere Körperbehinderte einsetzte, zum Beispiel Personen, die auf einen Rollstuhl angewiesen waren, geht aus den Akten nicht hervor. Da die Veranstalter diesem Punkt jedoch bei den Vorbereitungen nicht viel Aufmerksamkeit schenkten, scheint bei diesem Kirchentag eine große Kluft zwischen Anspruch und Wirklichkeit im Hinblick auf gelebte Gemeinschaft zwischen gesunden und durch Krankheit eingeschränkten Menschen bestanden zu haben. Dabei wurde die besondere Beziehung zwischen diesen beiden Personengruppen während des Treffens mehrfach angesprochen, wie zum Beispiel im gut besuchten[85] Vortrag des Greifswalder Neurologen Dr. Gall beim „Treffpunkt Gespräch" im Gemeindezentrum Knieper-West. Gall stellte das Miteinander von Gesunden und Kranken als komplexen, wechselseitigen Lernprozess dar und plädierte dafür, starre Vorstellungen von „krank" und „gesund" aufzugeben[86]. Sein sehr auf medizinische Gesichtspunkte ausgerichtetes Referat ergänzte er um den Hinweis, dass der Glaube an Gott eine wichtige Kraftquelle bei der Bewältigung kritischer Lebenssituationen wie der Konfrontation mit Krankheit und Tod sei und das Verständnis der Betroffenen für die Situation ihrer Mitmenschen vertiefe[87]. Die Bibelarbeit in der Heilgeistkirche knüpfte ebenfalls an diese Thematik an. Vor dem Hintergrund der Erzählung von der Heilung eines besessenen Knaben (Mk 9,14-29) setzten sich die Teilnehmer dort mit der heilenden Kraft von Gebet und Glaube auseinander[88].

Siegfried Plath bezog sich in seinem Vortrag auf den zivilgesellschaftlichen Aspekt des Kirchentagsthemas. Er kritisierte den Egoismus, dem er die bedingungslose Liebe Jesu Christi als Vorbild für den alltäglichen Dienst am Nächsten entgegensetzte[89]. „Mit Gott für den Menschen", interpretierte Plath die Losung, beginne mit einem guten Zusammenleben im Alltag, setze sich im Engagement für den Frieden in der Welt fort und schließe sowohl eine sinnvolle Lebensgestaltung im Diesseits als

82 Vgl. ebd.
83 Vgl. LKAG, Best. KT, Nr. 2: Protokoll der Sitzung der Vorbereitungsgruppe am 21.4.1981, S. 3.
84 Die Organisation wurde Pfarrer Eberhard Heiber (Groß Bisdorf) überlassen. Inwiefern ihm die Umsetzung gelang, bleibt offen. Vgl. ebd.: Brief des Landesausschusses Greifswald an Eberhard Heiber, 6.5.1981.
85 Am Vortrag und den anschließenden Gesprächsgruppen nahmen nach kirchlichen Schätzungen etwa 150 Besucher teil. Vgl. ebd.: Protokoll der Auswertung des 8. Landeskirchentags, S. 2. Der staatliche Bericht sprach sogar von 300 Teilnehmern. Vgl. LAG, Rep. 200 II 7.3, Nr. 30, Blatt 111: Abschlussbericht zum 8. Kirchentag der ELKG am 28.6.1981, S. 1.
86 Vgl. „Gesunde und Kranke im Geben und Nehmen" In: Die Kirche (Greifswalder Ausgabe), Jg. 36, Nr. 33 vom 16.8.1981, S. 4.
87 Vgl. ebd.
88 Vgl. „Eine gedrängte Fülle" In: ebd. Nr. 31 vom 2.8.1981, S. 4.
89 Vgl. ebd.

auch das ewige Leben bei Gott ein[90]. Die universelle Bedeutung der Losung betonte auch Bischof Gienke in seiner Predigt beim Abschlussgottesdienst. Da Gottes Liebe uneingeschränkt allen Menschen gelte, müssten sich Christen zum Wohle aller engagieren[91]. Diesem hohen Anspruch könne man mithilfe des Glaubens und der von Gott geschenkten Liebe gerecht werden, ermutigte der Bischof die Kirchentagsgemeinde[92]. Eine Ermutigung im Glauben mag die Abschlussversammlung insgesamt gewesen sein, die zum ersten Mal bei einem Landeskirchentag der ELKG als Abendmahlsgottesdienst unter freiem Himmel stattfand[93]. Das Abendmahl gemeinsam mit tausenden Teilnehmern[94] zu feiern, dürfte in besonderer Weise zur Stärkung des Gefühls der Gemeinschaft und Verbundenheit im Glauben beigetragen haben. Als Zeichen der Zusammengehörigkeit verwendete man dabei 75 Kelche, die aus allen Kirchenkreisen der ELKG stammten[95].
Insgesamt lag der Fokus in geistlicher Hinsicht bei diesem Stralsunder Kirchentag, wie bereits 1978, nicht auf den Herausforderungen und Problemen der Gemeinden[96] oder der Kirche in der DDR als Ganzes, sondern auf Fragen der individuellen Lebensbewältigung. Mit der Konzeption der Abschlussversammlung als Abendmahlsgottesdienst unter freiem Himmel inspirierte der achte Landeskirchentag die kommenden Treffen der Greifswalder und der mecklenburgischen Kirche. Das Thema geistige und körperliche Behinderung griff man bei späteren Kirchentagen ebenfalls wieder auf, so zum Beispiel beim Treffen 1985 in Greifswald[97]. Eine Sonderstellung unter den Kirchentagen im Norden in den 1980er Jahren verlieh diesem Treffen das nahezu völlige Ausblenden gesellschaftspolitischer Themen.

5.4 Im Nordosten kaum Neues – die gesellschaftspolitische Dimension

Beim achten Landeskirchentag der ELKG kam die aktuelle politische und gesellschaftliche Lage in der DDR kaum zur Sprache. Aus staatlicher Sicht war das einerseits sehr begrüßenswert, denn die SED bestand darauf, dass Kirchentage sich auf religiöse Themen beschränkten und aus politischen Belangen heraushielten. Auf der

---

90 Vgl. ebd.
91 Vgl. „Offen für alle“ In: ebd. Nr. 34 vom 23.8.1981, S. 4.
92 Vgl. ebd.
93 Vgl. „Herzlich Willkommen in Stralsund“ In: ebd. Nr. 25 vom 21.6.1981, S. 4.
94 Nach kirchlichen Schätzungen nahmen etwa 5.000 Menschen am Abschlussgottesdienst teil. Vgl. LKAG, Best. KT, Nr. 2: Protokoll der Auswertung des 8. Landeskirchentags, S. 2. Die staatlichen Stellen machten unterschiedliche Angaben und sprachen von 3.500 respektive 5.000 Teilnehmern. Vgl. LAG, Rep. 200 II 7.3, Nr. 30, Blatt 114: Abschlussbericht zum 8. Kirchentag der ELKG am 28.6.1981, S. 1; ebd. Blatt 109: „Kurzbericht zum 8. Kirchentag der ELKG am 28.6.1981“, S. 2.
95 Vgl. „Mit Gott für den Menschen“ In: Die Kirche (Greifswalder Ausgabe), Jg. 36, Nr. 36 vom 6.9.1981, S. 2.
96 Der „Treffpunkt Gemeinde“ wurde zwar als „bunte Vielfalt kirchlichen Lebens“ angekündigt, doch der Ablaufplan lässt nicht erkennen, dass sich die Teilnehmer über verschiedene Aspekte des Gemeindelebens informieren und austauschen konnten. Die Planung umfasste eine szenische Darstellung (Thema nicht genannt), eine Bildmeditation, ein „Silbenrätsel“ sowie gemeinsames Gebet und Gesang. Über diesen eher gottesdienstlichen Charakter scheint die Veranstaltung nicht hinausgegangen zu sein. Vgl. „Eine bunte Kette“ In: ebd. Nr. 32 vom 9.8.1981, S. 4; LAG, Rep. 200 II 7.3, Nr. 30: Programmheft zum Stralsunder Kirchentag 1981, S. 3; LKAG, Best. KT, Nr. 2: Brief von Pastor Rudolf Dibbern an Ingrid Plath, 28.5.1981, S. 2.
97 Siehe Kapitel 7.1.

anderen Seite hatte die SED-Führung ein Interesse an positiven kirchlichen Äußerungen zur ihrer Politik, vor allem zur Friedenssicherung. Mithilfe entsprechender staatsloyaler Aussagen hoffte sie, ihr Ansehen bei der christlichen Bevölkerung und auf internationaler Ebene zu verbessern. Außerdem besaßen die Treffen 1981 für die Regierung eine besondere Bedeutung, weil sie die ersten kirchlichen Großveranstaltungen nach dem X. Parteitag der SED vom 11. bis 16. April und den Volkskammerwahlen am 14. Juni 1981 waren[98]. Durch Gespräche mit den Kirchenleitungen und den hauptverantwortlichen Mitarbeitern der Kirchentage sollten die staatlichen Stellen dafür sorgen, dass in Dessau, Görlitz und Stralsund nur „realistische Positionen" zum Parteitag und zu den Wahlen zum Ausdruck kamen[99]. Zufrieden stellten die Staatsorgane fest, dass das Stralsunder Treffen erneut das Bemühen der Landeskirche um eine Vermeidung von „Konfrontationen" gezeigt habe[100]. Gleichzeitig wurde bedauert, dass der „weltweite Friedenskampf" – ein Thema, das beim X. Parteitag eine Rolle gespielt hatte[101] – dort nur selten in den Fokus gerückt war[102]. Darüber hinaus fiel den staatlichen Beobachtern ein Angebot in Stralsund negativ auf: „Treffpunkt Jugend und Familie I". Die „Gruppe Schalom", deren Programm bereits beim siebten Landeskirchentag kritische Anspielungen auf die Verhältnisse in der DDR beinhaltet hatte[103], schnitt erneut gesellschaftspolitische Themen an. So soll der Text des aufgeführten szenischen Spiels „Viere kommen durch die Welt" versteckte Bezüge zum Leistungsdruck in der Gesellschaft, zum Wunsch nach persönlicher Freiheit, zum Machtmissbrauch der Herrschenden und zu Maßnahmen militärischer Abrüstung enthalten haben[104]. Außerdem sei das Stück – wenn auch nur indirekt – auf die Solidarność-Bewegung sowie die Rolle der UdSSR in der internationalen Politik („der ‚Iwan' stört den Frieden") eingegangen[105]. Entsprechend der kirchenpolitischen Strategie der Greifswalder Kirchenführung blieb eine offene Kritik an der SED-Politik aber aus. Das einzige direkt angesprochene gesellschaftspolitische Thema war der Wehrunterricht, der auch bei den anderen beiden Treffen 1981 zur Sprache kam[106]. Zunächst wurde das im Jahr 1978 gegen den Protest der Kirchen[107] eingeführte Schulfach beim landeskirchlichen Jugendtreff in Stralsund am Vortag

98 Vgl. BArch, DO-4/409, Blatt 89: „Information über die Kirchentage und Landesjugendtage 1981", 3.9.1981, Anlage 2, S. 2. Zum X. Parteitag und den Volkskammerwahlen vgl. Weber: Geschichte der SED, S. 423-430.

99 Vgl. BArch, DO-4/409, Blatt 89: „Information über die Kirchentage und Landesjugendtage 1981", 3.9.1981, Anlage 2, S. 2.

100 Vgl LAG, Rep. 200 II 7.3, Nr. 30, Blatt 112: Abschlussbericht zum 8. Kirchentag der ELKG am 28.6.1981, S. 2.

101 Vgl. Weber: Geschichte der SED, S. 423.

102 Vgl LAG, Rep. 200 II 7.3, Nr. 30, Blatt 113: Abschlussbericht zum 8. Kirchentag der ELKG am 28.6.1981, S. 3.

103 Siehe dazu Kapitel 4.4.

104 Vgl. LAG, IV/D/2.13, Nr. 612/1, Blatt 104: „Bericht über den am 28.6.81 stattgefundenen Kirchentag der Greifswalder Landeskirche in Stralsund", S. 3. Zum genauen Inhalt des Stücks lässt sich nichts Näheres sagen, da ein Manuskript oder direkte Zitate in den staatlichen und kirchlichen Akten nicht überliefert sind.

105 Vgl. ebd. Möglicherweise bezogen sich die Verfasser auf den Einsatz sowjetischer Truppen im Bürgerkrieg in Afghanistan nach dem Einmarsch im Dezember 1979. Es kann sich aber auch um allgemeine Kritik an der mangelnden Bereitschaft der UdSSR zu konkreten Abrüstungsmaßnahmen gehandelt haben.

106 Vgl. BArch, DO-4/409, Blatt 88: „Information über die Kirchentage und Landesjugendtage 1981", 3.9.1981, Anlage 2, S. 1.

107 Siehe dazu Kapitel 4.4.

des Kirchentags thematisiert. Im Rahmen eines Gesprächskreises mit Siegfried Plath stellten die Jugendlichen Fragen zu potentiellen Sanktionen bei einer Verweigerung der Teilnahme am Wehrunterricht, woraufhin ihnen der Oberkonsistorialrat geraten haben soll, sich bei auftretenden Problemen an die Kirche zu wenden[108]. Beim Kirchentag habe Plath die Problematik der obligatorischen Teilnahme in seinem Vortrag zur Losung aufgegriffen, wobei er aus Sicht der Staatssicherheit eine „teilweise provozierende Haltung" vertrat[109]. Das „provozierende" Element scheint aber lediglich darin bestanden zu haben, dass er die Möglichkeit einer Nichtteilnahme überhaupt erwähnt hatte[110]. Deutlich provokanter wäre die Forderung einer Abschaffung des Wehrunterrichts gewesen, doch solche Äußerungen waren drei Jahre nach der Einführung aus leitenden Kreisen der Kirche nicht mehr zu erwarten.
Die Jugendlichen hatten somit die Problematik des Wehrunterrichts in die Veranstaltungen in Stralsund eingebracht, doch ein anderer Bereich der militärischen Ausbildung war völlig unbeachtet geblieben: der Wehrdienst. Dabei hatte in diesem Kontext eine im Süden der Republik gestartete Aktion gerade erst für viel Wirbel gesorgt. Seit Mai 1981 war ein Kettenbrief in Umlauf, der den Vorschlag zu einer adäquaten Alternative zum Wehrdienst enthielt und um Unterstützung zu deren Durchsetzung aufrief[111]. Der so genannte „Soziale Friedensdienst" (SoFD) sollte etwa 24 Monaten dauern – also ein halbes Jahr länger als die reguläre Wehrpflicht in der NVA – sowie im sozialen Bereich (Heime, Krankenhäuser) und im Umweltschutz verortet sein[112]. Die Idee zu der Initiative stammte von einer Gruppe um den Pastor der Dresdner Weinbergsgemeinde, Christoph Wonneberger[113]. Er hatte den Entwurf für den SoFD bereits im Herbst 1980 der sächsischen Landessynode vorgestellt, die dem Vorhaben allerdings eher skeptisch gegenüberstand[114]. Die Resonanz auf den Kettenbrief war für die Initiativgruppe jedoch überwältigend: Rund 5.000 Jugendliche beteiligten sich an Unterschriftensammlungen und wandten sich an Synoden, außerdem griffen zahlreiche Friedenskreise und Studentengemeinden das Thema auf[115]. Aus Sicht der Regierung erschien eine Berücksichtigung dieser Forderung absolut undenkbar, da die Bausoldatenregelung[116] bereits ein

108 Vgl. LAG, IV/D/2.13, Nr. 612/1, Blatt 106f.: „Bericht über den am 28.6.81 stattgefundenen Kirchentag der Greifswalder Landeskirche in Stralsund", S. 4f.

109 Vgl. BStU, MfS, BV Rostock, AKG Nr. 557, Blatt 58: Bericht zum Landeskirchentag in Stralsund, 22.7.1981, S. 3. Ein Vortragsmanuskript oder weitere inhaltliche Verweise liegen in den Akten nicht vor.

110 Vgl. ebd.

111 Vgl. Neubert: Geschichte der Opposition in der DDR 1949-1989, S. 389.

112 Vgl. ebd. S. 390.

113 Vgl. ebd. S. 389.

114 Vgl. ebd.; Mau: Der Protestantismus im Osten Deutschlands (1945-1990), S. 145.

115 Vgl. ebd.

116 Nach der Einführung der allgemeinen Wehrpflicht 1962 hatten sich viele leitende Kirchenvertreter, darunter Bischof Mitzenheim (Thüringen) und Bischof Krummacher (PEK), bei der SED-Führung für einen gesetzlichen Schutz von Verweigerern aus Glaubens- und Gewissensgründen eingesetzt. Darauf reagierte die SED mit einem Kompromiss: Im September 1964 wurden waffenlose Baueinheiten für Männer eingerichtet, die den Waffendienst aus religiösen und ähnlichen Gründen verweigerten. Diese so genannten Bausoldaten gehörten jedoch zur NVA und hatten in einem Gelöbnis ihren Vorgesetzten gegenüber absoluten Gehorsam und den Willen zur Verteidigungsbereitschaft zu schwören. Darüber hinaus wurden sie in Ausbildung und Beruf benachteiligt. Deshalb schlossen sich wenige Jahre nach der Einführung ehemalige Bausoldaten zu Gruppen zusammen, um sich – auch mithilfe der Kirche – für einen echten Wehrersatzdienst einzusetzen. Vgl. Maser: Die Kirchen in der DDR, S. 53; Neubert: Geschichte der Opposition in der DDR

Entgegenkommen darstellte, das im gesamten Ostblock beispiellos war[117]. Daher verurteilte die SED den Dresdener Vorschlag als „ideologische Diversion“ und unrechtmäßige Einmischung der Kirche in die Politik[118]. Angesichts der strikten Ablehnung durch die Regierung hielten die Kirchenleitungen und Synoden die Realisierung der Initiative letztlich für aussichtslos[119]. Dennoch geriet der SoFD nicht in Vergessenheit und blieb eines der wichtigsten Anliegen der Friedensbewegung in den 1980er Jahren[120]. Bei den Treffen in Dessau und Görlitz hatten Teilnehmer den „Sozialen Friedensdienst“ an verschiedenen Stellen in die Diskussionen eingebracht und teilweise sogar versucht, Unterschriften zu sammeln[121]. In Stralsund scheint die Initiative in keiner Veranstaltung zur Sprache gekommen zu sein. Hätte es in der Hansestadt Äußerungen dazu gegeben, hätten das die Staatsorgane in ihren Auswertungsberichten mit Sicherheit vermerkt, denn deren Fokus lag besonders auf der Behandlung gesellschaftspolitischer Fragen. Dass die Veranstalter nicht an einer Thematisierung des „Friedensdienstes“ interessiert waren, ist nachvollziehbar. Sie strebten einen ruhigen, harmonischen Kirchentagsverlauf an, der den staatlichen Stellen keinerlei Anlass zu Beschwerden gab. Bischof Gienke soll den Aufruf aus Dresden als nicht ernstzunehmend bezeichnet und ebenso wie die Oberkonsistorialräte Plath und Harder keine Notwendigkeit zu einer Unterstützung gesehen haben[122]. Dass aber die Teilnehmer den „Sozialen Friedensdienst“ ebenso wenig aufgriffen, ist ungewöhnlich. Beim siebten Landeskirchentag hatte die Wehrdienstthematik in den Debatten noch eine Rolle gespielt und auch bei den darauffolgenden Treffen gehörte sie zu den stets präsenten Diskussionspunkten. Vielleicht war der Dresdener Aufruf den meisten Besuchern doch noch unbekannt oder es hatte sich keine Gelegenheit geboten, das Thema einzubringen. Im Vergleich zu den anderen nördlichen Kirchentagen

---

1949-1989, S. 194f. Vgl. dazu auch Justus Vesting: Zwangsarbeit im Chemiedreieck. Strafgefangene und Bausoldaten in der Industrie der DDR, Berlin 2012; Bernd Eisenfeld/Peter Schicketanz: Bausoldaten in der DDR. Die „Zusammenführung feindlich-negativer Kräfte“ in der NVA, Berlin 2011; Uwe Koch: Zivilcourage und Kompromiss: Bausoldaten in der DDR 1964-1990, Berlin 2006; Thomas Widera (Hg.): Pazifisten in Uniform: die Bausoldaten im Spannungsfeld der SED-Politik 1964-1989, Göttingen 2004.

117 Vgl. Mau: Der Protestantismus im Osten Deutschlands (1945-1990), S. 146.

118 Vgl. ebd. S. 145.

119 Vgl. ebd.

120 Vgl. Neubert: Geschichte der Opposition in der DDR 1949-1989, S. 395.

121 Vgl. BArch, DO-4/409, Blatt 88f.: „Information über die Kirchentage und Landesjugendtage 1981“, 3.9.1981, Anlage 2, S. 1f.

122 Vgl. Besier: Der SED-Staat und die Kirche 1969-1990, S. 401. Letztlich musste sich die Greifswalder Kirchenleitung aber doch noch mit dem Thema befassen, da sich einige jüngere Gemeindeglieder in einem Schreiben mit der Bitte um Unterstützung der Initiative an Präses Dietrich Affeld gewandt hatten. Vertreter des Präsidiums der Synode und Mitglieder des Konsistoriums trafen sich daraufhin mit den Verfassern zu einem Gespräch, das allerdings über eine allgemeine Zusicherung der Unterstützung nicht hinausgegangen sein dürfte. In ihrem Bericht vor der Landessynode im Herbst 1981 erklärte die Kirchenleitung, dass sie den von der Bundessynode im September vorgebrachten Vorschlag begrüße, den „Sozialen Friedensdienst“ in Gesprächen mit der Regierung aufzugreifen. Von der Unterstützung einer Eingabe oder einem persönlichen Einsatz der Greifswalder Kirchenleitung für den SoFD war jedoch keine Rede. Ein Protokoll oder eine Auswertung des Gesprächs mit den Verfassern des Schreibens an Präses Affeld ist in den kirchlichen oder staatlichen Aktenbeständen nicht überliefert. Vgl. LKAG, Verhandlungen der Landeskirchenleitung 1981, 10612, Bd. XXXI: Protokoll der Sitzung der Kirchenleitung am 4.9.1981, S. 1; LKAG, Best. 3, Tagung der 7. Landessynode vom 6. bis 8.11.1981, Berichte und Vorlagen: Bericht der Kirchenleitung, S. 17.

zwischen 1978 und 1988 bleibt es jedenfalls ein Unikum dieses Treffens, dass die Besucher keine gesellschaftspolitischen Fragen in den Veranstaltungen aufwarfen. Eine weitere Ausnahme bestand im Übrigen darin, dass man die Angebote für Jugendliche als eine Art Vorprogramm aus dem Kirchentagsverlauf ausgelagert hatte, wie das folgende Kapitel ausführt.

5.5 Jugend außen vor?

In Bezug auf die Laien stellte der Greifswalder Landesausschuss rückblickend fest, dass sie eine auffallend starke Bereitschaft zur Mitgestaltung des Kirchentags gezeigt hätten[123]. Das habe besonders auf die Stralsunder Gemeinden zugetroffen[124]. Jedoch unterschied der Ausschuss hier nicht zwischen organisatorischer und inhaltlicher Beteiligung. Nimmt man diese Differenzierung vor, zeigt sich, dass die Intensität des Engagements in beiden Bereichen stark voneinander abwich. So brachten sich zwar etliche Gemeindemitglieder als Ordner oder bei der Austeilung des Abendmahls während des Abschlussgottesdienstes ein[125], aber bei der inhaltlichen Gestaltung der Veranstaltungen waren sie kaum involviert. Ein eigener Programmpunkt wie „Sei unser Gast" beim vorherigen Treffen lag diesmal nicht in ihrer Verantwortung. Stattdessen wirkten sie vor allem als Darsteller in szenischen Spielen[126] oder im musikalischen Bereich mit, zum Beispiel in einem der zahlreichen Bläserchöre[127]. Zu den wenigen Ausnahmen gehörten das vom Kreiskirchenrat Greifswald-Stadt gestaltete Morgengebet in der Heilgeistkirche sowie das Programm in St. Nikolai, das Pastoren und Gemeindeglieder aus Görmin, Dersekow, Groß Kiesow, Hanshagen und Kemnitz gemeinsam vorbereitet hatten[128]. Inwieweit Jugendliche sich an der Vorbereitung des „Treffpunkts Jugend und Familie" beteiligten, ist nicht ersichtlich.
Wie schon beim Stralsunder Treffen 1978 besaß die Einbeziehung junger Christen in die inhaltliche Programmgestaltung für die Organisatoren keine Priorität. Hinzu kam, dass die Planung des Landesausschusses keinen einzigen eigenständigen Programmpunkt für diese wichtige Zielgruppe vorsah, obwohl die Anzahl jugendlicher Teilnehmer beim Kirchentag 1978 deutlich gestiegen war. Auch nachdem sich Landesjugendpfarrer Christoph Schramm über das fehlende Jugendangebot beschwert hatte, sah sich der Landesausschuss nicht zu entsprechenden Vorbereitungen veranlasst[129]. Stattdessen sollte die Jugendarbeit in die Angebote in der Nikolai- und

123 Vgl. LKAG, Best. KT, Nr. 2: Protokoll über die Auswertung des 8. Landeskirchentags, 30.6.1981, S. 1.

124 Vg. ebd.

125 Vgl. ebd.: Brief des Landesausschusses Greifswald an Superintendent Torkler, 12.6.1981; LAG, Rep. 200 II 7.3, Nr. 30: Programmheft zum Festgottesdienst, S. 2.

126 Beim Programm in der Marienkirche führten 30 Personen aus dem Kirchenkreis Demmin unter der Leitung von Pastor Rudolf Dibbern verschiedene Spielszenen auf. Außerdem wirkten Gemeindeglieder aus Stralsund, Greifswald und Jarmen beim Abschlussgottesdienst bei der szenischen Darstellung des Psalms und dem Anspiel zur Predigt mit. Ob die Teilnehmer auch an der inhaltlichen Entwicklung der Szenen beteiligt waren, bleibt offen. Vgl. LKAG, Best. KT, Nr. 2: Protokoll der Sitzung der Vorbereitungsgruppe am 21.4.1981, S. 2; LAG, Rep. 200 II 7.3, Nr. 30: Programmheft zum Festgottesdienst, S. 2.

127 Vgl. LKAG, Best. KT, Nr. 2: Protokoll der Sitzung der Vorbereitungsgruppe am 22.5.1981, S. 1.

128 Vgl. ebd.: Brief von Superintendent Zarneckow an den Landesausschuss Greifswald, 10.10.1980; „Für Jugend und Familien" In: Die Kirche (Greifswalder Ausgabe), Jg. 36, Nr. 9 vom 1.3.1981, S. 4.

129 Vgl. LKAG, Best. KT, Nr. 2: Brief von Christoph Schramm an den Landesausschuss Greifswald, 2.5.1980; ebd.: Protokoll der Sitzung des Greifswalder Landesausschusses am 6.5.1980.

Marienkirche integriert werden[130]. Die Bereitstellung eines eigenen Raumes für das Jugendprogramm wollte der Landesausschuss „nur im äußersten Notfall" gewähren[131]. Gründe für diese Haltung führte er nicht an. Hatten die Mitglieder Bedenken, dass es bei einer solchen Veranstaltung zu offener Kritik an den gesellschaftspolitischen Verhältnissen und damit zu Auseinandersetzungen mit den staatlichen Stellen kommen konnte oder scheuten sie lediglich den zusätzlichen Organisationsaufwand? Christoph Schramm ergriff angesichts der ablehnenden Haltung des Landesausschusses die Eigeninitiative. Im Mai 1980 gab er bekannt, dass unmittelbar vor dem Kirchentag – am 27. Juni 1981 – ein ausschließlich von der Jugendarbeit verantworteter landeskirchlicher Jugendtreff im Jakobiturm stattfände[132]. Die Vorbereitungsgruppe des Kirchentags befürchtete nun aber, dass die Jugendlichen dadurch kein Interesse mehr am Kirchentag selbst hätten[133]. Daraufhin einigte man sich auf einen Kompromiss: Der Jugendtreff sollte zwar nicht in der Verantwortung der Kirchentagsveranstalter liegen, war aber als eine Art Vorprogramm gedacht[134]. Zu den Vereinbarungen gehörte außerdem, dass der Jugendtreff die Losung und die Thematik des Kirchentags übernahm und die Kirchentagsorganisatoren regelmäßig Informationen über die Vorbereitungen erhielten[135]. Das Programm des Jugendtreffs umfasste eine Gesprächsrunde mit Siegfried Plath, Spielaktionen sowie die Aufführung einer „Messe für kleinen Chor und Jazzinstrumente" mit dem Titel „Liturgie zur Ankunft" von Eckart Reinmuth (Text) und Karl Scharnweber (Musik)[136]. Im Anschluss an den Abschlussgottesdienst war die Jazz-Messe am 28. Juni 1981 noch einmal zu erleben und zog auch dort viele Besucher an[137]. Möglicherweise hing die rege Teilnahme an der Jazz-Messe damit zusammen, dass einige Besucher eine Ähnlichkeit mit den legendären Blues-Messen erwarteten. Mit den Blues-Gottesdiensten, die 1979 in der Samariterkirche in Berlin ihren Anfang nahmen und tausende Jugendliche aus der ganzen DDR anzogen[138], hatte die „Liturgie zur Ankunft" jedoch scheinbar wenig gemein. Musikalisch orientierten sich zwar beide Formate an modernen westlichen Musikstilen, aber während die Berliner Jugendgottesdienste oft sehr kontrovers die Schattenseiten des DDR-Alltags thematisierten und auch kabarettistische Spielszenen und Bibelmeditationen umfassten[139], stellte die Jazz-Messe in Stralsund eher eine Art Kantatenaufführung dar. Inhaltlich konzentrierte sich das Stück auf die Erwartung der Wiederkunft Christi, die den Frieden bringen werde, den die Menschen heute so sehr vermissten[140]. Die Begriffe Frieden, Freiheit und Gerechtigkeit

130 Vgl. ebd.: Protokoll der Sitzung des Greifswalder Landesausschusses am 6.5.1980.
131 Vgl. ebd.
132 Vgl. ebd.: Protokoll der Sitzung der Vorbereitungsgruppe am 18.5.1980, S. 1.
133 Vgl. ebd. S. 2.
134 Vgl. ebd.: Protokoll der Sitzung der Vorbereitungsgruppe am 20.6.1980, S. 1.
135 Vgl. ebd.: Protokoll der Sitzung der Vorbereitungsgruppe am 1.12.1980, S. 1; Brief des Büros der Landeskirchlichen Jugendarbeit an den Greifswalder Landesausschuss, 12.11.1980.
136 Vgl. BStU, MfS, BV Rostock, AS 217/81, Blatt 02: „Einschätzung zum Verlauf des 8. Kirchentags der evangelischen Landeskirche Greifswald am 28.6.1981 und des landeskirchlichen Jugendtreffs am 27.6.1981 in Stralsund", S. 1.
137 Vgl. LKAG, Best. KT, Nr. 2: Protokoll der Auswertung des 8. Landeskirchentags am 30.6.1981, S. 3.
138 Vgl. dazu Neubert: Geschichte der Opposition in der DDR 1949-1989, S. 441-445 und S. 613-615; Dirk Moldt: Zwischen Haß und Hoffnung: Die Blues-Messen 1979-1986. Eine Jugendveranstaltung der Evangelischen Kirche Berlin-Brandenburg in ihrer Zeit, Berlin 2008.
139 Vgl. ebd.
140 Vgl. BStU, MfS, BV Rostock, AS 217/81, Blatt 66-75: Manuskript zur „Liturgie zur Ankunft", S. 1-10.

durchzogen den gesamten Text und mögen vom Publikum mitunter als indirekte Verweise auf gesellschaftspolitische Problemfelder interpretiert worden sein. Direkte Bezüge auf konkrete globale oder nationale Missstände fehlten jedoch, die religiöse Aussagen überwogen deutlich.
Mit der Resonanz auf die Veranstaltungen am 27. Juni konnten die Veranstalter durchaus zufrieden sein: Nach staatlichen Angaben nahmen etwa 500 Jugendliche daran teil, vorwiegend im Alter zwischen 16 und 18 Jahren[141]. Auch der Landesausschuss zeigte sich erfreut und hielt fest, dass die Mehrheit der Teilnehmer des Jugendtreffs anschließend den Kirchentag besucht hätte[142]. Obwohl die Mitglieder des Landesausschusses das Experiment als geglückt betrachteten, waren sie an dessen Wiederholung beim kommenden Kirchentag nicht interessiert. Daher fassten sie – wieder einmal – den Beschluss, die Jugendarbeit bei künftigen Treffen stärker zu integrieren[143]. Eine entsprechende Umsetzung blieb allerdings auch in den folgenden Jahren größtenteils mangelhaft.

5.6 Die Auswertungen des Kirchentags – ELKG, Staat und Presse

Die Greifswalder Kirche betrachtete das Stralsunder Treffen als Erfolg. Kirchenleitung und Konsistorium schätzten die Veranstaltungen als gelungen ein und bezeichneten den Kirchentag als „besondere Freude für die ganze Landeskirche"[144]. Der Landesausschuss war ebenfalls zufrieden. Mit rund 4.000 Personen bei den Vormittagsangeboten und etwa 5.000 Menschen beim Abschlussgottesdienst hatten die Besucherzahlen die Erwartungen erfüllt[145]. Auch die inhaltliche Gestaltung bewertete der Ausschuss insgesamt positiv[146]. Zu den besonders gut verlaufenen Veranstaltungen wurden die Bibelarbeit und der Vortrag in der Heilgeistkirche, die Gruppengespräche im Gemeindezentrum Knieper-West sowie der Abschlussgottesdienst gezählt[147]. Das Echo zum Festgottesdienst fiel so wohlwollend aus, dass der Ausschuss in Betracht zog, diese Form der Abschlussversammlung auch zukünftig anzubieten[148]. Außerdem zeigte er sich erfreut über die organisatorische Unterstützung durch die staatlichen Stellen, die er als „zuverlässig und unkompliziert" beschrieb[149]. Solche Worte stießen bei den staatlichen Organen auf offene Ohren. Das Staatssekretariat für Kirchenfragen konstatierte in seinem Auswertungsbericht, das Verhältnis von Staat und Kirche sei bei allen drei Kirchentagen des Jahres 1981 positiv beurteilt worden, und hob die Äußerungen von Bischof Gienke besonders

141 Vgl. ebd. Blatt 02: „Einschätzung zum Verlauf des 8. Kirchentags der evangelischen Landeskirche Greifswald am 28.6.1981 und des landeskirchlichen Jugendtreffs am 27.6.1981 in Stralsund", S. 1.
142 Vgl. LKAG, Best. KT, Nr. 2: Protokoll der Auswertung des 8. Landeskirchentags am 30.6.1981, S. 3.
143 Vgl. ebd.
144 Vgl. LKAG, Best. 3, Tagung der 7. Landessynode vom 6. bis 8.11.1981, Berichte und Vorlagen: Bericht des Evangelischen Konsistoriums, S. 24; ebd.: Bericht der Kirchenleitung, S. 27.
145 Vgl. LKAG, Best. KT, Nr. 2: Protokoll der Auswertung des 8. Landeskirchentags am 30.6.1981, S. 1. Der Landesausschuss hatte mit etwa 4.000 bis 5.000 Teilnehmern beim Kirchentag insgesamt gerechnet. Vgl. ebd.: Protokoll der Sitzung der Konferenz der Landesausschüsse am 18.10.1980, S. 6.
146 Vgl. ebd.: Protokoll der Auswertung des 8. Landeskirchentags am 30.6.1981, S. 3.
147 Vgl. ebd. S. 2.
148 Vgl. ebd. S. 3.
149 Vgl. ebd. S. 1.

lobend hervor[150]. Auch an anderer Stelle führte das Staatssekretariat den Stralsunder Kirchentag als positives Beispiel an: So hätten die Organisatoren den kirchlichen Charakter ihres Treffens deutlich konsequenter gewahrt als die Verantwortlichen in Görlitz und Dessau[151]. Nach Meinung des Staatssekretariats hatte sich aber die staatliche Einflussnahme im Hinblick auf alle drei Treffen bewährt[152]. Die Gespräche mit den Kirchenleitungen und Kirchentagsmitarbeitern hätten dazu geführt, dass sich überall „realistische Positionen" durchsetzen konnten[153]. Daraufhin behauptete das Staatssekretariat zufrieden, die Organisation der Kirchentage läge weiterhin in den Händen „loyaler Kräfte"[154]. Der RdB Rostock und der Rat der Stadt Stralsund werteten den Landeskirchentag der ELKG ebenso als staatlichen Erfolg. In ihren Abschlussberichten erklärten sie unisono, die Veranstalter hätten den Kirchentag als ein rein religiöses Treffen konzipiert, das ruhig und ohne das Verhältnis von Staat und Kirche belastende Zwischenfälle verlaufen sei[155]. Mit diesem Fazit zollten sie einerseits dem kirchenpolitischen Vorgehen der Kirchenleitung Anerkennung und zum anderen strichen sie so die angeblich erfolgreiche staatliche Einflussnahme heraus. Die „negativen" und „politisch zweideutigen" Äußerungen während des Programms in der Nikolaikirche[156] relativierten die staatlichen Berichterstatter mit der Behauptung, die Besucher hätten die Texte aufgrund der schlechten Tontechnik gar nicht verstanden und deshalb keine Reaktionen darauf gezeigt[157]. Anhand der Besucherzahlen wollten die Staatsorgane ebenfalls beweisen, dass der Landeskirchentag keinen größeren Eindruck in Stralsund hinterlassen hatte. So sollen zum Beispiel nur etwa 3.500 Menschen am Abschlussgottesdienst teilgenommen haben[158], wohingegen die Veranstalter von rund 5.000 Besuchern ausgingen[159]. Diesem Duktus folgte auch die Staatssicherheit bei ihrer Auswertung. Nach ihrer Ansicht konnte der Kirchentag keine „Massenwirksamkeit" bei der Stralsunder Bevölkerung erreichen und sei völlig ohne „politisch-operativ bedeutsame Vorkommnisse" verlaufen[160]. Um das positive Bild abzurunden, erwähnte die Stasi Siegfried Plaths Würdigung des Appells des Obersten Sowjets an die Völker der

150 Vgl. BArch, DO-4/409, Blatt 81: „Information über die Kirchentage und Landesjugendtage 1981", 3.9.1981, S. 1.

151 Vgl. ebd. Anlage 2, S. 2.

152 Vgl. ebd. Blatt 82: „Information über die Kirchentage und Landesjugendtage 1981", 3.9.1981, S. 2.

153 Vgl. ebd.

154 Vgl. ebd.

155 Vgl. LAG, Rep. 200 II 7.3, Nr. 30, Blatt 109: „Kurzbericht zum 8. Kirchentag der ELKG am 28.6.1981", S. 2; ebd. Blatt 112: Abschlussbericht zum 8. Kirchentag der ELKG am 28.6.1981, S. 2.

156 Siehe dazu Kapitel 5.4.

157 Vgl LAG, Rep. 200 II 7.3, Nr. 30, Blatt 112: Abschlussbericht zum 8. Kirchentag der ELKG am 28.6.1981, S. 2.

158 In einem ersten Kurzbericht ging der RdB Rostock zwar ebenfalls noch von 5.000 Besuchern aus, aber in den anderen Berichten heißt es, dass es etwa 3.500 bis 4.000 Teilnehmer gewesen seien. Vgl. LAG, IV/D/2.13, Nr. 612/1, Blatt 103: „Bericht über den am 28.6.81 stattgefundenen Kirchentag der Greifswalder Landeskirche in Stralsund", S. 2; LAG, Rep. 200 II 7.3, Nr. 30, Blatt 111: Abschlussbericht zum 8. Kirchentag der ELKG am 28.6.1981, S. 1; ebd. Blatt 109: „Kurzbericht zum 8. Kirchentag der ELKG am 28.6.1981", S. 2.

159 Vgl. LKAG, Best. KT, Nr. 2: Protokoll der Auswertung des 8. Landeskirchentags am 30.6.1981, S. 1.

160 Vgl. BStU, MfS, BV Rostock, AS 217/81, Blatt 05: „Einschätzung zum Verlauf des 8. Kirchentags der evangelischen Landeskirche Greifswald am 28.6.1981 und des landeskirchlichen Jugendtreffs am 27.6.1981 in Stralsund", S. 4.

Welt[161]. Der Oberkonsistorialrat soll den Appell in seinem Vortrag als eine „neue bedeutende Friedensinitiative“ bezeichnet haben[162]. Zufrieden stellte die Stasi fest, dass während des Vortrags ein Vertreter der bundesdeutschen Presse zugegen war[163]. Da die SED weiterhin an der Verbesserung des Ansehens der DDR im Ausland interessiert war, standen beim Stralsunder Kirchentag auch die Medien im Fokus der staatlichen Beobachtungen.

Im Gegensatz zu den Kirchentagen von 1978 fiel die Beteiligung westdeutscher Medien allerdings sehr gering aus – nur ein einziger Journalist war im Auftrag des *Evangelischen Pressedienstes* nach Stralsund gekommen[164]. Doch auch die DDR-Presse widmete dem Ereignis kaum Aufmerksamkeit. Das *Neue Deutschland* und die *Ostseezeitung* erwähnten den Stralsunder Kirchentag mit keiner Zeile. Die CDU-Zeitungen *Der Demokrat* und *Neue Zeit* druckten zwar Hinweise zum Programm[165] und veröffentlichten zusammenfassende Berichte, aber die Beiträge erwiesen sich als im Wortlaut identisch und waren darüber hinaus sehr kurz und knapp gehalten. Dabei lag das Hauptaugenmerk der Berichte in der CDU-Presse auf Dankesbekundungen an die staatlichen Stellen für die „tatkräftige Unterstützung“ bei der Vorbereitung und Durchführung des Kirchentags sowie auf Zitaten von Bischof Gienke und OKR Plath zum gesellschaftlichen Engagement und der Verantwortung der Christen im Hinblick auf die Sicherung des Friedens[166]. Insgesamt, so resümierten die Presseorgane der CDU, sei der Kirchentag für mehr als 5.000 Besucher „ein beeindruckendes Erlebnis kirchlichen Lebens und der Gemeinschaft im christlichen Glauben“ gewesen[167]. Nicht ganz so euphorisch äußerten sich die kirchlichen Medien. Aus Sicht der *Mecklenburgischen Kirchenzeitung* hatte das Treffen in Stralsund keine „Sensationen“ geboten[168]. Außerdem habe es zu viele Reden und zu wenig Aktionen gegeben[169]. Auf der anderen Seite, da war sich die *MKZ* mit ihrem Greifswalder Pendant *Die Kirche* einig, konnten die Besucher ein fröhliches Fest in familiärer Atmosphäre erleben[170].

---

161 Im „Appell an die Parlamente und Völker der Welt“ sprach sich der Oberste Sowjet der UdSSR im Juni 1981 für verstärkte internationale Verhandlungen in Bezug auf Abrüstung und Frieden aus. Gleichzeitig wies er jegliche Verantwortung der UdSSR für die zum damaligen Zeitpunkt zugespitzte militärische Lage und das internationale Wettrüsten von sich. Vgl. „Appell des Obersten Sowjets ‚An die Parlamente und Völker der Welt‘“ In: Neues Deutschland, Jg. 36, Nr. 148 vom 24.6.1981, S. 1.

162 Vgl. BStU, MfS, BV Rostock, AS 217/81, Blatt 05: „Einschätzung zum Verlauf des 8. Kirchentags der evangelischen Landeskirche Greifswald am 28.6.1981 und des landeskirchlichen Jugendtreffs am 27.6.1981 in Stralsund“, S. 4.

163 Vgl. ebd.

164 Vgl. ebd. S. 3.

165 Vgl. „Kirchentag in Stralsund“ In: Der Demokrat, Jg. 36, Nr. 149 vom 27./28.6.1981, S. 3.

166 So habe Gienke in seiner Predigt beim Abschlussgottesdienst hervorgehoben, der Kirchentag wolle jeden Einzelnen dazu ermutigen, dass er in Familie, Beruf und Gesellschaft seinem Nächsten diene. Siegfried Plath soll in seinem Vortrag in der Heilgeistkirche erklärt haben, die Kirche müsse für konkrete Schritte zur Sicherung des Friedens beten und sich für die Schaffung vertrauensbildender Maßnahmen in der Gesellschaft einsetzen, um den Frieden zu festigen. Vgl. „Mit Gott für den Menschen“ In: ebd. Nr. 150 vom 29.6.1981, S. 2; „Vertrauen schaffen“ In: Neue Zeit, Jg. 37, Nr. 156 vom 4.7.1981, S. 5.

167 Vgl. ebd.

168 Vgl. „Ein Kirchentag ohne Sensationen, aber in fröhlicher Gemeinschaft“ In: Mecklenburgische Kirchenzeitung, Jg. 36, Nr. 28 vom 12.7.1981, S. 2.

169 Vgl. ebd.

170 Vgl. ebd.; „Offen für alle“ In: Die Kirche (Greifswalder Ausgabe), Jg. 36, Nr. 34 vom 23.8.1981, S. 4.

Für *Die Kirche* stach vor allem die Abschlussversammlung hervor, die im Vergleich zum vorherigen Landeskirchentag eine inhaltliche und gestalterische Steigerung erfahren habe[171].

Die Gründe für das relativ geringe Interesse der Medien am Stralsunder Kirchentag 1981 scheinen zum einen der deutlich kleinere Rahmen des Treffens und zum anderen das sehr auf religiöse Themen ausgerichtete Programm gewesen zu sein. Nicht nur im Hinblick auf die Resonanz der Presse fiel der Kontrast zum darauffolgenden Kirchentag außergewöhnlich groß aus: Das für 1983 in Rostock geplante gemeinsame Treffen der Greifswalder und der mecklenburgischen Kirche anlässlich des 500. Geburtstags von Martin Luther sollte in mancher Hinsicht neue Maßstäbe für die Kirchentagsarbeit setzen.

5.7 Fazit

Da die Stralsunder Gemeinden zum dritten Mal in Folge einen Kirchentag auszurichten hatten und die Vorbereitungen zum Lutherjahr 1983 bereits angelaufen waren, feierte man den achten Landeskirchentag in einem sehr viel kleineren Rahmen als normalerweise üblich. Als entgegenkommende Maßnahme beschränkten die Organisatoren das Programm auf einen einzigen Tag, was allerdings eine deutliche Reduzierung der gestalterischen Möglichkeiten zur Folge hatte. Hätte der Landesausschuss allerdings auf einem dreitägigen Treffen bestanden, hätten sich die Stralsunder Gemeinden aus Gründen der Überforderung vermutlich für eine Absage dieses Kirchentags entschieden. Dadurch wäre aber eine siebenjährige Landeskirchentagspause von 1978 bis 1985 entstanden, und so gingen die Veranstalter schließlich das Wagnis eines Kirchentags *en miniature* ein.

Das Programm enthielt nur wenige traditionelle Kirchentagsangebote: Vortrag, Gespräche, Bibelarbeit und Abschlussversammlung. Auf ein umfangreiches Gottesdienstangebot, gesonderte Veranstaltungen für Jugendliche sowie ökumenische, kirchenmusikalische und kulturelle Programmpunkte verzichtete man ganz. Vor allem die fehlende Berücksichtigung von Jugendlichen wurde im Vorfeld diskutiert. Die Forderungen des Landesjugendpastors Christoph Schramm nach einem eigenständigen Jugendprogramm fanden jedoch beim Landesausschuss kein Gehör. Nachdem Schramm allerdings bekannt gegeben hatte, dass die Jugendarbeit der ELKG angesichts dieser Entwicklung einen eigenen Jugendtreff am 27. Juni 1981 anbieten würde, lenkte der Landesausschuss teilweise ein. Er beschloss zwar keine Erweiterung des Programmangebots für jüngere Besucher, einigte sich aber mit den Vertretern der Jugendarbeit darauf, dass der Jugendtreff die Teilnehmer auf den Kirchentag einstimmen und thematisch darauf vorbereiten sollte. Auch wenn dieses Experiment aus Sicht der Kirchentagsveranstalter geglückt war, strebte der Landesausschuss im Hinblick auf kommende Treffen eine stärkere Integration der Jugendarbeit in das Programm an.

Gesellschaftspolitische Themen kamen kaum zur Sprache. Wahrscheinlich als Reaktion auf Fragen beim landeskirchlichen Jugendtreff zum Wehrunterricht ging Siegfried Plath in seinem Vortrag beim Kirchentag auf eine mögliche Nichtteilnahme an dem Schulfach ein. Kritischere Töne gab es offenbar nur beim „Treffpunkt Jugend und Familie I“ zu hören, dessen Programm die „Gruppe Schalom“ gewohnt

171 Vgl. „Der Tag nach Siebenschläfer“ In: Die Kirche (Greifswalder Ausgabe), Jg. 36, Nr. 30 vom 26.7.1981, S. 4.

hintersinnig und humorvoll gestaltete. Der inhaltliche Fokus des Kirchentags lag auf dem Thema Nächstenliebe, im Kontext des von der UNO ausgerufenen „Internationalen Jahres der Behinderten" vor allem in Bezug auf den Themenbereich Krankheit. Das Beleuchten des Zusammenlebens von Gesunden und Kranken zog sich durch fast alle Veranstaltungen. Eine breitere Auseinandersetzung mit der Lebenssituation von behinderten Menschen erfolgte aber nicht, obwohl gerade im kirchlichen Rahmen viele Anknüpfungspunkte bestanden hätten.
Den Höhepunkt des Kirchentags bildete wie so oft die Abschlussversammlung, die als Gottesdienst konzipiert war und bei der die Teilnehmer in großer Gemeinschaft zum ersten Mal in der Kirchentagsgeschichte der ELKG ein Abendmahl unter freiem Himmel feierten. Die positive Resonanz beeinflusste schließlich auch die Planung der Kirchentage von 1983 und 1988, die ebenso mit einem Open-Air-Abendmahlsgottesdienst endeten. Das ist einer der Gründe, weshalb das Treffen von 1981 trotz seines kurzen Programms eine wichtige Station in der Entwicklung der Kirchentage der ELKG und der ELLKM war. Außerdem mag das Treffen trotz der sehr knappen Erörterung der Frage nach den Lebensbedingungen von Menschen mit körperlicher oder geistiger Behinderung den Blick der Teilnehmer für diese Problematik geschärft haben. Jedenfalls geriet das Thema nicht in Vergessenheit und wurde zum Beispiel beim Landeskirchentag 1985 erneut aufgegriffen.
Darüber hinaus machte das Treffen deutlich, dass der Landesausschuss eine Behandlung kontroverser kirchlicher und gesellschaftlicher Themen weiterhin scheute. Während der Vorbereitungsphase hatte es zwar erste Ansätze zur Überwindung dieser Haltung gegeben, aber der Landesausschuss war dann – vielleicht auch unter dem Druck der vom Bischof verfolgten kirchenpolitischen Linie – schnell wieder zurückgerudert. Die staatlichen Stellen zeigten sich angesichts des eher harmlosen Verlaufs des achten Landeskirchentags äußerst zufrieden. Sie hatten an ihrer Strategie festgehalten, durch relativ großzügiges Entgegenkommen im organisatorischen Bereich die Position der „realistischen Kräfte" in der Greifswalder Kirche – und damit perspektivisch auch im Kirchenbund – zu stärken und ihr Ansehen bei der christlichen Bevölkerung zu verbessern. Am Horizont tauchte bereits ein Ereignis auf, von dem sich die DDR-Führung eine weitere Steigerung ihres Erfolgs versprach: Das Lutherjahr mit seinen zahlreichen Veranstaltungen besaß in den Augen der SED eine sehr große innen- und außenpolitische Bedeutung. Somit wuchs sowohl auf staatlicher als auch auf kirchlicher Seite die Vorfreude auf die Kirchentage des Jahres 1983, die in vieler Hinsicht bisher ungekannte Ausmaße annehmen sollten.

6. „Vertrauen wagen" – der Rostocker Kirchentag 1983

6.1 Ungeahnte Möglichkeiten – die kirchlichen Vorbereitungen

Das Jahr 1983 war für die evangelische Kirchentagsarbeit in der DDR von herausragender Bedeutung. Im Rahmen der Feierlichkeiten zum 500. Geburtstag Martin Luthers erlebten die Veranstalter nicht nur einen immensen Zustrom von Besuchern aus dem In- und Ausland, sondern auch eine bis dato ungekannte Unterstützung durch den Staat[1]. Die Kirchentage zählten zu den Höhepunkten des Jubiläumsjahres, das am 4. Mai mit einer vom DDR-Fernsehen übertragenen Festveranstaltung auf der Wartburg offiziell eingeläutet wurde und mit den ökumenischen Begegnungstagen vom 10. bis 13. November in Leipzig und Eisleben seinen Abschluss fand[2]. Insgesamt gab es sieben Kirchentagstreffen in allen Regionen der DDR: Den Auftakt bildete der Erfurter Kirchentag vom 12. bis 15. Mai, darauf folgten die Kirchentage in Rostock (10. bis 12. Juni), Eisleben (17. bis 19. Juni), Frankfurt/Oder (17. bis 19. Juni), Magdeburg (23. bis 26. Juni), Dresden (7. bis 10. Juli) und Wittenberg (22. bis 25. September). Deutlich stärker als in den vorangegangenen Jahren beteiligte sich die Berliner EKT-Zentrale an den Vorbereitungen der einzelnen Treffen. In Absprache mit dem unter dem Vorsitz von Bischof Werner Leich am 7. Dezember 1978 gegründeten kirchlichen Luther-Komitee[3] trug die EKT-Zentrale zur Unterstützung und Koordinierung der Arbeit der verschiedenen Landesausschüsse bei, unter anderem im Hinblick auf die Themenwahl und die Öffentlichkeitsarbeit.
Erste Vorüberlegungen zu den Kirchentagsveranstaltungen 1983 trafen das Präsidium des EKT und der Vorstand der KKL bereits zehn Jahre vor dem Jubiläum[4]. Dabei ging es auch um die Frage, ob unter dem besonderen Gesichtspunkt des Lutherjubiläums ein zentraler Kirchentag in der DDR realisierbar wäre. Anfang 1979 präsentierte die von der Konferenz der Landesausschüsse eingesetzte Arbeitsgruppe ihre Argumente für ein zentrales Treffen, das es seit dem Leipziger Kirchentag 1954 nicht mehr gegeben hatte. Die Gruppe führte an, dass die staatliche Bereitschaft zur Zustimmung in einem so wichtigen Festjahr vermutlich deutlich größer wäre als sonst[5]. Nutzte man diese Chance, so könnte ein gemeinsamer Kirchentag das Zusammengehörigkeitsgefühl innerhalb des Kirchenbundes stärken und durch den Austausch zwischen den Gemeindemitgliedern aus allen Gegenden der

---

1 Siehe Kapitel 6.2. Zu den Hintergründen des so genannten Lutherjahrs 1983 vgl. außerdem Peter Maser: „Mit Luther alles in Butter?" Das Lutherjahr 1983 im Spiegel ausgewählter Akten, Berlin 2013; Hartmut Lehmann: Luthergedächtnis 1817 bis 2017, Göttingen 2012; Jan Scheunemann (Hg.): Reformation und Bauernkrieg. Erinnerungskultur und Geschichtspolitik im geteilten Deutschland, Leipzig 2010; Martin Roy: Luther in der DDR. Zum Wandel des Lutherbildes in der DDR-Geschichtsschreibung, Bochum 2000; Raina Zimmering: Mythen in der Politik der DDR. Ein Beitrag zur Erforschung politischer Mythen, Opladen 2000; Horst Dähn/Joachim Heise (Hg.): Luther und die DDR. Der Reformator und das DDR-Fernsehen 1983, Berlin 1996.

2 Vgl. „DDR-Fernsehen überträgt Luthertag" In: Mecklenburgische Kirchenzeitung, Jg. 38, Nr. 17 vom 24.4.1983, S. 1.

3 Vgl. „Luther-Komitee bis 1983" In: Mecklenburgische Kirchenzeitung, Jg. 34, Nr. 1 vom 7.1.1979, S. 1.

4 Vgl. LKAG, Best. KT, Nr. 70: „Evangelischer Kirchentag in der DDR: Dokumentation III (Kurzfassung), September 1983", S. 1.

5 Vgl. LKAS, LA KT, Nr. 5: „Zentraler Kirchentag in der DDR 1983", 2.2.1979, S. 1.

Republik auch einen besonderen missionarischen Impuls aussenden[6]. Dadurch besäße ein möglicherweise in Berlin, Dresden, Leipzig oder Erfurt durchgeführtes zentrales Treffen das Potential, zum Erlebnis einer ganzen Generation zu werden, was sich gerade junge Christen wünschten[7]. Auf der Sondersitzung der Konferenz der Landesausschüsse am 3. Februar 1979 trugen im Gegenzug die Befürworter von regionalen Kirchentagen ihre Argumente vor. Ihrer Ansicht nach waren regionale Kirchentage nicht nur kostengünstiger, sondern auch besser erreichbar für Teilnehmer aus den verschiedenen Regionen[8]. Außerdem gaben sie zu bedenken, dass man ein zentrales Treffen aufgrund seiner Größenordnung als Machtdemonstration der Kirche missverstehen konnte[9]. Bei der anschließenden Diskussion sprach sich der Landesausschuss der KPS dennoch für einen DDR-weiten Kirchentag aus, während der Görlitzer Ausschuss für das regionale Modell votierte und der sächsische Ausschuss sogar mitteilte, im Falle der Durchführung eines zentralen Treffens eine eigene Beteiligung ganz auszuschließen[10]. Nachdem die einzelnen Ausschüsse noch einmal ihre Haltung in dieser Frage dargestellt hatten[11], kam es bei der Konferenzsitzung am 17. März 1979 zur endgültigen Abstimmung: Mit acht Stimmen zu fünf und einer Enthaltung entschied sich die Konferenz für regionale Treffen[12]. Sie sollten nach ersten Überlegungen in Rostock, Erfurt, Dresden, Magdeburg, Eisleben und Wittenberg stattfinden[13].

Das Rostocker Treffen wollten die Ausschüsse Greifswald und Mecklenburg gemeinsam vorbereiten[14]. Am 27. September 1980 trafen sich die Mitglieder beider Gremien[15] zu ihrer ersten gemeinsamen Sitzung, bei der sie das Wochenende vom 10. bis

---

6 Vgl. ebd.

7 Vgl. ebd. S. 2.

8 Vgl. LKAG, Best. KT, Nr. 2: Protokoll der Sitzung der Konferenz der Landesausschüsse am 3.2.1979, S. 1.

9 Vgl. ebd.

10 Vgl. ebd. S. 2.

11 Die Ausschüsse der Anhaltinischen Landeskirche, der EKiBB, der KPS und der ELLKM erklärten ihre Zustimmung zu einem zentralen Kirchentag, wohingegen sich die Ausschüsse Görlitz, Greifswald, Thüringen und Sachsen für regionale Treffen aussprachen. Vgl. LKAS, LA KT, Nr. 5: Protokoll der Sitzung der Konferenz der Landesausschüsse am 17.3.1979, S. 1f.

12 Vgl. ebd. S. 2.

13 Vgl. ebd.: Protokoll der Sitzung der Konferenz der Landesausschüsse am 15.9.1979, S. 1f.

14 Vgl. LKAS, OKR Gen., Nr. 753: Protokoll der Sitzung des Landesausschusses Mecklenburg vom 30.11. bis 1.12.1979, S. 2.

15 Zu den Mitgliedern des Landesausschusses Mecklenburg gehörten Pastor Joachim Gauck, der nach dem aus gesundheitlichen Gründen zurückgetretenen Landessuperintendenten Günter Goldenbaum am 11. April 1981 zum Vorsitzenden gewählt wurde, die Diplomingenieurin Gisela Meer als Geschäftsführerin, Diakon Eberhard Beyer als Regionalsekretär des Kirchentags, Johanna Schmidt als Kassenführerin, der Ingenieur Fritz Döscher, Karin Degner, Pastor Jens Langer, Landessuperintendent Kurt Winkelmann, Hilda Lundbeck, Erika Hoffmann, Landesjugendpastor Johannes Lohmann und Herr Maeting. Landessuperintendent Otto Schröder und Landesjugendpastor Ernst-Friedrich Roettig schieden im Sommer 1982 aus. Den Greifswalder Ausschuss bildeten Siegfried Bohl als Vorsitzender, Ingrid Plath als Geschäftsführerin, Siegfried Plath, Winrich Jax, Roland Springborn, Hans-Peter Günther, Friedrich Harder und Heinz Hunger. Vgl. ebd.: Brief von Günter Goldenbaum an den Oberkirchenrat, 29.12.1980; ebd.: Brief von Jens Langer an den Oberkirchenrat in Schwerin, 13.4.1981; LKAS, LA KT, Nr. 2: Liste der Mitglieder des Landesausschusses Mecklenburg; ebd.: Protokoll der Sitzung des Landesausschusses Mecklenburg am 11.4.1981, S. 3; ebd.: Protokoll der Sitzung des gemeinsamen Landesausschusses am 18.9.1982, S. 1.

12. Juni 1983 als Veranstaltungszeitraum ins Auge fassten[16]. Für die organisatorische Vorbereitung setzte der gemeinsame Ausschuss eine Zentrale Organisationsgruppe[17] (ZORG) ein, die ihre Arbeit im April 1981 aufnahm[18]. Die inhaltliche Gestaltung des Programms wurde 25 Vorbereitungsgruppen übertragen, an denen sich rund 200 Personen aus beiden Landeskirchen beteiligten[19]. Außerdem gab es einen aus 14 Mitarbeitern bestehenden Ortsausschuss, zu dessen Aufgaben die Quartierbeschaffung, die Koordinierung der Ordner, der Transport und die Verpflegung der Teilnehmer, die Werbung sowie die Betreuung der ökumenischen Gäste gehörte und der eng mit den Rostocker Gemeinden zusammenarbeitete, wie zum Beispiel bei der Vorbereitung der Aktion „Sei unser Gast"[20]. Zur Abwägung des adäquaten Maßes zwischen einem einheitlichen Vorgehen und den regionalen Besonderheiten der Kirchentage nominierte darüber hinaus jeder Landesausschuss einen Regionalsekretär, der den Kontakt zum EKT-Büro in Berlin pflegte und für den Versand des Informations- und Werbematerials, die Verhandlungen mit den staatlichen Stellen sowie die Koordinierung der Vorbereitungsgruppen zuständig war[21]. Für den Rostocker Kirchentag übernahm der Güstrower Diakon Eberhard Beyer diese Aufgabe[22].

Ähnlich diffizil wie die Entscheidung für die passende Organisationsform der Kirchentage 1983 gestaltete sich die Auswahl der Losung. Anders als bei vorherigen Treffen sollte dafür diesmal nicht die entsprechende Jahreslosung, sondern aus gegebenem Anlass das Leben und Werk Martin Luthers Pate stehen. Beim Themenkonvent der Konferenz der Landesausschüsse vom 29. bis 30. Juni 1979 in Berlin wurden die Kriterien zur Festlegung des Themas beraten, wobei man vor allem Wert auf geistliche Hilfe und Ermutigung sowie auf Offenheit gegenüber Nichtchristen und Anknüpfungspunkte für die Ökumene legte[23]. Eine Heroisierung Luthers war nach Ansicht der Konventteilnehmer unbedingt zu vermeiden[24]. Vielmehr sollte das zu gestaltende Thema eine „Hilfe zum Christsein heute" bieten und das Streben nach Sicherheit im persönlichen und gesellschaftlichen Leben aufgreifen[25]. Vor dem Hintergrund eines der Aspekte der Rechtfertigungslehre[26], dass Gott als Schenkender auftritt, erarbeiteten die Vertreter der Ausschüsse zunächst die

---

16 Vgl. LKAS, LA KT, Nr. 4: Protokoll der Sitzung des gemeinsamen Landesausschusses am 27.9.1980, S. 1.

17 In dieser Gruppe wirkten Eberhard Beyer als Leiter und Geschäftsführer, Pastor Eberhard Erdmann, Karin Degner als Presseverantwortliche, Diakon Jobst Reifenstein, Pastor Arvid Schnauer als Vorsitzender des Ortsausschusses, Pastor Winrich Jax, LSPW Hans-Peter Günter und Ingrid Plath als Geschäftsführerin des Landesausschusses Greifswald mit. Vgl. LKAS, OKR Gen., Nr. 754: Protokoll der Sitzung der Arbeitsgruppenleiter am 23.4.1982, S. 6.

18 Vgl. LKAS, LA KT, Nr. 4: Einladung an die Mitglieder der ZORG, 10.4.1981.

19 Vgl. LKAS, OKR Gen., Nr. 754: Vorlage für die Sitzung der Landesausschüsse Greifswald und Mecklenburg am 19.11.1983, S. 1; BStU, MfS, BV Rostock, AS 361/83, Blatt 62: Presseinformation zum Kirchentag in Rostock, 11.1.1983, S. 2.

20 Vgl. LKAS, OKR Gen., Nr. 754: Vorlage für die Sitzung der Landesausschüsse Greifswald und Mecklenburg am 19.11.1983, S. 2.

21 Vgl. ebd. S. 10; LKAS, LA KT, Nr. 2: Protokoll der Sitzung der Konferenz der Landesausschüsse am 14.3.1983, S. 2.

22 Vgl. ebd.

23 Vgl. LKAG, Best. KT, Nr. 2: Protokoll des Themenkonvents in Berlin vom 29. bis 30.6.1979, S. 1f.

24 Vgl. ebd. S. 2f.

25 Vgl. ebd.

26 Vgl. dazu einführend Christiane Tietz: Art. Rechtfertigung III, in: RGG^4 7, Tübingen 2004, Sp. 105-107; Gerhard Sauter: Art. Rechtfertigung IV, in: TRE 28, Berlin/New York 1997, S. 315-320.

Losungen „Gott schenkt Leben“, „Gott schafft Neues“, „Glauben – wir werden leben“ und „Wir suchen Sicherheit – Gott schafft Leben“[27]. Da aber keine Formulierung prägnant genug erschien, beriet man sich erneut und entschied sich schließlich für „Wir suchen Sicherheit – Gott bietet Leben“, weil hier die Aspekte „suchen“ und „bieten“ am besten gegenüberstellt worden seien[28]. Den einzelnen Ausschüssen war diese Losung im Nachhinein betrachtet allerdings doch nicht stimmig genug, und so suchte eine von der Konferenz eingesetzte Themengruppe nach einem neuen Ansatz, der das aktuelle gesellschaftliche Thema „Sicherheit“ adäquater einbezog. Im Kontext des damals hochaktuellen Strebens aller Länder nach militärischer Sicherheit und in Anlehnung an das Prinzip des Vertrauens auf Gott, das dem Glaubenden die größte Sicherheit biete, schlug die Themengruppe die Formulierung „Vertrauen trägt mehr als Sicherheit“ vor[29]. Diese Losung veränderte der sächsische Landesausschuss zu „Vertrauen wagen – Sicherheit gewinnen“[30], woraus nach weiteren Diskussionen mit Verweis auf Luthers Auslegung des ersten Gebots im Katechismus („Wir sollen Gott über alle Dinge fürchten, lieben und vertrauen“) das Motto „Vertrauen wagen“ entstand, dem die Konferenz im Oktober 1980 endgültig zustimmte[31]. Auf der Grundlage der Losung, die für alle sieben geplanten Treffen gelten sollte[32], legte der Themenausschuss sechs Aspekte fest, welche die Veranstaltungen aufzugreifen hatten: „Vorurteile abbauen“, „einfach leben“, „von der Ökumene lernen“, „sich auf Machtlosigkeit einlassen“, „im gesellschaftlichen Leben wirksam werden“ und „auf Partnerschaft zugehen“[33]. In Rostock berücksichtigte man dies zum Beispiel bei der Planung der Hauptveranstaltung zum Kirchentagsthema, die alle Unterthemen anhand eines Vortrags, eines Kabaretts und eines Films zu entfalten suchte[34]. Die Rostocker griffen die Vorschläge des Themenausschusses auch in anderen Teilen ihres Programms auf, das in den wesentlichen Punkten Ende 1982 feststand. Beispielsweise dienten die Unterthemen jeweils als Motto für die einzelnen Gespräche bei „Sei unser Gast“, welche die Pastoren Jens Langer (Güstrow) und Horst Vogt (Rostock) gemeinsam mit Rostocker Gemeindegliedern organisierten[35].

Da die Kirchentage Bestandteil der Feierlichkeiten anlässlich des Lutherjubiläums waren, gab es in der Hansestadt ein paar Angebote, die sich speziell dem Wirken des Reformators widmeten. Dazu gehörte die Aufführung des Stücks „Luther und Müntzer oder die Einführung der Buchhaltung“ von Dieter Forte am 9. Juni im Volkstheater Rostock mit einer anschließend geplanten Diskussion unter Beteiligung der Mitwirkenden[36]. Mit der Aufnahme dieses Theaterstücks in das Vorprogramm

27 Vgl. LKAG, Best. KT, Nr. 2: Protokoll des Themenkonvents in Berlin vom 29. bis 30.6.1979, S. 3.

28 Vgl. ebd. S. 3f.

29 Vgl. ebd. Nr. 5: Protokoll der Sitzung der Themengruppe der Konferenz der Landesausschüsse am 31.10.1979, S. 1f.

30 Vgl. ebd. Nr. 2: Protokoll der Sitzung der Konferenz der Landesausschüsse am 1.3.1980, S. 3.

31 Vgl. ebd. Nr. 3: Protokoll der Sitzung der Konferenz der Landesausschüsse am 18.10.1980, S. 2.

32 Der sächsische Ausschuss erweiterte sie für den Kirchentag in Dresden zu „Vertrauen wagen – damit wir leben können“.

33 Vgl. LKAS, OKR Gen., Nr. 754: Protokoll der Sitzung der Arbeitsgruppenleiter am 23.4.1982, S. 1.

34 Vgl. ebd.

35 Vgl. „Sei unser Gast“ In: Mecklenburgische Kirchenzeitung, Jg. 38, Nr. 21 vom 22.5.1983, S. 4; LKAS, OKR Gen., Nr. 754: Veranstaltungsplan Kirchentag Rostock 1983, 1.12.1982, S. 4; LKAS, LA KT, Nr. 4: Liste der Mitglieder des Ortsausschusses.

36 Vgl. LKAS, OKR Gen., Nr. 754: Programm des Rostocker Kirchentags 1983, S. 5. Siehe dazu Kapitel 6.5.

zeigten die Verantwortlichen des Kirchentags, dass sie sich der von der Konferenz der Landesausschüsse geforderten kritischen Auseinandersetzung mit dem Leben und Werk Luthers durchaus stellen wollten. Denn der Autor setzte den Reformator nicht als Vorbild im Glauben und Erneuerer der Kirche in Szene, sondern als inkompetenten Opportunisten, der sich von den Mächtigen zur Durchsetzung ihrer politischen und ökonomischen Interessen benutzen ließ[37]. Weitere Programmpunkte zu Luther waren das im Lutherhaus geplante Angebot „Martin Luther – Hier stehe ich“[38], das Forum „Martin Luther aus der Sicht der katholischen Kirche“[39] und der Vortrag „Das marxistische Lutherbild“[40]. Die Titel dieser Veranstaltungen zeigen, dass die Gestalter des Kirchentagsprogramms Martin Luther aus verschiedenen Perspektiven betrachten wollten. Dabei lassen sich auch die Kriterien für die Entfaltung der Thematik der Kirchentage erkennen, die der Themenkonvent der Konferenz der Landesausschüsse 1979 in Berlin erarbeitet hatte: eine kritische Betrachtung Luthers, die Berücksichtigung der Perspektive der Nichtchristen und der ökumenische Aspekt.
Den Kern des Rostocker Programms bildeten jedoch nicht die Angebote zum Wittenberger Reformator, sondern die Großveranstaltungen wie der „Startabend“ in der Marienkirche[41], die zwei Hauptveranstaltungen zum Kirchentagsthema in der Kongresshalle[42], der „Abend der Begegnung“[43] und die Abschlussversammlung[44]. Als Gegenstück zu den großen Veranstaltungen nahmen die Organisatoren die Aktion „Sei unser Gast“ in das Programm auf, die man beim Stralsunder Kirchentag 1978 erstmals mit großem Erfolg erprobt hatte[45]. Auch die zahlreichen geistlichen Angebote, abgesehen vom Abschlussgottesdienst, sollten in einem eher kleineren Rahmen stattfinden. Dazu zählten die vier Bibelarbeiten[46], die „Liturgische Nacht“[47], das „Gebet zur Nacht“[48], das „Nachtgebet für den Frieden“ vom Arbeitskreis „Erziehung zum Frieden“ der ESG Rostock[49] und die Meditation in der Universitätskirche[50] sowie das „Abendmahl am Morgen“, das „Morgenlob“ und die

37 Vgl. Ingo Breuer: Theatralität und Gedächtnis, S. 262-264.
38 Die Leitung übernahm Pastor Ernst-Joachim Waschke aus Hanshagen. Vgl. LKAS, OKR Gen., Nr. 754: Veranstaltungsplan Kirchentag Rostock 1983, 1.12.1982, S. 8.
39 Das Forum wurde vom katholischen Pfarrer Horst Gollnick (Sternberg) und Professor Sonntag (Erfurt) verantwortet. Vgl. ebd. S. 4.
40 Vgl. ebd.: Programm des Rostocker Kirchentags 1983, S. 9. Siehe dazu Kapitel 6.5.
41 Die Leitung hatte Pastor Joachim Gauck, Rostock. Vgl. ebd. S. 3.
42 Der Verantwortliche für diese Veranstaltungen war Pastor Jens Langer. Vgl. ebd. S. 4.
43 Diese Veranstaltung leitete Pastor Sybrand Lohmann, Rostock. Vgl. ebd. S. 5.
44 Die Abschlussversammlung wurde von Pastor Winrich Jax (Stralsund) geleitet. Vgl. ebd. S. 9.
45 Siehe dazu Kapitel 4.3 sowie Kapitel 6.4.
46 Die Gestaltung der Bibelarbeiten war ausgewogen verteilt worden: An einen Theologen aus der Bundesrepublik (Bischof Ulrich Wilckens, Lübeck) und einen aus der DDR (Joachim Wiebering vom Theologischen Seminar Leipzig) sowie an je einen Vertreter der mecklenburgischen und der Greifswalder Kirche (Pastor Karl Adolf Schumann aus Ranzin bei Greifswald und die Geschäftsführerin des Landesausschusses Mecklenburg, Gisela Meer). Vgl. LKAS, OKR Gen., Nr. 754: Veranstaltungsplan Kirchentag Rostock 1983, 1.12.1982, S. 6; ebd.: Programm des Rostocker Kirchentags 1983, S. 11.
47 Für diese Veranstaltung war Pastor Joachim Anders aus Lubmin bei Greifswald verantwortlich. Vgl. ebd.: Veranstaltungsplan Kirchentag Rostock 1983, 1.12.1982, S. 5.
48 Die Leitung übernahm Pastor Johannes Görlich, Parchim. Vgl. ebd.
49 Studentenpfarrer Christoph Kleemann leitete diese Veranstaltung. Vgl. ebd.: Protokoll der Sitzung der Arbeitsgruppenleiter am 30.11.1982, S. 5.
50 Die Gestaltung der Meditation übernahm Pastor Horst Vogt (Rostock). Vgl. ebd.: Veranstaltungsplan Kirchentag Rostock 1983, 1.12.1982, S. 6.

„Liturgische Morgenfeier“[51]. Wie in Stralsund 1981 verzichteten die Veranstalter auf ein umfangreiches Gottesdienstangebot und gestalteten die Abschlussversammlung dafür als Abendmahlsgottesdienst unter freiem Himmel. Im Gegensatz zu den beiden vorherigen Kirchentagen im Norden wollte man in Rostock eine Darstellung des landeskirchlichen Gemeindelebens in das Programm einbauen. Beim Kirchentag 1976 in Rostock wurde eine „Messe der kirchlichen Dienste“ veranstaltet, bei der Gemeindegruppen und kirchliche Einrichtungen ihre Arbeit vorstellen konnten[52]. Für den Kirchentag 1983 veränderten die Organisatoren das Konzept, indem sie einen mobilen „Rostocker Kirchenmarkt“ planten, für den die kirchlichen Dienste und Gemeinden eigene, in origineller Anlehnung an die Kirchentagslosung „Vertrauenswagen“ genannte Karren bauen und gestalten sollten[53]. Als spezielle Angebote für jüngere Teilnehmer waren ein „Kinderkirchentag“ in der Heiligen-Geist-Kirche[54] sowie zwei Jugendveranstaltungen in der Kongresshalle[55] und in der Petrikirche[56] vorgesehen. Darüber hinaus umfasste das Programm einige kulturelle und kirchenmusikalische Veranstaltungen, wie die Lesung zum Thema „Vertrauen wagen“ mit den Schriftstellern Jürgen Rennert und Heinrich Ehlers[57], die „Stunde der Kirchenmusik“ mit dem Greifswalder LKMD Manfred Schlenker[58] und die Aufführung des Oratoriums „Elias“ von Felix Mendelssohn-Bartholdy unter der Leitung von KMD Hartwig Eschenburg[59]. Als Kommunikations- und Freizeitzentrum des Kirchentags war die Petrikirche geplant. Dort konnten die Besucher von Freitag bis Sonntag entspannen, sich über den Kirchentag austauschen, basteln, an einem Forum für Hobbymusiker oder einem Gespräch mit Vertretern der Kirchenleitungen der ELLKM und der ELKG teilnehmen[60].

Ob die geplanten Veranstaltungen genügend Teilnehmer finden würden, mussten sich die Organisatoren nicht fragen. Durch den 500. Geburtstag Martin Luthers waren den Treffen eine immense mediale Aufmerksamkeit und eine bisher beispiellose Werbekampagne gesichert. Die Vielfalt und der große Umfang der Werbemaßnahmen standen in engem Zusammenhang mit den Aktivitäten des Kirchentagsbüros in Berlin. Anders als in den vorangegangenen Jahren übernahm die EKT-Zentrale die Verantwortung für den Großteil der Werbemittel[61]. Für Rostock gab sie 15.000 Plakate, 2.500 Poster, 25.000 Aufkleber, 3.500 Schallplatten und 20.000 Plaketten in Auftrag[62]. Hinzu kamen

51 Die Leitung dieser drei Angebote hatte Pastor Wolfgang Wilhelm, Greifswald. Vgl. ebd.

52 Vgl. „Kirche auf Karren“ In: Mecklenburgische Kirchenzeitung, Jg. 37, Nr. 44 vom 31.10.1982, S. 3.

53 Vgl. ebd.

54 Für diese Veranstaltung war die Rostocker Gemeindepädagogin Linde Ewert verantwortlich. Vgl. LKAS, OKR Gen., Nr. 754: Veranstaltungsplan Kirchentag Rostock 1983, 1.12.1982, S. 9.

55 Die Leitung übernahmen Pastor Gottfried Siegmund und die „Gruppe Schalom“. Vgl. ebd. S. 4; LKAS, LA KT, Nr. 2: Protokoll der Sitzung des gemeinsamen Landesausschusses am 9.4.1983, S. 2.

56 Der Verantwortliche war Pastor Georg Heydenreich, Kittendorf. Vgl. LKAS, OKR Gen., Nr. 754: Veranstaltungsplan Kirchentag Rostock 1983, 1.12.1982, S. 9.

57 Die Lesung bereiteten Studentenpfarrer Harro Lucht (Greifswald) und Pastor Walther Bindemann (Rostock) vor. Vgl. ebd. S. 8.

58 Vgl. ebd. S. 3.

59 Vgl. ebd. S. 8.

60 Vgl. ebd.: Programmheft Kirchentag Rostock 1983, S. 5.

61 Vgl. ebd.: Vorlage für die Sitzung der Landesausschüsse Greifswald und Mecklenburg am 19.11.1983, S. 6f.

62 Vgl. ebd.: Auflistung der Werbeartikel für den Kirchentag 1983 in Rostock; LKAS, LA KT, Nr. 2: Protokoll der Sitzung der ZORG am 14.3.1983, S. 2.

9.000 Kugelschreiber, die die Ausschüsse Mecklenburg und Greifswald für den Kirchentag herstellen ließen[63]. Für die Verteilung des Werbematerials setzte der gemeinsame Landesausschuss in den mecklenburgischen Propsteien jeweils zwei Beauftragte ein[64], die auch für die Einladung der Mitglieder der fünf nördlichen Kirchenkreise der EKiBB zuständig waren[65]. In der Hansestadt selbst konnten die Organisatoren bei den staatlichen Stellen eine umfangreiche Sichtwerbung durchsetzen. Insgesamt machten in Rostock sechs Großaufsteller und 140 Fahnen auf den Kirchentag aufmerksam, und zwar an exponierter Stelle wie dem Hauptbahnhof, an der Kongresshalle, in der Langen Straße, am Wilhelm-Pieck-Ring (heute „Am Vögenteich") und an der Marienkirche[66]. Darüber hinaus beantragte die ZORG bei der DEWAG eine öffentliche Plakatierung in den Kreisstädten der drei Nordbezirke, die zwei Wochen vor dem Ereignis tatsächlich erfolgte[67]. Die enormen Ausgaben für die Werbemittel und andere große Posten, wie die Miete der Kongresshalle und den Einsatz der Sonderzüge[68], machten die Finanzierung des Kirchentags zu einer schwierigen Aufgabe. Bis die Kosten durch die Einnahmen aus dem Verkauf von Werbematerial[69], Eintrittskarten[70] sowie durch Teilnehmergebühren[71], Kollekten und Spenden[72] gedeckt werden konnten, mussten die Veranstalter

63 Vgl. LKAS, OKR Gen., Nr. 754: Auflistung der Werbeartikel für den Kirchentag 1983 in Rostock.

64 Vgl. LKAS, LSI Doberan Gen., Nr. 756: Brief des gemeinsamen Landesausschusses an Landessuperintendent Ohse, 16.2.1983.

65 Dabei handelte es sich um Wittstock, Gransee, Templin, Pritzwalk und Perleberg-Wittenberge. Vgl. LKAS, Best. Landesbischöfe Rathke und Stier, Nr. 66: Bericht des Landesausschusses bei der Tagung der Landessynode der ELLKM vom 15. bis 18.3.1984, S. 1; LKAS, OKR Gen., Nr. 754: Vermerk zum Gespräch beim RdB Rostock am 14.1.1983, S. 2.

66 Vgl. LKAS, OKR Gen., Nr. 754: Vorlage für die Sitzung der Landesausschüsse Greifswald und Mecklenburg am 19.11.1983, S. 3; LKAS, LSI Doberan Gen., Nr. 756: Mitarbeiterbrief des gemeinsamen Landesausschusses, 21.2.1983.

67 Vgl. LKAS, OKR Gen., Nr. 754: Protokoll der Sitzung der ZORG am 17.1.1983, S. 2; ebd.: Vorlage für die Sitzung der Landesausschüsse Greifswald und Mecklenburg am 19.11.1983, S. 3.

68 Die Mietkosten der Kongresshalle betrugen 27.000 Mark, die Ausgaben für die Sonderzüge rund 56.500 Mark. Ein weiterer großer Kostenpunkt war die Verpflegung der Teilnehmer in Höhe von 24.000 Mark. Vgl. LKAS, Best. Landesbischöfe Rathke und Stier, Nr. 66: Bericht des Landesausschusses Mecklenburg bei der Tagung der Landessynode der ELLKM vom 15. bis 18.3.1984, S. 6.

69 Die Werbematerialien wurden gegen einen festgelegten Spendenbetrag abgegeben: für ein Plakat je nach Größe 1 bis 2 Mark, für ein Poster 5 Mark, für einen Aufkleber 50 Pfennig, für die Schallplatte 15 Mark, für eine Plakette zwischen 2 Mark und 2,50 Mark und für einen Kugelschreiber 5 Mark. Insgesamt nahmen die Veranstalter rund 188.000 Mark durch den Verkauf von Werbemitteln ein, wobei die Herstellungskosten ca. 132.000 Mark betrugen. Vgl. LKAS, LA KT, Nr. 2: Kassenstand Kirchentag Rostock, 5.4.1984; LKAS, OKR Gen., Nr. 754: Auflistung der Werbeartikel für den Kirchentag 1983 in Rostock.

70 Der Eintritt für die kirchenmusikalischen Veranstaltungen betrug pro Karte 5,05 Mark. Vgl. LKAS, OKR Gen., Nr. 754: Protokoll der Sitzung der Arbeitsgruppenleiter am 30.11.1982, S. 2.

71 Dauerteilnehmer zahlten 30 Mark (Rentner, Schüler und Studenten ermäßigt 20 Mark) und die Sonntagsteilnehmer 2 Mark. Kinder bis 14 Jahre waren von der Gebühr befreit. Dadurch wurden Einnahmen in Höhe von ca. 63.000 Mark erzielt. Vgl. ebd.: Programmheft Kirchentag Rostock 1983, S. 17; ebd.: Rundbrief des gemeinsamen Landesausschusses an die Kirchengemeinden, 25.4.1983, S. 2; LKAS, LA KT, Nr. 2: Kassenstand Kirchentag Rostock, 5.4.1984.

72 Im Vorfeld des Kirchentags erhielten die Organisatoren rund 19.000 Mark Spenden aus Gemeinden und von Privatpersonen. Hinzu kamen 16.000 Mark Kollekten aus der mecklenburgischen und der Greifswalder Kirche, die Kollekte des Abschlussgottesdienstes in Höhe von 46.000 Mark und die Kollekten anderer Veranstaltungen von insgesamt rund 26.500 Mark. Vgl. LKAS, LA KT, Nr. 2: Vorläufige Abrechnung Kirchentag Rostock, 14.11.1983, S. 1f.; LKAS, Best. Landesbischöfe Rathke und Stier, Nr. 66: Bericht des Landesausschusses Mecklenburg bei der Tagung der Landessynode der ELLKM vom 15. bis 18.3.1984, S. 6.

Vorschüsse in Höhe von 82.000 Mark beim Oberkirchenrat der ELLKM beantragen[73]. Am Ende waren sie allerdings nicht nur in der Lage, den Vorschuss zurückzuzahlen, sondern hatten darüber hinaus einen beträchtlichen finanziellen Überschuss erzielt, der als Rücklage für die kommenden Treffen der beiden Landeskirchen diente[74].
Noch größere Bedeutung für das Gelingen des Kirchentags als die Werbung besaß die Zusammenarbeit mit den staatlichen Stellen. Die Organisatoren hatten zu Beginn der Vorbereitungsphase zwar gehofft, dass der Staat dem besonderen Anlass der Kirchentage 1983 Rechnung trug, aber auch sie hatten eine derart große Unterstützung nicht erwartet. Daher bestand ihre Strategie darin, die staatlichen Organe so früh wie möglich in die Vorbereitung einzubeziehen und deren Bedenken auszuräumen, es könnte beim Kirchentag zu Angriffen gegen die SED-Politik kommen. Im Dezember 1981 informierten die Bischöfe Heinrich Rathke und Horst Gienke den Vorsitzenden des RdB Rostock, Willi Marlow, offiziell über das Vorhaben und baten um organisatorische Unterstützung[75]. Während des Treffens drückten die Veranstalter den Staatsorganen schließlich mehrfach ihren Dank für das Entgegenkommen bei den technisch-organisatorischen Vorbereitungen aus, so zum Beispiel bei der Begegnung mit Kirchentagsmitarbeitern und ökumenischen Gästen im Michaelshof in Rostock-Gehlsdorf[76]. Laut MfS-Bericht hatte Joachim Gauck in seiner Ansprache neben der staatlichen Unterstützung auch die positive Entwicklung des Verhältnisses von Staat und Kirche hervorgehoben[77]. Bischof Gienke soll sich darüber hinaus bei den anwesenden Staatsvertretern[78] für die große Freiheit bei der Durchführung des Kirchentags bedankt haben, die in seinen Augen ein Ausdruck des kirchenpolitischen Weges seit dem Spitzengespräch vom 6. März 1978 darstellte[79]. Insgesamt bemühten sich die Veranstalter um ein positives Verhältnis zu den staatlichen Stellen, auch wenn die Zusammenarbeit nicht immer reibungslos verlief[80]. Die beiden zuständigen Bischöfe, die Vorsitzenden des Landesausschusses und der Regionalsekretär des Kirchentags sollen in den zahlreichen Gesprächen mit den Vertretern des RdB Rostock immer wieder erklärt haben, dass sie „provokatorische Handlungen" während des Treffens ausdrücklich verhindern wollten[81]. Bischof Rathke habe jedoch gleichzeitig angemahnt, dass der Staat freimütige Äußerungen, beispielsweise von Jugendlichen,

73 Vgl. LKAS, OKR Gen., Nr. 754: Brief von Eberhard Beyer an die Mitglieder der Landesausschüsse Mecklenburg und Greifswald und der ZORG, 16.7.1983.
74 Der Überschuss umfasste ca. 84.500 Mark, wovon 30.000 Mark als Rücklage für den gemeinsamen Kirchentag 1988 verwendet werden sollten. Der Rest floss in die Kirchentagsarbeit der ELKG (rund 18.000 Mark) und der ELLKM (etwa 36.500 Mark). Vgl. LKAS, LA KT, Nr. 4: Protokoll der Sitzung des Landesausschusses Mecklenburg am 14.4.1984, S. 1 und S. 3.
75 Vgl. LKAS, OKR Gen., Nr. 754: Brief der Bischöfe Rathke und Gienke an Willi Marlow, 30.12.1981.
76 Vgl. BStU, MfS, BV Rostock, AS 361/83, Blatt 168: „Begegnung zum Beginn des Kirchtages am 10.6.1983 Rostock Michaelshof", S. 1.
77 Vgl. ebd. S. 1f.
78 Eingeladen waren unter anderem der Stellvertreter des Vorsitzenden für Inneres des RdB Rostock, Jürgen Haß, und der Rostocker Oberbürgermeister Henning Schleiff. Vgl. ebd.; LKAS, Best. Landesbischöfe Rathke und Stier, Nr. 66: Ablaufplan der Begegnung im Michaelshof am 10.6.1983.
79 Vgl. BStU, MfS, BV Rostock, AS 361/83, Blatt 168f.: „Begegnung zum Beginn des Kirchtages am 10.6.1983 Rostock Michaelshof", S. 1f.
80 Siehe Kapitel 6.2.
81 Vgl. LAG, Rep. 200 II 7.3, Nr. 31, Blatt 358: Aktenvermerk von Jürgen Haß zum Gespräch mit Bischof Rathke und Bischof Gienke am 30.5.1983, S. 1.

nicht sofort als Provokation ansehen müsse[82]. Eine solche, obgleich eher vorsichtig formulierte Forderung nach Redefreiheit ist von Horst Gienke in den staatlichen Berichten nicht überliefert. Anscheinend wich der Greifswalder Bischof auch bei den Vorbereitungen des Rostocker Treffens im Umgang mit den Staatsorganen nicht von seiner Strategie der größtmöglichen Konfliktvermeidung ab. Für den Fall, dass es doch zu Problemen mit den staatlichen Stellen kam, hatten die Organisatoren für die Dauer des Kirchentags einen Krisenstab vorgesehen, dem die Mitglieder der ZORG sowie die Juristen der beiden Kirchenleitungen, OKR-Präsident Peter Müller und OKR Hans-Martin Harder angehörten[83]. Darüber hinaus fungierten Regionalsekretär Eberhard Beyer, der Ortsausschussvorsitzende Arvid Schnauer und Peter Müller als Ansprechpartner für die Staatsorgane[84]. Um ihrem Verständnis nach „kritische" Situationen zu verhindern, entwarfen die staatlichen Stellen allerdings ganz eigene Pläne für den Kirchentag, wie im Folgenden gezeigt wird.

6.2 „Großzügigkeit, Verständnis und kooperatives Handeln" – die staatlichen Vorbereitungen

Bereits in den fünf Jahren vor dem Lutherjubiläum hatte sich gezeigt, dass die SED aus taktisch-politischen Gründen zu einem gewissen Entgegenkommen im Hinblick auf die Vorbereitung von Kirchentagen bereit war. Doch das Ausmaß der staatlichen Hilfe im Rahmen des Lutherjubiläums stellte alles Bisherige in den Schatten. Die Unterstützung bezüglich der Genehmigung von Druckerzeugnissen, der Nutzung öffentlicher Plätze und Gebäude für Kirchentagsveranstaltungen oder der Einreise offizieller Gäste erfolgte nicht zuletzt deshalb so großzügig, weil die Welt im Jahr 1983 auf die DDR blickte, auf deren Gebiet sich die meisten Wirkungsstätten Martin Luthers befanden. Das Potential dieser besonderen Aufmerksamkeit politisch zu nutzen machte sich die Staatsführung bereits Ende der 1970er Jahre zur Aufgabe. So sagte Erich Honecker den Vertretern der Kirche schon beim Gespräch am 6. März 1978 organisatorische Hilfe für das Lutherjahr zu[85]. Diese Zusage stellte die SED allerdings – wie schon bei den Kirchentagen 1978 – vor ein Dilemma: Für eine erfolgreiche außen- und innenpolitische Wirkung mussten die Kirchentage einerseits mithilfe staatlicher Unterstützung eine gewisse Größe erreichen. Auf der anderen Seite durften sie aber nicht zu große Ausmaße annehmen, damit die Kirche am Ende nicht mehr davon profitierte als die SED. So sehr die staatlichen Organe eine massenwirksame Anerkennung ihrer Hilfe bei den Kirchentagsvorbereitungen anstrebten, hätten sie es letztlich wohl vorgezogen, wenn nur eine überschaubare Anzahl von Gemeindemitgliedern möglichst unauffällig ein kleines Fest in kirchlichen Räumen abgehalten hätte.
Mit dem Beschluss des ZK der SED zur „Vorbereitung und Durchführung der Martin-Luther-Ehrung der DDR 1983 aus Anlaß seines 500. Geburtstages am 10. November 1983" vom 16. Mai 1979 begannen die staatlichen Vorbereitungen. Als Höhepunkt war ein Festakt des Zentralkomitees, des Staatsrats, des

82 Vgl. ebd. S. 1f.
83 Vgl. LKAS, LA KT, Nr. 2: Protokoll der Sitzung der ZORG am 30.5.1983, S. 3.
84 Vgl. LAG, Rep. 200 II 7.3, Nr. 31, Blatt 359: Aktenvermerk von Jürgen Haß zum Gespräch mit Bischof Rathke und Bischof Gienke am 30.5.1983, S. 2.
85 Vgl. SAPMO-BArch, DY 30/IV B 2/14 Nr. 49, Blatt 72: „Festlegungen zu den vom Bund der Evangelischen Kirchen in der DDR gestellten Sachfragen", S. 2.

Ministerrats und des Nationalrats der Nationalen Front im November 1983 geplant[86]. Die Organisation der Veranstaltungen sollte ein Komitee übernehmen, bestehend aus leitenden Vertretern der Bereiche Politik, Kultur, Wissenschaft und Kirche[87]. Dieses staatliche Luther-Komitee konstituierte sich am 13. Juni 1980 unter dem Vorsitz von Erich Honecker[88]. Zusätzlich bildete das Zentralkomitee der SED eine von Paul Verner geleitete „Arbeitsgruppe zur Koordinierung und Kontrolle der politischen Aktivitäten zur Martin-Luther-Ehrung der DDR 1983“, der auch der Staatssekretär für Kirchenfragen, Klaus Gysi, und der Stellvertreter des Ministers für Staatssicherheit, Rudi Mittig, angehörten[89]. Bei dem Programm für das Jubiläumsjahr sparte die SED nicht mit großen Gesten wie der Restaurierung zahlreicher Lutherstätten, darunter die Wartburg, das Augustinerkloster in Erfurt und Luthers Geburtshaus in Eisleben, sowie gemeinsamen Auftritten mit leitenden Kirchenvertretern, zum Beispiel bei der Wiedereröffnung der Wartburg am 21. April 1983 mit Erich Honecker, Kulturminister Hans-Joachim Hoffmann und Bischof Werner Leich oder beim Festakt am 9. November 1983 in der Berliner Staatsoper[90]. Außerdem initiierte die SED-Führung ein umfangreiches kulturelles und wissenschaftliches Angebot. Dazu gehörten die Ausstellungen „Kunst der Reformationszeit“ in Berlin und „Martin Luther: Leben und Werk“ in Erfurt, der fünfteilige Fernsehfilm „Martin Luther“, die wissenschaftliche Konferenz „Martin Luther. Geschichtliche Stellung und historisches Erbe“ in Halle und das internationale Kolloquium „Kunst und Reformation“ in Eisenach[91]. Dass der Staat dem 500. Geburtstag des Reformators so viel Aufmerksamkeit schenkte, kam für viele Bürger überraschend. Seit der Gründung der DDR hatte die Äußerung von Friedrich Engels, Luther sei ein Bauernverräter und Fürstenknecht gewesen, das Lutherbild weiter Teile der Bevölkerung geprägt[92]. Der von Engels proklamierte Antagonismus vom niederträchtigen Martin Luther und einem heroischen Thomas Müntzer wurde besonders in der Nachkriegszeit und in den ersten Jahren der DDR von führenden Marxisten vehement propagiert[93].

86 Vgl. Beschluss des ZK der SED vom 16. Mai 1979: „Vorbereitung und Durchführung der Martin-Luther-Ehrung der DDR 1983 aus Anlaß seines 500. Geburtstages am 10. November 1983“, abgedruckt in: Hartweg (Hg.): SED und Kirche. Bd. 2, S. 409.

87 Vgl. ebd. Dem daraufhin gebildeten Komitee gehörten letztlich keine Vertreter der Kirche an, da das kirchliche Lutherkomitee eine so enge Kooperation nicht eingehen wollte. Allerdings war es den Mitgliedern des kirchlichen Komitees gestattet, an den Beratungen des staatlichen teilzunehmen. Vgl. Besier: Der SED-Staat und die Kirche 1969-1990, S. 765. Zu den Hintergründen der Bildung des staatlichen Luther-Komitees vgl. außerdem Maser: „Mit Luther alles in Butter?“, S. 78-108.

88 Vgl. SAPMO-BArch, DY 30/J IV 2/2 Nr. 1843, Blatt 7: Anlage Nr. 1 zum Protokoll Nr. 23/80: Rede von Erich Honecker anlässlich der Konstituierung des Martin-Luther-Komitees am 13. Juni 1980, S. 1.

89 Vgl. SAPMO-BArch, DY 30/J IV 2/3 Nr. 3427, Blatt 53: Anlage Nr. 6 zum Protokoll Nr. 113 vom 29.9.1982, S. 1.

90 Vgl. Maser: „Mit Luther alles in Butter?“, S. 126-139 und S. 281-314.

91 Vgl. ebd. S. 140-173 und S. 181-198. Zum Fernseh-Fünfteiler „Martin Luther“ vgl. auch Rotraut Simons: Das DDR-Fernsehen und die Luther-Ehrung, in: Dähn/Heise (Hg.): Luther und die DDR, S. 99-185.

92 Vgl. Wolfgang Flügel: Konkurrenz um Luther, S. 151.

93 Vgl. Hartmut Lehmann: Luthergedächtnis 1817 bis 2017, S. 257 und S. 263. Zur Bewertung von Martin Luther und der Reformation bei Karl Marx und Friedrich Engels sowie in der Historiografie der DDR von 1949 bis 1990 vgl. außerdem Martin Roy: Luther in der DDR. Zum Wandel des Lutherbildes in der DDR-Geschichtsschreibung, Bochum 2000; Volker Leppin: Reformationsgeschichtsschreibung in der DDR und der Bundesrepublik, in: Scheunemann (Hg.): Reformation und Bauernkrieg, S. 35-46; Raina Zimmering: Mythen in der Politik der DDR, S. 169-280;

So bezeichnete beispielsweise Alexander Abusch, der spätere Kulturminister der DDR, Luther als größten Konterrevolutionär der deutschen Geschichte[94]. Ende der 1950er Jahre traten innerhalb der Geschichtswissenschaft vorsichtige Änderungen ein, als Max Steinmetz, der damals zu den bedeutendsten Mediävisten der DDR zählte, das 1952 in den wissenschaftlichen Diskurs eingebrachte Konzept der Reformation als „frühbürgerliche Revolution" weiterentwickelte[95]. Laut dieser Theorie galt Luther als Auslöser der „Revolution", was ihn nunmehr zu einem – wenn auch zwiespältigen – Nationalhelden machte[96].
Im Jahr 1967, im Kontext des 450. Jahrestags des Thesenanschlags zu Wittenberg, erfuhr das Lutherbild der SED und ihrer Geschichtsforscher eine weitere Aufwertung. Um die christliche Bevölkerung stärker in die sozialistische Gesellschaft einzubinden, stilisierte man Luther zum Stammvater der deutschen Nation und des Sozialismus[97]. Ganz im Sinne ihrer Abgrenzungspolitik gegenüber der Bundesrepublik stellte die SED die DDR als Fortsetzung und Vollendung aller fortschrittlichen und humanistischen Traditionen des deutschen Volkes dar, wobei sie betonte, dass die Reformation vornehmlich zur Nationalgeschichte der DDR gehöre[98]. Daher lehnte die Regierung eine Genehmigung gesamtdeutscher kirchlicher Feierlichkeiten in Wittenberg ab[99]. Angesichts der angespannten Lage stimmte der Rat der EKD schließlich zu, dass die östlichen Gliedkirchen die zentrale Feier am 31. Oktober in Wittenberg eigenverantwortlich vorbereiteten[100]. Im Vergleich zu 1983 verhielten sich die Staatsorgane 1967 deutlich restriktiver. Das betraf zum Beispiel die Gästeliste der kirchlichen Festveranstaltung: Ursprünglich hatten die Organisatoren 800 ausländische Gäste vorgesehen, doch letztlich erhielten nur etwa 120 der Eingeladenen eine Einreisegenehmigung[101]. Darüber hinaus konnte ein für Leipzig geplanter Kirchentag nicht stattfinden, weil die Staatsorgane die Zustimmung verweigerten[102]. Zur gezielten Vereinnahmung des Jubiläums 1967 setzte die SED-Führung neben der Beschränkung kirchlicher Vorhaben auf dic Vorbereitung eigener Veranstaltungen. Die Feierlichkeiten im Oktober in Wittenberg bereitete das Kulturministerium vor, insbesondere das „Komitee der DDR für die zentralen Veranstaltungen anlässlich des 450. Jahrestags der Reformation"[103]. Dazu gehörten eine wissenschaftliche Konferenz vom 24. bis 26. Oktober[104], ein Festumzug mit historischem Markttreiben am 29. Oktober und der Festakt des staatlichen Luther-Komitees

Jan Herman Brinks: Die DDR-Geschichtswissenschaft auf dem Weg zur deutschen Einheit, S. 149-165 und S. 225-261.

94 Vgl. Lehmann: Luthergedächtnis 1817 bis 2017, S. 264.

95 Vgl. ebd. S. 266. Zum Konzept der „frühbürgerlichen Revolution" vgl. Sascha Möbius: Überlegungen zur Theorie der „frühbürgerlichen Revolution", in: Scheunemann (Hg.): Reformation und Bauernkrieg, S. 49-62.

96 Vgl. Lehmann: Luthergedächtnis 1817 bis 2017, S. 267.

97 Vgl. Zimmering: Mythen in der Politik der DDR, S. 219; Roy: Luther in der DDR, S. 154.

98 Vgl. Lepp: Reformationsjubiläum 1967 im geteilten Deutschland, in: APuZ 5-7/2017, S. 41f.

99 Vgl. ebd. S. 42. Bis zur Gründung des Bundes der Evangelischen Kirchen in der DDR im Jahr 1969 waren die DDR-Landeskirchen Teil der Evangelischen Kirche in Deutschland (EKD).

100 Vgl. ebd.

101 Vgl. Silvio Reichelt: Der Erlebnisraum Lutherstadt Wittenberg, S. 310f.

102 Vgl. Roy: Luther in der DDR, S. 156.

103 Vgl. Zimmering: Mythen in der Politik der DDR, S. 223; Lepp: Reformationsjubiläum 1967 im geteilten Deutschland, in: APuZ 5-7/2017, S. 41.

104 Vgl. Zimmering: Mythen in der Politik der DDR, S. 222.

am 31. Oktober 1967[105]. Außerdem ließ die SED Sanierungsarbeiten an Lutherstätten in Wittenberg, Eisleben, Eisenach und Erfurt vornehmen, um vor allem die zahlreich erwarteten westlichen Touristen zu beeindrucken[106]. Verglichen mit 1967 war der Propagandaaufwand der SED im Jahr 1983 allerdings noch einmal sichtlich größer[107]. Eine Basis für diese Steigerung bildete die wissenschaftliche Diskussion um Tradition und Erbe der DDR in der zweiten Hälfte der 1970er Jahre, die unter DDR-Historikern eine zunehmend positive Bewertung der Rolle Martin Luthers nach sich zog[108]. Erich Honecker stellte sich an die Spitze der Befürworter eines durchweg positiven Lutherbilds, indem er den Reformator beispielsweise bei der Konstituierung des staatlichen Luther-Komitees 1980 zu den „größten Söhnen des deutschen Volkes" und den „bedeutendsten Humanisten, deren Streben einer gerechteren Welt galt", zählte[109]. Aus dem „Bauernverräter" bei Engels war in Honeckers Rede ein ehrenhafter Mensch mit „tiefer Volksverbundenheit" geworden[110]. Eine Zusammenfassung des von der Parteispitze propagierten neuen Lutherbilds erschien 1981 in Form der „Thesen über Martin Luther"[111]. Erarbeitet von der Akademie der Wissenschaften im Auftrag des Ministerrats der DDR stilisierten die 15 „Thesen" Luther zu einem starken, tapferen und schöpferischen Helden, der als Vorbild für alle DDR-Bürger dienen konnte[112]. Die SED-Führung beschäftigte sich so intensiv mit der Vorbereitung des Lutherjubiläums, von dessen Ausgestaltung sie sich eine Stärkung des Nationalbewusstseins der (christlichen) Bürger und internationale Anerkennung versprach, dass sie sogar beinahe das Gedenken an den 100. Todestag von Karl Marx vergaß[113]. Man stellte zwar noch in aller Eile ein umfangreiches Programm zusammen und erklärte das Jahr 1983 offiziell zum „Karl-Marx-Jahr", doch in der öffentlichen Wahrnehmung verblasste das Gedenken an den Begründer des Kommunismus neben der generalstabsmäßig organisierten Ehrung des Reformators aus Wittenberg[114].

Während sich die Regierung und das von ihr eingesetzte Luther-Komitee vor allem der Planung der staatlichen Festveranstaltungen widmeten, hatte das Staatssekretariat für Kirchenfragen die Aufgabe, die kirchlichen Vorhaben im Rahmen des Lutherjahrs zu kontrollieren und zu beeinflussen[115]. Besonderes Augenmerk lag dabei auf den sieben geplanten Kirchentagen. In der „Konzeption zur staatlichen Einflußnahme auf die Kirchentage 1983" vom 27. Oktober 1981 stellte das Staatssekretariat die Behauptung auf, die Kirchentagsarbeit in der DDR läge weiterhin in

105 Vgl. Lepp: Reformationsjubiläum 1967 im geteilten Deutschland, in: APuZ 5-7/2017, S. 41.

106 Vgl. ebd.

107 Vgl. Roy: Luther in der DDR, S. 154.

108 Vgl. Brinks: Die DDR-Geschichtswissenschaft auf dem Weg zur deutschen Einheit, S. 259f.

109 Vgl. SAPMO-BArch, DY 30/J IV 2/2 Nr. 1843, Blatt 7f.: Anlage Nr. 1 zum Protokoll Nr. 23/80: Rede von Erich Honecker anlässlich der Konstituierung des Martin-Luther-Komitees am 13. Juni 1980, S. 1f.

110 Vgl. ebd. S. 8.

111 Vgl. Lehmann: Luthergedächtnis 1817 bis 2017, S. 241. Veröffentlicht wurden die „Thesen" unter anderem im SED-Parteiorgan „Einheit", in der Zeitschrift für Geschichtswissenschaft und in der Zeitschrift für Geschichtsunterricht und Staatsbürgerkunde. Vgl. ebd. S. 253.

112 Vgl. ebd. S. 268. Zum Inhalt der „Thesen" siehe ebd. S. 214-228.

113 Vgl. ebd. S. 256; Maser: „Mit Luther alles in Butter?", S. 270.

114 Vgl. Maser: „Mit Luther alles in Butter?", S. 271f.

115 Vgl. SAPMO-BArch, DY 30/J IV 2/3 Nr. 3427, Blatt 57: Anlage Nr. 7 zum Protokoll Nr. 113 vom 29.9.1982: „Information über den Stand der Vorbereitung der Martin-Luther-Ehrungen 1983 und über kirchliche Aktivitäten", S. 3.

den Händen „loyaler Kräfte“, die „realistische“ Positionen zu Staat und Gesellschaft in der DDR bezögen[116]. Dieser Punkt war besonders wichtig, weil die kirchlichen Veranstaltungen im Lutherjahr nach staatlicher Meinung eine „erhöhte innen- und außenpolitische Bedeutung“ besaßen[117]. Auf Vorschlag des Staatssekretariats sollte der Modus der bisherigen Einflussnahme auf die Kirchentage beibehalten werden, indem die Staatsvertreter in den Gesprächen mit den Kirchenleitungen und Vorbereitungsausschüssen darauf drängten, dass in den Veranstaltungen „realistische“ Äußerungen zu gesellschaftspolitischen Fragen zum Ausdruck kamen[118]. Die Aufgabe der Staatsorgane bestand außerdem darin, konkrete Informationen zu den Programminhalten in Erfahrung zu bringen und dafür zu sorgen, dass sich die Treffen möglichst auf religiöse Themen beschränkten[119]. Zur Gewährleistung einer erfolgreichen Beeinflussung lautete die staatliche Devise im Hinblick auf die Zusammenarbeit mit den Kirchentagsverantwortlichen „Großzügigkeit, Verständnis und [...] kooperative[s] Handeln“[120]. So befürwortete das Staatssekretariat zum Beispiel „großzügige Einreisemöglichkeiten“ für offizielle Gäste[121]. Mit dieser Maßnahme konnte sich der Staat nicht nur die Dankbarkeit der Organisatoren, sondern auch das für seine Profilierung im Ausland nötige internationale Publikum sichern. In der Konzeption des Staatssekretariats lässt sich an dieser Stelle die nach wie vor ambivalente Haltung der SED-Führung zu den Kirchentagen erkennen: Einerseits plädierte man für ein freigiebiges Vorgehen bezüglich der Einreise ausländischer Gäste, andererseits erschienen die von der Kirche geplanten Einladungszahlen als zu hoch[122]. Auch in Bezug auf die Werbemaßnahmen zeigte sich die Widersprüchlichkeit des staatlichen Verhaltens. Um eine breite Wirkung in der Bevölkerung zu erzielen, war eine große Werbekampagne für die Kirchentage unerlässlich, sodass das Staatssekretariat kirchlichen Druckerzeugnissen grundsätzlich eine Genehmigung in Aussicht stellte[123]. Gleichzeitig ordnete es einen auf das Jahr 1983 begrenzten Einsatz der Werbemittel an[124] – wohl um die öffentliche Aufmerksamkeit für die Kirchen zu mindern. Letztlich hatten alle Formen staatlichen Entgegenkommens nach Anordnung der SED ein großes Ziel zu verfolgen: Die Feierlichkeiten sollten die Politik der DDR unterstützen, das Vertrauen der christlichen Bürger in die Politik stärken und sich dadurch positiv auf das Verhältnis von Kirche und Staat auswirken[125]. In den staatlichen Dokumenten findet sich in diesem Zusammenhang immer wieder das im kirchenpolitischen Kontext oft bemühte Mantra vom „Geist und Charakter des Grundsatzgesprächs vom 6. März 1978“[126]. Damit war gemeint, dass der Staat in der Öffentlichkeit als Unterstützer der Kirche wahrgenommen wurde und die Kirche

116 Vgl. BArch, DO-4/1391, Blatt 620: „Konzeption zur staatlichen Einflußnahme auf die Kirchentage 1983“, 27.10.1981, S. 1.
117 Vgl. ebd.
118 Vgl. ebd. S. 2.
119 Vgl. ebd. S. 3.
120 Vgl. ebd. S. 2.
121 Vgl. ebd.
122 Vgl. ebd.
123 Vgl. ebd.
124 Vgl. ebd. S. 4.
125 Vgl. LAG, Rep. 200 II 7.3, Nr. 31, Blatt 202: „Material zur Vorbereitung der Arbeitsgruppe zur parteimäßigen Koordinierung und Kontrolle der politischen Aktivitäten zum Kirchentag“, S. 1.
126 Vgl. ebd. Nr. 70: „Information über den Verlauf des Kirchentages der Evangelisch-Lutherischen Landeskirche Mecklenburg und der Greifswalder Kirche vom 10.-12. Juni 1983 in Rostock“, S. 2.

als stabilisierender innen- und außenpolitischer Faktor wirkte. Diesen „Geist" hatten nach staatlicher Ansicht auch die Kirchentage im Lutherjahr widerzuspiegeln[127]. Daher mussten die Staatsorgane sicherstellen, dass der Inhalt der Veranstaltungen „politisch vernünftig" war, vor allem bei den Programmpunkten zu den Themen Frieden und Umwelt sowie bei den Jugendveranstaltungen[128]. Besonderes Augenmerk war dabei auf geplante Aktivitäten „destruktiver Kräfte" zu richten, die keine Möglichkeit erhalten sollten, während des Kirchentags ihre „feindlichen Absichten" zu entfalten[129]. Zu diesem Zweck hielt es die SED-Bezirksleitung für essentiell, die Veranstalter ständig darauf hinzuweisen, dass sie die volle Verantwortung für einen störungsfreien Verlauf trugen[130].

Eine „positive Einflussnahme" auf den Ablauf des Rostocker Treffens wollte die SED aber nicht allein den Organisatoren überlassen. Um zu gewährleisten, dass das Programm mit den Interessen des Staates übereinstimmte, und zur Vermeidung von „Störungen" während des Kirchentags bildete die SED-Bezirksleitung am 1. Februar 1983 eine „Arbeitsgruppe zur parteimäßigen Koordinierung und Kontrolle der politischen Aktivitäten zum Kirchentag im Rahmen der Lutherehrungen 1983"[131]. Ihr gehörten neben Funktionären der Bezirksleitung der Stellvertreter für Inneres des RdB Rostock, Jürgen Haß, der Referent für Kirchenfragen des RdB Rostock, Roland Macht, Oberbürgermeister Henning Schleiff sowie der Stellvertretende Leiter der MfS-Bezirksverwaltung Rostock, Artur Amthor, an[132]. Unterstützung erhielt sie von der „Arbeitsgruppe für Information", die Tages- und Abschlussberichte für den 1. Sekretär der SED-Bezirksleitung, Ernst Timm, zu erstellen hatte[133]. Im Fall auftretender Probleme liefen bei der „AG Information" die Fäden zusammen, denn sie erhielt die Berichte von der SED-Kreisleitung, der Bezirksverwaltung der Stasi, der Bezirksdirektion der Volkspolizei und der Abteilung Inneres des RdB Rostock[134]. Außerdem legte die Arbeitsgruppe fest, welcher „Genosse" bei den einzelnen Veranstaltungen zum Einsatz kam – so waren beispielsweise Roland Macht für den Abschlussgottesdienst und CDU-Mitglieder für „Sei unser Gast" vorgesehen[135].

---

127 Vgl. ebd.

128 Vgl. ebd.

129 Vgl. ebd. S. 3.

130 Vgl. BStU, MfS, BV Rostock, AS 361/83, Blatt 83: „Beschluß der BL der SED: Informationen über den Stand der politischen Einflußnahme auf die Vorbereitung des Kirchentags im Rahmen der Martin-Luther-Ehrungen 1983 und über kirchliche Aktivitäten", S. 5.

131 Vgl. ebd. S. 4f.; LAG, Rep. 200 II 7.3, Nr. 31, Blatt 293: „Arbeitsplan der Arbeitsgruppe zur parteimäßigen Koordinierung und Kontrolle der politischen Aktivitäten zum Kirchentag im Rahmen der Lutherehrungen 1983", S. 1.

132 Insgesamt hatte die Arbeitsgruppe 14 Mitglieder: Heinz Lange (2. Sekretär der SED-Bezirksleitung) als Leiter, Herrn Mirtschink (Abteilungsleiter Sicherheit der Bezirksleitung), Herrn Baginski (Sektorenleiter für Agitation der Bezirksleitung), Herrn Niedorff (Sektorenleiter für Information der Bezirksleitung), Jürgen Haß, Henning Schleiff, Herrn Dibow (Abteilungsleiter Handel und Versorgung beim RdB Rostock), Herrn Wenglikowski (Abteilungsleiter Verkehr beim RdB Rostock), Roland Macht, Oberst Artur Amthor, Herrn Lorenz (Stellvertreter Operativ der Bezirksbehörde der DVP), Herrn Martens (Sekretär des Bezirksausschusses der Nationalen Front), Herrn Düwel (Direktor der Kongresshalle) und Reinhard Brüssow, den für Kirchenfragen zuständigen Mitarbeiter des Sekretariats der Bezirksleitung. Vgl. LAG, Rep. 200 II 7.3, Nr. 31, Blatt 311: „Information über den derzeitigen Stand der politischen und organisatorischen Vorbereitung des Kirchentags der Greifswalder und Mecklenburgischen Landeskirche", Anlage 3.

133 Vgl. ebd. Blatt 294: „Informationsplan für den Kirchentag in Rostock vom 10. bis 12.6.1983", S. 1.

134 Vgl. ebd. S. 2.

135 Vgl. ebd. S. 2-5.

Die SED-Bezirksleitung hielt darüber hinaus ständigen Kontakt zu den Vorstandsvorsitzenden der Bezirksverbände der CDU Rostock, Schwerin und Neubrandenburg, die insgesamt rund 60 „Unionsfreunde" zum Kirchentag entsandten[136].
Bei der Umsetzung der Parteivorgaben kam den Mitarbeitern des Rates des Bezirks eine Schlüsselrolle zu, da sie die direkten Ansprechpartner für die Organisatoren des Treffens waren. In den Gesprächen mit den Kirchentagsverantwortlichen mahnte vor allem Roland Macht wiederholt an, dass politische Aktionen bei einem Kirchentag unzulässig seien, das Treffen „politisch sauber" bleiben musste und das Thema Frieden „mit richtigem Stellenwert" zu behandeln war[137]. An diesen Formulierungen zeigte sich das staatliche Wunschbild von den Kirchentagen: Sie hatten vor allem unkritisch und devot die Politik der SED zu unterstützen. Im Gegenzug war der Staat zu Zugeständnissen bereit, und so sagte der RdB Rostock den Kirchenvertretern seine grundsätzliche Unterstützung in allen organisatorischen Fragen zu[138]. Sehr großzügig erwies sich die Hilfe bei der Genehmigung der Drucksachen, der Sichtwerbung und der Verpflegung der Teilnehmer. Die von der ZORG beantragten 4.000 Prospekte, 25.000 Programmhefte, 5.000 Einzelprogramme und 2.500 Poster erhielten ohne Abstriche eine Genehmigung[139]. In Bezug auf die Werbung in der Hansestadt stimmte der RdB Rostock fast allen kirchlichen Vorschlägen zu – einzig die Aufsteller und Plakate in der Kröpeliner Straße lehnte er ab[140]. Eine uneingeschränkte Unterstützung erhielten die Organisatoren bei der Verpflegung der Besucher. Die staatlichen Handelsorgane (HO) bereiteten ein Abendbrot für 400 Personen in der Kongresshalle am 10. Juni, jeweils 3.000 Portionen Mittagessen für den 11. und 12. Juni in der Kongresshalle und weitere 7.000 Portionen für den 12. Juni an Ständen in der Innenstadt vor[141]. Darüber hinaus bot Roland Macht seine Hilfe bei den Verhandlungen mit der Volkspolizei hinsichtlich der Parkmöglichkeiten und Straßensperrungen sowie bei der Reservierung von Hotelzimmern an[142]. Ebenfalls relativ unkompliziert verlief die Organisation des Transports der Teilnehmer. Zwar entsprach der Rat des Bezirks der Vorgabe des Staatssekretariats für Kirchenfragen, den Einsatz von Bussen zugunsten von Sonderzügen und verstärkten Regelzügen zu verweigern, indem er die Genehmigung der beantragten Busse ablehnte und auf die Kooperationsbereitschaft der Bahn verwies[143]. Doch die Reichsbahn sagte nicht nur die geplanten Strecken zu, sondern erlaubte sogar eine Umbenennung der Sonderzüge, sodass im Rostocker Hauptbahnhof die Züge „Martin Luther"[144],

136 Vgl. BStU, MfS, HA XX, Nr. 6992, Teil 2, Blatt 431: „CDU-Bezirksverband Rostock: Bericht über den Kirchentag in Rostock 1983", 12.6.1983, S. 12.

137 Vgl. LKAS, OKR Gen., Nr. 754: Vermerke zu den Gesprächen beim RdB Rostock am 1.3.1982, S. 1, am 18.6.1982, S. 1, sowie am 6.9.1982.

138 Vgl. LAG, Rep. 200 II 7.3, Nr. 31, Blatt 333: „Protokoll der Beratung mit der kirchlichen Arbeitsgruppe zur Vorbereitung des Kirchentages 1983 in Rostock am 26.10.1982, 10.00 Uhr", S. 1.

139 Vgl. ebd. Blatt 2: „Information über den geplanten Kirchentag vom 10. bis 12.6.1983 in Rostock", 10.3.1982, S. 2; ebd. Blatt 24: Mitteilung der Abteilung Kultur des RdB Rostock an Roland Macht.

140 Vgl. LKAS, OKR Gen., Nr. 754: Vermerk zum Gespräch beim RdB Rostock am 14.1.1983, S. 1.

141 Vgl. ebd.: Planung für die Verpflegung beim Rostocker Kirchentag, S. 1f.; LKAS, Best. Landesbischöfe Rathke und Stier, Nr. 66: Vermerk zum Gespräch beim RdB Rostock, 6.12.1982, S. 1.

142 Vgl. LKAS, OKR Gen., Nr. 754: Vermerk zum Gespräch beim RdB Rostock am 14.1.1983, S. 1f.

143 Vgl. BArch, DO-4/1391, Blatt 623f.: „Konzeption zur staatlichen Einflußnahme auf die Kirchentage 1983", 27.10.1981, S. 4f.; LKAS, OKR Gen., Nr. 754: Brief von Eberhard Beyer an den Oberkirchenrat und das Konsistorium, 6.5.1983, S. 1f.

144 Ab 6.25 Uhr von Wittenberge über Grabow und Ludwigslust, Ankunft in Rostock 8.48 Uhr.

„Philipp Melanchthon“[145], „Joachim Slüter“[146]; „Johann Calvin“[147], „Ulrich Zwingli“[148] und „Johannes Bugenhagen“[149] einfuhren[150]. Trotz der frühen Abfahrtzeiten waren die Sonderzüge gut ausgelastet und brachten insgesamt rund 4.800 Gäste zum Kirchentag[151].
Ein besonderes Zeichen des Entgegenkommens stellte die Bereitstellung öffentlicher Gebäude und Plätze für kirchliche Veranstaltungen dar. Als die Kirchentagsorganisatoren die Miete der Sport- und Kongresshalle[152] beantragten, wog der Rat des Bezirks die Vor- und Nachteile einer Genehmigung ab. Aus seiner Sicht bedeutete eine Zusage einerseits eine Aufwertung der Kirche und des Kirchentags als gesellschaftliche Größe, eine Steigerung der Attraktivität des Treffens und die potentielle Gefahr, dass „politisch-unrealistisch denkende Kräfte“ darin bestärkt wurden, immer größere Forderungen an den Staat zu stellen[153]. Andererseits war der RdB Rostock davon überzeugt, dass eine Zusage die kontinuierliche Weiterentwicklung des Verhältnisses von Staat und Kirche „auf der Basis des 6.3.78“ und das Vertrauen des Staates in die Kirche demonstrieren konnte[154]. Daraus ergäben sich wiederum gute Ansatzpunkte für die weitere politische Arbeit mit den Vertretern der Kirche und außerdem wäre damit die Behauptung einiger kirchlicher Mitarbeiter widerlegt, die Aussagen der Regierung widersprächen der politischen Praxis vor Ort[155]. Ein zusätzlicher Vorteil der Nutzungsgenehmigung läge darin, dass das „geordnete Verhältnis“ zwischen Staat und Kirche – „trotz aller Verleumdungen“ – internationale Anerkennung fände[156]. Diese Argumentation verdeutlicht wieder einmal das Dilemma, in dem die SED sich bei der Umsetzung ihrer Strategie in Bezug auf die Kirchentage befand: Ohne weit reichende staatliche Unterstützung konnten die Treffen nicht „öffentlichkeitswirksam“ genug werden, um ein größeres positives Echo im In- und Ausland hervorzurufen, doch von dem Entgegenkommen profitierte auch die Kirche, und zwar womöglich mehr als der Staat. Im Fall der Kongresshalle überwogen nach staatlicher Ansicht offenbar die Vorteile, sodass die Kirchentagsorganisatoren die Halle tatsächlich mieten durften[157]. Darüber hinaus stellte der Rat des Bezirks für den

145 Ab 8.14 Uhr von Schwerin über Bad Kleinen und Blankenburg, Ankunft in Rostock 9.32 Uhr.
146 Ab 6.24 Uhr von Pritzwalk über Ganzlin, Plau am See, Karow und Krakow, Ankunft in Rostock 9.08 Uhr.
147 Ab 6.32 Uhr von Gransee über Fürstenberg, Neustrelitz und Waren, Ankunft in Rostock 9.30 Uhr.
148 Ab 6.31 Uhr von Neubrandenburg über Stavenhagen, Malchin und Teterow, Ankunft in Rostock 8.50 Uhr.
149 Ab 6.34 Uhr von Greifswald über Stralsund und Velgast, Ankunft in Rostock 8.29 Uhr.
150 Vgl. „Sonderzüge zum Rostocker Kirchentag am 12. Juni“ In: Mecklenburgische Kirchenzeitung, Jg. 38, Nr. 20 vom 15.5.1983, S. 2.
151 So lauteten die kirchlichen Angaben. Nach staatlichen Einschätzungen kamen rund 4.300 Besucher mit den Sonderzügen und weitere 670 mit den Regelzügen zum Kirchentag. Vgl. LKAS, Best. Landesbischöfe Rathke und Stier, Nr. 66: Bericht des Landesausschusses Mecklenburg bei der Tagung der Landessynode der ELLKM vom 15. bis 18.3.1984, S. 6; LAG, Rep. 200 II 7.3, Nr. 70, Blatt 77: „Information über die angereisten Kirchentagsteilnehmer am 12.6.1983 mit Sonderzügen, Regelzügen und KOM“.
152 Heute „Stadthalle Rostock“.
153 Vgl. LAG, Rep. 200 II 7.3, Nr. 31, Blatt 9: „Information über den geplanten Kirchentag vom 10. bis 12.6.1983 in Rostock“, 10.3.1982, S. 9.
154 Vgl. ebd. S. 8.
155 Vgl. ebd.
156 Vgl. ebd.
157 Vgl. LKAS, OKR Gen., Nr. 754: Vermerk zum Gespräch beim RdB Rostock am 6.9.1982.

Abschlussgottesdienst den Parkplatz „Fischerbastion" in der Fischerstraße am „Haus der Gewerkschaften" zur Verfügung[158]. Damit hatte er einen außergewöhnlichen Präzedenzfall geschaffen: Erstmals in der Geschichte der nördlichen Kirchentage konnte eine Abschlussversammlung auf einem öffentlichen Platz in der Innenstadt stattfinden und ein öffentliches Gebäude wurde nicht nur für eine einzelne Veranstaltung, sondern für die gesamte Dauer des Treffens an die Kirche vermietet. Ermuntert von der bisher erlebten Großzügigkeit der staatlichen Stellen hatte die ZORG auch eine Nutzungsgenehmigung für den Platz vor dem Traditionsschiff am Warnowufer in Rostock-Schmarl für den „Abend der Begegnung" beantragt. Die Ausrichtung einer weiteren Massenveranstaltung vor der pittoresken Kulisse des Rostocker Hafens wollten die Staatsorgane jedoch nicht gutheißen. Um die zusätzliche Aufwertung des Treffens und die Präsenz der Kirche inmitten des sozialistischen Plattenbaugebiets zu verhindern, erteilte der Rat des Bezirks der ZORG eine Absage mit der taktischen Begründung, das Naherholungsgebiet der Neubaugebiete von Rostock stünde in der Saison grundsätzlich nicht zur Verfügung[159]. Somit mussten die Veranstalter den „Abend der Begegnung" zwar in die Kongresshalle verlegen, doch es gelang ihnen trotzdem, eine Verbindung zu den Neubaugebieten Schmarl, Groß Klein, Lütten Klein und Evershagen herzustellen, indem sich die dazugehörigen Kirchengemeinden bei diesem Programmpunkt präsentierten[160]. Auch eine andere Veranstaltung rief bei den Staatsorganen die Befürchtung hervor, der Kirchentag könnte in der Hansestadt zu viel Aufmerksamkeit bekommen: die „Kirche auf Karren". Dieser mobile „Rostocker Kirchenmarkt" sollte auf Wunsch der Organisatoren an vielen verschiedenen Orten in der Stadt zu sehen sein[161]. Dadurch hätten die Mitwirkenden die Möglichkeit erhalten, mit zahlreichen Personen in Kontakt zu kommen und für Angebote der Kirche zu werben, weshalb der RdB Rostock die Aktion weitestgehend einschränken wollte. Zunächst forderte Roland Macht sogar, dass der Programmpunkt nur in kirchlichen Räumen stattfand[162]. Nachdem die Veranstalter Kompromissbereitschaft signalisiert hatten, gewährte der Rat des Bezirks die Durchführung in der Innenstadt unter Auflagen: So durfte die Aktion auf dem Parkplatz „Fischerbastion", an der Kongresshalle und an der Marienkirche erfolgen, aber die „Kirchenkarren" mussten von einem Standort zum nächsten per LKW transportiert werden, sodass ein öffentlicher Umzug durch Rostock unterbunden war[163].
Außer der Bezirksleitung der SED und dem RdB Rostock war erwartungsgemäß auch die Stasi in die staatlichen Vorbereitungen eingebunden. Wie die anderen Staatsorgane betonte das MfS in seinen Maßnahmeplänen immer wieder die „starke internationale Beachtung" der Kirchentage, die einen „störungsfreien Verlauf" und die Zurückdrängung „äußerer und innerer feindlicher Kräfte" erfordere[164]. Zu den

158 Vgl. ebd.: Vermerk zum Gespräch beim RdB Rostock am 18.6.1982, S. 1.

159 Vgl. ebd.: Vermerk zum Gespräch beim RdB Rostock am 6.9.1982; LAG, Rep. 200 II 7.3, Nr. 31, Blatt 9: „Information über den geplanten Kirchentag vom 10. bis 12.6.1983 in Rostock", 10.3.1982, S. 9.

160 Vgl. LKAS, LA KT, Nr. 4: Programmheft zum „Abend der Begegnung".

161 Vgl. ebd.

162 Vgl. LKAS, Best. Landesbischöfe Rathke und Stier, Nr. 66: Vermerk zum Gespräch beim RdB Rostock, 6.12.1982, S. 2

163 Vgl. LKAS, OKR Gen., Nr. 754: Vermerke zu den Gesprächen beim RdB Rostock am 14.1.1983, S. 2, und am 11.4.1983, S. 1.

164 Vgl. BStU, MfS, HA I, Nr. 15649, Blatt 24: „Arbeits-, Orientierungs- und Informationshinweis Nr.7/83", 10.6.1983, S. 1.

Schwerpunktveranstaltungen zählte es den „Startabend", die Hauptveranstaltungen zum Kirchentagsthema in der Kongresshalle, „Sei unser Gast", die Jugendveranstaltungen, den „Abend der Begegnung", das „Nachtgebet für den Frieden", das „Ökumenische Forum", die Schriftstellerlesung in der Andreaskirche und den Abschlussgottesdienst[165]. Als Begründung führte die Stasi an, dass bei diesen Angeboten die Verantwortung in den Händen „bekannter feindlich-negativer klerikaler Kräfte" wie den Pastoren Joachim Gauck, Walther Bindemann, Harro Lucht, Christoph Kleemann und Georg Heydenreich lag und dort hohe Besucherzahlen zu erwarten seien[166]. Darüber hinaus gehörte die Mehrzahl dieser Programmpunkte zu den klassischen Interessenbereichen des MfS: Veranstaltungen für Jugendliche und Angebote zum Thema Frieden. Aus der Sicht der Stasi waren die Verantwortlichen zwar bestrebt, dass es zu keinen Konfrontationen gegen den Staat kam, aber dennoch wollte sie ein „Auftreten einzelner Personen in provokatorischer Weise" nicht ausschließen[167]. Daher setzte die Bezirksverwaltung Rostock vor allem auf den Einsatz ihrer Inoffiziellen Mitarbeiter. Die vom MfS festgelegten Aufgaben der IM spiegeln die Schwerpunkte der „politisch-operativen Arbeit" in den 1980er Jahren wider: So hatten sie Informationen zu Plänen „feindlich-negativer Personen" aus dem nichtsozialistischen Ausland zu beschaffen sowie über geplante „öffentlichkeitswirksame Demonstrativhandlungen, besonders der Anhänger [der] sog. nichtstaatliche[n] Friedensbewegung", eine verstärkte Präsenz „negativer Personen" und Aussagen zum Verhältnis von Staat und Kirche zu berichten[168]. Außerdem sollten die IM die Reaktionen der Teilnehmer hinsichtlich der Auftritte von Staatsvertretern, der Kirchenleitungen und der internationalen Gäste sowie die Aktivitäten der ausländischen Journalisten im Blick behalten[169]. Zu den eingesetzten Mitarbeitern gehörten die drei „Spitzenquellen"[170] der Evangelischen Studentengemeinde Rostock, die mit ihrem Friedenskreis beim Kirchentag präsent war: IMB „Gisela" alias Ines Fleckstein[171], IMB „Heinz" alias Günther Engel[172] und IMB „Bernd Kästner" alias Rüdiger Schult[173]. Vor allem „Gisela" berichtete von „Schwerpunktveranstaltungen" wie dem „Nachtgebet für den Frieden" und Aktionen in der Marienkirche, an

165 Vgl. BStU, MfS, BV Rostock, AS 361/83, Blatt 15f.: „Berichterstattung zum Stand der Vorbereitung des Kirchentags vom 10. bis 12. Juni 1983 in Rostock", 24.5.1983, S.1f.

166 Vgl. ebd. S.2.

167 Vgl. ebd.

168 Vgl. BStU, MfS, BV Rostock, Abt. XX, Nr. 849, Blatt 81: „Informationsbedarf zu Veranstaltungen der kirchlichen Lutherehrungen und Kirchentage in der DDR", S.1.

169 Vgl. ebd.

170 Vgl. Frank: „Realer, exakter, präziser"?, S. 392.

171 Das MfS hatte Ines Fleckstein 1982 direkt für den IM-Einsatz gegen die ESG Rostock angeworben. Die junge Frau, die aus einem linientreuen Elternhaus stammte, veränderte daraufhin völlig ihren Lebensstil: Sie trat aus der SED aus, gab ihr Sonderpädagogikstudium auf, übernahm eine Stelle in einem kirchlichen Erholungsheim, schrieb sich für ein Theologiestudium ein und ließ sich im ersten Semester im Kreis ihrer Kommilitonen taufen. Innerhalb kürzester Zeit gehörte sie zur Leitung der ESG und versorgte aus dieser Position heraus ihre Führungsoffiziere beim MfS mit umfangreichen Informationen. Vgl. ebd. S. 392-396.

172 Günther Engel wurde 1977 im Gefängnis im Gegenzug zu vorzeitiger Entlassung zur „Bearbeitung" der Zeugen Jehovas angeworben, deren Mitglied er war. Wenig später wurde er auf die ESG angesetzt, vor allem auf den früheren Pastor Heiko Lietz und Studentenpfarrer Christoph Kleemann. Vgl. ebd. S. 396-399.

173 Rüdiger Schult wurde 1981 angeworben, um die ESG zu „bearbeiten". Er gab an, dass er Probleme mit den staatlichen Stellen habe und gewann so das Vertrauen der anderen Mitglieder. Vgl. ebd. S. 404.

denen sie selbst ganz offiziell beteiligt war[174]. Für die „Absicherung" des Abschlussgottesdienstes, der größten Veranstaltung des Treffens, hielten sich außerdem hauptamtliche Mitarbeiter im „Haus der Gewerkschaften" bereit oder gewährleisteten in Begleitung ihrer Ehefrauen die „Außensicherung" des Programmpunkts[175]. Auch zur „Außensicherung" der Kongresshalle vom 10. bis 12. Juni sollten Stasi-Angestellte gemeinsam mit ihren Ehefrauen zum Einsatz kommen[176]. Eine im Kontext der Kirchentage im Norden eher ungewöhnliche Anweisung, die für die anderen Treffen im untersuchten Zeitraum nicht belegt ist[177]. Wahrscheinlich hielt es das MfS für unauffälliger und konspirativer, wenn die Mitarbeiter als „normale" Ehepaare auftraten. Abgesehen von der Beobachtung der Veranstaltungen und dem Verfassen von Berichten hatten die Stasibeamten beim Kirchentag allerdings wenig zu tun. Da die meisten Programmpunkte keine Kritik an den politischen und gesellschaftlichen Verhältnissen in der DDR übten, sah sich das MfS nicht dazu veranlasst, direkt in das Geschehen einzugreifen. Die Verhandlungen mit den Verantwortlichen des Kirchentags überließ die Staatssicherheit dem RdB Rostock, der sich vor allem mit Aktionen von Friedenskreisteilnehmern befassen musste, wie das folgende Kapitel zeigt.

6.3 Friedenskreise und ein bisschen Frieden

Nach Ansicht der Staatsorgane war beim Kirchentag die größte gesellschaftspolitische Kritik im Rahmen von Jugendangeboten und Veranstaltungen zum Thema Frieden sowie bei Schriftstellerlesungen zu erwarten[178]. Zumindest im Hinblick auf die Lesung mit den Autoren Jürgen Rennert und Heinrich Ehlers lagen sie mit dieser Annahme falsch, denn die vorgetragenen Texte erwiesen sich nach Meinung der staatlichen Beobachter als harmlos[179]. In der anschließenden Diskussionsrunde soll außerdem insbesondere Jürgen Rennert, Mitglied des Zentralvorstands des

---

174 Siehe dazu Kapitel 6.3.

175 Insgesamt war am 12. Juni 1983 für den Parkplatz „Fischerbastion" der Einsatz von 15 MfS-Mitarbeitern und deren Partnerinnen vorgesehen. Die Mehrheit der eingeplanten Ehefrauen gehörte jedoch nicht zum Mitarbeiterstab des MfS. Vgl. BStU, MfS, BV Rostock, AS 361/83, Blatt 32: „Plan zum Einsatz operativer Mitarbeiter mit Ehefrauen zur Außensicherung des Parkplatzes Fischerbastion", 1.6.1983; ebd. Blatt 12: „Einsatzordnung", 1.6.1983, S. 2; ebd. Blatt 27f.: „Einsatzkräfte zur Sicherung der Veranstaltungen des Kirchentages vom 10.6.-12.6.1983 in Rostock", 7.6.1983, S. 2f.

176 Am 10. Juni sollten insgesamt fünf MfS-Mitarbeiter gemeinsam mit ihren Ehefrauen an der Kongresshalle eingesetzt werden, am 11. Juni und am 12. Juni 1983 jeweils 12 Mitarbeiter und deren Partnerinnen. Auch in diesem Fall waren die Ehefrauen in der Mehrzahl keine MfS-Mitarbeiter. Vgl. ebd. Blatt 29-31: „Plan zum Einsatz operativer Mitarbeiter mit Ehefrauen zur Außensicherung der Sport- und Kongreßhalle", 1.6.1983, S. 1-3; ebd. Blatt 26-28: „Einsatzkräfte zur Sicherung der Veranstaltungen des Kirchentages vom 10.6.-12.6.1983 in Rostock", 7.6.1983, S. 1-3.

177 Meistens lag der Schwerpunkt der „operativen Arbeit" auf dem Einsatz von IM. Einen ähnlichen Aufwand in Bezug auf die „Absicherung" des Kirchentags durch MfS-Offiziere wie im Lutherjahr betrieb die Stasi nur noch beim Besuch von Altbundeskanzler Helmut Schmidt beim Rostocker Treffen 1988, allerdings ohne die Ehepartnerinnen der eingesetzten Mitarbeiter einzubeziehen. Siehe dazu Kapitel 8.2.

178 Vgl. LAG, Rep. 200 II 7.3, Nr. 31, Blatt 202: „Material zur Vorbereitung der Arbeitsgruppe zur parteimäßigen Koordinierung und Kontrolle der politischen Aktivitäten zum Kirchentag", S. 1.

179 Vgl. LAG, IV/E/2.14, Nr. 606, Blatt 11: Bericht von der Schriftstellerlesung in der Andreaskirche, 12.6.1983, S. 1.

Schriftstellerverbands und des PEN-Zentrums der DDR[180], die Fragen der Besucher „im Sinne unserer Kulturpolitik“ beantwortet haben[181]. Dass die Andreaskirche überfüllt war und Jugendliche etwa die Hälfte der Teilnehmer ausmachten[182], zeigte jedoch ebenso wie die vom Publikum gestellten Fragen zur Zensur im Kulturbetrieb, zur Abwanderung von Schriftstellern in die Bundesrepublik und der für Juli 1983 geplanten Ausbürgerung der Liedermacherin Bettina Wegner[183], dass die Erwartungshaltung der Besucher wohl mit jener der Staatsorgane übereinstimmte. So hatten sich wahrscheinlich auch viele, gerade jüngere Teilnehmer in der Hansestadt eine stärkere Präsenz des Themas Frieden gewünscht und vielleicht sogar auf die offizielle Verfassung eines „Wortes zum Frieden“ wie beim Erfurter Treffen im Mai[184] gehofft. Im Zentrum der Veranstaltungen in Rostock stand jedoch die Losung „Vertrauen wagen“, die zwar an die aktuelle Friedensproblematik anknüpfte, sie aber nicht in den Mittelpunkt stellte. Dass die Organisatoren den thematischen Fokus nicht auf die friedenspolitische Situation in der DDR oder international legten, mag auf ihre von Vorsicht geprägte Taktik gegenüber den staatlichen Stellen zurückzuführen sein. Programmpunkte zu dezidiert politischen Fragen bargen schließlich ein Konfliktpotential, das negative Auswirkungen auf die organisatorischen Rahmenbedingungen zukünftiger Kirchentage haben konnte. Auf der anderen Seite war das Thema gerade 1983 weiterhin brandaktuell: Die Debatten um Ab- oder Nachrüstung bestimmten die internationale Politik, die Abrüstungsverhandlungen in Genf brachten immer noch keinen nennenswerten Fortschritt und im Juli 1982 hatte die Sowjetunion mit der Stationierung von Mittelstreckenraketen auf dem Gebiet der DDR begonnen[185]. Vor diesem Hintergrund blieb die Friedensthematik auch in Rostock nicht

180 Seit 1974 war Jürgen Rennert Mitglied des Schriftstellerverbands der DDR, in den 1980er Jahren wirkte er in dessen Zentralvorstand mit. Das MfS beobachtete den Autor seit 1968, im August 1984 wurde die zu ihm angelegte OPK „Igel“ aber eingestellt, weil er sich über einen längeren Zeitraum „gesellschaftsgemäß“ verhalten und keine „feindlichen“ Aktivitäten unternommen habe. Im September 1984 schlug die Stasi Jürgen Rennert sogar als IM-Kandidaten vor, 1985 tauchten erstmals Informationen der Quelle „Reinhardt“ in den MfS-Akten auf. Die erfolgreiche Anwerbung als IM sei nach Angaben der Stasi im Januar 1987 erfolgt. Vgl. Joachim Walther: Sicherungsbereich Literatur, S. 361f.

181 Vgl. BStU, MfS, BV Rostock, AS 361/83, Blatt 230: Information von IM „Werner Weber“ am 12.6.1983.

182 Vgl. LAG, Rep. 200 II 7.3, Nr. 31, Blatt 484: „Information über den weiteren Verlauf des Kirchentages der ELKG und der ELLKM in Rostock“, 12.6.1983, S. 7.

183 Vgl. LAG, IV/E/2.14, Nr. 606, Blatt 11f.: Bericht von der Schriftstellerlesung in der Andreaskirche, 12.6.1983, S. 1f.

184 Das Wort vom Erfurter Kirchentag wurde bei der Hauptversammlung auf dem Domplatz verlesen und war eine Zusammenfassung der Gruppengespräche des Treffens. Es enthielt neben der Erläuterung der Losung „Vertrauen wagen“ eine Stellungnahme zum Thema Frieden, die Massenvernichtungswaffen grundsätzlich verurteilte und zum Gewaltverzicht aufrief. Vgl. „An Christen, Gemeinden und Kirchenleitungen“ In: Mecklenburgische Kirchenzeitung, Jg. 38, Nr. 23 vom 5.6.1983, S. 2.

185 Vgl. Maser: Die Kirchen in der DDR, S. 59. Vgl. dazu auch Wolfram Hilz: Deutsche Außenpolitik, Stuttgart 2017; Susanne Schregel: Der Atomkrieg vor der Wohnungstür. Eine Politikgeschichte der neuen Friedensbewegung in der Bundesrepublik 1970-1985, Frankfurt am Main 2011; Thomas Klein: „Frieden und Gerechtigkeit!“ Die Politisierung der Unabhängigen Friedensbewegung in Ost-Berlin während der 80er Jahre, Köln 2007; Benno-Eide Siebs: Die Außenpolitik der DDR 1976-1989: Strategien und Grenzen, Paderborn 1999; Rüdiger Schmitt: Die Friedensbewegung in der Bundesrepublik Deutschland. Ursachen und Bedingungen der Mobilisierung einer neuen sozialen Bewegung, Opladen 1990.

völlig unerwähnt. Sie kam beispielsweise beim „Ökumenischen Forum"[186], „Sei unser Gast"[187], im Gespräch mit Mitgliedern der Kirchenleitungen im „Petritreff" und beim Abschlussgottesdienst zur Sprache. Dabei lassen sich an den Äußerungen der beiden Bischöfe unterschiedliche Ansätze erkennen: Während Horst Gienke bei dem Gespräch im „Petritreff" den Blick auf die DDR richtete und die Zusammenarbeit aller Mitglieder der sozialistischen Gesellschaft als Schlüssel zur Erhaltung des Friedens herausstrich[188], verwies Heinrich Rathke in seiner Predigt beim Abschlussgottesdienst auf die globale Dimension der Problematik. Er kritisierte die wachsende Armut in der Welt als Folge der militärischen Aufrüstung und erklärte das Streben nach Sicherheit durch die Anhäufung von Waffen für sinnlos[189]. Zwar blieb auch der mecklenburgische Bischof relativ vorsichtig und vage, indem er keinen Staat direkt kritisierte, doch ließ er kritische Bemerkungen gut erkennbar zwischen den Zeilen durchscheinen. Denn Sätze wie „Es ist ein Verbrechen gegen die Menschheit, weiterhin Atomwaffen zu besitzen, damit zu drohen oder sie noch zu vermehren"[190] klagten alle am Rüstungskonflikt beteiligten Länder an – nicht nur die Westmächte.

Der Superintendent von Karl-Marx-Stadt, Christoph Magirius, bezog sich in seinem Vortrag bei der Hauptveranstaltung in der Kongresshalle ebenfalls auf das Thema Frieden. Ausgehend von den Kirchentagsunterthemen „sich auf Machtlosigkeit einlassen" und „auf Partnerschaft zugehen" forderte Magirius die Staatsvertreter freimütig auf, den „Regierten" mehr Vertrauen zu schenken, ihre eigene Macht auf ein Mindestmaß zu beschränken, sich der Kritik von außen zu öffnen, die Bürger stärker an Entscheidungen zu beteiligen und sie besser über ihr politisches Handeln zu informieren[191]. Das waren Forderungen, die in den 1980ern auch in oppositionellen Kreisen und von vielen Basisinitiativen innerhalb und außerhalb der Kirche gestellt wurden. Damit überschritt der sächsische Superintendent aus staatlicher Perspektive die Grenze duldbarer gesellschaftspolitischer Äußerungen hin zu „feindlich-negativen" Positionen[192]. Um Ausgleich bemüht, sparte Magirius daher ebenso wenig mit Kritik an der Haltung der Kirchen im Verhältnis zum SED-Staat. So appellierte er an die Kirche, endlich den seiner Ansicht nach tiefsitzenden Antikommunismus zu überwinden und einen sachlichen, offenen und partnerschaftlichen Umgang mit den Staatsorganen zu pflegen, damit diese ihr mehr Vertrauen schenken könnten[193]. Offenheit bedeute aber auch – hier nahm er den gesellschaftskritischen Faden wieder auf –, dass man offensichtliche Probleme und die eigene

---

186 Vgl. „Allgemein freundlich" In: Mecklenburgische Kirchenzeitung, Jg. 38, Nr. 25 vom 19.6.1983, S. 3.

187 Vgl. LAG, IV/E/2.14, Nr. 621, Blatt 187: „Information ‚Sei unser Gast'", 11.6.1983, S. 1.

188 Vgl. „Diskussion beim Petri-Treff" In: Mecklenburgische Kirchenzeitung, Jg. 38, Nr. 25 vom 19.6.1983, S. 4.

189 Vgl. BStU, MfS, BV Rostock, AS 361/83, Blatt 253: Abschrift der Predigt von Bischof Rathke, S. 2.

190 Vgl. ebd.

191 Vgl. ebd. Blatt 210f.: Abschrift des Vortrags von Superintendent Magirius bei der Hauptveranstaltung in der Kongresshalle, S. 2f.

192 Nach dem Kirchentag kam es wegen dieses Vortrags zu heftigen Auseinandersetzungen zwischen den staatlichen Stellen in Karl-Marx-Stadt und Magirius, welchem staatsfeindliches Verhalten vorgeworfen wurde. Vgl. Christoph Magirius: „Pfarrer im Sozialismus war ich", in: Eckhard Jesse/Thomas Schubert (Hg.): Zwischen Konfrontation und Konzession. Friedliche Revolution und deutsche Einheit in Sachsen, Berlin 2010, S. 300f.

193 Vgl. BStU, MfS, BV Rostock, AS 361/83, Blatt 211: Abschrift des Vortrags von Superintendent Magirius bei der Hauptveranstaltung in der Kongresshalle, S. 3.

Meinung nicht verschweigen dürfe[194]. Einen Abbau von Macht, den Magirius in Bezug auf die Innenpolitik gefordert hatte, sah er auch im internationalen Kontext der Verteidigungspolitik als unabdingbar an[195]. In diesem Zusammenhang griff der Superintendent den Terminus der „gemeinsamen Sicherheit" auf[196], der seit 1982 in kirchlichen Äußerungen zur Friedensproblematik eine zunehmend wichtige Rolle einnahm[197]. Das Konzept der „gemeinsamen Sicherheit" ging auf den im Frühjahr 1982 veröffentlichten Bericht der internationalen „Unabhängigen Kommission für Abrüstung und Sicherheit" unter der Leitung des schwedischen Ministerpräsidenten Olof Palme zurück und zielte auf eine durch Zusammenarbeit erwirkte Abrüstung beider Systemblöcke ab[198]. Bei der Potsdamer Bundessynode im September 1983 wurde dieses Konzept schließlich als offizielle Position des BEK in der Friedensfrage anerkannt[199] und bei darauffolgenden Kirchentagen immer wieder hervorgehoben. Ein weiteres kirchliches Schlagwort im Hinblick auf die Lösung des Rüstungskonflikts, welches Christoph Magirius in sein Referat aufnahm, war die „Absage an Geist und Logik der Abschreckung"[200]. Die Bundessynode in Halle hatte im Herbst 1982 beschlossen, dass die Kirche als Beitrag zur Friedenserhaltung jegliche Form militärischer Abschreckungstaktik verurteilen sollte[201]. Für die Bundessynodalen und auch für Superintendent Magirius stand fest: „Es gibt kein Argument unseres Glaubens, das den Einsatz dieser [Atom-]Waffen rechtfertigen könnte."[202] In den 1980er Jahren gehörte die „Absage"-Formel zum Standardrepertoire kirchlicher Äußerungen zur Friedensthematik und wurde zudem von einigen Basisgruppen übernommen und inhaltlich weiterentwickelt[203].

---

194 Vgl. ebd.

195 Vgl. ebd. S. 4.

196 Vgl. ebd.

197 Vgl. Neubert: Geschichte der Opposition in der DDR 1949-1989, S. 372f. So hatte zum Beispiel die „Arbeitsgruppe Frieden" der mecklenburgischen Synode dieses Konzept in ihrem Aufruf „Für eine neue Sicherheitspolitik in Europa" vorgestellt. Den Text der synodalen Arbeitsgruppe konnten die Besucher des Rostocker Kirchentags in der Kongresshalle und in der Marienkirche erhalten, außerdem wurde er bei dem zeitgleich in Hannover abgehaltenen DEKT verlesen. Vgl. BStU, MfS, BV Rostock, Abt. XX, Nr. 849, Blatt 51: Dokument „Arbeitsgruppe Frieden: Für eine neue Sicherheitspolitik in Europa", 10.6.1983, S. 1; LAG, IV/E/2.14, Nr. 621, Blatt 173: „Information über den weiteren Verlauf des Kirchentages der ELKG und der ELLKM in Rostock", 11.6.1983, S. 6; ebd. Blatt 176: „Einschätzung und Wertung der Antikriegsausstellung in der Winterkirche von St. Marien", S. 2.

198 Vgl. Neubert: Geschichte der Opposition in der DDR 1949-1989, S. 372.

199 Vgl. ebd. S. 373.

200 Vgl. BStU, MfS, BV Rostock, AS 361/83, Blatt 212: Abschrift des Vortrags von Superintendent Magirius bei der Hauptveranstaltung in der Kongresshalle, S. 5.

201 Vgl. Silomon: Synode und SED-Staat, S. 5; „Beschluß der Bundessynode zum mündlichen Bericht der KKL. Halle, 28. September 1982", abgedruckt in: dies.: „Schwerter zu Pflugscharen" und die DDR, S. 319.

202 Vgl. BStU, MfS, BV Rostock, AS 361/83, Blatt 212: Abschrift des Vortrags von Superintendent Magirius bei der Hauptveranstaltung in der Kongresshalle, S. 5. Im Beschluss der Bundessynode hieß es: „Diese Bedrohung allen Lebens durch eine übersteigerte Rüstung fordert unseren Glauben heraus. Wenn wir sie stillschweigend hinnehmen, geraten wir in Widerspruch zu Gott dem Schöpfer, denn sein Auftrag verpflichtet uns zur Bewahrung der Schöpfung und schließt das Recht zu ihrer Zerstörung aus." Vgl. „Beschluß der Bundessynode zum mündlichen Bericht der KKL. Halle, 28. September 1982", abgedruckt in: Silomon: „Schwerter zu Pflugscharen" und die DDR, S. 319.

203 Vgl. Mau: Der Protestantismus im Osten Deutschlands (1945-1990), S. 176f.

Seit Ende der 1970er Jahre hatte die Anzahl der Basisinitiativen, die sich in enger oder auch nur loser Anbindung an die Kirchen mit den Themen Frieden und Abrüstung auseinandersetzten, stark zugenommen[204]. Entscheidende Faktoren dafür waren zum einen die Einführung des Wehrunterrichts 1978, der NATO-Doppelbeschluss vom Dezember 1979 sowie die zunehmende innergesellschaftliche Militarisierung der DDR[205]. Die Anfänge der vom Staat unabhängigen Friedensgruppen reichten bis in die frühen 1960er zurück, als die SED-Regierung die Bausoldateneinheiten in der NVA einführte. Da die Bausoldaten zur Armee gehörten und es sich somit nicht um einen echten Wehrersatzdienst handelte, schlossen sich viele Wehrdienstverweigerer zusammen, um weiter für ihr Anliegen zu kämpfen[206]. Daraufhin kam es im Bereich der kirchlichen Jugendarbeit zu einer engen Zusammenarbeit mit ehemaligen Bausoldaten[207]. Außerdem entstand Ende der 1960er Jahre im Rahmen der kirchlichen Jugendarbeit die „Offene Arbeit", die Jugendliche aus subkulturellen Milieus einbezog und mit ihrer Fokussierung auf gesellschaftspolitische Themen ebenfalls zur Entstehung der Basisgruppen beitrug[208]. Insgesamt gab es in der DDR in den 1980ern zwischen 150 und 300 Initiativen zu den Themen Frieden, Umwelt und Gerechtigkeit[209]. Zu den etwa 20 mecklenburgischen Basisgruppen pflegte Bischof Rathke gute Kontakte und ermutigte sie in ihrem gesellschaftspolitischen Engagement[210]. Um die Vernetzung der Friedensarbeit zu unterstützen, setzte die Landessynode der ELLKM 1981 außerdem die „Arbeitsgruppe Frieden" (AGF) ein, in der auch Friedenskreisvertreter mitwirkten[211]. Vor diesem Hintergrund verwundert es nicht, dass die Basisgruppen beim Rostocker Kirchentag ebenfalls eine Rolle spielten. Ihre Vertreter sorgten dafür, dass das Thema Frieden im Kirchentagsprogramm doch etwas mehr Raum einnahm. So organisierte zum Beispiel der Friedenskreis der ESG Rostock ein „Nachtgebet für den Frieden". Studentenpastor Christoph Kleemann hatte ursprünglich mit etwa 50 Teilnehmern gerechnet, es erschienen allerdings etwa 500 bis 600 Interessierte[212]. In der völlig überfüllten Petrikirche erlebten die Besucher

---

204 Vgl. Neubert: Geschichte der Opposition in der DDR 1949-1989, S. 381f.

205 Vgl. ebd. S. 381.

206 Vgl. ebd. S. 194-197; Maser: Die Kirchen in der DDR, S. 28.

207 Vgl. Neubert: Geschichte der Opposition in der DDR 1949-1989, S. 195f.

208 Vgl. ebd. S. 185f.

209 Die KKL zählte 1988 etwa 320 Basisgruppen mit Anbindung an die Kirche, das MfS ging von rund 150 Gruppen aus. Vgl. Eberhard Kuhrt et al. (Hg.): Am Ende des realen Sozialismus, Bd. 1, S. 17; Frank: „Realer, exakter, präziser"?, S. 421.

210 Vgl. Frank: „Realer, exakter, präziser"?, S. 426f. So hatte Bischof Rathke zum Beispiel auch am „Friedensseminar" des Kessiner Friedenskreises im Mai 1983 teilgenommen. Vgl. LAG, Rep. 200 II 7.3, Nr. 70: „Information über den Verlauf des Kirchentages der Evangelisch-Lutherischen Landeskirche Mecklenburg und der Greifswalder Kirche vom 10.-12. Juni 1983 in Rostock", S. 1.

211 Zu den Aufgaben der AGF gehörten unter anderem die Beratung von Wehrdienstleistenden und Bausoldaten, die inhaltliche Unterstützung von Friedensseminaren sowie die Erstellung und der Vertrieb von Arbeitsmaterialien zum Thema Frieden. Die AGF wurde zunächst von Pastor Walther Bindemann geleitet, Vertreter von Friedenskreisen konnten in der ersten Hälfte der 1980er Jahre nur als Gäste an den Sitzungen teilnehmen. Im April 1986 konstituierte sich die Arbeitsgruppe neu unter der Leitung von Heiko Lietz, der sich in verschiedenen Initiativen in Rostock engagierte. Vgl. Probst: Die Rolle von kirchlichen Basisgruppen und Netzwerken vor und in der Wende in Mecklenburg-Vorpommern, S. 298-304; Lietz: Die Entwicklung der Opposition im Norden, S. 201f.

212 Nach kirchlichen Angaben waren es 500 Teilnehmer, der staatliche Bericht ging sogar von 600 aus. Vgl. „Zuviel oder zuwenig Frieden?" In: Mecklenburgische Kirchenzeitung, Jg. 38, Nr. 26 vom 26.6.1983, S. 3; LAG, IV/E/2.14, Nr. 606, Blatt 10: Bericht vom „Nachtgebet für den Frieden" in der Petrikirche.

Spielszenen zur Militarisierung im Kindergarten, zur Ausgrenzung von Jugendlichen, die das Abzeichen „Schwerter zu Pflugscharen“[213] trugen, sowie zur Wehrdienstverweigerung[214]. Die Teilnehmer konnten sich außerdem an den Fürbitten beteiligen und sprachen darin Misstrauenserfahrungen in Beruf, Schule und Gesellschaft an[215]. Angesichts der enormen Resonanz hatten die Veranstalter mit diesem Angebot offensichtlich einen wichtigen Nerv getroffen. Auch mit einer anderen Aktion zur Friedensthematik zogen Mitglieder des Friedenskreises der ESG und anderer Initiativen aus der Rostocker Gegend[216] großes Interesse auf sich. Gemeinsam hatten sie in der Marienkirche eine „Anti-Kriegs-Ausstellung“ aufgebaut, die mehrere Stände umfasste. Zwar war die Aktion nicht im Programmheft verzeichnet, aber die Marienkirche zählte zu den Hauptzentren des Kirchentags. Dort fanden einige große Veranstaltungen wie der „Startabend“ statt, sodass die Organisatoren der Ausstellung Gelegenheit hatten, viele Menschen zu erreichen. Zur Ausstellung gehörten eine Schautafel zur Kriegsgeschichte des 20. Jahrhunderts sowie Stände, an denen man Panzer aus Knetmasse in Häuser und Tiere umformen, Abbildungen und Anstecker der Grafik „Der Gewehrzerbrechende“ von Gerhard Voigt erwerben oder sich anhand von Gesetzesblättern über den Bausoldatendienst informieren konnte[217]. Eine weitere Schautafel unter dem Motto „Wie lange noch?“ befasste sich mit den Zivilverteidigungsübungen in Schulen, Universitäten und Betrieben[218].

Für viel Aufsehen sorgten eine Tombola am „Kirchenkarren“ des Kessiner Friedenskreises sowie der Aushang einer Eingabe an Erich Honecker in der Marienkirche[219]. Wer bei der Tombola ein Los mit der Aufschrift „Offizier der NVA“ oder „Wehrdienst“ kaufte, hatte eine Niete gezogen[220]. Stand auf dem Los jedoch „Friedensdienst“,

---

213 Zum Konflikt um das Symbol „Schwerter zu Pflugscharen“ siehe Kapitel 2.2.

214 Vgl. LAG, IV/E/2.14, Nr. 606, Blatt 10: Bericht vom „Nachtgebet für den Frieden“ in der Petrikirche.

215 Vgl. „Offene Tankstellen am späten Abend“ In: Mecklenburgische Kirchenzeitung, Jg. 38, Nr. 25 vom 19.6.1983, S. 4.

216 Neben der ESG waren Mitglieder des Friedenskreises Rostock und des Friedenskreises aus Kessin bei Rostock an der Ausstellung beteiligt. Vgl. BStU, MfS, BV Rostock, AS 361/83, Blatt 165: „Bericht zur politisch-operativen Sicherung der Veranstaltungen des gemeinsamen Kirchentags der Evangelischen Landeskirche Greifswald und der Evangelisch-Lutherischen Landeskirche Mecklenburg vom 10. bis 12. Juni 1983 in Rostock“, 11.6.1983, S. 3; ebd. Blatt 158: „Ergänzung Lagefilm vom 10.6.1983”. Der Rostocker Friedenskreis war Ende 1982 in Warnemünde auf Initiative von Heiko Lietz entstanden. Nachdem dieser Kreis im Rahmen der Friedensdekade 1983 den „Rostokker Appell“ gegen die Stationierung sowjetischer Raketen auf dem Gebiet der DDR veröffentlicht hatte, wurde er vom Staat gezielt unter Druck gesetzt und musste die Gemeinde Warnemünde verlassen. Danach konnte die in „Rostocker Schalomgemeinschaft“ umbenannte Gruppe in der katholischen Christusgemeinde ihre Arbeit fortsetzen. Der Kessiner Friedenskreis wurde im Juli 1980 in Güstrow von den Pastoren Heiko Lietz und Dieter Nath gegründet. Ab September 1981 verlagerte der Kreis seinen Standort nach Kessin, wo er bis 1984 unter anderem Friedenswanderungen und die „Kessiner Friedensseminare“ veranstaltete, an denen Vertreter von Gruppen aus fast allen Regionen der DDR teilnahmen. Vgl. Lietz: Die Entwicklung der Opposition im Norden, S. 199-201.

217 Vgl. LAG, IV/E/2.14, Nr. 621, Blatt 175-177: „Einschätzung und Wertung der Antikriegsausstellung in der Winterkirche von St. Marien“, S. 1-3; BStU, MfS, BV Rostock, 384/81 Teil II, TA 4784, Blatt 403f: Bericht von IMB „Gisela“ zur Eröffnung des Kirchentags am 10.6.1983, S. 1f.

218 Vgl. LAG, IV/E/2.14, Nr. 621, Blatt 176: „Einschätzung und Wertung der Antikriegsausstellung in der Winterkirche von St. Marien“, S. 2.

219 Vgl. ebd.

220 Vgl. ebd. Blatt 172: „Information über den weiteren Verlauf des Kirchentages der ELKG und der ELLKM in Rostock“, 11.6.1983, S. 5.

erhielt man einen Gewinn[221]. Die Eingabe an Erich Honecker wiederum bezog sich auf die Friedensdemonstration der FDJ am 21. Mai 1983 in Rostock[222]. Dort waren die Unterzeichner der Eingabe[223] von FDJ-Mitgliedern vertrieben worden, weil sie eigene Plakate mit Aufschriften wie „Ohne Frieden keine Zukunft", „Entrüstet euch!" und „Atomwaffenfreie Zone in Europa" gezeigt hatten[224]. In dem Schreiben vom 7. Juni forderten sie Erich Honecker auf, sich für eine gesamtgesellschaftliche Friedensbewegung einzusetzen, die auch christliche und „pazifistische" Ansichten einbezog[225]. Da sich eine große Anzahl Besucher, darunter viele Jugendliche, für die Eingabe interessierte, wurden die Staatsorgane darauf aufmerksam[226]. Am Abend des 11. Juni führten Vertreter des Rates des Bezirks ein Gespräch mit OKR-Präsident Peter Müller und Eberhard Beyer, dem Regionalsekretär des Rostocker Kirchentags, und forderten die Entfernung der Eingabe, der Plakate zur Zivilverteidigung und der Informationen zum Bausoldatendienst sowie die Beendigung der Tombola[227]. Laut staatlichem Bericht gingen Müller und Beyer auf alle Forderungen ein[228]. Am Morgen des 12. Juni mussten sich Jürgen Haß und Roland Macht vom RdB Rostock allerdings erneut an die Kirchentagsverantwortlichen wenden, diesmal an Bischof Rathke und den Landesausschussvorsitzenden Joachim Gauck[229]. Nach diesem Gespräch habe Gauck die Eingabe überklebt[230]. Als Grund für diese Maßnahme soll er angegeben haben, dass es sich bei dem Schreiben nicht um einen Offenen Brief handelte und der Adressat sich zu dessen Inhalt bisher nicht äußern konnte[231]. Daraufhin hätten die Veranstalter der Ausstellung die Entscheidung zwar akzeptiert, sich aber darüber empört, dass sie an der Entscheidungsfindung nicht beteiligt worden waren[232]. Der maßgebliche Grund für das Einlenken der Kirchentagsverantwortlichen lag jedoch vermutlich darin, dass sie während des Kirchentags Konfliktsituationen mit den Staatsorganen vermeiden wollten. Darüber hinaus konzentrierten sich am 12. Juni alle Mitarbeiter auf die Durchführung des Abschlussgottesdienstes, weshalb man wohl auf längere Diskussionen

221 Vgl. ebd.

222 Vgl. ebd. Nr. 614, Blatt 59f.: Eingabe an den Staatsratsvorsitzenden Erich Honecker, 7.6.1983, S. 1f.

223 Zu den zwölf Unterzeichnern gehörte unter anderem der damalige Theologiestudent und spätere Pastor der Wismarer Nikolaikirche, Roger Thomas. Vgl. ebd. S. 3.

224 Vgl. ebd. S. 1f.

225 Vgl. ebd. S. 3.

226 Vgl. ebd. Nr. 621, Blatt 176: „Einschätzung und Wertung der Antikriegsausstellung in der Winterkirche von St. Marien", S. 2.

227 Vgl. LAG, Rep. 200 II 7.3, Nr. 31, Blatt 160: „Information über das Gespräch mit OKR-Präsident Müller und Regionalsekretär Beyer am 11.6.1983 von 19 bis 20 Uhr", S. 1.

228 Vgl. ebd. Ob die Tombola tatsächlich beendet wurde, geht aus den Akten nicht hervor. Die Plakate zu den ZV-Übungen hatte Joachim Gauck nach Angaben von IMB „Gisela" zunächst entfernt, sie später aber wieder angebracht, da der Krisenstab des Kirchentags sie für tragbar hielt. Die Gesetzblätter zum Bausoldatendienst blieben laut „Giselas" Bericht ebenfalls Teil der Ausstellung, weil es sich dabei um offizielle Dokumente handelte. Vgl. BStU, MfS, BV Rostock, 384/81 Teil II, TA 4784, Blatt 422f.: Bericht von IMB „Gisela" zu den Ereignissen am 12.6.1983, S. 1f.

229 Vgl. LKAS, OKR Gen., Nr. 754: Vermerk von Heinrich Rathke, 14.6.1983.

230 Einer der Unterzeichner der Eingabe, Christian Utpatel, hielt in einem Gedächtnisprotokoll neun Jahre später fest, dass die Friedenskreisteilnehmer auf Gaucks Bitte, den Brief zu entfernen, das Schriftstück selbst überklebt hätten. Vgl. Halbrock: „Freiheit heißt, die Angst verlieren", S. 391. In dem Bericht der an der „Anti-Kriegs-Ausstellung" beteiligten IMB „Gisela" heißt es jedoch, Joachim Gauck habe die Eingabe überklebt. Vgl. BStU, MfS, BV Rostock, 384/81 Teil II, TA 4784, Blatt 422: Bericht von IMB „Gisela" zu den Ereignissen am 12.6.1983, S. 1.

231 Vgl. ebd.

232 Vgl. ebd.

mit dem Rat des Bezirks und den Organisatoren der „Anti-Kriegs-Ausstellung" verzichtete. Die Basisgruppen warben allerdings auch abseits der Marienkirche für ihre Anliegen. In der Kongresshalle verteilten sie am 11. Juni einige Exemplare des Textentwurfs zur Aktion „Abrüstung von unten" des Kessiner Friedenskreises[233]. Den Kern der Aktion, die im Rahmen des „Friedensseminars" im Mai 1983 entstanden war, bildete der Abschluss so genannter „persönlicher Friedensverträge" zwischen Bürgern aus den Mitgliedsstaaten der NATO und des Warschauer Pakts[234]. In dem gemeinsamen Vertrag sollten sie erklären, dass sie sich nicht an militärischen Operationen gegen den Staat des Vertragspartners beteiligen und sich für den Abbau von Feindbildern einsetzen werden[235]. Als Kontaktstelle in der DDR schlugen die Verfasser den BEK und das Jungmännerwerk vor und baten außerdem die Synoden der einzelnen Landeskirchen um Unterstützung[236]. Da es sich bei dem Text um ein Diskussionspapier handelte[237], stellten ihn die Friedenskreisteilnehmer in einzelnen Gesprächsgruppen von „Sei unser Gast" vor, wo sich jedoch keine fruchtbaren Debatten über den Vorschlag ergeben hätten[238]. Somit fiel das Echo auf diesen Impuls beim Kirchentag letztlich sehr gering aus.

Größere Aufmerksamkeit erhielt hingegen ein von Kirchentagsbesuchern mitgestaltetes Plakat, das sich auf aktuelle Ereignisse innerhalb der unabhängigen Friedensbewegung in der DDR bezog. Im Rahmen der Kirchentagsaktion „Kirche auf Karren" war am Karren Nr. 6 von der Kirchengemeinde Kühlungsborn ein Plakat angebracht, auf dem Antworten zur Frage „Und was sollten wir noch ändern?" festgehalten werden konnten[239]. Eine der Antworten lautete: „Solidarität mit Roland Jahn üben und gegen seine Ausbürgerung aus der DDR protestieren."[240] Roland Jahn hatte sich in der Jenaer „Friedensgemeinschaft" engagiert und mit vielen öffentlichen Einzelaktionen den Unmut der örtlichen Staatsorgane hervorgerufen, sodass das MfS die Auflösung der Gruppe gezielt vorantrieb[241]. Die Stasi veranlasste zunächst die Inhaftierung von Jahn wegen „öffentlicher Herabwürdigung staatlicher Symbole", nachdem er mit einer am Fahrrad befestigten, selbst gebastelten Solidarność-Fahne durch Jena gefahren war[242]. Nach seiner Haftentlassung im Februar 1983 setzten

---

233 Vgl. ebd. Blatt 415: Bericht von IMB „Gisela", 12.6.1983, S. 1.

234 Vgl. BStU, MfS, BV Rostock, AS 361/83, Blatt 202: Dokument „Impuls zu einer Aktion: Abrüstung von unten", S. 1 und S. 3.

235 Vgl. ebd. S. 1f.

236 Vgl. ebd. S. 2. Die endgültige Fassung des Textes entstand im August 1983 in Zusammenarbeit mit dem Naumburger Friedenskreis. Zwar nahmen auch Friedensgruppen in der Bundesrepublik, den Niederlanden und den USA diese Idee auf, aber die Beteiligung von DDR-Bürgern an der Aktion fiel relativ gering aus, da die staatlichen Stellen die notwendigen Kontakte behinderten und entsprechende Korrespondenzen abfingen. Vgl. Markus Meckel/Martin Gutzeit: Opposition in der DDR, S. 85-87.

237 Vgl. BStU, MfS, BV Rostock, AS 361/83, Blatt 202: Dokument „Impuls zu einer Aktion: Abrüstung von unten", S. 3.

238 Vgl. BStU, MfS, BV Rostock, 384/81 Teil II, TA 4784, Blatt 415: Bericht von IMB „Gisela", 12.6.1983, S. 1.

239 Vgl. LKAS, LA KT, Nr. 4: Handschriftlicher Vermerk von Joachim Gauck.

240 Vgl. ebd.

241 Die „Friedensgemeinschaft" war aus der Jungen Gemeinde Jena-Stadtmitte hervorgegangen und hatte ihre aktivste Phase von 1982 bis Mai 1983. Vgl. Neubert: Geschichte der Opposition in der DDR 1949-1989, S. 485-488.

242 Am 31. August 1982 fuhr Roland Jahn mit der Fahne durch Jena, woraufhin ihn die Stasi am 1. September verhaften ließ. Er wurde zu einem Jahr und zehn Monaten Gefängnis verurteilt. Als in den folgenden Monaten weitere Mitglieder der „Friedensgemeinschaft" verhaftet wurden,

Roland Jahn und die „Friedensgemeinschaft" ihre Arbeit fort, woraufhin das MfS die Aktion „Gegenschlag" einleitete, in deren Verlauf Jahn die Staatsbürgerschaft der DDR verlor und das Land am 8. Juni 1983 gegen seinen Willen verlassen musste[243]. Eine öffentliche Aufforderung zur Solidarität mit einem „Konterrevolutionär"[244] konnten die Staatsorgane in Rostock nicht dulden. IM „Peter Schneider" hatte das Plakat am Karren Nr. 6 entdeckt und diese „Provokation" sofort an die MfS-Bezirksverwaltung Rostock gemeldet[245]. Daraufhin traf sich Jürgen Haß vom RdB Rostock mit Bischof Rathke und Joachim Gauck zu einem Gespräch am Morgen des 12. Juni, bei dem die Kirchenvertreter angeblich die Entfernung des Plakats vom „Kirchenkarren" zusicherten[246]. Das MfS hielt allerdings fest, dass Joachim Gauck gegen 11.45 Uhr telefonisch mitgeteilt habe, er sei gegen diese Maßnahme[247]. Ob das Plakat tatsächlich weiterhin am Karren Nr. 6 hängen durfte, geht aus den Akten nicht näher hervor. Betrachtet man die Vorgehensweise der Kirchentagsverantwortlichen im Hinblick auf die Eingabe an Erich Honecker, scheint es unwahrscheinlich, dass sie sich in dieser Sache nicht dem Druck des Rates des Bezirks gebeugt haben sollten. Andererseits handelte es sich bei dem Plakat nicht um eine Verlautbarung von Mitarbeitern des Kirchentags, sodass Joachim Gauck sich vielleicht mit dem Verweis auf das Recht auf freie Meinungsäußerung im Raum der Kirche gegen die Staatsvertreter durchsetzen konnte. Im Fall der Gesetzesblätter zum Bausoldatendienst und der Plakate zu den ZV-Übungen im Rahmen der „Anti-Kriegs-Ausstellung" war es schließlich ebenfalls gelungen, sich den staatlichen Forderungen zu widersetzen[248].

---

kam es in Thüringen und anderen Regionen der DDR zu Protesten und zu einer breiten Berichterstattung in der bundesdeutschen Presse, was schließlich zur Entlassung der Gefangenen führte. Vgl. Neubert: Geschichte der Opposition in der DDR 1949-1989, S. 487; BStU, MfS, BV Gera, AU 724/83, GA Bd. 3, Blatt 90: Urteil in der Strafsache gegen Roland Jahn, 20.1.1983, S. 1, abgedruckt in: Aktion „Gegenschlag", hrsg. vom Bundesbeauftragten für die Unterlagen des Staatssicherheitsdienstes der ehemaligen DDR, S. 29.

243 Das MfS leitete die Aktion „Gegenschlag" am 18. Mai 1983 ein. Im Zuge dieser Operation bewirkte die Stasi die rasche Abschiebung von etwa 40 Jenaer Ausreiseantragstellern in die Bundesrepublik. Am 7. Juni nahmen Mitarbeiter der BV Gera den „Konterrevolutionär" Roland Jahn in Gewahrsam, um ihn in der Nacht zum 8. Juni per Zug in die Bundesrepublik zu bringen. Da er sich wehrte, brachten sie ihn „unter Anwendung der Führungskette" in ein verriegeltes Abteil und erklärten dem Schaffner, dass sich darin „eine psychisch auffällige Person befindet, die unbedingt nach der BRD muß". Zur „Absicherung" der Aktion waren 100 MfS-Mitarbeiter entlang der Bahnlinie bis zur Staatsgrenze im Einsatz. Vgl. BStU, MfS, HA IX, 9698, Blatt 59-62: „Bericht über die Realisierung der Entlassung aus der Staatsbürgerschaft der DDR/Übersiedlung des Konterrevolutionärs JAHN, Roland aus Jena in die BRD", 9.6.1983, S. 1-4, abgedruckt in: Aktion „Gegenschlag", S. 69-72.

244 Vgl. ebd. S. 1, abgedruckt in: Aktion „Gegenschlag", S. 69.

245 Vgl. BStU, MfS, BV Rostock, AS 361/83, Blatt 228: Information von IM „Peter Schneider" am 12.6.1983. Bei IM „Peter Schneider" handelte es sich laut Rahel Frank um den Referenten für Kirchenfragen beim RdB Schwerin, Rudolf Franze. Vgl. Frank: „Realer, exakter, präziser"?, S. 65. Da die IM-Akte von „Peter Schneider" vernichtet wurde, liegt der Stasi-Unterlagen-Behörde der Klarname nicht vor.

246 Vgl. LAG, Rep. 200 II 7.3, Nr. 70: „Information", 12.6.1983, S. 2.

247 Vgl. BStU, MfS, BV Rostock, AIM 2538/91, Beifügung Bd. 1, Blatt 24: Mündliche Information von IMS „Manfred", 12.6.1983, S. 1. Joachim Gauck hat am 12. Juni vermerkt, dass er um 11.40 Uhr mit dem RdB Rostock über den Inhalt des Plakats gesprochen habe. Aus der Notiz geht jedoch nicht hervor, ob er sich während des Telefonats zur geforderten Entfernung des Plakats geäußert hat. Vgl. LKAS, LA KT, Nr. 4: Handschriftlicher Vermerk von Joachim Gauck.

248 Siehe Anm. 228 in diesem Kapitel.

Außer der Friedensthematik kamen, wenn auch nur am Rande, zwei weitere drängende gesellschaftspolitische Probleme in Rostock zur Sprache: die Lage in der Dritten Welt und das Thema Umwelt. So riefen die Veranstalter im Programmheft des Kirchentags dazu auf, die Sonderzüge zu nutzen und „umweltbewußt" in die Hansestadt zu reisen[249]. Außerdem organisierten sie eine Umweltaktion für den „Abend der Begegnung", bei welcher vor der Kongresshalle drei Bäume gepflanzt und 400 Setzlinge in Töpfen an die Teilnehmer verteilt wurden[250]. Baumpflanzaktionen junger Christen hatten in Mecklenburg bereits häufig stattgefunden, zum ersten Mal – und erstmals in der DDR! – 1979 im Schweriner Plattenbauviertel Großer Dreesch[251]. Aus den Projekten entstanden häufig weitere Treffen von Umweltaktivisten, wie die Ökologieseminare in Schwerin[252]. Die Organisatoren des „Abends der Begegnung" beim Rostocker Kirchentag griffen damit eine im Gebiet der mecklenburgischen Landeskirche bereits etablierte Form des Umweltengagements auf, die außerdem dem Veranstaltungsort selbst zugutekam. In gewisser Weise gelang es dem Kirchentag dadurch, über seine Dauer hinaus Spuren in der Hansestadt zu hinterlassen. Kritische Äußerungen zur Umweltthematik hörte man in Rostock allerdings selten. Bischof Heinrich Rathke ging in seiner Predigt beim Abschlussgottesdienst auf die weltweite Gewässerverschmutzung und die zunehmende Knappheit von sauberem Trinkwasser ein[253]. Doch wie schon bei seinen Ausführungen zum Rüstungskonflikt vermied er es, die DDR oder andere Länder direkt anzuklagen[254]. Dem Thema Armut in der Dritten Welt widmete sich einzig die Veranstaltung „Ich habe es satt, daß andere hungern" in der Kirche Warnemünde, die Mitglieder des Gruppennetzwerks INKOTA mitgestalteten[255]. Dass drei Viertel der rund 400 Teilnehmer Jugendliche waren[256], ließ erkennen, dass diese Thematik auch bei den darauffolgenden Kirchentagen eine Rolle spielen sollte.

249 Vgl. LKAS, OKR Gen., Nr. 754: Programmheft Kirchentag Rostock 1983, S. 18.

250 Vgl. LKAS, LA KT, Nr. 2: Protokoll der Sitzung der AG-Verantwortlichen am 15.4.1983, S. 2.

251 Vgl. Frank: „Realer, exakter, präziser"?, S. 452f.; Langer: Vorgeschichte und Geschichte der „Wende" in den drei Nordbezirken der DDR, S. 44; Neubert: Geschichte der Opposition in der DDR 1949-1989, S. 451f.

252 Vgl. ebd.

253 Vgl. BStU, MfS, BV Rostock, AS 361/83, Blatt 254: Abschrift der Predigt von Bischof Rathke, S. 3.

254 Allgemein formulierend erklärte der Bischof: „Diese einfachen lebensnotwendigen Dinge [Wasser und Brot; d. Verf.] werden immer teurer in der Welt. Wie teuer ist heute ein Liter wirklich sauberes Wasser? Die Flüsse sind verschmutzt, der Regen sauer, die Weltmeere durch Öl verunreinigt." Vgl. ebd.

255 Vgl. „'Ich habe es satt, daß andere hungern'" In: Der Demokrat, Jg. 38, Nr. 137 vom 13.6.1983, S. 3. Das Netzwerk INKOTA (Information, Koordinierung, Tagungen zur Zweidrittelwelt, ökumenisches Netzwerk) wurde 1971 von evangelischen und katholischen Studenten in Halle gegründet. Es diente dem Austausch von Informationen zum Thema „Dritte Welt" sowie zur Koordinierung von Aktionen und war maßgeblich an der Entstehung von Dritte-Welt-Gruppen in der DDR in den 1980er Jahren beteiligt. Vgl. Neubert: Geschichte der Opposition in der DDR 1949-1989, S. 260 und S. 456.

256 Vgl. LAG, Rep. 200 II 7.3, Nr. 31, Blatt 484: „Information über den weiteren Verlauf des Kirchentages der ELKG und der ELLKM in Rostock", 12.6.1983, S. 8.

6.4 Das Engagement der Laien

Wie bei den Stralsunder Treffen 1978 und 1981 leiteten auch in Rostock größtenteils Pastoren und andere Kirchenmitarbeiter die Vorbereitungen[257]. Die zuständigen Gremien bestanden fast ausschließlich aus hauptamtlichen Mitarbeitern der Kirchen, lediglich im Ortsausschuss bildeten Laien die Mehrheit[258]. Obwohl die Verantwortung zumeist in den Händen von Pfarrern lag, war eine Umsetzung der Planung ohne das Engagement der Laien nicht denkbar. Allein beim Abschlussgottesdienst wirkten hunderte Gemeindeglieder aus beiden Landeskirchen in den Kirchen- und Posaunenchören sowie bei der Austeilung des Abendmahls mit[259]. Inhaltlich konnten sich die Rostocker Gemeinden beim „Abend der Begegnung" einbringen, bei dem sie ihre Arbeit vorstellten und mit den Besuchern zum Thema Bewahrung der Schöpfung ins Gespräch kamen[260]. Außerdem erfuhr eine besondere Aktion des Stralsunder Kirchentags 1978 in Rostock eine Neuauflage: „Sei unser Gast". Bereits zu Beginn der Vorbereitungsphase beschlossen der gemeinsame Landesausschuss und die ZORG, „Sei unser Gast" in das Programm aufzunehmen[261]. Wie 1978 fanden die Gespräche zum Kirchentagsthema in Kleingruppen mit etwa acht bis zwölf Teilnehmern in den Wohnungen etlicher Gastgeber statt, die aus allen Rostocker Gemeinden stammten[262]. Anders als 1978 gab es aber im Vorfeld keinen Briefwechsel zwischen den Gastgebern und ihren zukünftigen Gästen. Dafür versuchten die Rostocker Veranstalter, die Gespräche im Hinblick auf Struktur und Inhalt zu optimieren, indem sie von Januar bis April 1983 drei Gesprächsleiterschulungen in Güstrow und Altefähr bei Stralsund anboten[263]. Die dort ausgebildeten 120 Gesprächsleiter hatten beispielsweise die Aufgabe, anhand ausgewählter Bibeltexte Impulse zu einem der sechs vorgegebenen Unterthemen zu geben[264]. Inhaltlich kamen neben persönlichen Alltagsproblemen die Themen Frieden, Wehrunterricht und das Verhältnis zwischen Gemeindemitgliedern und Kirchenleitungen zur Sprache[265]. Damit die angestrebte

---

257 Vgl. LKAS, OKR Gen., Nr. 754: Mitarbeiterliste Kirchentag, S. 1f.

258 Unter den 14 Mitgliedern des Ortsausschusses waren acht Laien. Vgl. ebd.: Vorlage für die Sitzung der Landesausschüsse Greifswald und Mecklenburg am 19.11.1983, S. 2.

259 Vgl. „Kommt, denn es ist alles bereit" In: Mecklenburgische Kirchenzeitung, Jg. 38, Nr. 23 vom 5.6.1983, S. 1.

260 Vgl. LKAS, OKR Gen., Nr. 754: Programmheft Kirchentag Rostock 1983, S. 9.

261 Vgl. LKAS, LA KT, Nr. 2: Protokoll der Sitzung der ZORG am 10.6.1981, S. 2; ebd.: Protokoll der Sitzung des gemeinsamen Landesausschusses am 12.9.1981, S. 2. Das positive Echo in Stralsund 1978 bewog auch die Veranstalter des Magdeburger Treffens 1983, die Aktion zu übernehmen. Dort zog sie unter der Bezeichnung „Zu Gast bei uns" rund 1.000 Teilnehmer an. Vgl. ebd.: Protokoll der Sitzung der Regionalsekretäre am 9.9.1981, S. 1; ebd. Nr. 4: Bericht vom Magdeburger Kirchentag 1983, S. 3.

262 Insgesamt hatten 110 Gastgeber ihre Wohnungen zur Verfügung gestellt – mehr als doppelt so viele wie in Stralsund 1978. Vgl. BStU, MfS, BV Rostock, AS 361/83, Blatt 94: Brief der Ortsausschussgruppe „Sei unser Gast" an das Kirchentagsbüro Rostock, 28.12.1982; „Sei unser Gast – zwei Beispiele" In: Mecklenburgische Kirchenzeitung, Jg. 38, Nr. 25 vom 19.6.1983, S. 3.

263 Vgl. LKAS, LSI Doberan Gen., Nr. 756: Rundbrief des gemeinsamen Landesausschusses, November 1982.

264 Vgl. LKAS, Best. Landesbischöfe Rathke und Stier, Nr. 66: Bericht des Landesausschusses Mecklenburg bei der Tagung der Landessynode der ELLKM vom 15. bis 18.3.1984, S. 2; „Sei unser Gast – zwei Beispiele" In: Mecklenburgische Kirchenzeitung, Jg. 38, Nr. 25 vom 19.6.1983, S. 3. Zu den sechs Unterthemen siehe Kapitel 6.1.

265 Vgl. LAG, Rep. 200 II 7.3, Nr. 70, Blatt 101: „Information zur Abschlußpressekonferenz", S. 1.

intime Atmosphäre der Gespräche nicht gestört wurde, waren Journalisten wie schon 1978 von der Teilnahme ausgeschlossen[266]. Die Presseberichte hoben die Aktion dennoch lobend hervor und erklärten, dass sie die Anonymität, die bei den Großveranstaltungen des Kirchentags oft festzustellen war, aufgebrochen habe[267]. Mit rund 900 Teilnehmern erfuhr „Sei unser Gast" in Rostock eine noch größere Resonanz als in Stralsund[268]. Trotzdem war die Besucherzahl unter den Erwartungen der Organisatoren geblieben, was diese rückblickend möglicherweise mangelhaften Werbemaßnahmen und einer uneffektiven Zusammenarbeit zwischen den einzelnen Vorbereitungsgruppen des Kirchentags zuschrieben[269]. Außerdem wurde kritisiert, dass die Jugendveranstaltung in der Kongresshalle zeitgleich mit „Sei unser Gast" stattfand, weshalb sich die Jugendlichen von der Aktion „ausgesperrt" gefühlt hätten[270].

Die geringe Einbeziehung junger Christen in die Vorbereitung und Durchführung der Veranstaltungen gehörte generell zu den Defiziten des Rostocker Treffens. Dabei nahmen außergewöhnlich viele Kinder, Jugendliche und junge Erwachsene daran teil: Nach den Schätzungen der Veranstalter waren rund 60 Prozent der Besucher nicht älter als 30 Jahre[271]. Obwohl die beiden vorherigen Kirchentage im Norden ein deutlich gewachsenes Interesse der Jugendlichen an kirchlichen Großveranstaltungen demonstriert hatten, gab es in Rostock relativ wenige Programmpunkte, die sich explizit an diese Zielgruppe richteten. Für die jüngsten Teilnehmer fand am 12. Juni ein „Kinderkirchentag" statt. Anhand von biblischen Geschichten, Spielen, Liedern und Pantomime sollte den Kindern die Losung „Vertrauen wagen" verdeutlicht werden[272]. Die Resonanz auf dieses Angebot übertraf die Erwartungen der Organisatoren bei Weitem: Statt der geplanten 400 Besucher kamen rund 1.200 Kinder und Erwachsene in die Heiligen-Geist-Kirche, weshalb der gemeinsame Ausschuss eine grundlegende Optimierung des Konzepts für die kommenden Treffen anordnete[273]. Ausdrücklich für Jugendliche waren zwei Veranstaltungen vorgesehen, und zwar am 11. Juni in der Kongresshalle und am 12. Juni in der Petrikirche. Beide Angebote erfuhren mit 2.500 respektive 1.500 Besuchern eine sehr hohe

266 Vgl. ebd. Nr. 31, Blatt 359: Aktenvermerk von Jürgen Haß zum Gespräch mit Bischof Rathke und Bischof Gienke am 30.5.1983, S. 2.

267 Vgl. „KWJ kommentiert" In: Mecklenburgische Kirchenzeitung, Jg. 38, Nr. 26 vom 26.5.1983, S. 3.

268 Vgl. LKAS, Best. Landesbischöfe Rathke und Stier, Nr. 66: Bericht des Landesausschusses Mecklenburg bei der Tagung der Landessynode der ELLKM vom 15. bis 18.3.1984, S. 6. In Stralsund hatten etwa 300 Besucher an „Sei unser Gast" teilgenommen. Vgl. LAG, Rep. 200 II 7.3, Nr. 30, Blatt 7: „Information über den Verlauf des 7. Kirchentags der Evangelischen Landeskirche Greifswald", S. 1.

269 Vgl. LKAS, OKR Gen., Nr. 754: Vorlage für die Sitzung der Landesausschüsse Greifswald und Mecklenburg am 19.11.1983, S. 7.

270 Vgl. ebd.

271 Vgl. LKAS, Best. Landesbischöfe Rathke und Stier, Nr. 66: Bericht des Landesausschusses Mecklenburg bei der Tagung der Landessynode der ELLKM vom 15. bis 18.3.1984, S. 3. Die staatlichen Berichte schätzten die Anzahl der jugendlichen Teilnehmer ebenfalls hoch ein: Bei nahezu allen Veranstaltungen soll der Besucheranteil Jugendlicher und junger Erwachsener zwischen 30 und 60 Prozent betragen haben. Vgl. LAG, Rep. 200 II 7.3, Nr. 70: „Information über den Verlauf des Kirchentages der Evangelisch-Lutherischen Landeskirche Mecklenburg und der Greifswalder Kirche vom 10.-12. Juni 1983 in Rostock", S. 10.

272 Vgl. „Kirchentag für Kinder" In: Mecklenburgische Kirchenzeitung, Jg. 38, Nr. 20 vom 15.5.1983, S. 3.

273 Vgl. LKAS, LA KT, Nr. 2: Protokoll der Sitzung der Landesausschüsse Mecklenburg und Greifswald am 19.11.1983, S. 4.

Beteiligung[274]. In der Halle lautete das durch meditative Texte, Musik und Spielszenen entfaltete Motto „Es kommt darauf an, sich zu verändern"[275]. Da dieser Programmpunkt von der Jugendarbeit der ELLKM und der ELKG verantwortet wurde, fungierten Jugendliche dort auch als Mitwirkende[276]. So führten sie beispielsweise einen Sketch auf, in welchem sie die Instrumentalisierung des Lutherjubiläums durch die SED karikierten. In dem Sketch trugen Arbeiter ein Luther-Denkmal auf ein Podest, vor das ein Kulturpolitiker einen Ehrenkranz mit der Aufschrift „Unserem Martin Luther, dem Humanisten – die dankbare Kultur" legte, woraufhin sich zwei Kulturbeauftragte darüber stritten, ob das Denkmal „weiter links" oder „besser in der Mitte" stehen sollte, bis sie sich auf „Nein, nein, früher stand er rechts, heute steht er links" einigten[277]. Laut MfS-Bericht erntete diese Szene sehr starken Beifall[278]. Wie die SED-Führung den Reformator aus der unliebsamen Ecke der Konterrevolutionäre hinüber ins ruhmreiche Erbe der sozialistischen Gesellschaft gezogen hatte, war offenbar auch den jüngeren DDR-Bürgern nicht entgangen. Mit Begeisterung reagierten die jugendlichen Teilnehmer außerdem auf die Ansprache von Emilio Castro beim „Startabend" in der Marienkirche[279]. Der Direktor der Abteilung Weltmission und Evangelisation des ÖKR unterstrich den grundlegenden Zusammenhang zwischen Friedensbemühungen und dem Kampf für soziale Gerechtigkeit und sprach sich für eine Einheit der Kirche aus[280]. Äußerungen zur Friedensproblematik und die Forderung der Überwindung konfessioneller Grenzen fanden bei den jüngeren Besuchern offensichtlich großen Widerhall.
Besondere Anziehungskraft auf Jugendliche übten darüber hinaus die Großveranstaltungen aus. Ob beim „Startabend", den Hauptveranstaltungen in der Kongresshalle oder dem „Abend der Begegnung" – überall, wo man in großer Gemeinschaft zusammenkommen konnte, fühlten sich junge Christen anscheinend wohl[281].

274 In Bezug auf die Anzahl der Teilnehmer in der Kongresshalle deckten sich die Schätzungen von Staat und Kirche. Nach Beobachtungen der kirchlichen Presse kamen zu den 1.500 Besuchern in der Petrikirche noch 300 Personen hinzu, die sich aus Platzgründen vor der Kirche versammeln mussten. Auch die staatlichen Stellen berichten von der Überfüllung der Petrikirche, wobei sie 1.000 Personen in der Kirche und weitere 250 davor angaben. Vgl. „Dreihundert Jugendliche zuviel" In: Mecklenburgische Kirchenzeitung, Jg. 38, Nr. 25 vom 19.6.1983, S. 3; LKAS, Best. Landesbischöfe Rathke und Stier, Nr. 66: Bericht des Landesausschusses Mecklenburg bei der Tagung der Landessynode der ELLKM vom 15. bis 18.3.1984, S. 6; LAG, IV/E/2.14, Nr. 621, Blatt 171: „Information über den weiteren Verlauf des Kirchentages der ELKG und der ELLKM in Rostock", 11.6.1983, S. 4; LAG, Rep. 200 II 7.3, Nr. 31, Blatt 484: „Information über den weiteren Verlauf des Kirchentages der ELKG und der ELLKM in Rostock", 12.6.1983, S. 7.

275 Vgl. „Jugend in der Kongreßhalle" In: Mecklenburgische Kirchenzeitung, Jg. 38, Nr. 18 vom 1.5.1983, S. 3.

276 Vgl. ebd.

277 Vgl. LAG, IV/E/2.14, Nr. 621, Blatt 200: „Sketsch: Lutherdenkmal".

278 Vgl. BStU, MfS, BV Rostock, AKG Nr. 188, Teil 2, Blatt 169: „Information über die Durchführung des gemeinsamen Kirchentags der Evangelischen Landeskirche Greifswald und der Evangelisch-Lutherischen Landeskirche Mecklenburg vom 10. bis 12.6.1983 in Rostock", 12.6.1983, S. 2.

279 Vgl. „Eröffnung per Handschlag" In: Mecklenburgische Kirchenzeitung, Jg. 38, Nr. 25 vom 19.6.1983, S. 2.

280 Vgl. ebd.

281 Der „Startabend" hatte nach kirchlichen Schätzungen etwa 3.000 Teilnehmer. Die staatlichen Stellen gaben an, dass die Hälfte der 1.800 Besucher Jugendliche waren. Die Hauptveranstaltung in der Kongresshalle zog nach Schätzungen der Organisatoren am 11. Juni rund 2.300 und am 12. Juni etwa 5.000 Menschen an. Die staatlichen Stellen schätzten die Teilnehmerzahl auf 2.200

Der Eindruck, dort anders als im Alltag Teil einer großen Gruppe Gleichgesinnter zu sein, mag den Ausschlag dafür gegeben haben. Neben der vergleichsweise freien Diskussion über gesellschaftliche Fragen dürfte diese Erfahrung einer Aufhebung der Vereinzelung entscheidend für die gestiegene Teilnahme kirchlich gebundener und an Glaubensfragen interessierter Jugendlicher an den Kirchentagen gewesen sein. Außergewöhnliche musikalische Angebote favorisierten sie ebenfalls. Vor allem der von Jazz- und Rockmusik geprägte Gottesdienst „Liturgie zur Umkehr“ fand starke Resonanz[282]. Die *Mecklenburgische Kirchenzeitung* vermutete als Grund für dieses große Interesse einen Wandel der Haltung junger Christen zum Thema Buße und Umkehr[283]. „Umkehr“ scheint von den Jugendlichen und jungen Erwachsenen aber weniger im religiösen Sinne verstanden worden zu sein, sondern eher als Veränderung des persönlichen und gesellschaftlichen Lebens. Angesichts der nuklearen Bedrohung, der akuten Kriegsgefahr, zunehmender Zerstörung der Umwelt, des Hungerproblems in den Entwicklungsländern und gesellschaftlicher Missstände im eigenen Land war sich die jüngere Generation offenbar bewusst, dass man neue Wege finden musste. So suchten sie zum Beispiel in Basisgruppen nach Gegenentwürfen zur Gegenwart: Sie diskutierten über Möglichkeiten der Friedenssicherung, tauschten sich über alternative Lebensmodelle aus, erörterten den Konsumverzicht und die Idee vom „einfachen Leben“ und engagierten sich für die Umwelt[284]. Genau diese soziale Komponente von „Umkehr“ griff der musikalische Gottesdienst in der Rostocker Heiligen-Geist-Kirche auf. Im Kirchentagsprogrammheft war die Veranstaltung mit dem Slogan „Kein Frieden ohne Verzicht, kein Frieden ohne Veränderung“ untertitelt worden[285]. Der Text von Eckart Reinmuth nahm Bezug auf Hungerkatastrophen, Umweltzerstörung und Aufrüstung und verband die Kritik am aktuellen Zustand der Welt mit der Bitte um Vergebung durch Gott und der Hoffnung auf einen Neuanfang[286]. Reinmuths schnörkellose, mitunter brutale Bildsprache[287] und die jugendgemäße musikalische Gestaltung

---

am Samstag und auf 2.500 bis 4.000 am Sonntag, darunter etwa 50 Prozent Jugendliche. Auch beim „Abend der Begegnung“ weichen die Schätzungen voneinander ab: Die kirchlichen Vertreter zählten 3.500 Personen, die staatlichen hingegen 2.000, vor allem jugendliche Besucher. Vgl. LKAS, Best. Landesbischöfe Rathke und Stier, Nr. 66: Bericht des Landesausschusses Mecklenburg bei der Tagung der Landessynode der ELLKM vom 15. bis 18.3.1984, S. 6; LAG, Rep. 200 II 7.3, Nr. 31, Blatt 484: „Information über den weiteren Verlauf des Kirchentages der ELKG und der ELLKM in Rostock“, 12.6.1983, S. 8; LAG, IV/E/2.14, Nr. 621, Blatt 168f.: „Information über den weiteren Verlauf des Kirchentages der ELKG und der ELLKM in Rostock“, 11.6.1983, S. 1f.; ebd. Nr. 606, Blatt 15: Bericht von der Hauptveranstaltung in der Kongresshalle, 12.6.1983, S. 1.

282 Daran nahmen nach kirchlichen Schätzungen 1.500 Personen teil. Laut staatlicher Angaben waren es 1.100, von denen etwa 90 Prozent nicht älter als 25 Jahre gewesen seien. Vgl. LKAS, Best. Landesbischöfe Rathke und Stier, Nr. 66: Bericht des Landesausschusses Mecklenburg bei der Tagung der Landessynode der ELLKM vom 15. bis 18.3.1984, S. 6; LAG, Rep. 200 II 7.3, Nr. 31, Blatt 480: „Information über den weiteren Verlauf des Kirchentages der ELKG und der ELLKM in Rostock“, 12.6.1983, S. 3.

283 Vgl. „Liturgie zur Umkehr“ In: Mecklenburgische Kirchenzeitung, Jg. 38, Nr. 26 vom 26.6.1983, S. 2.

284 Vgl. Neubert: Geschichte der Opposition in der DDR 1949-1989, S. 421f., S. 445f., S. 452 und S. 554.

285 Vgl. LKAS, OKR Gen., Nr. 754: Programmheft Kirchentag Rostock 1983, S. 9.

286 Vgl. EZA, Best. 95, Nr. 193: Text zur „Liturgie zur Umkehr“, S. 1-15.

287 Eckart Reinmuth bediente sich einer sehr bildreichen, teilweise erschütternden Wortwahl – wohl um die Zuhörer wachzurütteln und zum Handeln zu animieren. Zu den globalen Missständen hieß es beispielsweise: „Ihr habt die Kinder gesehn, krank von Geburt/die hungrigen/mit ihren

durch den Komponisten Karl Scharnweber lösten bei den Zuhörern regelrechte Begeisterungsstürme aus[288].

Die Resonanz der Besucher auf das Kinder- und Jugendangebot fiel also insgesamt positiv aus, auch wenn das Programm einen recht bescheidenen Umfang aufwies. Darüber hinaus lässt sich erkennen, dass im Rahmen der Veranstaltungen für jüngere Teilnahme eine Auseinandersetzung mit dem Leben und Werk von Luther kaum stattgefunden hatte. Trotz der offiziellen Einbettung in das Jubiläum war jedoch das gesamte Rostocker Treffen nur wenig vom Gedenken an den Reformator geprägt, wie das folgende Kapitel zeigt.

6.5 Luthergedenken ohne Luther?

Die Kirchentage des Jahres 1983 sollten zu den Höhepunkten der Feierlichkeiten anlässlich des 500. Geburtstags von Martin Luther zählen. Eine Idealisierung des Reformators war bei den Festveranstaltungen zu vermeiden: Das kirchliche Luther-Komitee forderte, dass die Organisatoren auch schwierige Themen wie Luthers Verhältnis zu den Juden oder seine Rolle im Bauernkrieg aufgriffen[289]. In Bezug auf Luthers Lehre wollten die Veranstalter den Fokus auf das Konzept des Priestertums aller Gläubigen legen, denn – so die Ansicht der Konferenz der Landesausschüsse – „allein die Tatsache, daß es Kirchentage gibt, stellt unter Beweis: das Priestertum aller Gläubigen wird praktiziert"[290]. Wie stark dann aber Werk und Leben des Reformators bei der inhaltlichen Gestaltung der Treffen in den Hintergrund rückten, zeigten bereits die von der Geschäftsstelle des EKT erarbeiteten Themenvorschläge für die Gruppengespräche. Ihre Basis bildete die größtenteils von Luther losgelöste Entfaltung der Losung „Vertrauen wagen". Vor dem Hintergrund der Fragestellung, welche Bedingungen das Vertrauen fördern oder zerstören bzw. wie man mit Blick auf die Zukunft überhaupt Vertrauen wagen könne[291], waren die Impulse vor allem auf die soziale und politische Dimension der Losung gerichtet. Zum Beispiel schlug die Geschäftsstelle bei den Unterthemen „einfach leben" und „sich auf Machtlosigkeit einlassen" die Stichworte „Umgang mit Besitz", „ungerechte Verteilung von Gütern", „Sicherung des Friedens" und „Umgang zwischen Erwachsenen und Kindern" vor[292]. Im Hinblick auf ökumenische Themen ermunterte die EKT-Zentrale zu Gesprächsrunden, die das Verbindende zwischen den Konfessionen hervorhoben und den ökumenischen Dialog förderten[293]. Die Zeiten, in denen die deutschen

Bäuchen, mit ihren Augen/Wann kehrt ihr um?/Ihr habt die Vögel gesehn im Öl/die Eier mit den Rissen/die Bäume ohne Blätter/die nackten Stämme/Wann kehrt ihr um?/Ihr habt die Stapel gesehn von Toten/wie sie brannten/Ihr habt den Hunger gesehn/das Wasser, das keiner trinken kann/die Armen, die unbeachtet sterben am Straßenrand/Wann kehrt ihr um?/Ihr habt die Fische gesehn mit den Bäuchen nach oben/tot im Fluß/den Schaum, der mit ihnen treibt ins Meer/Wann kehrt ihr um?" Vgl. ebd. S. 9.

288 Vgl. „Liturgie zur Umkehr" In: Mecklenburgische Kirchenzeitung, Jg. 38, Nr. 26 vom 26.6.1983, S. 2.

289 Vgl. „Schwerpunkte im Lutherjahr: Kirchentage" In: ebd. Nr. 4 vom 23.1.1983, S. 1.

290 Vgl. LKAS, LA KT, Nr. 1: Protokoll der Sitzung der Konferenz der Landesausschüsse am 9.10.1982, S. 7.

291 Vgl. LKAS, OKR Gen., Nr. 754: „Vertrauen wagen – Vorschläge für die Gruppenthemen der Kirchentage 1983", Oktober 1981, S. 3.

292 Vgl. ebd. S. 5 und S. 7.

293 Vgl. ebd. S. 6.

Lutheraner reformationsgeschichtliche Jubiläen zur Abgrenzung gegen die katholische Kirche nutzten, lagen inzwischen lange zurück[294]. Hinweise auf eine konkrete Auseinandersetzung mit dem Erbe Martin Luthers lassen sich in dem Papier der Geschäftsstelle nur bei drei der sechs Unterthemen finden: Im Rahmen von „Vorurteile abbauen", „im gesellschaftlichen Leben wirksam werden" und „auf Partnerschaft zugehen" hielt man es für sinnvoll, in den Gruppengesprächen auf Luthers Verhältnis zum Judentum, das Priestertum aller Gläubigen, die Zwei-Reiche-Lehre und das marxistische Lutherbild einzugehen[295]. Inwieweit die einzelnen Landesausschüsse den Vorschlägen aus Berlin bei der Zusammenstellung der Programme folgten, blieb ihnen allerdings selbst überlassen.

Bei der Betrachtung der Programme der sieben Kirchentage von 1983 fällt auf, dass der Umfang der Angebote mit Bezug zu Luther offenbar auch mit der geografischen Lage des jeweiligen Veranstaltungsortes zusammenhing. In Erfurt, Eisleben und Wittenberg geriet der Reformator allein schon durch seine historischen Wirkungsstätten stärker ins Blickfeld. So wurde auf dem Gelände des Erfurter Augustinerklosters ein „Lutherjahr-Markt" mit 30 Ständen, unter anderem zu Luthers Lebensweg und Schriften, durchgeführt[296]. Beim Wittenberger Treffen war Martin Luther am stärksten präsent: In sieben Arbeitsgruppen unter dem Motto „Mit Luther im Gespräch" konnten sich die Teilnehmer intensiv mit seinen Texten und deren Bedeutung für die heutige Kirche auseinandersetzen – vom Bibelverständnis über den Freiheitsbegriff bis hin zur Gottesdienstpraxis[297]. Ein durchaus heikles Thema griffen die Kirchentage in Eisleben, Magdeburg und Dresden auf, nämlich Luthers Haltung zu den Juden und die Entwicklung des Verhältnisses von Judentum und Christentum. In Eisleben wurde beispielsweise eine Gedenktafel für die ermordeten und die vertriebenen jüdischen Bürger der Stadt an der Andreaskirche angebracht, in der Luther im Jahr 1546 judenfeindliche Predigten gehalten hatte[298]. Auch im Rahmen des Magdeburger Treffens fand eine Gedenkstunde statt und darüber hinaus gab es – wie in Dresden – eine Arbeitsgruppe „Juden und Christen"[299].

294 Vor allem im 17. Jahrhundert war das Reformationsgedenken in Deutschland von heftiger Polemik gegen die „Papistenkirche" gekennzeichnet. Das Jubiläum 1883 wies ebenfalls noch antikatholische Tendenzen auf. Im 20. Jahrhundert spielte die Abgrenzung zur katholischen Kirche kaum noch eine Rolle und vor allem nach 1945 gewann die Ökumene stark an Bedeutung. Vgl. Thomas K. Kuhn: Erinnerung, Identität und Repräsentation, in: SZRKG 100 (2006), S. 127-136 und S. 150-152; Thomas Kaufmann: Reformationsgedenken in der Frühen Neuzeit, in: ZThK (2010), S. 292 und S. 304-316; Harry Oelke: Reformationsjubiläen gestern und heute, in: Pastoraltheologie (2016), S. 24-29; Lehmann: Luthergedächtnis 1817 bis 2017, S. 73-75; Kunter: Die Kirchen – Europa – die Ökumene, S. 255-259.

295 Vgl. LKAS, OKR Gen., Nr. 754: „Vertrauen wagen – Vorschläge für die Gruppenthemen der Kirchentage 1983", Oktober 1981, S. 4 und S. 8f.

296 Vgl. „Erfurt: Ein Glied in der Reihe der Kirchentage" In: Mecklenburgische Kirchenzeitung, Jg. 38, Nr. 22 vom 29.5.1983, S. 1.

297 Sie lauteten im Einzelnen: „Über das Verstehen der Bibel", „Über Glauben als Basis unseres Lebens", „Über die Freiheit eines Christenmenschen", „Über Beichte und Seelsorge", „Über gottesdienstliche Gemeinschaft", „Über die Erneuerung der Kirche und ihre Folgen", „Über gesellschaftliche Verantwortung". Vgl. LKAS, LA KT, Nr. 4: Anlage zum Abschlussbericht zum Wittenberger Kirchentag 1983, S. 1f.

298 Vgl. „Eisleben: Kirchentag unter Kreuz und Davidstern" In: Mecklenburgische Kirchenzeitung, Jg. 38, Nr. 27 vom 3.7.1983, S. 1.

299 Vgl. „Kirchentag in Magdeburg: Tage, die uns weiterbringen" In: ebd. Nr. 28 vom 10.7.1983, S. 1; LKAS, LA KT, Nr. 4: Abschlussbericht zum Magdeburger Kirchentag 1983, S. 2; LKAS, OKR Gen., Nr. 753: Faltblatt zum Programm des Kirchentags 1983 in Dresden.

In Rostock schenkten die Organisatoren der Person und dem Erbe Luthers weit weniger Aufmerksamkeit und entfalteten die Losung größtenteils ohne Bezug zum Reformator. Eines der wenigen Angebote zu Luther war die Aufführung des Theaterstücks „Luther und Müntzer oder die Einführung der Buchhaltung" von Dieter Forte am Vorabend des Treffens im Volkstheater Rostock. Mit diesem Stück im Programm, das 1970 in Basel uraufgeführt wurde und dem Düsseldorfer Autor den internationalen Durchbruch brachte, entfernten sich die Veranstalter so weit wie nur möglich von einer Idealisierung Luthers. Anders als die zahlreichen Denkmäler, die Luther als starken, stattlichen und ehrwürdigen Mann präsentieren, lässt Forte ihn als feigen, gewinnsüchtigen und unzuverlässigen Knecht der deutschen Fürsten auftreten[300]. Die theologische Dimension der Protagonisten wird völlig ignoriert, stattdessen geht es einzig um ihre Abhängigkeit vom Finanzkapital, personifiziert durch den Großkaufmann Jakob Fugger[301]. Dass das Stück überhaupt in das Repertoire eines DDR-Theaters aufgenommen wurde – am Volkstheater Rostock erfolgte in der Spielzeit 1982/83 die Erstaufführung[302] –, erscheint vor dem Hintergrund der mit dem Lutherjubiläum verbundenen staatlichen Ziele unverständlich. Zwar ist Fortes Werk durchweg antikapitalistisch angelegt und folgt der marxistischen Geschichtsauffassung, dass nicht Ideen, sondern die ökonomischen und damit die auf Gewinnmaximierung ausgerichteten Interessen einiger weniger Kapitalisten den Lauf der Geschichte bestimmt hätten[303], aber dem veränderten marxistischen Lutherbild entsprach es ganz und gar nicht. Der Antagonismus Thomas Müntzer als verratener Sozialrevolutionär und Luther als verräterischer Fürstenknecht, den das Stück suggeriert[304], gehörte bereits seit Mitte der 1960er Jahre nicht mehr zur offiziellen Wertung der Reformation durch die SED und die ihr treu ergebenen Historiker. Luther galt 1983 nach Äußerungen von Erich Honecker persönlich sogar als einer der größten Söhne des deutschen Volkes und einer der bedeutendsten Humanisten mit dem Streben nach einer gerechteren Welt[305]. Mit der Einbindung dieses strahlenden Luthers in die Nationalgeschichte wollte die SED-Führung 1983 schließlich positive Aufmerksamkeit erlangen und ihr internationales Image aufpolieren. Daher dürfte die Genehmigung der Aufführung des Stückes von Dieter Forte wohl nur darauf zurückzuführen sein, dass sich in diesem Fall die Hardliner unter den Genossen durchsetzen konnten, die das von Honecker verordnete Lutherbild nicht mittragen wollten. Weshalb die Organisatoren des Kirchentags dieses Bühnenstück ins Vorprogramm am 9. Juni aufnahmen, geht aus den Akten nicht hervor. Wollten sie gleich zu Beginn des Treffens deutlich machen, dass sie an einer möglichst kritischen Auseinandersetzung mit Luthers Leben und Werk interessiert waren? Im weiteren Verlauf des Kirchentags lässt sich jedoch nicht erkennen, dass sie ein solches Ziel verfolgt hätten. Vielleicht hatte man die Einbettung des Stücks

300 Vgl. Wilhelm Kühlmann: Art. Dieter Forte, in: Killy-Literaturlexikon, Bd. 3, Berlin 2008, S. 510.
301 Vgl. ebd.
302 Vgl. BArch, DR 113, Nr. 49, Blatt 149: Spielplan des Volkstheaters Rostock 1982/83, S. 3.
303 Vgl. Kühlmann: Art. Dieter Forte, in: Killy-Literaturlexikon, Bd. 3, Berlin 2008, S. 510; Dietz-Rüdiger Moser (Hg.): Lexikon der deutschsprachigen Gegenwartsliteratur seit 1945, Bd. 1, München 1997, S. 337.
304 Vgl. Moser (Hg.): Lexikon der deutschsprachigen Gegenwartsliteratur seit 1945, Bd. 1, S. 337.
305 Vgl. SAPMO-BArch, DY 30/J IV 2/2 Nr. 1843, Blatt 7f.: Anlage Nr. 1 zum Protokoll Nr. 23/80: Rede von Erich Honecker anlässlich der Konstituierung des Martin-Luther-Komitees am 13. Juni 1980, S. 1f.

vielmehr als provokativen Auslöser einer Debatte zum aktuellen Lutherbild in Kirche und Gesellschaft beabsichtigt. Immerhin sollte im Anschluss an die Aufführung eine Diskussion unter Beteiligung der Mitwirkenden stattfinden[306]. Laut dem Bericht des Regisseurs und Intendanten des Volkstheaters Rostock, Hanns Anselm Perten, hatten bei dem Gespräch einige Zuschauer die Herabwürdigung Martin Luthers und die Glorifizierung von Thomas Müntzer in Fortes Bühnenwerk kritisiert[307]. Es mag sich dank dieser Aufführung somit durchaus eine differenzierte Diskussion unter den Besuchern über die Protagonisten der Reformation entwickelt haben. Kritische Betrachtungen zu Luther aus aktueller evangelischer Perspektive vermieden die Programmgestalter aber offenbar. Stattdessen gab es Angebote wie das Forum „Martin Luther aus der Sicht der katholischen Kirche“ und den Vortrag „Das marxistische Lutherbild“, die aus nicht nachvollziehbaren Gründen zeitgleich stattfanden, was das ohnehin schmale Programm für die Besucher zusätzlich einschränkte. Der Vortrag des Leipziger Geschichtsprofessors Siegfried Hoyer mag sich an den Inhalten der „Thesen über Martin Luther“ orientiert haben, die das positive Lutherbild der SED-Parteispitze zusammenfassten und an deren Erarbeitung der Referent selbst beteiligt gewesen war[308]. So kündigten die Kirchentagsveranstalter an, der inhaltliche Schwerpunkt des Vortrags liege auf den Veränderungen in der Bewertung Luthers durch die Marxisten sowie auf der gegenwärtigen historiografischen Beurteilung der Bedeutung der Reformation[309]. Hoyer wird dabei kaum von seinen in die „Thesen“ eingeflossenen Ansichten abgerückt sein und Luther vermutlich entwicklungsgeschichtlich in eine Linie mit der DDR gestellt haben[310]. Die einzige direkte Auseinandersetzung mit den Werken Martin Luthers war für die Veranstaltung „Hier stehe ich“ am 12. Juni geplant. Anhand von Auszügen aus Luthers Schriften und Liedern sowie Anspielen zu Stationen aus seinem Leben sollten die Teilnehmer zum Nachdenken über ihre eigene Sicht auf den Wittenberger Reformator und seine Relevanz für die Gegenwart angeregt werden[311]. Es ist nicht überliefert, wie viele Interessierte dieser Programmpunkt anzogen hat, doch er dürfte es relativ schwer gehabt haben, da gleichzeitig Besuchermagneten wie die Großveranstaltung zur Losung in der Kongresshalle, das „Ökumenische Forum“, die Aufführung des Elias-Oratoriums oder die Jugendveranstaltung stattfanden. Damit lässt sich bereits an der Zusammenstellung des Programmablaufs erkennen, welchen geringen Stellenwert die Auseinandersetzung mit Martin Luther in Rostock besaß.

Aus den Akten geht allerdings an keiner Stelle hervor, dass die sehr begrenzte Verbindung der Kirchentagsgestaltung mit dem Lutherjubiläum von den

306 Vgl. LKAS, OKR Gen., Nr. 754: Programm des Rostocker Kirchentags 1983, S. 5.

307 Vgl. BStU, MfS, BV Rostock, AS Nr. 361/83, Blatt 145: „Information des Gen. Hans Anselm Perten“, 9.6.1983, S. 1. Mit rund 450 Zuschauern sei die Aufführung zu 75 Prozent ausverkauft gewesen, an dem Gespräch sollen etwa 100 Personen teilgenommen haben. Vgl. ebd. S. 1f.

308 Vgl. Lehmann: Luthergedächtnis 1817 bis 2017, S. 245. Zu den „Thesen“ siehe Kapitel 6.2. Hoyer gehörte außerdem dem staatlichen Luther-Komitee an. Zu seinen Forschungsschwerpunkten zählten unter anderem der Bauernkrieg und die Reformation als „frühbürgerliche Revolution“. Vgl. https://research.uni-leipzig.de/catalogus-professorum-lipsiensium/leipzig/Hoyer_1175 [Stand: 22.04.2020].

309 Vgl. LKAS, OKR Gen., Nr. 754: Programm des Rostocker Kirchentags 1983, S. 9; „Das marxistische Lutherbild“ In: Mecklenburgische Kirchenzeitung, Jg. 38, Nr. 18 vom 1.5.1983, S. 3.

310 Ein Manuskript des Vortrags war weder in den kirchlichen noch in den staatlichen Akten auffindbar.

311 Vgl. „Hier stehe ich – der Reformator zwischen den Fronten“ In: Mecklenburgische Kirchenzeitung, Jg. 38, Nr. 20 vom 15.5.1983, S. 3.

Vorbereitungsgruppen kritisiert worden ist. Auch im Auswertungsprotokoll der beiden Landesausschüsse kam keine entsprechende Kritik zum Ausdruck. Erschienen ihnen die Fragen und Antworten des Reformators als zu unzeitgemäß? Falls ja, so konnte ihnen spätestens der Kirchentag in Wittenberg mit seinen Arbeitsgruppen unter der Überschrift „Mit Luther im Gespräch" zeigen, dass dies ein großer Irrtum war. Womöglich taten sich die Verantwortlichen des Rostocker Treffens aber auch deshalb so schwer mit der Integration Martin Luthers in die Programmgestaltung, weil ihnen die staatliche Vereinnahmung des Jubiläumsjahres nicht gefiel. Die Propagandamaschinerie der SED-Spitze setzte Luther und seine Verdienste für das deutsche Volk in vorher ungekanntem Ausmaß in Szene, sodass die Organisatoren des Kirchentags in Rostock eventuell bewusst auf Abstand gingen. Vielleicht dachten sie auch, dass die Besucher im Gedenkjahr 1983 bereits außerhalb der Kirchentage in großem Maße mit dem Thema Luther konfrontiert wären und auf ein stärker darauf bezogenes Programm mit Desinteresse reagiert hätten. Was immer ihre Beweggründe gewesen sein mögen, mit ihrem äußerst schmalen Programm zu Luther verpassten die Veranstalter die Chance, sich für eine differenzierte Betrachtung des Reformators und seiner Bedeutung für die Kirche und Gesellschaft der Gegenwart einzusetzen und damit der eindimensionalen staatlichen Instrumentalisierung etwas entgegenzusetzen. Hätten sie sich dieser Aufgabe gestellt, wären von diesem Treffen vielleicht Impulse ausgegangen, welche die Besucher zu einer Neuentdeckung des reformatorischen Erbes hätten anregen können.
Einen ähnlich geringen Umfang wie das Programm zu Martin Luther wies das Gottesdienstangebot auf. War der letzte größere Kirchentag im Norden noch von einer Vielzahl an Gottesdienstformaten gekennzeichnet gewesen[312], hatten 1983 nur wenige Gottesdienste Eingang in die Planung gefunden: Am 11. Juni gab es zwei abendliche Gebetsandachten, am 12. Juni fanden drei Morgenandachten statt und am Abend des 11. Juni wurde zum musikalischen Gottesdienst „Liturgie zur Umkehr" eingeladen. Da es zum Abschluss einen großen Abendmahlsgottesdienst geben sollte, vertrat der Landesausschuss scheinbar die Meinung, dass ein zusätzliches breites Gottesdienstangebot am Sonntagvormittag nicht nötig war. Somit prägte nicht ein vielfältiges gottesdienstliches Programm das Rostocker Treffen, sondern Großveranstaltungen wie der „Abend der Begegnung", die Haupt- und Jugendveranstaltungen in der Kongresshalle und der Abschlussgottesdienst. Das Erleben einer großen Gemeinschaft dürfte beim Abschlussgottesdienst besonders eindrucksvoll gewesen sein. Nach kirchlichen Schätzungen hatten sich rund 25.000 Menschen auf dem Parkplatz „Fischerbastion" versammelt, um gemeinsam öffentlich zu beten, zu singen und das Abendmahl zu empfangen[313]. Darüber hinaus hatten die Besucher des Kirchentags aber auch die Möglichkeit, sich in kleinen Gruppen über den Glauben und Alltagserfahrungen austauschen, zum Beispiel bei „Sei unser Gast" oder den nach wie vor sehr gefragten Bibelarbeiten[314]. Diese Mischung aus großem

312 Siehe Kapitel 4.5.

313 So lautete die kirchliche Schätzung. Der staatliche Bericht gab 10.000 Teilnehmer an. Vgl. LKAS, Best. Landesbischöfe Rathke und Stier, Nr. 66: Bericht des Landesausschusses Mecklenburg bei der Tagung der Landessynode der ELLKM vom 15. bis 18.3.1984, S. 6; LAG, Rep. 200 II 7.3, Nr. 31, Blatt 485: „Information über den weiteren Verlauf des Kirchentages der ELKG und der ELLKM in Rostock", 12.6.1983, S. 9.

314 Nach Einschätzung der Veranstalter nahmen an den vier Bibelarbeiten insgesamt rund 1.400 Menschen teil. Vgl. LKAS, Best. Landesbischöfe Rathke und Stier, Nr. 66: Bericht des Landesausschusses Mecklenburg bei der Tagung der Landessynode der ELLKM vom 15. bis 18.3.1984, S. 6.

Gemeinschaftserlebnis und intensiven Gesprächen in familiärer Atmosphäre mag wesentlich zum Erfolg des Treffens beigetragen haben.
Starkes Interesse zeigten die Kirchentagsteilnehmer außerdem an Programmpunkten, die auf Veranstaltungsformate des DEKT zurückgingen. Dazu gehörte zum einen die Aktion „Kirche auf Karren“, die den „Markt der Möglichkeiten“ zum Vorbild hatte. Beim DEKT 1973 in Düsseldorf gab es erstmals ein Kommunikations- und Informationszentrum, bei dem verschiedene Gruppen von Teilnehmenden sich und ihre Arbeit unter Bezugnahme auf die Kirchentagslosung vorstellen konnten[315]. Dieser neue Veranstaltungstypus erhielt 1975 beim Treffen in Frankfurt am Main die Bezeichnung „Markt der Möglichkeiten“[316] und zählt bis heute zu den Kernpunkten des evangelischen Kirchentags. In Rostock war die „Kirche auf Karren“ als Präsentation landeskirchlicher Gruppen und Initiativen gedacht und zog besonders durch einige gesellschaftspolitische Äußerungen die Aufmerksamkeit auf sich[317]. Viel Beachtung erhielt außerdem die „Liturgische Nacht“, bei der die einzelnen Stationen der gottesdienstlichen Liturgie durch Taizé-Gesänge, Meditation, Prozession und Abendmahl für die Besucher neu erfahrbar gemacht werden sollten[318]. Die „Liturgische Nacht“ entstand ebenfalls beim Düsseldorfer Kirchentag 1973 und entwickelte sich wie der „Markt der Möglichkeiten“ zu einer festen Größe bei den bundesdeutschen Treffen[319]. Mit etwa 600 Teilnehmern gehörte die „Liturgische Nacht“ zu den beliebtesten Angeboten in Rostock[320]. Wie schon 1978 bei „Sei unser Gast“ machte diese positive Resonanz die Offenheit der Besucher gegenüber neuen Konzepten der Kirchentagsgestaltung deutlich. Darüber hinaus zeigte die Einbindung von Formaten des DEKT in das Programm, dass die DDR-Kirchentagsarbeit auch nach dem Mauerbau mit der Kirchentagsbewegung in der Bundesrepublik verbunden blieb.

6.6 Die Ökumene

Anlässlich des 500. Geburtstags von Martin Luther erwartete die DDR zahlreiche ausländische Gäste, die einen Besuch der Wirkungsstätten des Reformators planten. Rund 50.000 Menschen hatten ihre Anreise angemeldet, vor allem aus der Bundesrepublik, den USA, Großbritannien, der Schweiz und Schweden[321]. Da der Staat dieses internationale Interesse zur Verbesserung seines außenpolitischen Ansehens nutzen wollte, gewährte er auch den Gästen der sieben Kirchentage großzügige Einreisemöglichkeiten[322]. Gegenüber der Lutherstadt Wittenberg zeigten sich die

315 Vgl. Schroeter-Wittke: Der Deutsche Evangelische Kirchentag in den 1960er und 70er Jahren, S. 220.
316 Vgl. ebd.
317 Siehe Kapitel 6.3.
318 Vgl. „Liturgische Nacht“ In: Mecklenburgische Kirchenzeitung, Jg. 38, Nr. 18 vom 1.5.1983, S. 3.
319 Vgl. Schroeter-Wittke: Der Deutsche Evangelische Kirchentag in den 1960er und 70er Jahren, S. 220.
320 Nach Einschätzung der kirchlichen Presse nahmen etwa 600 Menschen an der „Liturgischen Nacht“ teil. Der Staat schätzte die Teilnehmerzahl auf 450, wobei zwei Drittel der Besucher Jugendliche gewesen seien. Vgl. „Offene Tankstellen am späten Abend“ In: Mecklenburgische Kirchenzeitung, Jg. 38, Nr. 25 vom 19.6.1983, S. 4; LAG, Rep. 200 II 7.3, Nr. 31, Blatt 480: „Information über den weiteren Verlauf des Kirchentages der ELKG und der ELLKM in Rostock“, 12.6.1983, S. 3.
321 Vgl. BStU, MfS, BV Rostock, AS 361/83, Blatt 95: „Ergänzungsinformation über den Stand und den Umfang der beabsichtigten Einreisen anläßlich der Lutherehrung 1983“, 4.4.1983.
322 Vgl. BArch, DO-4/1391, Blatt 622: „Konzeption zur staatlichen Einflußnahme auf die Kirchen-

Staatsorgane besonders entgegenkommend: Zum Kirchentag durften mehr als 200 offizielle Gäste einreisen[323], unter ihnen auch prominente Politiker wie Richard von Weizsäcker, der als Mitglied der DEKT-Delegation in Wittenberg sprach[324]. An den Treffen in Dresden und Magdeburg konnte ebenfalls eine sehr große Anzahl internationaler Besucher teilnehmen[325]. Im Vergleich dazu nahm sich die Zahl von rund 50 ausländischen Gästen in Rostock[326] geradezu bescheiden aus, aber für ein Treffen im Norden der DDR waren das zuvor ungekannte Dimensionen. Im Rahmen des vorangegangenen Landeskirchentags der ELLKM im Jahr 1976 hatten die Staatsorgane den geplanten Gästen die Einreise komplett verweigert[327]. Zu den Stralsunder Kirchentagen 1978 und 1981 waren immerhin jeweils 14 Gäste zugelassen worden[328]. Für das Treffen 1983 planten die Veranstalter zunächst die Einladung von 32 Vertretern der Ökumene, unter anderem aus der Bundesrepublik, den USA, Schweden, Frankreich, der ČSSR, Polen und Lettland[329]. Dass letztlich sogar etwa 50 Personen eine Einreisegenehmigung erhielten, stellte für die Organisatoren also einen absoluten Präzedenzfall dar. Die meisten Gäste kamen aus Bayern und Nordelbien, den Partnerkirchen der ELLKM und ELKG, darunter der bayrische Bischof Johannes Hanselmann und Bischof Ulrich Wilckens aus Lübeck[330]. Weitere leitende Amtsträger, die am Rostocker Treffen teilnahmen, waren Bischof Dieter Knall von der Evangelischen Kirche Augsburgischen Bekenntnisses in Österreich, der Exarch der Russisch-Orthodoxen Kirche für Berlin und Mitteleuropa, Erzbischof Melchisedek, Bischof Olavi Rimpiläinen (Oulu/Finnland) und Emilio Castro, der Direktor der Abteilung Weltmission und Evangelisation des ÖRK[331]. Einige der Gäste brachten sich auch inhaltlich in das Kirchentagsgeschehen ein. So hielten sie Ansprachen bei den Großveranstaltungen – vielbeachtet war zum Beispiel das Grußwort von Emilio Castro beim „Startabend", in welchem er sich unter anderem zur Friedensproblematik äußerte[332]. Zwei Theologen aus der Bundesrepublik leiteten am 12. Juni

tage 1983", 27.10.1981, S. 3.

323 Insgesamt erhielten 216 Personen ein Visum, die Mehrheit von ihnen reiste aus der Bundesrepublik an. Vgl. LKAS, LA KT, Nr. 4: Abschlussbericht zum Wittenberger Kirchentag 1983, S. 3.

324 Vgl. „Kirchentag in Wittenberg: Sein Friede reicht weiter" In: Mecklenburgische Kirchenzeitung, Jg. 38, Nr. 41 vom 9.10.1983, S. 1.

325 In Dresden waren es 164 Gäste, in Magdeburg 116. Vgl. Schröder/Peter (Hg.): Vertrauen wagen. Kirchentage in der DDR im Lutherjahr 1983, S. 72; LKAS, LA KT, Nr. 4: Bericht zum Magdeburger Kirchentag 1983, S. 3.

326 Vgl. LKAS, Best. Landesbischöfe Rathke und Stier, Nr. 66: Bericht des Landesausschusses Mecklenburg bei der Tagung der Landessynode der ELLKM vom 15. bis 18.3.1984, S. 5.

327 Die Veranstalter hatten sechs Gäste vorgesehen, die jedoch letztlich keine Einreisegenehmigung erhielten. Vgl. LKAS, OKR Gen., Nr. 753: „Evangelischer Kirchentag in der DDR: Dokumentation 1962-1978", 1.2.1979, S. 42.

328 Vgl. BStU, MfS, BV Rostock, AS Nr. 194/78, Blatt 416: „1. Information über den Kirchentag der Landeskirche Greifswald vom 16. bis 18.6.1978 in Stralsund", MfS-Kreisdienststelle Stralsund, 17.6.1978; LAG, Rep. 200 II 7.3, Nr. 30: Liste der Mitglieder der Delegation der Diözese Växjö; ebd.: Teilnehmerliste vom Kirchentag am 28.6.1981.

329 Vgl. LKAS, OKR Gen., Nr. 754: Protokoll der Sitzung der Arbeitsgruppenleiter am 30.11.1982, S. 7; ebd.: Brief von Kurt Winkelmann an das Sekretariat der Landesausschüsse des EKT, 9.2.1982; LKAS, LA KT, Nr. 1: Liste der ökumenischen Gäste beim Rostocker Kirchentag 1983, S. 1.

330 Vgl. LKAS, OKR Gen., Nr. 754: Brief von Bischof Rathke an Bischof Hanselmann, 24.5.1983, S. 1; LKAS, LA KT, Nr. 4: Liste der ökumenischen Gäste beim Kirchentag in Rostock 1983, S. 1f.

331 Vgl. LKAS, OKR Gen., Nr. 754: Brief von Bischof Rathke an Erzbischof Melchisedek, 30.5.1983, S. 1f.; LKAS, LA KT, Nr. 4: Liste der ökumenischen Gäste beim Kirchentag in Rostock 1983, S. 1f.

332 Siehe Kapitel 6.4.

eine Bibelarbeit: Bischof Ulrich Wilckens in der Michaeliskirche und Pastorin Delia Häpke (Braunschweig) in der Johanniskirche[333]. Außerdem nahmen Emilio Castro, Pastor Albert Greiner (Frankreich), Pfarrer Jan Hanse (Polen), Pastor Carl Bergmann (Schweden), Professor Stachhouse (USA) und Sieglinde Hoerschelmann von der Kirchenleitung der Nordelbischen Kirche als Podiumsmitglied am „Ökumenischen Forum" teil[334].

Neue ökumenische Themenfelder wie den christlich-jüdischen Dialog, welchem sich die Treffen in Eisleben, Magdeburg und Dresden widmeten[335], griffen die Veranstalter nicht auf. Auf eine Thematisierung des Verhältnisses von Juden und Christen mussten die Kirchentagsteilnehmer im Norden noch bis 1988 warten. Dafür bemühten sich die Veranstalter 1983 im Vergleich zu den vorherigen Kirchentagen der ELLKM und ELKG um eine stärkere Einbindung der Vertreter der Ökumene vor Ort. So beteiligte sich die methodistische Gemeinde an der Aktion „Sei unser Gast", stellte Quartiere bereit und half bei der Verpflegung der Besucher[336]. Die katholischen Gemeinden leisteten ebenfalls bei der Unterbringung und Verpflegung Unterstützung und waren darüber hinaus für die Veranstaltung „Martin Luther aus der Sicht der katholischen Kirche" verantwortlich[337]. Außerdem wirkten sie an der Gestaltung der „Liturgischen Nacht" mit, bei der Pater Peter Kegebein die Meditation hielt[338]. Zwar stellte die Beteiligung katholischer Geistlicher und Gemeindemitglieder eine große Bereicherung dar, gleichzeitig zwang sie die Organisatoren aber zu Einschränkungen. Für die „Liturgische Nacht" hatten die evangelischen Mitglieder der Vorbereitungsgruppe ein Abendmahl vorgesehen, doch die katholischen Mitwirkenden wiesen darauf hin, dass eine gemeinsame Eucharistiefeier nach katholischer Glaubenslehre und Kirchenrecht nicht gestattet sei[339] Dieser Umstand hätte den evangelischen Mitgliedern der Gruppe eigentlich bereits zu Beginn der Planung bekannt gewesen sein müssen, aber vielleicht hatten sie auch gehofft, dass im Rahmen des Kirchentags eine Ausnahme möglich wäre. Da die „Liturgische Nacht" in der katholischen Christuskirche stattfinden sollte, wäre die Durchführung einer evangelisch-lutherischen Abendmahlsfeier, zu welcher Christen jeder Konfession

333 Vgl. LKAS, LA KT, Nr. 4: Liste des gemeinsamen Landesausschusses zur Beteiligung der ökumenischen Gäste am Kirchentagsprogramm, 4.6.1983.

334 Vgl. ebd.; ebd. Nr. 2: Protokoll der Sitzung der AG-Verantwortlichen am 15.4.1983, S. 3.

335 In Eisleben fand eine Gedenkstunde an der Andreaskirche mit Mitgliedern der jüdischen Gemeinde aus Halle/Saale statt. Das Programm der Arbeitsgruppe „Juden und Christen" in Magdeburg umfasste unter anderem eine Bibelarbeit von Rabbiner Albert Friedlander aus London, einen Gottesdienst in der Magdeburger Synagoge mit Oberrabbiner Singer aus Budapest und eine Gedenkstunde vor dem Dom in Halberstadt mit dem Vorsitzenden der jüdischen Gemeinde Magdeburg. In Dresden wurde zum Forum „Juden und Christen heute im Gespräch" eingeladen. Vgl. Schröder/Peter (Hg.): Vertrauen wagen. Kirchentage in der DDR im Lutherjahr 1983, S. 32 und S. 56; „Eisleben: Kirchentag unter Kreuz und Davidstern" In: Mecklenburgische Kirchenzeitung, Jg. 38, Nr. 27 vom 3.7.1983, S. 1; LKAS, OKR Gen., Nr. 753: Faltblatt zum Programm des Kirchentags 1983 in Dresden.

336 Vgl. LKAS, Best. Landesbischöfe Rathke und Stier, Nr. 66: Bericht des Landesausschusses Mecklenburg bei der Tagung der Landessynode der ELLKM vom 15. bis 18.3.1984, S. 5.

337 Vgl. LKAS, OKR Gen., Nr. 754: Brief von Eberhard Beyer an Heinrich Rathke, 14.12.1982.

338 Vgl. ebd.

339 Vgl. ebd.: Protokoll der Sitzung der ZORG am 17.1.1983, S. 1. Zur Abendmahlsproblematik vgl. Otto Hermann Pesch: Katholische Dogmatik aus ökumenischer Erfahrung. Bd. 2, S. 597-603; Helmut Fischer: Gemeinsames Abendmahl?, S. 45-76; ders.: Einheit der Kirche?, S. 133-141.

eingeladen sind[340], kaum durchsetzbar gewesen. Mit einer Verlegung der Veranstaltung in eine evangelische Kirche hätten die Organisatoren wiederum die katholische Gemeinde, die Bereitschaft zur Mitarbeit am Kirchentag gezeigt hatte, brüskiert und darüber hinaus das mit dem Empfang eines evangelischen Abendmahls verbundene Problem für die katholischen Teilnehmer nicht gelöst. Sicherlich um die Zusammenarbeit mit der katholischen Gemeinde nicht zu gefährden, verzichtete die Gruppe schließlich auf die Durchführung des Abendmahls bei der „Liturgischen Nacht". Stattdessen hielten die Teilnehmer ein Agapemahl ab[341] und erlebten somit wenigstens im gemeinsamen, gesegneten Essen Gemeinschaft.
Während in diesem Punkt das Trennende zwischen den Konfessionen deutlich zu Tage trat, bemühten sich die Podiumsmitglieder des „Ökumenischen Forums" in der Rostocker Universitätskirche um eine Betonung der Gemeinsamkeiten[342]. Bei der Beantwortung der vom Publikum gestellten Fragen zur Beziehung zwischen den verschiedenen Kirchen sowie zu den Themen Frieden und Umwelt sollen die Podiumsmitglieder[343] in erster Linie Einigkeit demonstriert haben[344]. Bischof Horst Gienke nutzte zudem die Gelegenheit, auf Anfrage eines Besuchers auf das Verhältnis zwischen Staat und Kirche einzugehen. Wie beim Greifswalder Treffen zwei Jahre später[345] stellte er dabei die Behauptung auf, dass die Christen in der sozialistischen Gesellschaft gleichberechtigt seien[346]. Ob es zu dieser Aussage Gegenstimmen aus dem Publikum oder von anderen Podiumsmitgliedern gegeben hat, ist nicht überliefert. Aber selbst wenn der Widerspruch nicht laut zum Ausdruck gekommen ist, dürfte allen anwesenden DDR-Bürgern der Widersinn dieser Behauptung aus eigener Erfahrung bewusst gewesen sein. Die stärkste Resonanz riefen bei den Besuchern nach Beobachtung der kirchlichen Presse jedoch nicht ökumenische Fragen, sondern Äußerungen zur Friedensproblematik hervor[347]. Besonders positiv reagierten sie auf die Erklärung des katholischen Bischofs Heinrich Theissing (Schwerin), dass man den Frieden nur mit friedlichen Mitteln sichern könne und der staatlicherseits

340 Die Abendmahlsgemeinschaft der verschiedenen reformatorischen Kirchen ist in der Leuenberger Konkordie aus dem Jahr 1973 festgeschrieben. Auch Katholiken sind aus evangelisch-lutherischer Sicht zum Abendmahl im evangelischen Gottesdienst eingeladen, allerdings verstöße der katholische Christ mit einer solchen Teilnahme gegen römisch-katholisches Kirchenrecht. Vgl. Pesch: Katholische Dogmatik aus ökumenischer Erfahrung. Bd. 2, S. 598; Wenzel Lohff: Art. Leuenberger Konkordie, in: TRE 21, Berlin/New York 1991, S. 33-36.

341 Vgl. LKAS, OKR Gen., Nr. 754: Brief von Heinrich Rathke an Siegfried Plath, 27.1.1983, S. 1f. Zum Agapemahl vgl. einführend Alfred Niebergall: Art. Agapen II, in: TRE 1, Berlin/New York 1993, S. 753-755; David H. Tripp: Art. Agapefeier II, in: RGG[4] 1, Tübingen 1998, Sp. 178.

342 Vgl. „Allgemein freundlich" In: Mecklenburgische Kirchenzeitung, Jg. 38, Nr. 25 vom 19.6.1983, S. 3.

343 Zum Podium gehörten neben Emilio Castro, Albert Greiner, Jan Hanse, Carl Bergmann, Professor Stachhouse und Sieglinde Hoerschelmann auch der katholische Bischof Heinrich Theissing (Apostolischer Administrator von Schwerin), Bischof Rathke und Bischof Gienke. Vgl. LKAS, LA KT, Nr. 2: Protokoll der Sitzung der AG-Verantwortlichen am 15.4.1983, S. 3; ebd. Nr. 4: Liste des gemeinsamen Landesausschusses zur Beteiligung der ökumenischen Gäste am Kirchentagsprogramm, 4.6.1983.

344 Vgl. „Allgemein freundlich" In: Mecklenburgische Kirchenzeitung, Jg. 38, Nr. 25 vom 19.6.1983, S. 3.

345 Siehe Kapitel 7.4.

346 Vgl. „Allgemein freundlich" In: Mecklenburgische Kirchenzeitung, Jg. 38, Nr. 25 vom 19.6.1983, S. 3.

347 Vgl. ebd.

so oft benutzte Begriff „Friedenskampf" ein Widerspruch in sich sei[348]. Mit rund 700 Teilnehmern[349] gehörte das „Ökumenische Forum" zu den gut besuchten Veranstaltungen des Rostocker Kirchentags. Ob die Teilnehmer tatsächlich so sehr an ökumenischen Fragen interessiert oder aber vielmehr auf die internationalen Mitglieder des Podiums neugierig waren, muss dahingestellt bleiben. Für Vielfalt im Hinblick auf das ökumenische Programmangebot hatten die Organisatoren jedenfalls nicht gesorgt – außer dem „Ökumenischen Forum" und „Martin Luther aus der Sicht der katholischen Kirche" gab es keine Veranstaltungen, die sich dezidiert ökumenischen Themenfeldern widmeten. Dieses Defizit fiel auch den beiden Landesausschüssen bei der Auswertung des Treffens auf. So fassten sie den Beschluss, die ökumenische Zusammenarbeit bei den kommenden Kirchentagen weiter auszubauen und zum Beispiel Vertreter anderer Konfessionen zur Mitwirkung in der ZORG zu bewegen[350]. Ein löblicher Vorsatz, dessen Umsetzung allerdings auf sich warten ließ.

6.7 Das Resümee von Kirche, Staat und Medien

Wie die anderen Kirchentage im Lutherjahr konnte auch das Rostocker Treffen ein überaus positives Resümee ziehen. Alle Ebenen des EKT zeigten sich äußerst zufrieden mit dem Ergebnis der sieben Kirchentage. Die Konferenz der Landesausschüsse hob hervor, dass sie in allen Regionen der DDR größer waren als erwartet und insgesamt 200.000 Besucher verzeichnet hatten[351]. Deshalb, so das Fazit der Konferenz, hatte sich die Entscheidung für die Durchführung mehrerer regionaler Kirchentage statt eines einzelnen zentralen als die richtige Wahl herausgestellt[352]. Diese Ansicht teilte auch die KKL[353]. Sie bezeichnete die Treffen außerdem als herausragende Veranstaltungen des Lutherjahrs, zu deren besonderen Höhepunkten zum Beispiel das Abendmahl unter freiem Himmel in Rostock gezählt habe[354]. Auch für den gemeinsamen Landesausschuss gehörte die Abendmahlsfeier beim Abschlussgottesdienst zu den gelungensten Programmpunkten[355]. Ebenfalls positiv äußerte sich die mecklenburgische Synode, die den Kirchentag als „unvergesslichen Höhepunkt" im Leben der Landeskirche erwähnte[356]. Einer der wichtigsten Gründe für diese Einschätzung dürften die erreichten Besucherzahlen gewesen sein. Ursprünglich hatten die Organisatoren mit 1.000 bis 2.000 Dauerteilnehmern und rund 20.000 Besuchern beim Abschlussgottesdienst gerechnet[357]. Nach ihren eigenen Schätzungen hatten dann

348 Vgl. LAG, Rep. 200 II 7.3, Nr. 31, Blatt 483: „Information über den weiteren Verlauf des Kirchentages der ELKG und der ELLKM in Rostock", 12.6.1983, S. 6.

349 So die kirchlichen Schätzungen. Der staatliche Bericht gab 600 Teilnehmer an, darunter 40 Prozent Jugendliche. Vgl. LKAS, Best. Landesbischöfe Rathke und Stier, Nr. 66: Bericht des Landesausschusses Mecklenburg bei der Tagung der Landessynode der ELLKM vom 15. bis 18.3.1984, S. 6; LAG, Rep. 200 II 7.3, Nr. 31, Blatt 430: Bericht vom „Ökumenischen Forum", 12.6.1983, S. 1.

350 Vgl. LKAS, Best. Landesbischöfe Rathke und Stier, Nr. 66: Bericht des Landesausschusses Mecklenburg bei der Tagung der Landessynode der ELLKM vom 15. bis 18.3.1984, S. 5.

351 Vgl. LKAS, LA KT, Nr. 4: Protokoll der Klausurtagung der Konferenz der Landesausschüsse vom 9. bis 11.12.1983, S. 1f.

352 Vgl. ebd. S. 2.

353 Vg. ebd.: Auszüge aus dem Bericht der KKL vor der Bundessynode vom 16. bis 20.9.1983, S. 8.

354 Vgl. ebd. S. 1 und S. 8.

355 Vgl. ebd. Nr. 2: Protokoll der Sitzung des gemeinsamen Landesausschusses am 19.11.1983, S. 3-5.

356 Vgl. ebd. Nr. 4: Drucksache Nr. 51 zur 5. Tagung der X. Landessynode der ELLKM vom 15. bis 18.3.1984, S. 2.

357 Vgl. ebd.: Protokoll der Sitzung der Regionalsekretäre am 26.5.1983, S. 1; ebd. Nr. 1: Protokoll

jedoch sogar 3.300 Dauerteilnehmer den Kirchentag besucht und rund 25.000 Menschen am Abschlussgottesdienst teilgenommen[358]. Die Besonderheit der Kirchentage von 1983 machten aber nicht nur die hohe Beteiligung, sondern auch die Erfahrungen mit den staatlichen Stellen aus. Der mecklenburgische Ausschuss erklärte, die Zusammenarbeit mit den Staatsorganen habe eine neue Qualität erreicht, „hinter die nicht zurückzugehen ist"[359]. Während sich die Mecklenburger ihren Optimismus in diesem Punkt noch bewahrten, musste die Konferenz der Landesausschüsse erkennen, dass das Lutherjahr eine Ausnahmesituation bleiben sollte[360]. Der Staat hatte bereits im Sommer 1983 gegenüber der Konferenz klargestellt, dass die im Rahmen des Jubiläums gewährte Großzügigkeit „nicht als Perspektive für die Zukunft" galt[361]. Beim Auswertungsgespräch am 20. Januar 1984 zwischen Staatssekretär Klaus Gysi, den EKT-Präsidiumsmitgliedern Otto Schröder, Annemarie Schönherr, Manfred Stolpe und Hans Geisler sowie dem Beauftragten Hans-Detlef Peter wurden dann allerdings wesentlich versöhnlichere Töne angeschlagen. Klaus Gysi resümierte in diesem Gespräch, das Thema „Vertrauen wagen" habe sich bei der Vorbereitung und Durchführung der Treffen im Umgang zwischen den Vertretern von Kirche und Staat widergespiegelt[362]. Außerdem erklärte der Staatssekretär, dass die zukünftige Kirchentagsarbeit auf den Erfahrungen des Jahres 1983 aufbauen solle[363]. Zu den konkreten Auswirkungen auf die Zusammenarbeit zwischen Staatsorganen und Veranstaltern bei der Planung künftiger Kirchentage machte Gysi allerdings keine Angaben. Letztlich dürfte diese Äußerung lediglich dazu gedient haben, nach außen ein positives Verhältnis zwischen Staat und Kirche zu suggerieren. Welche Sicht die Staatsorgane auf die Kirchentage tatsächlich hatten, zeigten die Berichte von SED, Stasi und dem Rat des Bezirks.

Die Arbeitsgruppe Kirchenfragen beim ZK der SED resümierte in gewohnter Manier, die staatliche Einflussnahme habe sich bewährt und dazu beigetragen, dass die Kirchentage „sachlich" und ohne größere Komplikationen verlaufen seien[364]. Dabei hob sie hervor, man habe „vor den Augen der Weltöffentlichkeit" gezeigt, wie gleichberechtigt die Christen in der sozialistischen Gesellschaft seien[365]. Dadurch – so

---

der Sitzung der Regionalsekretäre am 15./16.6.1981, S. 1.

358 Vgl. LKAS, Best. Landesbischöfe Rathke und Stier, Nr. 66: Bericht des Landesausschusses Mecklenburg bei der Tagung der Landessynode der ELLKM vom 15. bis 18.3.1984, S. 6. Die staatlichen Stellen setzten die geschätzten Teilnehmerzahlen auch in diesem Punkt deutlich niedriger an. Ihren Berichten zufolge waren nur 2.100 Dauerteilnehmer und 10.000 Personen zur Abschlussveranstaltung nach Rostock gekommen. Aber selbst wenn die Organisatoren ihre Schätzungen etwas großzügiger veranschlagt haben sollten, bleibt im Hinblick auf die Angaben der Staatsvertreter zu bedenken, dass ihre Berichte keinesfalls den Eindruck vermitteln durften, das Treffen sei ein großer Erfolg für die Kirche gewesen. Vgl. LAG, IV/E/2.14, Nr. 606, Blatt 128: „Statistische Angaben"; LAG, Rep. 200 II 7.3, Nr. 31, Blatt 485: „Information über den weiteren Verlauf des Kirchentages der ELKG und der ELLKM in Rostock", 12.6.1983, S. 9.

359 Vgl. LKAS, Best. Landesbischöfe Rathke und Stier, Nr. 66: Bericht des Landesausschusses Mecklenburg bei der Tagung der Landessynode der ELLKM vom 15. bis 18.3.1984, S. 4.

360 Vgl. LKAS, LA KT, Nr. 4: Protokoll der Klausurtagung der Konferenz der Landesausschüsse vom 9. bis 11.12.1983, S. 4.

361 Vgl. LKAG, Best. KT, Nr. 70: „Dokumentation III (Kurzfassung), September 1983", S. 4.

362 Vgl. BArch, DO-4, Nr. 773, Blatt 285: „Auswertung der Kirchentage im Lutherjahr 1983".

363 Vgl. ebd.

364 Vgl. LAG, IV/E/2.14, Nr. 619, Blatt 9: „Notizen zur Arbeitsberatung bei der Arbeitsgruppe Kirchenfragen beim ZK der SED am 11.11.1983", S. 1.

365 Vgl. ebd. S. 2.

das Fazit der Arbeitsgruppe – sei es gelungen, den ausländischen Gästen den „realen Sozialismus“ zu demonstrieren[366]. Die SED-Bezirksleitung hielt fest, das Treffen in Rostock habe den „Geist und Charakter“ des Gesprächs vom 6. März 1978 widergespiegelt[367], auch wenn bei einzelnen Veranstaltungen die Wehr- und Kirchenpolitik der SED angegriffen und pazifistische Auffassungen propagiert worden seien[368]. Als weitere Erfolge führte sie die für die Imagepflege der DDR so wichtigen „vorwiegend sachlichen und positiven Aussagen“ der beiden Landesbischöfe zur Zusammenarbeit von Staat und Kirche – „auch gegenüber den Vertretern westlicher Medien“[369] – sowie die Dankesworte für die staatliche Unterstützung an[370]. Insgesamt hätten sich demnach aus Sicht der SED-Bezirksleitung die „politisch vernünftigen Kräfte“ trotz der Störungsversuche „bestimmter destruktiver Gruppen“ durchgesetzt[371]. Während der Rat des Bezirks anmerkte, dass das Treffen zwar die Position des Staates gestärkt habe, gleichzeitig aber das Selbstvertrauen der Kirchenvertreter ansteigen ließ[372], folgte die SED-Bezirksleitung dem üblichen Duktus, den Erfolg für die Kirchen so klein wie möglich zu beziffern. Ihrer Ansicht nach hatte der Kirchentag keine nennenswerte Ausstrahlung auf die Einwohner der Stadt ausgeübt[373]. Die Erwartungen der Veranstalter hinsichtlich der Teilnehmerzahlen hätten sich nicht erfüllt, weil die meisten Rostocker das Wochenende entweder am Strand, bei der Kinder- und Jugendspartakiade oder bei Wohngebietsfesten verbrachten[374]. Öffentliche Fest- und Sportveranstaltungen parallel zum Kirchentag zu organisieren gehörte im Übrigen auch 1985 und 1988 zu den Versuchen der SED, die Besucherzahlen der kirchlichen Angebote zu verringern[375].
Der Fokus der Auswertung des Kirchentags durch die Staatssicherheit lag wiederum auf dem Umgang der Veranstalter mit „feindlich-negativen Kräften“. Zufrieden erklärte das MfS, die staatlichen Organe und „inoffiziellen Kräfte“ hätten die Verantwortlichen des Treffens dahingehend beeinflusst, die aufgetretenen Probleme selbst zu lösen, sodass ein direktes Eingreifen nicht erforderlich gewesen sei[376]. Als einzigen Kritikpunkt führte die Stasi an, dass sich die Mitglieder der mecklenburgischen Kirchenleitung – ganz im Gegensatz zu ihren Amtsbrüdern von der ELKG – im

366 Vgl. ebd. S. 3.
367 Vgl. ebd. Nr. 606, Blatt 53: „Information über den Kirchentag der ELKG und der ELLKM vom 10.-12.6.1983 in Rostock“, 12.6.1983, S. 1.
368 Vgl. ebd. S. 7.
369 Vgl. LAG, Rep. 200 II 7.3, Nr. 70: „Information über den Verlauf des Kirchentages der Evangelisch-Lutherischen Landeskirche Mecklenburg und der Greifswalder Kirche vom 10.-12. Juni 1983 in Rostock“, S. 5.
370 Vgl. ebd. S. 7.
371 Vgl. ebd. S. 8.
372 Vgl. LAG, IV/E/2.14, Nr. 619, Blatt 21: „Auskunftsbericht des Stellvertreters des Vorsitzenden des Rates des Bezirks für Inneres für die Beratung beim 1. Sekretär der SED-Bezirksleitung mit dem Staatssekretär für Kirchenfragen am 28.2.1984“, 27.2.1984, S. 1.
373 Vgl. LAG, Rep. 200 II 7.3, Nr. 70: „Information über den Verlauf des Kirchentages der Evangelisch-Lutherischen Landeskirche Mecklenburg und der Greifswalder Kirche vom 10.-12. Juni 1983 in Rostock“, S. 10.
374 Vgl. ebd.; LAG, IV/E/2.14, Nr. 606, Blatt 53: „Information über den Kirchentag der ELKG und der ELLKM vom 10.-12.6.1983 in Rostock“, 12.6.1983, S. 1.
375 Siehe Kapitel 7.2 und 8.2.
376 Vgl. BStU, MfS, BV Rostock, Abt. XX, Nr. 849, Blatt 12: „Abschlußeinschätzung über den gemeinsamen Kirchentag der Evangelischen Landeskirche Greifswald und der Evangelisch-Lutherischen Landeskirche Mecklenburgs vom 10.6.1983-12.6.1983 in Rostock“, 12.6.1983, S. 12.

Vorfeld des Kirchentags nicht eindeutig genug von den „feindlichen Kräften" in ihrer Kirche abgegrenzt hätten[377]. Ein Aspekt der staatlichen „Bearbeitung" des Treffens, den sowohl die Staatssicherheit als auch die SED-Bezirksleitung lobend erwähnten, war die Einbeziehung der CDU[378]. Die „Unionsfreunde" hatten an allen Veranstaltungen teilgenommen[379], wobei die Aktion „Sei unser Gast" ihr spezielles Einsatzgebiet darstellte. In den kleinen Gesprächsrunden konnten sich die CDU-Vertreter leichter einbringen und dabei den Versuch unternehmen, die Diskussionen beispielsweise zur Benachteiligung von Christen in Ausbildung und Beruf oder zur Verantwortung der Christen in der Gesellschaft zum „Positiven" zu wenden[380]. Wie schon bei den Auswertungen der vorherigen Kirchentage fällt bei den CDU-Berichten im Vergleich zu den Resümees von SED, Staatssicherheit und dem Rat des Bezirks auf, dass die von den „Unionsfreunden" angegebenen Teilnehmerzahlen[381] sich an den kirchlichen Schätzungen orientierten.

Worüber sich Staatsorgane und Veranstalter gleichermaßen freuten, war das mediale Interesse, das alles Bisherige in den Schatten stellte. Die ZORG und der gemeinsame Ausschuss hatten angesichts der Bedeutung des Jubiläums ein größeres Presseaufgebot erwartet und sich frühzeitig darauf vorbereitet: So organisierten sie bereits im April 1983 in Rostock ein Pressegespräch für Vertreter der kirchlichen Medien und der Bezirkszeitungen und richteten für die Dauer des Kirchentags in der Kongresshalle ein Pressezentrum ein[382]. Insgesamt berichteten 65 Journalisten, unter anderem sogar aus Skandinavien, von dem Treffen[383]. Übertroffen wurde diese Anzahl an Medienvertretern nur noch beim Rostocker Kirchentag 1988[384]. Die staatlichen Stellen vermuteten, dass die Korrespondenten aus der Bundesrepublik[385] deshalb so zahlreich erschienen, weil zur selben Zeit in Hannover der 20. DEKT stattfand und die Journalisten daher auf eine „deutsch-deutsche Atmosphäre" und die Betonung

377 Vgl. ebd. S. 2. Damit spielte der Bericht mit Sicherheit auf die Teilnahme von Bischof Rathke am „Kessiner Friedensseminar" an. Siehe Anm. 210 in Kapitel 6.3.

378 Vgl. BStU, MfS, BV Rostock, AKG Nr. 188, Teil 2, Blatt 166: „Information über den Verlauf des gemeinsamen Kirchentags der Evangelischen Landeskirche Greifswald und der Evangelisch-Lutherischen Landeskirche Mecklenburg vom 10. bis 12.6.1983 in Rostock", 12.6.1983, S. 4; LAG, IV/E/2.14, Nr. 619, Blatt 11: „Notizen zur Arbeitsberatung bei der Arbeitsgruppe Kirchenfragen beim ZK der SED am 11.11.1983", S. 3.

379 Vgl. BStU, MfS, HA XX, Nr. 6992, Teil 2, Blatt 420: „CDU-Bezirksverband Rostock: Bericht über den Kirchentag in Rostock 1983", 12.6.1983, S. 1.

380 Vgl. ebd. S.6; BStU, MfS, BV Rostock, AS 361/83, Blatt 206: Bericht von „Sei unser Gast", S. 2.

381 So nennt der Bericht des Bezirksverbands 25.000 Besucher beim Abschlussgottesdienst und mehr als 3.000 Dauerteilnehmer, darunter 60 Prozent Jugendliche. Vgl. BStU, MfS, HA XX, Nr. 6992, Teil 2, Blatt 420 und Blatt 428: „CDU-Bezirksverband Rostock: Bericht über den Kirchentag in Rostock 1983", 12.6.1983, S. 1 und S. 9.

382 Vgl. LKAS, LA KT, Nr. 2: Protokoll der Sitzung der ZORG am 5.5.1983, S. 1; BStU, MfS, BV Rostock, AS 361/83, Blatt 260: Presseinformation Nr. 1, 10.6.1983.

383 Vgl. LAG, Rep. 200 II 7.3, Nr. 31, Blatt 229: Liste der akkreditierten Journalisten beim Kirchentag in Rostock; LKAS, Best. Landesbischöfe Rathke und Stier, Nr. 66: Bericht des Landesausschusses Mecklenburg bei der Tagung der Landessynode der ELLKM vom 15. bis 18.3.1984, S. 6.

384 Siehe Kapitel 8.7.

385 Aus der Bundesrepublik waren Vertreter von der Frankfurter Allgemeinen Zeitung, der Frankfurter Rundschau, der Welt, der Zeit, dem Deutschen Allgemeinen Sonntagsblatt, dem Sender Freies Berlin, dem Deutschlandfunk, dem ARD-Hörfunk, dpa und epd akkreditiert. Vgl. LAG, Rep. 200 II 7.3, Nr. 70: „Information über den Verlauf des Kirchentages der Evangelisch-Lutherischen Landeskirche Mecklenburg und der Greifswalder Kirche vom 10.-12. Juni 1983 in Rostock", S. 7; ebd. Nr. 31, Blatt 229: Liste der akkreditierten Journalisten beim Kirchentag in Rostock.

der Verbindung zwischen BEK und EKD spekulierten[386]. Selbst wenn dies der Fall gewesen sein sollte, hätte die bundesdeutsche Presse in dieser Hinsicht nicht viel berichten können. Zwar wurde die Verbundenheit zwischen den Kirchen in den beiden deutschen Staaten in Rostock unter anderem durch das Verlesen einiger Grußworte betont, zum Beispiel beim „Startabend"[387], aber das deutsch-deutsche Verhältnis stand keineswegs im Mittelpunkt der Veranstaltungen. Aus aktuellem Anlass erwähnte natürlich ein Großteil der akkreditierten Korrespondenten aus der Bundesrepublik in den Beiträgen zum Rostocker Kirchentag die parallele Durchführung des DEKT in Hannover. Dabei handelte es sich jedoch vorrangig um Vergleiche zwischen den beiden Treffen – einzig die bürgerlich-konservative Zeitung *Die Welt* behauptete, die Teilnehmer in Rostock seien „in Gedanken [...] oft mit dem Festival der Gläubigen in Hannover verbunden" gewesen und hob ein Zitat des Vorsitzenden des EKT-Präsidiums zur möglichen Überwindung der Teilung Deutschlands hervor[388]. In Bezug auf die Gemeinsamkeiten der Kirchentage in Ost und West stellten die westlichen Journalisten fest, dass bei beiden Treffen sehr viele jugendliche Teilnehmer anwesend waren, die gemeinsam mit den anderen Besuchern ihren Willen zu einer positiven Veränderung der Welt zum Ausdruck gebracht hätten[389]. Anders als in Hannover hatte es in Rostock jedoch keine Diskussionen mit Staatsvertretern gegeben und es wurden auch keine kircheninternen Meinungsverschiedenheiten offen ausgetragen[390]. Für den *Deutschlandfunk* bestand der markanteste Unterschied darin, dass in den Debatten in Hannover vor allem die Ziele der Friedensbewegung im Mittelpunkt gestanden hätten, wohingegen man in Rostock im Kontext der Kirchentagslosung überlegt habe, ob eine öffentliche Diskussion zum Thema Frieden überhaupt zu wagen sei[391]. Die Zurückhaltung im Hinblick auf die Behandlung der Friedensthematik fiel auch anderen bundesdeutschen Medienvertretern auf. Aus Sicht von NDR und RIAS sei das Thema erstaunlich selten zur Sprache gekommen und *Die Zeit* berichtete, dass viele Jugendliche dies kritisiert hätten[392]. Die Journalisten vermuteten, dass sich die Veranstalter durch die staatliche Unterstützung in organisatorischen Fragen verpflichtet sahen, alles zu vermeiden, was die Staatsorgane als Provokation auffassen konnten[393].

386 Vgl. ebd. Nr. 70: „Information über den Verlauf des Kirchentages der Evangelisch-Lutherischen Landeskirche Mecklenburg und der Greifswalder Kirche vom 10.-12. Juni 1983 in Rostock", S. 1.

387 Vgl. BStU, MfS, BV Rostock, AS 361/83, Blatt 165: „Bericht zur politisch-operativen Sicherung der Veranstaltungen des gemeinsamen Kirchentags der Evangelischen Landeskirche Greifswald und der Evangelisch-Lutherischen Landeskirche Mecklenburg vom 10. bis 12. Juni 1983 in Rostock", 11.6.1983, S. 3.

388 Laut dem Verfasser des Artikels hatte Otto Schröder beim „Startabend" Folgendes gesagt: „Ja, Hannover, im Lutherjahr erkennen wir, dass wir getrennt sind. Aber wenn wir hier im Norden weit über die Ostsee hinausschauen, dann werden wir die Zukunft sehen und die Frage, was eigentlich kommt, daß wir irgendwie zusammenkommen, das überlassen wir Gott selbst." Vgl. „Mahnende Worte an die Führung der SED" In: Die Welt, Nr. 135 vom 13.6.1983, S. 4.

389 Vgl. „Entgegenkommen" In: Frankfurter Rundschau, Jg. 39, Nr. 135 vom 14.6.1983, S. 3; BStU, MfS, BV Rostock, AS 361/83, Blatt 283f.: Mitschrift zu einem beim Deutschlandfunk gesendeten Kommentar vom 11.6.1983, S. 1f.

390 Vgl. BStU, MfS, BV Rostock, AS 361/83, Blatt 283f.: Mitschrift zu einem bei Deutschlandfunk gesendeten Kommentar vom 11.6.1983, S. 1f.

391 Vgl. ebd.

392 Vgl. ebd. Blatt 294: Tonbandabschrift vom Interview des NDR mit Bischof Rathke, 17.6.1983, S. 1; ebd. Blatt 285f.: Mitschrift zu einem beim RIAS gesendeten Kommentar vom 11.6.1983, S. 1f.; „Das macht Mut" In: Die Zeit, Nr. 25 vom 17.6.1983, S. 10.

393 Vgl. BStU, MfS, BV Rostock, AS 361/83, Blatt 294: Tonbandabschrift vom Interview des NDR mit Bischof Rathke, 17.6.1983, S. 1.

Zur Ambivalenz der Unterstützung der Kirchentage durch die SED äußerten sich nahezu alle Pressevertreter aus der Bundesrepublik. Sie berichteten zwar vom ungewöhnlichen Anblick der öffentlichen Werbung und der Genehmigung der Nutzung staatlicher Gebäude und Plätze für Kirchentagsveranstaltungen, kontrastierten diese Aspekte aber mit der im Vortrag von Christoph Magirius und im Offenen Brief an Erich Honecker geäußerten Kritik an den Verhältnissen in der DDR. Das Referat und das Schreiben wurden ebenso wie die Worte zum Begriff „Friedenskampf" von Bischof Theissing beim „Ökumenischen Forum" als Beispiel regimekritischer Stimmen in den westdeutschen Medien angeführt. Da die Ausbürgerung des Friedensaktivisten Roland Jahn nur wenige Tage zurücklag, erwähnte die Presse im Zusammenhang mit den Jenaer Ereignissen vor allem den Offenen Brief an Honecker[394]. In diesem Kontext wurde auch Bischof Rathke zitiert, der bei der Pressekonferenz gesagt habe, er glaube im Fall Jahn nicht an eine gewaltsame „Aussperrung" und rate seinen Mitbürgern im Allgemeinen von einer Antragstellung auf Ausreise ab[395]. Insgesamt war die Berichterstattung in den bundesdeutschen Medien somit erneut auf gesellschaftspolitische Aspekte des Kirchentags fokussiert. Das hatte sie mit den Berichten der staatlichen DDR-Presse gemeinsam, auch wenn der Blickwinkel dort ein ganz anderer war.

In den DDR-Medien hob man zwar ebenfalls die politischen Aussagen – besonders zur Friedensthematik – hervor, aber nur, wenn sie mit der SED-Ideologie übereinstimmten. Trotz der großen Bedeutung, die die Staatsführung den Veranstaltungen im Lutherjahr beimaß, erwiesen sich die Berichte zum Kirchentag in Rostock als erstaunlich knapp. Das *Neue Deutschland*, die *Ostseezeitung* und die *Berliner Zeitung* beschränkten sich auf kurze Mitteilungen, die lediglich eine vage Angabe zur Teilnehmerzahl des Abschlussgottesdienstes („mehrere tausend Christen") und ein Zitat von Jürgen Haß zur angeblich starken Relevanz des Werkes und Leben von Martin Luther für die DDR sowie Äußerungen der beiden Landesbischöfe zur Dringlichkeit der Lösung der internationalen Rüstungsproblematik enthielten[396]. Anders sah es bei den Presseorganen der CDU aus, die generell ausführlicher von kirchlichen Ereignissen berichteten. Die *Neue Zeit* und *Der Demokrat* gaben nicht nur Programmhinweise zur Eröffnung des Kirchentags, sondern nannten auch Teilnehmerzahlen, die sich an den Schätzungen der Kirche orientierten[397]. Darüber hinaus widmeten sie einzelnen Veranstaltungen mehr Aufmerksamkeit, wie dem Abschlussgottesdienst,

394 Vgl. „Die DDR-Behörden lassen die Christen gewähren und zeigen sich kleinlich bei Friedensaktionen" In: Frankfurter Allgemeine Zeitung, Nr. 135 vom 14.6.1983, S. 3.

395 Vgl. „Bischof sieht für Christen keinen Grund zum Verlassen der DDR" In: Frankfurter Rundschau, Jg. 39, Nr. 135 vom 14.6.1983, S. 1.

396 Die Berichte der drei Zeitungen waren nahezu identisch, oft bis auf die Überschriften. Vermutlich hatten die Redaktionen sich nicht die Mühe gemacht, jeweils eigene Korrespondenten zum Rostocker Treffen zu entsenden. Vgl. „Evangelischer Kirchentag in Rostock eröffnet" In: Neues Deutschland, Jg. 38, Nr. 136 vom 11./12.6.1983, S. 2; „Rostocker Kirchentag beendet" In: ebd. Nr. 137 vom 13.6.1983, S. 2; „Evangelischer Kirchentag in Rostock eröffnet" In: Ostsee-Zeitung, Jg. 32, Nr. 136 vom 11./12.6.1983, S. 2; „Rostocker Kirchentag beendet" In: ebd. Nr. 137 vom 13.6.1983, S. 2; „Evangelischer Kirchentag in Rostock eröffnet" In: Berliner Zeitung, Jg. 39, Nr. 136 vom 11.6.1983, S. 2; „Kirchentag verurteilt Abschreckungs-Doktrin" In: ebd. Nr. 137 vom 13.6.1983, S. 2.

397 Vgl. „Kirchentag Rostock" In: Neue Zeit, Jg. 39, Nr. 136 vom 11.6.1983, S. 1; „Ermutigung zum Vertrauen" In: ebd. Nr. 137 vom 13.6.1983, S. 1; „Ein Fest der Gemeinschaft – Besinnung, Lob und Dank" In: Der Demokrat, Jg. 38, Nr. 135 vom 10.6.1983, S. 3; „'Vertrauen wagen' mit in den Alltag nehmen" In: ebd. Nr. 137 vom 13.6.1983, S. 1.

der Hauptveranstaltung in der Kongresshalle, dem „Ökumenischen Forum“ und dem „Nachtgebet für den Frieden“[398]. Alle Beiträge erwecken allerdings den Eindruck, als sei es während des gesamten Treffens ausschließlich um das Thema Frieden gegangen, wobei insbesondere die Mitverantwortung der Christen für die Sicherung des Friedens im Mittelpunkt gestanden habe – ganz im Sinne der Politik der SED. Der zweite rote Faden, der sich durch die CDU-Berichte zog, war der von den Veranstaltern geäußerte Dank an die staatlichen Stellen für die organisatorische Hilfe. Ausführlich berichteten die beiden Parteiorgane von der Begegnung im Michaelshof und hoben dabei das Grußwort von Jürgen Haß hervor, in dem er die „vertrauensvolle“ Zusammenarbeit zwischen Staat und Kirche gelobt hatte, sowie die Erklärung von Bischof Gienke, der Kirchentag habe in „großer Freiheit“ stattgefunden[399]. Eine andere Aussage des Greifswalder Bischofs wurde ebenfalls mehrfach in den CDU-Zeitungen zitiert. Beim „Ökumenischen Forum“ soll Gienke auf die Frage nach dem Verhältnis von Staat und Kirche geantwortet haben, dass durch das Gespräch vom 6. März 1978 ein vertrauensvolles Miteinander entstanden sei, das ein konstruktives Zusammenleben von Christen und Marxisten ermögliche[400].
Insgesamt fiel die Bilanz zum Rostocker Kirchentag also sowohl auf kirchlicher als auch auf staatlicher Seite deutlich positiv aus. Die Erwartungen der Veranstalter waren in vielerlei Hinsicht weit übertroffen worden, besonders in Bezug auf die Zusammenarbeit mit den staatlichen Stellen. Sie hofften, dass kommende Vorhaben unter ähnlichen Bedingungen stattfinden könnten. Vor allem die Greifswalder Kirche wünschte sich für ihr nächstes Treffen anlässlich des 500. Geburtstags von Johannes Bugenhagen und des 450-jährigen pommerschen Reformationsjubiläums eine Fortsetzung des wohlwollenden Handelns der Staatsorgane. Da die Regierung ihre Strategie, die Kirchentage durch ein kalkuliertes Maß an Unterstützung für ihre eigenen Ziele zu nutzen, weiterhin für erfolgreich hielt, standen die Zeichen für die Kirchentagsarbeit im Norden sogar recht günstig.

6.8 Fazit

Dass es sich bei den Treffen im Jahr des 500. Geburtstags von Martin Luther um eine Besonderheit in der Geschichte der Kirchentage in der DDR handelte, zeigte sich bereits in der Vorbereitungsphase. Erstmals nach 1961 schien aus Sicht einiger Landesausschüsse ein zentrales Treffen realisierbar zu sein. Auch der mecklenburgische Ausschuss hatte sich zunächst für einen DDR-weiten Kirchentag ausgesprochen, während der Landesausschuss Greifswald mehrere regionale Treffen für sinnvoller hielt. Womöglich bevorzugten die Greifswalder die familiäre Atmosphäre kleinerer Treffen, vielleicht scheuten sie aber auch die Auseinandersetzungen mit dem Staat, die im Ringen um einen zentralen Kirchentag vorprogrammiert schienen. Letztlich bildeten die Befürworter der regionalen Treffen die Mehrheit in der Konferenz der

398 Vgl. „Ermutigung zum Vertrauen“ In: Neue Zeit, Jg. 39, Nr. 137 vom 13.6.1983, S. 1f.; „'Vertrauen wagen' mit in den Alltag nehmen“ In: Der Demokrat, Jg. 38, Nr. 137 vom 13.6.1983, S. 1; „Keine wichtigere Frage“, „Eindringlicher Appell an jeden“, „Nachtgebet für den Frieden“ In: ebd. S. 3.

399 Vgl. „Ermutigung zum Vertrauen“ In: Neue Zeit, Jg. 39, Nr. 137 vom 13.6.1983, S. 2; „Brücken in die Zukunft“ In: Der Demokrat, Jg. 38, Nr. 137 vom 13.6.1983, S. 3.

400 Vgl. „Sich selber wagen im Vertrauen“ In: Neue Zeit, Jg. 39, Nr. 142 vom 18.6.1983, S. 5; „Keine wichtigere Frage“ In: Der Demokrat, Jg. 38, Nr. 137 vom 13.6.1983, S. 3.

Landesausschüsse, wobei man allerdings eine Kooperation verschiedener Kirchen bei der Durchführung anstrebte. Eine solche Zusammenarbeit gingen zum Beispiel die Kirchentagsmitarbeiter der ELLKM und der ELKG ein. Mit Unterstützung der EKT-Zentrale bereiteten die beiden Ausschüsse den gemeinsamen Kirchentag in Rostock vor. Obwohl allein schon durch die Einbeziehung der Rostocker Gemeinden deutlich mehr Mitglieder der mecklenburgischen Landeskirche an den Vorbereitungen beteiligt waren, scheint die Verantwortung für die einzelnen Angebote gleichmäßig auf die Mitarbeiter beider Landeskirchen verteilt worden zu sein. Dabei ist erkennbar, dass sowohl von den Mecklenburgern als auch den Greifswaldern wichtige Gestaltungsimpulse ausgingen. So übernahm man mit „Sei unser Gast" eine Aktion des Stralsunder Kirchentags 1978 und entschied sich wie der Landesausschuss Greifswald beim Stralsunder Treffen 1981 für einen Abendmahlsgottesdienst unter freiem Himmel als Abschlussveranstaltung. Der Programmpunkt „Kirche auf Karren" ging wiederum auf ein Konzept zurück, das die Mecklenburger erstmals 1976 in Rostock erprobt hatten. Unterschiedliche „Traditionen" pflegten die ELLKM und die ELKG auch in Bezug auf ihren Umgang mit den Staatsorganen, was während des Kirchentags allerdings kaum zutage trat. Zwar waren an den Veranstaltungen, in denen Kritik an den gesellschaftlichen und politischen Verhältnissen in der DDR zum Ausdruck kam, vorrangig Mitglieder der mecklenburgischen Landeskirche beteiligt. Aber das Verhalten der Verhandlungspartner für die staatlichen Stellen aus den zwei Landeskirchen unterschied sich selten. Bischof Gienke hob sich zwar in einigen Veranstaltungen durch sehr staatskonforme Äußerungen von seinen Kollegen aus Mecklenburg ab, doch Bischof Rathke und der Ausschussvorsitzende Joachim Gauck griffen die SED ebenfalls nie direkt an und verhielten sich gegenüber den Staatsvertretern sehr diplomatisch. Inoffiziell soll Gauck kritisiert haben, der Rostocker Kirchentag sei „unwahrscheinlich zahm" abgelaufen[401]. Als einer der Hauptverantwortlichen des Treffens, der von den staatlichen Stellen ständig Ermahnungen zur Wahrung von Ruhe und Ordnung erhalten hatte, mag er möglicherweise jedoch auch froh über den vergleichsweise harmlosen Verlauf gewesen sein. Schließlich wollte sich die Kirche nicht mit den Staatsorganen überwerfen, die sich hinsichtlich der Kirchentage so unerwartet großzügig gezeigt hatten.

Das Entgegenkommen bei der Genehmigung der Druckerzeugnisse, Werbemaßnahmen, der Einreise offizieller Gäste und Nutzung öffentlicher Gebäude und Plätze sowie die Unterstützung beim Transport und der Verpflegung der Teilnehmer war allerdings Teil der SED-Strategie. Aus ihrer Sicht besaßen die Kirchentage im Lutherjahr eine große innen- und außenpolitische Bedeutung, da sie der Partei die Möglichkeit boten, sich vor den Augen der christlichen Bürger und der Weltöffentlichkeit in positiver Weise zu profilieren. Kirchenpolitisch sollte die Großzügigkeit das Vertrauen der Christen in die Politik stärken und sich positiv auf das Verhältnis von Kirche und Staat auswirken. Außenpolitisch verfolgte man das Ziel, die DDR als ein Land darzustellen, in dem das Recht auf freie Religionsausübung und die Gleichberechtigung aller Bürger gewährleistet sind. Da die SED-Führung kirchlichen Großereignissen im Grunde jedoch ablehnend gegenüberstand, befanden sich die staatlichen Stellen erneut in einem Dilemma: Damit die Regierung ihre Ziele erreichen konnte, mussten die Kirchentage mithilfe großzügiger Unterstützung

401 Vgl. BStU, MfS, BV Rostock, 384/81 Teil II, TA 4784, Blatt 423: Bericht von IMB „Gisela" zu den Ereignissen am 12.6.1983, S. 2.

öffentlich wirksam werden. Andererseits durfte dieses Entgegenkommen den Erfolg für die Kirche nicht zu sehr steigern, damit der Staat als einziger Sieger hervorging. In ihren Auswertungsberichten[402] bescheinigte sich die SED, dass ihr Plan aufgegangen war: Das Verhältnis von Staat und Kirche sei gestärkt worden und die ausländischen Gäste mit positiven Eindrücken vom „realen Sozialismus" in ihre Heimat zurückgekehrt. Sicherlich zeigten sich viele Veranstalter und Besucher von den staatlichen Zugeständnissen positiv überrascht und sahen sich vielleicht kurzzeitig in der Hoffnung bestärkt, dass sich die Verhältnisse zum Besseren verändern könnten. Aber spätestens, wenn sie aus der großen Kirchentagsgemeinschaft in den Alltag zurückkehrten, dürften sie festgestellt haben, dass das „Vertrauen wagen" im Hinblick auf die gesellschaftspolitischen Gegebenheiten in der DDR weiterhin eine schwierige Aufgabe blieb. Die westdeutschen Medien durchschauten jedenfalls die Strategie der Regierung und zeichneten in ihren Berichten trotz der scheinbar großzügigen staatlichen Gesten kein freundlicheres Bild der DDR. Auch beim Rostocker Kirchentag selbst waren kritische Stimmen zu hören, vor allem von Teilnehmern der nicht lange zuvor entstandenen Friedenskreise. Die Veranstalter hatten das Thema Frieden zwar nicht in den Mittelpunkt gestellt, aber trotzdem kam es unter anderem durch die „Anti-Kriegs-Ausstellung" in der Marienkirche oder das „Nachtgebet für den Frieden" zur Sprache. Besonders Jugendliche und junge Erwachsene brachten die Thematik in die Veranstaltungen ein. Obwohl sie nach kirchlichen und staatlichen Schätzungen mehr als die Hälfte der Kirchentagsbesucher bildeten, hatten die jüngeren Teilnehmer aber erneut wenig Einfluss auf die Gestaltung des Treffens. Das Angebot für diese Zielgruppe erwies sich als recht überschaubar, auch wenn die Verantwortlichen zwei Programmpunkte in der Kongresshalle und in der Petrikirche explizit als Großveranstaltungen für Jugendliche konzipiert hatten. Es verwundert, dass die Kirchentagsmitarbeiter die Entwicklung seit den Treffen von 1978 nahezu völlig ignorierten und dem gewachsenen Interesse der jüngeren Generation am Kirchentag kaum Rechnung trugen. Gerade vor dem Hintergrund, dass diese Generation eines Tages die Kirchentagstradition weiterführen sollte, erscheint die Einstellung der Organisatoren rätselhaft.

Ein weiterer Punkt, dem man nicht viel Beachtung schenkte, war der eigentliche Anlass der Kirchentage von 1983: der 500. Geburtstag von Martin Luther. Die Veranstalter ließen das Jubiläum nicht völlig außer Acht, doch scheint die Auseinandersetzung mit dem Leben und Werk des Reformators auf ein Mindestmaß beschränkt gewesen zu sein. Stattdessen stellten die meisten Angebote die Bedeutung der Kirchentagslosung für die konkrete Lebenswirklichkeit der Besucher sowie die Möglichkeiten, im Alltag Vertrauen in seine Mitmenschen und auf Gott zu wagen, in den Mittelpunkt. Damit setzte sich beim Treffen in Rostock der Trend der vorherigen Kirchentage im Norden fort, dass man den Fokus auf die individuelle Lebensbewältigung legte und theologischen und gesellschaftlichen Fragen wenig Raum gab. Bei aller positiven Resonanz der Besucher auf dieses Konzept – die mitunter eingeforderte Thematisierung der Friedensproblematik und das große Interesse am erneut recht schmalen ökumenischen Programm deuten darauf hin, dass die Teilnehmer durchaus offen für eine Erörterung kirchlicher und gesellschaftlicher Themen waren und sich eventuell mehr entsprechende Angebote gewünscht hätten. Ob die Kirchentagsmitarbeiter der beiden nördlichen Landeskirchen diesen Entwicklungen

402 Siehe Anm. 367, 369 und 376 in Kapitel 6.7.

bei der Planung kommender Treffen mehr Aufmerksamkeit schenken würden, ließ sich an der Auswertung des Rostocker Kirchentags nicht eindeutig erkennen. Eines stand jedoch fest: Der Erfolg der sieben Treffen von 1983 hatte auch die Kirchentagsarbeit im Norden gestärkt und bei den Verantwortlichen den Wunsch geweckt, den Erfolg auszubauen. Zur Verwirklichung dieses Ziels setzte zuerst die Greifswalder Kirche an, die mit ihrem Bugenhagenjubiläum 1985 nicht hinter den Feierlichkeiten des Lutherjahrs zurückstehen wollte.

7. „Durch den Glauben reich sein“ – der Greifswalder Kirchentag 1985

7.1 Die Vorbereitungen der ELKG

Nach den außergewöhnlichen Feierlichkeiten zum Lutherjubiläum stand zwei Jahre später erneut der 500. Geburtstag eines bedeutenden deutschen Reformators auf der kirchlichen Agenda. Johannes Bugenhagen, der Freund und Beichtvater von Martin Luther, wurde am 24. Juni 1485 in Wollin im Herzogtum Pommern geboren[1]. Nach seinem Studium an der Universität Greifswald wirkte er ab 1504 im pommerschen Treptow an der Rega als Rektor der Stadtschule und Prediger der Marienkirche[2]. Als geschätzter Lehrer der Stadtschule auch am Fürstenhof von Bogislaw X. bekannt geworden, erhielt er 1518 vom Fürsten den Auftrag zur Verfassung der ersten Chronik von Pommern, der *Pomerania*[3]. Nachdem er die Schriften von Martin Luther gelesen hatte, immatrikulierte sich Bugenhagen 1521 an der Universität in Wittenberg und lernte dort Luther und Melanchthon persönlich kennen[4]. In der Geburtsstadt der Reformation wurde Bugenhagen 1523 auf Empfehlung Luthers zum Pfarrer der Stadtkirche gewählt und stellte sich in dieser Funktion ganz in den Dienst der neuen Bewegung, indem er durch Briefe und Schriften den reformatorischen Gedanken verbreitete, an Luthers Bibelübersetzung mitarbeitete, exegetische Vorlesungen hielt sowie die Gottesdienststruktur, das Schulwesen und die Diakonie in Wittenberg reorganisierte[5]. Zwischen 1528 und 1542 begab sich Johannes Bugenhagen auf ausgedehnte Reisen, um das Kirchenwesen in Norddeutschland und Skandinavien zu reformieren[6]. So verfasste er evangelische Kirchenordnungen unter anderem für die Städte Braunschweig (1528), Hamburg (1529) und Lübeck (1531) sowie für das Herzogtum Pommern (1535) und das Königreich Dänemark-Norwegen (1537/39)[7]. Außerdem wirkte er an der Übersetzung der Bibel ins Niederdeutsche mit, die 1533/34 in Lübeck erschien[8]. In Wittenberg erlangte Bugenhagen 1533 den Doktorgrad und setzte dort als Generalsuperintendent und Professor an der Theologischen Fakultät seine reformatorische Tätigkeit – unterbrochen von seinen vielen Reisen – fort[9]. Als er 1558 in Wittenberg starb, war sein Name fast im gesamten deutschsprachigen Raum bekannt, zum Beispiel auch in Süddeutschland und in der Schweiz[10]. Seine *Passionsharmonie* wurde sogar in mehrere Sprachen übersetzt, unter anderem ins Polnische, Finnische und Isländische, und fand zum Teil noch bis ins 20. Jahrhundert hinein Anwendung im Gottesdienst[11].

---

1 Vgl. Hans Hermann Holfelder: Art. Bugenhagen, Johannes, in: TRE 7, Berlin/New York 1993, S. 354.
2 Vgl. ebd. S. 355.
3 Vgl. Norbert Buske: Johannes Bugenhagen, S. 36.
4 Vgl. Holfelder: Art. Bugenhagen, Johannes, in: TRE 7, Berlin/New York 1993, S. 355f.
5 Vgl. ebd. S. 356f.
6 Vgl. ebd. S. 357.
7 Vgl. ebd.; Gerhard Müller: Art. Bugenhagen, Johannes, in: RGG[4] 1, Tübingen 1998, Sp. 1852.
8 Vgl. Buske: Johannes Bugenhagen, S. 70.
9 Vgl. Holfelder: Art. Bugenhagen, Johannes, in: TRE 7, Berlin/New York 1993, S. 357.
10 Vgl. ebd. S. 361; Müller: Art. Bugenhagen, Johannes, in: RGG[4] 1, Tübingen 1998, Sp. 1853.
11 Vgl. Holfelder: Art. Bugenhagen, Johannes, in: TRE 7, Berlin/New York 1993, S. 361; Buske: Johannes Bugenhagen, S. 66.

Dennoch nahm Bugenhagens Bekanntheitsgrad im Laufe der Zeit immer weiter ab, bis er im 19. Jahrhundert nahezu völlig in den Schatten Martin Luthers trat und in der Wissenschaft nur mehr als dessen „minder bedeutender Gehülfe“ galt[12].
Da Bugenhagen auch 1985 nicht annähernd die gleiche Popularität wie sein Wittenberger Freund genoss, fielen die Festivitäten anlässlich seines 500. Geburtstags deutlich kleiner aus als die Feierlichkeiten im Lutherjahr 1983. „Johannes Bugenhagen wird von uns geehrt, wo gestern noch kaum jemand wusste, dass er hat einst existiert“, soll ein Mitglied der Studentengemeinde während des Kirchentags vor dem Greifswalder Dom gesungen haben[13]. Diese treffende Einschätzung spiegelte auch den Stand der damaligen Bugenhagen-Forschung in der DDR und in der Bundesrepublik wider. Zu den wichtigsten Vertretern des kleinen Kreises von Historikern, die sich mit dem Leben und Werk des *Doctor Pomeranus* beschäftigten, gehörte der Greifswalder Kirchenhistoriker Hans-Günter Leder. Er konstatierte 1985, dass in den zurückliegenden hundert Jahren zu Bugenhagen „nur wenige im echten Sinne der Forschung verpflichtete und diese voranbringende Publikationen“ erschienen seien[14]. Dass man Johannes Bugenhagen bis dato beinahe vollständig vernachlässigt habe, resultierte nach Leders Auffassung aus der wissenschaftlichen Bevorzugung Luthers, der Verkennung von Bugenhagens wahrer Bedeutung für die Reformation und dem Fehlen einer vollständigen Edition seiner Werke[15]. Die Historiker hätten Bugenhagen nur als einen unselbstständigen Mitarbeiter von Luther angesehen, der dessen Gedanken lediglich kopiert habe[16]. Einzig Bugenhagens Kirchenordnungen ließ man eine gewisse Aufmerksamkeit zuteil werden[17]. Leder räumte zwar ein, dass seit den 1960er Jahren eine Zunahme des wissenschaftliches Interesse an Bugenhagen zu bemerken sei[18], dennoch bliebe seiner Meinung nach „auch künftig noch Vieles zu tun, um Leben und Werk Bugenhagens, der unzweifelhaft zu den großen Wittenberger Reformatoren gerechnet werden darf, in vollem Umfang zu erschließen“[19].
Für die Forschung zu Johannes Bugenhagen in der Bundesrepublik zog der Münsteraner Kirchenhistoriker Wolf-Dieter Hauschild im Jahr 1986 ebenfalls ein sehr nüchternes Fazit. Seiner Einschätzung nach seien die Feierlichkeiten des Jahres 1985

12 Vgl. Holfelder: Art. Bugenhagen, Johannes, in: TRE 7, Berlin/New York 1993, S. 358.

13 Vgl. „Der Vollzugsbeamte Luthers“ In: Frankfurter Rundschau, Jg. 41, Nr. 143 vom 24.6.1985, S. 4.

14 Vgl. Hans-Günter Leder: Zum gegenwärtigen Stand der Bugenhagenforschung, in: De Kennung (Zeitschrift für plattdeutsche Gemeindearbeit), Jg. 8, Nr. 1/2 1985, S. 21.

15 Vgl. ebd. S. 22-24.

16 Vgl. ebd. S. 22.

17 Vgl. ebd. S. 23.

18 Vgl. ebd. Leder verwies an dieser Stelle allerdings nur auf Publikationen aus der Bundesrepublik und den USA, wie die 1966 veröffentlichte Dissertation „Die Reform der Messliturgie durch Johannes Bugenhagen (1485-1558)“ des katholischen Pfarrers Johannes Bergsma (Hildesheim), den 1966 in Hildesheim erschienenen Nachdruck von Bugenhagens Briefwechsel, die Dissertation „Tentatio et consolatio. Studien zu Bugenhagens ‚Interpretatio in librum Psalmorum'“ (1974) des Hamburger Theologen Hans Hermann Holfelder und die aus demselben Jahr stammende Dissertation „Poverty and Poor Relief in the German Church Orders of Johannes Bugenhagen (1485-1558)“ des US-Amerikaners Frank P. Lane. In der DDR scheinen in dieser Zeit keine Veröffentlichungen von wissenschaftlicher Bedeutung zu Bugenhagen herausgebracht worden zu sein. Dies änderte sich offensichtlich erst im Rahmen des Jubiläums 1985, als vor allem auch Hans-Günter Leder selbst seine Forschungen zu Bugenhagen intensivierte. Zur Genese der Bugenhagen-Literatur vgl. außerdem Tim Lorentzen: Johannes Bugenhagen als Reformator der öffentlichen Fürsorge, S. 54-61.

19 Vgl. Leder: Zum gegenwärtigen Stand der Bugenhagenforschung, in: De Kennung (Zeitschrift für plattdeutsche Gemeindearbeit), Jg. 8, Nr. 1/2 1985, S. 37.

in der Bundesrepublik und in der DDR dringend notwendig gewesen, da man trotz der großen geschichtlichen Bedeutung des pommerschen Reformators eine „fast totale Bugenhagen-Vergessenheit" zu beklagen habe[20]. „Ist er schon in Kirche und Theologie ein Unbekannter, so erst recht in Kultur und Gesellschaft", resümierte Hauschild[21]. Einen Grund sah er im schwierigen Zugang zu Bugenhagens Schriften, die im Hinblick auf Stil und Inhalt „oft langweilig" seien, obwohl sie bei näherer Betrachtung Orientierungskraft für die Kirche der Gegenwart besäßen, zum Beispiel in Bezug auf das Verhältnis von Evangeliumsverkündigung und kirchlicher Praxis[22]. Hauschild bemängelte, die Kirche habe sich bei den Jubiläumsfeiern 1985 nur auf eine knappe historische Betrachtung der Person Bugenhagens beschränkt, anstatt den Gegenwartsbezug seiner Werke zu verdeutlichen[23]. Von den wissenschaftlichen Beiträgen zum Bugenhagenjahr hob Hauschild lediglich drei Publikationen lobend hervor, die allerdings nicht in der Bundesrepublik, sondern allesamt in der DDR erschienen waren: die Neuausgaben der pommerschen Kirchenordnung von 1535 und der *Passionsharmonie*, für die Norbert Buske, Pfarrer der ELKG und Mitglied der „Arbeitsgemeinschaft für pommersche Kirchengeschichte" verantwortlich zeichnete, sowie den von Hans-Günter Leder herausgegebenen Sammelband „Johannes Bugenhagen. Gestalt und Wirkung"[24]. Ähnlich wie sein Greifswalder Kollege Leder konstatierte Wolf-Dieter Hauschild mit Blick auf die Bugenhagen-Forschung, diese gliche einem Brachland, das aber reichen Ertrag verheiße[25].
Innerhalb der Greifswalder Kirche war man sich ebenfalls bewusst, dass der Beichtvater Martin Luthers sowohl in der theologischen Forschung als auch in den Gemeinden wenig Beachtung fand. So hielt die Synode der ELKG im November 1984 fest, Bugenhagen sei für die meisten Menschen „eine ferne, unbekannte Persönlichkeit"[26]. Um den *Doctor Pomeranus* innerhalb der Landeskirche bekannter zu machen, ließ die Synode von einer Arbeitsgruppe[27] 16 Thesen erarbeiten, die als Verständnishilfe zum Gedenken an den 500. Geburtstag des Reformators dienen sollten[28]. Die Thesen verbanden biografische Angaben zu Johannes Bugenhagen mit einer Zusammenfassung seiner theologischen Prinzipien und seiner aktuellen Bedeutung für Kirche und Gesellschaft. Zunächst wurde Bugenhagen als Humanist (1. These), als Ausleger der Heiligen Schrift (2. und 4. These) und als Schüler und Weggefährte Luthers (3. und 7. These) vorgestellt. So habe er „manche mittelalterliche Enge" im Denken aufgebrochen und damit den Blick für neue Wertvorstellungen

20 Vgl. Wolf-Dieter Hauschild: Ertrag und Perspektive des Bugenhagenjubiläums 1985, in: De Kennung (Zeitschrift für plattdeutsche Gemeindearbeit), Jg. 9, Nr. 1/1986, S. 5f.
21 Vgl. ebd. S. 5.
22 Vgl. ebd. S. 8.
23 Vgl. ebd. S. 11.
24 Vgl. ebd. S. 14f. und S. 18.
25 Vgl. ebd. S. 21.
26 Vgl. „Thesen über Johannes Bugenhagen zu seinem 500. Geburtstag im Jahre 1985", in: Verpflichtendes Vermächtnis, S. 74.
27 Die Arbeitsgruppe wurde von der Kirchenleitung eingesetzt. Ihr gehörten auch Hans-Günter Leder und Norbert Buske an, die an der Formulierung der Thesen maßgeblich mitwirkten. Vgl. „Aus der Einbringung der Thesen auf der Landessynode im November 1984 durch den Synodalen Pfarrer Dr. Norbert Buske", in: Verpflichtendes Vermächtnis, S. 83; Hauschild: Ertrag und Perspektive des Bugenhagenjubiläums 1985, in: De Kennung (Zeitschrift für plattdeutsche Gemeindearbeit), Jg. 9, Nr. 1/1986, S. 8.
28 Vgl. „Thesen über Johannes Bugenhagen zu seinem 500. Geburtstag im Jahre 1985", in: Verpflichtendes Vermächtnis, S. 74.

geöffnet[29]. Die Bibel sei für ihn – genau wie für Luther – die Basis „wahrer christlicher Lebensgestaltung" gewesen[30]. Dabei betonte die vierte These, dass Johannes Bugenhagen seine exegetischen Studien durchaus eigenständig betrieben habe und somit neben Luther und Melanchthon zu den prägenden Figuren der Wittenberger Reformation gehörte[31]. Obwohl sich die Thesen bemühten, die Selbstständigkeit von Bugenhagen herauszustreichen, wiesen sie ebenso auf seine enge Verbindung zu Luther hin: Dank Luthers Schriften erlebte Johannes Bugenhagen im Herbst 1520 seine reformatorische Wende[32] und er stand Luther zeitlebens als treuer Freund und Ratgeber zur Seite[33]. Am ausführlichsten ging man auf Bugenhagens Tätigkeit als Prediger und Seelsorger (5., 6., 8. und 15. These) sowie als Reformator von Norddeutschland und Skandinavien (9., 10., 11. und 13. These) ein. Mit der *Passionsharmonie*, einem seiner berühmtesten Werke, habe Johannes Bugenhagen zur Ausprägung der evangelischen Frömmigkeit beigetragen[34]. Als Seelsorger verwies er außerdem stets auf den unmittelbaren Zugang der Gläubigen zu Gott und die große Kraft des Gebets[35]. Im Hinblick auf Bugenhagens Wirken in den norddeutschen und skandinavischen Ländern stellten die Thesen die Kirchenordnungen in den Mittelpunkt, die nicht nur die Gestalt der Kirchen neu geordnet, sondern mit ihren Bestimmungen zum Schulwesen und der Armenfürsorge auch die Gesellschaft in diesen Regionen beeinflusst hätten[36]. Die durch Bugenhagen geprägte Geschichte trage zudem zur Verbundenheit der Kirchen im Ostseeraum bei, was „gerade angesichts der Grenzen und unterschiedlichen Gesellschaftsordnungen heute" dankbar hervorzuheben sei[37].

Einen Bezug zur Gegenwart stellten ebenfalls die Thesen 14 und 16 her. Letztere stilisierte Bugenhagen zum Vorbild für Glaubenstreue[38], die Erstgenannte erörterte seine Haltung zu den politischen Umständen seiner Zeit. Vorsichtig formulierend erklärte sie, Bugenhagen habe „um die Ausstrahlungskraft des Evangeliums in den politischen Raum" gewusst, da er als Reformator, als Verfasser von Kirchenordnungen und als Generalsuperintendent zwangsläufig politische, kulturelle und ökonomische Aspekte berücksichtigen musste[39]. Klingt an dieser Stelle die Formulierung, nach der militärischen Niederlage des Schmalkaldischen Bundes[40] sei es für die

29 Vgl. ebd. S. 75 (1. These).
30 Vgl. ebd. S. 75 (2. These).
31 Vgl. ebd. S. 77.
32 Vgl. ebd. S. 76 (3. These).
33 Vgl. ebd. S. 78 (7. These).
34 Vgl. ebd. S. 77 (5. These).
35 Vgl. ebd. S. 78 (6. These) und S. 81 (15. These).
36 Vgl. ebd. S. 78f. (9. These).
37 Vgl. ebd. S. 80 (13. These).
38 Vgl. ebd. S. 81.
39 Vgl. ebd. S. 80.
40 Im Jahr 1531 gründeten protestantische Fürstentümer und Städte unter der Führung von Hessen und Kursachsen in Schmalkalden (Thüringen) einen militärischen Verteidigungsbund zum Schutz vor der kaiserlichen Religionspolitik. Den Schmalkaldischen Krieg 1546/47 gewann Kaiser Karl V. mithilfe von Herzog Moritz von Sachsen in der Entscheidungsschlacht bei Mühlberg an der Elbe im April 1547. Der sächsische Kurfürst Johann Friedrich wurde gefangen genommen und verlor neben seiner Kurwürde weite Teile seines Landes, Philipp von Hessen geriet ebenfalls in Gefangenschaft. Die Niederlage des Bundes führte zu dessen Auflösung. Auf dem Reichstag zu Augsburg 1548 wurde die Rekatholisierung der deutschen protestantischen Gebiete beschlossen und anschließend zum Teil auch durchgesetzt. Da sich jedoch vor allem in Norddeutschland

evangelischen Christen schwer gewesen, sich in die „realen politischen Gegebenheiten einzufügen und in ihnen die Nachfolge Jesu zu bewähren“[41] wie ein versteckter Vergleich mit der Lage der Christen in den Anfangsjahren der DDR, liest sich der Schlussteil der 14. These wie eine Legitimation des „Greifswalder Wegs“: „Bugenhagen wusste sich durch das Evangelium zur Annahme der Realität und zum Zeugnis und Dienst inmitten politischer Gegebenheiten befreit. Dabei ist ihm Widerspruch und Verleumdung aus den eigenen Reihen nicht erspart geblieben.“[42] Es erscheint, als hätten die Verfasser hier den kirchenpolitischen Kurs der Leitung der ELKG indirekt mit dem Wirken des Reformators von Pommern verknüpft. Denn so wie die Greifswalder Kirchenleitung von einigen Kirchenmitgliedern für ihre Staatsnähe kritisiert wurde, erfuhr auch ihr Ahnherr und großes Vorbild Bugenhagen „Widerspruch und Verleumdung“ für seine „Annahme der Realität“ – also dafür, dass er sich den politischen Verhältnissen angepasst hatte.

Insgesamt betrachtet gingen die 16 Thesen nur in wenigen Punkten auf Bugenhagens Nachwirkung auf die heutige Kirche ein. Welche Relevanz der *Doctor Pomeranus* für das tägliche (Glaubens-)Leben der Christen im ausgehenden 20. Jahrhundert haben könnte, beantworteten sie kaum. Als theologische Grundlage des Bugenhagenjubiläums der ELKG dürfte dieses Papier auch die inhaltliche Planung des Kirchentags beeinflusst haben. Das mag eine Erklärung dafür sein, warum der Kirchentag ebenfalls Schwierigkeiten hatte, die „ferne, unbekannte Persönlichkeit“ Johannes Bugenhagen für die Teilnehmer greifbarer und zugänglicher zu machen.

Obwohl Bugenhagen keineswegs so bekannt war wie Luther, orientierte sich die ELKG bei der Planung des Gedenkens am Rahmen des Lutherjubiläums zwei Jahre zuvor. Vielleicht verband sie damit die Hoffnung, dass sich der pommersche Reformator durch eine möglichst groß angelegte „Werbeaktion“ nachhaltig ins Gedächtnis der evangelischen Christen im Norden der DDR einprägte. Einen Vorteil sahen die Organisatoren darin, dass 1985 nicht nur der 500. Geburtstag von Johannes Bugenhagen zu feiern war, sondern auch die Einführung der Reformation in Pommern vor 450 Jahren, an der Bugenhagen im Übrigen mitgewirkt hatte. So nahm er im Dezember 1534 am Landtag in Treptow an der Rega teil, bei dem die Landesherren die Neugestaltung ihrer Kirche beschlossen und ihm den Auftrag zur Verfassung einer evangelischen Kirchenordnung gaben, die im Frühjahr 1535 erschien[43]. Auf seinen anschließenden Visitationsreisen, zum Beispiel nach Stettin, Wollin, Greifswald, Anklam und Pasewalk, begleitete und kontrollierte Bugenhagen die Durchsetzung der Reformation[44]. Das pommersche Reformationsjubiläum ermöglichte es der ELKG also, das Bugenhagen-Gedenken in einen größeren Zusammenhang zu stellen und die in Greifswald geplante Veranstaltungsreihe zu ergänzen. Den

---

protestantischer Widerstand erhob, hatten die Bemühungen Karls V. keinen dauerhaften Erfolg. Die religiöse Spaltung der Territorien des Kaiserreichs wurde schließlich 1555 durch den Augsburger Religionsfrieden legitimiert. Vgl. Gabriele Haug-Moritz/Georg Schmidt: Art. Schmalkaldischer Bund, in: TRE 30, Berlin/New York 1999, S. 221f.; Georg Schmidt/Siegrid Westphal: Art. Schmalkaldischer Krieg, in: ebd. S. 228-230; Hauschild: Lehrbuch der Kirchen- und Dogmengeschichte, Bd. 2, S. 153-159.

41 Vgl. „Thesen über Johannes Bugenhagen zu seinem 500. Geburtstag im Jahre 1985“, in: Verpflichtendes Vermächtnis, S. 81.

42 Vgl. ebd.

43 Vgl. Buske : Johannes Bugenhagen, S. 51.

44 Vgl. ebd. S. 45; Leder: Art. Pommern, in: TRE 27, Berlin/New York 2000, S. 44.

Kern der Feierlichkeiten bildeten der Kirchentag vom 21. bis 23. Juni und der „Ökumenische Festtag" am 24. Juni 1985[45]. Darüber hinaus führte die Landeskirche eine ökumenische Studientagung für Kirchenrechtsgeschichte zum Thema „Protestantische Kirchenordnungen des 16. Jahrhunderts"[46] sowie ein wissenschaftliches Symposium mit internationalen Referenten unter dem Titel „Johannes Bugenhagen – Reformator, Theologe, Seelsorger" durch[47]. Außerdem bereiteten die Sektionen Theologie und Geschichtswissenschaft der Universität Greifswald das Festkolloquium „Johannes Bugenhagen und die Reformation im Herzogtum Pommern" vor, das am 5. Juni 1985 in der Aula der Universität stattfand[48]. Eröffnet wurde es durch den damaligen Rektor, Professor Dieter Birnbaum[49]. Die Vorträge zu Bugenhagens Leben und Wirken sowie den gesellschaftlichen Rahmenbedingungen in Pommern im 16. Jahrhundert stammten unter anderem von Hans-Günter Leder und Norbert Buske[50]. Dass der Staatssekretär für Kirchenfragen, Klaus Gysi, während des Kolloquiums eine Ansprache hielt[51], ist ein Zeichen für die große Bedeutung, die die SED dem Bugenhagenjubiläum in politischer Hinsicht beimaß. Im Anschluss an das Kolloquium wurde eine gleichnamige Ausstellung eröffnet, die bis zum 20. September 1985 rund 10.000 Besucher anzog[52]. Darüber hinaus gab es auch in Wittenberg einige Veranstaltungen zu Ehren von Johannes Bugenhagen[53], allerdings in deutlich kleinerem Umfang als im Nordosten.

45 Am eigentlichen Geburtstag von Bugenhagen veranstaltete die ELKG in Greifswald eine Festsitzung der Landessynode in der Jakobikirche, einen Empfang für Mitarbeiter und Gäste im Kreiskulturhaus und im Theatercafé sowie einen Festgottesdienst in der Marienkirche. Vgl. LKAG, Best. KT, Nr. 38: Programmheft Kirchentag Greifswald 1985, S. 5.

46 Diese Studientagung bereiteten die Arbeitsgemeinschaften für Kirchengeschichte der ELLKM und ELKG gemeinsam vor. Die Schirmherrschaft übernahmen Bischof Gienke und das Bugenhagen-Komitee der Greifswalder Kirche. Die Referenten, darunter auch Hans-Günter Leder, und die Teilnehmer kamen aus der DDR, der Bundesrepublik und Österreich. Vgl. „Hinweis auf die III. Ökumenische Studientagung für Kirchenrechtsgeschichte zum Thema ‚Protestantische Kirchenordnungen des 16. Jahrhunderts' vom 3.-6. September 1985 in Greifswald", in: Verpflichtendes Vermächtnis, S. 103f.

47 Daran nahmen 45 Theologen und Geschichtswissenschaftler aus der DDR, der Bundesrepublik, Dänemark, Finnland, Norwegen, Schweden, Italien, Österreich, den Niederlanden, der ČSSR und Japan teil, darunter die Mitglieder des Bugenhagen-Komitees Hans-Günter Leder, Joachim Rogge (Ost-Berlin), Hans Hermann Holfelder (Hamburg) und Niels Knud Andersen (Kopenhagen). Geplant wurde es vom Theologischen Arbeitskreis für Reformationsgeschichtliche Forschung und vom Bugenhagen-Komitee. Vgl. „Hinweis auf die Tagung des Theologischen Arbeitskreises für Reformationsgeschichtliche Forschung vom 19.-22. September 1985 in Greifswald und zum Empfang des Stellvertreters des Staatssekretärs für Kirchenfragen Hermann Kalb", in: Verpflichtendes Vermächtnis, S. 105f.

48 Vgl. „Hinweis auf das Festkolloquium der Ernst-Moritz-Arndt-Universität Greifswald zum Thema ‚Johannes Bugenhagen und die Reformation im Herzogtum Pommern' am 5. Juni 1985 und auf die dort vom Staatssekretär für Kirchenfragen Klaus Gysi gehaltene Ansprache", in: ebd. S. 86.

49 Vgl. ebd.

50 Vgl. ebd. S. 86f.

51 Vgl. ebd. S. 87.

52 Die Ausstellung wurde vom Rektor der Universität in Auftrag gegeben und von einer Arbeitsgruppe konzipiert, der unter anderem Hans-Günter Leder angehörte. Ausstellungsort war das Ausstellungszentrum der Universität. Sie umfasste zahlreiche Drucke aus dem 16. Jahrhundert, darunter eine Gutenberg-Bibel und ein handschriftliches Manuskript von Bugenhagens *Pomerania*, sowie Bilder und Beispiele sakraler Kunst. Vgl. „Hinweis auf die Ausstellung der Ernst-Moritz-Arndt-Universität Greifswald zum Thema ‚Johannes Bugenhagen und die Reformation im Herzogtum Pommern'", in: ebd. S. 126f.; LAG, Rep. 200 II 7.3, Nr. 50, Blatt 184: Bericht des Bischofs der ELKG an die Landessynode, 31.10.1985, S. 3.

53 Dort fanden eine Festwoche und ein Kreiskirchentag im Oktober 1985 statt. Vgl. „Bugenhagen-

Wie im Lutherjahr bildete sich auch für die Vorbereitung des Bugenhagenjubiläums ein kirchliches Komitee, dessen Vorsitz Bischof Horst Gienke übernahm[54]. Im Juni 1981 hatte die Greifswalder Kirchenleitung die Einberufung des Komitees beschlossen und im darauffolgenden Jahr nahm es seine Arbeit auf[55]. Im Gegensatz zu 1983 planten allerdings weder der Kirchenbund noch die Konferenz der Landesausschüsse landesweite Feierlichkeiten. Stattdessen hatte die KKL die Greifswalder Landeskirche im Frühjahr 1984 gebeten, stellvertretend für alle Gliedkirchen des BEK das Gedenken an Johannes Bugenhagen auszugestalten[56]. Zwar bestand aufgrund von Bugenhagens Herkunft und Einfluss auf Pommern eine sehr enge Verbindung zwischen dem *Doctor Pomeranus* und der ELKG, aber da die Wittenberger Region ebenso zu seinen wichtigsten Wirkungsstätten zählte und Bugenhagen zu Lebzeiten geradezu europäische Bedeutung besaß, hätte man den Rahmen des Gedenkens durchaus signifikant erweitern können. Dass die KKL und der EKT darauf verzichteten, veranschaulicht erneut den geringen Stellenwert Bugenhagens innerhalb der deutschen evangelischen Kirche und die Konzentration der Theologen auf Martin Luther. Dabei konnte man schon fast von einer kirchlichen Tradition sprechen, denn bereits in der zweiten Hälfte des 16. Jahrhunderts spielte Johannes Bugenhagen im überregionalen Reformationsgedenken nur noch eine untergeordnete Rolle, die Erinnerung an ihn blieb über Jahrhunderte hinweg territorial eng begrenzt[57].
Die ELKG nahm ihren vom Kirchenbund erhaltenen Auftrag jedenfalls sehr ernst und bemühte sich, Johannes Bugenhagen durch die Gedenkveranstaltungen ins Gedächtnis der Protestanten zurückzurufen. Als Beginn der Vorbereitungsphase für den Kirchentag legte man den Herbst 1983 fest, wenn das arbeitsintensive Lutherjahr fast vorbei war[58]. Neben dem Landesausschuss[59] waren erneut eine Zentrale

Jubiläum in der Greifswalder Landeskirche" In: Die Kirche (Greifswalder Ausgabe), Jg. 40, Nr. 1 vom 6.1.1985, S. 2.

54 Zu den Mitgliedern gehörten Bischof Gienke, Präses Dietrich Affeld, Siegfried Bohl als Vorsitzender des Landesausschusses, Pfarrer Roland Springborn als Mitglied des Landesausschusses, Pfarrer Norbert Buske, Konsistorialrat Christoph Ehricht, Konsistorialrat Wilhelm Wendt, Superintendent Heinrich Wackwitz (Greifswald), Hans-Günter Leder, Joachim Rogge, Archivar Joachim Wächter (Greifswald), Professor Gert Haendler (Rostock), der Dozent Ernst Koch (Leipzig) und Superintendent Albrecht Steinwachs (Wittenberg). Als Gäste wirkten Professor Niels Knud Andersen (Kopenhagen) und Präsident Hans-Rolf Dräger (Kiel) mit. Den Geschäftsführenden Ausschuss des Komitees bildeten Horst Gienke, Norbert Buske, Christoph Ehricht, Heinrich Wackwitz, Wilhelm Wendt, Eckhard Gummelt, Hans-Martin Harder, Wolfgang Nixdorf und Siegfried Plath. Vgl. „Das Johannes-Bugenhagen-Komitee", in: Verpflichtendes Vermächtnis, S. 71.

55 Vgl. ebd.; LKAG, Verhandlungen der Kirchenleitung 1981, 10612, Bd. XXXI: Protokoll der Studienfahrt der Kirchenleitung am 26.6.1981, S. 2.

56 Vgl. EZA, Best. 101, Nr. 3327: Auszug aus dem Protokoll der Sitzung der KKL vom 9. bis 11.3.1984; ebd.: Brief des BEK an die ELKG vom 2.5.1984.

57 Vgl. Buske: Johannes Bugenhagen, S. 99f.

58 Vgl. EZA, Best. 95, Nr. 259: Protokoll der Sitzung des Landesausschusses Greifswald am 13.10.1982, S. 1.

59 Die Zusammensetzung des Ausschusses veränderte sich im Vergleich zum Kirchentag 1983 kaum. Ihm gehörten weiterhin Siegfried Bohl als Vorsitzender, Ingrid Plath als Geschäftsführerin, Winrich Jax, Hans-Peter Günther, Roland Springborn, Friedrich Harder, Siegfried Plath und Heinz Hunger an. Als weiteres Mitglied wurde Ende 1983 Pfarrer Johannes Görlich (Lubmin) gewählt. Vgl. ebd.: Protokoll der Sitzung des Landesausschusses Greifswald am 9.9.1983, S. 2; ebd.: Protokoll der Sitzung des Landesausschusses Greifswald und der ZORG am 30.11.1983, S. 1.

Organisationsgruppe (ZORG[60]) und ein Ortsausschuss[61] mit der Planung beauftragt. Zur Finanzierung folgte man ebenfalls einem bewährten Modell: Teilnehmerbeiträge[62], Kollekten von Veranstaltungen des Kirchentags und aus Gemeinden[63] sowie Einnahmen aus dem Verkauf von Kirchentagssouvenirs[64]. Bei der Auswahl des Themas griffen die Veranstalter wie bei vorherigen Landeskirchentagen auf die Jahreslosung zurück, die sie jedoch mit einem Zitat von Bugenhagen verbanden. Die biblische Losung von 1985 lautete „Das Wort Christi wohne in seinem ganzen Reichtum bei euch“ (Kol 3,16a)[65]. Daran anlehnend entschied sich der Landesausschuss für das Thema „Durch den Glauben reich sein“, das auf eine Passage aus einem Abschiedsbrief von Bugenhagen an seine Schüler in Treptow an der Rega zurückging[66]. Im Jahr 1521, als er von Treptow nach Wittenberg wechselte, schrieb Bugenhagen: „Christus ist allein der Retter, in dem allein du durch den Glauben reich bist.“[67]

Von dieser Losung ausgehend entwarfen die Organisatoren ab Ende 1983 das Programm. Dabei übernahmen sie auch Angebote des Rostocker Treffens 1983, wie den „Abend der Begegnung“[68], den „Markt der Möglichkeiten“ als Teil des Forums A[69],

---

60 Zu den Mitgliedern zählten erneut Winrich Jax, Ingrid Plath und Hans-Peter Günther. Außerdem wirkten Roland Springborn als Vorsitzender, Siegfried Bohl, Pastor Henry Lohse (Loitz), Pastor August-Wilhelm Lüpke (Greifswald), Horst Lambrecht als Vertreter der Jugendarbeit und Pastor Joachim Puttkammer als Presseverantwortlicher mit. Vgl. ebd.: Protokoll der Sitzung der ZORG am 23.1.1984, S. 1; ebd.: Protokoll der Sitzung der ZORG und der Vorsitzenden der Foren am 4.5.1984, S. 2.

61 Der Ortsausschuss hatte rund 20 Mitglieder und wurde von Pastor August-Wilhelm Lüpke geleitet. Vgl. LKAG, Best. KT, Nr. 40: Protokoll der Sitzung des Ortsausschusses am 8.1.1985, S. 1.

62 Die Teilnehmergebühr für Dauerteilnehmer betrug 25 Mark, für Rentner, Schüler, Studenten und Lehrlinge ermäßigt auf 15 Mark. Die Sonntagsteilnehmer zahlten 2 Mark. Vgl. ebd. Nr. 38: Programmheft Kirchentag Greifswald 1985, S. 17.

63 Während des Kirchentags wurden rund 43.000 Mark Kollekte gesammelt, hinzu kamen etwa 8.000 Mark Kollekte aus Gemeinden der ELKG. Vgl. ebd. Nr. 2: Auswertungsprotokoll zum Greifswalder Kirchentag vom Landesausschuss Greifswald, Dezember 1985, S. 4.

64 Als Souvenirs wurden ein Poster vom Croy-Teppich und ein Poster des Bugenhagen-Portraits von Lucas Cranach dem Jüngeren aus dem Jahr 1579 verkauft. Die Stückpreise für die Poster sind in den Akten nicht genannt. Vgl. LAG, IV/E/2.14, Nr. 602, Blatt 13: „Informationen zum Kirchentag 1985 in Greifswald“ von Joachim Puttkammer, S. 1; „Übersicht über die zum Bugenhagen- und Reformationsjubiläum der ELKG und gleichzeitig zur Darstellung der Geschichte und der Kirchengebäude der Greifswalder Landeskirche erschiene Literatur“, in: Verpflichtendes Vermächtnis, S. 131.

65 Vgl. „Durch den Glauben reich sein – zur Jahreslosung 1985“ In: Die Kirche (Greifswalder Ausgabe), Jg. 40, Nr. 1 vom 6.1.1985, S. 2.

66 Vgl. ebd.; EZA, Best. 95, Nr. 259: Protokoll der Sitzung des Landesausschusses Greifswald am 13.10.1982, S.1.

67 Vgl. „Durch den Glauben reich sein – zur Jahreslosung 1985“ In: Die Kirche (Greifswalder Ausgabe), Jg. 40, Nr. 1 vom 6.1.1985, S. 2.

68 Der „Abend der Begegnung“ fand am 22. Juni in der Klosterruine Eldena statt und wurde von einer Gruppe um LSPW Hans-Peter Günther vorbereitet. Vgl. LKAS, Best. KT, Nr. 2: Auswertungsprotokoll zum Greifswalder Kirchentag vom Landesausschuss Greifswald, Dezember 1985, S. 4.

69 Vgl. LKAG, Planung, Protokolle und Programm KT 1985: Protokoll der Sitzung der Vorbereitungsgruppe „Forum A“ am 6.2.1985. Siehe dazu Kapitel 7.4.

die „Liturgische Nacht“[70], den „Kinderkirchentag“[71] und die Schriftstellerlesung[72]. Den Kern des Programms bildeten drei Foren am 22. Juni. Das Forum A „Durch den Glauben reich sein – In der Gemeinschaft der Hoffenden“ und das Forum B „Durch den Glauben reich sein – In der Vielfalt des Lebens“ boten Vorträge, Bibelarbeiten, Gruppengespräche und verschiedene Aktionen an[73]. Das unter anderem von Mitgliedern des synodalen Ausschusses „Friedenserziehung“[74] veranstaltete Forum C „Durch den Glauben reich sein – Im Hunger nach Recht und Frieden“[75] erwies sich als das am besten besuchte[76]. Am Forum B lässt sich erkennen, dass die Veranstalter nicht nur an den Rostocker Kirchentag anknüpften, sondern auch an den Landeskirchentag 1981, bei dem das Verhältnis von Menschen mit und ohne

70 Die Vorbereitung der „Liturgischen Nacht“ erfolgte in Zusammenarbeit mit der katholischen Gemeinde St. Joseph in Greifswald, in deren Kirche die Veranstaltung am 22. Juni stattfand. Vgl. EZA, Best. 95, Nr. 259: Protokoll der Informationsrunde Kirchentag am 28.11.1984, S. 2.

71 Das Angebot wurde am 23. Juni in der Odebrechtstiftung veranstaltet und von Bereichskatechetin Karla Podszus (Barth) verantwortet. Vgl. ebd.: Veranstaltungsplan Kirchentag 1985, 24.10.1984.

72 Am 22. Juni sollte der Greifswalder Autor und Pastor Gerhard Dallmann im Turm der Jakobikirche aus seinen Werken lesen. Vgl. LKAG, Best. KT, Nr. 38: Programmheft Kirchentag Greifswald 1985, S. 15.

73 Das Forum A fand im Kreiskulturhaus statt und umfasste unter anderem eine Bibelarbeit mit Pastor Jörg Zink (Stuttgart), einen Vortrag zum Kirchentagsthema von Pastor Johannes Hansen (westfälische Kirche) und Gruppengespräche mit Vertretern der Ökumene. Die Leitung übernahm Pfarrer Jürgen Sundhaußen (Greifswald). Das Forum B in der Jakobikirche umfasste eine Bibelarbeit mit Jörg Zink und einen Vortrag von Johannes Hansen. Außerdem gab es einen von körperbehinderten Menschen gestalteten Programmteil sowie ein Konzert für Orgel und Trompete. Die Leitung hatte Pfarrer Roland Springborn. Vgl. „Drei Kirchentagsforen am 22. Juni 1985“ In: Die Kirche (Greifswalder Ausgabe), Jg. 40, Nr. 7 vom 17.2.1985, S. 2; Vgl. LKAG, Planung, Protokolle und Programm KT 1985: Protokoll der Sitzung der Vorbereitungsgruppe „Forum A“ am 6.2.1985.

74 Vor dem Hintergrund der Diskussionen um den Wehrunterricht und den „Sozialen Friedensdienst“ hatte die Landessynode der ELKG im November 1981 die Einrichtung eines ständigen „Ausschusses für Friedenserziehung“ beschlossen. Zu den rund 15 Mitgliedern gehörten Pastoren, Jugendmitarbeiter, Mitglieder des Konsistoriums und Laien. Pastor Dietmar Prophet hatte den Vorsitz inne, weitere Mitarbeiter waren unter anderem Christoph Ehricht, Pastor Reinhard Glöckner, Hans-Martin Harder, Wolfgang Schnur und Ines Fleckstein. Zu den Aufgaben des Gremiums zählten die Gestaltung der jährlichen Friedensdekaden sowie Stellungnahmen und Impulsgebung zu aktuellen friedenspolitischen Fragen auf den Tagungen der Landessynode. Vgl. Frank: Einsam oder gemeinsam?, S. 245-250.

75 Beim Forum C in der Marienkirche erwarteten die Teilnehmer eine Bibelarbeit mit Jörg Zink, ein Vortrag zum Thema „Zehn Jahre Schlussakte von Helsinki“ von Konsistorialrat Manfred Stolpe (Ost-Berlin) und ein Podiumsgespräch mit Jörg Zink, Manfred Stolpe, DEKT-Präsident Wolfgang Huber und Pfarrer Reinhard Glöckner (Greifswald). Die Vorbereitung lag in der Verantwortung von Studentenpfarrer Harro Lucht und dem Synodalausschuss „Friedenserziehung“. Vgl. LKAG, Best. KT, Nr. 37: „Kirchentagsforum C: ‚Recht und Frieden'“ In: Greifswalder Informationsdienst (hrsg. von der Pressestelle der ELKG), Nr. 3/85, 30.6.1985, S. 2-4; ebd. Nr. 2: Auswertungsprotokoll zum Greifswalder Kirchentag vom Landesausschuss Greifswald, Dezember 1985, S. 4. Siehe dazu auch Kapitel 7.3.

76 Nach kirchlichen Schätzungen zog das Forum A 650, das Forum B 750 und das Forum C 1.000 Besucher an. Vgl. ebd. Nr. 37: „Kirchentag in Zahlen'“ In: Greifswalder Informationsdienst (hrsg. von der Pressestelle der ELKG), Nr. 3/85, 30.6.1985, S. 26. Die staatlichen Einschätzungen variieren je nach Bericht, liegen aber meist unter den kirchlichen Zahlen. So sollen am Forum A entweder 500 oder 700, am Forum B 500 und am Forum C 600 Personen teilgenommen haben. Vgl. LAG, IV/E/2.14, Nr. 602, Blatt 81-83: „Zweite Tagesinformation zu den Aktivitäten der Greifswalder Landeskirche am 22.6.1985“, S. 1-3; LAG, Rep. 200 II 7.3, Nr. 52, Blatt 314: „Forum A – Nachmittag“, S. 1.

körperliche oder geistige Behinderung zu den wichtigsten Themen gehört hatte[77]. Der von rund 25 Rollstuhlfahrern und dem Landespfarrer für Diakonie, Siegfried Hildebrand, gestaltete Programmteil „Teilen macht reich" griff dieses Thema erneut auf, indem die Behinderten in kurzen Spielszenen Problemsituationen aus ihrem Alltag darstellten[78]. Anschließend kamen sie mit den Teilnehmern über diese Probleme ins Gespräch, in Verbindung mit der Frage nach geistigen Barrieren, Gleichgültigkeit und Vorurteilen in den Gemeinden[79]. Im Vergleich zum Treffen 1981 hatten die Organisatoren die Barrierefreiheit erfreulicherweise deutlich ausgebaut und für fast alle Veranstaltungsorte gewährleistet[80]. Durch die drei Foren, den „Abend der Begegnung", den „Startabend"[81] und die Abschlussversammlung[82] war dieser Kirchentag wie der vorherige in Rostock vor allem von Großveranstaltungen geprägt, auch wenn die Organisatoren zum Beispiel beim „Startabend" und bei den Foren Kleingruppengespräche integrierten. Im Gegensatz zu den Treffen 1981 und 1983 war das geistliche Programm von einer Vielzahl an Gottesdiensten geprägt[83]. Daneben gab es weitere geistliche und kirchenmusikalische Angebote wie das „Gebet zur Nacht", „Meditation mit Musik" oder Orgelkonzerte[84].
Obwohl das Treffen gemeinsam mit dem „Ökumenischen Festtag" im Zentrum des Bugenhagenjubiläums stehen sollte, sah das Programm nur eine einzige Veranstaltung vor, die sich explizit dem Reformator widmete. Der Vortrag des Greifswalder Archivars Joachim Wächter fand am 22. Juni allerdings parallel zum „Abend der Begegnung" statt, welcher erfahrungsgemäß viele Besucher anzog. Auch den Zeitpunkt der Wiederholung der Veranstaltung am 23. Juni hatte man offensichtlich unbedacht gewählt, denn zeitgleich wurden der beliebte „Treffpunkt Ökumene" und die Fragestunde mit Mitgliedern der Kirchenleitung und Gästen des Kirchentags angeboten[85]. Auf der anderen Seite bemühten sich die Organisatoren, im Rahmen der Großveranstaltungen einen Bezug zu Bugenhagen herzustellen. Beim „Startabend" zum Beispiel trat Propst Hans-Georg Haberecht in einer Spielszene als

77 Siehe dazu Kapitel 5.3.
78 Vgl. LKAG, Best. KT, Nr. 37: „Presseinformation Nr. 7", S. 1 und S. 4.
79 Vgl. ebd.
80 Ein barrierefreier Zugang bestand zur Marien-, Jakobi-, Joseph- und Christuskirche sowie zur Klosterruine Eldena, zur Odebrechtstiftung und zum Marktplatz. Außerdem wirkten Gebärdensprachdolmetscher beim Gottesdienst mit Bischof Lindegård in der Jakobikirche und bei der Abschlussveranstaltung mit. Vgl. ebd. Nr. 38: Programmheft Kirchentag Greifswald 1985, S. 14-16.
81 Der „Startabend" fand in der Marienkirche statt und wurde von Landespfarrer Friedrich Harder und Pastor Johannes Görlich verantwortet. Vgl. ebd. Nr. 2: Auswertungsprotokoll zum Greifswalder Kirchentag vom Landesausschuss Greifswald, Dezember 1985, S. 4; EZA, Best. 95, Nr. 259: Veranstaltungsplan Kirchentag 1985, 24.10.1984.
82 Die Abschlussversammlung auf dem Platz der Freundschaft (Marktplatz) leiteten Winrich Jax und Ingrid Plath. Vgl. LKAG, Best. KT, Nr. 38: Programmheft der Abschlussveranstaltung des Kirchentags 1985, S. 4.
83 Siehe dazu Kapitel 7.4.
84 Das „Gebet zur Nacht" fand am 21. Juni in der Christuskirche und die „Meditation mit Musik" am 22. Juni in der Marienkirche statt. Weitere Angebote waren am 22. Juni das Nachtgebet in der Bugenhagenkirche in Wieck, die „Liturgische Nacht" in der Josephkirche und die Abendmahlsfeier in der Christuskirche sowie am 23. Juni das Morgengebet im Bugenhagenhaus und eine Andacht in der Annenkapelle. Am 21. Juni konnte man ein Orgelkonzert in der Jakobikirche besuchen und beim Forum B war ein Konzert für Orgel und Trompete geplant. Vgl. LKAG, Best. KT, Nr. 38: Programmheft Kirchentag Greifswald 1985, S. 14f.; „Drei Kirchentagsforen am 22. Juni 1985" In: Die Kirche (Greifswalder Ausgabe), Jg. 40, Nr. 7 vom 17.2.1985, S. 2.
85 Vgl. LKAG, Best. KT, Nr. 38: Programmheft Kirchentag Greifswald 1985, S. 16.

Johannes Bugenhagen auf und bei der Abschlussveranstaltung führten Horst Gienke, Siegfried Plath, der Bukarester Stadtpfarrer Günter Ambrosi und Professor Niels Knud Andersen aus Kopenhagen ein Interview zur Bedeutung von Bugenhagen für die Greifswalder Kirche und die Ökumene[86]. In Bezug auf ökumenische Fragen erwies sich das Programm im Übrigen ebenfalls als sehr überschaubar – lediglich eine Veranstaltung, den „Treffpunkt Ökumene", sah die Planung vor. Dafür nahmen aber auch an anderen Angeboten ökumenische Gäste teil und gestalteten einige davon aktiv mit[87]. Hinsichtlich der Veranstaltungen für junge Besucher wollte man auf gesonderte Angebote weitgehend verzichten und hatte es sich stattdessen zum Ziel gesetzt, das gesamte Treffen jugendgemäß zu konzipieren[88]. Daher richteten sich nur der „Kinderkirchentag" und die Veranstaltung „Jugend lädt ein zur Meditation" dezidiert an jüngere Teilnehmer. Als Treffpunkt für alle Altersgruppen war ein Café auf dem Domgelände gedacht[89].

Nachdem das Programm des Kirchentags feststand, nahmen die Verhandlungen mit den staatlichen Stellen zu, denn nun mussten noch wichtige organisatorische Fragen geklärt werden. Bereits im April 1981 hatte Bischof Horst Gienke den RdB Rostock über das bevorstehende Bugenhagen-Gedenken und den Kirchentag in Kenntnis gesetzt[90]. Weil der Rat des Bezirks für die Organisatoren den wichtigsten Ansprechpartner darstellte, wurden alle relevanten Punkte mit dem dortigen Referenten für Kirchenfragen, Roland Macht, und dem Stellvertreter für Inneres, Jürgen Haß, besprochen. An diesen Gesprächen nahmen vonseiten der ELKG zumeist Hans-Martin Harder, Siegfried Bohl und Bischof Gienke teil. Da der Staat im Hinblick auf diesen Kirchentag ähnliche Intentionen wie bei den Treffen im Lutherjahr verfolgte, gestalteten sich die Verhandlungen mit dem Rat des Bezirks insgesamt relativ unkompliziert. Zufrieden mit der eigenen kirchenpolitischen Strategie erklärte die Greifswalder Kirchenleitung der Landessynode im Herbst 1984, die staatlichen Stellen hätten in Fortsetzung der guten Erfahrungen bei der Zusammenarbeit während der Lutherehrung auf alle Anträge im Kontext des Bugenhagenjubiläums eine positive Antwort erteilt[91]. Dass dies allerdings erneut weniger eine Folge des Verhandlungsgeschicks der Veranstalter als vielmehr der eigenen Pläne der SED war, zeigt das folgende Kapitel.

7.2 „In Einzelfragen nicht kleinlich sein" – die staatlichen Vorbereitungen

In Bezug auf das Bugenhagenjubiläum der ELKG und den Kirchentag in Greifswald entschied sich die SED-Führung, an die Strategie des Lutherjahres anzuknüpfen. Auch der Staatssekretär für Kirchenfragen, Klaus Gysi, sprach sich dafür aus,

86 Vgl. ebd.: Programmheft der Abschlussveranstaltung des Kirchentags 1985, S. 3; ebd. Nr. 42: „Presseinformation Nr. 3", S. 1. Der genaue Inhalt dieses Interviews ist nicht überliefert.

87 Siehe dazu Kapitel 7.6.

88 Vgl. EZA, Best. 95, Nr. 259: Protokoll der Sitzung der ZORG am 3.10.1983, S. 2. Siehe auch Kapitel 7.5.

89 Vgl. LKAG, Best. KT, Nr. 38: Programmheft Kirchentag Greifswald 1985, S. 16.

90 Vgl. SAPMO-BArch, DY 30/IV B 2/14, Nr. 131: Aktenvermerk von Werner Steinbach zum Gespräch mit Bischof Gienke am 6.4.1981, S. 2.

91 Vgl. ebd. Nr. 132: Bericht der Kirchenleitung der ELKG an die Landessynode, 1.11.1984, S. 32.

hier „ähnlich wie zu den Lutherehrungen [zu] verfahren“[92]. Dabei gelte es, das Verhältnis von Staat und Kirche weiter „sachgerecht und konstruktiv“ auszugestalten“[93]. Die Haltung der SED zum Doctor Pomeranus erläuterte Gysi in einer Ansprache bei dem von ihm anlässlich der kirchlichen Feierlichkeiten gegebenen Empfang am 23. Juni 1985. Vor den im Greifswalder „Theater-Café“ versammelten internationalen Gästen[94] reihte er die Reformation in Pommern und ihren bedeutendsten Vertreter in die Traditionslinie des ersten deutschen sozialistischen Staates ein. Analog zur staatlichen Vereinnahmung von Martin Luther und der Wittenberger Reformation zwei Jahre zuvor[95], stellte Gysi die DDR als Hüterin und Vollenderin des reformatorischen Erbes und Bugenhagen als Wegbereiter der sozialistischen Gesellschaft dar[96]. Ebenso wie das offizielle Lutherbild der SED 1983 nur positive Eigenschaften umfasste, galt Bugenhagen den Marxisten nach Gysis Aussage als „bedeutende [und] sympathische Gestalt“ sowie als ein „Mann der ersten Reihe der Reformation“[97]. In diesem Zusammenhang durfte auch die Erwähnung der seit rund 25 Jahren von der SED und vielen marxistischen Historikern postulierten Interpretation der Reformation als „frühbürgerliche Revolution“[98] nicht fehlen, indem Klaus Gysi die von Bugenhagen verfassten Kirchenordnungen als Fortschritt und beachtliches Resultat dieser „Revolution“ bezeichnete[99]. Zum Abschluss nutzte der Staatssekretär noch die Gelegenheit, vor seinen Gästen aus dem In- und Ausland die Kirchenpolitik der SED positiv hervorzuheben. So setzte er der üblichen Floskel, die Beziehung von Kirche und Staat sei von Konstruktivität, Offenheit und Vertrauen gekennzeichnet, die Erklärung hinzu, das gemeinsame Gedenken an die großen Reformatoren Luther und Bugenhagen habe eindeutig zur Vertiefung und Stabilisierung des Staat-Kirche-Verhältnisses beigetragen[100]. Hier zeigte sich, dass die SED auch mit dem Bugenhagenjubiläum das Ziel verband, ihr innen- und außenpolitisches Ansehen zu verbessern. Für den Erfolg dieser Strategie wurde dem Greifswalder Bischof eine Schlüsselrolle beigemessen. Der RdB Rostock argumentierte, ein weitgehendes staatliches Entgegenkommen bei der Organisation des Bugenhagen-Gedenkens könne eine Stärkung der positiv zu bewertenden Positionen von Horst Gienke auf internationaler, landeskirchlicher und BEK-Ebene bewirken[101]. Man ging davon aus, dass

92 Vgl. BArch, DO-4/590, Blatt 198: Brief von Klaus Gysi an Jürgen Haß vom 10.10.1983.

93 Vgl. ebd.

94 Zum Empfang des Staatssekretärs waren 100 Gäste geladen. Dazu gehörten neben staatlichen Vertretern wie Jürgen Haß, Roland Macht, Reinhard Brüssow und Oberbürgermeister Klaus Ewald sowie Vertretern der DDR-Kirchen auch zahlreiche ausländische Gäste, unter anderem DEKT-Präsident Wolfgang Huber, die Bischöfe Peter Krusche (Hamburg), Douglas Hart (Südafrika), Bertil Wiberg (Dänemark), Erik Vikström (Finnland), Andreas Aarflot (Norwegen), Sven Lindegård (Schweden), Jan Michalko (ČSSR) und Janusz Narzynski (Polen) sowie Erzbischof Edgar Hark (Estland) und Carl Mau, der Generalsekretär des LWB. Vgl. BArch, DO-4/980, Blatt 476-483: Gästeliste zum Empfang des Staatssekretärs für Kirchenfragen am 23. Juni 1985 in Greifswald, S. 1-8.

95 Siehe dazu Kapitel 6.2.

96 Vgl. BArch, DO-4/980, Blatt 491f., Blatt 494f. und Blatt 498: Manuskript der Ansprache von Klaus Gysi beim Empfang am 23. Juni 1985, S. 1f., S. 4f. und S. 8.

97 Vgl. ebd. S. 4f.

98 Zum Konzept der Reformation als „frühbürgerliche Revolution“ siehe Kapitel 6.2.

99 Vgl. BArch, DO-4/980, Blatt 497: Manuskript der Ansprache von Klaus Gysi beim Empfang am 23. Juni 1985 S. 7.

100 Vgl. ebd. S. 8f.

101 Vgl. LAG, Rep. 200 II 7.3, Nr. 46: „Information über die Vorhaben der ELKG zum 450. Refor-

der Greifswalder Bischof mithilfe der staatlichen Unterstützung des Jubiläums seine loyale Haltung „noch besser" darstellen und andere kirchliche Amtsträger zu einer „konstruktiven" Einstellung zum SED-Staat ermutigen würde[102]. Daher sicherten Klaus Gysi und Jürgen Haß dem Bischof Anfang 1984 die grundsätzliche Unterstützung der Jubiläumsfeierlichkeiten durch die Staatsorgane zu[103].

Wie in den vorherigen Jahren war das Entgegenkommen jedoch an gewisse Konditionen gebunden. So sollten die Veranstaltungen der ELKG lediglich regionalen Charakter tragen und mit der Bugenhagen-Festwoche in Wittenberg im Oktober 1985 organisatorisch nicht verknüpft sein[104]. Anhand dieses Versuchs, eine größere öffentliche Wirkung des Gedenkens zu unterbinden, wird erneut das mit der Instrumentalisierung der Kirchen verbundene Dilemma deutlich: Einerseits musste die SED die kirchlichen Veranstaltungen stärker fördern, um deren Öffentlichkeitswirksamkeit für eigene Ziele nutzen zu können. Andererseits versuchte sie, den Rahmen der öffentlichen Aufmerksamkeit zu minimieren, um einer gesellschaftlichen und politischen Aufwertung der Kirche entgegenzuwirken. Bereits bekannt war auch eine andere Bedingung für die technisch-organisatorische Hilfe: Die gastgebende Kirche hatte die volle Verantwortung für die Inhalte der Veranstaltungen zu übernehmen und dafür zu sorgen, dass keine auf Politik und Gesellschaft bezogenen „Provokationen" auftraten[105]. Damit das Jubiläum für die SED-Führung und die Staatsorgane im Bezirk Rostock erfolgreich verlief, ermahnte Jürgen Haß die Veranstalter außerdem, sich für eine „niveauvolle Durchführung" und eine „wahrheitsgemäße Berichterstattung", besonders in der westlichen Presse, einzusetzen[106]. Mit „wahrheitsgemäß" dürfte Haß an dieser Stelle aber wohl eher eine lückenlose Aufzählung der staatlichen Hilfsmaßnahmen als eine wirklich wahrheitsgetreue Schilderung der Rahmenbedingungen dieses kirchlichen Ereignisses gemeint haben. Als Anreiz für loyales Verhalten gab er an, dass im Rahmen einer ständigen „vertrauensvollen" Zusammenarbeit zwischen den Vertretern der Kirche und des Staates jede Hilfe zugesagt werden könne, „wobei man in Einzelfragen nicht kleinlich sein wolle"[107]. Um jedoch einer allzu langen Liste von Bitten vorzubeugen, machten die Staatsorgane den Veranstaltern von Anfang an deutlich, dass für das Bugenhagen-Gedenken nicht derselbe Maßstab wie für das Lutherjubiläum galt[108]. Dieser Strategie folgend, hielten sie sich im Hinblick auf den Kirchentag zunächst mit einer Genehmigung der

---

mationsjubiläum und 500. Geburtstag des Reformators Johannes Bugenhagen", S. 1. Der RdB Rostock bezog sich dabei auf Gienkes Funktionen als Landesbischof, als stellvertretender Vorsitzender der KKL und als Mitglied des Exekutivkomitees des Lutherischen Weltbundes.

102 Vgl. ebd.

103 Vgl. SAPMO-BArch, DY 30/IV B 2/14, Nr. 131: Aktenvermerk zum Gespräch zwischen Klaus Gysi, Jürgen Haß und Bischof Gienke am 28.2.1984, 8.3.1984, S. 1.

104 Vgl. ebd. S. 1f.

105 Vgl. ebd. S. 1; LAG, IV/E/2.14, Nr. 615, Blatt 11: „Information über das am 31.1.1985 stattgefundene Gespräch zwischen Gen. Haß und dem Bischof der Greifswalder Landeskirche, Dr. Gienke", 6.2.1985, S. 3.

106 Vgl. LKAG, Best. 5 Konsistorium 30108, Landeskirchentage, Bd. II 1967-1985, Blatt 2/85: Vermerk zum Gespräch mit Jürgen Haß am 30.1.1985, S. 1; LAG, IV/E/2.14, Nr. 615, Blatt 11: „Information über das am 31.1.1985 stattgefundene Gespräch zwischen Gen. Haß und dem Bischof der Greifswalder Landeskirche, Dr. Gienke", 6.2.1985, S. 3.

107 Vgl. LKAG, Best. 5 Konsistorium 30108, Landeskirchentage, Bd. II 1967-1985, Blatt 2/85: Vermerk zum Gespräch mit Jürgen Haß am 30.1.1985, S. 1.

108 Vgl. SAPMO-BArch, DY 30/IV B 2/14, Nr. 131: Aktenvermerk zum Gespräch zwischen Klaus Gysi, Jürgen Haß und Bischof Gienke am 28.2.1984, 8.3.1984, S. 2.

Nutzung des Marktplatzes zurück und beschränkten die Anzahl der offiziellen Gäste auf 100[109]. Letztlich wurde sogar die Einreise von rund 200 Gästen genehmigt, da man schließlich doch zu der Erkenntnis gekommen sei, dass allgemeine Maßstäbe eines Kirchentags in Bezug auf das Bugenhagenjubiläum nicht ausreichten[110]. Dabei erteilte der Staat allerdings die Auflage, dass nur die Hälfte der Einreisenden den Status eines offiziellen Besuchers erhielt und damit öffentlich genannt werden sowie bei den Veranstaltungen mitwirken konnte[111]. Darüber hinaus bot Roland Macht seine Hilfe in Bezug auf die Unterbringung der Kirchentagsgäste an[112].

Hinsichtlich der Nutzung öffentlicher Plätze und Gebäude für den Kirchentag zeigten sich die staatlichen Stellen ebenfalls sehr entgegenkommend. Der RdB Rostock stellte nicht nur den Marktplatz für den Vormittagsgottesdienst und die Abschlussveranstaltung am 23. Juni zur Verfügung, sondern genehmigte auch die Nutzung des Kreiskulturhauses sowie der Klosterruine Eldena[113], die sich seit ihrer Säkularisierung im 17. Jahrhundert nicht mehr in Kirchenbesitz befand[114]. Auch bei der Verpflegung und den Druckgenehmigungen machten die Staatsorgane Zugeständnisse. Am 22. und 23. Juni wurden in der Universitäts-Mensa am Wall insgesamt 5.500 Portionen Mittagessen bereitgestellt und zusätzlich baute die staatliche Handelsorganisation am 23. Juni in den Straßen rund um den Marktplatz Imbissstände auf[115]. Von den beantragten Druckerzeugnissen genehmigte der Rat des Bezirks nahezu alle Posten, darunter 8.000 Programmhefte, 4.000 Anmeldekarten, je 5.000 Exemplare der Poster „Croy-Teppich" und „Leipziger Bugenhagen-Bildnis" sowie 2.000 Exemplare der Broschüre „Johannes Bugenhagen und die Reformation im Herzogtum Pommern"[116]. Lediglich dem Antrag für 4.000 Plakate stimmte er nicht zu und reduzierte die Anzahl auf 2.500[117]. Diese Maßnahme dürfte auf eine weitere Beschränkung der Kirchentagswerbung abgezielt haben, denn um die Resonanz auf das kirchliche Vorhaben in der Bevölkerung möglichst gering zu halten, war der RdB Rostock bei der geplanten Werbung weniger großzügig. Die Genehmigung für die Großaufsteller in Wolgast, Anklam, Grimmen, Neubrandenburg und Stralsund sowie für Fahnen und Aufsteller in Greifswald wurde zwar erteilt, eine Anbringung von Fahnen an den

---

109 Vgl. ebd.

110 Vgl. LKAG, Best. 5 Konsistorium 30108, Landeskirchentage, Bd. II 1967-1985, Blatt 2/85: Vermerk zum Gespräch mit Jürgen Haß am 30.1.1985, S. 2.

111 Vgl. LAG, IV/E/2.14, Nr. 602, Blatt 69: „Informationen über den Stand der politischen und organisatorisch-technischen Vorbereitung der kirchlichen Veranstaltungen anläßlich der Bugenhagen-Ehrung vom 21.-24.6.1985 in Greifswald", S. 4.

112 Vgl. LKAG, Best. 5 Konsistorium 30108, Landeskirchentage, Bd. II 1967-1985, Blatt 2/85: Vermerk zum Gespräch mit Jürgen Haß am 30.1.1985, S. 3.

113 Vgl. ebd. S. 2; ebd. Blatt 7/84: Auszugsweise Abschrift des Eingangs C 30235-9/84 zur besonderen Vorlage bei den Sachakten, 16.10.1984; EZA, Best. 95, Nr. 259: Protokoll der Sitzung der ZORG am 3.10.1984, S. 1.

114 Vgl. Martin Ebert/Thomas Grundner: Klöster in Mecklenburg-Vorpommern, S. 58.

115 Vgl. LKAG, Best. KT, Nr. 39: „Verpflegungsinformationen"; EZA, Best. 95, Nr. 259: Protokoll der ZORG am 7.5.1985, S. 1f. Die Kirchentagsmitarbeiter bereiteten außerdem 500 Portionen Abendbrot für den 21. Juni und 2.500 Verpflegungsbeutel für die drei Foren am 22. Juni vor. Vgl. LKAG, Best. KT, Nr. 40: Protokolle der Sitzungen des Verpflegungsausschusses am 30.4.1985, S. 1, und am 28.5.1985, S. 1f.

116 Vgl. BArch, DO-4/590, Blatt 196: Zusammenstellung der beantragten Genehmigungen von Bischof Gienke, 16.1.1984; LAG, Rep. 200 II 7.3, Nr. 46: „Information über die Vorhaben der ELKG zum 450. Reformationsjubiläum und 500. Geburtstags des Reformators Johannes Bugenhagen", S. 4f.

117 Vgl. ebd.

Gebäuden am Marktplatz und Programmhinweise auf den Greifswalder Aufstellern jedoch abgelehnt[118]. Außerdem beschränkte der Rat des Bezirks die Sichtwerbung auf das Gebiet der ELKG und legte fest, dass die Plakate in Rostock lediglich in kirchlichen Schaukästen zu zeigen waren[119]. Bei den Transportmitteln zum Kirchentag nahm der RdB Rostock ebenfalls Einschränkungen vor, indem er die zusätzlich angefragten 35 Busse nicht zur Verfügung stellte[120]. Wie in den Jahren zuvor genehmigte er allerdings einen Sonderzug, der am 23. Juni 1985 auf der Strecke zwischen Rostock und Greifswald fuhr[121]. Zur Beschränkung der Teilnehmerzahl beschloss zudem die SED-Bezirksleitung, dass parallel zu den Kirchentagsangeboten eine Kinder- und Jugendspartakiade, der „Tag des Bauarbeiters" und ein Wohngebietsfest stattfanden[122]. Für die „politische Absicherung" des Treffens gründete der RdB Rostock im Januar 1985 eine Arbeitsgruppe[123]. Ihre Aufgabe bestand darin, die politischen Aktivitäten im Rahmen des Bugenhagenjubiläums zu koordinieren und zu kontrollieren sowie die Bezirksleitung der SED über die geplanten kirchlichen Vorhaben zu informieren[124]. Des Weiteren sollte die Arbeitsgruppe darauf Einfluss nehmen, dass der Inhalt der Veranstaltungen mit den staatlichen Interessen übereinstimmte und die Politik der SED unterstützte[125].

Eine Einflussnahme auf den „politischen Verlauf" des Kirchentags gehörte auch zu den Zielen der Staatssicherheit. Dazu setzte die BV Rostock erneut Inoffizielle Mitarbeiter und IM-Kandidaten ein. Ein IM, auf dessen Mithilfe die Stasi gebaut

118 Vgl. LAG, IV/E/2.14, Nr. 615, Blatt 12: „Information über das am 31.1.1985 stattgefundene Gespräch zwischen Gen. Haß und dem Bischof der Greifswalder Landeskirche, Dr. Gienke", 6.2.1985, S. 4.

119 Vgl. ebd.; LKAG, Best. 5 Konsistorium 30108, Landeskirchentage, Bd. II 1967-1985, Blatt 2/85: Vermerk zum Gespräch mit Jürgen Haß am 30.1.1985, S. 2.

120 Vgl. LAG, Rep. 200 II 7.3, Nr. 46: „Information über die Vorhaben der ELKG zum 450. Reformationsjubiläum und 500. Geburtstags des Reformators Johannes Bugenhagen", S. 10; ebd.: Brief des Landesausschusses Greifswald an OKR Harder vom 16.1.1985; LKAG, Best. 5 Konsistorium 30108, Landeskirchentage, Bd. II 1967-1985, Blatt 2/85: Vermerk zum Gespräch mit Jürgen Haß am 30.1.1985, S. 3.

121 Der Sonderzug war für 640 Fahrgäste geplant und sollte um 5.45 Uhr ab Rostock über Rövershagen, Ribnitz-Damgarten, Velgast, Stralsund und Miltzow fahren (Ankunft in Greifswald 8.57 Uhr). Die Rückfahrt erfolgte um 16.55 Uhr (Ankunft in Rostock 19.49 Uhr). Letztlich nutzten nach kirchlichen Schätzungen nur rund 450 Personen dieses Angebot. Vgl. EZA, Best. 95, Nr. 259: Protokoll der Sitzung der ZORG am 9.1.1985, S. 2; LKAG, Best. KT, Nr. 37: „Kirchentag in Zahlen'" In: Greifswalder Informationsdienst (hrsg. von der Pressestelle der ELKG), Nr. 3/85, 30.6.1985, S. 26; „Kirchentag Greifswald – Fahrplan des Sonderzugs" In: Mecklenburgische Kirchenzeitung, Jg. 40, Nr. 22 vom 2.6.1985, S. 4.

122 Vgl. SAPMO-BArch, DY 30/IV B 2/14, Nr. 131: „Information zum Kirchentag in Greifswald", 25.6.1985, S. 2.

123 Die Arbeitsgruppe leitete Jürgen Haß. Ihr gehörten der Oberbürgermeister von Greifswald, Klaus Ewald, der 2. Sekretär der SED-Kreisleitung Greifswald, Herr Glawe, der Stellvertreter des Oberbürgermeisters für Inneres, Herr Schulz, sowie Roland Macht, Reinhard Brüssow, Oberst Amthor von der Bezirksverwaltung des MfS und Oberst Lorenz von der BDVP Rostock an. Vgl. LAG, Rep. 200 II 7.3, Nr. 46: „Information über die Vorhaben der ELKG zum 450. Reformationsjubiläum und 500. Geburtstags des Reformators Johannes Bugenhagen", S. 3; LAG, IV/E/2.14, Nr. 602, Blatt 15: „Arbeitsplan der Arbeitsgruppe zur staatlichen Koordinierung und Kontrolle der politischen Aktivitäten zum Kirchentag der Greifswalder Landeskirche im Rahmen der kirchlichen Bugenhagen-Ehrung", 29.1.1985, S. 1.

124 Vgl. LAG, Rep. 200 II 7.3, Nr. 46: „Information über die Vorhaben der ELKG zum 450. Reformationsjubiläum und 500. Geburtstags des Reformators Johannes Bugenhagen", S. 3.

125 Vgl. ebd.

hatte, brach allerdings den Kontakt im Februar 1985 ab: IMS „Dietrich" alias Präses Dietrich Affeld erklärte, er stehe nach zehn Jahren Zusammenarbeit für weitere Gespräche nicht mehr zur Verfügung[126]. Als Begründung soll er angegeben haben, er fürchte eine Entdeckung seiner Verbindung zum MfS durch Mitglieder der Kirchenleitung, die derartigen Aktivitäten negativ gegenüberstünden, wodurch er in der Landeskirche an Einfluss verlieren könnte[127]. Nichtsdestotrotz wolle er auch in Zukunft das gute Verhältnis von Staat und Kirche unterstützen, jedoch ohne den Kontakt zur Stasi fortzuführen – es sei denn, es handele sich um „wirklich akute und brisante Probleme"[128]. Aber die BV Rostock verfügte noch über andere IM, die von Veranstaltungen und Gesprächen mit hochrangigen Gästen des Kirchentags berichteten, wie „Gisela" und „Torsten". So befragte Wolfgang Schnur alias „Torsten" beispielsweise den Präsidenten des DEKT, Wolfgang Huber, nach dessen Meinung zum Kirchentag und der kirchenpolitischen Entwicklung in der DDR[129]. Zur Zufriedenheit seines Führungsoffiziers schloss „Torsten" aus den erhaltenen Antworten, Huber lasse sich in dieser Hinsicht „von einem politischen Realismus [...] leiten"[130]. Ines Fleckstein („Gisela") schilderte hingegen nicht nur positive Äußerungen von Kirchentagsbesuchern. Laut ihres Berichts hatte sich zum Beispiel beim „Startabend" ein Teilnehmer mit anderen Besuchern darüber ausgetauscht, dass er während des Kirchentags Personen beobachtet hatte, die seinem Eindruck nach MfS-Mitarbeiter gewesen seien: Ein Mann habe „in seine Handtasche gesprochen" und sich anschließend intensiv mit einer jungen Frau unterhalten[131]. Der Besucher soll sich angesichts dessen sehr überrascht gezeigt und erklärt haben, „es sei erschreckend, daß die Leute von der Stasi jetzt [...] schon so stinknormal aussehen" und diese Frau „auch zu der Firma" gehöre[132]. Ob es sich bei den beobachteten Personen tatsächlich um Mitarbeiter des MfS handelte, war „Gisela" nicht bekannt und auch aus anderen Akten ist nichts Näheres zu dieser Sache überliefert. Sollte die Vermutung des Teilnehmers beim „Startabend" allerdings richtig gewesen sein, dürfte diese Episode bei der Stasi, für die die Geheimhaltung ihrer Arbeitsweisen und ein unerkanntes Vorgehen ihrer Mitarbeiter oberste Priorität hatten, einiges Missfallen ausgelöst haben.
Neben den Inoffiziellen Mitarbeitern nutzte die Stasi IM-Kandidaten, um Informationen zum Kirchentag zu erhalten. Dazu gehörten Konsistorialrat Christoph Ehricht („Erich") und Siegfried Bohl („Grimm"). Beide hatten aus Sicht des MfS wichtige Positionen beim Kirchentag inne: Siegfried Bohl als Vorsitzender des Greifswalder Landesausschusses und Christoph Ehricht als Mitglied des Synodalausschusses „Friedenserziehung", der das als potentiell problematisch eingestufte Forum C mitorganisierte. Der Fokus der Gespräche mit den IM-Kandidaten lag dementsprechend auf den Vorbereitungen des Forums sowie auf den erwarteten offiziellen Gästen, da – wie sich ein Stasi-Mitarbeiter gegenüber Bohl äußerte – durch die weit

126 Vgl. BStU, MfS, BV Rostock, AIM 944/86, Teil I, Blatt 146: „Aktenvermerk zum Treff mit IMS ‚Dietrich' vom 6.2.1985", S. 1.
127 Vgl. ebd.
128 Vgl. ebd. S. 1f.
129 Vgl. BStU, MfS, BV Rostock, AIM 3275/90, Teil II, Blatt 180f.: „IMB ‚Torsten': Bericht Nr. 1 vom 27.6.1985", S. 1f.
130 Vgl. ebd. S. 2.
131 Vgl. BStU, MfS, BV Rostock, 384/81 Teil II, TA 4784, Blatt 29: Bericht von IMB „Gisela" zum „Startabend" am 21.6.1985, S. 3.
132 Vgl. ebd.

reichende Wirkung Bugenhagens ein starkes internationales Interesse am Greifswalder Kirchentag bestünde[133]. Somit käme dem Treffen eine wichtige Rolle im Hinblick auf eine „Dokumentierung des erreichten Staat-Kirche-Verhältnisses im Bezirk Rostock zwischen den staatlichen Organen und der Landeskirche Greifswald" zu[134]. Sowohl Bohl als auch Ehricht hätten laut MfS-Berichten versucht, die Bedenken der Stasi in Bezug auf das Forum C auszuräumen. So sollen sie erklärt haben, die ELKG tue alles, um einen ruhigen und störungsfreien Verlauf des Treffens zu gewährleisten[135]. Christoph Ehricht habe zudem versichert, das Programm des Forums C sei ohnehin „so vollgestopft, daß für Diskussionen keine Zeit mehr bleibt"[136], und Siegfried Bohl habe betont, dass die Veranstaltung durch die auftretenden Referenten „entschärft und abgesichert" sei[137]. Darüber hinaus hegte der Staatssicherheitsdienst die Befürchtung, der Kirchentag würde als Großveranstaltung „Tramper" anlocken, „die meinen, hier Stimmung machen zu können"[138]. Siegfried Bohl soll jedoch gesagt haben, die Kirchentagsorganisatoren hätten in dem Zusammenhang vorgesorgt, denn das Domcafé sei als „Personenschleuse gedacht, wo etwaige Störenfriede sofort aus dem Kirchentagsgeschehen genommen werden"[139]. Tatsächlich gab es innerhalb der zentralen Vorbereitungsgruppe Überlegungen, auf dem Gelände am Dom ein „Auffangprogramm" für „herumwandernde" Jugendliche anzubieten, um zu verhindern, dass diese im Stadtbild „unangenehm" auffielen[140]. Letztlich wurde auf dem Domgelände aber nur ein Café für alle Besucher eingerichtet. „Störenfriede" traten beim Greifswalder Treffen ohnehin nicht auf. Das Forum C und andere Angebote sorgten aber dennoch dafür, dass unbequeme gesellschaftspolitische Fragen nicht völlig im Programm fehlten, wie im Folgenden gezeigt wird.

7.3 Zehn Jahre nach Helsinki

Am 1. August 1975 unterzeichneten 35 Staats- und Regierungschefs in Helsinki die Schlussakte der KSZE und verpflichteten sich damit zur politischen, militärischen und wirtschaftlichen Zusammenarbeit sowie zur Förderung der wechselseitigen menschlichen Kontakte und zum Austausch in den Bereichen Information, Bildung und Kultur[141]. Auch die DDR hatte als vollwertiges Mitglied der internationalen Staatengemeinschaft an den KSZE-Verhandlungen seit 1972 teilgenommen und der Schlussakte zugestimmt[142]. Die Beteiligung an dem Prozess stellte für die DDR

133 Vgl. BStU, MfS, BV Rostock, AIM 4171/90, Teil I, Blatt 150: „Bericht über das 3. Gespräch mit dem IM-Kandidaten ‚Grimm'", 2.5.1985, S. 1.

134 Vgl. ebd.

135 Vgl. ebd. S. 3; BStU, MfS, BV Rostock, AIM 381/91, Teil I, Blatt 91: „Bericht über das 3. Gespräch mit dem IM-Kandidaten ‚Erich'", 26.4.1985, S. 2.

136 Vgl. ebd. S. 1.

137 Vgl. BStU, MfS, BV Rostock, AIM 4171/90, Teil I, Blatt 158: „Informationen zum Stand der Vorbereitungen Greifswalder Kirchentag – Quelle: IM-Kandidat ‚Grimm', 20.6.1985", S. 1.

138 Vgl. ebd. Blatt 150: „Bericht über das 3. Gespräch mit dem IM-Kandidaten ‚Grimm'", 2.5.1985, S. 1.

139 Vgl. ebd. Blatt 158: „Informationen zum Stand der Vorbereitungen Greifswalder Kirchentag – Quelle: IM-Kandidat ‚Grimm', 20.6.1985", S. 1.

140 Vgl. EZA, Best. 95, Nr. 259: Protokoll der ZORG am 15.4.1985, S. 1.

141 Vgl. Anja Hanisch: Die DDR im KSZE-Prozess 1972-1985, S. 1f.

142 Zur Entstehung und Entwicklung des KSZE-Prozesses sowie zur Rolle der DDR bei den Verhandlungen vgl. ebd. S. 27-88.

einerseits einen großen außenpolitischen Erfolg dar, der für sie einen bedeutenden Zuwachs an Anerkennung im In- und Ausland zur Folge hatte[143]. Andererseits waren durch die Unterzeichnung des Abkommens im Jahr 1975 innenpolitische Probleme vorprogrammiert, da die SED-Regierung damit die Hoffnung ihrer Bürger auf mehr persönliche und politische Freiheiten – vor allem im Hinblick auf die Reiseregelung – nährte, die sie keinesfalls verwirklichen wollte[144]. Die Helsinki-Schlussakte sowie die KSZE-Folgetreffen in Belgrad (1977 bis 1979) und Madrid (1980 bis 1983) übten schließlich einen entscheidenden Einfluss auf die Ausreisebewegung in der DDR aus und blieben mit ihren Forderungen in den 1980er Jahren weiterhin aktuell[145].
Vor diesem Hintergrund schlug die Vorbereitungsgruppe des Forums C dem Ost-Berliner Konsistorialpräsidenten Manfred Stolpe vor, in einem Vortrag eine Bilanz zur Umsetzung der Ziele des Abkommens zu ziehen[146]. Im Rahmen dieses Forums, bei dem es um die Relation von Recht, Frieden und Menschenwürde ging, sprach Stolpe vor rund 1.000 Teilnehmern[147]. Damit gehörte das Forum C zu den am besten besuchten Veranstaltungen des Kirchentags – ein Zeichen dafür, wie sehr die Besucher an gesellschaftspolitischen Fragen und einer kirchlichen Sicht auf nationale und internationale Entwicklungen interessiert waren. Die inhaltliche Ausrichtung des Forums löste bei den staatlichen Stellen Beunruhigung aus, vor allem im Hinblick auf den Veranstaltungsleiter, Studentenpastor Harro Lucht[148]. Lucht galt den Staatsorganen als „reaktionär" und „politisch negativ", weshalb die Stasi ihn im Rahmen des OV „Apostel" von 1981 bis 1987 „bearbeitete"[149]. Über den Vorsitzenden des Landesausschusses versuchte das MfS, Informationen zur Haltung der Kirchentagsverantwortlichen in Bezug auf Harro Lucht zu bekommen, um möglicherweise eine „innerkirchliche Disziplinierung" zu forcieren. Ein MfS-Mitarbeiter teilte Siegfried Bohl „deutliche Bedenken" hinsichtlich des „dort eingesetzten Moderators" mit, woraufhin Bohl darauf verwiesen habe, dass mit Manfred Stolpe „ein sehr engagierter Mann im Forum mitwirkt, der auch über das notwendige Geschick verfügt, evtl. brenzlige Situationen zu bereinigen"[150]. Somit sei trotz der Beteiligung von Harro Lucht ein ruhiger Verlauf der Veranstaltung zu erwarten[151]. Manfred Stolpe, zu dem die Stasi seit Längerem in Kontakt stand[152] und den sie offensichtlich als staatsloyalen

143 Vgl. ebd. S. 1f.
144 Vgl. ebd. S. 118f.; Mau: Der Protestantismus im Osten Deutschlands (1945-1990), S. 123f.
145 Vgl. Hanisch: Die DDR im KSZE-Prozess 1972-1985, S. 374.
146 Vgl. LKAG, Planung, Protokolle und Programm KT 1985: Protokoll der Sitzung der Vorbereitungsgruppe „Forum C" am 1.4.1985, S. 2.
147 Vgl. LKAG, Best. KT, Nr. 37: „Kirchentagsforum C: ‚Recht und Frieden'" In: Greifswalder Informationsdienst (hrsg. von der Pressestelle der ELKG), Nr. 3/85, 30.6.1985, S. 2.
148 Vgl. BStU, MfS, BV Rostock, AIM 4171/90, Teil I, Blatt 153: „Bericht über das 3. Gespräch mit dem IM-Kandidaten ‚Grimm'", 2.5.1985, S. 3.
149 Vgl. Frank: Einsam oder gemeinsam?, S. 146 und S. 182-207.
150 Vgl. BStU, MfS, BV Rostock, AIM 4171/90, Teil I, Blatt 153: „Bericht über das 3. Gespräch mit dem IM-Kandidaten ‚Grimm'", 2.5.1985, S. 3.
151 Vgl. ebd.
152 Von 1970 bis 1989 hatte die Stasi Stolpe als IM „Sekretär" erfasst. Er selbst bestreitet eine IM-Tätigkeit, räumt allerdings Kontakte zum MfS ein, wobei es ihm jedoch lediglich um humanitäre Hilfe gegangen sei. Vgl. dazu Findeis/Pollack (Hg.): Selbstbewahrung oder Selbstverlust, S. 622-672; Neubert: Untersuchung zu den Vorwürfen gegen den Ministerpräsidenten des Landes Brandenburg, Dr. Martin Stolpe, hrsg. von der Fraktion Bündnis 90 im Landtag Brandenburg, Potsdam 1993.

kirchlichen Amtsträger ansah, trug mit seinem Vortrag tatsächlich dazu bei, dass das Forum C insgesamt ruhig verlief. Sein Referat „Frieden wächst aus Gerechtigkeit – Zehn Jahre Schlussakte von Helsinki und die Mitverantwortung unserer Kirchen" enthielt aber durchaus auch kritische Aspekte.
Bereits sein Einstieg deutete darauf hin: Auf das Jubiläumstreffen der Außenminister der Unterzeichnerstaaten im Sommer 1985 in Helsinki[153] verweisend, stellte er die Frage, ob man dort die Hoffnung auf eine stabile Friedensordnung, die Zusammenarbeit der Staaten und die Umsetzung der Menschenrechte „endgültig begraben" werde[154]. Die Kirchen[155], so Stolpe, erwarteten von den Regierungen Europas und Nordamerikas vollen Einsatz für die Schaffung einer gemeinsamen Sicherheit und die Verbesserung der Lebensmöglichkeiten und Rechte der Menschen[156]. Damit ermahnte Stolpe alle am Rüstungskonflikt beteiligten Staaten und nicht nur die westlichen Länder, wie es die SED-Regierung üblicherweise tat. Die an jeden Unterzeichnerstaat gerichtete Forderung, die Rechte und Lebensbedingungen der Menschen zu verbessern, bezog sich indirekt ebenfalls auf die DDR. Zwar räumte Manfred Stolpe ein, der Sozialismus trete für eine Beseitigung von Ungerechtigkeiten ein, verknüpfte dies aber mit der Anmerkung, auch die Gesellschaft in der DDR sei nicht davor gefeit, ungerechte Verhältnisse zu schaffen oder zu erhalten[157]. Als Beispiele führte er die Doppelbelastung der Frauen durch Berufstätigkeit und Familie, die Reduzierung älterer Menschen auf „Betreuungsobjekte" sowie die Ungleichbehandlung von Jugendlichen und Rentnern im Hinblick auf die Reiseregelung an[158]. Seine Kritik am Propagandabild der vollkommen gleichberechtigten Frau, die dank der Sozialpolitik der SED alle Bereiche ihres Lebens mühelos meistern konnte[159], und an der Benachteiligung der verschiedenen Altersgruppen versuchte Stolpe allerdings sofort zu relativieren, indem er die angeführten Probleme auch in Bezug auf die Situation innerhalb der Kirche diskutierte. So stellte er beispielsweise die Frage, ob man sich in den Kirchen genügend dafür einsetze, ältere Menschen als Partner zu behandeln und jüngere Menschen ernst zu nehmen[160]. Fraglos war eine innerkirchliche Debatte dieser Aspekte – zumal bei einem Kirchentag – vollkommen legitim. Manfred Stolpe schien durch den zusätzlichen Verweis auf den kirchlichen Raum jedoch vor allem seine Vorwürfe an die sozialistische Gesellschaft entlasten zu wollen. Das kam auch bei seiner in der Presse viel beachteten Äußerung zum Ausdruck, Menschen mit abweichenden Meinungen, unbequemen Fragen oder direkter Kritik stelle man in

---

153 Als Vertreter der DDR nahm Außenminister Oskar Fischer an dem Treffen vom 30. Juli bis 1. August 1985 in Helsinki teil. Vgl. „In Helsinki: Jubiläumstagung der 35 KSZE-Staaten abgeschlossen" In: Neues Deutschland, Jg. 40, Nr. 179 vom 2.8.1985, S. 1.

154 Vgl. LKAG, Best. KT, Nr. 37: Manuskript des Vortrags von Manfred Stolpe beim Forum C, S. 1.

155 Zur Rezeption der Schlussakte von Helsinki durch die Kirchen in der DDR sowie auf internationaler kirchlicher Ebene vgl. Kunter: Die Kirchen im KSZE-Prozess 1968-1978, S. 132-155.

156 Vgl. LKAG, Best. KT, Nr. 37: Manuskript des Vortrags von Manfred Stolpe beim Forum C, S. 1.

157 Vgl. ebd. S. 5.

158 Vgl. ebd.

159 Zur Rolle und Stellung der Frau in der Gesellschaft der DDR vgl. Anna Kaminsky: Frauen in der DDR, Berlin 2016, Helga Hörz: Der lange Weg zur Gleichberechtigung: die DDR und ihre Frauen, Berlin 2010; Heike Trappe: Emanzipation oder Zwang? Frauen in der DDR zwischen Beruf, Familie und Sozialpolitik, Berlin 1995; Ute Gerhard: Die staatlich institutionalisierte „Lösung" der Frauenfrage. Zur Geschichte der Geschlechterverhältnisse in der DDR, in: Kaelble/ Kocka (Hg.): Sozialgeschichte der DDR, S. 383-403. Siehe dazu auch Kapitel 8.4.

160 Vgl. LKAG, Best. KT, Nr. 37: Manuskript des Vortrags von Manfred Stolpe beim Forum C, S. 5.

Kirche *und* Gesellschaft „schnell in die Ecke“[161]. Damit griff der Konsistorialpräsident erneut nicht allein den SED-Staat an, sondern verteilte seine Kritik gewissermaßen auf mehrere Schultern. Sicherlich stellte es auch im kirchlichen Kontext eine berechtigte Frage dar, ob andere Meinungen wirklich als ernste Anliegen aufgefasst wurden. Andererseits konnte man „unbequeme Fragen“ und Kritik an den bestehenden Verhältnissen innerhalb der Kirche deutlich unproblematischer äußern als gegenüber staatlichen Institutionen, weshalb die Kirche für viele – wie für die unabhängige Friedensbewegung – einen wichtigen Freiraum bot[162].
An die internationale Staatengemeinschaft richtete Manfred Stolpe noch weitere mahnende Worte, indem er darauf hinwies, dass man die Vertrauenswürdigkeit und Friedensfähigkeit eines Staates an dessen Einhaltung der Menschenrechte messe[163]. Ohne ein Einschreiten gegen Diskriminierung aus „nationalen, rassischen, religiösen und anderen Gründen“ sei kein Frieden in der Welt möglich[164]. Diesem indirekten Appell an die SED-Führung, die Benachteiligungen von Christen in der sozialistischen Gesellschaft zu beseitigen, folgte allerdings sogleich ein Lob auf die Erfolge des Sozialismus, wie die Verwirklichung sozialer und kultureller Rechte, „deren Wert erst der spürt, der sie nach leichtfertiger Auswanderung verliert“[165]. Angesichts dieser „unschätzbare[n] Errungenschaft“ lohne es sich umso mehr, noch vorhandene Defizite bei individuellen Rechten schrittweise abzubauen[166]. Wie Manfred Stolpe in Bezug auf eine Ausreise von Leichtfertigkeit sprechen konnte, ist nur schwer nachvollziehbar. Angesichts des oft langwierigen und Nerven aufreibenden Prozesses der Antragstellung, der damit verbundenen gesellschaftlichen Ausgrenzung und Diskriminierung durch die staatlichen Organe[167] und der Aussicht, nach einer Bewilligung Freunde und Verwandte womöglich erst viele Jahre später oder sogar nie wieder sehen zu können, wirkt seine Formulierung geradezu kaltschnäuzig und realitätsfremd. Im Übrigen hätten ihm als Vertreter der Kirche in Ost-Berlin die Schwierigkeiten von Antragstellern aus zahlreichen Fällen bekannt sein dürfen, schließlich kamen die meisten Ausreisewilligen aus der Hauptstadt der DDR[168]. Aber bereits in dem 1980 mit Christa Lewek herausgegebenen Band „Menschenrechte in christlicher Verantwortung“ hatte Manfred Stolpe zur Ausreiseproblematik rigorose Worte gefunden: So sprach er sich gegen eine generelle Genehmigung aus, da sonst durch die „Wohlstandsverblendung“ eine stark wachsende Anzahl Ausreisender zu befürchten sei[169]. Dass die Zahl der Ausreiseanträge seit Anfang der 1980er Jahre stark zugenommen hatte, weil viele Bürger der politischen Repression und der zunehmend desolaten Versorgungslage in der DDR entkommen wollten[170], ließ der Konsistorialpräsident

161 Vgl. ebd.
162 Vgl. Neubert: Geschichte der Opposition in der DDR 1949-1989, S. 537; Pollack: Sozialethisch engagierte Gruppen in der DDR, S. 145f.
163 Vgl. LKAG, Best. KT, Nr. 37: Manuskript des Vortrags von Manfred Stolpe beim Forum C, S. 5.
164 Vgl. ebd. S. 5f.
165 Vgl. ebd. S. 6.
166 Vgl. ebd.
167 Vgl. Kowalczuk: Endspiel, S. 189; Neubert: Geschichte der Opposition in der DDR 1949-1989, S. 339f. und S. 526f. Vgl. dazu auch Hans-Hermann Lochen/Christian Meyer-Seitz (Hg.): Die geheimen Anweisungen zur Diskriminierung Ausreisewilliger. Dokumente der Stasi und des Ministeriums des Innern, Köln 1992.
168 Vgl. Kowalczuk: Endspiel, S. 188.
169 Vgl. Hanisch: Die DDR im KSZE-Prozess 1972-1985, S. 318.
170 Vgl. Neubert: Geschichte der Opposition in der DDR 1949-1989, S. 339 und S. 527.

offenbar nicht gelten. Ähnlich staatskonforme Aussagen traf Stolpe auch während des Podiumsgesprächs im Anschluss an sein Referat im Forum C. Auf eine Frage aus dem Publikum zu den Rechten der Christen in der sozialistischen Gesellschaft soll er geantwortet haben, die Gleichberechtigung aller Bürger und die freie Ausübung der Religion seien in den Artikeln 20 und 39[171] der Verfassung der DDR garantiert[172]. Es gelte, auf diesem Recht zu beharren, „auch wenn es in praktischen Dingen und dort, wo Weltanschauung und Glaube aufeinandertreffen, nicht ganz einfach ist“[173]. Deutlichere Kritik im Hinblick auf gesellschaftspolitische Fragen übte beim Forum C ein von der Greifswalder ESG vorbereiteter Sketch. Anhand einer Spielszene, in der Kunden in einem Laden namens „Recht und Frieden“ einkaufen, nahmen die Darsteller Bezug auf die Reiseregelungen und die SED-Friedenspolitik. So wollte eine Kundin „Freizügigkeit“ kaufen, um sich „den Laden mal von außen anzusehen“, woraufhin der Verkäufer ihr mitteilte, dass Freizügigkeit leider nur „in kleinen Größen“ zu haben sei und man für „große Größen“ einen Berechtigungsschein benötige[174]. Ein anderer Kunde interessierte sich wiederum für „Frieden“, war aber mit den Angeboten – „Kampf für den Frieden“ in Form eines roten Plakats oder einer Maschinenpistole – nicht einverstanden[175]. Zur Friedensproblematik konnten die Teilnehmer des Kirchentags auch eine Ausstellung in der Marienkirche besichtigen. Einen Teil der Ausstellung, die Bilder und Tafeln zu den beiden Weltkriegen sowie eine Sammlung von Zitaten von Wissenschaftlern und Politikern aus dem In- und Ausland zur aktuellen atomaren Bedrohung umfasste, stellte die Friedensbibliothek der Landeskirche Berlin-Brandenburg zur Verfügung[176]. Darüber hinaus waren dort Fotomontagen des Berliner Künstlers Wolfgang Janisch unter dem Titel „Betrachtungen zu unserer Zeit“ zu sehen[177]. Während die staatlichen Stellen die Schautafeln der Friedensbibliothek als eine „sehr engagierte, eindrucksvolle Schau gegen den Krieg“ bezeichneten und lediglich bemängelten, dass es bei den Darstellungen der Opfer des Atombombenabwurfs von Hiroshima und Nagasaki keinen

171 Nach Artikel 20 der Verfassung von 1968 war jedem Bürger „Gewissens- und Glaubensfreiheit“ garantiert. In Artikel 39 hieß es, jeder Staatsbürger habe „das Recht, sich zu seinem religiösen Glauben zu bekennen und religiöse Handlungen auszuüben“. Vgl. Vogel: Abgestorben?, S. 224.

172 Vgl. LAG, IV/E/2.14, Nr. 602, Blatt 84: „Zweite Tagesinformation zu den Aktivitäten der Greifswalder Landeskirche am 22.6.1985“, S. 4; LKAG, Best. KT, Nr. 37: „Kirchentagsforum C: ‚Recht und Frieden'“ In: Greifswalder Informationsdienst (hrsg. von der Pressestelle der ELKG), Nr. 3/85, 30.6.1985, S. 4.

173 Vgl. „Kirchentagsforum C: ‚Recht und Frieden'“ In: Greifswalder Informationsdienst (hrsg. von der Pressestelle der ELKG), Nr. 3/85, 30.6.1985, S. 4.

174 Vgl. LAG, IV/E/2.14, Nr. 602, Blatt 109: Bericht zum Forum C, S. 1.

175 Vgl. ebd. S. 3. Die Maschinenpistole als Form des „Friedenkampfes“ lässt beispielsweise an die FDJ-Kampagne von 1981/82 unter dem Motto „Der Frieden muss verteidigt werden – der Frieden muss bewaffnet sein!“ denken. Vgl. dazu Neubert: Geschichte der Opposition in der DDR 1949-1989, S. 401.

176 Vgl. LAG, IV/E/2.14, Nr. 602, Blatt 75f.: „Ausstellungen in der Marienkirche anläßlich des Kirchentages“, S. 1f. Die Friedensbibliothek der EKiBB entstand in den 1970er Jahren mit der Idee, die Tradition des Berliner Antikriegsmuseums des Pazifisten Ernst Friedrich wieder aufzunehmen, das 1925 gegründet und 1933 von den Nationalsozialisten zerstört worden war. Im Jahr 1984 erhielt die Friedensbibliothek in der Berliner Bartholomäuskirche einen ständigen Ausstellungsort. Viele Städte nutzten die Ausstellungsangebote der Friedensbibliothek, die bis heute besteht. Vgl. Neubert: Geschichte der Opposition in der DDR 1949-1989, S. 572. Siehe auch http://www.friedensbibliothek.de [Stand: 16.1.2020].

177 Vgl. LAG, IV/E/2.14, Nr. 602, Blatt 75: „Ausstellungen in der Marienkirche anläßlich des Kirchentages“, S. 1.

Hinweis auf die „Imperialisten der USA als Verursacher dieser Tragödie" gegeben habe, betrachteten sie die Fotomontagen von Janisch als „problematischer"[178]. Als besonders kritisch stuften sie die Montage mit dem Titel „Er dient dem Fortschritt" ein, die einen Wissenschaftler zeigte, der von Jagdflugzeugen, Panzern und Soldaten umgeben war, die nicht nur aus den USA, sondern auch aus der Sowjetunion und der DDR stammten[179]. Der Bericht der SED-Bezirksleitung urteilte darüber: „Das ist eine gröbliche objektivistische Gleichmacherei, die total an den tatsächlichen Ursachen der Kriegsgefahr vorbeigeht!"[180]
Darüber hinaus wurde die Friedensthematik erstmals in Form einer offiziellen Erklärung der Kirchentagsverantwortlichen der ELKG aufgegriffen. Ausgangspunkt dafür war der Bericht des baden-württembergischen Theologen Jörg Zink beim Forum C vom Aufruf zu einem „Konzil des Friedens" während des DEKT in Düsseldorf zwei Wochen zuvor, den die Teilnehmer in Greifswald begeistert aufnahmen[181]. In seinem Düsseldorfer Vortrag hatte der Physiker und Philosoph Carl Friedrich von Weizsäcker an die Kirchen in der Welt appelliert, ein ökumenisches Friedenskonzil einzuberufen und die Gemeinden in Deutschland gebeten, dieses Vorhaben zu unterstützen[182]. Bei der Abschlussversammlung des Greifswalder Treffens wurde die Erklärung des Kirchentags von Siegfried Bohl verlesen[183]. Sie beinhaltete einen Hinweis auf die VI. Vollversammlung des Ökumenischen Rates der Kirchen 1983[184] und auf den 1984 vom ÖRK gefassten Beschluss, dass spätestens 1990 eine konziliare Weltkonferenz für Frieden, Gerechtigkeit und Bewahrung der Schöpfung stattfinden sollte[185]. Im Namen des Greifswalder Kirchentags bekundeten die Veranstalter die Unterstützung dieses Anliegens und ersuchten die Gemeindemitglieder und Kirchenleitungen, sich für die Realisierung des Konzils einzusetzen[186]. Die Entscheidung für diese, wenn auch sehr knapp gehaltene, Erklärung spiegelte nicht nur die positive Resonanz der Besucher auf die Vorschläge aus Düsseldorf und der Vollversammlung des ÖRK wider, sondern auch die auf das Friedenskonzil bezogenen Reaktionen der Christen in der DDR insgesamt: Bereits ein Jahr nach dem DEKT in Düsseldorf lagen rund 100.000 Unterstützungserklärungen aus der DDR für das Konzil

---

178 Vgl. ebd. S. 1 und S. 3.
179 Vgl. ebd. S. 3.
180 Vgl. ebd.
181 Vgl. LKAG, Best. KT, Nr. 37: „Kirchentagsforum C: ‚Recht und Frieden'" In: Greifswalder Informationsdienst (hrsg. von der Pressestelle der ELKG), Nr. 3/85, 30.6.1985, S. 4.
182 Vgl. Kunter: Erfüllte Hoffungen und zerbrochene Träume, S. 45 und S. 108f.; Runge/Käßmann (Hg.): Kirche in Bewegung, S. 164. Weizsäckers Aufruf ist abgedruckt in: Runge/Ueberschär (Hg.): Fest des Glaubens – Forum der Welt, S. 46-48.
183 Vgl. „Durch den Glauben reich sein – Bilder und Texte vom Greifswalder Kirchentag" In: Mecklenburgische Kirchenzeitung, Jg. 40, Nr. 27 vom 7.7.1985, S. 3.
184 Auf der VI. Vollversammlung des ÖRK vom 24. Juli bis 10. August 1983 in Vancouver/Kanada machten die Vertreter aus der DDR den Vorschlag, dass die Kirchen weltweit einen konziliaren Prozess gegenseitiger Verpflichtung für Frieden, Gerechtigkeit und Bewahrung der Schöpfung in Gang setzen. Damit griffen sie einen Gedanken von Dietrich Bonhoeffer zur Durchführung eines Friedenskonzils auf, den dieser im Jahr 1934 formuliert hatte. Den Höhepunkt dieses konziliaren Prozesses bildeten die drei Tagungen der „Ökumenischen Versammlung" im Zeitraum von Februar 1988 bis April 1989 in Dresden und Magdeburg. Vgl. Brown: Von der Unzufriedenheit zum Widerspruch, S. 17 und S. 33; Kunter: Erfüllte Hoffungen und zerbrochene Träume, S. 43f.; Maser: Die Kirchen in der DDR, S. 64.
185 Vgl. LKAG, Best. KT, Nr. 37: „Erklärung des Greifswalder Kirchentages"; Neubert: Geschichte der Opposition in der DDR 1949-1989, S. 617.
186 Vgl. LKAG, Best. KT, Nr. 37: „Erklärung des Greifswalder Kirchentages".

vor und im September 1985 ließ die Bundessynode ihre Absicht zu einer aktiven Beteiligung an dem Vorhaben verlauten[187].

Weit weniger Beachtung als die Friedensproblematik fand das Thema Umwelt. Außer in der kleinen Fotoausstellung eines Ökologiekreises aus Dresden beim Forum C[188] sowie bei einer Diskussion zur Umweltverschmutzung und zum verantwortungsvollen Umgang mit Gottes Schöpfung beim Forum A[189] kam es offenbar nicht zur Sprache. Das ist durchaus verwunderlich, denn nach der Stationierung sowjetischer Mittelstreckenraketen in der DDR seit Juli 1982 und dem Nachrüstungsbeschluss des Bundestages im Dezember 1983 hatten viele resignierte Friedensaktivisten die Umweltbelastung und Bewahrung der Schöpfung als zunehmend wichtiges Sujet entdeckt[190]. Andererseits traten Mitglieder von Friedenskreisen beim Greifswalder Kirchentag kaum in Erscheinung und ein breiteres öffentliches Bewusstsein für ökologische Themen entwickelte sich erst im Zuge der Reaktorkatastrophe von Tschernobyl am 26. April 1986[191]. Auch in theologischer Hinsicht war das Greifswalder Treffen weniger von Fragen zur Bewahrung der Schöpfung geprägt, als vielmehr von den Themenbereichen Frieden und Gerechtigkeit.

7.4 Reichtum, Frieden und Gerechtigkeit – die geistliche Dimension

Neben der Losung „Durch den Glauben reich sein" standen beim Landeskirchentag die Begriffe Frieden und Gerechtigkeit im Mittelpunkt der theologischen Aussagen. Mit der Betonung des immanenten Zusammenhangs von Gerechtigkeit und Frieden bezog sich der Kirchentag zum einen auf die Schlussakte von Helsinki und griff zum anderen alt- und neutestamentliche Vorstellungen auf. Welche Relevanz das Thema für die Kirchen in jenem Jahr besaß, zeigten auch die Debatten zu Menschenrechtsfragen bei der Dresdener Bundessynode im September sowie die Losung „Frieden wächst aus Gerechtigkeit" der Friedensdekade im November 1985[192]. Beim Kirchentag wurde die Thematik vor allem in den drei Foren aufgegriffen, am umfangreichsten im Forum C „Hunger nach Recht und Frieden". In seinem Vortrag zur Schlussakte von Helsinki betonte Manfred Stolpe die enge Korrelation von Gerechtigkeit und Frieden in der Bibel[193]. Er bezeichnete diese Verbindung als einen „Wechselprozess des Wachsens", das heißt: „Schon ein bisschen mehr Gerechtigkeit hilft ein bisschen mehr zum Frieden und ein bisschen mehr Frieden erhöht die Chancen für mehr Gerechtigkeit."[194] Die alttestamentliche Aussage „Der Gerechtigkeit Frucht wird Friede sein" (Jes 32,17) ergänzte er durch die neutestamentliche Deutung des

---

187 Vgl. Kunter: Erfüllte Hoffungen und zerbrochene Träume, S. 107; Mau: Der Protestantismus im Osten Deutschlands (1945-1990), S. 172.

188 Vgl. BStU, MfS, BV Rostock, 384/81 Teil II, TA 4784, Blatt 30: Bericht von IMB „Gisela" zum Forum C am 22.6.1985, S. 1; LAG, IV/E/2.14, Nr. 602, Blatt 85: „Zweite Tagesinformation zu den Aktivitäten der Greifswalder Landeskirche am 22.6.1985", S. 5.

189 Vgl. LAG, Rep. 200 II 7.3, Nr. 52, Blatt 314: „Forum A – Nachmittag", S. 1.

190 Vgl. Maser: Die Kirchen in der DDR, S. 58f.; Neubert: Geschichte der Opposition in der DDR 1949-1989, S. 589.

191 Vgl. Klein: „Frieden und Gerechtigkeit!", S. 259-261; Neubert: Geschichte der Opposition in der DDR 1949-1989, S. 626f.

192 Vgl. Mau: Der Protestantismus im Osten Deutschlands (1945-1990), S. 167.

193 Vgl. LKAG, Best. KT, Nr. 37: Manuskript des Vortrags von Manfred Stolpe beim Forum C, S. 4.

194 Vgl. ebd.

Kreuzestods Jesu als ein Erleiden von Unrecht, aus dem Frieden für die gesamte Welt erwuchs[195]. Eine den Frieden hervorbringende Gerechtigkeit zeichne sich dadurch aus, dass sie „nicht nur nach meinem Recht fragt, sondern danach sieht, wer seines Rechtes auf Leben und Würde beraubt wird“[196]. Manfred Stolpe schlussfolgerte daraus, die Herstellung und Bewahrung von Frieden und Gerechtigkeit sei eine weltweite ökumenische Aufgabe, wie es auch die Vollversammlung des ÖRK 1983 in Vancouver betont hatte[197]. In seinen Ausführungen prangerte der Konsistorialrat zwar einerseits die Hungersnöte bedingende soziale Ungerechtigkeit in der Welt an[198], kritisierte aber kaum die in der DDR bestehenden Missstände bei der Umsetzung der Menschenrechte[199]. Auch sein Appell, die aus der Gottebenbildlichkeit[200] resultierende Würde jedes Einzelnen durch die Anwendung der Menschenrechte zu bewahren, blieb allgemein und bezog sich auf kein konkretes Land[201].
Die Bibelarbeit von Pastor Jörg Zink beim Forum C nahm ebenfalls Bezug auf das Thema Gerechtigkeit und verband es mit dem Thema Freiheit. Ausgehend vom Text in Jesaja 42,1-7, der sich auf die Gefangenschaft der Israeliten in Babylon bezieht und von einem „Knecht Gottes“ spricht, welcher das Recht auf Erden bringt und die Gefangenen befreit, spannte Zink den Bogen zur Befreiung der Menschheit durch das Wirken Jesu Christi[202]. Dabei stellte er die Rechtfertigung des Menschen aufgrund der Befreiung von der Sünde durch Christus – die „innere Gerechtigkeit“ – mit der Gerechtigkeit in der Gesellschaft in Zusammenhang[203]. Nur wenn Recht und Freiheit im Einzelnen Raum griffen, würden sie auch im sozialen und politischen Bereich Wirklichkeit[204]. Deshalb rief Zink die Christen auf, wie einst die israelitische Gemeinde in Babylon der Raum zu sein, in dem Recht und Frieden sich zuerst realisieren[205]. Dazu gehöre auch, dass jedem die Freiheit zum eigenen Denken und zur persönlichen Entfaltung gewährt werde[206]. Kirchenkritisch mahnte er an, die Kirchen könnten nur dann glaubhaft von Gerechtigkeit reden und ihr Umfeld positiv beeinflussen, wenn sie selbst ein Ort der Freiheit seien[207]. Bei seiner Bibelarbeit im Forum A zu Römer 5,1-5 ergänzte Zink die Beziehung zwischen „innerer“ und „äußerer“ Gerechtigkeit um den Aspekt der Hoffnung. Christen hätten nicht die Aufgabe, „still hinterm Ofen“ zu sitzen[208]. Stattdessen sollten sie „den Mund auftun“, jenen „Mächten“ widerstehen, die die Menschen „stumm machen“, vor Ort das Gerechte tun und Träger der Hoffnung sein[209]. Für diese Aufgaben schenke Gott dem Gläubigen die Geduld, die aus möglichem Leiden und Reifungsprozessen resultiere[210].

195 Vgl. ebd.
196 Vgl. ebd.
197 Vgl. ebd. S. 4f.
198 Vgl. ebd. S. 5.
199 Siehe Kapitel 7.3.
200 Vgl. dazu einführend Jacob Jervell: Art. Bild Gottes I, in: TRE 6, Berlin/New York 1980, S. 491-498.
201 Vgl. LKAG, Best. KT, Nr. 37: Manuskript des Vortrags von Manfred Stolpe beim Forum C, S. 5.
202 Vgl. ebd.: „Kirchentagsforum C: ‚Recht und Frieden'“ In: Greifswalder Informationsdienst (hrsg. von der Pressestelle der ELKG), Nr. 3/85, 30.6.1985, S. 3.
203 Vgl. ebd.
204 Vgl. ebd.
205 Vgl. ebd.
206 Vgl. ebd. S. 3f.
207 Vgl. ebd. S. 4.
208 Vgl. ebd.: „Presseinformation Nr. 6“, S. 1.
209 Vgl. ebd.
210 Vgl. ebd.

Nur wer sich voller Hoffnung auf den Weg mache, werde sein Ziel schließlich erreichen[211]. Diese Hoffnung für den eigenen Lebensweg und den Einsatz für Gerechtigkeit wollte Jörg Zink ebenso den Besuchern der Abschlussversammlung vermitteln. Er plädierte dafür, dass sich die Christen zu einer Gemeinschaft zusammenschließen, in welcher der Einzelne Trost findet und die die Kirche zu einem Ort der Zuflucht macht, in dem Freiheit und die Würde des Menschen gelten[212]. Wieder forderte er von den Kirchen, sich in allen Bereichen des Lebens einzubringen und, falls nötig, „Zwänge zu durchbrechen, [...] das Verschwiegene auszusprechen, für die Sprachlosen zu reden, das Verdrängte zu benennen und im Ernstfall auch das Leiden auf [sich] zu nehmen"[213]. Die Gemeinschaft mit Christus befähige dazu, sich mit allen Kräften für Gerechtigkeit unter den Menschen einzusetzen und sich nicht von Gefahren einschüchtern zu lassen[214]. Mit diesen Worten stand der baden-württembergische Pastor ganz in der Tradition des evangelischen Kirchentags nach 1945, der von Beginn an den Anspruch vertrat, Christen im Glauben zu stärken, sie für die Verantwortung in der Kirche zu rüsten und zum Zeugnis in der Welt zu ermutigen[215]. Bei seinen Zuhörern, die als bekennende Christen in der sozialistischen Gesellschaft vielen Prüfungen ausgesetzt waren, dürfte er damit auf offene Ohren gestoßen sein. Zuspruch und Möglichkeiten zur Befreiung von Ängsten, Sorgen und Belastungen wollte auch der „Abend der Begegnung" in der Klosterruine Eldena anbieten. Dafür wurden die Besucher gebeten, einen Stein mitzubringen, der sinnbildlich für persönliche Belastungen stehen sollte[216]. Begleitet von der Losung „Alle eure Sorgen werft auf Gott, denn er sorgt für euch" (nach 1. Petrus 5,7) bauten die Teilnehmer schließlich aus ihren eigenen und aus weiteren großen, zu einem Labyrinth zusammengesetzten Steinen einen Altar[217]. Mit dem gemeinsamen Aufschichten des Altars wollten die Organisatoren verdeutlichen, wie wichtig das Teilen von Lasten und Sorgen ist[218].
Der Themenkomplex Reichtum und Schätze des Glaubens durchzog ebenfalls viele der Großveranstaltungen in Greifswald. Zu den anschaulichsten Entfaltungen gehörte ein von Laiendarstellern aus Stralsund aufgeführtes szenisches Spiel zur Legende des Heiligen Laurentius[219] während der Abschlussversammlung, das aus

211 Vgl. ebd.

212 Vgl. ebd.: Manuskript zur Ansprache von Jörg Zink am 23. Juni 1985, S. 8.

213 Vgl. ebd.

214 Vgl. ebd. S. 9.

215 Vgl. ebd. Nr. 59: Ordnung des Evangelischen Kirchentages in der Deutschen Demokratischen Republik, S. 1; EZA, Best. 71, Nr. 130: Ordnung des Deutschen Evangelischen Kirchentags, 30.11.1955, S. 1.

216 Vgl. LKAG, Best. KT, Nr. 42: Vorüberlegungen zum „Abend der Begegnung".

217 Vgl. LKAG, Planung, Protokolle und Programm KT 1985: Protokoll der Sitzung der Vorbereitungsgruppe vom „Abend der Begegnung" am 15.1.1985, S. 1f.

218 Vgl. LKAG, Best. KT, Nr. 42: Vorüberlegungen zum „Abend der Begegnung".

219 Laurentius von Rom soll der Legende nach im spanischen Aragon geboren und von Papst Sixtus II. zum Archidiakon ernannt worden sein. Während der Christenverfolgung durch Kaiser Valerian im Jahr 258 habe er den Märtyrertod erlitten, je nach Legende durch das Schwert oder durch Verbrennung auf einem Grillrost. Bereits 330 ließ Kaiser Konstantin über dem Grab des Laurentius eine Basilika bauen, die zu den sieben Hauptkirchen Roms zählte. Der Kult verbreitete sich über das gesamte Abendland, sein Gedenktag ist der 10. August. Laurentius ist Nationalheiliger von Spanien und einer der Stadtpatrone von Rom sowie Patron der armen Seelen im Fegefeuer, der Bibliothekare und zahlreicher Berufe, bei denen das Feuer eine Rolle spielt, zum Beispiel Köche, Bäcker und Glasbläser. Vgl. Erhard Gorys: Lexikon der Heiligen, S. 207-209.

der Feder von Pastor Manfred Krüger (Prohn bei Stralsund) stammte[220]. Den Kern der Laurentiuslegende bildet die Überlieferung, dass Papst Sixtus II. kurz vor seiner Enthauptung am 6. August 258 seinem Archidiakon den Kirchenschatz anvertraute, wovon Kaiser Valerian erfuhr und Laurentius drei Tage zur Herausgabe des Schatzes einräumte[221]. Laurentius verteilte das Geld allerdings unter der armen Bevölkerung Roms, die er am dritten Tag mit den Worten „Hier ist der Schatz der Kirche" vor den Kaiser führte, woraufhin er hingerichtet wurde[222]. Das in Reimform verfasste Spiel von Manfred Krüger erzählte die Geschichte des Märtyrers mit besonderem Augenmerk auf Laurentius' Begründung zur Auswahl des „Kirchenschatzes"[223]. In einem Monolog erklärte die Figur des Heiligen, dass die Schwachen und Ausgegrenzten für Gott ein Schatz sind und durch sein „Trösten und Tragen" und die „Botschaft von Liebe" reich werden[224]. Mit dem Fazit, nicht irdische Schätze, sondern allein der Glaube bedeute wahren Reichtum, rief der Sprecher das Publikum am Schluss zu gelebter Nächstenliebe auf[225].

Die Betonung des inneren Reichtums in der Nachfolge Jesu kennzeichnete auch die Bibelarbeit von Jörg Zink im Forum B, bei dem der Fokus auf der „Vielfalt des Lebens" – so das Motto der Veranstaltung – und den von Gott an jeden Einzelnen geschenkten Gaben lag[226]. Anhand der neutestamentlichen Erzählungen von der Segnung der Kinder (Mt 19,13-15) und dem reichen Jüngling (Mt 19,16-26) verknüpfte Zink die Forderung Jesu nach Verzicht auf weltliche Güter mit dem inneren Reichtum stiftenden Segen Gottes[227]. Zeitkritisch merkte er an, es sei „nicht wichtig, was wir in unserem Leben geschafft haben", also inwieweit einem bestimmten Leistungsanspruch entsprochen wurde, sondern „wie weit wir Christus ähnlich werden"[228]. Das schloss für Pastor Zink die Dankbarkeit gegenüber Gott für die vielfältigen Lebensformen und Fähigkeiten der Menschen ein[229]. Durch diesen Verweis auf die von Gott gegebene, bereichernde Diversität menschlichen Lebens hob er sich von den anderen theologischen Auslegungen der Kirchentagslosung ab. So richtete zum Beispiel Siegfried Plath seine Predigt beim Gottesdienst auf dem Marktplatz an der dem Kirchentagsthema zugrunde liegenden Jahreslosung (Kol 3,16a) aus, indem er den „Reichtum" der biblischen Texte in den Blick nahm. Da Jesus ein freier Mann und kein „verklemmter Bürger" gewesen sei, habe er laut der Schrift den Gläubigen bei ihrem Handeln Freiräume gelassen[230]. Dem stünde entgegen, dass sich „Gruppen in unseren Kirchen" bestimmte Bibelstellen ihren persönlichen Motivationen entsprechend heraussuchten und diese dann für allgemeingültig erklärten – „Sie sagen dann: Kirche! So mußt du dich verhalten. So mußt du dich entscheiden"[231]. Wen er

220 Vgl. LKAG, Best. KT, Nr. 38: Protokoll der Sitzung der Vorbereitungsgruppe der Abschlussveranstaltung am 16.12.1984 und 8.3.1985.
221 Vgl. Gorys: Lexikon der Heiligen, S. 207.
222 Vgl. ebd.
223 Vgl. LKAG, Best. KT, Nr. 38: Manuskript des Laurentius-Spiels, S. 1-4.
224 Vgl. ebd. S. 4.
225 Vgl. ebd.
226 Vgl. „Drei Kirchentagsforen am 22. Juni 1985" In: Die Kirche (Greifswalder Ausgabe), Jg. 40, Nr. 7 vom 17.2.1985, S. 2.
227 Vgl. LKAG, Best. KT, Nr. 37: „Presseinformation Nr. 7", S. 2.
228 Vgl. ebd.
229 Vgl. ebd.
230 Vgl. ebd.: Manuskript zur Predigt von Siegfried Plath am 23. Juni 1985, S. 1.
231 Vgl. ebd.

mit diesen Gruppen meinte, erläuterte Plath nicht, doch scheint eine Anspielung auf die verschiedenen Strömungen innerhalb des BEK – von „Kirche im Sozialismus" bis „Wächteramt"[232] – oder auf die Basisgruppen möglich. An alle, die das Wort Gottes für sich vereinnahmen wollen, richtete der Oberkonsistorialrat die Mahnung, dass Jesus „uns nicht ein[engt]", sondern viele Möglichkeiten des Handelns zulasse[233]. Deshalb müsse auch die Kirche offen sein, Spielräume gewähren und nicht auf Gesetzen beharren, sondern „ein weites, großes Herz" haben[234]. Entgegen der sonst so konfliktscheuen Position der Greifswalder Kirchenführung erklärte Siegfried Plath sogar, dass die Kirche im Stande sein sollte, Konflikte auszutragen[235]. Ebenso erstaunlich erscheint der Satz des staatsnah agierenden Oberkonsistorialrats, er wünsche sich jene offene, diskussionsbereite Haltung auch bei den Staatsvertretern[236]. Diese sanfte Kritik glich Plath allerdings am Ende seiner Predigt mit dem Verweis auf die vermeintlich vorbildhafte Friedenspolitik der SED, der an einer „Koalition der Vernunft" gelegen sei[237], wieder aus.
Bischof Christoph Demke betrachtete die Jahreslosung in seiner Predigt am 23. Juni in der Neuenkirchener Kirche aus einem anderen Blickwinkel. Er bemängelte, dass es trotz der Vielfalt der biblischen Texte in der protestantischen Kirche oft nur eine „eiserne Ration" an Frömmigkeitsäußerungen gebe, da der „alte protestantische Aufruf zur Konzentration" in Form von *sola scriptura* und *solus Christus*[238] zur Reduktion geführt hätte[239]. Womöglich meinte der Bischof der Kirchenprovinz Sachsen, dass sich das Bibelwissen der Mehrheit der Gläubigen aufgrund einer engen Fokussierung auf Christus auf einige zentrale Jesusgeschichten beschränkte und weite Teile der Bibel, insbesondere das Alte Testament, ausgeblendet wurden. Demke forderte die Gottesdienstbesucher jedenfalls dazu auf, den geistlichen Reichtum der Heiligen Schrift neu zu entdecken und ihn als Gnade Gottes im Alltag wirken zu lassen[240].
Zur Bereicherung des persönlichen Lebens durch die Bibel äußerte sich auch Jörg Zink in seiner Ansprache bei der Abschlussversammlung. Wie schon bei seinen Bibelarbeiten in den drei Foren legte Zink den Schwerpunkt darauf, was man durch die Evangelien für das eigene Handeln und Denken lernen könne. Ein wichtiger Aspekt bestand seiner Ansicht darin, Gelassenheit und Nächstenliebe dem „mörderischen Leistungsprinzip" entgegenzustellen[241]. Daneben tauchte ein weiteres Mal die Betonung der Hoffnung auf. Den Müden, Verzweifelten und Angsterfüllten gebe Jesus Kraft und Frieden, er nehme die Angst vor der Vergangenheit, der Zukunft und irdischen Richtern und mache so stets einen Neuanfang möglich[242]. Auch das Angenommensein durch Gott gehörte für Pastor Zink zum Reichtum des Glaubens,

232 Siehe dazu Kapitel 3.1.
233 Vgl. LKAG, Best. KT, Nr. 37: Manuskript zur Predigt von Siegfried Plath am 23. Juni 1985, S. 2.
234 Vgl. ebd.
235 Vgl. ebd.
236 Vgl. ebd.
237 Vgl. ebd.
238 Lateinisch „allein aufgrund der Schrift" und „allein Christus". Vgl. einführend zu diesen Kernsätzen der reformatorischen Lehre Rochus Leonhardt: Grundinformation Dogmatik, S. 183 und S. 321; Reinhold Rieger: Martin Luthers theologische Grundbegriffe, S. 219-223 und S. 239-243.
239 Vgl. LKAG, Best. KT, Nr. 37: „Presseinformation Nr. 9".
240 Vgl. ebd.
241 Vgl. ebd.: Manuskript zur Ansprache von Jörg Zink bei der Abschlussversammlung am 23. Juni 1985, S. 2.
242 Vgl. ebd. S. 3.

den die Schrift lehre[243]. In diesem Kontext ging er auf die unverletzliche Würde des Einzelnen ein, die nicht von der Meinung anderer abhänge, sondern „von oben" komme – also von Gott gestiftet sei[244]. Ein weiterer Punkt, den Jörg Zink bereits in den Bibelarbeiten angesprochen hatte, war die Befreiung des Menschen durch Gott. In seiner Ansprache auf dem Marktplatz führte er erneut die Tragweite dieser Freiheit aus, welche den Menschen erkennen lasse: „Wir müssen nicht alle Probleme der Welt lösen. Wir sind nicht die Knechte von Menschen. Wir brauchen nicht gegen alles rundum zu kämpfen. Wir müssen niemandem gehorchen. Wir haben nur einen Herrn und der bringt den Gefangenen das Licht und den Gefesselten die Freiheit."[245] Durch die Evangelien erfahre der Gläubige schließlich, wie das Handeln Jesu für das eigene Leben wirksam werde[246]. Daran anknüpfend fasste Jörg Zink zum Schluss die wichtigsten Aspekte der Botschaft Jesu zusammen, die seines Erachtens den Reichtum des Glaubens ausmachen: Entlastung, Heilung, Befreiung und Befähigung zum Handeln[247]. Er versuchte außerdem, den Teilnehmern des Kirchentags, die als Christen in der DDR oft unter ihrem Minderheitenstatus litten, Mut zu machen: „Wir sind nicht so verlassen, wie wir manchmal meinen."[248] Dabei verwies Zink auf die Gemeinschaft der Gläubigen, die Zuflucht und Trost biete[249].

Das Gefühl von Verlassenheit und Mutlosigkeit griff Bischof Horst Gienke in seinem „Sendungswort" bei der Abschlussversammlung ebenfalls auf. Er wisse wohl, dass viele Besucher nach dem großen Kirchentagserlebnis in ihrem Alltag erfuhren, „wie klein deine Kraft ist, wenn du in deiner Klasse, deiner Brigade oder deinem Wohnblock oft ganz allein deinen Weg als Christ gehst"[250]. In dieser Situation könne man Kraft aus dem Gebet schöpfen und jene Kraft wiederum dafür einsetzen, sich um seinen Nächsten zu kümmern und Gottes frohe Botschaft weiterzutragen[251]. Dass die Ausübung dieses „seelsorgerlichen Dienstes" auch in der DDR-Gesellschaft möglich sei, habe der Kirchentag in Greifswald bewiesen[252]. Bischof Gienke ging sogar soweit, zu behaupten: „Ja, wir Christen haben unseren Platz in unserer Gesellschaft, gleichberechtigt, gleichgeachtet, chancengleich."[253] Dies seien keine leeren Worte, denn immer deutlicher ließe sich erkennen, dass das, was auf dem Marktplatz in Greifswald geschehe, schließlich überall Wirklichkeit werde – „[auch] in jeder Schulklasse, in jedem Elternaktiv"[254]. Mit diesen Worten löste der Bischof allerdings nur bei den staatlichen Stellen Begeisterung aus[255]. Bei den Besuchern des Kirchentags mag er hingegen eher auf Unverständnis gestoßen sein, denn von einer Gleichberechtigung und Gleichachtung der Christen in der DDR war man auch 1985 noch weit entfernt. Entweder war Horst Gienke doch nicht so gut mit der Lebenswirklichkeit

243 Vgl. ebd. S. 4.
244 Vgl. ebd.
245 Vgl. ebd. S. 6.
246 Vgl. ebd. S. 7.
247 Vgl. ebd. S. 7f.
248 Vgl. ebd. S. 8.
249 Vgl. ebd.
250 Vgl. ebd.: Manuskript des Sendungswortes von Bischof Gienke bei der Abschlussversammlung des Kirchentags in Greifswald am 23. Juni 1985, S. 1.
251 Vgl. ebd. S. 2.
252 Vgl. ebd.
253 Vgl. ebd.
254 Vgl. ebd. S. 2f.
255 Siehe Kapitel 7.7.

der „einfachen" Kirchenmitglieder vertraut oder die überschwängliche Dankbarkeit angesichts des staatlichen Entgegenkommens bei der Organisation des Bugenhagenjubiläums hatte ihm den Blick für die Realität verstellt. Auf jeden Fall dürften seine Äußerungen darauf abgezielt haben, das vermeintliche Wohlwollen der Staatsorgane im Hinblick auf die ELKG zu bewahren.

Ein weitaus unverfänglicheres Feld für theologische Aussagen bot der Themenbereich Johannes Bugenhagen. Dass die Kirchentagsveranstalter es sich zum Ziel gesetzt hatten, den Reformator unter den Christen im Norden bekannter zu machen, schlug sich nur bedingt im Programm nieder. Die Eckdaten zum Wirken des *Doctor Pomeranus* lieferte ein Vortrag des Greifswalder Archivars Joachim Wächter. Über eine Aufzählung der wichtigsten Lebensstationen und kurze Erläuterungen zum Werk von Bugenhagen ging der Vortrag jedoch nicht hinaus. Ähnlich wie die 1984 von der Landessynode vorgelegten Thesen[256] stellte Wächter fest, dass Bugenhagens Name zu Unrecht fast vergessen sei[257]. Als Argumente führte er seine zahlreichen Verdienste als Teil des Kerns des Wittenberger Reformationskreises an, wie die exegetischen Studien und Vorlesungen an der Universität, die Neuordnung des Schulwesens und der Armenfürsorge in Wittenberg, die Beteiligung an der niederdeutschen Bibelübersetzung sowie die Verfassung der Kirchenordnungen für Braunschweig, Hamburg, Lübeck, Pommern und Dänemark[258]. Wie auch die Thesen der synodalen Arbeitsgruppe betonte Joachim Wächter, dass Bugenhagen zwar durchaus sehr eng mit Luther verbunden gewesen sei, unter anderem durch eine tiefe und langjährige Freundschaft, sich aber dennoch eigenständig für die Durchsetzung der Reformation engagiert habe und daher ohne Zweifel als der Reformator des Nordens gelten könne[259]. Eine weitere Parallele zwischen Wächters Vortrag und den Thesen der Synode bestand darin, dass er auf die Kritik verwies, welcher sich Bugenhagen ob seines Verhaltens nach der Niederlage des Schmalkaldischen Bundes vonseiten einiger Vertreter der protestantischen Kirche ausgesetzt sah, aber ohne dabei Details zu nennen[260]. Während bei den Thesen zum Teil ein Bezug zur Gegenwart zu erkennen war, betrachtete Wächter Johannes Bugenhagen ausschließlich im Kontext des 16. Jahrhunderts. Die bleibende Relevanz des Reformators für die Kirche und das Leben der Gläubigen im 20. Jahrhundert dürfte den Besuchern des Vortrags somit kaum klar geworden sein. Insgesamt war bei diesem Kirchentag keine umfassende Auseinandersetzung mit Bugenhagens Erbe vorgesehen, doch mitunter gab es kleine Ansätze, ihn in den Mittelpunkt zu rücken. So wurde beim „Startabend" eine kurze Spielszene mit Propst Hans-Georg Haberecht in der Rolle von Bugenhagen aufgeführt, der sich Gespräche in Kleingruppen anschlossen zu Fragen wie „Was heißt Reformation?" oder „Was bedeutet für uns Bugenhagens Wort, dass wir reich sind durch Gottes Wort?"[261]. Außerdem sollten drei Kernaspekte von Bugenhagens Wirken den Leitfaden für den Aufbau der Abschlussversammlung bilden: seine Mitarbeit

256 Siehe Kapitel 7.1.

257 Vgl. LAG, Rep. 200 II 7.3, Nr. 46, Blatt 101: Manuskript des Vortrags von Joachim Wächter beim Kirchentag 1985, S. 1.

258 Vgl. ebd. S. 3f.

259 Vgl. ebd. S. 2-5.

260 Vgl. ebd. S. 7.

261 Vgl. LAG, IV/E/2.14, Nr. 602, Blatt 13: „Informationen zum Kirchentag 1985 in Greifswald" von Joachim Puttkammer (Kirchentagssprecher), S. 1; LKAG, Best. KT, Nr. 42: „Presseinformation Nr. 3", S. 1.

an der Psalmenübersetzung, seine Tätigkeit als Seelsorger Luthers und seine Auswirkungen auf die ökumenischen Beziehungen zu Nordeuropa[262]. Daraus ergaben sich die Eckpfeiler des Programms in Form einer Psalmkomposition für Chor, Bläser, Band, Sprecher und Gemeinde von Kantor Hartmut Grosch, der Ansprache von Jörg Zink sowie von zwei Gesprächen zur Bedeutung Bugenhagens für die ELKG und die Ökumene mit Bischof Gienke, Siegfried Plath, Stadtpfarrer Günter Ambrosi (Bukarest) und Professor Niels Andersen (Kopenhagen)[263]. Weitere geistliche Angebote waren durch die Kirchentagslosung indirekt mit Bugenhagen verknüpft. In den acht Gottesdiensten am Sonntagvormittag, die vor allem Kirchentagsgäste gestalteten[264], sollte der Predigttext am Kirchentagsmotto und an der Jahreslosung (Kol 3,16-17) ausgerichtet sein[265].

Im Vergleich zu vorangegangenen Kirchentagen erwies sich das gottesdienstliche Angebot in Greifswald zwar als relativ umfangreich, nicht aber als vielseitig. Konnten die Besucher beim Kirchentag 1978 noch aus rund einem Dutzend verschiedener Gottesdienstformen wählen[266], stachen beim Greifswalder Treffen lediglich der plattdeutsche Gottesdienst mit Pastor Krüger in der Wiecker Bugenhagenkirche und der Abendmahlsgottesdienst in der Marienkirche mit Carl Mau heraus. Nichtsdestotrotz waren nach kirchlichen Angaben alle Gottesdienste am Vormittag des 23. Juni sehr gut besucht – bereits gegen 9 Uhr seien die Kirchen überfüllt gewesen[267]. Das verdeutlicht den hohen Stellenwert der Gottesdienste, die offenbar aus Sicht der Teilnehmer zu den Kernpunkten eines Kirchentags gehörten. Anders als bei den vorherigen Treffen 1983 in Rostock und 1981 in Stralsund hatten sich die Veranstalter dafür entschieden, die Abschlussveranstaltung nicht als Gottesdienst zu konzipieren[268]. Wie es zu dem Entschluss kam, geht aus den Akten nicht hervor. Vielleicht

262 Vgl. LKAG, Best. KT, Nr. 38: Protokoll der Sitzung der Vorbereitungsgruppe der Abschlussveranstaltung am 27./28.3.1984, S. 1f.

263 Vgl. ebd.

264 Sechs der acht Gottesdienste wurden von Gästen gehalten. So predigte der mecklenburgische Bischof Christoph Stier im Bugenhagenhaus, Bischof Demke (KPS) in der Kirche in Neuenkirchen, Bischof Krusche (Hamburg) in der Christuskirche und Bischof Lindegård (Schweden) in der Jakobikirche. Der schwedische Bischof Hallgren hielt seinen Gottesdienst passenderweise in der Schwedenkirche und in der Marienkirche gab es einen Abendmahlsgottesdienst mit Carl Mau vom Lutherischen Weltbund. Vgl. ebd.: Programmheft Kirchentag Greifswald 1985, S. 15f.

265 Vgl. ebd. S. 15.

266 Siehe dazu Kapitel 4.5.

267 Vgl. LKAG, Best. KT, Nr. 37: „Presseinformation Nr. 9". Nach kirchlichen Schätzungen hatten an den Gottesdiensten ab 9.30 Uhr respektive 10 Uhr insgesamt rund 6.400 Menschen teilgenommen. Auf dem Marktplatz versammelten sich 3.500 Teilnehmer, in der Marienkirche 1.100, in der Jakobikirche 800, in der Christuskirche 400, in der Bugenhagenkirche 200, im Bugenhagenhaus 250 und in Neuenkirchen 150. Vgl. ebd.: „Kirchentag in Zahlen"" In: Greifswalder Informationsdienst (hrsg. von der Pressestelle der ELKG), Nr. 3/85, 30.6.1985, S. 26. Nach Angaben der staatlichen Stellen hatten an den Gottesdiensten auf dem Marktplatz und in der Christuskirche sogar rund 4.000 respektive 550 Personen teilgenommen. In die Schwedenkirche kamen nach staatlichen Schätzungen 110 Besucher, in die Bugenhagenkirche 200, in die Jakobikirche 800, ins Bugenhagenhaus 180 und nach Neuenkirchen 180. Vgl. LAG, IV/E/2.14, Nr. 602, Blatt 88: „Dritte Tagesinformation zu den Aktivitäten der Greifswalder Landeskirche am 23.6.1985", S. 1; ebd.: Blatt 99: Bericht zum Gottesdienst in der Christuskirche; ebd. Blatt 103: Bericht zum Gottesdienst in der Schwedenkirche; ebd. Blatt 104: Bericht zum Gottesdienst mit Bischof Lindegård; ebd. Blatt 105: Bericht zum Gottesdienst im Bugenhagenhaus und zum plattdeutschen Gottesdienst; ebd. Blatt 107: Bericht zum Gottesdienst mit Bischof Demke.

268 Vgl. LKAG, Best. KT, Nr. 38: Protokoll der Sitzung der Vorbereitungsgruppe der Abschlussveranstaltung am 27./28.3.1984, S. 1.

wollten sie damit einen Kontrapunkt zu den Gottesdiensten des Vormittags setzen, wie bereits beim Kirchentag in Stralsund 1978. Obwohl die Abschlussversammlung nicht wie zwei und vier Jahre zuvor als Abendmahlsgottesdienst gefeiert wurde, enthielt sie viele gottesdienstliche Elemente wie das Vaterunser, Segen, Kirchenlieder und eine Ansprache mit Predigtcharakter[269].
Darüber hinaus gab es Angebote, die das kirchliche Leben im Nordosten thematisierten. So nahmen die Organisatoren im Rahmen des Forums A zum ersten Mal den „Markt der Möglichkeiten" in das Programm eines Landeskirchentags der ELKG auf. Roland Macht vom Rat des Bezirks versuchte, den Programmpunkt infrage zu stellen, indem er auf „gewisse Negativerfahrungen von Rostock" hinwies[270]. Damit spielte der Referent für Kirchenfragen mit Sicherheit auf das Plakat am Rostocker Kirchenkarren Nr. 6 an, auf dem sich Besucher zur Abschiebung des Friedensaktivisten Roland Jahn aus der DDR geäußert hatten[271]. Durch diese Bedenken ließen sich die Verantwortlichen allerdings nicht von ihrem Vorhaben abbringen, zumal die Stände nicht als Diskussionsforen gedacht waren und beim geplanten Teilnehmerkreis in thematischer Hinsicht keine Kontroversen zu erwarten waren. Insgesamt rechnete man mit etwa 50 Ständen in der Verantwortung der Behindertentagesstätte Greifswald, dem Schwesternheimathaus Stralsund, den Züssower Anstalten, dem Seminar Kirchlicher Dienst Greifswald, der Dombuchhandlung Greifswald und der Arbeitsgemeinschaft zur Abwehr der Suchtgefahr (AGAS) Stralsund[272]. Außerdem waren Informationsstände zur ökumenischen Arbeit und zur Familienarbeit sowie eine 20 Tafeln umfassende Ausstellung zur ELKG, Bastelstände und ein Puppentheater von der Jungen Gemeinde Greifswald-Schönwalde vorgesehen[273].
Aspekte des kirchlichen Lebens in der DDR kamen zudem in der Veranstaltung „Sie fragen – wir antworten" in der Josephkirche zur Sprache. Dort stellten sich Mitglieder der Greifswalder Kirchenleitung und Gäste des Kirchentags[274] den Anfragen der rund 350 Teilnehmer[275]. Als Antwort auf die Frage nach der Haltung der Kirche zum Thema Frieden verwies der Dresdener Landeskirchenamtspräsident Kurt Domsch auf die Formulierung der „Absage an den Geist der Abschreckung"[276] und erklärte, die Kirche engagiere sich gegen den Einsatz von Massenvernichtungswaffen und für militärische Abrüstung, ohne allerdings konkrete Maßnahmen zu benennen[277]. Ähnlich vage blieben die Äußerungen von Oberkonsistorialrat Harder zum Problem der

269 Vgl. ebd.: Programmheft der Abschlussveranstaltung des Greifswalder Kirchentags 1985, S. 1-4.
270 Vgl. ebd. Nr. 40: Vermerk zum Gespräch am 20.3.1985 beim RdB Rostock, S. 2.
271 Siehe dazu Kapitel 6.3.
272 Vgl. LKAG, Planung, Protokolle und Programm KT 1985: „Markt der Möglichkeiten"; EZA, Best. 95, Nr. 259: Protokoll der Informationsrunde Kirchentag am 28.11.1984, S. 1.
273 Vgl. LKAG, Planung, Protokolle und Programm KT 1985: „Markt der Möglichkeiten".
274 Das Podium bildeten Horst Gienke, Dietrich Affeld, Hans-Martin Harder, Kurt Domsch und Bernhard Opitz. Die Moderation übernahm Pfarrer Reinhard Glöckner. Vgl. LKAG, Best. KT, Nr. 37: „'Sie fragen- wir antworten' in der Kirche St. Joseph, 23.6.1985" In: Greifswalder Informationsdienst (hrsg. von der Pressestelle der ELKG), Nr. 3/85, 30.6.1985, S. 11.
275 So die staatliche Schätzung. Vgl. LAG, IV/E/2.14, Nr. 602, Blatt 89: „Dritte Tagesinformation zu den Aktivitäten der Greifswalder Landeskirche am 23.6.1985", S. 2. Laut den kirchlichen Angaben war die Christuskirche „völlig überfüllt". Vgl. „Zahlen vom Kirchentag" In: Die Kirche (Greifswalder Ausgabe), Jg. 40, Nr. 29 vom 21.7.1985, S. 4.
276 Zu den Hintergründen dieser Formel siehe Kapitel 6.3.
277 Vgl. LKAG, Best. KT, Nr. 37: „'Sie fragen- wir antworten' in der Kirche St. Joseph, 23.6.1985" In: Greifswalder Informationsdienst (hrsg. von der Pressestelle der ELKG), Nr. 3/85, 30.6.1985, S. 13.

Wehrerziehung in den Schulen und zu möglichen Alternativen zum Wehrdienst. Er ließ lediglich verlauten, man bleibe in diesen Punkten mit den Staatsorganen „weiter im Gespräch“[278]. Die einzige Frage, auf die eine ausführlichere Antwort folgte, bezog sich auf das Verhältnis der Kirche zum Staat. Bischof Gienke äußerte sich in gewohnter Manier und appellierte an die Christen, beim Aufbau des gegenseitigen Vertrauens den Anfang zu machen, da es „klare Erfahrungen“ gebe, dass dies zu „Sachlichkeit, Vertrauen und Freimütigkeit im Umgang miteinander“ führe[279]. Außerdem teilte er den Besuchern mit, die Greifswalder Bundessynode 1984 habe ein „klares Ja“ zum Vertrauensverhältnis zwischen Staat und Kirche abgegeben, womit er die dort geführten Diskussionen einfach unterschlug[280]. Der Vorsitzende der Konferenz der Landesausschüsse, Bernhard Opitz, ging hingegen auf bestehende Probleme ein. So rief er die Kirchenmitglieder zu Geschlossenheit und Solidarität auf, wenn zum Beispiel Kinder von Gemeindegliedern mehr Nachteile durch eine Nichtteilnahme an der Jugendweihe erfuhren als Kinder aus Pastorenfamilien, und mahnte an: „Hier sollten wir [...] uns nicht auseinandermanipulieren lassen.“[281] Im Hinblick auf die Kirchentagsarbeit wollten die Besucher wissen, warum bisher kein zentrales Treffen durchgeführt wurde[282]. Opitz antwortete, ein solches Vorhaben sei aufgrund der derzeitigen „Möglichkeiten“ in der DDR vorläufig nicht realisierbar[283]. Beschwichtigend fügte er hinzu, die Kirchentagsarbeit in der DDR habe gerade durch ihre Regionalität ein eigenes Profil entwickeln können[284]. Ob diese euphemistische Sicht bei den Teilnehmern auf Verständnis gestoßen ist, bleibt allerdings fraglich. Der große Wunsch nach einem zentralen Kirchentag, ähnlich den bundesdeutschen Treffen, war schließlich nicht zuletzt im Vorfeld des Lutherjubiläums 1983 zutage getreten[285] und offenbar immer noch aktuell. Eine weitere Frage bezog sich unmittelbar auf einen Aspekt des Greifswalder Kirchentags: Ein Besucher erkundigte sich, warum es dort keinen Jugendgottesdienst gegeben habe[286]. Anstatt die Gelegenheit zu einer Diskussion über diesen wichtigen Punkt der Kirchentagsplanung zu ergreifen, antwortete Hans-Martin Harder nur knapp, man habe in Greifswald für die Jugendlichen doch genug angeboten[287]. Inwiefern sich die Organisatoren tatsächlich auf die jüngere Generation einstellten, erörtert das folgende Kapitel.

278 Vgl. ebd.
279 Vgl. ebd.
280 Vgl. ebd. Der KKL-Bericht der Bundessynode im Herbst 1984 enthielt den Satz: „So können wir heute wagen, von einem Grundvertrauen zwischen Kirche und Staat zu sprechen.“ Zu dieser Aussage hatte sich daraufhin bei der Tagung eine heftige Diskussion entwickelt, in der auch von einem „Grundmisstrauen“ die Rede war. Vgl. Besier: Der SED-Staat und die Kirchen 1983-1991, S. 96-99.
281 Vgl. LKAG, Best. KT, Nr. 37: „'Sie fragen- wir antworten' in der Kirche St. Joseph, 23.6.1985“ In: Greifswalder Informationsdienst (hrsg. von der Pressestelle der ELKG), Nr. 3/85, 30.6.1985, S. 13.
282 Vgl. ebd. S. 12.
283 Vgl. ebd.
284 Vgl. ebd.
285 Siehe dazu Kapitel 6.1.
286 Vgl. LKAG, Best. KT, Nr. 37: „'Sie fragen- wir antworten' in der Kirche St. Joseph, 23.6.1985“ In: Greifswalder Informationsdienst (hrsg. von der Pressestelle der ELKG), Nr. 3/85, 30.6.1985, S. 11.
287 Vgl. ebd.

7.5 Vom „Jahr der Jugend“ keine Spur

Für das Jahr 1985 rief die UNO das „Internationale Jahr der Jugend“ aus. Obwohl dies den Veranstaltern des Greifswalder Treffens bereits im Herbst 1983 bekannt war und sie sich vorgenommen hatten, Jugendliche bei den kommenden Treffen stärker einzubeziehen[288], änderten sie ihre bisherige Vorgehensweise nicht. Dabei betraf diese Vernachlässigung erneut nicht nur die jüngere Generation, sondern Laien im Allgemeinen. Die Organisatoren erklärten zwar stolz, dass rund 250 Personen an den Vorbereitungen für den neunten Landeskirchentag mitgewirkt hätten[289], doch die inhaltliche Gestaltung lag ein weiteres Mal in den Händen einer überschaubaren Anzahl hauptamtlicher kirchlicher Mitarbeiter. Ohne Zweifel ist es aber nahezu unmöglich, ein solches Großereignis ohne die Unterstützung der Gemeindeglieder vor Ort zu realisieren. So brachten sich Mitglieder der Greifswalder Gemeinden im organisatorischen Bereich ein, wie bei der Verpflegung der Besucher, der Bereitstellung von Quartieren oder als Ordner[290]. Als Mitwirkende nahmen sie wieder ihre altbekannten Rollen ein: als Chorsänger, Bläser oder Darsteller in Spielszenen. Beim Gottesdienst auf dem Marktplatz waren fünf Laien immerhin als Lektoren und Vorbeter beim Fürbittengebet vorgesehen[291]. Seine inhaltliche Prägung erhielt das Treffen aber vor allem durch die Pastoren. Die Voraussetzungen dafür waren allein schon durch die Zusammensetzung der wichtigsten Kirchentagsgremien gegeben. Im Landesausschuss und in der ZORG wirkten jeweils nur drei Laien mit[292]. Auch im Ortsausschuss und den Vorbereitungsgruppen der umfangreichsten Angebote (die drei Foren, der „Kinderkirchentag“, der „Abend der Begegnung“, der Gottesdienst auf dem Marktplatz, die Abschlussversammlung) lag die Verantwortung vorrangig bei den Pfarrern. Leider geben die Quellen keinen Aufschluss darüber, inwiefern sie Impulse aus den Kirchengemeinden oder von einzelnen Laien in ihre Arbeit aufnahmen, sodass man den Eindruck gewinnt, Laien hätten beim Greifswalder Treffen kaum inhaltlich-gestaltend gewirkt. Das stellte in der Entwicklung der Kirchentage im hier untersuchten Zeitraum einen Tiefpunkt dar, denn bei den Treffen 1978 in Stralsund und 1983 in Rostock konnten Laien mit „Sei unser Gast“ immerhin eine der größten Veranstaltungen im Programm prägen.

Die jüngeren Teilnehmer wurden darüber hinaus in doppelter Hinsicht benachteiligt, da sie zum einen nur geringfügig an der Ausgestaltung des Treffens beteiligt waren und zum anderen als Zielgruppe wenig Berücksichtigung fanden. Als einen

---

288 Vgl. EZA, Best. 95, Nr. 259: Protokoll der Sitzung des Landesausschusses Greifswald am 9.9.1983, S. 1; ebd.: Protokoll der Sitzung des Landesausschusses Greifswald und der ZORG am 30.11.1983, S. 1.

289 Vgl. LKAG, Best. KT, Nr. 37: „Kirchentag in Zahlen'“ In: Greifswalder Informationsdienst (hrsg. von der Pressestelle der ELKG), Nr. 3/85, 30.6.1985, S. 26.

290 So meldeten sich dutzende Gemeindemitglieder als freiwillige Helfer für die Frühstücksversorgung und die Verpflegung an den zwei Abenden sowie bei den drei Foren. Außerdem wurden etwa 700 Privatquartiere zur Verfügung gestellt und viele Jugendliche waren als Ordner bei den größeren Veranstaltungen wie dem „Abend der Begegnung“ eingesetzt. Vgl. ebd. Nr. 40: Protokoll der Sitzung des Verpflegungsausschusses am 28.5.1985, S. 1; ebd. Nr. 42: „Presseinformation Nr. 3“, S. 2; LKAG, Planung, Protokolle und Programm KT 1985: Programmablauf zum „Abend der Begegnung“, S. 4.

291 Vgl. LKAG, Planung, Protokolle und Programm KT 1985: Protokoll der Sitzung der Vorbereitungsgruppe des Gottesdienstes auf dem Marktplatz, 16.1.1985.

292 Siehe Anm. 59 und 60 in Kapitel 7.1.

Fortschritt muss man in diesem Kontext allerdings die Aufnahme des „Kinderkirchentags“ in das Programm bezeichnen, weil die jüngsten Besucher damit nach langer Zeit wieder eine eigene Großveranstaltung bei einem Kirchentag der Greifswalder Kirche bekamen[293]. Nach dem sehr erfolgreichen „Kinderkirchentag“ beim Rostocker Treffen 1983 entschlossen sich die Organisatoren, die Veranstaltung auch in Greifswald anzubieten und rechneten mit einer regen Teilnahme[294]. Die Entfaltung der Losung „Durch den Glauben reich sein“ in Form von Erzählungen, Theater und Bastelaktionen zog schließlich nach kirchlichen Schätzungen rund 800 Kinder und 300 Erwachsene an[295] und gehörte damit zu den am besten besuchten Angeboten. In Bezug auf die jugendlichen Teilnehmer vertrat man hingegen die Ansicht, dass keine eigens für sie konzipierte Veranstaltung stattfinden sollte[296]. Weil an den vorangegangenen Treffen eine Vielzahl Jugendlicher teilgenommen hatte, fasste der Landesausschuss den ambitionierten Entschluss, das gesamte Programm jugendgemäß zu gestalten[297]. Zunächst zeigten sich die Jugendmitarbeiter mit diesem Ansatz einverstanden und erhofften sich dadurch eine stärkere inhaltliche Einbeziehung junger Christen[298]. Der Landesausschuss und die ZORG verfügten, dass in den Vorbereitungsgruppen zum „Startabend“, den drei Foren, zur Abschlussveranstaltung und zum „Abend der Begegnung“ jeweils ein Vertreter der Jugendarbeit mitwirkte und Landesjugendwart Horst Lambrecht außerdem in der ZORG mitarbeitete[299]. Jedoch wurde die Umsetzung dieses Beschlusses anscheinend nur halbherzig verfolgt. Zwar bekam die zentrale Vorbereitungsgruppe mit Landesjugendpfarrer Günter Lembcke einen weiteren Jugendmitarbeiter als Mitglied und auch in den Vorbereitungsgruppen der Foren A und C sowie der Abschlussversammlung engagierten sich Mitarbeiter der Kinder- und Jugendarbeit[300], aber insgesamt fiel ihr Einfluss auf die Veranstaltungen relativ gering aus. Das Forum C stach hier heraus, da die Leitungsfunktion von Studentenpastor Harro Lucht dazu beitrug, dass Mitglieder der ESG Greifswald einzelne Programmpunkte wesentlich mitgestalteten[301]. Darüber hinaus führten inhaltliche Differenzen zum Ende der Zusammenarbeit zwischen leitenden Jugendmitarbeitern und den Vorbereitungsgruppen sowie der ZORG. So beendete

293 Zuletzt hatte es beim Stralsunder Treffen 1967 einen „Kinderkirchentag“ mit rund 2.000 Teilnehmern gegeben. Vgl. LKAS, OKR Gen., Nr. 753: „Evangelischer Kirchentag in der DDR: Dokumentation 1962-1978“, 1.2.1979, S. 23.

294 Vgl. LKAG, Planung, Protokolle und Programm KT 1985: Protokoll der Sitzung der Vorbereitungsgruppe des Kinderkirchentags am 23.6.1984.

295 Vgl. ebd.; LKAG, Best. KT, Nr. 37: „Kirchentag in Zahlen'“ In: Greifswalder Informationsdienst (hrsg. von der Pressestelle der ELKG), Nr. 3/85, 30.6.1985, S. 26.

296 Vgl. EZA, Best. 95, Nr. 259: Protokoll der Sitzung der ZORG am 3.10.1983, S. 2.

297 Vgl. LAG, IV/E/2.14, Nr. 602, Blatt 14: „Informationen zum Kirchentag 1985 in Greifswald“ von Joachim Puttkammer (Kirchentagssprecher), S. 2.

298 Vgl. EZA, Best. 95, Nr. 259: Protokoll der Sitzung des Landesausschusses Greifswald und der ZORG am 30.11.1983, S. 1.

299 Vgl. ebd.; ebd.: Protokoll der Sitzung der ZORG und der Vorsitzenden der Foren am 4.5.1984, S. 1.

300 Bei den Vorbereitungen zum Forum A wirkte Horst Lambrecht mit. Katechetin Ursula Kaden (Stralsund) war Mitglied der Vorbereitungsgruppe zur Abschlussversammlung. Harro Lucht bereitete das Forum C in einer Doppelfunktion als Mitglied des „Friedensausschusses“ der Landessynode und als Studentenpfarrer vor. Vgl. ebd.: Protokoll der Sitzung der ZORG am 5.11.1984, S. 2; LKAG, Best. KT, Nr. 38: Programmheft der Abschlussveranstaltung des Greifswalder Kirchentags 1985, S. 4.

301 Dazu gehörte der „Laden-Sketch“, an dessen Entwicklung und Aufführung Mitglieder der ESG beteiligt waren. Vgl. LKAG, Planung, Protokolle und Programm KT 1985: Protokoll der Sitzung der Vorbereitungsgruppe „Forum C“ am 28.4.1985, S. 1. Siehe dazu Kapitel 7.3.

Günter Lembcke im Oktober 1984 seine Mitwirkung in der ZORG, weil er sich in seinen Handlungsmöglichkeiten eingeschränkt sah[302]. Horst Lambrecht schied aus der Vorbereitungsgruppe des Forums A aus, ohne dass seine Beweggründe überliefert sind[303]. Vermutlich war er ähnlich wie sein Kollege Lembcke unzufrieden mit der Umsetzung des Konzepts des Landesausschusses. Somit hatte sich die anfängliche Zustimmung der Jugendarbeit zur Kirchentagsplanung im Hinblick auf das Jugendangebot zu Ablehnung gewandelt. Um die Jugendmitarbeiter nicht völlig für die Kirchentagsarbeit zu verlieren, ging die ZORG schließlich einen Kompromiss ein: Sie stimmte der Durchführung einer speziell an Jugendliche gerichteten Veranstaltung zu[304]. „Jugend lädt ein zur Meditation" fand am späten Abend des 22. Juni in der Jakobikirche statt[305]. Ursprünglich wollte Pastor Lembcke das Angebot gemeinsam mit Jugendwarten und Mitgliedern des Landesjugendkonvents vorbereiten, was aber aufgrund der „schlechten personellen Situation" nicht realisiert werden konnte[306]. Stattdessen nahm Lembcke die Unterstützung der bei den nördlichen Kirchentagen wohlbekannten „Gruppe Schalom" in Anspruch[307]. Inhaltlich waren Gespräche in kleinen Gruppen zum Thema „Ihr seid das Salz der Erde" (Mt 5,13), Sketche und ein Abendmahl geplant[308]. Den Terminus „Meditation" wollten die Organisatoren dabei als kritisches Nachdenken und Bewusstwerden verstanden wissen[309]. Um einen Reflexionsprozess in Gang zu setzen, stellten sie zu Beginn die Losung „Nicht Zucker auf dem Kuchen, nicht die Made im Speck. Niemand kann zwei Herren dienen" in den Raum[310]. Die Gebetsanliegen, die aus den Gesprächsgruppen heraus entstanden[311], enthielten einige brisante Aspekte. So beteten die Teilnehmer für eine ehrlichere Auseinandersetzung mit gesellschaftlichen Problemen, für Geduld und Liebe mit Andersdenkenden oder dafür, dass „wir unser Gewissen nicht verlieren und unbequeme Gedanken und Kritik nicht verdrängen"[312]. Auch die Kirchenführung rückte in den Fokus: „Wir wünschen uns Verständnis und offene Ohren für Schwierigkeiten von den Menschen, die in der Kirchenleitung was zu sagen haben."[313] Die meisten Fürbitten bezogen sich auf die Friedensproblematik, unter anderem in Form eines Gedenkens an die Opfer der globalen Abschreckungssysteme und der Hoffnung auf ein Gelingen der Abrüstungsverhandlungen zwischen den USA und der Sowjetunion[314]. Außerdem beteten die Teilnehmer für eine erfolgreiche Durchführung des geplanten Friedenskonzils, den Abbau jeglicher Feindbilder, Schranken und Mauern sowie um Kraft für Wehrdienstverweigerer[315]. Ihre Sorge um

302 Vgl. EZA, Best. 95, Nr. 259: Protokoll der Sitzung der ZORG am 3.10.1984, S. 1.
303 Vgl. ebd.: Protokoll der Sitzung der ZORG am 5.11.1984, S. 2.
304 Vgl. LKAS, Best. KT, Nr. 2: Auswertungsprotokoll zum Greifswalder Kirchentag vom Landesausschuss Greifswald, Dezember 1985, S. 5.
305 Vgl. ebd. Nr. 38: Programmheft Kirchentag Greifswald 1985, S. 15.
306 Vgl. LKAG, Planung, Protokolle und Programm KT 1985: Brief von Günter Lembcke an die ZORG, 1.3.1985.
307 Vgl. ebd.
308 Vgl. EZA, Best. 95, Nr. 259: Protokoll der Sitzung der ZORG am 25.3.1985, S. 2.
309 Vgl. LKAG, Best. KT, Nr. 37: „Presseinformation Nr. 6", S. 2.
310 Vgl. ebd.
311 Vgl. EZA, Best. 95, Nr. 259: Protokoll der Sitzung der ZORG am 25.3.1985, S. 2.
312 Vgl. „Nachschrift der während der ‚Meditation für die Jugend' beim Kirchentag 1985 vorgetragenen Gebete", abgedruckt in: Saß: Der „Greifswalder Weg", S. 318.
313 Vgl. ebd. S. 319.
314 Vgl. ebd. S. 318f.
315 Vgl. ebd. S. 318 und S. 320. Zum Friedenskonzil siehe Kapitel 7.3.

die Natur und die Forderung eines verantwortungsvollen Umgangs mit der Umwelt nahmen sie ebenfalls in das Schlussgebet auf[316]. Darüber hinaus kamen der Dank für die Gemeinschaft beim Kirchentag sowie der Wunsch nach einer Stärkung des eigenen Glaubens, Mut zum Glaubensbekenntnis und Hoffnung für das persönliche Leben zum Ausdruck[317]. Bei den drei letztgenannten handelte es sich um zeitlose Gebetsanliegen, die aber vor dem Hintergrund der Situation der Christen in der DDR und der damaligen politisch-militärischen Weltlage eine besondere Intensität besaßen. Aufgrund der Thematisierung der Wehrdienstverweigerung und der indirekten Forderung nach einer Realisierung der Meinungs-, Glaubens- und Gewissensfreiheit bewegte sich die „Meditation" bereits im Rahmen dessen, was staatlicherseits als „Provokation" aufgefasst wurde. Der Landesausschussvorsitzende Siegfried Bohl soll gegenüber der Stasi geäußert haben, die Verantwortlichen des Treffens hätten wegen der offenen Kritik in den Fürbitten überlegt, die Veranstaltung abzubrechen[318]. Schließlich habe jedoch die Kirchenleitung davon abgesehen, weil sie im Falle eines Eingreifens noch stärkere „Provokationen" vonseiten der Teilnehmer befürchtet hätte[319]. Die Resonanz auf dieses dezidiert an jüngere Besucher gerichtete Angebot war sehr positiv: zwischen 400 und 500 Jugendliche nahmen daran teil[320]. Auch andere Programmpunkte wurden von Jugendlichen gut angenommen. Dazu gehörten wie bereits 1983 in Rostock vor allem die größeren Veranstaltungen, wie die drei Foren (insbesondere das Forum C[321]), der „Abend der Begegnung"[322] und der „Startabend"[323].

Zufrieden resümierte der Landesausschuss, die „Tendenz der Verjüngung des Kirchentags" habe in Greifswald angehalten[324]. Um das große Interesse jüngerer Menschen an den Treffen aufrechtzuerhalten, wäre es allerdings allmählich an der Zeit gewesen, diese Zielgruppe deutlich mehr an den Vorbereitungen zu beteiligen und

316 Vgl. ebd. S. 320.

317 Vgl. ebd. S. 318-320.

318 Vgl. BStU, MfS, BV Rostock, AIM 4171/90, Teil I, Blatt 167: „Bericht über [das] Kontaktgespräch mit IM-Kandidat ‚Grimm'", 7.8.1985, S. 2.

319 Vgl. ebd.

320 Nach kirchlicher Schätzung nahmen rund 400 jüngere Besucher teil. Die staatlichen Berichte sprechen sogar von 500 Teilnehmern, zu 95 Prozent Jugendliche. Vgl. LKAG, Best. KT, Nr. 37: „Presseinformation Nr. 6", S. 2; LAG, Rep. 200 II 7.3, Nr. 52: Bericht zu „Jugend lädt ein zur Meditation", S. 1.

321 Laut staatlicher Berichte lag der Anteil der jugendlichen Besucher beim Forum C zwischen 60 und 80 Prozent. Am Forum A nahmen nach staatlichen Schätzungen rund 500 Menschen teil, etwa 30 Prozent davon seien Jugendliche gewesen. Beim Forum B soll die Beteiligung von Jugendlichen bei 40 Prozent gelegen haben. Die Veranstalter erklärten, es habe sich bei 40 Prozent der Teilnehmer des Forums A um Jugendliche gehandelt. Vgl. LAG, IV/E/2.14, Nr. 602, Blatt 81-83: „Zweite Tagesinformation zu den Aktivitäten der Greifswalder Landeskirche am 22.6.1985", S. 1-3; ebd. Blatt 109: Bericht zum Forum C, S. 1; LKAG, Best. KT, Nr. 37: „Presseinformation Nr. 6", S. 1.

322 Nach staatlichen Angaben waren unter den 2.000 Besuchern des „Abends der Begegnung" etwa 60 Prozent Jugendliche. Vgl. LAG, IV/E/2.14, Nr. 602, Blatt 86: „Zweite Tagesinformation zu den Aktivitäten der Greifswalder Landeskirche am 22.6.1985", S. 6.

323 Im staatlichen Bericht heißt es, unter den 1.000 Teilnehmern des „Startabends" hätten sich „vorwiegend Jugendliche" befunden. Vgl. ebd. Blatt 71: „Erste Tagesinformation zu den Aktivitäten der Greifswalder Landeskirche am 21.6.1985", S. 1.

324 Vgl. LKAS, Best. KT, Nr. 2: Auswertungsprotokoll zum Greifswalder Kirchentag vom Landesausschuss Greifswald, Dezember 1985, S. 5. Nach staatlichen Schätzungen machten Jugendliche etwa ein Drittel der Gesamtteilnehmer des Kirchentags aus. Vgl. LAG, IV/E/2.14, Nr. 602, Blatt 134: „Kurzeinschätzung des 9. Kirchentags der Greifswalder Landeskirche vom 21.-23.6.1985", S. 1.

bei der Konzeption des Programms stärker als bisher zu berücksichtigen. In dieser Hinsicht mussten sich die Organisatoren ein Defizit eingestehen. Der Greifswalder Landesausschuss konstatierte folglich in seiner Auswertungssitzung im Dezember 1985: „Die Konzeption der ZORG, [...] alle Veranstaltungen jugendgemäß vorzubereiten, blieb im Ansatz stecken."[325] Somit blieb die wichtige Aufgabe, die Jugend für eine Mitarbeit zu gewinnen und damit den Weg für die Zukunft des Kirchentags zu ebnen, im Norden weiterhin ungelöst. Auf einem anderen Gebiet konnten die Veranstalter hingegen einen Fortschritt erzielen, und zwar bei der Ökumene.

7.6 Die Ökumene

Die Verbindung des Kirchentags mit dem Bugenhagenjubiläum ermöglichte es der Greifswalder Kirche, eine außergewöhnlich hohe Anzahl internationaler Gäste einzuladen. Mit rund 200 Gästen[326] übertraf der neunte Landeskirchentag sogar noch bei Weitem das Rostocker Treffen im Lutherjahr, zu dem ca. 50 Kirchenvertreter einreisen durften[327]. Der Großteil der Gäste kam aus Ländern und Regionen, in denen der *Doctor Pomeranus* an der Einführung und Durchsetzung der Reformation beteiligt gewesen war. Auf dem Gebiet der nordelbischen Landeskirche – der Partnerkirche der ELKG – hatte Bugenhagen vor allem durch seine Kirchenordnungen gewirkt. Die Städte Hamburg (1529) und Lübeck (1531) sowie das Herzogtum Schleswig (1542) gestalteten ihr Kirchenwesen auf der Grundlage der bei Bugenhagen in Auftrag gegebenen Kirchenordnungen um[328]. Auch die braunschweigische Landeskirche ist durch die Kirchenordnungen für die Stadt Braunschweig (1528) und das Herzogtum Braunschweig-Wolfenbüttel (1543)[329] eng mit Bugenhagen verbunden. In Skandinavien verfasste Johannes Bugenhagen zwar nur für das Königreich Dänemark-Norwegen eine Kirchenordnung (1537/39)[330], beeinflusste dort aber auch auf andere Weise die reformatorische Bewegung. So führte er zum Beispiel 1537 die Krönung von König Christian III. nach einem selbst entworfenen protestantischen Ritus durch[331]. Außerdem zog es zu jener Zeit viele skandinavische Studenten, unter anderem aus Schweden und Finnland, nach Wittenberg, wo sie die reformatorische Lehre von Bugenhagen, Luther und Melanchthon kennen lernten[332]. Diese Studenten – unter ihnen der finnische Reformator Michael Agricola – brachten Bugenhagens Schriften mit in ihre Heimatländer und legten dort den Grundstein für das evangelische Kirchen- und Schulwesen[333]. Jedoch beschränkte sich der Einfluss von Bugenhagen nicht nur auf Norddeutschland und den Ostseeraum. In Siebenbürgen (Rumänien) stellten die Wittenberger Reformatoren die maßgebliche Autorität im

325 Vgl. LKAS, Best. KT, Nr. 2: Auswertungsprotokoll zum Greifswalder Kirchentag vom Landesausschuss Greifswald, Dezember 1985, S. 6.
326 Vgl. ebd. Nr. 37: „Kirchentag in Zahlen'" In: Greifswalder Informationsdienst (hrsg. von der Pressestelle der ELKG), Nr. 3/85, 30.6.1985, S. 26.
327 Vgl. LKAS, Best. Landesbischöfe Rathke und Stier, Nr. 66: Bericht des Landesausschusses Mecklenburg bei der Tagung der Landessynode der ELLKM vom 15. bis 18.3.1984, S. 5.
328 Vgl. Lorentzen: Johannes Bugenhagen als Reformator der öffentlichen Fürsorge, S. 15 und S. 39.
329 Vgl. ebd. S. 15 und S. 41.
330 Vgl. ebd. S. 39.
331 Vgl. ebd.
332 Vgl. Simo Heininen: Bugenhagen in Schweden und Finnland, S. 202.
333 Vgl. ebd. S. 202-204.

Hinblick auf die Umsetzung der Erneuerung des kirchlichen Lebens dar[334]. Zwar besaßen Luthers Schriften für die Siebenbürgen einen höheren Stellenwert, doch fanden Bugenhagens Werke ebenfalls Aufmerksamkeit[335]. Wie die Skandinavier belegten viele siebenbürgische Studenten bei ihm Vorlesungen, hörten ihn predigen und erlebten durch ihn die neue gottesdienstliche Ordnung[336]. Darüber hinaus hatte der *Doctor Pomeranus* zahlreiche Siebenbürgen in Wittenberg ordiniert, die nach der Rückkehr in ihre Heimat seinen Rat bezüglich der Einführung der Reformation suchten[337].
Bei den Gästen aus diesen Regionen handelte es sich vor allem um hochrangige Vertreter, das heißt Bischöfe, Vorsitzende von Synoden, Pröpste und Stadtpfarrer[338]. Offenbar konnte die Greifswalder Kirche die Einreise von leitenden Amtsträgern bei den staatlichen Behörden leichter rechtfertigen und erwirken als die Teilnahme einer größeren Anzahl „einfacher" Kirchenmitglieder aus dem Ausland. Neben weiteren internationalen Gästen aus Europa, Afrika und den USA[339] nahmen Vertreter von Freikirchen, der katholischen und der Russisch-Orthodoxen Kirche[340] sowie eine Delegation des DEKT am Greifswalder Treffen teil[341]. Viele der offiziellen Gäste

334 Vgl. Ludwig Binder: Johannes Bugenhagen und die Evangelisch-Lutherische Kirche in Siebenbürgen, S. 183.

335 Vgl. ebd.

336 Vgl. ebd.

337 Vgl. ebd.

338 Zu den eingeladenen Gästen gehörten unter anderem die Bischöfe Karlheinz Stoll (Schleswig), Ulrich Wilckens (Lübeck), Peter Krusche (Hamburg), Gerhard Müller (Braunschweig), Andreas Aarflot (Oslo), Bertil Wiberg (Roskilde/Dänemark), Erik Vikström (Borga/Finnland), Sven Lindegård (Växjö/Schweden), Bengt Hallgren (Härnösand/Schweden) und Nils Tore Furberg (Visby/Schweden), der Präses der Nordelbischen Synode, Hans-Rolf Dräger, die Pröpste Hans Jochims (Rendsburg), Herwig Schmidtpott (Hamburg) und Stig Nyström (Jonköping/Schweden), Superintendent Paul Szedressy (Rumänien) und die Stadtpfarrer Günter Ambrosi (Bukarest) und Adalbert Kiss (Cluj-Napoca/Rumänien). Vgl. LAG, Rep. 200 II 7.3, Nr. 46: Liste der Teilnehmer am Kirchentag und Bugenhagen-Jubiläum in Greifswald, S. 1f.; LKAG, Best. KT, Nr. 37: „Ökumenische Gäste beim Kirchentag und Bugenhagen-Jubiläum" In: Greifswalder Informationsdienst (hrsg. von der Pressestelle der ELKG), Nr. 3/85, 30.6.1985, S. 22; „Gäste beim Festakt der ELKG zum Bugenhagen-Gedenken am 24. Juni 1985 und während des Greifswalder Kirchentags an den Tagen zuvor", in: Verpflichtendes Vermächtnis, S. 92f.

339 Darunter Carl Mau (LWB), Glen Garfield Williams (Generalsekretär der KEK), die Bischöfe Douglas Hart (Kimberley/Südafrika), Martin Kruse (West-Berlin), Hans-Heinrich Harms (Oldenburg), Hans von Keler (Württemberg), Dieter Knall (Wien), Vladislav Kiedron (ČSSR), Janusz Narzynski (Warschau) und Jonas Kalvanas (Taurage/Litauen), Generalbischof Jan Michalko (Bratislava), Erzbischof Edgar Hark (Tallinn), Hartmut Löwe (Präsident des Kirchenamts der EKD), Propst Harald Tammur (Tartu/Estland), Professor Tibor Fabiny (Budapest) sowie Vertreter der Vereinigten Kirche Christi (USA). Vgl. LAG, Rep. 200 II 7.3, Nr. 46: Liste der Teilnehmer am Kirchentag und Bugenhagen-Jubiläum in Greifswald, S. 1f.; ebd.: Nachtragliste der Teilnehmer am Kirchentag und Bugenhagen-Jubiläum in Greifswald, S. 1; ebd. Blatt 27: Belegungsplan im Hotel „Baltic" in Stralsund vom 21. bis 25.6.1985; ebd. Blatt 28: Belegungsplan im Hotel „Boddenhus" in Greifswald vom 20. bis 26.6.1985, S. 2; LKAG, Best. KT, Nr. 37: „Ökumenische Gäste beim Kirchentag und Bugenhagen-Jubiläum" In: Greifswalder Informationsdienst (hrsg. von der Pressestelle der ELKG), Nr. 3/85, 30.6.1985, S. 22.

340 Dazu zählten der Abgesandte des bischöflichen Ordinariats Berlin, Monsignore Franz Xaver Walter, der Exarch des mitteleuropäischen Exarchats der Russisch-Orthodoxen Kirche, Erzbischof Feodosi, und der Präsident des Bundes der Evangelischen Freikirchlichen Gemeinden, Manfred Sult. Vgl. „Gäste beim Festakt der ELKG zum Bugenhagen-Gedenken am 24. Juni 1985 und während des Greifswalder Kirchentags an den Tagen zuvor", in: Verpflichtendes Vermächtnis, S. 92f.

341 Zur Delegation gehörten die Präsidiumsmitglieder Wolfgang Huber (Heidelberg), Klaus von Bismarck (München) und Eleonore von Rotenhan (München). Vgl. LKAG, Best. KT, Nr. 37:

waren in die Gestaltung der einzelnen Programmpunkte involviert. Zum Großteil wirkten sie als Gesprächspartner in Gruppengesprächen mit, beispielsweise beim „Startabend“[342], den drei Foren[343] oder beim „Abend der Begegnung“[344]. Außerdem gestalteten sie Gebetsteile, wie der dänische Bischof Bertil Wiberg beim „Startabend“[345], und überbrachten Grußworte. Einige Gäste hielten Gottesdienste, unter anderem die schwedischen Bischöfe Sven Lindegård und Bengt Hallgren in der Jakobi- und Schwedenkirche oder Carl Mau in der Marienkirche[346]. Die Zusammenarbeit mit Gemeinden anderer Konfessionen vor Ort war allerdings nicht sehr umfangreich. Unterstützung erhielten die Organisatoren lediglich von der katholischen Gemeinde, die bei der Unterbringung der Besucher half und sich an der Vorbereitung der „Liturgischen Nacht“ in der katholischen Josephkirche beteiligte[347]. Am stärksten involviert waren die Gäste aus der Bundesrepublik. Für die musikalische Umrahmung beim Forum B hatten die Veranstalter den Mainzer Liedermacher Manfred Siebald engagiert und für das Forum A, den „Abend der Begegnung“, den Gottesdienst auf dem Marktplatz und die Abschlussveranstaltung die „Studiogruppe Baltruweit“ aus Niedersachsen[348], die ein gern gesehener musikalischer Gast bei Kirchentagen in Ost und West war. Als Podiumsteilnehmer, Referenten und Prediger wirkten Pastor Jörg Zink, DEKT-Präsident Wolfgang Huber, der Hamburger Bischof Peter Krusche und der westfälische Pastor Johannes Hansen mit. Die bundesdeutschen Medien reagierten darauf in der Pressekonferenz des Kirchentags mit der Frage, ob für die Greifswalder Kirche etwa „das Heil aus dem Westen“ komme[349]. Siegfried Plath soll entgegnet haben, dass die Kirchen in der DDR derzeit noch nicht auf eine Beteiligung von Referenten aus der Bundesrepublik verzichten könnten[350]. Ob es tatsächlich unmöglich gewesen wäre, ähnlich profilierte Redner und Prediger im eigenen Land zu finden, sei dahingestellt. Wahrscheinlicher ist, dass bekannte

„Ökumenische Gäste beim Kirchentag und Bugenhagen-Jubiläum“ In: Greifswalder Informationsdienst (hrsg. von der Pressestelle der ELKG), Nr. 3/85, 30.6.1985, S. 22.

342 Vgl. ebd. Nr. 42: „Presseinformation Nr. 3“, S. 2.

343 An den Gruppengesprächen zum Thema Hoffnung beim Forum A nahmen rund 40 offizielle Gäste teil. Dazu gehörten unter anderem die Bischöfe Hallgren, Hart, Vikström und Knall, Oberkirchenrat Wilhelm Hüffmeier (West-Berlin), Kantor Hans Nyberg (Schweden), Pfarrer Vladislav Volny (ČSSR) und Pfarrer Piotr Gaś (Szczecin/Polen). Beim Forum B kamen rund 50 Gäste, darunter Bischof Wilckens, Superintendent Paul Szedressy (Rumänien) und Pfarrer Henrik Hauge (Oslo), mit den Besuchern ins Gespräch. Am Forum C beteiligten sich ebenfalls etwa 50 internationale Gäste, darunter die Bischöfe Aarflot, Furberg, Kiedron, Hark und Kalvanas sowie Christa Held vom LWB. Vgl. LKAG, Planung, Protokolle und Programm KT 1985: Protokoll der Sitzung der Vorbereitungsgruppe „Forum A“ am 6.2.1985; LAG, Rep. 200 II 7.3, Nr. 46, Blatt 78: Liste der angemeldeten Teilnehmer am Forum A; ebd. Blatt 81: Liste der angemeldeten Teilnehmer am Forum B; ebd. Blatt 82: Liste der angemeldeten Teilnehmer am Forum C.

344 Dort wirkten Bischof Vikström (Finnland) und Professor Fabiny (Budapest) mit. Vgl. LKAG, Planung, Protokolle und Programm KT 1985: Protokoll der Sitzung der Vorbereitungsgruppe vom „Abend der Begegnung“ am 23.5.1985, S.1.

345 Vgl. LKAG, Best. KT, Nr. 42: „Presseinformation Nr. 3“, S. 2.

346 Vgl. ebd. Nr. 38: Programmheft Kirchentag Greifswald 1985, S. 15.

347 Vgl. ebd. Nr. 40: Protokoll der Sitzung des Ortsausschusses am 17.4.1985, S. 2; EZA, Best. 95, Nr. 259: Protokoll der Informationsrunde Kirchentag am 28.11.1984, S. 2.

348 Vgl. LKAG, Planung, Protokolle und Programm KT 1985: Ablaufplan „Forum B“; LKAG, Best. KT, Nr. 38: Vermerk zum Gespräch mit Fritz Baltruweit am 28.1.1985.

349 Vgl. LAG, Rep. 200 II 7.3, Nr. 52: „Erste Tagesinformation zu den Aktivitäten der Greifswalder Landeskirche am 21.6.1985”, S. 2.

350 Vgl. ebd.

Westdeutsche wie Jörg Zink oder die „Studiogruppe Baltruweit" viele Besucher anzogen und sich die Veranstalter deshalb um deren Teilnahme bemühten. In den Beiträgen der bundesdeutschen Gäste wurde oft die Einheit der Christen über alle Grenzen hinweg betont, vor allem im Kontext der Sicherung des Friedens. Wolfgang Huber erklärte in seinem Grußwort beim Forum C, die Christen in beiden deutschen Staaten müssten unbedingt hinsichtlich der Friedensproblematik zusammenarbeiten, damit aus Recht und Gerechtigkeit der Frieden erwachsen könne[351]. DEKT-Präsidiumsmitglied Eleonore von Rotenhan hielt es für eine wichtige Aufgabe der Gläubigen in Ost und West, das Zusammengehörigkeitsgefühl zu stärken[352]. Dazu böten die Kirchentage, wie sie beim „Startabend" unterstrich, eine besonders gute Gelegenheit[353]. Auch Jörg Zink beschwor bei der Abschlussversammlung das Einende zwischen den Menschen in der Bundesrepublik und der DDR. Er überbrachte zu Beginn seiner Ansprache Grüße aus der württembergischen Kirche, die „im tiefen Süden unseres Vaterlandes" liege, und betonte, er sei glücklich, in Greifswald zu sein, um eine Brücke zu den Christen im „anderen Deutschland" schlagen zu können[354]. Wie sehr die westdeutschen Gäste den Kirchentagsbesuchern damit aus dem Herzen sprachen, zeigte sich zum Beispiel beim Forum A. Dort äußerte Propst Klaus-Jürgen Horn aus Meldorf in Schleswig-Holstein die Hoffnung auf einen Gegenbesuch in seiner Heimatgemeinde und erklärte: „Man muss sich das ja einfach mal vorstellen dürfen!", worauf die Forumsteilnehmer mit starkem Beifall reagierten[355]. So stand zwar anders als noch bei den Treffen der 1950er Jahre[356] das Thema Wiedervereinigung längst nicht mehr im Fokus, doch der Wunsch nach deutlichen Erleichterungen im innerdeutschen Reiseverkehr sowie nach einem Ausbau der deutsch-deutschen Beziehungen kam während der Kirchentage in den 1980er Jahren immer stärker zum Ausdruck.

Obwohl sich die Zahl der Gäste und deren Einbindung in die Veranstaltungen des Kirchentags im Vergleich zu den vorherigen Treffen insgesamt gesteigert hatten, erwies sich das Angebot zum Themenbereich Ökumene erneut als sehr schmal. Zum wiederholten Mal gab es mit dem „Treffpunkt Ökumene" nur einen einzigen Programmpunkt, der sich explizit dieser Thematik widmete. Im Gegensatz zum „Ökumenischen Forum" bei den Kirchentagen 1978 in Stralsund und 1983 in Rostock handelte es sich dabei aber nicht um eine Podiumsdiskussion zu Fragen aus dem Publikum, sondern um Gespräche in Kleingruppen zur Losung des Kirchentags[357]. Rund 30 Vertreter verschiedener Kirchen nahmen daran teil, unter anderem der Generalsekretär der KEK, Glen Williams, der südafrikanische Bischof Douglas Hart, Stadtpfarrer Adalbert Kiss aus Rumänien, der litauische Bischof Jonas Kalvanas, der finnische Bischof Erik Vikström, der norwegische Bischof Andreas Aarflot, Bischof Nils Furberg aus Schweden und Klaus von Bismarck vom DEKT-Präsidium[358]. Wie das „Ökumenische Forum" in Stralsund und Rostock erfuhr dieses Angebot in der

351 Vgl. LKAG, Best. KT, Nr. 37: „Kirchentagsforum C: Recht und Frieden" In: Greifswalder Informationsdienst (hrsg. von der Pressestelle der ELKG), Nr. 3/85, 30.6.1985, S. 5.
352 Vgl. „Ökumenisches Grußwort beim Startabend" In: ebd. S. 1.
353 Vgl. ebd.
354 Vgl. ebd.: Manuskript zur Ansprache von Jörg Zink am 23. Juni 1985, S. 1.
355 Vgl. ebd.: „Presseinformation Nr. 6", S. 1.
356 Siehe Kapitel 2.1.
357 Vgl. LAG, IV/E/2.14, Nr. 602, Blatt 106: Bericht zum „Treffpunkt Ökumene".
358 Vgl. LAG, Rep. 200 II 7.3, Nr. 46: „Ökumenische Gäste zum ‚Treffpunkt Ökumene'".

Jakobikirche mit rund 400 Teilnehmern[359] eine sehr positive Resonanz und belegt damit aufseiten der Kirchentagsbesucher ein anhaltendes Interesse am ökumenischen Dialog sowie sicherlich auch eine gewisse Neugier auf die ausländischen Gäste. Der Nachfrage der Besucher nach ökumenischen Programmpunkten stärker Rechnung zu tragen, blieb nach wie vor eine unerledigte Aufgabe der Organisatoren der Kirchentage.

7.7 Auswertungen und Medienresonanz

Sowohl die Greifswalder Kirche als auch die Staatsorgane betrachteten den Kirchentag als Erfolg. Der Landesausschuss konstatierte, es seien „frohe Festtage“ für alle Beteiligten gewesen, wobei der „Startabend“, die drei Foren und der „Abend der Begegnung“ als besondere Höhepunkte hervorgehoben wurden[360]. Mit etwa 8.000 Besuchern bei der Abschlussversammlung und rund 1.200 Dauerteilnehmern[361] habe das Treffen die positiven Erfahrungen der Kirchentage des Lutherjahrs wiederholt[362]. Kritisch merkte der Ausschuss an, ein künftiger Kirchentag sollte „vielleicht [...] mehr sein und anstehende Probleme (Frauen in der Kirche, Anliegen Jugendlicher, Thema Juden und Christen) aufgreifen“[363]. Das Konsistorium kritisierte die Programmkonzeption im Hinblick auf die jüngeren Teilnehmer, indem es anmahnte, dass das große Echo von „Jugend lädt ein zur Meditation“ die Unentbehrlichkeit gesonderter Jugendveranstaltungen deutlich gemacht hatte und im „Jahr der Jugend“ eine stärkere Einbeziehung von Jugendlichen notwendig gewesen wäre[364]. Andererseits habe der neunte Landeskirchentag die guten Erfahrungen der Treffen von 1983 noch übertroffen, besonders in Bezug auf die Zusammenarbeit mit den staatlichen Stellen, die noch unkomplizierter verlaufen sei[365]. Auch Bischof Gienke lobte die Unterstützung der staatlichen Organe, die in „vorbildlicher Weise“ für klare Entscheidungen, eine gute Koordination und „vertrauensvolle Lösungen“ gesorgt hätten[366]. Dadurch sei eine neue Qualität der „vertrauensvollen Zusammenarbeit“ zwischen Staat und Kirche erreicht worden[367]. Bereits während des Kirchentags hatte Horst Gienke mehrfach die vermeintlich großzügige Unterstützung durch die Staatsorgane betont. So zum Beispiel beim Empfang des Staatssekretärs für Kirchenfragen am 23. Juni. Dort dankte er den Staatsvertretern für ihre „tatkräftige Mithilfe“ und die Möglichkeit für die Besucher des Kirchentags, ihren Glauben „so frei und öffentlich“ zu praktizieren[368].

---

359 Vgl. ebd.

360 Vgl. LKAS, Best. KT, Nr. 2: Auswertungsprotokoll zum Greifswalder Kirchentag vom Landesausschuss Greifswald, Dezember 1985, S. 4 und S. 6.

361 Vgl. ebd. Nr. 37: „Kirchentag in Zahlen'“ In: Greifswalder Informationsdienst (hrsg. von der Pressestelle der ELKG), Nr. 3/85, 30.6.1985, S. 26. Nach staatlichen Schätzungen hatten etwa 4.000 Menschen an der Abschlussversammlung teilgenommen. Vgl. LAG, IV/E/2.14, Nr. 602, Blatt 134: „Kurzeinschätzung des 9. Kirchentags der Greifswalder Landeskirche vom 21.-23.6.1985“, S. 1.

362 Vgl. LKAS, Best. KT, Nr. 2: Auswertungsprotokoll zum Greifswalder Kirchentag vom Landesausschuss Greifswald, Dezember 1985, S. 6.

363 Vgl. ebd.

364 Vgl. LAG, Rep. 200 II 7.3, Nr. 53: Bericht des Konsistoriums der ELKG für die 9. Tagung der VII. Landessynode vom 31.10. bis 3.11.1985, S. 16.

365 Vgl. ebd. S. 23.

366 Vgl. ebd. Nr. 50, Blatt 186: Bericht des Bischofs der ELKG an die Landessynode, 31.10.1985, S. 5.

367 Vgl. ebd.

368 Vgl. BArch, DO-4/4699, Blatt 689: Manuskript der Ansprache von Bischof Gienke anlässlich des Empfangs des Staatssekretärs am 23. Juni 1985, S. 2.

Die Äußerungen von Bischof Gienke bei dem Empfang oder in seinem Sendungswort bei der Abschlussversammlung[369] nahmen die staatlichen Stellen mit Genugtuung auf und stuften sie in ihrer „politischen Wirkung" als sehr positiv ein[370]. Insgesamt seien die Veranstaltungen zur Bugenhagen-Ehrung für die gesamte DDR von kirchenpolitischer Bedeutung gewesen, allein schon aufgrund der hohen Anzahl ausländischer Gäste[371]. Besonders erfreut zeigte sich der RdB Rostock über die geplante Veröffentlichung eines Dokumentationsbandes der ELKG zum Bugenhagenjubiläum[372], der auch Horst Gienkes Dankesworte und die Rede von Klaus Gysi beim Empfang am 23. Juni enthielt[373]. Nach Meinung von Roland Macht stellte dieser Band das „vertrauensvolle" Verhältnis von Staat und Kirche „im Konkreten" dar[374]. Daher plädierte Macht dafür, die Druckgenehmigung für die beantragten 1.500 Exemplare zu erteilen, vor allem weil die ELKG sie an alle offiziellen Gäste im In- und Ausland verschicken wolle[375]. Die SED-Bezirksleitung war mit dem Verlauf des Treffens ebenfalls zufrieden: So sei der Kirchentag vom Willen der Kirchenleitung geprägt gewesen, „keine Provokationen [...] gegen unsere sozialistische Ordnung und die vertrauensvolle Zusammenarbeit von Staat und Kirche zuzulassen"[376]. In allen Äußerungen der Kirchenleitung habe sich das „gewachsene Vertrauensverhältnis zwischen Staat und Kirche auf der Grundlage der Gespräche vom 6.3.1978 und 11.3. [sic!] 1985[377]" widergespiegelt[378]. Auch im Hinblick auf die mediale Berichterstattung, die aus staatlicher Sicht bei der Postulierung des angeblich so guten Verhältnisses von Staat und Kirche eine wichtige Rolle spielte, zog die Bezirksleitung ein positives Fazit: Die Pressevertreter aus dem Ausland seien erstaunt gewesen, dass „Kirchenleitung und gesellschaftliche Kräfte so harmonisch zusammenarbeiten"[379]. Einzig der „Laden-Sketch" beim Forum C und die Äußerungen von Bernhard Opitz

369 Siehe Kapitel 7.4.

370 Vgl. LAG, Rep. 200 II 7.3, Nr. 50, Blatt 63f.: „Stellungnahme zur Dokumentation Bugenhagen-Ehrungen 1985 in der Landeskirche Greifswald", S. 1f.

371 Vgl. ebd. S. 1.

372 Der Dokumentationsband „Verpflichtendes Vermächtnis. Ökumenisches Bugenhagen-Gedenken in Greifswald aus Anlaß der Reformation im Herzogtum Pommern vor 450 Jahren und des 500. Geburtstages des Reformators D. Johannes Bugenhagen, Pomeranus" wurde vom Bugenhagen-Komitee herausgegeben. Er enthielt vor allem Reden und Vorträge vom „Ökumenischen Festtag" am 24. Juni sowie einen Überblick über weitere Aktionen im Rahmen des Jubiläums.

373 Vgl. LAG, Rep. 200 II 7.3, Nr. 50, Blatt 63: „Stellungnahme zur Dokumentation Bugenhagen-Ehrungen 1985 in der Landeskirche Greifswald", S. 1.

374 Vgl. ebd.

375 Vgl. ebd. S. 1f.

376 Vgl. LAG, IV/E/2.14, Nr. 602, Blatt 135: „Kurzeinschätzung des 9. Kirchentags der Greifswalder Landeskirche vom 21.-23.6.1985", S. 2.

377 Am 11. Februar 1985 trafen sich Erich Honecker und der Vorsitzende der KKL, Bischof Johannes Hempel, zu einem Gespräch in Berlin. Dabei durften auf Vorgabe Honeckers allerdings keine konkreten Anliegen der Kirche vorgetragen werden. Bischof Hempel bekräftigte während des Gesprächs den Wunsch nach „handhabbaren Richtlinien" für die Realisierung der beim Spitzengespräch am 6. März 1978 erklärten Gleichberechtigung christlicher Bürger in der sozialistischen Gesellschaft und betonte, Vertrauen werde in dem Maße wachsen, wie es für die Menschen an der Basis erfahrbar sei. Das während des Treffens vereinbarte problembezogene Gespräch zwischen Honecker und Mitgliedern des KKL-Vorstands fand jedoch nie statt. Vgl. Mau: Der Protestantismus im Osten Deutschlands (1945-1990), S. 165f.; Besier: Der SED-Staat und die Kirchen 1983-1991, S. 116-124.

378 Vgl. LAG, IV/E/2.14, Nr. 602, Blatt 135: „Kurzeinschätzung des 9. Kirchentags der Greifswalder Landeskirche vom 21.-23.6.1985", S. 2.

379 Vgl. ebd. S. 3.

bei der Veranstaltung „Sie fragen – wir antworten" missfielen den staatlichen Stellen. Mit der Ablehnung der Losung „Kampf für den Frieden" und der Behauptung, Freizügigkeit gebe es „nur in kleinen Größen", habe der Sketch bei den zahlreichen jugendlichen Teilnehmern „antisozialistische Emotionen" ausgelöst[380]. Das Auftreten von Opitz sei wiederum „unbefriedigend" gewesen, weil der Vorsitzende der Konferenz der Landesausschüsse auf die begrenzten Möglichkeiten der Kirchentagsarbeit in der DDR hinwies und die „angeblich unterschiedliche Behandlung von Pastorenkindern und Kindern von Laien" kritisierte[381].

Für den für Kirchenfragen zuständigen Sekretär des ZK der SED, Werner Jarowinsky, besaß der Bericht zum Verlauf des Greifswalder Kirchentags einen so hohen Stellenwert, dass er ihn an Erich Honecker sowie an alle Mitglieder und Kandidaten des Politbüros weiterleitete[382]. Laut dieser „Information" hatte das Treffen die „insgesamt positiven Veränderungen in der Haltung der Leitung [...] der Greifswalder Landeskirche" zum Ausdruck gebracht[383]. Im Vergleich zu früheren Kirchentagen sei eine „weitere sichtbare Annäherung an unsere Gesamtpolitik" festzustellen gewesen, vor allem durch das „engagierte Auftreten" von Bischof Gienke, Manfred Stolpe und Siegfried Plath[384]. Dieses Verhalten habe „offensichtlich" dazu beigetragen, dass die ausländischen Gäste ihr Bild von der DDR und der SED-Politik im positiven Sinne verändert hätten[385]. Zur Veranschaulichung dieser veränderten Sichtweise wurden einige Äußerungen „repräsentativer" internationaler Gäste zusammengestellt[386]. So habe sich beispielsweise der Generalsekretär des LWB, Carl Mau, von der Bugenhagen-Ehrung beeindruckt gezeigt und die persönlichen Aktivitäten Honeckers im Hinblick auf die Sicherung des Friedens gelobt[387]. Glen Williams, der Generalsekretär der KEK, soll erklärt haben, der Kirchentag beweise, dass die Luther-Ehrung keine Schauveranstaltung, sondern Ausdruck einer ehrlichen, langfristigen Politik war[388]. Resümees, welche die bisherige kirchenpolitische Strategie bekräftigten, enthielt ebenfalls der mit der Greifswalder SED-Kreisleitung abgestimmte[389] Bericht der Arbeitsgruppe für Kirchenfragen beim Zentralkomitee: Das Treffen habe nicht nur die „seit Jahren günstige Entwicklung" der ELKG und die guten Beziehungen zwischen Staat und Kirche im Bezirk Rostock bestätigt, sondern auch die „Differenzierungspolitik" in Bezug auf die Kirche erfolgreich weitergeführt und den „auf Sachlichkeit und Realismus orientierten Kräften" innerhalb der Kirche den Rücken gestärkt[390]. Zufrieden erklärte die Arbeitsgruppe für Kirchenfragen, dass sich die „realistischen Kräfte", allen voran Bischof Gienke, im Rahmen des Kirchentags weiter „international profilieren" konnten[391]. Um den Erfolg für

380 Vgl. ebd. S. 4.
381 Vgl. ebd. S. 5.
382 Vgl. SAPMO-BArch, DY 30/IV B 2/14, Nr. 131: Handschriftlicher Vermerk vom 28.6.1985 zur „Information zum Kirchentag in Greifswald", S. 1.
383 Vgl. ebd.: „Information zum Kirchentag in Greifswald", S. 1.
384 Vgl. ebd.
385 Vgl. ebd.
386 Vgl. ebd.: „Äußerungen repräsentativer internationaler Gäste des Kirchentages", S. 1.
387 Vgl. ebd.
388 Vgl. ebd.
389 Vgl. ebd.: Brief von Rudi Bellmann an Werner Jarowinsky, 24.6.1985.
390 Vgl. BStU, MfS, BV Rostock, KD Rostock, Nr. 281, Blatt 226-228: „Information zum Inhalt und Verlauf des Kirchentages vom 21. bis 23.6.1985 in Greifswald", S. 1-3.
391 Vgl. ebd. S. 6.

die Kirche möglichst gering zu beziffern, durfte die Behauptung nicht fehlen, dem Treffen sei es nicht gelungen, bei den Einwohnern von Greifswald „nennenswerte Reaktionen“ hervorzurufen und eine größere Ausstrahlung auf das nichtkirchliche Umfeld auszuüben[392]. Diesem Duktus folgend gratulierte der Staatssekretär für Kirchenfragen, Klaus Gysi, dem 1. Sekretär der SED-Bezirksleitung Rostock, Ernst Timm, zum Ergebnis der „Kontrolle“ des Kirchentags: „[Es] wurde sichtbar, daß insgesamt kirchenpolitisch bei euch eine sehr positive Arbeit geleistet worden ist.“[393] Die Staatssicherheit[394] bedankte sich besonders bei IM-Kandidat „Grimm“ alias Siegfried Bohl für die Unterstützung bei der „Bearbeitung“ des Treffens. Bohls Mitarbeit habe „ein Stück praktizierte, vertrauensvolle Staat-Kirche-Politik“ bedeutet[395]. Als Anerkennung bekam der Vorsitzende des Landesausschusses Greifswald von seinem Gesprächspartner beim MfS einen „repräsentativen Bildband“ überreicht, für den er sich mit „herzlichen Worten“ bedankt habe[396].
Bei aller Betonung der großen Bedeutung und des außergewöhnlichen Erfolgs des Treffens vonseiten der Staatsorgane und der ELKG zeigte sich, dass das Bugenhagenjubiläum aus Sicht der Medien weit weniger relevant erschien als die Kirchentage des Lutherjahrs. Die Zahl der angereisten Journalisten aus dem In- und Ausland[397] war zwar erneut beachtlich, aber deutlich niedriger als 1983: Aus Rostock hatten etwa 65 Medienvertreter berichtet, nach Greifswald kamen nur 36 Korrespondenten[398]. Trotz dieser geringeren Anzahl von Journalisten erwies sich das Interesse der bundesdeutschen Medien an den Kirchentagen in der DDR nach wie vor als sehr hoch. Als einziger größerer DDR-Kirchentag im Jahr 1985 zog das Greifswalder Treffen die Aufmerksamkeit der ARD auf sich, die einen kurzen – laut SED-Auswertung überdies sehr positiven – Bericht in der „Tagesschau“ am 21. Juni 1985 sendete[399]. Das ZDF berichtete ebenfalls und strahlte zum Beispiel am 24. Juni 1985 ein Interview vom Kirchentag mit Horst Gienke zur Frage des Vertrauens zwischen Staat und Kirche aus[400]. Darin zeichnete der Bischof erneut ein übertrieben positives Bild der Verhältnisse in der DDR. So behauptete er zum Beispiel, immer mehr Christen machten in ihrem Alltag, im Berufsleben und in der Schule die Erfahrung, dass der Staat sich bemühe, Christen ernst zu nehmen und ihnen „gleiche Rechte,

392 Vgl. ebd. S. 7.
393 Vgl. LAG, IV/E/2.14, Nr. 602, Blatt 261: Brief von Klaus Gysi an Ernst Timm, 16.7.1985.
394 Ein vom MfS verfasster Auswertungsbericht zum Greifswalder Kirchentag ist im Archivbestand der BStU nicht überliefert.
395 Vgl. BStU, MfS, BV Rostock, AIM 4171/90, Teil I, Blatt 166: „Bericht über [das] Kontaktgespräch mit IM-Kandidat ‚Grimm'“, 7.8.1985, S. 1.
396 Vgl. ebd. In der Akte befinden sich Quittungen zu diesem Bildband, der 40 Mark gekostet hat. Vgl. ebd. Blatt 162f.: Quittungen vom 27.6.1985 zum Bildband für IM-Kandidat „Grimm“.
397 Aus der Bundesrepublik kamen Vertreter von ARD, ZDF, Deutschlandfunk, RIAS, epd und dpa sowie Die Welt, Berliner Morgenpost, Süddeutsche Zeitung, Frankfurter Rundschau, Westfälische Rundschau, Kölnische Rundschau, Kieler Nachrichten, Rhein-Neckar-Zeitung und der Frankfurter Allgemeinen Zeitung. Für Schweden berichtete ein Redakteur des Svenska Dagbladet. Vgl. LKAG, Best. KT, Nr. 37: Liste der akkreditierten Journalisten beim Kirchentag und Bugenhagen-Jubiläum, S. 2.
398 Vgl. SAPMO-BArch, DY 30/IV B 2/14, Nr. 132: Bericht des Konsistoriums der ELKG für die 9. Tagung der VII. Landessynode vom 31.10. bis 3.11.1985, S. 27.
399 Vgl. LAG, IV/E/2.14, Nr. 602, Blatt 72: „Erste Tagesinformation zu den Aktivitäten der Greifswalder Landeskirche am 21.6.1985“, S. 2.
400 Vgl. epd-Dokumentation Nr. 34/85 vom 15.7.1985, S. 65.

gleiche Chancen und gleiche Achtung einzuräumen"[401]. Außerdem sei der „ernsthafte politische Wille" erkennbar, „zu guten Lösungen zu kommen und das Verhältnis von Christen und Marxisten im Sinne des Vertrauens, der Freimütigkeit und der Achtung voreinander, auch bei Kindern und Jugendlichen, ganz klar einzuüben und erfahrbar zu machen"[402]. In anderen westdeutschen Medien fand hingegen die einzige, zumindest ansatzweise staatskritische Äußerung von Gienke Beachtung, die sich auf den nach wie vor eingeschränkten Grenzverkehr zwischen der DDR und Polen[403] bezog. Mehrere Zeitungen, darunter die *Berliner Morgenpost*, die *Frankfurter Rundschau* und die *Süddeutsche Zeitung*[404] zitierten Gienkes Worte aus der Veranstaltung „Sie fragen – wir antworten", dass die Christen in der DDR ein reges Interesse an ungehinderten Reisemöglichkeiten nach Polen hätten und er selbst auf eine möglichst baldige Realisierung durch die Politiker hoffe[405].
Im Mittelpunkt der bundesdeutschen Berichterstattung stand aber der Vortrag von Manfred Stolpe beim Forum C. Jeder Beitrag zitierte Passagen des Referats, wobei der Fokus erwartungsgemäß auf staatskritische Aussagen gerichtet war. Dadurch entstand beinahe der Eindruck, der Konsistorialrat hätte seinen Vortrag als einen mutigen Appell für mehr Menschenrechte in der DDR konzipiert, was allerdings nicht der Realität entsprach[406]. Einige Zeitungen bemühten sich, Stolpes Äußerungen nicht auf die Aufzählung vorhandener Defizite in der sozialistischen Gesellschaft zu reduzieren und erwähnten auch seine Worte in Bezug auf Ausreisewillige und zur Umsetzung sozialer und kultureller Rechte in der DDR[407]. Die deutlichste Kritik an Stolpes Referat übte die konservative Zeitung *Die Welt*, indem sie ihm die Übernahme von Phrasen aus der „SED-Begriffswelt" vorwarf und ihn als „Kirchenmann mit Honeckers Vertrauen" bezeichnete, der dazu beitrage, dass die Protestanten in der DDR die Kirchen zunehmend als „moralische Garnierung von SED-Positionen" betrachteten[408]. Dem stimmte das *Deutsche Allgemeine Sonntagsblatt* insofern zu, als es die Antworten zu gesellschaftlichen Fragen während des Treffens als „vage und ohne sonderliches Engagement" einschätzte[409]. Andere Medienvertreter lobten dagegen den „erfrischenden Freimut" des Kirchentags, der sich mit Problemen auseinandergesetzt habe, „die man in der DDR normalerweise nur hinter verschlossenen Türen

401 Vgl. ebd.

402 Vgl. ebd.

403 Als Reaktion auf die *Solidarność*-Bewegung hatte die DDR-Regierung im Oktober 1980 den visafreien Grenzverkehr zu Polen eingestellt. Nach der Verhängung des Kriegsrechts im Dezember 1981 in Polen kam der Grenzverkehr zwischen den beiden Staaten bis August 1983 fast komplett zum Erliegen. Auch in der Folgezeit gestaltete sich der deutsch-polnische Reiseverkehr bis 1990 äußerst schwierig. Vgl. Stokłosa: Polen und die deutsche Ostpolitik 1945-1990, S. 473f.

404 Vgl. „'DDR'-Christen gegen Schranken und Mauer" In: Berliner Morgenpost, Jg. 88, Nr. 144 vom 25.6.1985, S. 9; „DDR-Kirchenführer will schrittweise mehr Rechte für Bürger" In: Frankfurter Rundschau, Jg. 41, Nr. 143 vom 24.6.1985, S. 4; „DDR-Kirchentag fordert mehr Freizügigkeit" In: Süddeutsche Zeitung, Jg. 41, Nr. 142 vom 24.6.1985, S. 1.

405 Vgl. LKAG, Best. KT, Nr. 37: „'Sie fragen- wir antworten' in der Kirche St. Joseph, 23.6.1985" In: Greifswalder Informationsdienst (hrsg. von der Pressestelle der ELKG), Nr. 3/85, 30.6.1985, S. 12.

406 Siehe dazu Kapitel 7.3.

407 Vgl. „'Defizite bei Menschenrechten in der DDR abbauen'" In: Frankfurter Allgemeine Zeitung, Nr. 142 vom 24.6.1985, S. 4; „DDR-Kirchenführer will schrittweise mehr Rechte für Bürger" In: Frankfurter Rundschau, Jg. 41, Nr. 143 vom 24.6.1985, S. 4; „Kritik an den fehlenden Menschenrechten in der DDR" In: Kölnische Rundschau, Jg. 40, Nr. 142 vom 24.6.1985, S. 1.

408 Vgl. „Weltenraum, Himmelreich" In: Die Welt, Nr. 143 vom 24.6.1985, S. 2.

409 Vgl. „Auffallend wenig Jugendliche" In: Deutsches Allgemeines Sonntagsblatt, Ausgabe vom 30.6.1985.

behandelt“[410]. Die *Kölnische Rundschau* stellte in ihrem Leitartikel vom 24. Juni 1985 sogar die These auf, die Einforderung der Reisefreiheit beim Kirchentag könne ein Funke sein, der leicht einen größeren Brand entfacht[411]. Auch die *Kieler Nachrichten* sprachen von einem offenen und „problematischen“ Treffen für die SED-Regierung, da man hinsichtlich der Umsetzung der Menschenrechte in der DDR das ausgesprochen habe, „wozu im täglichen Leben oftmals der Mut und sicherlich die Möglichkeit fehlt“[412]. Der Umgang mit Menschenrechtsfragen beim Kirchentag dominierte somit die Berichte der bundesdeutschen Presse. Darüber hinaus wurden Parallelen zwischen dem Kirchentag in Düsseldorf und dem Greifswalder Treffen gezogen. Dabei fand die positive Reaktion der Kirchentagsbesucher in der DDR auf die Düsseldorfer Forderung nach einem Friedenskonzil[413] besondere Erwähnung[414]. Aus Sicht der *Westfälischen Rundschau* habe es sich zudem bei beiden Treffen um politische Kirchentage gehandelt, bei denen das Thema Frieden im Mittelpunkt stand und welche gezeigt hätten, dass die Ängste vor der Zerstörung der Welt „hüben wie drüben“ die gleichen seien[415]. Ein Aspekt des Greifswalder Kirchentags, den die meisten westdeutschen Journalisten völlig außer Acht ließen, war das Bugenhagenjubiläum. Lediglich drei Beiträge erwähnten den 500. Geburtstag des pommerschen Reformators[416], was den geringen Bekanntheitsgrad und Stellenwert von Johannes Bugenhagen in der Bundesrepublik veranschaulicht.

Für die DDR-Medien hingegen war das Bugenhagen-Gedenken bei der Berichterstattung von zentraler Bedeutung, während der Kirchentag selbst eine untergeordnete Rolle spielte. Die SED-Führung wollte den 500. Geburtstag des *Doctor Pomeranus* in eine Linie mit dem 500. Geburtstag von Martin Luther zwei Jahre zuvor stellen, weil sie sich davon große Aufmerksamkeit und eine Verbesserung ihres Ansehens im Ausland versprach. Dem Landeskirchentag als kirchliche Veranstaltung billigte sie jedoch keine herausgehobene Stellung zu. Trotzdem profitierte das Greifswalder Treffen auch im Hinblick auf die mediale Resonanz von den staatlichen Erwartungen an das Jubiläum. So sendete zum Beispiel *Radio DDR* am Vormittag des 23. Juni 1985 einen Kommentar von Joachim Puttkammer, dem Pressesprecher des Kirchentags[417]. Außerdem brachte das DDR-Fernsehen neben einer Live-Übertragung des Festgottesdienstes in der Marienkirche am 24. Juni einen kurzen Bericht zum Kirchentag am 23. Juni 1985 in der Nachrichtensendung „Aktuelle Kamera“[418]. In den Berichten der staatlichen Presse schenkte man dem Treffen allerdings sehr wenig

410 Vgl. „Protest aus Greifswald“ In: Kölnische Rundschau, Jg. 40, Nr. 142 vom 24.6.1985, S. 4.

411 Vgl. ebd.

412 Vgl. „Christlicher Mut“ In: Kieler Nachrichten, Nr. 143 vom 24.6.1985, S. 11.

413 Siehe dazu Kapitel 7.3.

414 Vgl. „DDR-Kirchenführer will schrittweise mehr Rechte für Bürger“ In: Frankfurter Rundschau, Jg. 41, Nr. 143 vom 24.6.1985, S. 4; „DDR-Kirchentag: ‚Mit Christen kein Krieg mehr zu machen“ In: Westfälische Rundschau, Nr. 144 vom 25.6.1985, S. 5; „Auffallend wenig Jugendliche“ In: Deutsches Allgemeines Sonntagsblatt, Ausgabe vom 30.6.1985.

415 Vgl. „DDR-Kirchentag: ‚Mit Christen kein Krieg mehr zu machen“ In: Westfälische Rundschau, Nr. 144 vom 25.6.1985, S. 5.

416 Vgl. ebd.; „Der Vollzugsbeamte Luthers“ In: Frankfurter Rundschau, Jg. 41, Nr. 143 vom 24.6.1985, S. 4; „'Defizite bei Menschenrechten in der DDR abbauen'“ In: Frankfurter Allgemeine Zeitung, Nr. 142 vom 24.6.1985, S. 4.

417 Vgl. LKAS, Best. KT, Nr. 2: Auswertungsprotokoll zum Greifswalder Kirchentag vom Landesausschuss Greifswald, Dezember 1985, S. 3; EZA, Best. 95, Nr. 218: Radiokommentar von Pfarrer Joachim Puttkammer zum Kirchentag in Greifswald, 23.6.1985, S. 1f.

418 Vgl. LAG, Rep. 200 II 7.3, Nr. 50, Blatt 185: Bericht des Bischofs der ELKG an die Landessynode, 31.10.1985, S. 4.

Beachtung. Die großen Presseorgane der SED *Neues Deutschland*, *Ostsee-Zeitung* und *Berliner Zeitung* nannten den Kirchentag in ihren Ausgaben vom 22. und 23. Juni 1985 noch nicht einmal explizit, sondern meldeten nur kurz den Auftakt einer „Serie kirchlicher Veranstaltungen" im Rahmen des Bugenhagenjubiläums[419]. Erst in den Nachberichten erfuhr der Landeskirchentag Erwähnung, wobei der Fokus ausschließlich auf zwei Aspekten lag: den staatsloyalen Äußerungen von Bischof Gienke und dem von Klaus Gysi ausgerichteten Empfang. Besonders häufig wurden Gienkes Worte von der Abschlussversammlung zitiert, die Christen seien in der sozialistischen Gesellschaft gleichberechtigt, gleichgeachtet und chancengleich[420]. Der vom Bischof ausgesprochene Dank an die staatlichen Stellen für die Unterstützung des Kirchentags und die „vertrauensvolle Zusammenarbeit", welche die Erfahrungen von 1983 in einem „guten, vorwärtsweisenden Prozess" fortgeführt hätte, fand ebenfalls Eingang in die relativ kurzen Beiträge[421]. Etwas ausführlichere Berichte waren erneut in der CDU-Presse zu finden, wobei aber erwartungsgemäß auch hier Äußerungen zum Verhältnis von Staat und Kirche im Mittelpunkt standen. Ebenso wie die SED-Zeitungen zitierten die *Neue Zeit* und *Der Demokrat* aus Gienkes Sendungswort[422] und kommentierten, das Treffen habe Gelegenheit gegeben, „das Profil einer Kirche im Sozialismus näher zu erkennen und zu bestimmen"[423]. Andererseits veröffentlichten die CDU-Blätter auch Hinweise zum Programm[424], nannten die Abschlussveranstaltung „beeindruckend" und berichteten, die Greifswalder Kirchen seien am Kirchentagssonntag überfüllt und die drei Foren sehr gut besucht gewesen[425].

Das Fazit zum neunten Landeskirchentag der ELKG fiel somit aus staatlicher wie aus kirchlicher Sicht insgesamt sehr positiv aus. Beide Seiten gratulierten sich selbst zur Realisierung der anvisierten Ziele, obwohl der Kirchentag in manchen Bereichen Defizite aufgezeigt hatte. Die Staatsorgane waren überzeugt, den richtigen Kurs im Umgang mit kirchlichen Großereignissen eingeschlagen zu haben und hielten in den kommenden Jahren an ihrer Strategie fest, wovon beispielsweise die kirchlichen Veranstaltungen zur 750-Jahr-Feier Berlins profitierten. Dass allerdings gegen Ende der 1980er Jahre die Zeichen auf Veränderung standen, machte der nächste große Kirchentag im Norden deutlich – Rostock 1988.

---

419 Vgl. „Auftaktveranstaltungen zur Bugenhagen-Ehrung" In: Neues Deutschland, Jg. 40, Nr. 144 vom 22.6.1985, S. 2; „Kirchliche Ehrungen zum 500. Geburtstag Bugenhagens" In: Berliner Zeitung, Jg. 41, Nr. 144 vom 22.6.1985, S. 2; „Kirchliche Veranstaltungen zur Bugenhagen-Ehrung in Greifswald" In: Ostsee-Zeitung, Jg. 34, Nr. 144 vom 22./23.6.1985, S. 2.

420 Vgl. „Greifswalder Kirchentag zur Bugenhagen-Ehrung beendet" In: Neues Deutschland, Jg. 40, Nr. 145 vom 24.6.1985, S. 2; „Greifswald: Kirchentag zum Bugenhagen-Jubiläum" In: Berliner Zeitung, Jg. 41, Nr. 145 vom 24.6.1985, S. 2; „Greifswalder Kirchentag wurde gestern beendet" In: Ostsee-Zeitung, Jg. 34, Nr. 145 vom 24.6.1985, S. 4.

421 Vgl. ebd.

422 Vgl. „Wort und Tat unseres Glaubens" In: Neue Zeit, Jg. 41, Nr. 145 vom 24.6.1985, S. 1 und S. 5; „'Durch den Glauben reich sein" In: Der Demokrat, Jg. 40, Nr. 145 vom 24.6.1985, S. 1.

423 Vgl. „Durch den Glauben reich sein" In: Neue Zeit, Jg. 41, Nr. 150 vom 29.6.1985, S. 5.

424 Vgl. „Durch den Glauben reich sein" In: ebd. Nr. 144 vom 22.6.1985, S. 1 und S. 8; „'Durch den Glauben reich sein" In: Der Demokrat, Jg. 40, Nr. 143 vom 21.6.1985, S. 1.

425 Vgl. „'Durch den Glauben reich sein" In: Der Demokrat, Jg. 40, Nr. 145 vom 24.6.1985, S. 1.

7.8 Fazit

Das Greifswalder Treffen von 1985 kann mit Recht zu den Höhepunkten in der Geschichte der Kirchentage der ELKG gezählt werden: Mehr internationale Gäste als jemals zuvor, durchgängig gut besuchte Angebote und, trotz einiger konzeptioneller Schwächen des Programms, erneut eine große Anzahl jugendlicher Teilnehmer. Warum man die jüngeren Besucher im „Jahr der Jugend" so geringfügig in die Vorbereitung und Gestaltung des Treffens einbezog, ist nicht leicht zu beantworten. Scheinbar war der Landesausschuss davon überzeugt, den Kirchentag für diese Zielgruppe auch ohne das Engagement junger Christen attraktiv gestalten zu können. Doch von Anfang an verfolgten die Organisatoren das hochgesteckte Ziel einer jugendgemäßen Konzeption des kompletten Programms nur sehr halbherzig. Als Unstimmigkeiten zu dem Konzept die Zusammenarbeit mit den Vertretern der Jugendarbeit störten und teilweise sogar beendeten, wurde offensichtlich, dass das anfängliche Ziel nicht mehr zu erreichen war. Der große Andrang zu der als Kompromiss zwischen ZORG und kirchlicher Jugendarbeit vorbereiteten Veranstaltung „Jugend lädt ein zur Meditation" zeigte jedoch, wie sehr sich jüngere Teilnehmer dezidiert an sie gerichtete Angebote wünschten.

Das zweite Ziel, das sich die Veranstalter gesetzt hatten, bezog sich auf den Umgang mit einem fast vergessenen Teil des reformatorischen Erbes der Greifswalder Landeskirche. In der Vorbereitungsphase der Jubiläumsfeierlichkeiten hatten es sich die Kirchenleitung und die Landessynode auf die Fahnen geschrieben, den Kirchenmitgliedern einen Zugang zur „fernen, unbekannten Persönlichkeit" Johannes Bugenhagen und dessen reformatorischem Werk zu ermöglichen. Insgesamt muss man allerdings feststellen, dass dem Kirchentag die Umsetzung dieses Vorhabens schwerfiel. Mit der Losung „Durch den Glauben reich sein" war zwar ein Bezug zum Reformator gegeben und anhand des Vortrags von Joachim Wächter, der im Programmheft enthaltenen Informationen zum Beginn der Reformation in Pommern und den Interviews mit ökumenischen Gästen bei der Abschlussversammlung bestand für die Teilnehmer immerhin die Möglichkeit, sich ein gewisses Basiswissen anzueignen. Betrachtet man das Programm allerdings im Ganzen, so lässt sich wie bereits beim Rostocker Treffen 1983 festhalten, dass die Entfaltung des Themas des Kirchentags weitgehend losgelöst vom jeweiligen Jubiläum erfolgte. Die Rückkopplung der Inhalte der Veranstaltungen auf Werk und Leben des pommerschen Reformators fiel relativ gering aus – womöglich hatten die Organisatoren selbst keinen echten Zugang dazu gefunden. Eine tiefer gehende Auseinandersetzung mit Johannes Bugenhagen konnte man auf diese Weise beim Kirchentag nicht erreichen. Es bleibt die Frage, ob die Besucher überhaupt das Anliegen hatten, den *Doctor Pomeranus* und sein Wirken während des Kirchentags zu entdecken und sich intensiver damit zu beschäftigen. Ein grundsätzliches Interesse an diesem Kapitel der Geschichte der Landeskirche und dessen Auswirkungen auf die Gegenwart mag bei den Teilnehmern durchaus bestanden haben. Dennoch übten sie offenbar keine Kritik im Hinblick auf die mangelnde Präsenz dieses Themas. Weit mehr als eine Erörterung der Hintergründe des Bugenhagenjubiläums suchten sie vermutlich das, was sie von einem Kirchentag im Allgemeinen erwarteten: Gemeinschaft, Stärkung im Glauben und Antworten auf Fragen des geistlichen und des täglichen Lebens. In dieser Hinsicht dürfte sie das Greifswalder Treffen kaum enttäuscht haben. Die zahlreichen Großveranstaltungen wie die drei Foren, der „Abend der Begegnung" oder die Abschlussversammlung auf dem Markt-

platz boten das Erlebnis einer großen Gemeinschaft inmitten einer säkularisierten Umwelt. Darüber hinaus griffen die Predigten, Bibelarbeiten und Ansprachen – besonders von Jörg Zink – oft zeitlose Themen des menschlichen Lebens auf und waren vorrangig auf Hoffnung und Ermutigung im Glauben ausgerichtet. Wer aber Kritisches oder kontroverse Diskussionen theologischer und gesellschaftlicher Fragen suchte, wurde beim Kirchentag in Greifswald kaum fündig.
Um den Staatsorganen keinerlei Anlass zu Missfallen zu geben, basierte das Programm auf einer Demonstration von Harmonie und Einigkeit. Ambivalente Themen wie die Sicherung des Friedens oder die Realisierung der Schlussakte von Helsinki wurden vorsichtig und mit Bedacht auf die Vermeidung möglicher „Provokationen" behandelt. Offene Worte zu drängenden Fragen der Zeit – militärische Aufrüstung, Reisefreiheit, Meinungsfreiheit – hörte man selten und wenn, dann vor allem in Programmpunkten, die jüngere Mitarbeiter und Besucher des Kirchentags gestalteten, wie im „Laden-Sketch" beim Forum C oder den Fürbitten bei „Jugend lädt ein zur Meditation". Die Gründe für die Zurückhaltung der Kirchentagsverantwortlichen lagen zum einen in der Strategie der Konfliktvermeidung der Kirchenführung und zum anderen in den staatlichen Bedingungen für die organisatorische Unterstützung. Dass die Veranstalter in allen Programmteilen „provokative", das heißt gegen den Staat und seine Politik gerichtete Äußerungen und Handlungen, von vorneherein auszuschließen respektive sofort zu unterbinden hatten, gehörte zu den wichtigsten Voraussetzungen des Entgegenkommens. Horst Gienke hatte dafür anscheinend vollstes Verständnis und soll diese Forderung als „sachlich und vernünftig" bezeichnet haben[426]. Staat und Landeskirche verfolgten schließlich ein ähnliches Ziel, nämlich einen durchweg ruhigen, positiven Verlauf der Feierlichkeiten im Rahmen des Bugenhagenjubiläums. Während die Kirchenvertreter ein harmonisches Fest und eine positive Wahrnehmung des kirchlichen Lebens im sozialistischen Umfeld anvisierten, ging es den staatlichen Organen einzig um eine Demonstration des vermeintlich guten Verhältnisses von Staat und Kirche sowie die potentiell damit verbundene Aufwertung der Reputation der DDR im In- und Ausland. Die große Bedeutung, die die SED dem Jubiläum beimaß, zeigte sich auch an der Liste der staatlichen Vertreter, die am Kirchentag und am Festakt am 24. Juni teilnahmen: Dort erschienen nicht nur Greifswalds Oberbürgermeister Klaus Ewald oder Jürgen Haß vom RdB Rostock, sondern zum Beispiel auch Universitätsrektor Dieter Birnbaum und Staatssekretär Klaus Gysi[427]. Bis zu einem gewissen Grad mag es den staatlichen Stellen sogar gelungen sein, ihr Ziel zu erreichen. Denn während des Kirchentags hörte man wenig Kritik an den Verhältnissen in der DDR und Bischof Gienke dankte den Staatsvertretern unermüdlich für die „großzügige Unterstützung" des Treffens, womit er das Bild von einer toleranten sozialistischen Gesellschaft allenthalben öffentlich bestätigte. Allerdings sollte es für die Staatsorgane und die Kirchen im Bezirk Rostock das letzte Mal gewesen sein, dass ein Kirchentag in so „vertrauensvoller" Zusammenarbeit vorbereitet und durchgeführt wurde. Das Rostocker Treffen 1988 brachte einige Veränderungen mit sich.

---

426 Vgl. LAG, IV/E/2.14, Nr. 615, Blatt 11: „Information über das am 31.1.1985 stattgefundene Gespräch zwischen Gen. Haß und dem Bischof der Greifswalder Landeskirche, Dr. Gienke", 6.2.1985, S. 3.

427 Vgl. „Gäste beim Festakt der ELKG zum Bugenhagen-Gedenken am 24. Juni 1985 und während des Greifswalder Kirchentags an den Tagen zuvor", in: Verpflichtendes Vermächtnis, S. 92.

8. „Brücken bauen“ – der Rostocker Kirchentag 1988

8.1 Das Ziel: ein „Kirchentag von unten“

Der Rostocker Kirchentag 1988 war der letzte große Kirchentag auf dem Gebiet der beiden nördlichen Landeskirchen vor dem Ende der DDR. Wie bereits 1983 erfolgte die Vorbereitung dieses Treffens in Zusammenarbeit der Landesausschüsse Mecklenburg und Greifswald. Bei der Auswertung des Kirchentags im Lutherjahr einigten sich beide Gremien darauf, das nächste gemeinsame Treffen für 1988 zu planen[1]. Bis zur ersten Sitzung des gemeinsamen Ausschusses übernahm der mecklenburgische Landesausschuss[2] die ersten Vorbereitungen. So berief er eine Konzeptionsgruppe[3] ein, die im Herbst 1984 erste Überlegungen zur Gestaltung des Kirchentags 1988 anstellte. Die Konzeptionsgruppe schlug vor, den Kirchentag „von unten“ aufzubauen, also die Gemeinden von Anfang an in die Findung der Themen und deren inhaltliche Entfaltung einzubeziehen[4]. Gesprächsleiter vom Treffen 1983 und andere Kirchentagsmitarbeiter sollten deshalb in ihren Gemeinden mögliche Themen erarbeiten und in den Gemeindegruppen beraten[5]. Diese Vorschläge könne man dann in der *Mecklenburgischen Kirchenzeitung* vorstellen und die Leser um ihre

---

1 Vgl. LKAS, LA KT, Nr. 2: Protokoll der Sitzung der Landesausschüsse Mecklenburg und Greifswald am 19.11.1983, S. 6.

2 Die Zusammensetzung des mecklenburgischen Landesausschusse änderte sich im Laufe der Vorbereitungen des Rostocker Kirchentags 1988 mehrmals. Zunächst schieden Johanna Schmidt und Karin Degner nach dem Treffen 1983 aus dem Gremium aus. Da die neue Ordnung des Landesausschusses von November 1984 festlegte, dass er zur Hälfte aus Laien bestehen sollte, kam es im März 1985 zu Neuwahlen. Neben langjährigen Mitarbeitern wie Pastor Joachim Gauck, Diplomingenieurin Gisela Meer, Diakon Eberhard Beyer, Ingenieur Fritz Döscher, Pastor Jens Langer, Erika Hoffmann, Pastor Johannes Lohmann und Pastor Arvid Schnauer wurden die Laien Gudrun Beyer und Lutz Danke, die Pfarrer Fridolf Heydenreich und Hanns-Jürgen Wunderlich sowie Oberkirchenrat Eckart Schwerin in den Ausschuss gewählt. Somit bestand das Gremium im März 1985 aus sechs Laien und sieben Theologen. Im Mai 1985 wurde Joachim Gauck in seinem Amt als Vorsitzender bestätigt. Als weiteres Mitglied berief man im September 1985 Pastor Axel Bünning (Prillwitz), damit auch der Kirchenkreis Stargard vertreten war. Da Pastor Wunderlich im September 1985 die ELLKM verließ und Erika Hoffmann verstarb, wählte man im März 1986 zwei neue Mitglieder: Katechetin Magdalene Hartig (Rittermannshagen) und Hans Zimmermann (Ludwigslust). Ein undatierter handschriftlicher Nachtrag zur Zusammensetzung des Ausschusses hielt fest, dass Gudrun Beyer und Johannes Lohmann die DDR verlassen hatten. Landesjugendpfarrer Lohmann hatte 1987 einen Ausreiseantrag gestellt, der noch im selben Jahr genehmigt wurde. Vgl. ebd. Nr. 4: Protokolle der Sitzungen des Landesausschusses Mecklenburg am 24.11.1984, S. 2, am 4.3.1985, S. 1f., am 18.5.1985, S. 2f., am 21.9.1985, S. 1, am 25.1.1986, S. 2, und am 22.3.1986; ebd. Nr. 5: Liste der Mitglieder des Landesausschusses Mecklenburg, 6.6.1986; Frank: „Realer, exakter, präziser“?, S. 355f.

3 In dieser Gruppe wirkten zunächst Erika Hoffmann, Jens Langer, Hilda Lundbeck, Gisela Meer und Gerd Vogt mit. Aufgrund der Neuwahlen im Landesausschuss Mecklenburg und der Einbeziehung von Kirchentagsmitarbeitern der ELKG kam es später zu personellen Veränderungen innerhalb der Konzeptionsgruppe: Ab Januar 1986 gehörten ihr Gisela Meer, Erika Hoffmann, Jens Langer, Joachim Gauck, Winrich Jax, Hans-Peter Günther und Ingrid Plath an. Vgl. LKAS, LA KT, Nr. 4: Protokolle der Sitzungen der Konzeptionsgruppe am 12.10.1984, S. 1, und am 4.1.1986, S. 1.

4 Vgl. ebd.: Protokoll der Sitzung der Konzeptionsgruppe am 12.10.1984, S. 1.

5 Vgl. ebd.

Meinung bitten[6]. Wichtig erschien der Konzeptionsgruppe außerdem, Basisgruppen wie Ökologie- oder Friedenskreise, die erstmals beim Rostocker Kirchentag im Lutherjahr in Erscheinung getreten waren[7], frühzeitig an den Vorbereitungen zu beteiligen und ihre Anliegen auch bei der Themenerarbeitung zu berücksichtigen[8]. Um den zeitlichen Rahmen für die von den Teilnehmern sehr geschätzten Gesprächsgruppen großzügiger zu gestalten, riet die Konzeptionsgruppe, während des Kirchentags anderthalb oder zwei Tage dafür einzuplanen[9]. Das Treffen solle zudem zur Förderung der Eigenständigkeit und des Verantwortungsbewusstseins der Besucher nicht nur ein Fest, sondern auch eine Manifestation sein[10]. Dabei hatte die Konzeptionsgruppe vermutlich nicht an eine Manifestation im Sinne einer Demonstration gedacht, denn das hätten die Veranstalter des Kirchentags mit Sicherheit als zu politisch abgelehnt. Näher liegt, dass sie „Manifestation“ an dieser Stelle als Synonym für „Zeugnis ablegen“ verstand, wobei damit nicht nur das Glaubenszeugnis, sondern auch Stellungnahmen zu gesellschaftlichen Problemen gemeint sein konnten. Schließlich erklärte die Konzeptionsgruppe, dass der Kirchentag „brennende aktuelle Fragen“ wie die Friedensproblematik zur Sprache bringen sollte[11].
Diese Vorschläge gab der mecklenburgische Landesausschuss an die Teilnehmer der Tagung „Initiative 88“ weiter, die am 14. und 15. September 1985 in Güstrow stattfand. Dazu wurden Mitarbeiter des Kirchentags von 1983 und weitere Interessierte aus beiden Landeskirchen eingeladen[12]. Viele der rund 30 Tagungsteilnehmer waren Laien und hatten 1983 beim Programmpunkt „Sei unser Gast“ als Gesprächsleiter mitgewirkt[13]. Sie erwarteten vom Kirchentag 1988, dass er Fest, missionarische Elemente, Bildungsarbeit und die Erörterung aktueller Probleme verband, öffentlich wirksam war, Jugendliche in die Vorbereitung einbezog, einen Dialog mit verantwortlichen Vertretern des Staates ermöglichte sowie körperlich und geistig behinderte Menschen in die Programmgestaltung integrierte[14]. Im Hinblick auf die Arbeitsformen schlugen die Teilnehmer kommunikative Angebote wie den „Markt der Möglichkeiten“, die Einrichtung eines Begegnungszentrums in der Marienkirche, Kleingruppengespräche, den „Abend der Begegnung“ sowie Diskussionen zu Sachthemen vor[15]. Außerdem wünschten sie sich sowohl Angebote, die sich speziell an eine bestimmte Altersgruppe richteten, wie der „Kinderkirchentag“, als auch generationsübergreifende Programme[16]. Vielfältige musikalische Veranstaltungen

6 Vgl. ebd. Aus welchem Grund dieses Vorhaben letztlich nicht umgesetzt wurde, geht aus den Akten nicht hervor. Der erste Hinweis auf den Rostocker Kirchentag 1988 in der Mecklenburgischen Kirchenzeitung bestand in einer Einladung zur „Ideenkonferenz“ am 14. und 15. September 1985 in Güstrow. Vgl. „Initiative 88“ In: Mecklenburgische Kirchenzeitung, Jg. 40, Nr. 33 vom 18.8.1985, S. 4.

7 Siehe dazu Kapitel 6.3.

8 Vgl. LKAS, LA KT, Nr. 4: Protokoll der Sitzung der Konzeptionsgruppe am 12.10.1984, S. 1.

9 Vgl. ebd.

10 Vgl. ebd. S. 2.

11 Vgl. ebd.

12 Vgl. ebd.: Rundbrief an Mitarbeiter des Kirchentags Rostock 1983; ebd.: Brief von Joachim Gauck an Siegfried Bohl, 14.8.1985.

13 Vgl. „Die Basis für ‚Rostock 88' ist gelegt“ In: Mecklenburgische Kirchenzeitung, Jg. 40, Nr. 39 vom 29.9.1985, S. 4.

14 Vgl. LKAS, LA KT, Nr. 5: Zusammenfassung der Ergebnisse der Strukturtagung „Initiative Kirchentag Rostock 1988“ am 14./15.9.1985, S. 1.

15 Vgl. ebd.

16 Vgl. ebd.

sowie ein breites geistliches Angebot zu aktuellen Glaubens- und Lebensfragen, darunter Bibelarbeit und die „Liturgische Nacht", sollten ebenfalls vorkommen[17]. Weitere Vorschläge, die aus der Tagung in Güstrow hervorgingen, betrafen die Ökumene und Aktionen innerhalb der Veranstaltungen. Als potentielle ökumenische Angebote wurden das Gedenken an die Reichspogromnacht von 1938 sowie Gespräche mit Christen verschiedener Konfessionen zu Fragen des Glaubens und weltweiten aktuellen Problemen (Frieden, Gerechtigkeit, Umwelt) genannt[18]. Insgesamt sollte es beim Kirchentag eine Ökumene „zum Anfassen" geben[19], also mit Programmpunkten, die eine direkte Interaktion zwischen offiziellen Gästen und Besuchern ermöglichten. An Aktionen wünschten sich die Tagungsteilnehmer eine Vermittlung von Brieffreundschaften, einen Ort, an dem sie eigene Gebete anbringen konnten (Gebetswand oder Gebetsbaum), die Formulierung eines Glaubensbekenntnisses des Kirchentags sowie die Verfassung eines Briefes an die Kirchengemeinden und Bürger der DDR[20]. Eine konkrete Kirchentagslosung entstand während der Tagung zwar nicht, aber die Teilnehmer gaben an, die Losung solle Verbindlichkeit und Bewegung ausdrücken und Begriffe wie Zukunft, Leben, Liebe Gottes, Freiheit und Aufbruch zu neuen Ufern aufgreifen[21].
Die Ergebnisse von Güstrow nahm die Konzeptionsgruppe bei ihrer Beratung im Januar 1986 auf. So formulierte sie das Motto „Zu neuen Ufern", um zu zeigen, dass die Kirche ein „Traditionsschiff" ist, das gemeinsam mit anderen etwas Neues in Angriff nehmen möchte[22]. Als Zielgruppe des Kirchentags benannte die Konzeptionsgruppe einerseits die Gemeindemitglieder, die eher traditionelle und konservative Elemente einbrächten, und andererseits gesprächswillige, oft progressive Teilnehmer, die eine Auseinandersetzung mit unterschiedlichen Themen, Gesprächsgruppen, Bildung sowie neue Formen des Zusammenlebens suchten[23]. Beim Themenkonvent für alle vier Treffen des Jahres 1988 in Schönburg (Saale) vom 31. Januar bis 2. Februar 1986 unterbreitete die mecklenburgische Delegation[24] den Mitgliedern der anderen Ausschüsse ihren Themenvorschlag[25]. Die Erfurter, Görlitzer und Hallenser lobten ihn zwar als vorwärtsweisend, wollten ihn aber nicht übernehmen, da er missverständlich formuliert sei[26]. Die Formel „Zu neuen Ufern" konnte schließlich auch als Aufruf zur Ausreise aus der DDR verstanden werden. Angesichts der steigenden Anzahl an Ausreiseanträgen und der damit verbundenen Probleme für Kirche und Staat[27] waren die Teilnehmer des Themenkonvents wohl nicht bereit, diese durchaus als provokant deutbare Losung zu unterstützen. Stattdessen berieten sie über Formulierungen, die sich an die Jahreslosung 1988 „Kehrt um und glaubt an das Evangelium" (Mk 1,15) anlehnten: „Umkehr zur Zukunft", „Glauben – hoffen – lieben",

17 Vgl ebd. S. 1f.
18 Vgl. ebd. S. 2.
19 Vgl. ebd.
20 Vgl. ebd.
21 Vgl. ebd.: Bericht zur Strukturtagung am 14./15.9.1985, S. 4.
22 Vgl. ebd. Nr. 4: Protokoll der Sitzung der Konzeptionsgruppe am 4.1.1986, S. 2f.
23 Vgl. ebd. S. 2.
24 Am Themenkonvent in Schönburg nahmen Gisela Meer, Joachim Gauck, Lutz Danke und Gudrun Beyer teil. Vgl. ebd.: Protokoll der Sitzung des Landesausschusses Mecklenburg am 21.3.1986, S. 1.
25 Vgl. ebd. Nr. 2: Protokoll zum Themenkonvent in Schönburg vom 31.1. bis 2.2.1986, S. 3.
26 Vgl. ebd.
27 Siehe dazu Kapitel 8.3.

„Die Zeit ist reif", „Hoffen – umkehren – leben" und „Umkehr führt weiter"[28]. Im ersten Wahlgang erhielten die Losungen „Hoffen – umkehren – leben" und „Umkehr zur Zukunft" die meisten Stimmen[29]. Da der Konvent die Ansicht vertrat, dass das Mehrheitsverhältnis des Abstimmungsergebnisses nicht überzeugend sei, eröffnete er die Diskussion erneut[30]. Daraus ergab sich eine Entscheidung zwischen den Formulierungen „Hoffen – umkehren – leben" und „Umkehr führt weiter"[31]. Mit 19 zu drei Stimmen wurde schließlich „Umkehr führt weiter" als Losung angenommen, wobei man es wie üblich den einzelnen Ausschüssen überließ, sie zu übernehmen oder abzulehnen[32]. Während die Kirchentage in Erfurt und Halle/Saale das Motto annahmen, entschieden sich die Görlitzer für „Umkehr hilft leben"[33]. Der gemeinsame Ausschuss der ELLKM und ELKG[34] beriet bei seiner ersten Sitzung im März 1986 ebenfalls neu über das Kirchentagsthema. Dabei zogen die Mitglieder zunächst die Losung „Umkehr führt weiter" in Erwägung, weil sie die Gemeinsamkeiten mit den anderen drei Treffen herausstrich und ihnen das Thema „Umkehr" im Sinne von „nicht so weitermachen wie bisher" sehr aktuell erschien[35]. Gegen diese Formulierung sprach nach Meinung des Ausschusses allerdings, dass sie sehr theologisch gehalten und daher für Außenstehende unverständlich und unattraktiv sei[36]. Außerdem sollte das Thema die Losung „Vertrauen wagen" von 1983 weiterführen, was bei „Umkehr führt weiter" nicht gegeben wäre[37]. Da sich der gemeinsame Landesausschuss noch nicht auf ein Thema festlegen wollte, setzte er einen Themenausschuss[38] ein. Dieser nahm den ursprünglichen Vorschlag „Zu neuen Ufern" erneut in den Blick und versuchte, ihn umzuformulieren[39]. Über den Gedanken, dass „Zu neuen Ufern" auch einen Brückenbau meinen konnte, fand man ein neues Motto für das Rostocker

28 Vgl. LKAS, LA KT, Nr. 2: Protokoll zum Themenkonvent in Schönburg vom 31.1. bis 2.2.1986, S. 3.

29 Vgl. ebd.

30 Vgl. ebd.

31 Vgl. ebd.

32 Vgl. ebd. S. 4.

33 Der Görlitzer Kirchentag fand vom 3. bis 5. Juni 1988 statt. Darauf folgten die Kirchentage in Erfurt vom 10. bis 12. Juni, in Rostock vom 16. bis 19. Juni und in Halle/Saale vom 23. bis 26. Juni 1988.

34 Den Vorsitz teilten sich wie schon 1983 Joachim Gauck und Siegfried Bohl. Zu den Mitgliedern aus der Greifswalder Kirche gehörten die langjährigen Mitarbeiter Winrich Jax, Ingrid Plath, Hans-Peter Günther, Friedrich Harder, Roland Springborn und Siegfried Plath. Außerdem hatte der Landesausschuss Greifswald im Oktober 1985 drei neue Mitglieder gewählt, nachdem Landespfarrer Johannes Görlich (Altefähr) und Ingenieur Heinz Hunger (Stralsund) aus dem Gremium ausgeschieden waren: Mit Traute Renius (Jarmen), Angelika Peters (Greifswald) und Katechetin Ursula Kaden (Stralsund) hatte der Ausschuss bewusst drei Laien aufgenommen. Vgl. EZA, Best. 95, Nr. 186: Protokoll der Sitzung des Landesausschusses Greifswald am 10.12.1985; LKAG, Best. KT, Nr. 59: Protokolle der Sitzungen des Landesausschusses Greifswald am 16.10.1985, am 4.3.1986, S. 1, und am 21.5.1986, S. 1.

35 Vgl. LKAS, LA KT, Nr. 4: Protokoll der Sitzung des gemeinsamen Landesausschusses am 22.3.1986, S. 2.

36 Vgl. ebd. S. 3.

37 Vgl. ebd.

38 Dem Themenausschuss gehörten Lutz Danke (Rostock), Dietlind Glüer (Rostock), Gisela Meer (Schwerin), Angelika Peters (Greifswald), Roland Springborn (Greifswald), Peter Tille (Züsedom), Hans Zimmermann (Ludwigslust) und Torsten Rütz (Landesjugendkonvent Greifswald) an. Die Leitung übernahm der Rostocker Pastor Jens Langer. Vgl. ebd. Nr. 2: Mitarbeiterliste zum Themenausschuss; ebd.: Rundbrief an die Beratergruppe des Rostocker Kirchentags 1988, 9.2.1987.

39 Vgl. ebd. Nr. 5: Protokoll der Sitzung des Themenausschusses am 26.4.1986, S. 1.

Treffen: „Brücken bauen“[40]. Nach Meinung der Ausschussmitglieder war dieses Thema die direkte Weiterführung der Losung „Vertrauen wagen“ von 1983, weil es das Element der Hoffnung aufnahm und Aktivität ausdrückte[41]. Außerdem könne sich dieses Motto ihres Erachtens auch positiv auf die Gesellschaft der DDR auswirken: Wenn die politische Entwicklung bis 1988 zur Entspannung führen sollte, würde es den Prozess unterstützen, und falls es bis 1988 zu einer Verfestigung der politischen Verhältnisse käme, wäre die Thematik umso dringlicher[42]. Der gemeinsame Landesausschuss reagierte sehr positiv auf diesen Vorschlag und hob lobend hervor, dass er auch für nichtkirchliche Menschen einladend formuliert sei[43]. Mit neun Ja-Stimmen und einer Enthaltung nahm der Landesausschuss die Losung „Brücken bauen“ an[44]. Für die Entfaltung und Ausgestaltung des Kirchentagsthemas wollte der gemeinsame Ausschuss die Meinung der kirchlichen Basis einholen. Zu diesem Zweck veranstaltete er eine „Ideenkonferenz“ am 27. September 1986 in Rostock, an der sich auch Vertreter von Basisgruppen beteiligen sollten[45]. Die Teilnehmer waren dazu aufgerufen, sich bereits im Vorfeld Gedanken darüber zu machen, was ihnen zum Thema „Brücken bauen“ einfiel und wie sie einem Nichtchristen erklären würden, zu wem Brücken zu bauen seien, sowie welche Wünsche sie an den Kirchentag 1988 hätten[46]. Insbesondere wandte sich der Landesausschuss an die Rostocker Gemeinden als Gastgeber des Kirchentags und bat sie, je zwei ihrer Mitglieder zur „Ideenkonferenz“ zu delegieren[47]. Während der Konferenz erörterten die Teilnehmer vor allem zwei Aspekte der Kirchentagslosung: Zum einen den „Brückenbau“ zwischen Gott und den Menschen und zum anderen den „Brückenbau“ von Mensch zu Mensch. Als Zeichen für die von Gott geschaffene Brücke nannten sie den Regenbogen nach der Sintflut (Gen 9,13), die Himmelsleiter in Jakobs Traum (Gen 28,10-22), die Bibel sowie Jesus Christus als Überbrücker der durch die Sünde verursachten Trennung zwischen Mensch und Gott und als „Brückenbauer“ zu gesellschaftlichen Randgruppen[48]. Als wichtigstes Mittel des „Brückenbauens“ zum Nächsten sahen die Konferenzteilnehmer den Dialog an, wobei besonders Andersdenkende wie Christen verschiedener Konfessionen, Nichtgläubige, Repräsentanten des Staates oder Randgruppen in den Blick zu nehmen seien[49]. Damit legte die „Ideenkonferenz“ den konzeptionellen Grundstein dessen, was das Rostocker Treffen 1988 entscheidend prägen sollte: der Dialog mit Vertretern von Staat und Ökumene. In diesem Zusammenhang wünschten sich die Teilnehmer auch Vorträge und Bibelarbeiten von „profilierten Persönlichkeiten“, welche unterschiedliche Standpunkte vertraten, ein Friedensforum mit Staatsvertretern und ein jüdisch-christliches Gedenken an

40 Vgl. ebd. S. 2.
41 Vgl. ebd.
42 Vgl. ebd.
43 Vgl. ebd. Nr. 4: Protokoll der Sitzung des gemeinsamen Landesausschusses am 6.6.1986, S. 2.
44 Vgl. ebd. S. 3.
45 Vgl. ebd. Nr. 2: Brief von Eberhard Beyer an Heiko Lietz, 10.7.1986. Wie viele Basisgruppenteilnehmer sich anmeldeten, geht aus den Akten nicht hervor. Die Rostocker „Schalomgemeinschaft“ war durch drei Mitglieder bei der Konferenz vertreten, darunter Ines Fleckstein alias IMB „Gisela“. Vgl. BStU, MfS, BV Rostock, 384/81, TA 8341 Bd. 5, Blatt 20: Bericht von IMB „Gisela" am 29.9.1986, S. 3.
46 Vgl. LKAS, LA KT, Nr. 2: Einladung zur Ideenkonferenz am 27.9.1986.
47 Vgl. ebd.: Rundbrief an die Rostocker Gemeinden, 10.9.1986.
48 Vgl. ebd. Nr. 5: Protokoll zur Ideenkonferenz am 27.9.1986, S. 1.
49 Vgl. ebd.

die Reichspogromnacht[50]. Außerdem schlugen sie Kommunikationszentren zu den Themen feministische Theologie, Suchtgefahr, Ökologie, Dritte Welt, Wirtschaftspolitik und soziale Gerechtigkeit vor[51]. Ebenso wichtig erschienen Angebote zum gemeinsamen Singen, der „Abend der Begegnung" sowie die besondere Gesprächsatmosphäre von „Sei unser Gast"[52]. Bei der vom gemeinsamen Landesausschuss einberufenen „Initiativtagung" am 4. April 1987 in Rostock sollten die Vorschläge der Konferenz noch einmal gebündelt werden, damit sich die einzelnen Vorbereitungsgruppen konstituieren konnten[53]. Außerdem setzte der Landesausschuss einen Geschäftsführenden Ausschuss ein[54], der die gleichen Aufgaben hatte wie die ZORG bei den vorherigen Treffen, und bestimmte wie bereits 1983 den Güstrower Diakon Eberhard Beyer zum Regionalsekretär[55].

Problematisch gestaltete sich allerdings die Bildung des Ortsausschusses, der bei den Kirchentagen für die Quartierbeschaffung, die Koordinierung der Ordner, Transportfragen, die Verpflegung der Teilnehmer und die Betreuung der offiziellen Gäste zuständig war. Dem Landesausschuss gelang es nicht, genügend engagierte Mitarbeiter für diese wichtige organisatorische Aufgabe zu gewinnen. So wirkten nur vier Personen im Ortsausschuss mit, die die Bereiche Verpflegung, Quartiere und Technik betreuten[56]. Das Arbeitspensum schien so abschreckend groß gewesen zu sein, dass sich niemand bereit erklärte, den Vorsitz im Ortsausschuss zu übernehmen, was einen deutlichen Mehraufwand für den Regionalsekretär und den Vorsitzenden des mecklenburgischen Landesausschusses bedeutete[57]. Letztlich habe man dieses Problem nicht auffangen können, sodass es an manchen Stellen zu Defiziten beim organisatorischen Ablauf des Treffens gekommen war[58]. Die Unterbesetzung des Ortsausschusses deutete eine Problematik an, welcher sich der Kirchentag in den 1980er Jahren zunehmend stellen musste: Einerseits nahmen die Besucherzahlen kontinuierlich zu, andererseits ging die Bereitschaft zur Mitwirkung an der Vorbereitung und Durchführung des Kirchentags bei vielen Mitarbeitern zurück[59]. Das Grundproblem bestand wohl darin, dass immer mehr und immer größere Veranstaltungen sehr viel zusätzliche Arbeit verlangten, die nur ehrenamtlich geleistet wurde. Bei der Auswertung des Kirchentags waren sich die Mitglieder des Landesausschusses einig, dass ehrenamtliches Engagement allein bei solchen Großereignissen nicht ausreichte, sondern dass man hauptamtliche Mitarbeiter und eine Freistellung kirchlicher Angestellter für die Vorbereitungen brauchte[60]. Angesichts des großen

50 Vgl. ebd. S. 2f.
51 Vgl. ebd.
52 Vgl. ebd. S. 2.
53 Vgl. ebd. Nr. 2: Rundbrief an die Mitarbeiter des Kirchentags, 24.2.1987, S. 1f.
54 Vgl. ebd. Nr. 4: Protokoll der Sitzung des gemeinsamen Landesausschusses am 6.6.1986, S. 4. Zu den Mitgliedern gehörten zunächst Ingrid Plath, Winrich Jax, Hans-Peter Günther, Eberhard Beyer und Jens Langer. Damit das Verhältnis von Mitarbeitern der ELLKM und ELKG paritätisch war, wirkte ab Ende 1986 auch Joachim Gauck mit. Vgl. ebd. Nr. 5: Protokolle der Sitzungen des Geschäftsführenden Ausschusses am 30.6.1986, S. 1, und am 3.12.1986, S. 1.
55 Vgl. ebd. Nr. 3: Protokoll der Sitzung der Verantwortlichen der vier Kirchentage 1988 am 23.4.1987, S. 6.
56 Vgl. ebd. Nr. 4: Protokoll der Sitzung des gemeinsamen Landesausschusses am 30.1.1988, S. 3.
57 Vgl. ebd. Nr. 5: Brief von Eberhard Beyer an Joachim Wiebering, 7.7.1988, S. 2.
58 Vgl. ebd.
59 Vgl. ebd. Nr. 4: Protokoll der Sitzung des gemeinsamen Landesausschusses am 14.10.1988, S. 3.
60 Vgl. ebd. S. 3f.

Aufwands, den die Organisation eines Kirchentags bedingte, erwies es sich als hilfreich, dass die Geschäftstelle des EKT ähnlich wie bei den Treffen im Lutherjahr in die Vorbereitungen der vier Kirchentage 1988 eingebunden war. So bot der zentrale Themenkonvent in Schönburg 1986 den einzelnen Ausschüssen die Gelegenheit, gemeinsam zu einem Thema zu finden und gegenseitige Impulse aufzunehmen. Inhaltlich unterstützte die Geschäftsstelle die Landesausschüsse bei der Gestaltung der Themenbereiche „Juden und Christen", „1.000 Jahre Taufe Russlands" und „Konziliarer Prozess", zum Beispiel durch die Bereitstellung von Ausstellungen[61]. Außerdem ließ die Berliner EKT-Zentrale wieder einige Werbemittel herstellen, darunter Anstecknadeln, Ohrhänger, Taizé-Kreuze und Werbefaltblätter[62].
Für die Vorbereitung des Rostocker Treffens wollten die Organisatoren neben den Impulsen von den „Ideenkonferenzen" und der EKT-Zentrale die Erfahrungen anderer Treffen nutzen. Dabei hatten sie vor allem den Kreiskirchentag in Neustrelitz, den Kirchentagskongress in Ludwigslust und den Berliner Kirchentag im Blick[63]. Deshalb war geplant, dass sich Mitglieder des Landesausschusses an den Vorbereitungen in Neustrelitz und Ludwigslust beteiligten. In Bezug auf den Kreiskirchentag am 20. und 21. September 1986 unter der Losung „Ich bin der Herr, dein Gott" konnte eine Mitarbeit des Landesausschusses allerdings nicht realisiert werden, da sich dessen Mitglieder aufgrund von organisatorischen Missverständnissen nicht rechtzeitig bei der Vorbereitungsgruppe in Neustrelitz gemeldet hatten[64]. Beim Kirchentagskongress „Aufbruch zum Leben" am 18. und 19. Oktober 1986 wirkten hingegen zwei Ausschussmitglieder an den Vorbereitungen mit[65]. Obwohl der Landesausschuss diese beiden Treffen zunächst als Bausteine auf dem Weg zum Rostocker Kirchentag angesehen hatte, zeigte er sich schließlich sehr skeptisch, ob sie tatsächlich Auswirkungen auf die Vorbereitungen in Rostock haben würden[66]. Auch aus den Sitzungsprotokollen im Anschluss an die Veranstaltungen im September und Oktober 1986 geht nicht hervor, dass der gemeinsame Landesausschuss eine intensive Auswertung vornahm und dadurch Erkenntnisse für das Treffen 1988 gewonnen hätte. Dennoch lassen sich Parallelen zwischen den Treffen in Neustrelitz, Ludwigslust und Rostock erkennen. So war zum Beispiel Joachim Gauck bei allen drei Treffen an der Gestaltung der Abschlussversammlung beteiligt: In Neustrelitz lud er dort die Gemeinde zum Kirchentag 1988 ein[67], in Ludwigslust leitete er sie[68] und in Rostock hielt er die Predigt[69]. Außerdem referierte der Ost-Berliner Generalsuperintendent Günter Krusche sowohl in Neustrelitz als auch in Rostock zum jeweiligen

61 Vgl. ebd. Nr. 3: Protokolle der Sitzungen der Verantwortlichen der vier Kirchentage 1988 am 26.9.1986, S. 3, und am 23.4.1987, S. 3.
62 Vgl. ebd.: Protokoll der Sitzung der Verantwortlichen der vier Kirchentage 1988 am 23.4.1987, S. 3f.
63 Vgl. ebd.: Strukturskizze zur Entwicklung des Rostocker Kirchentags 1988.
64 Vgl. ebd. Nr. 4: Aktennotiz von Joachim Gauck, 30.11.1985.
65 Dabei handelte es sich um Gisela Meer und Fritz Döscher. Vgl. ebd. Nr. 3: Protokoll der Sitzung des Hauptausschusses Kirchentag Ludwigslust am 18.4.1986, S. 1.
66 Vgl. ebd. Nr. 4: Protokoll der Sitzung des gemeinsamen Landesausschusses am 12.9.1986, S. 1.
67 Vgl. ebd. Nr. 2: Protokoll der Sitzung des Hauptausschusses Kirchentag Neustrelitz am 1.9.1986, S. 2.
68 Vgl. ebd. Nr. 3: Protokoll der Sitzung des Hauptausschusses Kirchentag Ludwigslust am 18.4.1986, S. 2.
69 Vgl. „Joachim Gauck: Predigt beim Abschlussgottesdienst des Kirchentages, Rostock, 19.6.1988" In: epd-Dokumentation Nr. 39a/88 vom 26.9.1988, S. 16f.

Kirchentagsthema[70] und die Musikgruppe „MEDItation“ aus Dresden wirkte in Ludwigslust und Rostock mit[71]. Darüber hinaus hatten die drei Programme einige thematische Schwerpunkte gemeinsam. Beim Kreiskirchentag diskutierten die Teilnehmer zum „Christsein im Alltag“[72], was die Arbeitsgruppe 3 in Rostock ebenfalls aufgriff[73]. In Ludwigslust wurden Gespräche zu den Themen Toleranz, Frieden, Gerechtigkeit und Bewahrung der Schöpfung angeboten[74], die beim Rostocker Treffen beispielsweise in der AG 2 zur Sprache kamen[75]. Der Kirchentagskongress erhielt zudem im Nachhinein für den Landesausschuss eine spezielle Bedeutung, da er das Potential von Laienmitarbeitern besonders herausstrich: Aufgrund des plötzlichen Unfalltods der Hauptinitiatorin des Treffens sei ein „Kirchentag von unten“ entstanden, bei dessen Planung sich vorwiegend in der Kirchentagsarbeit unerfahrene Laien engagierten, die diese Veranstaltung damit zu einem „Zeichen der Hoffnung“ gemacht hätten[76].
Einen als parallele Protestaktion durchgeführten „Kirchentag von unten“ wie beim Berliner Treffen im Juni 1987[77] strebten die Rostocker Organisatoren selbstverständlich nicht an, aber sie ließen sich in inhaltlicher Hinsicht vom Kirchentag in der Hauptstadt inspirieren. Eines der wichtigsten Themen dort war das Judentum. Das Programm enthielt dazu eine Vielzahl an Veranstaltungen, wie Konzerte mit jiddischen Liedern, ein Podiumsgespräch mit jüdischen Gästen, ein Anne-Frank-Abend oder Lesungen aus Werken des jüdischen Schriftstellers Lion Feuchtwanger[78]. In der Sophienkirche befand sich außerdem das Arbeitsgruppenzentrum 10 „Juden und Christen als Kinder eines Vaters“, zu dessen Angeboten unter anderem interreligiöse Begegnungen und eine Sabbatfeier gehörten[79]. Das Zentrum 10 besuchten auch zwei Mitglieder der Vorbereitungsgruppe der Veranstaltung „Schuld – Versöhnung – Leben“ aus Rostock[80]. Es ist davon auszugehen, dass sie diesen Programmpunkt in Berlin bewusst auswählten, denn in der betreffenden Rostocker Arbeitsgruppe sollte das Thema „Juden und Christen“ einen der beiden Schwerpunkte bilden. Der zweite geplante Themenkomplex der AG „Schuld – Versöhnung – Leben“ war das Verhältnis zwischen Deutschland und seinen ehemaligen Feinden in Osteuropa[81]. Vor diesem Hintergrund ist es nachvollziehbar, dass die beiden Mitarbeiter

70 Vgl. LKAS, LA KT, Nr. 2: Protokoll der Sitzung des Hauptausschusses Kirchentag Neustrelitz am 1.9.1986, S. 1; LKAS, Best. Landesbischöfe Rathke und Stier, Nr. 67: Programmheft Kirchentag Rostock 1988, S. 17.

71 Vgl. LKAS, LA KT, Nr. 3: Brief von Gisela Meer an Joachim Gauck, 12.10.1986, S. 2; LKAS, Best. Landesbischöfe Rathke und Stier, Nr. 67: Programmheft Kirchentag Rostock 1988, S. 19.

72 Vgl. „Fragen wagen“ In: Mecklenburgische Kirchenzeitung, Jg. 41, Nr. 40 vom 5.10.1986, S. 3.

73 Vgl. LKAS, Best. Landesbischöfe Rathke und Stier, Nr. 67: Programmheft Kirchentag Rostock 1988, S. 6f.

74 Vgl. LKAS, LA KT, Nr. 3: Veranstaltungsübersicht zum Kirchentagskongress in Ludwigslust 1986, S. 1f.

75 Vgl. LKAS, Best. Landesbischöfe Rathke und Stier, Nr. 67: Programmheft Kirchentag Rostock 1988, S. 4f.

76 Vgl. LKAS, LA KT, Nr. 1: Protokoll der Sitzung der Konferenz der Landesausschüsse am 27. und 28.3.1987, S. 11.

77 Siehe dazu Kapitel 2.2.

78 Vgl. LKAS, LA KT, Nr. 2: Programmheft Berliner Kirchentag 1987, S. 8, S. 13, S. 16 und S. 21.

79 Vgl. ebd.: Faltblatt zum Berliner Kirchentag 1987, S. 3.

80 Vgl. ebd. Nr. 7: Protokoll der Sitzung der Vorbereitungsgruppe „AG 4“ am 15.8.1987, S. 1.

81 Vgl. ebd. Nr. 5: Protokoll der Sitzung des Geschäftsführenden Ausschusses mit den Verantwortlichen der Arbeitsgruppen 1 bis 6 am 5.11.1987, S. 3f.

ebenfalls das Arbeitsgruppenzentrum 9 „Dialog mit nahen und fernen Nachbarn" in Berlin besuchten[82], das sich mit der deutschen Geschichte von 1933 bis 1945 und der Beziehung zwischen Deutschen, Polen und Russen auseinandersetzte[83]. Welche unmittelbaren Konsequenzen die Berliner Erfahrungen auf die Vorbereitungen der Arbeitsgruppe in Rostock hatten, ist aufgrund der Aktenlage nur schwer ersichtlich. Die Auswertung innerhalb der Vorbereitungsgruppe fiel sehr knapp aus und deutete lediglich darauf hin, dass es im Gegensatz zum Berliner Kirchentag in Rostock mehr Raum für persönliche Gespräche zwischen den Teilnehmern geben sollte[84]. Eine positive Rückmeldung scheint es im Hinblick auf die beim Berliner Treffen gezeigten Ausstellungen „Menschen in der Stadt" des Grafikers Herbert Seidel und „Unterwegs" des Fotografen Uwe Klemens gegeben zu haben, da beide auch in Rostock zu sehen waren[85].

Das Programm des Rostocker Kirchentags zeigt, dass die Organisatoren in vielen Punkten den Ergebnissen der „Ideenkonferenzen" und der vom Landesausschuss eingesetzten Konzeptionsgruppe Rechnung getragen haben. So fand zum Beispiel der Vorschlag zur Vergrößerung des zeitlichen Rahmens für die Gesprächsgruppen[86] Berücksichtigung, indem der Landesausschuss den Kirchentag um einen Veranstaltungstag erweiterte. Dadurch konnten die Teilnehmer an zwei Tagen in den geplanten Themengruppen arbeiten und nicht nur an einem, wie es bei früheren Treffen der Fall gewesen war. Bei der „Ideenkonferenz" 1986 ließ sich erkennen, dass ein großes Interesse im Hinblick auf Vorträge und Bibelarbeiten von Personen mit unterschiedlichen Blickwinkeln bestand, besonders aus dem gesellschaftspolitischen Bereich[87]. Daher versuchten die Veranstalter, möglichst viele Staatsvertreter als Referenten und Podiumsteilnehmer zu gewinnen, was in einigen Fällen allerdings an der zunehmend restriktiven Haltung der Staatsorgane gegenüber dem Kirchentag scheiterte[88]. Die bei der Strukturtagung und der „Ideenkonferenz" vorgeschlagenen Themen wirkten sich vor allem auf die Planung der Arbeitsgruppen aus. Im März 1987 einigte sich der Landesausschuss auf sechs Themenkomplexe[89]. Das bei den Beratungstreffen angeregte Gedenken an den 50. Jahrestag der Reichspogromnacht in Verbindung mit einem jüdisch-christlichen Dialog[90] fand Eingang in die Arbeitsgruppe 4 „Schuld – Versöhnung – Leben", die einen besonderen Schwerpunkt auf die Geschichte der Juden in Mecklenburg legen wollte[91]. In der Arbeitsgruppe 2 „Gerechtigkeit – Frieden – Bewahrung der Schöpfung"[92] sollten die gewünschten

82 Vgl. ebd. Nr. 7: Protokoll der Sitzung der Vorbereitungsgruppe „AG 4" am 15.8.1987, S. 1.

83 Vgl. ebd. Nr. 2: Faltblatt zum Berliner Kirchentag 1987, S. 3.

84 Vgl. ebd. Nr. 7: Protokoll der Sitzung der Vorbereitungsgruppe „AG 4" am 15.8.1987, S. 1.

85 Vgl. ebd. Nr. 2: Programmheft zum Berliner Kirchentag 1987, S. 55 und S. 60; LKAS, Best. Landesbischöfe Rathke und Stier, Nr. 67: Programmheft Kirchentag Rostock 1988, S. 4 und S. 10.

86 Vgl. LKAS, LA KT, Nr. 4: Protokoll der Sitzung der Konzeptionsgruppe am 12.10.1984, S. 1.

87 Vgl. ebd. Nr. 5: Protokoll zur Ideenkonferenz am 27.9.1986, S. 2f.

88 Siehe dazu Kapitel 8.2.

89 Vgl. LKAS, LA KT, Nr. 4: Protokoll der Sitzung des gemeinsamen Landesausschusses am 14.3.1987, S. 1.

90 Vgl. ebd. Nr. 5: Zusammenfassung der Ergebnisse der Strukturtagung „Initiative Kirchentag Rostock 1988" am 14./15.9.1985, S. 2; ebd.: Protokoll zur Ideenkonferenz am 27.9.1986, S. 2f.

91 Vgl. LKAS, Best. Landesbischöfe Rathke und Stier, Nr. 67: Programmheft Kirchentag Rostock 1988, S. 8f. Diese Gruppe wurde von Lutz Danke aus Rostock geleitet. Vgl. LKAS, LA KT, Nr. 6: „Einsatzplan der Ordner beim Kirchentag 1988", S. 1.

92 Die Leitung der AG 2 hatte Pastor Dietmar Prophet aus Reinkenhagen übernommen. Vgl. ebd.

Themen Ökologie, Frieden und Gerechtigkeit[93] zur Sprache kommen. Dabei waren die Teilnehmer der AG 2 in sechs Untergruppen[94] dazu aufgefordert, sich mit aktuellen Problemstellungen auseinanderzusetzen und nach Wegen für ein persönliches Engagement zu suchen[95]. Bei der Planung der Arbeitsgruppe 3 „Kirche – Gesellschaft – Politik“[96] nahmen die Veranstalter die Anregung der Konferenzteilnehmer auf, Brücken zu Vertretern des Staates und gesellschaftlichen Randgruppen zu schlagen[97]. Beim Unterthema „Brücken in der Belastung – Menschen, die es schwerer haben“ sollte der Fokus auf Personengruppen liegen, deren Leben in den Augen der Gesellschaft nicht „normal“ verlief, wie Suchtabhängige, Kriminelle, psychisch Kranke und Homosexuelle, um Unkenntnis und Vorurteile abzubauen[98]. Für das zweite Unterthema der Arbeitsgruppe 3, „Brücken für den Alltag – Christen als Partner in Beruf und Gesellschaft“, war eine Debatte mit Christen und Marxisten zum Arbeitspapier der mecklenburgischen Landessynode „Als Christ leben in der sozialistischen Gesellschaft“ vorgesehen[99]. Ein weiterer Vorschlag der Ideenkonferenz betraf die Auseinandersetzung mit theologischen Fragen aus feministischer Sicht[100]. Auch wenn Konzepte der feministischen Theologie[101] in der AG 6.2 „Frauen laden ein!“ letztlich kaum eine Rolle spielten, nahm sie immerhin die Stellung der Frau im Neuen Testament und in der modernen Gesellschaft in den Blick[102].
Vielfältige ökumenische Angebote hatten für die Teilnehmer der Beratungstreffen ebenfalls eine große Bedeutung. So wünschten sie sich zum Beispiel Gespräche zwischen Christen verschiedener Konfessionen zu Fragen des Glaubens und zu aktuellen gesellschaftspolitischen Problemen sowie eine Ökumene „zum Anfassen“[103]. Diese Vorschläge griffen die Organisatoren bei der für den 18. und 19. Juni 1988 geplanten Veranstaltung unter dem Titel „Ökumene zum Anfassen“ auf, bei der

93 Vgl. ebd. Nr. 5: Protokoll zur Ideenkonferenz am 27.9.1986, S. 2f.

94 1. Friedenserziehung in Familie und Gesellschaft, 2. Der Mensch im Spannungsfeld von Macht und Ohnmacht, 3. Wesen des Friedens, 4. Opfer und Verzicht, 5. Natur und Mensch, 6. Neues Denken – eine Chance für politische Entwicklung. Vgl. LKAS, Best. Landesbischöfe Rathke und Stier, Nr. 67: Programmheft Kirchentag Rostock 1988, S. 4f.

95 Vgl. ebd. S. 4.

96 Der Verantwortliche der AG 3 war Fred Mahlburg, Landespastor für Weiterbildung und Akademiearbeit in Rostock. Vgl. LKAS, LA KT, Nr. 6: „Einsatzplan der Ordner beim Kirchentag 1988“, S. 1.

97 Vgl. ebd. Nr. 5: Protokoll zur Ideenkonferenz am 27.9.1986, S. 1.

98 Vgl. LKAS, Best. Landesbischöfe Rathke und Stier, Nr. 67: Programmheft Kirchentag Rostock 1988, S. 6.

99 Vgl. ebd. S. 6f. Siehe dazu auch Kapitel 8.3.

100 Vgl. LKAS, LA KT, Nr. 5: Protokoll zur Ideenkonferenz am 27.9.1986, S. 2.

101 Vgl. dazu Hedwig Meyer-Wilmes et al.: Art. Feminismus/Feministische Theologie, in: RGG^4 3, Tübingen 2000, Sp. 66-75; Gisela Matthiae et al. (Hg.): Feministische Theologie. Initiativen, Kirchen, Universitäten – eine Erfolgsgeschichte, Gütersloh 2008; Lucia Scherzberg: Grundkurs feministische Theologie, Mainz 1995; Elisabeth Gössmann (Hg.): Wörterbuch der feministischen Theologie, Gütersloh 1991.

102 iehe dazu Kapitel 8.4. Die Arbeitsgruppe 6 „Gemeinde – Kirche – Zukunft“ teilte sich in zwei Untergruppen: 6.1 „Klarheit – Durchsichtigkeit – Neues Denken in unserer Kirche“ und 6.2 „Frauen laden ein!“. Vgl. LKAS, Best. Landesbischöfe Rathke und Stier, Nr. 67: Programmheft Kirchentag Rostock 1988, S. 12-15. Der Verantwortliche für die AG 6.1 war Pastor Andreas Riemann aus Neubrandenburg, die AG 6.2 leitete Pastorin Elisabeth Krummacher aus Lichtenhagen-Dorf (bei Rostock). Vgl. LKAS, LA KT, Nr. 4: Protokoll der Sitzung des gemeinsamen Landesausschusses am 7.11.1987, S. 3.

103 Vgl. ebd. Nr. 5: Zusammenfassung der Ergebnisse der Strukturtagung „Initiative Kirchentag Rostock 1988“ am 14./15.9.1985, S. 2.

sich Gäste und Besucher in zwangloser Atmosphäre zu bestimmten Themen austauschen konnten[104]. In der Arbeitsgruppe 1 „Kirche – Ökumene – Religion“[105] und bei der Eröffnungsveranstaltung mit Gästen aus Rostocks Partnerstädten Szczecin (Polen), Turku (Finnland) und Bremen waren ebenfalls Gespräche zu Kernfragen der Ökumene und zu Erfahrungen der Kirche in der Gesellschaft vorgesehen[106]. Auch generationsübergreifende Angebote gehörten zu den Vorschlägen der Kirchentagsmitarbeiter[107]. Dies griff die Arbeitsgruppe 5 „Partnerschaft – Generation – Geschlechter“ mit Gesprächen und Vorträgen auf, die die Beziehungen zwischen Eltern und Kindern, Gleichaltrigen sowie Erwachsenen und ihren Eltern thematisierten[108]. Außerdem waren für den 18. und 19. Juni 1988 Aktionen unter dem Motto „Eltern und Kinder feiern den Kirchentag“ geplant[109]. Für Jugendliche sollte es beim Rostocker Treffen deutlich mehr Angebote geben als bei den vorherigen Kirchentagen der ELLKM und der ELKG. Die Großveranstaltung am 19. Juni wollten die Organisatoren passenderweise auf dem „Platz der Jugend“ durchführen[110]. Darüber hinaus waren viele musikalische Angebote geplant, wie das von der Dresdener Gruppe „MEDItation“ und dem Studentenchor der Kirchenmusikhochschule Halle/Saale aufgeführte Musiktheaterstück „Elia – Römer 2“ mit Elementen aus Jazz, Rock und Elektronik, das „Band-Konzert für junge Leute“ mit dem Jugendchor und der Jugendband Sondershausen/Stockhausen oder die Rock-Kantate „Bruder Jona“ von Karl Scharnweber und Eckart Reinmuth[111]. Am 18. Juni 1988 fand der „Treffpunkt junge Leute“ mit einer Vielzahl von Veranstaltungen in verschiedenen Kirchen und Gemeindezentren Rostocks statt, darunter eine Musikwerkstatt mit Karl Scharnweber, Bibelgespräche, Taizé-Gebete, eine Künstlerwerkstatt und Gespräche zum Thema Frieden, Ökologie und Dritte Welt[112]. Eine große Vielfalt war ebenso für das geistliche Programm gewünscht[113]. Im Vergleich zu den Kirchentagen 1978 und 1985 ließ sich in Rostock die angestrebte Bandbreite jedoch nicht am Gottesdienstangebot erkennen. Unter den mehr als 80 Programmpunkten waren gerade einmal sechs Gottesdienste, Eröffnungs- und Abschlussgottesdienst bereits eingeschlossen. Dreimal wurde ein Abendmahlsgottesdienst angeboten und ein

104 Vgl. ebd. Nr. 7: Protokoll der Sitzung der Vorbereitungsgruppe „Ökumene zum Anfassen“ am 17.2.1988, S. 1. Siehe dazu auch Kapitel 8.6.

105 Diese Arbeitsgruppe leitete Matthias Kleiminger, Landespastor für Gemeindedienst. Vgl. LKAS, LA KT, Nr. 6: „Einsatzplan der Ordner beim Kirchentag 1988“, S. 1.

106 Vgl. LKAS, Best. Landesbischöfe Rathke und Stier, Nr. 67: Programmheft Kirchentag Rostock 1988, S. 2 und S. 18. Siehe dazu auch Kapitel 8.6.

107 Vgl. LKAS, LA KT, Nr. 5: Zusammenfassung der Ergebnisse der Strukturtagung „Initiative Kirchentag Rostock 1988“ am 14./15.9.1985, S. 1.

108 Vgl. LKAS, Best. Landesbischöfe Rathke und Stier, Nr. 67: Programmheft Kirchentag Rostock 1988, S. 10f.

109 Vgl. „Kirchentag Rostock vom 16. bis 19. Juni: Eltern und Kinder feiern den Kirchentag“ In: Mecklenburgische Kirchenzeitung, Jg. 43, Nr. 20 vom 15.5.1988, S. 2.

110 Vgl. LKAS, Best. Landesbischöfe Rathke und Stier, Nr. 67: Programmheft Kirchentag Rostock 1988, S. 23.

111 Vgl. ebd. S. 19 und S. 22; LKAS, LA KT, Nr. 3: Protokoll der Sitzung des Geschäftsführenden Ausschusses und der Arbeitsgruppen, 16.1.1988, S. 3.

112 Vgl. LKAS, Best. Landesbischöfe Rathke und Stier, Nr. 67: Programmheft Kirchentag Rostock 1988, S. 25f. Siehe dazu auch Kapitel 8.4.

113 Vgl. LKAS, LA KT, Nr. 5: Zusammenfassung der Ergebnisse der Strukturtagung „Initiative Kirchentag Rostock 1988“ am 14./15.9.1985, S. 1f.

Gottesdienst richtete sich an Gehörlose[114]. Daneben konnten die Kirchentagsteilnehmer ein „Gebet zur Nacht", Morgengebete und die „Liturgische Nacht" in zwei verschiedenen Fassungen besuchen[115]. Obwohl die Vielfalt der gottesdienstlichen Veranstaltungen sehr überschaubar war, zeigte sich das Programm im Hinblick auf Fragen des Glaubens und der Gestaltung von Kirche durchaus ambitioniert. So war das Thema Mission bei diesem Kirchentag präsenter als in den vorherigen Jahren. In der Arbeitsgruppe 1 wurde die Frage zur Diskussion gestellt, ob die Institution Kirche sich vorrangig um ihre bestehenden Mitglieder kümmern und sich damit vor allem nach innen stärken sollte oder ob alle Kräfte in die Verbreitung des Evangeliums nach außen zu setzen seien[116]. Mit der Gestaltung des kirchlichen Lebens beschäftigten sich das „Forum Kirchgemeinderäte/ Gemeindekirchenräte"[117] und die Arbeitsgruppe 6.1. In Anlehnung an den veränderten politischen Kurs in der UdSSR unter Michail Gorbatschow[118] hatte sich die Arbeitsgruppe 6.1 die Überschrift „Klarheit – Durchsichtigkeit – Neues Denken in unserer Kirche" gegeben, um nach Möglichkeiten der Zusammenarbeit von Haupt- und Ehrenamtlichen in den Gemeinden sowie nach notwendigen strukturellen Veränderungen innerhalb der Kirche zu fragen[119].
Zu den Programmpunkten, die die Teilnehmer der Beratungstreffen 1985 und 1986 beim Kirchentag erwarteten, gehörten zudem der „Abend der Begegnung", der „Markt der Möglichkeiten", ein Begegnungszentrum mit Angeboten auf Plattdeutsch und „Sei unser Gast"[120]. Während der „Markt der Möglichkeiten" am 17. und 18. Juni in der Marienkirche stattfand und das „Plattdütsch Hus" in der Nikolaikirche vom 17. bis 19. Juni Veranstaltungen anbot[121], wurde die Aktion „Sei unser Gast" nicht realisiert. Dabei schien zunächst ein großes Interesse der Rostocker Gemeinden an einer Durchführung zu bestehen. So baten Mitglieder der Gemeinde Rostock-Lichtenhagen den Landesausschuss im Herbst 1986, bei der Planung der Aktion auch die Neubaugebiete einzubeziehen[122]. Weshalb die Vorbereitungen für „Sei unser Gast" letztlich nicht in Angriff genommen wurden, geht aus den Akten nicht hervor. Die Kirchentagsveranstalter hielten Anfang 1987 lediglich fest, dass die Aktion eventuell in reduzierter Form stattfinden könnte[123]. Im Vorfeld des Treffens

---

114 Vgl. LKAS, Best. Landesbischöfe Rathke und Stier, Nr. 67: Programmheft Kirchentag Rostock 1988, S. 16f.

115 Vgl. ebd.

116 Vgl. ebd. S. 2.

117 Siehe dazu Kapitel 8.5.

118 Mit dem 1986 auf dem XXVII. Parteitag der KPdSU beschlossenen Reformprogramm versuchte der seit 1985 amtierende Generalsekretär Gorbatschow dem Niedergang des Sozialismus entgegenzuwirken. Zu den Hauptprinzipien dieses „Neuen Denkens" in Politik, Wirtschaft und Kultur sollten „Glasnost" (Transparenz) und „Perestroika" (Umgestaltung) gehören. Vgl. Schroeder: Der SED-Staat, S. 288f.; Manfred Hildermeier: Geschichte der Sowjetunion 1917-1991, S. 1023-1040.

119 Vgl. LKAS, Best. Landesbischöfe Rathke und Stier, Nr. 67: Programmheft Kirchentag Rostock 1988, S. 12f. Siehe dazu auch Kapitel 8.5.

120 Vgl. LKAS, LA KT, Nr. 5: Zusammenfassung der Ergebnisse der Strukturtagung „Initiative Kirchentag Rostock 1988" am 14./15.9.1985, S. 1; ebd.: Protokoll zur Ideenkonferenz am 27.9.1986, S. 2.

121 Vgl. LKAS, Best. Landesbischöfe Rathke und Stier, Nr. 67: Programmheft Kirchentag Rostock 1988, S. 17 und S. 27.

122 Vgl. LKAS, LA KT, Nr. 5: Brief von Gudrun Rathmann an Joachim Gauck, 15.10.1986.

123 Vgl. ebd. Nr. 3: Protokoll der Sitzung der Verantwortlichen der vier Kirchentage 1988 am 25.2.1987, S. 3.

waren die Verantwortlichen womöglich zu dem Schluss gekommen, dass die Vorbereitung von „Sei unser Gast“ doch nicht zu leisten war, auch weil sich bereits die Planung der sieben Arbeitsgruppen sehr aufwendig gestaltete. Als Kompromiss hatten sich die Organisatoren offenbar dazu entschieden, den „Abend der Begegnung“ als dezentrale Veranstaltung unter dem Titel „Zu Gast in Rostocker Gemeinden“[124] durchzuführen. Dass sie sich dabei am Modell von „Sei unser Gast“ orientierten, legt der Vorschlag des Landesausschusses nahe, die gastgebenden Gemeinden zu einer brieflichen Kontaktaufnahme mit ihren zukünftigen Gästen zu bewegen[125]. Schon im Rahmen des Stralsunder Treffens 1978 hatten Gastgeber und Gäste miteinander korrespondiert[126]. Wie von den Teilnehmern der Strukturtagung gewünscht[127], enthielt die Konzeption des Kirchentags außerdem ein umfangreiches kulturelles Programm. So wurden zum Beispiel im Metropol-Kino verschiedene Filme vorgeführt: Der Stummfilm „Eine Brücke über die Zeit“ mit Originalaufnahmen vom ersten Kirchentag der mecklenburgischen Landeskirche 1932 in Güstrow[128] und die DEFA-Produktion „Einer trage des anderen Last“[129], die den Dialog von Marxisten und Christen in den Mittelpunkt stellte. Die Auswahl des letztgenannten Films lag insofern nahe, als dass er mit seinem Plädoyer für Toleranz und Verständnis zwischen unterschiedlichen Weltanschauungen[130] genau in das Konzept des Rostocker Treffens passte. Das musikalische Angebot bei den evangelischen Kirchentagen in Ost und West war generell sehr vielseitig. In Rostock konnten die Teilnehmer zwischen Bläser-, Orgel-, Chor- und Bandkonzerten wählen oder die Aufführung von Haydns Oratorium „Die Schöpfung“ besuchen[131]. Bei der Betrachtung des Kirchentagsprogramms fällt somit auf, dass der Landesausschuss sich deutlich stärker als in den vorangegangenen Jahren darum bemühte, die Interessen und Erwartungen der kirchlichen Basis zu berücksichtigen. Die Durchführung der drei Beratungstreffen sowie die Übernahme eines Großteils der dort geäußerten Vorschläge in die Programmgestaltung zeigten, wie ernsthaft die Verantwortlichen ihren Anspruch eines echten „Kirchentags von unten“[132] verfolgten.

---

124 Vgl. ebd.: Protokoll der Sitzung der Verantwortlichen der vier Kirchentage 1988 am 23.4.1987, S. 2. Den „Abend der Begegnung“ gestalteten 14 Rostocker Gemeinden. Vgl. ebd. Nr. 6: Presseinformation Nr. 1.

125 Vgl. ebd. Nr. 4: Protokoll der Sitzung des gemeinsamen Landesausschusses am 7.11.1987, S. 4.

126 Siehe Kapitel 4.3.

127 Vgl. LKAS, LA KT, Nr. 5: Zusammenfassung der Ergebnisse der Strukturtagung „Initiative Kirchentag Rostock 1988“ am 14./15.9.1985, S. 1.

128 Vgl. LKAS, Best. Landesbischöfe Rathke und Stier, Nr. 67: Programmheft Kirchentag Rostock 1988, S. 19; „Kirche und Heimat“ In: Studienhefte zur mecklenburgischen Kirchengeschichte, Heft 1/1988, S. 11-13.

129 Der Film „Einer trage des anderen Last“ über einen evangelischen Vikar und einen Volkspolizisten, die sich in den 1950er Jahren in einem Lungensanatorium begegnen, wurde am 28. Januar 1988 in der DDR uraufgeführt und gehörte zu den fünf erfolgreichsten Kinofilmen jenes Jahres. Er gewann auch internationale Preise, zum Beispiel bei den 38. Internationalen Filmfestspielen in Berlin. Das Drehbuch basierte auf einem autobiografischen Text des Schriftstellers Wolfgang Held, die Regie übernahm Lothar Warneke. Bei der Uraufführung in Berlin waren unter anderem der Stellvertreter des Staatssekretärs für Kirchenfragen, Hermann Kalb, und der ehemalige Vorsitzende der KKL, Altbischof Albrecht Schönherr anwesend. Vgl. BArch, DO-4/1246, Blatt 1058: Vermerk von Hermann Kalb, 29.1.1988, S. 1; Dagmar Schittly: Zwischen Regie und Regime, S. 265; Elke Schieber: Anfang vom Ende, S. 318f.

130 Vgl. Schittly: Zwischen Regie und Regime, S. 265.

131 Vgl. LKAS, Best. Landesbischöfe Rathke und Stier, Nr. 67: Programmheft Kirchentag Rostock 1988, S. 16f.

132 Vgl. LKAS, LA KT, Nr. 3: Protokoll der Sitzung der Verantwortlichen der vier Kirchentage 1988 am 25.2.1987, S. 3; ebd. Nr. 4: Protokoll der Sitzung der Konzeptionsgruppe am 12.10.1984, S. 1.

Das Treffen auf Vorschlag der Konzeptionsgruppe um einen Tag zu erweitern, bedeutete aber neben einem erhöhten Arbeitsaufwand auch zusätzliche Kosten. Da der Kirchentag sich finanziell selbst tragen musste, war er auf Spenden sowie die Einnahmen aus den Verkäufen von Werbemitteln[133] und Teilnehmerkarten[134] angewiesen. In puncto Werbung hatten die Veranstalter allerdings die Auflagen der staatlichen Stellen zu beachten. Erst drei Monate vor Beginn des Kirchentags erhielten die Organisatoren die Genehmigung für die Sichtwerbung in Form von Aufstellern und Fahnen am Hauptbahnhof, in der Leninallee (heute Schillingallee), an der Marienkirche und bei der Freilichtbühne im Barnstorfer Wald[135]. Plakate waren an öffentlichen Plätzen in Rostock jedoch nicht erlaubt und der Rat des Bezirks lehnte auch eine DEWAG-Plakatierung in anderen Städten der drei Nordbezirke ab[136]. Somit blieb den Veranstaltern fast nur die Möglichkeit, das Treffen über die Gemeinden zu bewerben. Die Gemeinden der mecklenburgischen und der Greifswalder Kirche konnten die Plakate gegen eine Spende anfordern und auch die nördlichen Kirchenkreise der EKiBB erhielten Einladungen[137]. Ein wichtiges Werbemittel waren außerdem die Programmhefte, die aber erst Ende Mai 1988 von der Druckerei ausgeliefert wurden[138]. Im gemeinsamen Landesausschuss stellte man die Vermutung an, dass die staatlichen Stellen diese späte Auslieferung gezielt herbeigeführt hatten, um die Öffentlichkeitsarbeit des Kirchentags zu beeinträchtigen[139]. In den staatlichen Akten finden sich dazu zwar keine Hinweise, doch das EKT-Präsidium konstatierte ebenfalls, dass die aktuelle politische Lage negative Auswirkungen auf alle vier geplanten Treffen hatte, indem beispielsweise die Gespräche zwischen den Staatsorganen und Veranstaltern in den einzelnen Regionen stagnierten und Staatsvertreter Termine häufig verschoben oder ganz abgesagten[140]. Die Folgen der zunehmenden Verschärfung im Verhältnis von Staat und Kirche im Kontext der Ereignisse in der Zionsgemeinde Berlin und bei der Berliner Luxemburg-Liebknecht-Demonstration[141] waren in Rostock auch daran zu erkennen, dass von Mitte Januar bis Anfang April 1988 nur ein einziges Gespräch zwischen den Vertretern des RdB Rostock und den Veranstaltern stattfand, obwohl der Landesausschuss wiederholt um

---

133 Während des Kirchentags boten die Veranstalter zum Beispiel Anhänger mit dem Kirchentagssymbol aus Kupfer bzw. Leder und eine Dia-Serie zum Treffen von 1983 an. Das Programmheft kostete 3 Mark. Vgl. „Informationen zum Kirchentag in Rostock" In: Die Kirche (Greifswalder Ausgabe), Jg. 43, Nr. 21 vom 22.5.1988, S. 8.

134 Dauerteilnehmer zahlten 35 Mark, wobei für Rentner, Schüler und Studenten ein ermäßigter Beitrag in Höhe von 20 Mark galt. Vgl. LKAS, Best. Landesbischöfe Rathke und Stier, Nr. 67: Programmheft Kirchentag Rostock 1988, S. 32.

135 Vgl. LKAS, LA KT, Nr. 1: Protokoll der Sitzung der Konferenz der Landesausschüsse am 4./5.3.1988, S. 3; ebd. Nr. 4: Protokoll der Sitzung des gemeinsamen Landesausschusses am 26.3.1988, S. 2.

136 Vgl. ebd. Nr. 1: Protokoll der Sitzung der Konferenz der Landesausschüsse am 4./5.3.1988, S. 3; ebd. Nr. 5: Brief von Eberhard Beyer an Hans-Detlef Peter, 9.3.1988.

137 Pro Plakat erbat der Ausschuss eine Spende in Höhe von 1 Mark. Vgl. ebd. Nr. 7: Brief von Eberhard Beyer an die Landessuperintendenturen der ELLKM, 9.5.1988; ebd. Nr. 4: Protokoll der Sitzung des gemeinsamen Landesausschusses am 30.1.1988, S. 3.

138 Vgl. LKAS, Landesbischöfe Rathke und Stier, Nr. 67: Vermerk über das Gespräch beim RdB Rostock am 5.4.1988.

139 Vgl. LKAS, LA KT, Nr. 4: Protokoll der Sitzung des gemeinsamen Landesausschusses am 14.10.1988, S. 3.

140 Vgl. ebd. Nr. 1: Protokoll der Sitzung des Präsidiums des EKT am 4.3.1988, S. 2.

141 Siehe dazu Kapitel 8.2.

gemeinsame Absprachen gebeten hatte[142]. Darüber hinaus häuften sich ab Februar 1988 die Absagen für beantragte Genehmigungen[143]. Durch die Einschränkung der Werbemaßnahmen mussten die Organisatoren befürchten, dass die Besucherzahlen unter ihren Erwartungen blieben und es zu hohen finanziellen Einbußen kam. Auch wenn die Teilnehmerzahlen aus kirchlicher Sicht letztlich zufrieden stellend waren[144], verzeichnete der Landesausschuss ein finanzielles Defizit in Höhe von rund 14.000 Mark, das durch Rücklagen ausgeglichen werden musste[145]. Der Hauptgrund für die erhöhten Ausgaben bestand darin, dass der Ausschuss 20.000 Mark der Kollekte des Abschlussgottesdienstes für ein Projekt der Goßner Mission in Sambia bestimmt hatte und sich nach dem Gottesdienst herausstellte, dass im Verhältnis zur Besucherzahl scheinbar zu wenig Kollektensammler im Einsatz gewesen waren[146].
Die Verschlechterung der Zusammenarbeit zwischen den staatlichen und den kirchlichen Organen setzte erst Anfang des Jahres 1988 ein. Zu Beginn der Vorbereitungsphase waren die Organisatoren noch davon überzeugt, dass die staatlichen Stellen die bei den Treffen 1983 und 1985 gezeigte Unterstützungsbereitschaft beibehielten. Im September 1986 informierten die beiden Ausschussvorsitzenden den Stellvertreter für Inneres beim RdB Rostock, Jürgen Haß, über die Planung des neuen Vorhabens[147]. An den Gesprächen beim Rat des Bezirks nahmen in der Regel Jürgen Haß, Roland Macht, Joachim Gauck und Siegfried Bohl teil. Von Anfang an betonten die Vorsitzenden des Kirchentagsausschusses die positiven außen- und innenpolitischen Auswirkungen der beiden vorherigen Treffen[148], um die Vertreter des Staates zu einer ähnlich großzügigen Unterstützung für 1988 zu bewegen. Jürgen Haß lobte die Landeskirchen zunächst auch als „verlässliche Partner" bei den vorangegangenen Kirchentagen und stellte in Aussicht, alle Anfragen genau zu prüfen[149]. Ebenso beschworen die Landesbischöfe Christoph Stier und Horst Gienke die guten Erfahrungen von 1983 und 1985 bei ihren Gesprächen mit dem RdB Rostock[150]. Dabei ließen sie allerdings eine durchaus unterschiedliche Herangehensweise an die Zusammenarbeit mit den Staatsorganen erkennen. Während Bischof Stier, wie bereits

142 Vgl. LKAS, Landesbischöfe Rathke und Stier, Nr. 67: Vermerk über das Gespräch beim RdB Rostock am 5.4.1988.

143 Siehe dazu Kapitel 8.2.

144 Siehe dazu Kapitel 8.7.

145 Die größten Einnahmen erzielte der Kirchentag aus dem Verkauf von Werbematerial (ca. 54.000 Mark), Teilnehmerbeträgen (ca. 78.000 Mark) sowie Kollekten und Spenden (rund 110.000 Mark). Die größten Ausgaben entstanden durch die Verpflegung (50.000 Mark Ausgaben bei 6.000 Mark Einnahmen) und die Miete der Sonderzüge (25.000 Mark Ausgaben bei 11.000 Mark Einnahmen). Vgl. LKAS, LA KT, Nr. 4: Protokoll der Sitzung des gemeinsamen Landesausschusses am 14.10.1988, S. 4; ebd. Nr. 5: Bilanz zum Kirchentag in Rostock, 2.12.1988, S. 2f.

146 Vgl. ebd. Nr. 4: Protokoll der Sitzung des gemeinsamen Landesausschusses am 14.10.1988, S. 4; ebd.: Brief von Joachim Gauck an die Goßner Mission, 22.12.1988. Zum Vergleich: Beim Rostokker Treffen 1983 betrug die Kollekte des Abschlussgottesdienstes 46.000 Mark bei 25.000 Besuchern. Der Gottesdienst 1988 zog ebenso viele Teilnehmer an, aber die Kollekte umfasste 8.000 Mark weniger. Vgl. LKAS, Best. Landesbischöfe Rathke und Stier, Nr. 66: Bericht des Landesausschusses Mecklenburg bei der Tagung der Landessynode der ELLKM vom 15. bis 18.3.1984, S. 6.

147 Vgl. BStU, MfS, BV Rostock, AS Nr. 416/88, Bd. 1, Blatt 21: „Zusammenfassende Einschätzung zum gegenwärtigen Stand der Vorbereitungen des Kirchentages in Rostock", 5.4.1988, S. 1.

148 Vgl. LKAS, Landesbischöfe Rathke und Stier, Nr. 67: Vermerk über das Gespräch beim RdB Rostock am 29.9.1986.

149 Vgl. ebd.

150 Vgl. ebd.: Niederschrift über das Gespräch am 28.4.1987 zwischen dem RdB Rostock, den Bischöfen Stier und Gienke sowie den Landesausschussvorsitzenden Gauck und Bohl, S. 1.

sein Vorgänger Heinrich Rathke[151], das freie und offene Gespräch über aktuelle Probleme in Bereichen wie Frieden, Ökologie oder Menschenrechte als selbstverständlichen Teil eines Kirchentags bezeichnete und an die staatlichen Stellen appellierte, nicht jede kritische Äußerung gleich als staatsfeindliche Provokation aufzufassen[152], soll Horst Gienke vor allem den religiösen Charakter des Treffens betont und dem staatlichen Vorschlag zugestimmt haben, ein gemeinsames „Krisenmanagement" zu vereinbaren, um eventuelle Störversuche zu verhindern[153]. Außerdem führte Gienke den vergangenen Greifswalder Kirchentag gegenüber den Staatsvertretern unermüdlich als Beweis für die gelebte Glaubens- und Gewissensfreiheit in der DDR an und propagierte das geplante Rostocker Treffen als einen weiteren Baustein des „glaubwürdigen und zutreffenden Bildes der Realität des Christseins in der DDR"[154]. Einig waren sich die beiden Bischöfe hingegen darin, dass die Kirche – wie vom Staat erwünscht – die volle Verantwortung für die Wahrung der Ordnung beim Kirchentag übernahm[155]. In diesem Zusammenhang legten sie fest, dass die Hauptverantwortung bei der mecklenburgischen Landeskirche als Gastgeber lag, und benannten den Rostocker Landessuperintendenten Joachim Wiebering als Ansprechpartner für die staatlichen Stellen vor Ort[156].
Aus Sicht der Staatsorgane, vor allem der Staatssicherheit, bestanden während der Vorbereitungsphase des Kirchentags teilweise erhebliche Meinungsverschiedenheiten zwischen den Vertretern der beteiligten Landeskirchen. Die unterschiedlichen Positionen seien schon daran zu erkennen gewesen, dass Horst Gienke seine Teilnahme am Rostocker Kirchentag abgesagt und gegenüber Jürgen Haß erklärt habe, bei ihm und anderen Mitgliedern der Greifswalder Kirchenleitung bestünde kein großes Interesse an dem Ereignis[157]. Ob Bischof Gienke tatsächlich aus mangelndem Interesse am gemeinsamen Kirchentag seinem zeitgleich angesetzten Termin bei der Tagung des Exekutivkomitees des Lutherischen Weltbunds in Addis Abeba (Äthiopien)[158] den Vorzug gab, lässt sich anhand der Akten allerdings nicht belegen. Außerdem war unter den Mitgliedern des Greifswalder Landesausschusses ebenso die Meinung vertreten, dass die Zusammenarbeit mit den Mecklenburgern die eigene Kirchentagsarbeit bislang sehr bereichert habe[159].

---

151 Siehe dazu Kapitel 6.1.

152 Vgl. LKAS, Landesbischöfe Rathke und Stier, Nr. 67: Niederschrift über das Gespräch am 28.4.1987 zwischen dem RdB Rostock, den Bischöfen Stier und Gienke sowie den Landesausschussvorsitzenden Gauck und Bohl, S. 1f.

153 Vgl. LAG, Rep. 200 II 7.3, Nr. 113, Blatt 166: „Information über das Gespräch des Vorsitzenden des Rates des Bezirks, Gen. Kühl, mit Bischof Stier und Bischof Gienke am 15.4.1988", S. 4; BStU, MfS, BV Rostock, AS Nr. 416/88, Bd. 1, Blatt 41: „Aktuelle pol.-op. Lage in Vorbereitung des Kirchentages vom 16. bis 19. Juni 1988 in Rostock", 13.5.1988, S. 1.

154 Vgl. LKAS, Landesbischöfe Rathke und Stier, Nr. 67: Niederschrift über das Gespräch am 28.4.1987 zwischen dem RdB Rostock, den Bischöfen Stier und Gienke sowie den Landesausschussvorsitzenden Gauck und Bohl, S. 2. Der Aktenvermerk des RdB Rostock enthält diese Passage ebenfalls. Vgl. LAG, Rep. 200 II 7.3, Nr. 113, Blatt 158: „Information über das Gespräch des Stellvertreters für Inneres des Rates des Bezirks Rostock, Gen. Haß, mit Bischof Stier, Bischof Gienke und den Vorsitzenden der Kirchentagsausschüsse beider Landeskirchen am 28.4.1987", S. 2.

155 Vgl. LKAS, LA KT, Nr. 5: Niederschrift über das Gespräch beim RdB Rostock am 15.4.1988, S. 2.

156 Vgl. ebd.: Vermerk zum Gespräch beim RdB Rostock am 28.4.1987.

157 Vgl. LAG, Rep. 200 II 7.3, Nr. 113, Blatt 90: „Aktenvermerk über das Gespräch des Stellvertreters des Rates des Bezirkes für Inneres, Gen. Haß, mit Bischof Gienke am 23.2.1987", 2.3.1987, S. 4.

158 Vgl. LKAS, LA KT, Nr. 3: Brief von Horst Gienke an Eberhard Beyer, 13.10.1987.

159 Vgl. LKAG, Best. KT, Nr. 59: Protokoll des Gesprächs zwischen der Kirchenleitung der ELKG

Ein weiterer Punkt, bei dem die Meinungen der beiden Bischöfe auseinander gegangen seien, betraf die Verlegung des Kirchentagstermins. Die Organisatoren hatten an den RdB Rostock die Anfrage gestellt, wie bereits 1983 die Kongresshalle nutzen zu dürfen[160]. Dies lehnte Jürgen Haß für das Wochenende vom 17. bis 19. Juni 1988 aber ab, da die Halle zu diesem Zeitpunkt für das Handball-Pokalspiel des FDGB reserviert wäre[161]. Auf den Vorschlag von Haß, den Kirchentag auf ein anderes Wochenende im Juni zu verschieben, soll Bischof Stier mit der Bitte um Verlegung des Handballspiels reagiert haben, wohingegen Bischof Gienke den Handlungsbedarf eindeutig aufseiten der Kirche gesehen habe[162]. Der gemeinsame Landesausschuss scheint allerdings derselben Ansicht wie Bischof Stier gewesen zu sein, denn er plädierte einstimmig dafür, den ursprünglichen Veranstaltungszeitraum beizubehalten, da die anderen Wochenenden bereits mit wichtigen Terminen wie der Greifswalder Bachwoche oder dem Erfurter Kirchentag belegt waren[163]. Die Bitte von Christoph Stier, das Vorhaben einer staatlichen Organisation wegen eines kirchlichen Ereignisses zu verschieben, mag der RdB Rostock durchaus als Provokation aufgefasst haben. Auch das MfS kritisierte, dass Bischof Stier unter den leitenden Mitarbeitern seiner Landeskirche oppositionelle Haltungen fördere und für die Kirche ein Recht zur Einflussnahme auf die Staatspolitik einfordere – im Gegensatz zu seinem Greifswalder Amtskollegen, dessen Verhalten auf den weiteren Ausbau eines guten und beiden Seiten nützlichen Verhältnisses ausgerichtet sei[164]. Die mecklenburgische Kirche unterschätze oder ignoriere zudem potentielle Provokationen bei der Durchführung bestimmter Veranstaltungen des Kirchentags[165]. Auch Joachim Gauck habe zwar betont, keine „Provokationen" während des Treffens zuzulassen, aber kaum etwas zur Verhinderung derartiger Erscheinungen unternommen[166]. An einem Beispiel sei dies besonders deutlich zu erkennen gewesen: der Einladung des Bundeskanzlers a. D. Helmut Schmidt zum Kirchentag[167]. Die staatlichen Organe hatten sich vehement gegen eine Teilnahme von Schmidt in Rostock ausgesprochen, aber Bischof Stier und Joachim Gauck hielten konsequent an der Einladung fest[168]. Siegfried Bohl und Bischof Gienke sollen hingegen bereit gewesen sein, die Ablehnung der Einreisegenehmigung für den SPD-Politiker zu akzeptieren und die mit ihm geplanten Veranstaltungen aus dem Programm zu streichen[169]. In diesem Punkt

---

und dem Landesausschuss Greifswald am 7.2.1986, S. 1f.

160 Vgl. LAG, Rep. 200 II 7.3, Nr. 113, Blatt 160: „Information über das Gespräch des Stellvertreters für Inneres des Rates des Bezirks Rostock, Gen. Haß, mit Bischof Stier, Bischof Gienke und den Vorsitzenden der Kirchentagsausschüsse beider Landeskirchen am 28.4.1987", S. 4.

161 Vgl. ebd. Siehe dazu auch Anm. 189 in Kapitel 8.2.

162 Vgl. ebd.

163 Vgl. LKAS, LA KT, Nr. 4: Protokoll der Sitzung des gemeinsamen Landesausschusses am 30.5.1987, S. 1; LKAS, Landesbischöfe Rathke und Stier, Nr. 67: Brief des gemeinsamen Landesausschusse an den RdB Rostock, 4.6.1987.

164 Vgl. BStU, MfS, BV Rostock, AKG Nr. 282, Blatt 114f.: „Information über die Vorbereitung des Gemeinsamen Kirchentages 1988 in Rostock", 24.5.1988, S. 1f.

165 Vgl. BStU, MfS, BV Rostock, AS Nr. 416/88, Bd. 1, Blatt 67: „Aktuelle politisch-operative Erkenntnisse in Vorbereitung des Kirchentages in Rostock", 2.6.1988, S. 4.

166 Vgl. ebd. Blatt 39: „Politisch-operative Lage in Vorbereitung des Kirchentages vom 16. bis 19. Juni 1988 in Rostock", 11.4.1988, S. 2.

167 Siehe dazu auch Kapitel 8.3.

168 Vgl. BStU, MfS, BV Rostock, AS Nr. 416/88, Bd. 1, Blatt 39: „Politisch-operative Lage in Vorbereitung des Kirchentages vom 16. bis 19. Juni 1988 in Rostock", 11.4.1988, S. 2.

169 Vgl. ebd. Blatt 44: „Aktuelle pol.-op. Lage in Vorbereitung des Kirchentages vom 16. bis 19. Juni 1988

setzten sich letztlich die Mecklenburger durch, worüber Horst Gienke sein Missfallen geäußert habe[170]. Gegenüber Jürgen Haß soll der Bischof betont haben, dass sich die Greifswalder Kirche vom Standpunkt Stiers ausdrücklich distanziere und die „Kameraderie" zwischen den beiden Bischöfen Grenzen habe[171]. Das Beharren der Mecklenburger auf der Teilnahme von Schmidt hatte Gienke dabei angeblich als „peinlich" bezeichnet[172]. Als Folge der unterschiedlichen Haltungen soll der Greifswalder Ausschuss sogar erwogen haben, künftig keine gemeinsamen Kirchentage mehr mit der ELLKM durchzuführen[173]. Bei der Auswertung des Treffens durch den gemeinsamen Ausschuss kam es dann tatsächlich zu einem kleinen Eklat, weil die Greifswalder die Anfrage der Mecklenburger nach einem nächsten gemeinsamen Kirchentag vorerst nicht beantworten wollten[174]. Die mit den politischen Umwälzungen 1989/90 einhergehenden Veränderungen in der deutschen Kirchentagsarbeit bewirkten schließlich, dass das Rostocker Treffen 1988 der letzte gemeinschaftlich organisierte Kirchentag der ELKG und der ELLKM blieb.

Scheint das Verhalten der Vertreter der beiden Landeskirchen gegenüber den staatlichen Stellen in mancher Hinsicht verschieden gewesen zu sein, in einem Punkt waren sie sich einig: Im Umgang mit den eingeladenen staatlichen Gästen und Referenten sollte auf absolute Fairness geachtet und dafür Sorge getragen werden, dass die Staatsvertreter bei Vorträgen und Podiumsdiskussionen keinerlei „Angriffen" ausgesetzt waren[175]. Im Sinne der Losung „Brücken bauen" wollte man auf den anderen zugehen und das Gemeinsame betonen. Das schloss auch den ausdrücklichen Dank an die Staatsorgane für die Unterstützung des Treffens ein, den Joachim Gauck und Bischof Stier mehrfach persönlich zum Ausdruck brachten[176]. Darüber hinaus erhielten die Staatsvertreter beim Empfang der mecklenburgischen Kirchenleitung für Mitarbeiter und Gäste des Kirchentags am 16. Juni 1988 im Michaelshof die Gelegenheit, den Eindruck eines harmonischen Verhältnisses zwischen Kirche und

---

in Rostock", 13.5.1988, S. 4; LAG, Rep. 200 II 7.3, Nr. 113, Blatt 168: „Information über das Gespräch des Vorsitzenden des Rates des Bezirks, Gen. Kühl, mit Bischof Stier und Bischof Gienke am 15.4.1988", S. 6. Joachim Gauck erklärte ebenfalls, dass Bischof Gienke und Siegfried Bohl im Gespräch beim RdB Rostock eine ablehnende Haltung zur Einladung von Helmut Schmidt zum Ausdruck brachten. Horst Gienke habe während eines Gesprächs dazu aufgefordert, den Wunsch der Staatsorgane zu respektieren und auf eine Einladung des Altkanzlers zu verzichten. Über diese nicht abgesprochene Vorgehensweise der Greifswalder hätten sich Gauck und Stier im Anschluss an den Termin überrascht und verärgert gezeigt. Vgl. Gespräch mit Joachim Gauck am 4. Dezember 2019.

170 Vgl. BStU, MfS, BV Rostock, AS Nr. 416/88, Bd. 1, Blatt 70: „Aktuelle politisch-operative Erkenntnisse in Vorbereitung des Kirchentages vom 16. bis 19. Juni 1988 in Rostock", 13.6.1988, S. 3.

171 Vgl. BArch, DO-4/1474, Blatt 1371: „Information über ein Gespräch mit der Kirchenleitung der Greifswalder Landeskirche am 25.5.1988", S. 3.

172 Vgl. ebd.

173 Vgl. BStU, MfS, BV Rostock, AS Nr. 416/88, Bd. 1, Blatt 48: „Aktuelle politisch-operative Erkenntnisse in Vorbereitung des Kirchentages vom 16. bis 19. Juni 1988 in Rostock", 26.5.1988, S. 1. So soll zum Beispiel auch Siegfried Bohl gegenüber dem MfS geäußert haben, dass er an keinem weiteren gemeinsamen Kirchentag mit der ELLKM interessiert sei, da die Mecklenburger bestimmte Zusagen nicht eingehalten hätten. Vgl. BStU, MfS, BV Rostock, AIM 4171/90, Teil II, Blatt 276: „Information zum Rostocker KT" von IMB „Titus", 19.6.1988, S. 1.

174 Vgl. LKAS, LA KT, Nr. 4: Protokoll der Sitzung des gemeinsamen Landesausschusses am 14.10.1988, S. 5.

175 Vgl. ebd.: Protokoll der Sitzung des gemeinsamen Landesausschusses am 7.11.1987, S. 4.

176 Vgl. ebd. Nr. 6: Presseinformation Nr. 10, S. 1; ebd. Nr. 5: Presseinformation Nr. 11, S. 2.

Staat zu vermitteln. In seinem Grußwort bezeichnete Jürgen Haß die Kirchentage im Bezirk Rostock als eine gute Tradition und Marksteine auf dem Weg des vertrauensvollen Miteinanders von Staat und Kirche[177]. Auch achte der Staat das Wirken der Christen als einen unverzichtbaren Beitrag für die Entwicklung der sozialistischen Gesellschaft und setze sich für eine gute Zusammenarbeit ein[178]. Wie immer bei derartigen Anlässen wurde auf das Gespräch zwischen Erich Honecker und dem Vorstand der KKL am 6. März 1978 hingewiesen[179]. Haß betonte, der Staat habe nach diesem „Meilenstein" die Politik der Gleichberechtigung und Gleichachtung konsequent fortgesetzt und verfolge auch künftig dieses Ziel[180]. Diese Worte standen allerdings im Widerspruch zur aktuellen kirchenpolitischen Situation und der staatlichen Haltung zum Kirchentag in Rostock, wie das folgende Kapitel zeigt.

8.2 Vom Ja zum Nein – die Vorbereitungen der Staatsorgane

Als die beiden Landeskirchen im Herbst 1986 die Staatsorgane im Bezirk Rostock über die Planung des Treffens von 1988 in Kenntnis setzten und um entsprechende organisatorische Unterstützung baten, war das Verhältnis zwischen Veranstaltern und Staatsvertretern noch von den für beide Seiten guten Erfahrungen der Kirchentage 1983 und 1985 geprägt. Im Staatssekretariat für Kirchenfragen sah man den kommenden Kirchentagen ebenfalls positiv entgegen und konstatierte, in den Ausschüssen der einzelnen Landeskirchen dominierten weiterhin „politisch loyale Kräfte"[181]. Daher betonte das Staatssekretariat, dass die staatlichen Stellen nicht nach Möglichkeiten zur Einschränkung der Kirchentage suchen, sondern durch politische Einflussnahme auf die Organisatoren „realistische" Äußerungen in den Veranstaltungen fördern sollten[182]. Somit hielt der Staat an seiner Strategie fest, die Kirchentage zu unterstützen, solange es der Durchsetzung seiner eigenen Interessen diente. Das kirchenpolitische Klima in der DDR war 1986 und in der ersten Jahreshälfte 1987 zudem durch keine größeren Spannungen belastet, sondern eher von einer gewissen Stagnation gekennzeichnet[183]. Dieser Status quo sowie der nahende zehnte Jahrestag[184] des Spitzengesprächs vom 6. März 1978, an dem die SED-Führung eine positive Bilanz der Entwicklung des Staat-Kirche-Verhältnisses ziehen wollte[185], wirkten sich zunächst durchaus begünstigend auf die Vorbereitung der

177 Vgl. ebd. Nr. 5: Grußwort von Jürgen Haß beim Empfang der ELLKM und der ELKG anlässlich des Rostocker Kirchentags 1988, S. 1.

178 Vgl. ebd. S. 2.

179 Vgl. ebd. S. 3.

180 Vgl. ebd.

181 Vgl. BArch, DO-4/1420, Blatt 204: „Schriftliche Information zur Entwicklung der Kirchentagsarbeit der evangelischen Kirchen in der DDR 1986 und 1987", 24.4.1986, S. 3.

182 Vgl. ebd. S. 2.

183 Vgl. Mau: Der Protestantismus im Osten Deutschlands (1945-1990), S. 170; Besier: Der SED-Staat und die Kirche 1983-1991, S. 171.

184 Anlässlich des zehnten Jahrestags des Gesprächs vom 6. März 1978 empfing Erich Honecker den Vorsitzenden der KKL, Bischof Werner Leich, zu einem Gespräch am 3. März 1988. Vgl. dazu Besier: Der SED-Staat und die Kirche 1983-1991, S. 294-298; SAPMO-BArch, DY 30, Nr. 44237: Anlage Nr. 1 zum Protokoll der Sitzung des Politbüros des ZK der SED am 8.3.1988: „Niederschrift über das Gespräch des Generalsekretärs des ZK der SED und Vorsitzenden des Staatsrates der DDR, Erich Honecker, mit dem Vorsitzenden der KKL, Landesbischof Werner Leich, am 3. März 1988", S. 1-18.

185 Aus staatlicher Sicht handelte es sich bei dem Treffen zwischen Honecker und dem Vorstand der

Kirchentage aus. Der RdB Rostock befürwortete im Frühjahr 1987 eine großzügige Unterstützung des Treffens, wenn die Veranstalter den Erwartungen der Staatsorgane Rechnung trugen[186]. Im Gespräch mit den beiden Landesbischöfen sowie Joachim Gauck und Siegfried Bohl erklärte Jürgen Haß ungewöhnlich freimütig, dass die Kirchentagsverantwortlichen als Voraussetzung für eine gute Zusammenarbeit zwar für die Vermeidung von „Provokationen" sorgen müssten, kritische Äußerungen während des Kirchentags aber durchaus möglich, mitunter sogar berechtigt und ein Grund für staatliches Nachdenken sein könnten[187]. In puncto Transport und Verpflegung der Teilnehmer sagte der Stellvertreter für Inneres die Hilfe ohne Umschweife zu und stellte darüber hinaus die Nutzung der Kongresshalle in Aussicht[188]. Auch wenn die Veranstalter die Kongresshalle schließlich nicht mieten konnten, weil sie an dem betreffenden Wochenende bereits ausgebucht war[189], zeigt das Angebot,

---

KKL 1978 rückblickend um ein historisch bedeutsames Gespräch, auf dessen Grundlage sich das Verhältnis von Staat und Kirche in der DDR konstruktiv weiterentwickelt hatte. Es habe entscheidend dazu beigetragen, dass das Vertrauen der kirchlichen Amtsträger und Gemeindemitglieder in die Politik der SED gestärkt wurde, was den Spielraum „politisch negativer Kräfte" in den Kirchen verringert und große internationale Beachtung gefunden habe. Insgesamt seien die staatlichen Erwartungen an die positiven Auswirkungen des Gesprächs übertroffen worden. Vgl. BArch, DO-4/1473, Blatt 1317-1321: „Politische Schwerpunkte und Maßnahmen zur Vorbereitung auf den 10. Jahrestag der Begegnung des Vorsitzenden des Staatsrates, Genossen Erich Honekker, mit dem Vorstand der KKL am 6.3.1978", 17.11.1987, S. 1-5; SAPMO-BArch, DY 30, Nr. 5175, Blatt 91f.: Beschlüsse des Politbüros des ZK der SED vom 23.2.1988: „Zu prinzipiellen Fragen der Beziehungen zwischen Staat und Kirche", S. 2f. Auch die Kirchenleitungen zogen eine überwiegend positive Bilanz und betonten, dass es zu den Grundsätzen des 6. März 1978 keine Alternative gäbe. Bischof Leich erklärte im Gespräch mit Honecker am 3. März 1988, man sei gemeinsam auf dem Weg vorangekommen und stelle dankbar den guten Ertrag des Gesprächs von 1978 fest. Gleichzeitig verwies Leich aber auch auf nach wie vor bestehende Probleme in den Bereichen Bildung, Wehrdienst, Reiseregelung und Medienberichterstattung. Vgl. BArch, DO-4/1473, Blatt 1280-1283: Wortlaut der Ansprache des Vorsitzenden der KKL beim Gespräch mit Erich Honecker am 3.3.1988, S. 1-4.

186 Vgl. LAG, Rep. 200 II 7.3, Nr. 113, Blatt 14: „Konzeption für das Gespräch mit Bischof Stier, Bischof Gienke und den Vorsitzenden der Kirchentagsausschüsse beider Landeskirchen am 28.4.1987", S. 2.

187 Vgl. LKAS, Landesbischöfe Rathke und Stier, Nr. 67: Niederschrift über das Gespräch am 28.4.1987 zwischen dem RdB Rostock, den Bischöfen Stier und Gienke sowie den Landesausschussvorsitzenden Gauck und Bohl, S. 2.

188 Vgl. ebd. S. 3; LAG, Rep. 200 II 7.3, Nr. 113, Blatt 160: „Information über das Gespräch des Stellvertreters für Inneres des Rates des Bezirks Rostock, Gen. Haß, mit Bischof Stier, Bischof Gienke und den Vorsitzenden der Kirchentagsausschüsse beider Landeskirchen am 28.4.1987", S. 4.

189 Es besteht allerdings auch die Vermutung, dass die Belegung der Kongresshalle an dem geplanten Kirchentagswochenende von staatlicher Seite absichtlich herbeigeführt worden sei. Rahel Frank argumentiert in ihrer Untersuchung zum „Greifswalder Weg", dass das MfS durch Siegfried Bohl über die Pläne des Kirchentagsausschusses frühzeitig informiert war und somit eine anderweitige Nutzung in die Wege leiten konnte. Vgl. Frank: Einsam oder gemeinsam?, S. 166f. Die Anordnung des MfS, auf die sich Rahel Frank bezieht, ist auf den 9. Juni 1987 datiert. In dieser „Operativinformation" heißt es unter dem Punkt „Maßnahmen": „Einflußnahme auf die Partner des Zusammenwirkens hinsichtlich einer transparenten Begründung gegenüber der Kirche für die Nichtnutzbarkeit der Sport- und Kongreßhalle zum ursprünglich geplanten Termin in Abstimmung mit dem Handballverband der DDR." Vgl. BStU, MfS, BV Rostock, AIM 4171/90, Teil II, Blatt 134: „Operativinformation", 9.6.1987. Daraus schließt Frank, das MfS habe die Nutzung der Kongresshalle durch den Kirchentag absichtlich verhindert. Dem steht jedoch entgegen, dass das MfS diese Maßnahme erst sechs Wochen nach dem Gespräch der Kirchenvertreter beim RdB Rostock, in dem Jürgen Haß die Belegung der Kongresshalle durch das Handballspiel mitgeteilt hatte, festlegte. In der Konzeption des RdB Rostock zum Gespräch am 28. April 1987 findet sich

der Kirche ein öffentliches Gebäude zur Verfügung zu stellen, dass die staatlichen Organe ihre bisherige Taktik im Hinblick auf die Kirchentage fortsetzen wollten. So genehmigte der Rat des Bezirks auch fast so viele Sonderzüge wie beim Rostocker Treffen 1983[190] und erhöhte sogar den Umfang der beantragten Verpflegung[191].

kein Hinweis darauf, dass Haß eine Vorgabe erhalten hatte, die Nutzung der Halle durch die Kirchentagsveranstalter zu verhindern. Ganz im Gegenteil, denn zu dieser bereits zuvor vorgetragenen Bitte hieß es in der Konzeption: „Eine großzügige staatliche Unterstützung ist denkbar, setzt aber voraus, daß staatliche Erwartungshaltungen durch die Veranstalter akzeptiert werden." Vgl. LAG, Rep. 200 II 7.3, Nr. 113, Blatt 14: „Konzeption für das Gespräch mit Landesbischof Stier, Bischof Gienke und den Vorsitzenden der Kirchentagsausschüsse beider Landeskirchen, Sup. Bohl und Pf. Gauck, am 28.4.1987", S. 2. Da die beiden Landesbischöfe die „staatlichen Erwartungshaltungen" laut Bericht des RdB Rostock „ohne Einschränkungen" akzeptiert hatten, stand einer Genehmigung also prinzipiell nichts entgegen. Hinzu kommt, dass der Rat des Bezirks davon überzeugt war, dass sich der Landesausschuss für eine Verlegung des Kirchentagstermins entscheiden würde, um die Halle doch noch nutzen zu können. Vgl. ebd. Blatt 159f.: „Information über das Gespräch des Stellvertreters für Inneres des Rates des Bezirks Rostock, Gen. Haß, mit Bischof Stier, Bischof Gienke und den Vorsitzenden der Kirchentagsausschüsse beider Landeskirchen am 28.4.1987", S. 3f. Wie ist dann also die Anordnung des MfS aus der „Operativinformation" vom 9.6.1987 zu deuten? Zu diesem Zeitpunkt stand längst fest, dass die Veranstalter den Kirchentag nicht auf ein anderes Wochenende im Juni 1988 verschieben wollten und damit auf die Kongresshalle verzichteten. Vgl. LKAS, Landesbischöfe Rathke und Stier, Nr. 67: Brief des gemeinsamen Landesausschusse an den RdB Rostock, 4.6.1987. Weshalb legte das MfS trotzdem fest, dass eine „transparente Begründung" für die Nichtnutzbarkeit der Halle formuliert werden sollte? Dies mag damit zusammengehangen haben, dass einige mecklenburgische Mitglieder des gemeinsamen Landesausschusses die Belegung der Halle durch das Pokalspiel als staatliche Sabotage des Kirchentags ansahen, wie Siegfried Bohl dem MfS mitgeteilt habe. Laut IM „Titus" hätten jedoch die Vertreter des Greifswalder Ausschusses am Wahrheitsgehalt der Worte von Jürgen Haß keinerlei Zweifel erhoben. Vgl. BStU, MfS, BV Rostock, AIM 4171/90, Teil II, Blatt 129: Mündlicher Bericht von IMB „Titus", 5.5.1987, S. 1. Es ist also durchaus denkbar, dass die Stasi mit der in der „Operativinformation" festgelegten Maßnahme nicht die Nutzung der Halle beim Kirchentag, die die Veranstalter inzwischen ohnehin nicht mehr in Betracht zogen, verhindern wollte, sondern damit darauf abzielte, im Sinne der „Differenzierung" die „realistischen Kräfte" in der Kirche zu unterstützen, indem es den Zweiflern vom Landesausschuss Mecklenburg eine plausible Erklärung für die Nichtnutzbarkeit der Kongresshalle lieferte und dadurch die Position der Greifswalder stärkte, die an der Überzeugung einer positiven staatlichen Haltung zum Kirchentag festgehalten hatten.

190 Beim Kirchentag 1983 waren sechs Sonderzüge im Einsatz, für 1988 wurden vier Sonderzüge genehmigt. Diese fuhren am 19. Juni 1988 von Gransee (Abfahrt 5.40 Uhr) über Fürstenberg, Neustrelitz, Waren und Laage nach Rostock (Ankunft 8 Uhr) und zurück (Abfahrt 17.36 Uhr), von Neubrandenburg (Abfahrt 5 Uhr) über Stavenhagen, Malchin, Teterow und Lalendorf nach Rostock (Ankunft 7.55 Uhr) und zurück (Abfahrt 17.47 Uhr), von Wittenberge (Abfahrt 5.34 Uhr) über Grabow, Ludwigslust, Schwerin, Lübstorf, Bad Kleinen, Blankenburg, Bützow und Schwaan nach Rostock (Ankunft 8.13 Uhr) und zurück (Abfahrt 18.50 Uhr) sowie von Pritzwalk (Abfahrt 5.42 Uhr) über Meyenburg, Ganzlin, Plau, Karow, Krakow und Güstrow nach Rostock (Ankunft 8.33 Uhr) und zurück (Abfahrt 16.52 Uhr). Vgl. „Fahrpläne der Sonderzüge zum Kirchentag in Rostock am 19. Juni" In: Mecklenburgische Kirchenzeitung, Jg. 43, Nr. 24 vom 12.6.1988, S. 2.

191 Die Organisatoren hatten 1.500 Portionen Mittagessen am 17. Juni, 2.500 Portionen Mittagessen und 3.000 Portionen Abendbrot für den 18. Juni sowie 4.000 Portionen Mittagessen und Stände zur Verpflegung von 10.000 Personen für den 19. Juni 1988 beantragt. Vgl. LKAS, LA KT, Nr. 5: Protokoll der Sitzung des Geschäftsführenden Ausschusses am 9.9.1987, S. 1. Der RdB Rostock sagte 500 Portionen Gulaschsuppe zum Abendbrot für den 16. Juni, 1.600 Portionen Eintopf zum Mittag am 17. Juni, für den 18. Juni 2.600 Portionen Nudeln mit Tomatensauce zum Mittag sowie 3.000 Portionen Gulaschsuppe und 1.500 belegte Brote zum Abendbrot und 7.000 Portionen Eintopf zum Mittag am 19. Juni zu. Hinzu kamen Kioskstände am Platz der Jugend und im Barnstorfer Wald. Vgl. LAG, Rep. 200 II 7.3, Nr. 47: „Konzeption zur Versorgung anläßlich des Kirchentags 16.6.1988 bis 19.6.1988 in Rostock", S. 1f.

Darüber hinaus sprach sich Roland Macht im Oktober 1987 dafür aus, wie bereits 1983 den Parkplatz „Fischerbastion“ für den Abschlussgottesdienst sowie den Platz der Jugend für Veranstaltungen am 18. und 19. Juni 1988 zur Verfügung zu stellen[192]. Außerdem befürwortete er die Genehmigung von großformatigen Aufstellern und Kirchentagsfahnen an den Veranstaltungsorten und auf dem Bahnhofsvorplatz[193]. Wenige Wochen später, Ende November 1987, traten jedoch Ereignisse ein, die zu heftigen Auseinandersetzungen zwischen Staat und Kirche führten.
In der Nacht vom 24. auf den 25. November besetzte eine Einsatzgruppe des MfS in Begleitung eines Staatsanwalts die Räume der „Umweltbibliothek“[194] in der Berliner Zionsgemeinde, um die Redakteure der illegalen Zeitschrift *Grenzfall* zu verhaften[195]. Obwohl statt des *Grenzfalls* die formal legalen *Umweltblätter* gedruckt wurden, ließ die Einsatzgruppe alle Druckmaschinen und Ausgaben der *Umweltblätter* beschlagnahmen und verhaftete sieben Mitarbeiter der „Umweltbibliothek“[196]. Bereits am 25. November kam es in der DDR zu einer breiten Solidarisierung: Viele Vertreter von Basisgruppen versammelten sich in Berlin, um Mahnwachen zu unterstützen, Informationen einzuholen und Spenden abzugeben[197]. Auch der Gemeindekirchenrat der Zionskirche solidarisierte sich mit den Inhaftierten und den Mahnwachenteilnehmern[198]. Die Kirchenleitung der EKiBB, vor allem Konsistorialpräsident Stolpe, setzte sich in Gesprächen mit dem Staatssekretariat für Kirchenfragen ebenfalls für die Betroffenen ein[199]. Schließlich führten der öffentliche Protest und die breite Berichterstattung in den bundesdeutschen Medien dazu, dass alle sieben Inhaftierten bis Ende November wieder freigelassen wurden[200]. In den folgenden Wochen entstanden in vielen Orten in der DDR Einrichtungen nach dem Vorbild der Berliner „Umweltbibliothek“[201], zum Beispiel in Wismar. Dort gründete sich im Dezember 1987 das „Ökumenische Zentrum Umwelt“, wo man auch den *Grenzfall* und die *Umweltblätter* erhalten konnte[202]. Außerdem nahmen Mitglieder des Wismarer „Öko-Kreises“ und eines Rostocker Friedenskreises an den Mahnwachen in Berlin teil[203]. Auch in der ELKG gab es Proteste gegen die staatlichen Übergriffe auf die „Umweltbibliothek“. So hingen beispielsweise in Greifswald in den Schaukästen der ESG und der Evangelischen Stadtjugend Solidarisierungserklärungen, unterstützt von Studentenpfarrer Arndt Noack und Stadtjugendwart Bernd Schröder[204]. Nach den Vorfällen in Berlin hielt das Staatssekretariat für Kirchenfragen

192 Vgl. ebd. Blatt 159: „Aktenvermerk über ein Gespräch mit den Vertretern der Kirchentagsausschüsse, Pf. Gauck, Diakon Beyer und Fr. Plath am 13.10.1987”, 19.10.1987, S. 3.
193 Vgl. ebd.
194 Die „Umweltbibliothek“ wurde im September 1986 gegründet und befand sich in den Räumen der Zionsgemeinde in Berlin Prenzlauer Berg. Sie umfasste eine Sammlung von Schriften zu den Themen Frieden, Umwelt und Dritte Welt. Die Initiatoren organisierten außerdem Veranstaltungen, wie zum Beispiel Ökologieseminare, und gaben eine eigene Samisdat-Zeitschrift (*Umweltblätter*) heraus. Vgl. Neubert: Geschichte der Opposition in der DDR 1949-1989, S. 629f.
195 Vgl. ebd. S. 694.
196 Vgl. ebd. S. 694f.
197 Vgl. ebd. S. 695.
198 Vgl. Klein: „Frieden und Gerechtigkeit!“, S. 343.
199 Vgl. ebd. 346.
200 Vgl. ebd.
201 Vgl. Neubert: Geschichte der Opposition in der DDR 1949-1989, S. 696.
202 Vgl. Halbrock: „Freiheit heißt, die Angst verlieren“, S. 271f.
203 Vgl. ebd. S. 272f.
204 Vgl. LAG, Rep. 200 II 7.3, Nr. 87, Blatt 40: „Informationsbericht über die kirchenpolitische

zunächst weiter an seiner Haltung zu den geplanten Kirchentagen fest. Wenn die vorbereitenden Landesausschüsse die Bereitschaft zeigten, einen politischen Missbrauch der Treffen eigenverantwortlich auszuschließen und zu einer Ausgestaltung der „vertrauensvollen" Staat-Kirche-Beziehungen beizutragen, sollten ihnen die staatlichen Stellen in Transport- und Verpflegungsfragen, bei der Genehmigung von Druckerzeugnissen und der Nutzung öffentlicher Plätze entgegenkommen, besagte eine entsprechende Konzeption vom Dezember 1987[205]. Hinsichtlich des Rostocker Treffens empfahl das Staatssekretariat außerdem, dass Oberbürgermeister Henning Schleiff einen Empfang für Mitarbeiter und Gäste des Kirchentags geben sollte[206]. Dieser Empfang fand schließlich am 17. Juni 1988 im repräsentativen Festsaal des Rathauses statt, umrahmt von einem Konzert des Jugendkammerorchesters der Stadt Rostock[207]. Die Strategie des Staatssekretariats kann durchaus als Versuch gelten, den durch die Negativpresse im Zusammenhang mit der Zionskirche hervorgerufenen Imageschaden der SED-Führung auszugleichen. Als sich aber die kirchenpolitische Lage im Januar 1988 weiter verschärfte, war der Staat nicht mehr zu einem größeren Entgegenkommen in Bezug auf die Kirchentage bereit.
Während der staatlich organisierten Demonstration am 17. Januar 1988 in Berlin zum Gedenken an die 1919 ermordeten KPD-Mitbegründer Rosa Luxemburg und Karl Liebknecht zeigten einige Demonstranten Transparente mit Luxemburg-Zitaten wie „Die Freiheit ist immer die Freiheit des Andersdenkenden", die in oppositionellen Kreisen eine wichtige Rolle spielten[208]. Durch das MfS gut über die geplanten Aktionen während der Demonstration informiert, ließ die SED am 17. Januar über hundert Personen verhaften, von denen man zwar einige bereits am darauffolgenden Tag wieder freiließ, viele andere jedoch weiter in Haft hielt oder in die Bundesrepublik abschob[209]. Daraufhin organisierten Basisgruppen friedliche Proteste wie Informationsandachten und Fürbittengottesdienste in verschiedenen Berliner Gemeinden[210]. Der Bischof der EKiBB, Gottfried Forck, setzte sich für die Freilassung der inhaftierten Personen ein und ließ ein Kontaktbüro in der Generalsuperintendentur einrichten[211]. Außerdem beauftragte die berlin-brandenburgische Kirchenleitung den prominenten Rechtsanwalt Wolfgang Vogel mit der Vertretung der Ausreisewilligen unter den Häftlingen[212]. Als es am 25. Januar zu weiteren Verhaftungen sowie Hausdurchsuchungen kam, entwickelte sich eine Solidarisierungswelle, die noch größer war als bei den Ereignissen zwei Monate zuvor[213]. Bereits am selben Abend versammelten sich etwa 600 Menschen in der Berlin-Friedrichsfelder

---

Situation im Bezirk Rostock – Dezember 87/Januar 88", 15.2.1988, S. 2.

205 Vgl. BArch, DO-4/1427, Blatt 754: „Schriftliche Konzeption zur Vorbereitung auf die evangelischen Kirchentage 1988", 16.12.1987, S. 5f.

206 Vgl. BStU, MfS, BV Rostock, AS Nr. 416/88, Bd. 1, Blatt 10: „Zusammenfassende Einschätzung zum gegenwärtigen Vorbereitungsstand des Kirchentages in Rostock", 28.12.1987, S. 2.

207 Vgl. LKAS, Landesbischöfe Rathke und Stier, Nr. 67: Programm zum Konzert im Rahmen des Empfangs des Oberbürgermeisters am 17.6.1988 in Rostock.

208 Vgl. Neubert: Geschichte der Opposition in der DDR 1949-1989, S. 696.

209 Vgl. ebd. S. 696f.

210 Vgl. Klein: „Frieden und Gerechtigkeit!", S. 368f.

211 Vgl. ebd. S. 369.

212 Vgl. ebd.

213 Vgl. ebd. S. 370. Unter den am 25. Januar 1988 Verhafteten waren einige sehr bekannte Vertreter der oppositionellen Szene, wie die Schauspielerin Freya Klier, die Malerin Bärbel Bohley und der Philosoph Wolfgang Templin.

Kirche und die Andachten und Gottesdienste, die in den folgenden Tagen in ganz Berlin stattfanden, hatten jeweils bis zu 3.000 Teilnehmer[214]. Während die SED-Presse eine Hetzkampagne gegen die Inhaftierten startete, nahmen die Solidaritätsbekundungen in der gesamten DDR und im Ausland zu[215]. In Osteuropa und der Bundesrepublik gab es Protestaktionen[216] und auch im Norden der DDR bekundete man bei Fürbittgottesdiensten den Zusammenhalt mit den Berlinern, zum Beispiel in Rostock, Wismar, Greifswald und Stralsund[217]. Die Haltung der Kirchenleitungen der ELLKM und ELKG zu den Ereignissen im Zusammenhang mit dem 17. Januar war jedoch nicht einheitlich. Beide sahen die Aktionen der Demonstranten zwar eher kritisch, aber Bischof Stier äußerte gegenüber dem RdB Schwerin, dass seiner Meinung nach die Ursachen für das Verhalten der Demonstranten auf Seiten des Staates zu suchen seien und die Staatsorgane dafür sorgen müssten, dass die Menschen das Land nicht mehr verlassen wollen[218]. Die Greifswalder Kirchenleitung erklärte hingegen im Gespräch mit dem RdB Rostock im März 1988 ihre Zustimmung zu den staatlichen Maßnahmen und distanzierte sich ausdrücklich von den inhaftierten Demonstranten[219]. In ihrem Bericht vor der Landessynode im November 1988 relativierte sie jedoch ihre Ablehnung und räumte ein, dass die staatlichen Stellen in dieser Angelegenheit „gelegentlich unangemessen oder widersprüchlich" reagiert hätten[220]. Als widersprüchlich erwies sich auch das Verhalten der Staatsorgane in Bezug auf den Rostocker Kirchentag. Während bis Ende 1987 der Großteil der Anträge der Veranstalter genehmigt worden war, zeigten sich die Behörden nach den Ereignissen im Januar 1988 zunehmend restriktiver. Hatte der RdB Rostock für den Kirchentag 1983 noch einer Plakatierung durch die DEWAG in den Kreisstädten der drei Nordbezirke zugestimmt, lehnte er Plakatwerbung an öffentlichen Plätzen für das Treffen 1988 selbst in Rostock ab[221]. Ebenso rückten die Staatsorgane nach den Berliner Ereignissen von ihrer zuvor eher wohlwollenden Haltung im Hinblick auf die Genehmigung der Nutzung öffentlicher Flächen und Gebäude für Kirchentagsveranstaltungen ab. So erklärte der RdB Rostock im Februar 1988, der Abschlussgottesdienst könne aus verkehrstechnischen Gründen nun doch nicht auf dem zentral gelegenen Parkplatz „Fischerbastion" stattfinden[222]. Eine Nutzung dieses Platzes durch den Kirchentag führe angeblich dazu, dass in der Stadt nicht mehr ausreichend Parkmöglichkeiten zur Verfügung stünden[223]. Als Alternative bot der Bezirksrat den Organisatoren den Kastanienplatz im Barnstorfer

214 Vgl. ebd.
215 Vgl. ebd. S. 371f.
216 Vgl. ebd. S. 370.
217 Vgl. LAG, Rep. 200 II 7.3, Nr. 87, Blatt 39: „Informationsbericht über die kirchenpolitische Situation im Bezirk Rostock – Dezember 87/Januar 88", 15.2.1988, S. 1.
218 Vgl. SAPMO-BArch, DY 30, Nr. 9049, Blatt 56: Hausmitteilung des Politbüros an Erich Honecker, 11.3.1988, S. 5.
219 Vgl. LAG, Rep. 200 II 7.3, Nr. 81, Blatt 109: „Informationsbericht über die kirchenpolitische Situation im Bezirk Rostock – Februar/März 88", 8.4.1988, S. 4.
220 Vgl. SAPMO-BArch, DY 30/IV B 2/14, Nr. 132: Bericht der Kirchenleitung der ELKG für die 5. Tagung der VIII. Landessynode vom 3. bis 6.11.1988, S. 16.
221 Vgl. LKAS, OKR Gen., Nr. 754: Vorlage für die Sitzung der Landesausschüsse Greifswald und Mecklenburg am 19.11.1983, S. 3; LKAS, LA KT, Nr. 1: Protokoll der Sitzung des Präsidiums des EKT am 4.3.1988, S. 4.
222 Vgl. LKAS, Landesbischöfe Rathke und Stier, Nr. 67: Vermerk zum Gespräch beim RdB Rostock am 9.2.1988, S. 1.
223 Vgl. ebd.

Wald am Stadtrand von Rostock an[224]. Damit sorgten die Staatsvertreter dafür, dass die größte Veranstaltung des Kirchentags aus dem öffentlichen Bild der Stadt nahezu völlig verdrängt wurde. Einer der wenigen positiv beschiedenen Anträge im Frühjahr 1988 betraf die Druckerzeugnisse. Zwar lehnte der Rat des Bezirks den Druck von 20.000 Aufklebern ab und reduzierte die Anzahl der Anmeldekarten von 8.000 auf 6.000 Stück, genehmigte dafür aber alle anderen Posten: 6.000 Plakate, 20.000 Faltblätter, 20.000 Liedblätter, 15.000 Programmhefte und 5.000 Lederanhänger mit dem Kirchentagssymbol[225]. Bei den Hotelzimmerreservierungen für die offiziellen Gäste des Kirchentags zeigte sich der RdB Rostock deutlich weniger entgegenkommend. Die Organisatoren hatten eine Reservierung für 100 Gäste geplant[226], doch im Februar 1988 hieß es, dass die Hotelbettenkapazität in Rostock bereits ausgelastet sei und nur noch 45 Plätze im rund 30 Kilometer entfernten Kühlungsborn zur Verfügung stünden[227].

Wie bei jedem kirchlichen Großereignis versuchten die Staatsorgane außerdem, Einfluss auf die Gästeliste zu nehmen. In Bezug auf Rostock sollte vor allem die Teilnahme des früheren SPD-Bundeskanzlers Helmut Schmidt und des Bundestagsabgeordneten Wilhelm Knabe (Die Grünen) verhindert werden. Der Vorsitzende des RdB Rostock, Eberhard Kühl, sein Stellvertreter für Inneres, Jürgen Haß, und der Referent für Kirchenfragen, Roland Macht, hielten den Veranstaltern immer wieder vor, dass Schmidt und Knabe kein kirchliches Amt innehatten und ihre Anwesenheit beim Kirchentag zu „politischen Provokationen" führen könnte[228]. Parallel zu den Gesprächen unternahmen die staatlichen Stellen den Versuch, die Einreise der beiden bundesdeutschen Politiker zu unterbinden. In Fall von Wilhelm Knabe gelang dies auch[229], aber dank des engagierten Einsatzes der mecklenburgischen Kirche konnte Helmut Schmidt am Rostocker Treffen teilnehmen[230]. Zur Verhinderung „öffentlichkeitswirksamer demonstrativer Handlungen feindlicher und negativer Kräfte" während des Besuchs des Altbundeskanzlers leitete das MfS die Aktion „Mütze" ein[231]. Mehr als 20 operative und inoffizielle Mitarbeiter der Stasi sollten die Reise von Helmut Schmidt am 18. Juni 1988 „absichern"[232]. Zu ihren Aufgaben gehörte zum Beispiel das Fotografieren von Personen, die an den von Schmidt besuchten Orten in Bad Doberan und Rostock „politisch-operativ relevant" in Erscheinung traten[233]. Die Rostocker Marienkirche, wo er einen Vortrag hielt, beobachtete das MfS vom schräg

224 Vgl. ebd.

225 Vgl. BArch, DO-4/1427, Blatt 786: „Information über den Stand der Vorbereitung des Kirchentags der Greifswalder und Mecklenburgischen Landeskirche vom 16. bis 19.6.1988", März 1988, S. 1.

226 Vgl. LKAS, LA KT, Nr. 5: Protokoll der Sitzung des Geschäftsführenden Ausschusses am 9.9.1987, S. 1.

227 Vgl. LKAS, Landesbischöfe Rathke und Stier, Nr. 67: Vermerk zum Gespräch beim RdB Rostock am 9.2.1988, S. 1.

228 Vgl. ebd.: Vermerk über das Gespräch beim RdB Rostock am 5.4.1988; LKAS, LA KT, Nr. 5: Niederschrift über das Gespräch beim RdB Rostock am 15.4.1988, S. 1.

229 Vgl. BStU, MfS, BV Rostock, AS Nr. 416/88, Bd. 1, Blatt 65: „Aktuelle politisch-operative Erkenntnisse in Vorbereitung des Kirchentages in Rostock", 2.6.1988, S. 2.

230 Siehe dazu Kapitel 8.3.

231 Vgl. BStU, MfS, BV Rostock, Abt. VI, ZMA 673, Blatt 12: „Maßnahmeplan zur politisch-operativen Sicherung, Kontrolle und Überwachung des ehemaligen Bundeskanzlers der BRD, Helmut Schmidt, als Gast des Kirchentages am 18. Juni 1988 in Rostock – Aktion ‚Mütze'", 14.6.1988, S. 1.

232 Vgl. ebd.

233 Vgl. ebd. S. 2.

gegenüberliegenden Rathaus aus[234]. Außerdem waren jeweils aus drei Mitarbeitern bestehende „Sicherungsgruppen" in allen Straßen rund um die Marienkirche und die Heiligen-Geist-Kirche, in der Schmidt an einem Podiumsgespräch teilnahm, im Einsatz[235]. Darüber hinaus sollten sich sieben IM in der Marienkirche aufhalten, neun IM in der Heiligen-Geist-Kirche und weitere sieben IM im Bereich des Hotels „Neptun" in Warnemünde, wo ein von den Kirchentagsveranstaltern ausgerichtetes Abendessen für das Ehepaar Schmidt stattfand[236]. Der Besuch des SPD-Politikers gehörte somit für die Stasi in „operativer" Hinsicht zu den wichtigsten Programmpunkten des Kirchentags. Insgesamt stufte sie etwa ein Drittel aller Veranstaltungen aufgrund der Thematik oder der mitwirkenden Personen als „operativ bedeutsam" ein[237]. Darunter befanden sich hauptsächlich den klassischen MfS-Interessengebieten zuzuordnende Programmpunkte: Groß-, Kultur- und Jugendveranstaltungen sowie Angebote zu gesellschaftspolitischen Themen und mit ökumenischer Beteiligung[238]. Zur „Bearbeitung" des Kirchentags bildete die BV Rostock wie üblich einen „Operativen Einsatzstab" unter der Leitung des 1. Stellvertreters des Leiters der Bezirksverwaltung, Oberst Artur Amthor[239]. Sie hatte den Einsatz der Inoffiziellen Mitarbeiter zur Erarbeitung von Informationen über die Absichten „feindlicher und politisch-negativer" Personen, vor allem von Friedens- und Ökologiekreisen, Studentengemeinden, Jungen Gemeinden, Ausreisewilligen und „negativ-dekadenten" Jugendlichen, zu koordinieren und potentielle „provokative" Aktionen während des Kirchentags zu verhindern[240]. Außerdem musste die Einsatzgruppe Tages- und Abschlussberichte zum Verlauf des Treffens an den Leiter der HA XX, die Leiter der BV Rostock, Schwerin und Neubrandenburg sowie an den 1. Sekretär der SED-Bezirksleitung Rostock übermitteln[241]. Zur Erreichung ihrer Ziele setzte die Stasi ein Großaufgebot an Inoffiziellen Mitarbeitern ein – allein aus der Abteilung XX der BV und KD Rostock waren 54 Personen mit der „Bearbeitung" der Veranstaltungen beauftragt[242]. Neben dem Besuch von Helmut Schmidt gehörten die Arbeitsgruppen 2 und 3, der „Abend der Begegnung", der „Treffpunkt junge Leute",

234 Vgl. ebd.

235 Vgl. ebd. S. 2f.

236 Vgl. ebd. S. 3.

237 Vgl. BStU, MfS, BV Rostock, AS Nr. 416/88, Bd. 1, Blatt 52: „Politisch-operative Lage in Vorbereitung des Kirchentages vom 16. bis 19. Juni 1988 in Rostock", 31.5.1988, S. 1.

238 So zum Beispiel der Eröffnungs- und Abschlussgottesdienst, die Arbeitsgruppen, der „Treffpunkt junge Leute", die Lesung mit Werner Heiduczek oder das Podiumsgespräch „Wirklichkeit und Traum zwischen Marxisten und Christen". Vgl. ebd. Blatt 58f.: „Operativ bedeutsame Kirchentagsveranstaltungen", S. 1f.

239 Zu den Mitgliedern des Einsatzstabs der BV Rostock gehörten neben Oberst Amthor auch Oberstleutnant Klawun (Leiter Abt. XX), Oberstleutnant Röbke (Leiter Abt. II – Spionageabwehr), Oberstleutnant Baaske (Leiter Abt. VI – Passkontrolle und Tourismus), Oberstleutnant Hoffmann (Leiter Abt. VII - Abwehrarbeit), Oberstleutnant Krase (Leiter Abt. VIII – Beobachtung/Ermittlung), Oberstleutnant Schulz (Leiter Abt. 26 - Telefonüberwachung), Oberstleutnant Oestreich (Leiter Auswertungs- und Kontrollgruppe), Oberstleutnant Geldschläger (Leiter Bezirkskoordinierungsgruppe) und Oberst Becker (Leiter KD Rostock). Vgl. BStU, MfS, BV Rostock, Abt. XX, Nr. 545, Blatt 03: „Politisch-operative Maßnahmen zur Sicherung der Vorbereitung und Durchführung des gemeinsamen Kirchentages der ELLKM und der ELKG vom 16. bis 19. Juni 1988 in Rostock", 20.4.1988, S. 2.

240 Vgl. ebd. S. 3.

241 Vgl. ebd. S. 6.

242 Vgl. BStU, MfS, BV Rostock, AS Nr. 416/88, Bd. 1, Blatt 60: „Zum Stand der Vorbereitung der politisch-operativen Maßnahmen", S. 1.

das „Band-Konzert für junge Leute“, das Forum „Kirche in der DDR – 10 Jahre 6. März 1978“ und der Abschlussgottesdienst zu den Programmteilen mit dem größten IM-Einsatz[243]. Bei der Planung der „operativen Absicherung“ wies die BV Rostock ihre Mitarbeiter darauf hin, dass die Kirche mit verstärkten Aktivitäten des MfS rechnete und deshalb höchste Anforderungen an die Konspiration zu stellen waren[244]. Da trotz einer „offensiven Gesprächsführung“ der Staatsorgane mit Mitgliedern des Landesausschusses keine inhaltliche Änderung des Programms erreicht werden konnte, erwartete die Stasi „Angriffe“ gegen die sozialistische Demokratie, die Grundlagen des Verhältnisses von Staat und Kirche, die Umweltpolitik und die führende Rolle der Partei[245]. Besonders kritisch sah sie die Lage in der Arbeitsgruppe 2 „Gerechtigkeit – Frieden – Bewahrung der Schöpfung“ aufgrund der Mitarbeit von „Exponenten der politischen Untergrundtätigkeit“, wie dem früheren Pastor und AGF-Vorsitzenden Heiko Lietz[246]. Deshalb legte das MfS fest, dass der Fokus bei der „Bearbeitung“ der sechs Themenbereiche vorrangig auf der AG 2 liegen sollte[247]. Die AG 3 „Kirche – Gesellschaft – Politik“ interessierte die Stasi zwar wegen der Thematisierung des synodalen Arbeitspapiers „Als Christ leben in der sozialistischen Gesellschaft“[248] ebenfalls, doch da sie der Ansicht war, dass von den Verantwortlichen dieser Arbeitsgruppe keine „politisch-negativen“ Aktionen zu erwarten seien[249], betrieb sie die entsprechende „Absicherung“ mit deutlich weniger Aufwand.
Zur Realisierung ihrer Ziele wandte sich die BV Rostock insbesondere an „politisch-realistische“ Vertreter der Greifswalder Kirche, wie Konsistorialrat Christoph Ehricht, den sie zur „sachlichen Einflussnahme“ auf die AG 2 vorgesehen hatte[250]. Dabei sollte IM-Kandidat „Erich“ vor allem auf die potentiellen Bemühungen von Heiko Lietz zum „Missbrauch“ der Arbeitsgruppe achten und ihnen entgegenwirken[251]. Mit Enttäuschung hielt das MfS allerdings fest, dass Ehricht seine Teilnahme an der Arbeitsgruppe „aus Gründen der arbeitsmäßigen Überlastung“ abgesagt hatte[252]. Möglichkeiten zur „positiven“ Beeinflussung der AG 2 sah das MfS aber auch für den Vorsitzenden des Greifswalder Landesausschusses sowie den von Ehricht für die Kirchentagsarbeit empfohlenen[253] Leiter der AG 2, Pastor Dietmar Prophet.

---

243 Bei den Arbeitsgruppen waren insgesamt 45 IM eingesetzt, darunter 18 IM in der AG 2 und zwölf in der AG 3. Beim „Abend der Begegnung“ kamen elf IM zum Einsatz, beim „Treffpunkt junge Leute“ und beim Bandkonzert jeweils zehn, beim Forum „Kirche in der DDR – 10 Jahre 6. März 1978“ zwölf und beim Abschlussgottesdienst 13. Vgl. BStU, MfS, BV Rostock, Abt. XX, Nr. 545, Blatt 18: „IM-Einsatzplan zu den Jugendveranstaltungen am 18. Juni in der Petrikirche Rostock“; ebd. Blatt 63-65: „Kirchentag 1988 in Rostock, Veranstaltungsübersicht“.

244 Vgl. BStU, MfS, BV Rostock, AS Nr. 416/88, Bd. 1, Blatt 57: „Politisch-operative Lage in Vorbereitung des Kirchentages vom 16. bis 19. Juni 1988 in Rostock“, 31.5.1988, S. 6.

245 Vgl. ebd. Blatt 38: „Politisch-operative Lage in Vorbereitung des Kirchentages vom 16. bis 19. Juni 1988 in Rostock“, 11.4.1988, S. 1 und S. 3.

246 Vgl. ebd. Blatt 16f.: „Zusammenfassende Einschätzung zum gegenwärtigen Vorbereitungsstand des Kirchentages in Rostock“, 28.12.1987, S. 8f.

247 Vgl. ebd. S. 11.

248 Siehe dazu Kapitel 8.3.

249 Vgl. BStU, MfS, BV Rostock, AS Nr. 416/88, Bd. 1, Blatt 18: „Zusammenfassende Einschätzung zum gegenwärtigen Vorbereitungsstand des Kirchentages in Rostock“, 28.12.1987, S. 10.

250 Vgl. BStU, MfS, BV Rostock, AIM 381/91, Teil I, Blatt 225: „Vorschlag zur Werbung des IM-Kandidaten 'Erich' als IME", 16.4.1987, S. 7.

251 Vgl. ebd. Blatt 228: „Bericht über die durchgeführte Werbung des IM-Kandidaten 'Erich' als IME", 8.5.1987, S. 2.

252 Vgl. ebd.

253 Vgl. LKAS, LA KT, Nr. 2: Brief von Christoph Ehricht an Eberhard Beyer, 8.9.1986.

Siegfried Bohl alias IMB „Titus“ berichtete der Stasi regelmäßig von den Sitzungen des Greifswalder und des gemeinsamen Landesausschusses, sodass die Staatssicherheit bereits frühzeitig über die Pläne der Kirchentagsorganisatoren informiert war. In Bezug auf die AG 2 soll Bohl Dietmar Prophet den Auftrag gegeben haben, während der „Ökumenischen Versammlung“ in Dresden im Februar 1988[254] einige „zugkräftige, politisch realistisch denkende“ Referenten aus der DDR zu gewinnen, um die Ansatzpunkte für „politisch-negative“ Diskussionen und Aktivitäten in der Arbeitsgruppe zu minimieren[255]. Dieses Vorhaben ist jedoch offenbar nicht realisiert worden, denn an der Referentenliste der AG 2 änderte sich im Frühjahr 1988 nichts mehr. Auch eine Einschränkung der Aktivitäten von Heiko Lietz erwies sich schwieriger als vom MfS angenommen. Folgt man den MfS-Akten, so erklärte Bohl dem Stasimitarbeiter, dass ein „Rausdrücken“ von Lietz aus der Arbeitsgruppe nicht möglich sei, weil die Vertreter der mecklenburgischen Kirche ihn als Vorsitzenden der AGF dabei haben wollten[256]. Außerdem stünde er unter dem besonderen Schutz von Joachim Gauck, der sich zum Beispiel für das Versprechen von Lietz verbürge, dass von der AG 2 keine Aktionen ausgehen würden, die zur Konfrontation mit den Staatsorganen führen konnten[257]. Ebenso verteidigte der Vorsitzende des Landessauschusses Mecklenburg die anderen Mitarbeiter der Arbeitsgruppe 2, als der RdB Rostock die Übergabe detaillierter Programme der einzelnen Untergruppen verlangte[258]. Gauck bestärkte die Mitwirkenden, die Herausgabe der Informationen zu verweigern, und erklärte, er selbst lehne die Forderung als „unzumutbares Ansinnen“ ab[259]. Daraufhin soll Dietmar Prophet eigene Streichungen und Änderungen im Programmablauf vorgenommen haben, um „provokative“ Aspekte zu vermeiden[260]. Beim Treffen der Vorbereitungsgruppe im April 1988 habe Prophet, den die Stasi als IMS „Michael“ registriert hatte[261], ebenfalls einen „disziplinierenden Einfluss“

254 Siehe dazu Kapitel 8.3.

255 Vgl. BStU, MfS, BV Rostock, Abt. XX, Nr. 507, Bd. 1, Blatt 651: „Aktuelle Erkenntnisse in Vorbereitung des Kirchentags im Juni 1988 in Rostock“, 2.3.1988, S. 1.

256 Vgl. BStU, MfS, BV Rostock, AIM 4171/90, Teil I, Blatt 182: „Mündlicher Bericht zum Stand Vorbereitung des Kirchentages 1988 in Rostock“, 11.11.1987, S. 2.

257 Vgl. ebd. Teil II, Blatt 238: Mündlicher Bericht von IMB „Titus“, 2.5.1988, S. 2.

258 Vgl. BStU, MfS, BV Rostock, AS Nr. 416/88, Bd. 1, Blatt 74: „Aktuelle Erkenntnisse zum Vorbereitungsstand des Kirchentages“, 13.6.1988, S. 1.

259 Vgl. ebd.

260 Vgl. ebd. In den Protokollen der Vorbereitungsgruppe der AG 2 taucht diese Episode nicht auf.

261 Den IM-Vorlauf zu Dietmar Prophet legte das MfS am 28. April 1982 an, weil dieser sich in den Gesprächen beim RdK Grimmen positiv zur staatlichen Kirchenpolitik geäußert habe und in der Jugendarbeit im Kirchenkreis Grimmen sehr aktiv gewesen sei. Das erste Gespräch führte das MfS mit Prophet in dessen Wohnung in Reinkenhagen bei Greifswald am 20. April 1983. Im Februar 1987 wurde vorgeschlagen, ihn als IMS anzuwerben, weil er weiterhin eine positive Einstellung zur staatlichen Kirchenpolitik gezeigt habe und als stellvertretender Superintendent und Leiter des Friedensausschusses der Landessynode wichtige Positionen im Bereich der ELKG innehabe. Die Werbung als IMS erfolgte angeblich am 5. März 1987 im „konspirativen Objekt“ „Hochhaus“ in Stralsund. Daraufhin wurde der IM-Vorlauf in den IM-Vorgang „Michael“ umregistriert. Dietmar Prophet erklärte nach dem Zusammenbruch der DDR, er habe den Kontakt zum MfS von sich aus beendet, weshalb ihn das Aufarbeitungsgremium der PEK in den 1990er Jahren entlastete. Vgl. BStU, MfS, BV Rostock, AIM 1741/91, Teil I, Blatt 05: „Beschluß über das Anlegen eines IM-Vorlaufs und über die Umregistrierung eines IM-Vorlaufs zum IM-Vorgang“; ebd. Blatt 14: „Bericht über das Bekanntwerden des IMS-Kandidaten“, 7.4.1982; ebd. Blatt 103: „Stellungnahme zum Vorschlag der KD Grimmen für die Werbung des Pfarrers Dietmar Prophet als IMS“, 5.2.1987, S. 1; ebd. Blatt 105 und Blatt 108: „Bericht über die durchgeführte Werbung

auf die anderen Mitarbeiter ausgeübt, indem er seine Missbilligung über die nicht mit ihm abgestimmten Aktivitäten zum Ausdruck gebracht habe[262]. Insgesamt, so resümierte die BV Rostock im Juli 1988, sei der Pastor gegenüber den „feindlich-negativen Kräften“ im Themenbereich 2 mit „realistischen Positionen“ aufgetreten und habe dadurch entscheidend zur Disziplinierung dieser Personen beigetragen[263]. Ob Dietmar Prophet tatsächlich einen „disziplinierenden“ Einfluss auf die Vorbereitungsgruppe hatte, ist allerdings sehr fraglich, wenn man die inhaltliche Arbeit in den Untergruppen während des Kirchentags betrachtet[264].
Bei der Zuweisung der Inoffiziellen Mitarbeiter zu den sechs Themenbereichen fällt auf, dass Ines Fleckstein alias IMB „Gisela“ nicht in der AG 2, sondern in der AG 1 „Kirche – Ökumene – Religion“ eingesetzt wurde[265]. Eigentlich hätte man sie als eine der wichtigsten IM im Bereich der kirchlichen Friedensarbeit im Nordosten eher in der Arbeitsgruppe 2 vermutet, in der auch Vertreter von Basisgruppen mitwirkten[266]. Warum sich das MfS für den Einsatz im Themenbereich 1 entschied, geht aus den Akten nicht hervor. Vielleicht meinte die Stasi, dass die AG 2 durch die Zusammenarbeit mit Siegfried Bohl und Dietmar Prophet bereits ausreichend „abgesichert“ wäre und „Giselas“ Fähigkeiten in der AG 1 dringender gebraucht würden. Durch die Berichte von Ines Fleckstein war die BV Rostock unter anderem über die „Ideenkonferenzen“ am 27. September 1986 und am 4. April 1987 informiert[267] und hatte damit frühzeitig Kenntnis über die geplanten Veranstaltungen des Kirchentags. Einer der „operativen“ Erfolge, die das MfS mithilfe von Ines Fleckstein in Bezug auf den Kirchentag verzeichnete, bestand in der Verhinderung eines Auftritts des als „politisch-negativ“ eingestuften Musikers Stephan Krawczyk. In der Arbeitsgruppe 1 soll es im Juli 1987 Überlegungen gegeben haben, den Berliner Sänger zum Rostocker Kirchentag einzuladen, aber nach „Giselas“ Warnung vor dessen „provozierenden“ Programmen soll die Vorbereitungsgruppe von dieser Idee Abstand genommen haben[268]. Die BV Rostock scheint mit Flecksteins Einsatz beim Kirchentag sehr zufrieden gewesen zu sein, denn für ihre „hohe Einsatzbereitschaft“ erhielt sie eine Belohnung in Höhe von 200 Mark[269].

des IMS-Kandidaten ‚Dietmar'“, 5.3.1987, S. 1 und S. 4; Frank: Einsam oder gemeinsam?, S. 161.

262 Vgl. BStU, MfS, BV Rostock, AIM 1741/91, Teil I, Blatt 133: „Operativinformation über weitere Erkenntnisse in Vorbereitung des Kirchentages 1988“, 26.4.1988, S. 2. Im Protokoll der vorbereitenden Gruppe ist kein entsprechender Passus zu finden. Darin heißt es lediglich, dass der Ablauf der einzelnen Untergruppen bis zur darauffolgenden Sitzung konkreter vorgestellt werden sollte. Allerdings waren die Protokolle der AG 2 stets äußerst knapp gehalten, sodass es durchaus möglich erscheint, dass eine größere Auseinandersetzung zu diesem Punkt stattgefunden hat, obwohl man sie im Protokoll nicht festhielt. Vgl. LKAS, LA KT, Nr. 7: Protokoll der Sitzung der Vorbereitungsgruppe der AG 2 am 18.4.1988.

263 Vgl. BStU, MfS, BV Rostock, AIM 1741/91, Teil I, Blatt 135: „Auskunftsbericht zur Person Dietmar Prophet“, 21.7.1988.

264 Siehe dazu Kapitel 8.3.

265 Vgl. LKAS, LA KT, Nr. 5: Protokoll der Beratung der Vertreter der Arbeits- und Vorbereitungsgruppen des Kirchentags am 26.9.1987, S. 1.

266 Siehe dazu Kapitel 8.3.

267 Vgl. BStU, MfS, BV Rostock, 384/81, TA 8341 Bd. 5, Blatt 20: Bericht von IMB „Gisela“ am 29.9.1986, S. 1; ebd. Blatt 277: Bericht von IMB „Gisela“ am 7.4.1987, S. 1.

268 Vgl. ebd. Blatt 394f.: „Bericht Nr. 2: Vorbereitung des Kirchentages, Arbeitsgruppe 1, am 14.7.87 in Güstrow“ von IMB „Gisela“, S. 1f. Ein Auftritt von Krawczyk wäre letztlich auch gar nicht möglich gewesen, da der Liedermacher nach seiner Verhaftung im Kontext der Berliner Luxemburg-Liebknecht-Demonstration im Februar 1988 zur Ausreise aus der DDR gezwungen wurde. Vgl. Neubert: Geschichte der Opposition in der DDR 1949-89, S. 697f.

269 Vgl. BStU, MfS, BV Rostock, AIM 4164/90, Teil III, Blatt 111: Quittung von „Gisela“ über den Empfang von 200 Mark für den Einsatz zum Kirchentag.

Ein anderer bedeutender IM beim Rostocker Treffen war Siegfried Plath („Hiller"). Er war wie Siegfried Bohl und „Dr. Ralph Schirmer" alias Wolfgang Schnur zur Einleitung innerkirchlicher Disziplinierungsmaßnahmen bei „politisch negativen Erscheinungen" während des Treffens vorgesehen[270] und hatte darüber hinaus eine weitere wichtige Aufgabe: Das MfS hatte IMB „Hiller" zur Beeinflussung von Helmut Schmidt „im Sinne der Unterbindung politisch-negativer Aussagen" ausgewählt[271]. Wenige Tage vor Beginn des Kirchentags, am 10. Juni 1988, soll sich der Oberkonsistorialrat mit Manfred Stolpe zu einem Gespräch in Berlin getroffen haben, bei dem vereinbart wurde, dass Plath den Altbundeskanzler am 18. Juni direkt von der Grenzübergangsstelle in Selmsdorf abholt[272]. Während der Fahrt nach Doberan und Rostock hatte er dann den Auftrag, auf Helmut Schmidt einzuwirken, damit dieser in seinem Vortrag nur „positive" Akzente setzte und keinen „politischen Zündstoff" bot[273]. Plath und Stolpe sollen sich einig gewesen sein, dass Schmidt in seiner Rede vor allem das heikle Thema Ausreise nicht erwähnen durfte[274]. Das Vertrauen der Stasi in die Fähigkeiten von OKR Plath muss erstaunlich hoch gewesen sein, wenn sie erwartete, dass er den Inhalt des Vortrags nur wenige Stunden vor der Verlesung noch beeinflussen konnte. Da hatte der Plan, dass Plath als Moderator des Podiumsgesprächs mit Schmidt und Stolpe in der Heiligen-Geist-Kirche keine Fragen aus dem Publikum zuließ[275], schon weit mehr Aussicht auf Erfolg. Außer auf Helmut Schmidt sollte Siegfried Plath auch auf Joachim Gauck Einfluss ausüben. Ebenso wie Siegfried Bohl und Manfred Manteuffel vom Rat der Stadt (IMS „Scheler") war Plath vom MfS auf den Landesausschussvorsitzenden angesetzt, damit es zu keinem „politischen Missbrauch" des Treffens kam[276]. Die Stasi vertrat nämlich die Ansicht, dass Gauck in seiner Funktion beim Kirchentag eine „feindlich-negative Massenwirksamkeit" erwirken könnte[277]. In einem Zwischenbericht im Rahmen des zu Gauck angelegten OV „Larve"[278] hieß es im Sommer 1987, der Pastor sei als „innerer Feind unserer sozialistischen Entwicklung" zu betrachten, auch wenn er in Bezug auf den Kirchentag eine „relativ realistische Auffassung" entwickelt habe[279]. Das Ziel der „Disziplinierungs- und Zersetzungsmaßnahmen" in Bezug auf Joachim Gauck müsse deshalb in einer weiteren „politischen Wandlung" oder der

270 Vgl. BStU, MfS, BV Rostock, AS Nr. 416/88, Bd. 1, Blatt 61: „Zum Stand der Vorbereitung der politisch-operativen Maßnahmen", S. 2.

271 Vgl. BStU, MfS, BV Rostock, Abt. XX, Nr. 507, Bd. 1, Blatt 93: „Operativinformation", 14.6.1988.

272 Vgl. ebd. Blatt 394: „Interne Abstimmung zwischen Konsistorialpräsident Stolpe und Oberkonsistorialrat Plath zum Auftritt des Altbundeskanzlers der BRD Schmidt während des Kirchentags in Rostock", 14.6.1988, S. 1.

273 Vgl. ebd.

274 Vgl. ebd. S. 2.

275 Vgl. ebd.

276 Vgl. BStU, MfS, BV Rostock, AOP 2540/88 Bd. 1, Blatt 134: „Operativplan zur Bearbeitung des OV 'Larve'", 1.9.1987, S. 1; ebd. Blatt 137: „Festlegungsprotokoll", 2.10.1987, S. 1.

277 Vgl. ebd. Blatt 109: „Zwischenbericht zum OV 'Larve'", 4.11.1986, S. 4.

278 Der OV „Larve" wurde am 8. April 1983 eröffnet, da das MfS bei dem Rostocker Stadtjugendpastor eine „antisozialistische feindliche Einstellung" registriert hatte. Ein weiterer Grund war, dass er seit Dezember 1982 dem Warnemünder Friedenskreis angehörte, der sich laut Stasi zur Hälfte aus Ausreisewilligen zusammensetzte. Außerdem maß die Stasi seiner Position als Landesausschussvorsitzendem große „politisch-operative" Bedeutung zu. Vgl. ebd. Blatt 209: „Abschlußbericht zum OV 'Larve'", 18.11.1988, S. 1.

279 Vgl. ebd. Blatt 126 und Blatt 131: „Zwischenbericht zum OV 'Larve'", 26.8.1987, S. 3 und S. 8.

Entbindung von seinen überörtlichen kirchlichen Ämtern bestehen[280]. Im Dezember 1987 bescheinigte sich die Stasi den Erfolg ihrer Strategie, indem sie erklärte, Gauck wolle die Durchführung des Treffens nicht durch „provokatives" Verhalten gefährden und werde deshalb nach eigener Aussage gegen störende Aktivitäten von Basisgruppen auftreten[281]. Im Herbst 1988 war die Staatssicherheit sogar so zufrieden mit Gaucks Verhalten beim Kirchentag, dass sie ihm eine „politische Grundposition" attestierte, die auf ein störungsfreies Staat-Kirche-Verhältnis abziele, weshalb sie eine weitere „Bearbeitung" im Operativvorgang nicht mehr für erforderlich hielt[282]. Das MfS beendete den OV „Larve" also im November 1988, weil Joachim Gauck während des Rostocker Treffens eine „realistische" Haltung gezeigt habe und in den darauffolgenden Monaten ebenfalls keine „Provokationen" von ihm ausgegangen seien[283]. Dabei ließ die Stasi allerdings unerwähnt, dass sie ihn unmittelbar nach dem Kirchentag, unter anderem wegen seiner Predigt beim Abschlussgottesdienst[284], noch zu den „destruktiven Kräften" gezählt hatte[285]. Dass die SED den Verlauf des Rostocker Treffens insgesamt eher positiv bewertete[286] und Joachim Gauck im Rahmen des Kirchentags insgesamt um eine gute Zusammenarbeit mit den staatlichen Stellen bemüht war[287], mag jedoch die Haltung der Stasi positiv beeinflusst haben.
Maßgebend in Bezug auf die staatlichen Vorbereitungen zu den Kirchentagen war wie üblich die SED. An ihren Beschlüssen zu den vier Treffen 1988 zeigte sich erneut die große Widersprüchlichkeit ihrer Strategie. Einerseits sprach sie den Kirchentagen als den ersten größeren öffentlichen Veranstaltungen der Kirchen nach den Berliner Ereignissen im Januar und dem Gespräch von Erich Honecker und Bischof Leich im März 1988 eine besondere innen- und außenpolitische Bedeutung zu[288]. Das machten auch die relativ rege Teilnahme staatlicher Vertreter am Rostocker Kirchentag[289] und die Anweisung einer breiten Berichterstattung in den DDR-Medien[290] deutlich. Andererseits ordnete die SED eine gezielte Sabotage der Treffen an, indem sie beispielsweise festlegte, dass parallel zu den Kirchentagen „attraktive öffentlichkeitswirksame Veranstaltungen [...], vor allem im Bereich Sport und Kultur" angeboten werden

280 Vgl. ebd. S. 10.
281 Vgl. BStU, MfS, BV Rostock, AS Nr. 416/88, Bd. 1, Blatt 16: „Zusammenfassende Einschätzung zum gegenwärtigen Vorbereitungsstand des Kirchentages in Rostock", 28.12.1987, S. 8.
282 Vgl. BStU, MfS, BV Rostock, AOP 2540/88 Bd. 1, Blatt 211f.: „Abschlußbericht zum OV 'Larve'", 18.11.1988, S. 3f.
283 Vgl. ebd.
284 Siehe dazu Kapitel 8.3.
285 Vgl. BStU, MfS, BV Rostock, AKG Nr. 1128, Blatt 03: „Information über den Verlauf des gemeinsamen Kirchentages der ELLKM und ELKG vom 16. bis 19. Juni 1988 in Rostock", 27.6.1988, S. 2.
286 Siehe Kapitel 8.7.
287 Siehe dazu Kapitel 8.1 und 8.3.
288 Vgl. BArch, DO-4/1427, Blatt 678: „Abschlußeinschätzung der evangelischen Kirchentage 1988", 2.8.1988, S. 1.
289 Dort nahmen unter anderem Hans Wilke, der Leiter der Abteilung II („Evangelische Kirchen und Religionsgemeinschaften") des Staatssekretariats für Kirchenfragen, ZK-Mitglied Harry Baumgarten, der Referent für Kirchenfragen beim RdB Schwerin, Rudolf Franze, Kurt Brückner von der SED-Bezirksleitung Schwerin und Siegfried Busch von der SED-Bezirksleitung Neubrandenburg teil. Vgl. LAG, IV/E/2.14, Nr. 598, Blatt 216: Liste der staatlichen Vertreter beim Kirchentag in Rostock 1988. Aus dem Bezirk Rostock wirkten einige Staatsvertreter sogar aktiv an einzelnen Veranstaltungen mit. Siehe dazu Kapitel 8.3.
290 Vgl. SAPMO-BArch, DY 30, Nr. 59870, Blatt 76: Anlage Nr. 8 zum Protokoll der Sitzung des Sekretariats des ZK der SED am 16.3.1988, S. 3.

sollten[291]. Für die Umsetzung dieser Vorgabe waren in Rostock Oberbürgermeister Schleiff und die SED-Bezirksleitung zuständig, welche in ihrem Abschlussbericht stolz verkündete, der Kirchentag hätte aufgrund der stark besuchten Konkurrenzveranstaltungen im öffentlichen Leben der Stadt kaum eine Rolle gespielt[292]. Was die Kriterien anbelangte, die die SED-Führung als Voraussetzung für eine gewisse organisatorische Unterstützung bestimmte, hielt sie sich an die Formulierungen aus den vorangegangenen Jahren: Die Treffen sollten sich vorrangig religiösen Themen widmen und regional begrenzt sein, zudem hatten die Veranstalter die volle Verantwortung für Ordnung und Sicherheit zu übernehmen und einen „Missbrauch" der Veranstaltungen bereits im Vorfeld auszuschließen[293]. Um die Ziele der SED zu realisieren, wies das Sekretariat des Zentralkomitees die Bildung von Arbeitsgruppen bei den betreffenden Bezirksleitungen der SED an[294]. So konstituierten sich in Rostock im März 1988 eine „Arbeitsgruppe zur Kontrolle und Koordinierung der politischen Aktivitäten zum Kirchentag"[295] sowie eine „Arbeitsgruppe Information", die Berichte auf der Grundlage von Informationen von der SED-Kreisleitung, der MfS-Bezirksverwaltung, der BDVP, vom RdB Rostock und vom CDU-Bezirksvorstand verfasste[296]. Von besonderem Interesse waren dabei Äußerungen und Aktionen zu gesellschaftspolitischen Themen. In dieser Hinsicht hatten die staatlichen Organe vom Rostocker Kirchentag einiges zu berichten, wie im Folgenden dargelegt wird.

8.3 Von A wie Ausreise bis Z wie Zensur

Der Rostocker Kirchentag 1988 zeichnete sich dadurch aus, dass die Veranstalter der Auseinandersetzung mit gesellschaftspolitischen Fragen im Vergleich zu vorherigen Treffen im Norden der DDR deutlich mehr Raum gaben. Joachim Gauck setzte diese Entwicklung mit einer veränderten Stimmungslage im Land in Zusammenhang[297]. Ab 1987 sei in der Bevölkerung eine Atmosphäre zunehmender Offenheit und

291 Vgl. ebd.

292 Vgl. LAG, IV/E/4/07, Nr. 203, Blatt 80: Anlage 11 zum Protokoll der Sitzung des Sekretariats der Kreisleitung der SED Rostock-Stadt am 6.5.1988, S. 4; SAPMO-BArch, DY 30/IV B 2/14, Nr. 133: „Information zum Evangelischen Kirchentag in Rostock vom 16. bis 19.6.1988", 20.6.1988, S. 1.

293 Vgl. SAPMO-BArch, DY 30, Nr. 59870, Blatt 75: Anlage Nr. 8 zum Protokoll der Sitzung des Sekretariats des ZK der SED am 16.3.1988, S. 2.

294 Vgl. ebd.

295 Die Leitung übernahm Heinz Lange, 2. Sekretär der SED-Bezirksleitung. Weitere Mitglieder waren der Abteilungsleiter „Sicherheit" der Bezirksleitung, Herr Mirtschink, der 2. Sekretär der SED-Kreisleitung, Herr Blana, der Sektorenleiter der Bezirksleitung, Herr Baginski, der Abteilungsleiter „Handel und Versorgung" beim RdB Rostock, Herr Diebow, der Abteilungsleiter „Verkehrswesen" beim RdB Rostock, Herr Wenglikowski, Dieter Röhl (Sekretariat der Bezirksleitung), Henning Schleiff, Jürgen Haß, Roland Macht, Oberst Amthor und Oberst Lorenz (Stellvertreter Operativ der BDVP). Vgl. LAG, Rep. 200 II 7.3, Nr. 47, Blatt 44: „Arbeitsplan der Arbeitsgruppe zur parteimäßigen Koordinierung und Kontrolle der politischen Aktivitäten zum Kirchentag der ELKG und der ELLKM in Rostock vom 16.-19. Juni 1988 "; ebd. Blatt 87: „Arbeitsgruppe bei der Bezirksleitung Rostock der SED zur parteimäßigen Koordinierung und Kontrolle der politischen Aktivitäten zum Kirchentag der Greifswalder und Mecklenburgischen Landeskirche 1988"; BStU, MfS, BV Rostock, AS Nr. 416/88, Bd. 1, Blatt 23: „Zusammenfassende Einschätzung zum gegenwärtigen Stand der Vorbereitungen des Kirchentages in Rostock", 5.4.1988, S. 3.

296 Vgl. LAG, Rep. 200 II 7.3, Nr. 47, Blatt 22f. und Blatt 30: „Informationsplan für den Kirchentag vom 16.-19.6.1988 in Rostock", S. 1f. und S. 9.

297 Vgl. Gespräch mit Joachim Gauck am 4. Dezember 2019.

Kritik in Bezug auf die Verhältnisse in der DDR spürbar geworden, welche dazu geführt habe, dass auch im Rahmen der Kirchentage gesellschaftliche Probleme offener angesprochen wurden als zuvor[298]. Im Kontext der Losung „Brücken bauen" bildete der Dialog zwischen Christen und Marxisten respektive das Verhältnis von Kirche und Staat einen wichtigen Programmschwerpunkt in Rostock. Dabei spielte zum einen der Abbau gegenseitiger Vorurteile eine Rolle, zum anderen kamen viele Problemfelder der Gesellschaft zur Sprache, wie Ausreise, Frieden, Demokratie und Freiheit. Dazu gehörte auch das Thema Pressefreiheit, das 1988 gerade in Bezug auf die kirchlichen Medien eine besondere Brisanz besaß. Nach den Ereignissen im Kontext der Luxemburg-Liebknecht-Demonstration[299] hatten die Eingriffe des Presseamts beim Vorsitzenden des Ministerrats hinsichtlich der fünf kirchlichen Wochenzeitungen[300] stark zugenommen. Das Presseamt verwaltete die Lizenzurkunden, welche die kirchlichen Printmedien nach dem Ende des Zweiten Weltkriegs von der Sowjetischen Militäradministration erhalten hatten[301]. Die Lizenzen legten neben Titel, Herausgeber, Verlag und Chefredakteur auch Umfang, Auflagenhöhe und inhaltliche Vorgaben fest[302]. Bis in die 1970er Jahre hinein mussten die Kirchenzeitungen ihre Lizenzen jährlich verlängern lassen – bei Verstößen konnte das Presseamt sie jederzeit wieder entziehen[303]. Da ein Direktvertrieb der Kirchenzeitungen verboten war, ergaben sich durch die Bindung an den staatlichen Postzeitungsvertrieb weitere Möglichkeiten zur Einflussnahme, weil die Ausgaben erst ausgeliefert wurden, wenn das Presseamt sie mit einem Freigabestempel versehen hatte[304]. Trotz dieser Einschränkungen stellten die Kirchenzeitungen die einzigen freien Printmedien in der DDR dar, die gesellschaftliche Themen deutlich offener aufgreifen konnten als staatliche Blätter[305]. Ein Verbot des Erscheinens einzelner Artikel oder kompletter Ausgaben hatte es zwar bereits zuvor gegeben, wie im Zusammenhang mit der Selbstverbrennung des Pfarrers Oskar Brüsewitz 1976[306] oder der Aktion „Schwerter zu Pflugscharen" 1982[307], doch nicht in einem

298 Vgl. ebd. Tatsächlich rief das Reformprogramm in der Sowjetunion, dessen Grundzüge Michail Gorbatschow beim Plenum des ZK der KPdSU im Januar 1987 erstmals öffentlich ausgeführt hatte, auch in der DDR-Bevölkerung Hoffnungen auf Veränderungen im politischen System hervor. Mit Verweis auf die Entwicklungen im wichtigsten „Bruderland" wurden die Zustände in der DDR nun zunehmend kritisch diskutiert. Ereignisse wie der nahezu zensurfreie „Olof-Palme-Friedensmarsch" und die Veröffentlichung des SED-SPD-Papiers „Der Streit der Ideologien und die gemeinsame Sicherheit" im Herbst 1987 führten sogar in oppositionellen Kreisen zur Annahme, dass wachsende Freiräume in der DDR-Gesellschaft entstünden. Allerdings war die SED-Führung keinesfalls an einer Übernahme der Reformbestrebungen Gorbatschows interessiert und reagierte auf den außenpolitischen Druck mit innenpolitischen Repressionen, die die Entfremdung zwischen Bevölkerung und Regierung weiter verschärften. Vgl. Karsten Timmer: Vom Aufbruch zum Umbruch, S. 94-96; Neubert: Geschichte der Opposition in der DDR 1949-1989, S. 692f.

299 Siehe dazu Kapitel 8.2.

300 Dazu gehörten *Die Kirche* mit Ausgaben für Berlin, Görlitz, Greifswald und die KPS sowie *Glaube und Heimat* für Thüringen, *Der Sonntag* für Sachsen, die *Potsdamer Kirche* und die *Mecklenburgische Kirchenzeitung*.

301 Vgl. Nixdorf: Kirchliche Pressearbeit unter den Bedingungen der DDR, S. 38.

302 Vgl. ebd.

303 Vgl. ebd.

304 Vgl. ebd.

305 Vgl. ebd. S. 39.

306 Vgl. dazu einführend Neubert: Geschichte der Opposition in der DDR 1949-1989, S. 275-282.

307 Siehe dazu Anm. 194 in Kapitel 2.2.

solchen Ausmaß wie 1988[308]. Nachdem der Presseamtsvorsitzende Kurt Blecha den Chefredakteuren mitgeteilt hatte, die Behandlung der Themen Ausreise, Menschenrechte, Bildung, Wehrdienst und Ökologie stelle eine Einmischung in staatliche Angelegenheiten dar und sei daher in der kirchlichen Presse unzulässig[309], und in der Zeit um Ostern 1988 mehrere Ausgaben mit Auslassungen, verspätet oder gar nicht erschienen waren, wandte sich die KKL Ende April mit einem Protestschreiben an den Vorsitzenden des Ministerrats, Willi Stoph[310]. „Wir fragen an", erklärte Bischof Werner Leich in dem Schreiben spitz, „was den Leiter des Presseamts dazu befugt, derartig einschneidende kirchenpolitische Entscheidungen zu treffen"[311]. Aber auch nach diesem Schreiben änderte sich die Lage zunächst kaum. Während des Rostocker Kirchentags wurde bekannt, dass der Druck und die Auslieferung der kommenden Ausgabe der *Mecklenburgischen Kirchenzeitung* infrage standen. Chefredakteur Hermann Beste bat den Landesausschuss daraufhin, das Nichterscheinen der Kirchenzeitung beim Abschlussgottesdienst bekannt zu geben[312]. Laut MfS verhinderte allerdings Siegfried Bohl die Bekanntgabe, indem er darauf pochte, dass das mögliche Nichterscheinen der Zeitung keine Angelegenheit des Kirchentags sei[313]. Die Problematik der Pressezensur kam beim Treffen in Rostock jedoch trotzdem zur Sprache. Bei einer Podiumsdiskussion in der AG 2 zum Verhältnis von Staat und Kirche kritisierte Gerhard Thomas, Chefredakteur von *Die Kirche*, dass sich in den letzten Monaten die staatliche Zensur wesentlich verschärft und die SED die Kirchenzeitungen inzwischen offenbar als staatsfeindlich abgestempelt habe[314]. Auch andere Teilnehmer äußerten ihren Unmut über die Behinderung der kirchlichen Medien. Bei der Eröffnungsveranstaltung mit Gästen aus den Partnerstädten Rostocks am 16. Juni in der Andreaskirche hielt ein Besucher dem Vertreter des Rates der Stadt, Manfred Manteuffel, als dieser „Offenheit und Vertrauen" als Grundprinzipien der staatlichen Kirchenpolitik postulierte, entgegen: „Wenn der Staat so offen ist, warum wurden dann einige Kirchenzeitungen nicht veröffentlicht?"[315] Kurz nach dem Kirchentag war sicher, dass die Ausgabe der *Mecklenburgischen Kirchenzeitung* vom 26. Juni wegen des Einspruchs gegen zwei Beiträge zu den Kirchentagen in Erfurt und Rostock keine Druckgenehmigung erhalten hatte[316], was wiederum die westdeutschen Medien bei ihrer Berichterstattung zum Rostocker Treffen aufgriffen[317]. Die Auseinandersetzungen zwischen den Kirchenzeitungen und dem Presseamt zogen sich noch über das gesamte Jahr 1988 hin. Vorerst blieb der

308 Vgl. Nixdorf: Kirchliche Pressearbeit unter den Bedingungen der DDR, S. 40.
309 Vgl. ebd. S. 42.
310 Vgl. SAPMO-BArch, DY 30, Nr. 9049: Brief von Bischof Leich an den Vorsitzenden des Ministerrats der DDR, 28.4.1988, S. 1.
311 Vgl. ebd. S. 2.
312 Vgl. BStU, MfS, BV Rostock, AIM 4171/90, Teil I, Blatt 272: „Hintergrundinformation von IMB ‚Titus'", 18.6.1988, S. 2.
313 Vgl. ebd.
314 Vgl. BStU, MfS, BV Rostock, AS Nr. 416/88, Bd. 1, Blatt 102: „Tagesbericht über den Verlauf des gemeinsamen Kirchentages der ELLKM und ELKG vom 16. bis 19. Juni 1988 in Rostock", 19.6.1988, S. 3.
315 Vgl. LAG, Rep. 200 II 7.3, Nr. 89, Blatt 128: „Information zum Rostocker Kirchentag vom 16.06.-19.06.88", 19.6.1988, S. 7.
316 Vgl. LKAS, LA KT, Nr. 5: Rundbrief von Hermann Beste an die Pastoren, Pröpste und Landessuperintendenten der ELLKM, 4.7.1988.
317 Siehe dazu Kapitel 8.7.

Protest der Chefredakteure, der Landesbischöfe und der KKL ohne Erfolg[318]. Beim Gespräch am 13. Oktober 1988 im Staatssekretariat für Kirchenfragen drohte Kurt Löffler Bischof Leich sogar mit der Entziehung der Lizenzen, wenn in den Berichten der Kirchenzeitungen nicht bald wieder „Sachlichkeit, Augenmaß und Verständnis für die politischen Realitäten" Einzug hielten[319]. Ende 1988 sah die Bilanz in den nördlichen Landeskirchen folgendermaßen aus: Von der Greifswalder Ausgabe von *Die Kirche* durften insgesamt fünf Ausgaben nicht erscheinen, darunter zwei mit Artikeln zu den Kirchentagen[320]. Bei der *MKZ* hatte das Presseamt bei 19 Ausgaben inhaltliche Änderungen verlangt und den Druck von drei Ausgaben verhindert[321]. Die Kirchenleitungen und Synoden der ELKG und ELLKM sowie zahlreiche Leser unterstützten die Redaktionen weiterhin[322], und so geschah im darauffolgenden Jahr das Unerwartete: Der Staat gab nach und das Presseamt beanstandete 1989 keine einzige Ausgabe der fünf Kirchenzeitungen[323]. Wohl der Überzeugung, dass sie außerhalb der Gemeinden keine Leserschaft fanden, ließ die SED-Führung sie fortan gewähren und erhob auch bei kritischer Berichterstattung, unter anderem zu den Kommunalwahlen im Mai 1989[324] oder der Ausreisewelle, keine größeren Einsprüche[325].

Das Verhältnis von Staat und Kirche, das nicht nur durch die Zensur im Jahr 1988 stark belastet war, gehörte zu den wichtigsten gesellschaftspolitischen Themen beim Treffen in Rostock. Ganz im Sinne der Kirchentagslosung verfolgten die Veranstalter das Ziel, eine Brücke zwischen Besuchern und Staatsvertretern zu schlagen. Deshalb versuchten sie, möglichst viele staatliche Funktionäre für eine Mitwirkung im Programm zu gewinnen. Dabei hatten sie sowohl Vertreter aus den drei Nordbezirken als auch von überregionalen Einrichtungen im Blick. Zum Beispiel baten die Organisatoren Staatssekretär Klaus Gysi um eine Teilnahme an den Podiumsgesprächen „Wirklichkeit und Traum zwischen Marxisten und Christen" und „10 Jahre 6. März 1978"[326]. Vom Zentralkomitee der SED waren außerdem der für Kirchenfragen zuständige Werner Jarowinsky sowie Otto Reinhold, Rektor der Akademie für Gesellschaftswissenschaften, als Podiumsmitglieder vorgesehen[327]. Obwohl das Staatssekretariat für Kirchenfragen dem Kirchentagsanliegen, den Dialog zwischen Christen und Marxisten zu fördern, durchaus positiv gegenüberstand und es als „Ausdruck für

318 Vgl. Nixdorf: Kirchliche Pressearbeit unter den Bedingungen der DDR, S. 45.

319 Vgl. BArch, DO-4/970, Blatt 610 und Blatt 613: „Information über ein Gespräch des Staatssekretärs für Kirchenfragen, Kurt Löffler, und des Leiters des Presseamtes, Kurt Blecha, am 13. Oktober 1988 mit dem Vorsitzenden der KKL, Landesbischof Werner Leich, zu Fragen der kirchlichen Pressearbeit", 13.10.1988, S. 4 und S. 7.

320 Vgl. LAG, Rep. 200 II 7.3, Nr. 99: Bericht des Konsistoriums der ELKG an die Landessynode, 3.-6.11.1988, S. 27.

321 Vgl. LAG, IV/E/2.14, Nr. 609: Brief von Hermann Beste an den Oberkirchenrat der ELLKM, 6.2.1989, S. 2.

322 Vgl. SAPMO-BArch, DY 30/IV B 2/14, Nr. 132: Bericht der Kirchenleitung der ELKG für die 5. Tagung der VIII. Landessynode vom 3. bis 6.11.1988, S. 16f.; ebd. Nr. 630: „Berichtsausschuss II" der Synode der ELKG vom 3. bis 6.11.1988; Nixdorf: Kirchliche Pressearbeit unter den Bedingungen der DDR, S. 45.

323 Vgl. Nixdorf: Kirchliche Pressearbeit unter den Bedingungen der DDR, S. 46.

324 Vgl. dazu einführend Neubert: Geschichte der Opposition in der DDR 1949-1989, S. 810-815.

325 Vgl. Nixdorf: Kirchliche Pressearbeit unter den Bedingungen der DDR, S. 46f.

326 Vgl. LKAS, LA KT, Nr. 5: Brief von Joachim Gauck an Klaus Gysi, 4.11.1987, S. 1.

327 Vgl. ebd. Nr. 7: Protokoll der Sitzung der Vorbereitungsgruppe „AG 3" am 7.10.1987, S. 1; ebd. Nr. 5: Brief von Helmut Fritzsche an Otto Reinhold, 2.11.1987, S. 1.

das ehrliche Bemühen kirchlicher Leitungskräfte, die Formel ‚Kirche im Sozialismus' konstruktiv auszufüllen und den Teilnehmern realistische Orientierungen für ihre gesellschaftliche Mitarbeit zu geben" einstufte[328], plädierte es nicht für eine Teilnahme von Vertretern der höheren Leitungsebene, sondern ausschließlich von Repräsentanten aus den betreffenden Territorien[329]. Für die von „realistischen" Vertretern der Kirche geleiteten Foren, die einen „konstruktiven" Verlauf garantierten, sollte daher beispielsweise der RdB Rostock bei der Gewinnung „qualifizierter" Gesprächspartner behilflich sein[330]. Die Intention des Staatssekretariats bestand darin, dass lokale Staatsvertreter die „politische Einflussnahme" auf die jeweilige Landeskirche auch nach dem Treffen gezielt fortsetzen konnten[331]. Klaus Gysis Absage sorgte im Landesausschuss für Verstimmung[332]. Im Podiumsgespräch „Kirche in der DDR – 10 Jahre 6. März 1978", bei dem Gysi mitwirken sollte, wies Bischof Stier darauf hin, dass sich kein Staatsvertreter zu einer Beteiligung bereit erklärt hatte[333]. Es ist erstaunlich, dass die staatlichen Stellen gerade dieses Forum ignorierten, bei dem das Spitzengespräch vom 6. März 1978 – die von ihnen seit zehn Jahren beschworene Grundlage des Verhältnisses von Staat und Kirche – im Mittelpunkt stand. Obwohl sie ohne staatliche Beteiligung durchgeführt wurde, scheint die Diskussion im Forum in der überfüllten[334] Heiligen-Geist-Kirche verhältnismäßig unkritisch und harmlos verlaufen zu sein. Folgt man dem Bericht der *Mecklenburgischen Kirchenzeitung*, so stimmten die Podiumsmitglieder darin überein, dass sich die Beziehung von Staat und Kirche seit 1978 insgesamt verbessert habe[335]. Siegfried Plath behauptete sogar, die Kirche sei inzwischen als eigenständige Kraft in der Gesellschaft angesehen und die Staatsorgane hätten ein offenes Ohr für ihre Fragen[336]. Die kritischste Äußerung des Podiums stammte wohl von Konsistorialrat Manfred Stolpe, der „offene und streitbare" Gespräche als Grundlage eines funktionierenden Miteinanders von Staat und Kirche einforderte[337]. Im Vergleich dazu gestaltete sich die Podiumsdiskussion zur Beziehung von Staat und Kirche in der Arbeitsgruppe 2[338] völlig anders. War

---

328 Vgl. BArch, DO-4/1427, Blatt 753: „Schriftliche Konzeption zur Vorbereitung auf die evangelischen Kirchentage 1988", 16.12.1987, S. 4.

329 Vgl. LAG, Rep. 200 II 7.3, Nr. 47, Blatt 104: Brief des Staatssekretariats für Kirchenfragen an Jürgen Haß, 27.11.1987, S. 1.

330 Vgl. ebd. S. 2; BArch, DO-4/1427, Blatt 753: „Schriftliche Konzeption zur Vorbereitung auf die evangelischen Kirchentage 1988", 16.12.1987, S. 4.

331 Vgl. BArch, DO-4/1427, Blatt 753: „Schriftliche Konzeption zur Vorbereitung auf die evangelischen Kirchentage 1988", 16.12.1987, S. 4.

332 Vgl. LKAS, LA KT, Nr. 4: Protokoll der Sitzung des gemeinsamen Landesausschusses am 30.1.1988, S. 2.

333 Vgl. BStU, MfS, BV Rostock, AS Nr. 416/88, Bd. 1, Blatt 130: „Tagesbericht über den Verlauf des gemeinsamen Kirchentages der ELLKM und ELKG vom 16. bis 19. Juni 1988 in Rostock", 19.6.1988, S. 2.

334 Vgl. LAG, Rep. 200 II 7.3, Nr. 89, Blatt 147: „Information zum Rostocker Kirchentag vom 16.06.-19.06.88", 19.6.1988, S. 46.

335 Vgl. „Kirche – eigenständige Kraft in der Gesellschaft" In: Mecklenburgische Kirchenzeitung, Jg. 43, Nr. 28 vom 10.7.1988, S. 1. Zu den Podiumsmitgliedern gehörten Bischof Stier, Siegfried Plath, Manfred Stolpe, OKR-Präsident Peter Müller, Landessuperintendent Joachim Wiebering, der Vorsitzende der KdLA, Bernhard Opitz, sowie die mecklenburgischen Landessynodalen Agnete Wienecke und Berndt Seite.

336 Vgl. ebd.

337 Vgl. ebd.

338 Dort bildeten Dietmar Prophet, Walther Bindemann, Gerhard Thomas, die Theologin Dorothee Sölle, Henning Schierholz (Evangelische Akademie Loccum), Pastor Sven Volk (Schweden), Ulrike

in der Heiligen-Geist-Kirche der als „politisch-realistisch" eingeschätzte Christoph Ehricht für die Auswahl der Fragen aus dem Publikum zuständig gewesen[339], so hatte man diese Aufgabe in der AG 2 Heiko Lietz übertragen[340]. Laut Bericht des MfS wies der Arbeitsgruppenleiter Dietmar Prophet einige Fragezettel ab und forderte Heiko Lietz dazu auf, „konstruktive Problemstellungen" auszuwählen, was „politisch negative" Aussagen aber letztlich nicht verhindert habe[341]. „Politisch negativ" äußerte sich zum Beispiel Walther Bindemann, der Leiter der Evangelischen Akademie der EKiBB und frühere Rostocker Pastor: Er kritisierte, dass die SED alle Entscheidungsmacht für sich allein beanspruchte und innenpolitisch kaum Dialogbereitschaft zeigte[342]. Offen wandte sich Pfarrer Bindemann gegen SED-Funktionäre wie Kurt Hager, die „uns nichts mehr zu sagen" hätten[343]. Die Kritik am Politbüro-Mitglied Kurt Hager spielte mit Sicherheit auf dessen Äußerungen gegenüber der bundesdeutschen Zeitschrift *Stern* im April 1987 an. In dem Interview, das auch im *Neuen Deutschland* erschien, hatte Kurt Hager auf die Frage nach seiner Meinung zu den Reformen von Michail Gorbatschow in der UdSSR geantwortet: „Würden Sie, wenn Ihr Nachbar seine Wohnung neu tapeziert, sich verpflichtet fühlen, Ihre Wohnung ebenfalls neu zu tapezieren?"[344] Für diese kategorische Ablehnung von *Glasnost* und *Perestroika* in der DDR hatte der ranghöchste Ideologe der SED sogar aus den eigenen Reihen Kritik geerntet[345]. In der AG 2 konnte das Publikum die Frage, wann die SED-Führung Gorbatschows Reformen endlich in der DDR anwenden würde, an einen Repräsentanten des Staates richten[346]. Olof Klohr, früherer Professor für Wissenschaftlichen Atheismus in Jena und damaliger Professor für Dialektischen und Historischen Materialismus an der IHS Warnemünde[347], verteidigte die

Poppe von der Basisgruppe „Initiative Frieden und Menschenrechte", Hans-Peter Gensichen (Kirchliches Forschungsheim Wittenberg), Professor Olof Klohr und Joe Duty, der Rostocker Kreisnaturschutzbeauftragte, das Podium. Vgl. LAG, Rep. 200 II 7.3, Nr. 89, Blatt 135: „Information zum Rostocker Kirchentag vom 16.06.-19.06.88", 19.6.1988, S. 21.

339 Vgl. LKAS, LA KT, Nr. 6: Protokoll der Sitzung des Geschäftsführenden Ausschusses am 25.5.1988, S. 1.

340 Vgl. BStU, MfS, BV Rostock, AS Nr. 416/88, Bd. 1, Blatt 102: „Tagesbericht über den Verlauf des gemeinsamen Kirchentages der ELLKM und ELKG vom 16. bis 19. Juni 1988 in Rostock", 19.6.1988, S. 3.

341 Vgl. ebd.

342 Vgl. ebd.; LAG, Rep. 200 II 7.3, Nr. 89, Blatt 135: „Information zum Rostocker Kirchentag vom 16.06.-19.06.88", 19.6.1988, S. 22.

343 Vgl. ebd.

344 Vgl. „Kurt Hager beantwortete Fragen der Illustrierten ‚Stern'" In: Neues Deutschland, Jg. 42, Ausgabe 85 vom 10.4.1987, S. 3.

345 Vgl. Kowalczuk: Die 101 wichtigsten Fragen: DDR, S. 129f.

346 Vgl. LAG, Rep. 200 II 7.3, Nr. 89, Blatt 136: „Information zum Rostocker Kirchentag vom 16.06.-19.06.88", 19.6.1988, S. 23.

347 Anfang der 1990er Jahre erklärte Klohr rückblickend, er habe sich als Wissenschaftler im Zeitraum zwischen den 1950er und 80er Jahren vom „militanten Atheisten" zum „Verfechter des Dialogs" zwischen Christen und Marxisten entwickelt. Den marxistischen Religionsforschern sei es in den 1980ern grundsätzlich um die Analyse von Gemeinsamkeiten und Möglichkeiten der Zusammenarbeit zwischen Marxisten und Christen gegangen. Der Religionssoziologe Detlef Pollack datierte den Paradigmenwechsel im „Wissenschaftlichen Atheismus" auf Mitte der 1970er. Im Zuge der konstruktiveren Kirchenpolitik der SED hatte sich dieser Wissenschaftszweig ebenfalls um ein positiveres Verhältnis zu Kirche und Religion bemüht und die Wege der Einbeziehung von Christen in die Gestaltung der sozialistischen Gesellschaft untersucht. Vgl. Olof Klohr: Atheismus und Religion in der DDR, S. 284 und S. 290; Pollack: Kirche in der Organisationsgesellschaft, S. 318f. Zu den Theorien des dialektischen und historischen Materialismus vgl. Hans Steußloff (Hg.):

Aussage von Kurt Hager und erklärte ausweichend, der Sozialismus sei ein dynamischer Prozess, der viele Möglichkeiten von Veränderungen zulasse[348]. Während das MfS diese Antwort als „parteilich konsequent" lobte, drückten einige der rund 700 Besucher ihren Protest aus, indem sie die Veranstaltung demonstrativ verließen[349]. Bei einem weiteren Podiumsgespräch am 18. Juni 1988 in der mit 300 Besuchern ebenfalls überfüllten[350] Andreaskirche unter dem Titel „Wirklichkeit und Traum zwischen Marxisten und Christen"[351] schlug Klohr deutlich gemäßigtere Töne an. So sollte seiner Ansicht nach die „Zeit des gewollten Missverstehens und des Misstrauens" zwischen Staat und Kirche vorüber sein[352]. Er selbst könne den christlichen Glauben zwar nicht teilen, respektiere ihn aber und wolle ihn auch nicht bekämpfen[353]. Ganz im Sinne der offiziellen SED-Kirchenpolitik erklärte Klohr, zwischen Marxismus und Christentum bestünden viele Gemeinsamkeiten, zum Beispiel in Bezug auf Werte wie Frieden, Freiheit, Gerechtigkeit oder Solidarität[354]. Andererseits gab er ungewöhnlich offen zu, dass im Alltag noch viele Probleme zwischen Christen und Marxisten auftraten, die aber – so seine hoffnungsvolle Prognose – gemeinsam zu lösen seien[355]. Unterstützt wurde er dabei vom Direktor der Sektion Marxismus-Leninismus an der Universität Rostock, Professor Günter Hoffmann. Auch er betonte die Gemeinsamkeiten der beiden Weltanschauungen und forderte den Abbau gegenseitigen Misstrauens[356].

Diesen harmonisierenden Kurs verfolgte auch der dritte am Kirchentag teilnehmende Hochschullehrer für Marxismus-Leninismus. Gerhard Winter, Professor für Dialektischen und Historischen Materialismus an der Universität Greifswald, hielt im Rahmen der Arbeitsgruppe 3 einen Vortrag und wirkte beim Podiumsgespräch „Brücken für den Alltag – Christen als Partner in Beruf und Gesellschaft" mit[357].

Dialektischer und historischer Materialismus. Lehrbuch für das marxistisch-leninistische Grundlagenstudium, Berlin 1988; Christian Löser: Art. Dialektischer Materialismus, in: Wolfgang F. Haug (Hg.): Historisch-kritisches Wörterbuch des Marxismus, Bd. 2, Hamburg 1995, S. 694-703; Wolfgang Küttler et. al.: Art. Historischer Materialismus, in: ebd. Bd. 6.1. Hamburg 2004, S. 315-334.

348 Vgl. LAG, Rep. 200 II 7.3, Nr. 89, Blatt 136: „Information zum Rostocker Kirchentag vom 16.06.-19.06.88", 19.6.1988, S. 23.

349 Vgl. BStU, MfS, BV Rostock, AS Nr. 416/88, Bd. 1, Blatt 103: „Tagesbericht über den Verlauf des gemeinsamen Kirchentages der ELLKM und ELKG vom 16. bis 19. Juni 1988 in Rostock", 19.6.1988, S. 4; BStU, MfS, BV Rostock, AKG Nr. 282, Blatt 72: „Information über den Verlauf des Gemeinsamen Kirchentages 1988 in Rostock", 18.6.1988, S. 3.

350 Vgl. LAG, Rep. 200 II 7.3, Nr. 89, Blatt 144: „Information zum Rostocker Kirchentag vom 16.06.-19.06.88", 19.6.1988, S. 39.

351 Das Podium bildeten Olof Klohr, Pastor Jens Langer, Helmut Fritzsche, Direktor der Rostocker Sektion Theologie und Professor für Systematische Theologie, und Günter Hoffmann, Direktor der Rostocker Sektion Marxismus-Leninismus. Die Moderation übernahm Pastor Fred Mahlburg. Vgl. ebd.

352 Vgl. ebd. Nr. 48, Blatt 337: „Andreas-Kirche Forum Marxisten und Christen, 18.6.88, Statement O. Klohr", S. 1.

353 Vgl. ebd.; ebd. Nr. 89, Blatt 144: „Information zum Rostocker Kirchentag vom 16.06.-19.06.88", 19.6.1988, S. 40.

354 Vgl. ebd. Nr. 48, Blatt 338: „Andreas-Kirche Forum Marxisten und Christen, 18.6.88, Statement O. Klohr", S. 2; ebd. Nr. 89, Blatt 144: „Information zum Rostocker Kirchentag vom 16.06.-19.06.88", 19.6.1988, S. 40.

355 Vgl. ebd.

356 Vgl. ebd. Nr. 89, Blatt 144: „Information zum Rostocker Kirchentag vom 16.06.-19.06.88", 19.6.1988, S. 39.

357 Das Podium bildeten neben Winter noch Werner Heiduczek, Reinhard Glöckner, ein Synodaler der ELLKM und ein Student. Vgl. ebd. S. 29.

Wie die anderen Angebote zum Thema Staat und Kirche zogen auch diese beiden Programmpunkte eine große Anzahl von Besuchern an[358]. Die haltlosen Äußerungen von Winter, in der DDR herrsche absolute Gleichberechtigung und Kirchenmitglieder besäßen die gleichen Chancen wie Marxisten auf eine Leitungsfunktion in staatlichen Einrichtungen[359], rief beim Podiumsgespräch zum Teil erhebliche Kritik hervor. Pastor Reinhard Glöckner lehnte die Behauptung der Gleichberechtigung radikal ab und erklärte, die DDR habe sich im Gegenteil zu einem Zwei-Klassen-Staat entwickelt, in dem die Macht jenen vorbehalten sei, welche die Ideologie der SED vertraten[360]. Der Leipziger Schriftsteller Werner Heiduczek forderte ebenfalls mehr Demokratie in der DDR und erntete dafür viel Applaus vom Publikum[361]. Gerhard Winter hatte in der AG 3 aber noch mehr Gelegenheit, die offiziellen Parolen der SED zu proklamieren. In seinem Vortrag „Brücken für den Alltag – Christen als Partner in Beruf und Gesellschaft" folgte er der gleichen Argumentation wie Erich Honecker beim Gespräch mit Bischof Leich am 3. März 1988[362], ohne explizit auf jenes Treffen einzugehen. So stellte er die Sicherung des Friedens als gemeinsames Ziel von Staat und Kirche in den Mittelpunkt und erläuterte ausführlich, weshalb die sozialistische Gesellschaft im Vergleich zur kapitalistischen gerechter sei[363]. Obwohl Winter einräumte, dass die SED für „konstruktive" Kritik offen sein müsse[364], wies er wie Honecker[365] die von den Kirchen angesprochenen Kritikpunkte kategorisch ab. Dabei bezog er sich auf einzelne Aspekte des Arbeitspapiers der mecklenburgischen Synode „Als Christ leben in der sozialistischen Gesellschaft der DDR", wie auf die Vermittlung des Atheismus im sozialistischen Bildungssystem[366]. Gerhard Winter monierte, das Arbeitspapier habe die marxistisch-leninistische Weltanschauung der Arbeiterklasse auf ihren religionskritischen Charakter reduziert, obwohl dies nur ein

358 Laut staatlichen Angaben war die Petrikirche bei dem Podiumsgespräch mit 300 Teilnehmern „völlig überfüllt". Vgl. ebd.

359 Vgl. ebd. S. 29f.

360 Vgl. ebd. S. 29.

361 Vgl. BStU, MfS, BV Rostock, AS Nr. 416/88, Bd. 1, Blatt 100: „Tagesbericht über den Verlauf des gemeinsamen Kirchentages der ELLKM und ELKG vom 16. bis 19. Juni 1988 in Rostock", 19.6.1988, S. 1.

362 Vgl. SAPMO-BArch, DY 30, Nr. 44237: Anlage Nr. 1 zum Protokoll der Sitzung des Politbüros des ZK der SED am 8.3.1988: „Niederschrift über das Gespräch des Generalsekretärs des ZK der SED und Vorsitzenden des Staatsrates der DDR, Erich Honecker, mit dem Vorsitzenden der KKL, Landesbischof Werner Leich, am 3. März 1988", S. 1-6 und S. 13-18. Siehe dazu auch Anm. 184 in Kapitel 8.2.

363 Winters Kernargument richtete sich auf das Prinzip des Volkseigentums und die seiner Ansicht nach menschenwürdigeren Arbeitsbedingungen in der DDR. Vgl. „Gerhard Winter: ‚Brücken für den Alltag – Christen als Partner in Beruf und Gesellschaft" In: epd-Dokumentation Nr. 39a/88 vom 26.9.1988, S. 18f.

364 Vgl. ebd. S. 19.

365 Im Gespräch am 3. März 1988 reagierte Honecker auf die von Bischof Leich angesprochenen Probleme in den Bereichen Bildung, Wehrdienst, Reisemöglichkeiten und Medien mit der abweisenden Antwort, dass diese Behauptungen jeglicher Grundlage entbehrten. Vgl. SAPMO-BArch, DY 30, Nr. 44237: Anlage Nr. 1 zum Protokoll der Sitzung des Politbüros des ZK der SED am 8.3.1988: „Niederschrift über das Gespräch des Generalsekretärs des ZK der SED und Vorsitzenden des Staatsrates der DDR, Erich Honecker, mit dem Vorsitzenden der KKL, Landesbischof Werner Leich, am 3. März 1988", S. 13-18.

366 Vgl. „Gerhard Winter: ‚Brücken für den Alltag – Christen als Partner in Beruf und Gesellschaft" In: epd-Dokumentation Nr. 39a/88 vom 26.9.1988, S. 20.

Aspekt von vielen sei[367]. Außerdem lehnte er die Legitimität des Vorwurfs ab, dass die gesellschaftspolitische Mitarbeit für Christen in der DDR Grenzen habe und verwies stattdessen darauf, dass sich möglicherweise vereinzelt vor Ort bestehende Widersprüche gemeinsam lösen ließen[368]. Einer ehrlichen und tiefer gehenden Auseinandersetzung mit dem Synodentext stellte Winter sich damit nicht.
Dabei enthielt das von einer synodalen Arbeitsgruppe für die Tagung im Herbst 1987 verfasste Diskussionspapier[369] bei aller Offenheit viel konstruktive Kritik und sogar ein Bekenntnis zur sozialistischen Gesellschaftsordnung. Selbstkritisch erklärten die Autoren, dass in der evangelischen Kirche auch „antikommunistische Denkweisen" vorhanden seien und deshalb beide Seiten einen großen Lernprozess vor sich hätten[370]. Bestandteil des kirchlichen Lernprozesses sollte sein, dass Christen sich als Zeichen von Achtung und Lernbereitschaft „in positiver Absicht" über Marxismus und Sozialismus informierten[371]. Trotz aller berechtigten Kritik dürften Christen nicht in Opposition zum Staat gehen, der schließlich auch viele politische Erfolge vorzuweisen habe[372]. Diesen versöhnlichen und selbstkritischen Ton behielt das Arbeitspapier ebenso bei der Benennung der gesellschaftspolitischen Problemfelder bei. Mutig und offen kritisierten die Verfasser, dass leitende berufliche Positionen fast ausschließlich von SED-Mitgliedern besetzt waren, ungeachtet ihrer Einsatzbereitschaft und Qualifikation, Bausoldaten der Zugang zu bestimmten Bildungswegen erheblich erschwert oder verweigert wurde und die schulische Forderung nach Aneignung der atheistischen Weltanschauung die Glaubens- und Gewissensfreiheit junger Christen beeinträchtigte[373]. Die Arbeitsgruppe hatte sich sogar nicht gescheut, das Tabuthema MfS anzusprechen. So seien Christen immer wieder in ungerechtfertigter Weise von den „Aktivitäten der Sicherheitsorgane" betroffen, was die innergesellschaftliche Vertrauensatmosphäre massiv störe und den Einzelnen in seinen Vorbehalten gegenüber der sozialistischen Gesellschaft bestärke[374]. Diese antikirchliche Atmosphäre innerhalb der Gesellschaft führe in manchen Fällen dazu, dass Gemeindemitglieder sich aus Angst vor negativen Auswirkungen auf ihre eigene berufliche Laufbahn und die ihrer Kinder aus dem Gemeindeleben zurückzogen und ihren Glauben als Privatangelegenheit verschwiegen[375]. Auf der anderen Seite setzte die Arbeitsgruppe den konkreten Vorwürfen an den Staat aber auch die Unabdinglichkeit der kritischen Auseinandersetzung mit dem eigenen Verhalten entgegen. Statt zu resignieren, sollten Christen sich lieber umfassender über die Möglichkeiten einer Mitwirkung in gesellschaftlichen und staatlichen Gremien informieren[376]. Ganz im Sinne der Losung des Kirchentags von 1983 rief die Arbeitsgruppe die

367 Vgl. ebd.
368 Vgl. ebd. S. 21.
369 Vgl. „Das Zeitdokument: Als Christ leben in der sozialistischen Gesellschaft der DDR" In: Studienhefte zur mecklenburgischen Kirchengeschichte, Heft 1/1988, S. 14.
370 Vgl. ebd. S. 16f.
371 Vgl. ebd. S. 20.
372 Vgl. ebd. S. 19f. In diesem Kontext wurde die Überführung der Produktionsmittel in Volkseigentum genannt, welche die Basis für eine größere gesellschaftliche Gerechtigkeit geschaffen habe, sowie der hohe Stellenwert der Sozialpolitik, die verfassungsmäßige Garantie der Glaubens- und Gewissensfreiheit und die auf Entspannung und Abrüstung ausgelegte Außenpolitik.
373 Vgl. ebd. S. 17f.
374 Vgl. ebd. S. 18.
375 Vgl. ebd.
376 Vgl. ebd. S. 21.

Gemeindeglieder auf, mehr Vertrauen zu wagen und zum Beispiel bei Konflikten in der Schule das Gespräch mit den Lehrern zu suchen oder sich bei Pionier- und FDJ-Veranstaltungen zu engagieren, um ein besseres Klima in der Klasse und zwischen Eltern und Lehrern zu schaffen[377]. Dieser Optimismus mag allerdings bei vielen mecklenburgischen Christen auf großes Unverständnis gestoßen sein, denn gerade im Bereich „Volksbildung" waren sie vielen Repressionen ausgesetzt[378]. Andererseits sind Zuversicht und Mut wichtige Voraussetzungen für gesellschaftliche Veränderungen und deshalb hätte ein bloßes Verweisen auf die Missstände im Verhältnis zwischen Staat und Kirche dem Anliegen der synodalen Arbeitsgruppe widersprochen. Die Betonung, Kirche wolle nicht Gegner, sondern Partner des Staates sein, zog sich im Übrigen durch das gesamte Kirchentagsprogramm.

Das wurde bereits beim Eröffnungsgottesdienst deutlich. In seiner Predigt zum Thema des Kirchentags unterstrich Siegfried Plath, dass die Kirche Andersdenkende nicht bekämpfen oder vereinnahmen, sondern ein Dialogpartner für sie sein möchte[379]. Wie die synodale Arbeitsgruppe rief der Oberkonsistorialrat dabei die Kirchentagslosung des Lutherjahrs in Erinnerung und erklärte, im Verhältnis zwischen Marxisten und Christen werde „gewagtes Vertrauen letztlich mit Vertrauen belohnt, auch wenn Enttäuschungen nicht ausbleiben"[380]. Plath richtete zwar auch mahnende Worte an die SED, dass das Vertrauen zwischen Regierung und Bürgern die Grundlage eines Staates bilden müsse[381]. Gleichzeitig verwies er aber darauf, dass man bei den Forderungen an den Staat die „Grenze des Zumutbaren" nicht überschreiten dürfe[382]. Auch Günter Krusche rief die Besucher in seinem Vortrag „Brücken bauen – Probleme und Chancen einer Kirche in der Großstadt" am 19. Juni 1988 in der Warnemünder Kirche dazu auf, mehr Toleranz und Verständnis für die Positionen der Kommunisten aufzubringen[383]. Die Kirche könne in kritische Distanz zu staatlichen Maßnahmen oder Erwartungen gehen, weil für sie das Wort Gottes das alleinige Kriterium des Handelns darstelle, doch letztlich müsse man in den grundlegenden Fragen wie der Erhaltung des Friedens auf Zusammenarbeit setzen[384]. Günter Krusche erklärte ebenso wie Siegfried Plath, dass die Kirche ein guter Partner des Staates sein wolle[385]. Der Ost-Berliner Generalsuperintendent lobte in diesem Zusammenhang das Dialogpapier von SPD und SED vom August 1987[386], das nach

---

377 Vgl. ebd. S. 22.

378 Vgl. dazu einführend Jörg Ohlemacher/Reimund Blühm: Repressionen gegen die christliche Jugend im Bildungs- und Erziehungsbereich, S. 104-232.

379 Vgl. „Das Zeitdokument: Brücken verbinden" In: Studienhefte zur mecklenburgischen Kirchengeschichte, Heft 5/1988, S. 21f. Wörtlich sagte Plath: „Wir wollen andere nicht auf unser Ufer herüberziehen. Wir wollen füreinander da sein, helfend füreinander da sein. [...] Wir haben uns auf diesem Kirchentag vorgenommen, das Zusammenleben hier in unserer Gesellschaft zu fördern, über Trennendes Brücken zu bauen. Dazu möchten wir ins Gespräch kommen mit weltanschaulich Andersdenkenden und gesellschaftlichen Organisationen."

380 Vgl. ebd. S. 22.

381 Vgl. ebd. S. 22.

382 Vgl. ebd. S. 24.

383 Vgl. LKAS, LA KT, Nr. 2: Manuskript des Vortrags von Günter Krusche, S. 5 und S. 7.

384 Vgl. ebd. S. 5.

385 Vgl. ebd. S. 10.

386 Das gemeinsame Papier von SPD und SED unter dem Titel „Der Streit der Ideologien und die gemeinsame Sicherheit" wurde am 27. August 1987 veröffentlicht. Vor dem Hintergrund der atomaren Bedrohung erklärten beide Parteien ihren Willen zur friedlichen Koexistenz von DDR und Bundesrepublik. Während die Kirchen den Text als positives Zeichen werteten, äußerten

seiner Meinung die Dialogbereitschaft und Friedensfähigkeit der SED-Führung deutlich gemacht habe[387]. Mit der Hoffnung auf einen zunehmenden „Brückenbau" innerhalb der Gesellschaft ging der Rostocker Kirchentag auch zu Ende. Joachim Gauck ermahnte in seiner Predigt beim Abschlussgottesdienst alle Mitglieder der Gesellschaft, einen „Dialog des normalen Gesprächs, nicht der tönenden Phrasen zu erlernen"[388]. Erst wenn Begegnungen und keine gegenseitigen Verurteilungen mehr stattfänden, könne „ein neues Miteinander in unserer Gesellschaft [mit] Abrüstung und Entspannung als tragende Säulen" entstehen[389]. Der begonnene Dialog zwischen Marxisten und Christen während des Rostocker Treffens sei, so Gauck, ein wichtiger Schritt auf dem Weg dorthin[390]. So bedeutend dieser Dialog für die Veranstalter auch war, konnte er das Verhältnis von Staat und Kirche im Norden der DDR letztlich nicht spürbar verbessern. Zwar ist es bemerkenswert, dass sich einige SED-Vertreter überhaupt auf einen Austausch bei den Podiumsgesprächen eingelassen hatten – das unterschied das Rostocker Treffen von den anderen drei Kirchentagen 1988[391]. Allerdings ist es auch in der Hansestadt nicht gelungen, hochrangige Politiker zu einer aktiven Teilnahme zu bewegen. Das lag daran, dass die Staatsorgane die Einladung zum Dialog nicht als Chance zu einem ehrlichen Austausch ansahen, sondern sie als Möglichkeit zu einer „positiven" politischen Beeinflussung der Kirche nutzen wollten, wozu sich Repräsentanten lokaler Einrichtungen ihrer Ansicht nach besser eigneten[392]. Auf einen direkten Dialog mit Staatsfunktionären mussten die DDR-Bürger schließlich noch bis zum Fall der Mauer warten, in dessen Folge man im gesamten Land die „Runden Tische" einrichtete[393]. Der große Besucherandrang bei den Rostocker Veranstaltungen mit staatlicher Beteiligung verdeutlichte jedenfalls das große Bedürfnis der Bürger nach einem offenen und gleichberechtigten Austausch mit Vertretern des Staates.

Noch mehr Aufsehen als die Vertreter der SED erregte allerdings ein prominenter Politiker aus der Bundesrepublik. Offiziell zwar gar nicht im Programm ausgewiesen[394], zogen die beiden Auftritte von Helmut Schmidt dennoch tausende Besucher

---

sich Oppositionelle wie Roland Jahn oder die Berliner „Umweltbibliothek" kritisch. Die mit dem Papier verbundenen Hoffnungen auf *Perestroika* und einen echten gesellschaftlichen Dialog in der DDR erfüllten sich schließlich nicht. Vgl. Neubert: Geschichte der Opposition in der DDR 1949-1989, S. 663-665; Rolf Reißig: Dialog durch die Mauer – die umstrittene Annäherung von SPD und SED, Frankfurt/Main 2002.

387 Vgl. LKAS, LA KT, Nr. 2: Manuskript des Vortrags von Günter Krusche, S. 7.

388 Vgl. „Joachim Gauck: Predigt beim Abschlussgottesdienst des Kirchentages, Rostock, 19.6.1988" In: epd-Dokumentation Nr. 39a/88 vom 26.9.1988, S. 17.

389 Vgl. ebd.

390 Vgl. ebd.

391 Vgl. LKAS, LA KT, Nr. 1: Protokoll der Sitzung der Konferenz der Landesausschüsse am 26.11.1988, S. 3.

392 Vgl. BArch, DO-4/1427, Blatt 753: „Schriftliche Konzeption zur Vorbereitung auf die evangelischen Kirchentage 1988", 16.12.1987, S. 4.

393 Vgl. dazu Neubert: Geschichte der Opposition in der DDR 1949-1989, S. 890-894; Francesca Weil: Verhandelte Demokratisierung. Die Runden Tische der Bezirke 1989/90 in der DDR, Göttingen 2011; Gabriele Köhler: Anders sollte es werden. Bildungspolitische Visionen und Realitäten der Runden Tische, Köln 1999; André Hahn: Der Runde Tisch. Das Volk und die Macht – politische Kultur im letzten Jahr der DDR, Berlin 1998.

394 Im Programmheft durften Referenten nur namentlich erwähnt werden, wenn die staatliche Bestätigung für ihren Auftritt vorlag. Da zum Zeitpunkt des Drucks noch nicht feststand, ob Helmut Schmidt tatsächlich eine Einreisegenehmigung erhielt, war er im Heft nicht als Referent aufgeführt. Vgl. EZA, Best. 95, Nr. 217: Protokoll der 4. Beratung mit den Verantwortlichen für

an[395]. Dabei hatte sich die Realisierung der Einladung des Altbundeskanzlers durchaus schwierig gestaltet. Weil Schmidt kein kirchliches Amt innehatte, sollte ihm die Einreise zum Kirchentag verwehrt werden[396]. Dass die Veranstalter trotzdem so hartnäckig an der Einladung festhielten, hing auch mit dem Thema des Rostocker Treffens zusammen. Joachim Gauck erklärte am 18. Juni 1988 in seiner Begrüßungsansprache in der Marienkirche, der Kirchentag sei mit der Bitte um einen Vortrag an Helmut Schmidt herangetreten, weil die SPD „in einer Zeit sehr starrer Fronten Brückenbau auf schwierigem Terrain" riskiert und dadurch wichtige Ergebnisse wie den Vertrag zwischen den beiden deutschen Staaten erzielt habe[397]. Schmidt, der den von Kanzler Willy Brandt begonnenen Ost-West-Dialog fortgesetzt hatte[398], schien somit der passende Referent zum Thema „Brücken bauen in Europa – meine Erwartungen an die Kirche" zu sein. Darüber hinaus stellte der Kirchentag in Rostock wohl eine gute Gelegenheit dar, Schmidts vorherigen Besuch in Mecklenburg im Dezember 1981[399] sozusagen auszugleichen und ihn diesmal mit „echten" Einheimischen in Kontakt zu bringen. Die Initiative zu den Angeboten mit Helmut Schmidt war laut Siegfried Bohl von den Mitgliedern des mecklenburgischen Landesausschusses ausgegangen[400]. Die Vertreter des Greifswalder Gremiums seien hingegen der Meinung gewesen, dass dem Kirchentag viele Probleme erspart blieben, wenn der Altbundeskanzler nicht daran teilnähme[401]. Auch wenn es bei manchen Greifswalder Mitgliedern Bedenken gegenüber einer Teilnahme von Schmidt gegeben hat[402], bat Regionalsekretär Eberhard Beyer Bischof Stier schließlich im Namen des gesamten Ausschusses um eine offizielle Einladung[403]. Da man mit einem großen Besucherandrang rechnete, sollte der Vortrag vorwiegend für Dauerteilnehmer angeboten und

die Kirchentage 1988 am 3.9.1987, S. 1.

395 Laut den staatlichen Angaben war die Marienkirche bei Schmidts Vortrag mit 2.500 Besuchern überfüllt. Der Regionalsekretär des Kirchentags hatte zudem die Außenübertragung über Lautsprecher veranlasst, sodass zusätzlich etwa 150 Menschen den Vortrag vor der Kirche verfolgten. Die Heiligen-Geist-Kirche war nach staatlichen Berichten ebenfalls überfüllt: Rund 1.000 Personen besuchten das Podiumsgespräch mit Schmidt. Vgl. BStU, MfS, BV Rostock, AS Nr. 416/88, Bd. 1, Blatt 103: „Tagesbericht über den Verlauf des gemeinsamen Kirchentages der ELLKM und ELKG vom 16. bis 19. Juni 1988 in Rostock", 19.6.1988, S. 4; ebd. Bd. 2, Blatt 51: „Bericht zur politisch-operativen Lage und der Wirksamkeit der eingesetzten Kräfte und Mittel im Zusammenhang mit dem Kirchentag 1988", 18.6.1988, S. 1; LAG, Rep. 200 II 7.3, Nr. 89, Blatt 145: „Information zum Rostocker Kirchentag vom 16.06.-19.06.88", 19.6.1988, S. 42.

396 Vgl. BArch, DO-4/1427, Blatt 734: „Kurze Information zum gegenwärtigen Stand der Vorbereitung der regionalen Kirchentage 1988", 27.4.1988, S. 3.

397 Vgl. LKAS, LA KT, Nr. 5: „Begrüßung des Vorsitzenden des Landesausschusses des Kirchentags von Helmut Schmidt, ehemaliger Bundeskanzler der Bundesrepublik Deutschland, auf dem Rostocker Kirchentag am 18. Juni 1988, 14 Uhr, Marienkirche." Zum Grundlagenvertrag von 1972 vgl. Heinrich Potthoff: Im Schatten der Mauer, S. 81-120.

398 Vgl. Siegmar Schmidt et. al. (Hg.): Handbuch zur deutschen Außenpolitik, S. 407.

399 Erich Honecker hatte den damaligen Bundeskanzler am 13. Dezember 1981 zu einem offiziellen Besuch nach Güstrow eingeladen. Um „Provokationen" zu verhindern, ordnete die SED an, dass die Einwohner der Stadt ihre Wohnungen während des Besuchs nicht verlassen durften. Stattdessen wurden Mitarbeiter des MfS damit beauftragt, an den betreffenden Orten als Einheimische aufzutreten und Honecker zuzujubeln. Vgl. Wolle: Die heile Welt der Diktatur, S. 167-169.

400 Vgl. BStU, MfS, BV Rostock, AIM 4171/90, Teil I, Blatt 207: Bericht von IMB „Titus" zum Stand der Vorbereitungen des Kirchentages 1988, 10.2.1987, S. 1.

401 Vgl. ebd. Blatt 217: Bericht von IMB „Titus", 2.3.1987, S. 1.

402 Siehe dazu Kapitel 8.1.

403 Vgl. LKAS, Landesbischöfe Rathke und Stier, Nr. 67: Brief von Eberhard Beyer an Bischof Stier, 10.11.1987.

Schmidt um einen zweiten Auftritt bei einem Podiumsgespräch gebeten werden[404]. Im April 1988 sah sich Christoph Stier gezwungen, sich erneut an Helmut Schmidt zu wenden, weil dessen Einreise abgelehnt worden war[405]. Der Bischof bekräftigte trotz der ablehnenden Haltung der Staatsorgane die Einladung und bat Schmidt, sich noch einmal persönlich um die Einreisegenehmigung zu bemühen[406]. Bischof Stier und Konsistorialpräsident Stolpe arbeiteten ihrerseits weiter daran, die staatlichen Stellen zum Umdenken zu bewegen, was Anfang Juni 1988 tatsächlich gelang: In Verhandlung mit der Ständigen Vertretung der Bundesrepublik in der DDR hatte Politbüromitglied Hermann Axen die Einreise des Altbundeskanzlers schließlich genehmigt[407].

Der Vortrag, den Helmut Schmidt also doch in der Rostocker Marienkirche halten konnte, rief bei den meisten Zuhörern positive Reaktionen hervor. Bereits die Ankunft des SPD-Politikers wurde von großem Applaus begleitet und während des Vortrags hatten die Besucher ihre Zustimmung durch spontanen, „überwiegend frenetischen" Beifall geäußert – einige von ihnen sollen vor Begeisterung sogar auf die Kirchenbänke geklettert sein[408]. Inhaltlich konzentrierte sich Schmidt auf drei Schwerpunkte: Gorbatschows politischen Kurs, die Teilung Deutschlands und das Thema Menschenrechte. Mit Bezug auf eine Rede des amerikanischen Präsidenten Franklin D. Roosevelt von 1941[409] erinnerte er an die im Helsinki-Abkommen[410] festgehaltenen Rechte der Rede-, Meinungs- und Religionsfreiheit, zu deren Realisierung sich 1975 auch die DDR verpflichtet hatte[411]. Noch seien diese Rechte in Europa nicht vollkommen verwirklicht, aber die jüngsten Entwicklungen in der Sowjetunion ließen „vorsichtige Hoffnungen" zu[412]. Helmut Schmidt lobte auch Michail Gorbatschows Willen zur Abrüstung, betonte jedoch gleichzeitig die Dringlichkeit eines deutlichen Fortschritts bei den konkreten Abrüstungsmaßnahmen, die untrennbar mit einem Abbau von Feindbildern „auf beiden Seiten" verbunden seien[413]. Den Hauptteil seines Vortrags widmete Schmidt der Teilung Deutschlands und der Hoffnung auf eine Wiedervereinigung. Bereits zu Beginn seiner Rede ging Schmidt auf dieses Thema ein, indem er seinen Besuch in Rostock als einen

404 Vgl. LKAS, LA KT, Nr. 6: Protokoll der Sitzung des gemeinsamen Landesausschusses am 30.1.1988, S. 2; ebd. Nr. 4: Protokoll der Sitzung des gemeinsamen Landesausschusses am 26.3.1988, S. 1.

405 Vgl. ebd. Nr. 5: Brief von Bischof Stier an Helmut Schmidt, 11.4.1988, S. 1.

406 Vgl. ebd. S. 2.

407 Vgl. BStU, MfS, BV Schwerin, AKG 12 a, Blatt 134: „Information über einige sicherheitspolitische Aspekte in Vorbereitung des Kirchentags in Rostock", 3.6.1988, S. 5.; BStU, MfS, BV Rostock, Abt. XX, Nr. 507, Bd. 1, Blatt 394: „Interne Abstimmung zwischen Konsistorialpräsident Stolpe und Oberkonsistorialrat Plath zum Auftritt des Altbundeskanzlers der BRD Schmidt während des Kirchentags in Rostock", 14.6.1988, S. 1.

408 Vgl. BStU, MfS, BV Rostock, AS Nr. 416/88, Bd. 1, Blatt 149f.: „Abschlußeinschätzung zum Verlauf des gemeinsamen Kirchentages der ELLKM und ELKG vom 16. bis 19. Juni 1988 in Rostock", 23.6.1988, S. 2f.

409 Roosevelt formulierte in seiner Jahresbotschaft vor dem US-Kongress am 6. Januar 1941 vier zentrale Freiheiten des Menschen: Rede- und Meinungsfreiheit, Religionsfreiheit, Freiheit von wirtschaftlicher Not und Freiheit von der Furcht vor militärischen Angriffen. Vgl. Sommer/ Stellmacher: Menschenrechte und Menschenrechtsbildung, S. 28f.

410 Siehe dazu Kapitel 7.3.

411 Vgl. „Das Zeitdokument: Brücken bauen in Europa – meine Erwartungen an die Kirche" In: Studienhefte zur mecklenburgischen Kirchengeschichte, Heft 5/1988, S. 26f.

412 Vgl. ebd. S. 27.

413 Vgl. ebd. S. 26.

Augenblick der Gemeinsamkeit und einen „Tag der Einheit“ zwischen Christen aus Ost und West bezeichnete[414]. Unter dem tosendem Beifall der Zuhörer[415] stellte er anschließend die Frage: „Aber kann es etwas geben, das noch normaler wäre, als daß sich Deutsche gegenseitig besuchen?“[416] Auf großes Verständnis beim Rostocker Publikum mag auch seine Feststellung gestoßen sein, dass die Teilung Deutschlands zu einer Verletzung geführt habe, unter der die DDR-Bürger noch mehr zu leiden hätten als die Westdeutschen[417]. Als Hoffnungszeichen für die Menschen im geteilten Deutschland führte Schmidt an, dass Gorbatschows Vorstellung von einem gemeinsamen europäischen Haus[418] positive Veränderungen für die Deutschen mit sich bringen könnte, wenn die „Wohnungen“ im gemeinsamen Haus Europa offene Fenster und Türen hätten[419]. Da aber niemand wisse, wie lange die Teilung noch dauern werde und eine Wiedervereinigung nicht zu erzwingen sei, müsse man in dieser Hinsicht in beiden deutschen Staaten Gelassenheit lernen[420]. Somit fiel das Fazit des SPD-Politikers äußerst nüchtern aus: „Wir heutigen Deutschen müssen lernen, mit der Teilung zu leben.“[421]

In diesem Zusammenhang kam er außerdem auf einen Aspekt zu sprechen, den die SED-Führung am liebsten totgeschwiegen hätte: das Thema Ausreise. Helmut Schmidt verwahrte sich zwar dagegen, den DDR-Bürgern in diesem Punkt einen Ratschlag zu erteilen[422], aber er wies die SED-Regierung darauf hin, dass die Thematik an Gewicht verlöre, „je mehr Brücken es geben wird, hinüber und herüber, je mehr wir alle über diese Brücken reisen können“[423]. Diese viel zitierte[424] Ansicht vertrat auch Joachim Gauck in seiner Predigt zum Abschluss des Kirchentags[425]. Zum Ende seines Vortrags wandte sich Schmidt noch einmal als „Bruder in Christus“ an die Menschen in der Marienkirche, um ihnen Mut zuzusprechen: „Was aus all diesen Mühen, aus all unseren Sorgen wird, das steht bei Gott. Auf ihn habe ich selbst immer dann vertraut, wenn ich Angst hatte [...]. Liebe Rostocker, vielleicht darf ich Ihnen doch noch eine Empfehlung am Schluß mitgeben: Ihnen empfehle ich, Ihr Vertrauen zu setzen auf Gott, den Herren.“[426] Den Inhalt seines Referats fasste Helmut Schmidt während des Podiumsgesprächs in der Heiligen-Geist-Kirche noch

414 Vgl. ebd. S. 24.

415 Vgl. BStU, MfS, BV Rostock, AS Nr. 416/88, Bd. 1, Blatt 149: „Abschlußeinschätzung zum Verlauf des gemeinsamen Kirchentages der ELLKM und ELKG vom 16. bis 19. Juni 1988 in Rostock“, 23.6.1988, S. 2.

416 Vgl. „Das Zeitdokument: Brücken bauen in Europa – meine Erwartungen an die Kirche“ In: Studienhefte zur mecklenburgischen Kirchengeschichte, Heft 5/1988, S. 24.

417 Vgl. ebd. S. 28.

418 Bei seiner Rede am 10. April 1987 in Prag sprach Gorbatschow zum ersten Mal von der Idee von einem „gemeinsamen europäischen Haus“, das eine friedliche Koexistenz auf der Basis gemeinsamer Werte ermögliche. In den folgenden Jahren wurde dieser Begriff im politischen Diskurs in Ost und West immer wieder aufgegriffen. Vgl. Georg Kreis: Das Europäische Haus, S. 577-584.

419 Vgl. „Das Zeitdokument: Brücken bauen in Europa – meine Erwartungen an die Kirche“ In: Studienhefte zur mecklenburgischen Kirchengeschichte, Heft 5/1988, S. 27.

420 Vgl. ebd. S. 28.

421 Vgl. ebd.

422 „Ich rate Ihnen weder: kommt herüber, noch rate ich Ihnen: bleibt hier. Ich habe kein Recht zu solcherlei Ratschlägen.“ Vgl. ebd. S. 29.

423 Vgl. ebd.

424 Siehe dazu Kapitel 8.7.

425 Siehe S. 286f.

426 Vgl. „Das Zeitdokument: Brücken bauen in Europa – meine Erwartungen an die Kirche“ In: Studienhefte zur mecklenburgischen Kirchengeschichte, Heft 5/1988, S. 31.

einmal zusammen[427]. Unter der Überschrift „Was unsere Sache ist" diskutierten der Altbundeskanzler, Konsistorialpräsident Stolpe und die FDP-Politikerin Hildegard Hamm-Brücher unter der Leitung von Siegfried Plath über die Rolle der Kirche in der Gesellschaft[428]. Manfred Stolpe betonte dabei, dass die Hauptaufgabe der Kirche zwar in der Verkündigung des Evangeliums bestünde, sie aber dennoch Stellung zu politischen Fragen nehmen müsse[429]. Die Beliebtheit, die Helmut Schmidt offensichtlich bei den Kirchentagsbesuchern genoss, zeigte sich auch in der Heiligen-Geist-Kirche, wo ihn das Publikum mit stehenden Ovationen begrüßt haben soll[430]. Beim Strandspaziergang vor dem Abendessen im Hotel „Neptun" in Warnemünde musste der Hamburger Politiker sogar Autogrammwünsche erfüllen und als das Ehepaar Schmidt seine Rückreise antrat, wurde es von etwa 100 vor dem Hotel wartenden Menschen mit Applaus verabschiedet[431]. Außer diesen positiven Eindrücken nahm Helmut Schmidt aus Rostock auch rund 30 an ihn adressierte Briefe von Ausreisewilligen mit, die Joachim Gauck, Eberhard Beyer und einige Ordner während des Vortrags in der Marienkirche entgegengenommen hatten[432].

Der Auftritt bundesdeutscher Politiker war einer der Gründe, weshalb Ausreiseantragsteller die Kirchentage 1988 besuchten. Sie erhofften sich dort Möglichkeiten zum Austausch und zur Vernetzung mit Gleichgesinnten und wollten die Öffentlichkeit der Treffen nutzen, um auf ihr Anliegen aufmerksam zu machen[433]. Seit Mitte der 1980er Jahre war die Ausreisebewegung in der DDR stark angewachsen[434]. Im Jahr 1987 gab es bereits über 100.000 Ausreiseanträge, darunter 43.000 Erstanträge[435]. Die meisten Antragsteller kamen aus Ost-Berlin und dem Bezirk Dresden[436], doch auch in den drei Nordbezirken stieg die Zahl stetig: von rund 1.500 Erstanträgen (1985) auf etwa 2.700 (1988)[437]. Daran konnten auch die 1985 beschlossenen Erleichterungen im Reiseverkehr[438] nichts ändern. Viele Ausreisewillige – Christen wie Nichtchristen

427 Vgl. BStU, MfS, BV Rostock, AS Nr. 416/88, Bd. 1, Blatt 104: „Tagesbericht über den Verlauf des gemeinsamen Kirchentages der ELLKM und ELKG vom 16. bis 19. Juni 1988 in Rostock", 19.6.1988, S. 5.

428 Vgl. ebd.

429 Vgl. ebd.

430 Vgl. ebd. Bd. 2, Blatt 54: „Bericht zur politisch-operativen Lage und der Wirksamkeit der eingesetzten Kräfte und Mittel im Zusammenhang mit dem Kirchentag 1988", 18.6.1988, S. 4.

431 Vgl. BStU, MfS, BV Rostock, Abt. VI, ZMA 673, Blatt 75: „Erstmeldung zur Aktion ‚Mütze'", 18.6.1988, S. 2.

432 Laut MfS-Berichten wurden diese Briefe an Helmut Schmidt weitergeleitet. In den kirchlichen Akten fand sich kein Hinweis zu diesem Vorfall. Vgl. BStU, MfS, BV Rostock, AS Nr. 416/88, Bd. 1, Blatt 105: „Tagesbericht über den Verlauf des gemeinsamen Kirchentages der ELLKM und ELKG vom 16. bis 19. Juni 1988 in Rostock", 19.6.1988, S. 6; ebd. Blatt 155: „Abschlußeinschätzung zum Verlauf des gemeinsamen Kirchentages der ELLKM und ELKG vom 16. bis 19. Juni 1988 in Rostock", 23.6.1988, S. 9.

433 Vgl. ebd. Bd. 1, Blatt 155: „Abschlußeinschätzung zum Verlauf des gemeinsamen Kirchentages der ELLKM und ELKG vom 16. bis 19. Juni 1988 in Rostock", 23.6.1988, S. 9.

434 Vgl. Neubert: Geschichte der Opposition in der DDR 1949-1989, S. 526f.

435 Im Jahr 1987 betrug die Zahl der Antragsteller 105.000, ein Jahr später waren es 113.000. Darunter fielen 1987 rund 43.000 und 1988 etwa 42.000 Erstanträge. Vgl. Wolle: Die heile Welt der Diktatur, S. 285; Langer: „Ihr sollt wissen, daß der Norden nicht schläft ...", S. 51.

436 Vgl. Kowalczuk: Endspiel, S. 188.

437 Vgl. Langer: „Ihr sollt wissen, daß der Norden nicht schläft ...", S. 51.

438 Der Beschluss des ZK der SED vom 13. März 1985, der am 1. Februar 1986 in Kraft trat, erweiterte die Reiseregelung von Februar 1982 in einigen wenigen Punkten. So konnten seitdem auch Stiefeltern und Stiefkinder für einen Verwandtenbesuch im westlichen Ausland eine Reise-

– wandten sich mit der Bitte um Unterstützung an die Kirchen und nutzten deren Räume als Treffpunkte[439]. In den Gemeinden und Basisgruppen hatte man jedoch ein eher gespaltenes Verhältnis zu den Antragstellern. Einerseits wollte man ihnen die Seelsorge nicht verweigern und schätzte sie in den Gruppen als engagierte Mitstreiter, die Risiken oft nicht scheuten[440]. Andererseits waren sie auf Dauer keine zuverlässigen Mitarbeiter, weil für sie die eigene Ausreise im Vordergrund stand[441]. Gemeinden und Basisgruppen fühlten sich von den Antragstellern mitunter instrumentalisiert und befürchteten, dass jene ihre Ausreise durch provokative Aktionen beschleunigen wollten und ihnen dadurch schaden könnten[442]. Die Hoffnung, als „staatsgefährdend" abgeschoben oder verhaftet und anschließend von der Bundesregierung freigekauft zu werden, war unter den Ausreisewilligen weit verbreitet[443]. Der Ausreise an sich standen die Landeskirchen zudem eher ablehnend gegenüber. Seit der Staatsgründung hatten die Kirchen immer wieder zum Bleiben in der DDR aufgerufen und betont, dass die Christen die sozialistische Gesellschaft als den Ort annehmen sollten, an dem sie das Evangelium zu bezeugen hätten[444]. In einzelnen „Härtefällen" setzten sich die Kirchenleitungen aber für Ausreisegenehmigungen ein und ermahnten die Staatsorgane, die Beweggründe der Antragsteller ernster zu nehmen[445]. Auch die ELLKM und die ELKG befürworteten die Ausreise im Grunde nicht. Die mecklenburgische Landessynode drückte im März 1988 ihre Betroffenheit über die große Anzahl von Ausreisewilligen aus[446]. Viele von ihnen hätten seelsorgerliche Beratung in Anspruch genommen und die Synode betonte, dass diese Begleitung ein christlicher Dienst sei, der niemandem verweigert werde[447]. Jeder Ausgereiste hinterlasse allerdings eine Lücke und fehle bei der Gestaltung der Gesellschaft in der DDR, mahnte sie und schlussfolgerte: „[…] deshalb muss über die Ursachen offen gesprochen werden."[448]

genehmigung erhalten. Als Besuchsgründe listete die Neuregelung von 1985 außer Geburten, Taufen, Jugendweihen, Konfirmationen, Erstkommunionen, Eheschließungen, Ehejubiläen (25., 50., 60., 65. und 70. Hochzeitstag), Geburtstagen (60., 65., 70., jeder Geburtstag ab dem 75.), lebensgefährlichen Erkrankungen und Sterbefällen nun auch Einschulungen, eine Pflegebedürftigkeit der Eltern ab 60 Jahren sowie den 50. und 71. bis 74. Geburtstag auf. Obwohl diese Erweiterungen nicht öffentlich gemacht wurden, verzeichnete die SED einen sprunghaften Anstieg entsprechender Reiseanträge, von denen 1986 rund 573.000 und 1987 etwa 1.297.000 genehmigt wurden. Zum Vergleich: 1985 waren es 139.000. Aber nicht nur die Besuchsreisen ins nichtsozialistische Ausland nahmen zu, sondern auch die Zahl derer, die von diesen Reisen nicht in die DDR zurückkehrten: etwa 1.100 Personen im Jahr 1986 und rund 3.000 ein Jahr später, darunter vor allem Hoch- und Fachschulabsolventen wie Ärzte, Lehrer oder Wissenschaftler. Vgl. SAPMO-BArch, DY 30, Nr. 44235: Protokoll der Sitzung des Politbüros des ZK der SED am 23.2.1988, Anlage 1, S. 1 und S. 5f.; ebd. Anlage 4, S. 17f.; ebd. Anlage 5, S. 21; ebd. Anlage 6, S. 26.

439 Vgl. Neubert: Geschichte der Opposition in der DDR 1949-1989, S. 528; Frank: Einsam oder gemeinsam?, S. 271.

440 Vgl. Wolle: Die heile Welt der Diktatur, S. 289.

441 Vgl. ebd.

442 Vgl. ebd. S. 286f. und S. 289; Halbrock: „Freiheit heißt, die Angst verlieren", S. 294.

443 Vgl. Wolle: Die heile Welt der Diktatur, S. 287. Im Zeitraum von 1963 bis 1989 kaufte die Bundesregierung rund 34.000 Menschen aus der Haft frei, insgesamt flossen dafür 3,44 Milliarden DM an die SED-Führung. Vgl. Kowalczuk: Endspiel, S. 189.

444 Vgl. Pollack: Kirche in der Organisationsgesellschaft, S. 314.

445 Vgl. ebd.

446 Vgl. LAG, IV/E/2.14, Nr. 600, Blatt 176: „XI. Landessynode der ELLKM, 1. Tagung 17.3. bis 20.3.1988: Drucksache Nr. 8-1", S. 1.

447 Vgl. ebd.

448 Vgl. ebd.

In der Greifswalder Landeskirche traf man die Festlegung, dass Gruppen von „Übersiedlungsersuchenden“, wie der Staat sie offiziell nannte, keine kirchlichen Räumlichkeiten zur Verfügung zu stellen waren und die Pfarrer ausreisewillige Gemeindemitglieder zum Verbleib in der DDR bewegen sollten[449]. Anders als die Synodalen der ELLKM habe Bischof Gienke jedoch keinen Bedarf zur Analyse der Beweggründe der Antragsteller gesehen: Im Gespräch mit Jürgen Haß soll er erklärt haben, für Christen und Andersdenkende gäbe es keine Gründe zur Ausreise und die Kirche dürfe nicht zulassen, dass „ÜSE“ sie zur Durchsetzung ihrer Ziele missbrauchten[450].
Die Organisatoren der Kirchentage von 1988 nahmen ebenfalls eine eher distanzierte Haltung zu den Ausreisewilligen ein. Die Konferenz der Landesausschüsse forderte, dass Ausreiseantragsteller nicht als Verantwortliche bei den Treffen auftraten, da das Anliegen der Kirchentage nicht darin bestünde, sich zu ihrem Sprachrohr zu machen[451]. Den Antragstellern sollte zwar nicht die Teilnahme an den Veranstaltungen verwehrt werden, doch sie durften keine Aktionen durchführen, die über den Rahmen der Kirchentage hinausgingen[452]. Im gemeinsamen Ausschuss der ELKG und ELLKM soll sich aber besonders Joachim Gauck für eine Integrierung der „ÜSE“ in die Arbeitsgruppen ausgesprochen haben[453]. Diese Haltung mag von Gaucks persönlichem Hintergrund geprägt gewesen sein, denn zwei seiner vier Kinder hatten nach einem langen Ausreiseverfahren im Dezember 1987 die DDR verlassen[454]. Mögliche öffentlichkeitswirksame Aktionen lehnte der Landesausschussvorsitzende allerdings ab. Bei einem Vorbereitungstreffen der Arbeitsgruppe 2 habe er angemahnt, dass die AG-Mitarbeiter mit Plakaten auftretende Ausreisewillige zum Abbruch ihrer Aktion auffordern sollten, weil „der Kirchentag zum Feiern da [ist] und nicht zum Demonstrieren“[455]. Auch der Leiter der Arbeitsgruppe 3, Pastor Fred Mahlburg, habe darauf gedrängt, potentielle Aktionen von Ausreisewilligen sofort zu beenden, indem man die Betreffenden im Ernstfall zu Gesprächen in gesonderten Räumen einlud[456]. Vorbeugende Maßnahmen planten die Organisatoren des Kirchentags nicht, aber IM „Dr. Ralph Schirmer“ alias Wolfgang Schnur hatte laut MfS-Bericht am Rande der Veranstaltungen der AG 3 das Gespräch mit Antragstellern aus Wismar gesucht und von ihnen angeblich die Zusage erhalten, „keinerlei provokative Handlungen im Zusammenhang mit

449 Vgl. LAG, Rep. 200 II 7.3, Nr. 87: „Informationsbericht über die kirchenpolitische Situation im Bezirk Rostock – August/September 1988“, 5.10.1988, S. 3. Vgl. dazu auch Frank: Einsam oder gemeinsam?, S. 274-283.
450 Vgl. LAG, IV/E/2.14, Nr. 615, Blatt 114: „Information über ein Gespräch des Stellvertreters des Vorsitzenden des Rates des Bezirks Rostock für Inneres, Jürgen Haß, mit dem Bischof der Greifswalder Landeskirche, Dr. Gienke, am 3.11.1988“, 21.11.1988, S. 2.
451 Vgl. LKAS, LA KT, Nr. 1: Protokoll der Sitzung der Konferenz der Landesausschüsse am 4./5.3.1988, S. 6; EZA, Best. 95, Nr. 217: Protokoll der 8. Beratung mit den Hauptverantwortlichen für die vier Kirchentage 1988 am 12.4.1988, S. 2.
452 Vgl. ebd.
453 Vgl. BStU, MfS, BV Rostock, AS Nr. 416/88, Bd. 1, Blatt 49: „Aktuelle politisch-operative Erkenntnisse in Vorbereitung des Kirchentages vom 16. bis 19. Juni 1988 in Rostock“, 26.5.1988, S. 2.
454 Vgl. Gauck: Winter im Sommer – Frühling im Herbst, S. 88-95.
455 Vgl. BStU, MfS, BV Rostock, AIM 1480/90, TA 8136, Blatt 395: „Information zum Treffen des TB 2 des KT 88 am 9.5.88 in der Christuskirche in Rostock“, 10.5.1988, S. 2.
456 Vgl. BStU, MfS, BV Rostock, Abt. XX, Nr. 507, Bd. 1, Blatt 75: „Zusammenkunft der Vorbereitungsgruppe für den Themenbereich III zum Kirchentag in Rostock am 19.3.1988”, 5.4.1988, S. 1.

dem Schmidt-Besuch zu unternehmen und in diesem Sinne auch auf weitere ihnen bekannte Übersiedlungsersuchende einzuwirken“[457].

Im Gegensatz zum Görlitzer Kirchentag, wo sich etwa 45 Antragsteller aus Berlin an den Arbeitsgruppen beteiligten[458], nahmen in Rostock vor allem Ausreisewillige aus dem Gebiet der verantwortlichen Landeskirchen teil, unter anderem aus Wismar, Rostock und Stralsund[459]. Die Wismarer traten in besonderer Weise hervor, indem sie der AG 3 am 17. Juni 1988 einen Offenen Brief übergaben[460]. Darin erklärten die Verfasser, sie seien Mitglieder verschiedener Wismarer Gemeinden, die aufgrund der bestehenden Mängel und Grenzen der herrschenden Gesellschaftsordnung ihre Ausreise beantragt hätten[461]. Die 19 Unterzeichner baten die Leitung und Teilnehmer des Kirchentags, sich für die Beseitigung der gesellschaftlichen Missstände einzusetzen[462]. Dabei führten sie die von den Kritikern der SED-Politik seit Jahren angesprochenen Problemfelder an: Wehrunterricht, Wehrdienst und ziviler Friedensdienst, die Feindbild-Indoktrination im Bildungswesen, mangelnde Demokratisierung, das Recht auf freie Wahlen, Rede-, Meinungs- und Pressefreiheit, die Reiseregelungen, die Medienzensur und die staatlich verursachte Umweltzerstörung[463]. Freimütig forderten die Verfasser von der SED-Führung, dass sie „Andersdenkende nicht mehr kriminalisiert, zu Staatsfeinden erklärt und strafrechtlich verfolgt“ und Staatsorgane und Medien „ein den Realitäten entsprechendes Bild der DDR zeichnen“[464]. Diese schonungslose Offenheit machte einerseits deutlich, dass die Antragsteller mit ihrem Leben in der DDR-Gesellschaft bereits abgeschlossen hatten und deshalb mögliche negative Folgen ihrer Aussagen nicht mehr fürchteten. Der Appell an die Organisatoren und Teilnehmer des Kirchentags zur Veränderung der Gesellschaft impliziert allerdings auch die Hoffnung auf eine mögliche Rückkehr in eine bessere DDR und veranschaulicht den inneren Zwiespalt der Ausreiseantragsteller, die zwar in der DDR keine Zukunft mehr für sich sahen und deshalb ein neues Leben an einem anderen Ort beginnen wollten, sich aber gleichzeitig wünschten, dass es eines Tages für sie wieder eine Zukunft in ihrer Heimat gäbe. Am 18. Juni erhielten die Wismarer ein Antwortschreiben vom Landesausschuss[465]. Entgegenkommend

457 Vgl. BStU, MfS, BV Rostock, AS Nr. 416/88, Bd. 1, Blatt 95: „Tagesbericht über den Verlauf des gemeinsamen Kirchentages der ELLKM und ELKG vom 16. bis 19. Juni 1988 in Rostock“, 18.6.1988, S. 6.

458 Vgl. LKAS, LA KT, Nr. 1: Protokoll der Sitzung der Konferenz der Landesausschüsse am 26.11.1988, S. 2.

459 Vgl. BStU, MfS, BV Rostock, AS Nr. 416/88, Bd. 1, Blatt 155: „Abschlußeinschätzung zum Verlauf des gemeinsamen Kirchentages der ELLKM und ELKG vom 16. bis 19. Juni 1988 in Rostock“, 23.6.1988, S. 9. Im Bezirk Rostock schlossen sich Antragsteller in den 1980er Jahren unter anderem in Wismar, Stralsund, Greifswald, Wolgast und Rostock zu Gruppen zusammen, um verschiedene Aktionen zu organisieren. Vgl. dazu Halbrock: „Freiheit heißt, die Angst verlieren“, S. 311-321.

460 Vgl. BStU, MfS, BV Rostock, AS Nr. 416/88, Bd. 1, Blatt 93: „Tagesbericht über den Verlauf des gemeinsamen Kirchentages der ELLKM und ELKG vom 16. bis 19. Juni 1988 in Rostock“, 18.6.1988, S. 4.

461 Vgl. LKAS, LA KT, Nr. 5: „Offener Brief an die Leitung und Teilnehmer des Evangelischen Kirchentags 1988 in Rostock“, S. 1.

462 Vgl. ebd.

463 Vgl. ebd. S. 2.

464 Vgl. ebd. S. 1f.

465 Vgl. BStU, MfS, BV Rostock, AS Nr. 416/88, Bd. 1, Blatt 106: „Tagesbericht über den Verlauf des gemeinsamen Kirchentages der ELLKM und ELKG vom 16. bis 19. Juni 1988 in Rostock“, 19.6.1988, S. 7.

erklärte das Kirchentagsgremium, dass viele Christen die im Brief angesprochenen Probleme ähnlich betrachteten[466]. Dabei verwies es auf die Bemühungen des Kirchenbunds und der Landeskirchen, zu diesen Fragen mit den staatlichen Organen ins Gespräch zu kommen[467]. Der Ausschuss sicherte den Wismarern zwar zu, den Brief an die Kirchenleitung der ELLKM weiterzugeben, die Verlesung bei einer Großveranstaltung des Kirchentags lehnte er jedoch ab, weil dies dem Anliegen der Verfasser unter Umständen mehr schaden als nützen würde[468]. Stattdessen befürworteten die Organisatoren eine Aussprache zu dem Schreiben im Rahmen der AG 3[469]. Die Ablehnung der Bitte, den Brief allen Kirchentagsteilnehmern zugänglich und damit öffentlich zu machen, zielte zum einen auf die Vermeidung möglicher Auseinandersetzungen mit den staatlichen Stellen ab. Die Veranstalter befürchteten wohl, dass eine von ihnen gebilligte öffentliche Verlesung des Briefes aufgrund der darin enthaltenen massiven Kritik an den gesellschaftlichen und politischen Verhältnissen in der DDR negative Auswirkungen auf den aktuellen sowie auf zukünftige Kirchentage haben könnte. Allerdings wäre die staatliche Antwort auf das Schreiben mit großer Wahrscheinlichkeit alles andere als eine größere Bereitschaft zum Dialog und zu Veränderungen gewesen, sodass der Ausschuss mit seiner oben genannten Formulierung nicht ganz Unrecht hatte.

Obwohl die Organisatoren 1988 einigen Mut bewiesen hatten, indem sie deutlich mehr gesellschaftspolitische Themen in das offizielle Programm aufgenommen hatten, fielen die öffentlichen Diskussionen und Vorträge größtenteils eher unprovokativ aus. Eine der wenigen Ausnahmen bildete die Predigt von Joachim Gauck beim Abschlussgottesdienst am 19. Juni. Zunächst betrachtete der Pastor den Predigttext (1. Joh 1,5-9) vor allem unter theologischen Gesichtspunkten[470], doch zum Ende seiner Ansprache bezog er ihn auf die aktuelle Situation in der DDR. Indirekt ermahnte er die beratungsresistente SED-Führung, dass das Erkennen und Bekennen der eigenen Fehler ein unerlässlicher Schritt auf dem Weg zu einem Neuanfang sei[471]. Dazu gehöre auch, dass die Schwarz-Weiß-Klischees aus den Schulen verschwanden und „unsere Republik einladender [wird]“[472]. In diesem Kontext ging Gauck auch auf die Ausreiseproblematik ein. Vor 25.000 Menschen[473] sprach er den Satz aus, der ihn in alle bundesdeutschen Medienberichte zu diesem Kirchentag brachte[474] und zudem eine der Hauptursachen der Ausreisewelle pointiert zusammenfasste: „Wir werden

466 Vgl. LKAS, Landesbischöfe Rathke und Stier, Nr. 67: Brief vom gemeinsamen Landesausschuss an die Verfasser des Offenen Briefes.

467 Vgl. ebd.

468 Vgl. ebd.

469 Vgl. ebd.

470 Vgl. dazu Kapitel 8.5.

471 Vgl. „Joachim Gauck: Predigt beim Abschlussgottesdienst des Kirchentages, Rostock, 19.6.1988“ In: epd-Dokumentation Nr. 39a/88 vom 26.9.1988, S. 17.

472 Vgl. ebd.

473 So die Schätzung der Veranstalter. Vgl. LKAS, LA KT, Nr. 1: Protokoll der Sitzung der Konferenz der Landesausschüsse am 26.11.1988, S. 3. Die staatlichen Schätzungen liegen zwischen 10.000 und 20.000 Teilnehmern. Vgl. BStU, MfS, BV Rostock, AS Nr. 416/88, Bd. 1, Blatt 129: „Tagesbericht über den Verlauf des gemeinsamen Kirchentages der ELLKM und ELKG vom 16. bis 19. Juni 1988 in Rostock“, 19.6.1988, S. 1; LAG, Rep. 200 II 7.3, Nr. 48, Blatt 317: „Information über den Verlauf der Veranstaltungen am 19.6.1988 anläßlich des Kirchentags in der Stadt Rostock“, 19.6.1988, S. 4; ebd. Nr. 89, Blatt 126: „Information zum Rostocker Kirchentag vom 16.06.-19.06.88“, 19.6.1988, S. 3.

474 Siehe dazu Kapitel 8.7.

bleiben wollen, wenn wir gehen dürfen."[475] Eine andere, ebenfalls sehr oft zitierte Passage dieser Predigt bezog sich auf die jahrzehntelang in der DDR-Gesellschaft eingeübte Suche nach dem Weg des geringsten Widerstands. Bedacht auf den eigenen Vorteil oder aus Angst vor potentiellen Nachteilen in Ausbildung und Beruf hatten viele gelernt, was die SED von einem braven Bürger erwartete und verhielten sich entsprechend. Joachim Gauck setzte dieser lähmenden Haltung den Appell „Nehmen wir Abschied, Freunde, vom Schattendasein, das wir leben in den Tarnanzügen der Anpassung"[476] entgegen. Die staatlichen Stellen werteten diese Äußerungen als klaren Affront und das MfS resümierte, der Landesausschussvorsitzende habe damit die Position „feindlich-negativer Kräfte" beim Kirchentag gestärkt[477].
Das Wirken „feindlich-negativer Kräfte" sah die Stasi auch durch die Einbeziehung von Basisgruppenvertretern in einzelne Kirchentagsveranstaltungen unterstützt und versuchte daher, diese Programmpunkte zu beeinflussen[478]. Ebenso hielt das Staatssekretariat für Kirchenfragen die Mitarbeit der Basisinitiativen für ein ernstzunehmendes Problem und forderte deshalb von der EKT-Leitung verbindliche und konkrete Erklärungen zum Umfang dieser Mitwirkung sowie zum Umgang mit möglichen Störversuchen durch die Gruppen[479]. Da die einzelnen Landesausschüsse die Modalitäten ihrer Kirchentage aber selbstständig festlegten, verfuhr jedes Gremium in dieser Sache nach seinen eigenen Vorstellungen[480]. Im gemeinsamen Ausschuss in Rostock gingen die Meinungen zu diesem Thema durchaus auseinander. Während der Landesausschuss Mecklenburg von Anfang an eine Involvierung der Basisgruppen in die Vorbereitung und Durchführung des Treffens befürwortet hatte[481], standen die Mitglieder des Greifswalder Ausschusses dem Vorschlag eher ablehnend gegenüber[482]. Das spiegelte auch die allgemeine Haltung der beiden Landeskirchen hinsichtlich der Basisinitiativen wider, denn die mecklenburgische Kirchenleitung unterstützte diese seit 1981 durch die von der Landessynode eingesetzte „Arbeitsgruppe Frieden", während die Leitung der ELKG vorrangig an einer Kontrolle und Eindämmung der Basisgruppenarbeit in ihrem Bereich interessiert war[483]. Die Reaktion der Kirchen auf die Friedens-, Ökologie- und Menschenrechtsgruppen in ihren eigenen Reihen respektive am Rande ihrer Gemeinden wurde beim Kirchentag mehrfach diskutiert. Generalsuperintendent Günter Krusche äußerte sich in seinem Vortrag „Brücken bauen – Probleme und Chancen einer Kirche in der Großstadt" am 19. Juni skeptisch zur Vereinbarkeit von Gemeinden und Gruppen. So müsse die

475 „Joachim Gauck: Predigt beim Abschlussgottesdienst des Kirchentages, Rostock, 19.6.1988" In: epd-Dokumentation Nr. 39a/88 vom 26.9.1988, S. 17.
476 Vgl. ebd.
477 Vgl. BStU, MfS, BV Rostock, AS Nr. 416/88, Bd. 1, Blatt 155: „Abschlußeinschätzung zum Verlauf des gemeinsamen Kirchentages der ELLKM und ELKG vom 16. bis 19. Juni 1988 in Rostock", 23.6.1988, S. 9.
478 Siehe dazu Kapitel 8.2.
479 Vgl. EZA, Best. 95, Nr. 287: „Notiz über ein Arbeitsgespräch im Staatssekretariat für Kirchenfragen am 2.2.88".
480 Vgl. LKAS, LA KT, Nr. 1: Protokoll der Sitzung der Konferenz der Landesausschüsse am 26.11.1988, S. 2-4.
481 Vgl. ebd. Nr. 4: Protokoll der Sitzung der Konzeptionsgruppe am 12.10.1984, S. 1. Siehe dazu auch Kapitel 8.1.
482 Vgl. BStU, MfS, BV Rostock, AIM 4171/90, Teil II, Blatt 91: Tonbandbericht von IMB „Titus", 15.12.1986.
483 Vgl. Frank: „Realer, exakter, präziser"?, S. 426-430; Dies.: Einsam oder gemeinsam?, S. 245-249. Siehe dazu auch Kapitel 6.3.

Kirche sich genau überlegen, ob sie ein Sammelbecken für Systemkritiker und Unzufriedene sein wolle, und bei jeder Veranstaltung in ihren Räumen prüfen, inwieweit diese von ihrem Auftrag her zu verantworten sei[484]. Diese distanzierte Haltung zu den Basisinitiativen hatte Krusche bereits einige Jahre zuvor entwickelt. In einem Diskussionspapier an die Gemeinden der EKiBB von 1984 hatte er sich ebenfalls dafür ausgesprochen, nur denjenigen Basisgruppen Räume zur Verfügung zu stellen, deren Ziele mit dem Zeugnis und Dienst der Gemeinde vereinbar wären[485]. Im Zusammenhang mit der „Zion-Affäre" und den Ereignissen im Januar 1988 hatte er sich ähnlich geäußert[486]. Obwohl es in der EKiBB und den anderen Landeskirchen durchaus auch gegenteilige Ansichten gab, hatte Krusche in seinem Vortrag doch Fragen aufgeworfen, die sich letztlich alle Kirchen stellen mussten – darunter die Kernfrage des Konflikts zwischen Gemeinden und unabhängigen Basisgruppen: „Wie soll ein Gemeindekirchenrat reagieren, wenn eine Gruppe sagt: Wir wollen eure Räume, aber nicht euren Glauben?"[487] Ein anderer Vertreter der berlin-brandenburgischen Kirche hielt dagegen ein Plädoyer für die Zusammenarbeit zwischen Kirche und Basisinitiativen. Beim Forum „Kirche in der DDR – 10 Jahre 6. März 1978" lobte Manfred Stolpe die Gruppen für ihre wichtigen Impulse und forderte eine neue Kultur des Meinungsstreits zwischen ihnen, der Kirche und dem Staat[488]. Eine Einbeziehung der Gruppen sahen die Veranstalter des Rostocker Kirchentags bereits vor dem Hintergrund der Losung „Brücken bauen" geboten. Dabei spielte der Themenbereich 2 eine besondere Rolle, denn dort waren die Vertreter der Basisinitiativen am stärksten involviert.

Die Überschrift der AG 2 „Gerechtigkeit – Frieden – Bewahrung der Schöpfung" verwies auf die im Jahr 1983 bei der VI. Vollversammlung des ÖRK beschlossene Initiierung eines „konziliaren Prozesses", die schon beim Greifswalder Treffen 1985 thematisiert wurde[489]. Einen Meilenstein dieses Prozesses bildeten die drei „Ökumenischen Versammlungen" 1988 und 1989 in der DDR. Die erste hatte wenige Monate vor Beginn des Rostocker Kirchentags stattgefunden, vom 12. bis 15. Februar 1988 in Dresden[490]. An der Planung und Durchführung der vom Kirchenbund und der AGCK organisierten Veranstaltungen hatte ganz offiziell eine große Anzahl von Basisgruppenmitgliedern mitgewirkt[491]. Die in Dresden diskutierten Problemfelder wie Demokratie, Umweltzerstörung, Grund- und Freiheitsrechte, Rechtssicherheit oder Transparenz in Politik und Gesellschaft[492] kamen in der Arbeitsgruppe 2 ebenfalls zur Sprache. Neben Heiko Lietz von der Rostocker Schalomgemeinschaft gehörten Vertreter weiterer Gruppen zu den Mitarbeitern der AG 2, darunter Karin Ritter von der Schweriner Gruppe „Frauen für den Frieden" und

484 Vgl. LKAS, LA KT, Nr. 2: Manuskript des Vortrags von Günter Krusche, S. 5.

485 Vgl. Klein: „Frieden und Gerechtigkeit!", S. 184.

486 Vgl. ebd.; Findeis/Pollack (Hg.): Selbstbewahrung oder Selbstverlust, S. 547 und S. 577-585.

487 Vgl. LKAS, LA KT, Nr. 2: Manuskript des Vortrags von Günter Krusche, S. 5.

488 Vgl. „Kirche – eigenständige Kraft in der Gesellschaft" In: Mecklenburgische Kirchenzeitung, Jg. 43, Nr. 28 vom 10.7.1988, S. 2.

489 Siehe dazu Kapitel 7.3.

490 Vgl. Brown: Von der Unzufriedenheit zum Widerspruch, S. 195. Die zweite Sitzungsperiode fand vom 8. bis 11. Oktober 1988 in Magdeburg statt. Bei der dritten Versammlung vom 26. bis 30. April 1989 in Dresden wurden zwölf Ergebnistexte veröffentlicht, welche die Arbeit und das Anliegen der Versammlungen zusammenfassten. Vgl. Maser: Die Kirchen in der DDR, S. 66.

491 Vgl. Brown: Von der Unzufriedenheit zum Widerspruch, S. 168f.

492 Vgl. Kunter: Erfüllte Hoffungen und zerbrochene Träume, S. 175-189.

die Berlinerin Ulrike Poppe von der „Initiative Frieden und Menschenrechte“[493]. Die Einladungen zur Mitwirkung im Themenbereich 2 liefen hauptsächlich über Lietz[494], der als Vorsitzender der AGF und Initiator der „Mobilen Friedensseminare“[495] über weit reichende Kontakte in der Szene verfügte. In sechs Untergruppen[496] diskutierte man über Themen, die seit 1978 immer wieder bei den Kirchentagen aufgekommen waren: vom Wehrunterricht über das Feindbilddenken und die zunehmende Militarisierung in Schulen und Kindergärten bis hin zur Wehrdienstfrage[497]. Besonderes Gewicht hatte die Auseinandersetzung mit dem Thema Gerechtigkeit in der DDR. In der von Heiko Lietz geleiteten Untergruppe 2 „Der Mensch im Spannungsfeld von Macht und Ohnmacht“ kritisierten die Teilnehmer die Entmündigung der Bürger durch die Staatsorgane, die Willkür bei der Rechtsauslegung, den fehlenden gesellschaftlichen Dialog sowie den Aufbau von Feindbildern und erhoben zudem Forderungen nach Reisefreiheit, Parteienpluralismus, ungehinderter Information und Beseitigung der Mauer[498]. Außerdem bezeichneten die Diskussionsteilnehmer die DDR als Diktatur und waren überzeugt, dass die SED bei freien Wahlen auf höchstens 20 Prozent der Stimmen käme[499]. Die Ergebnisse der Debatten hielten die Gesprächsgruppen schriftlich fest und präsentierten sie an einem „Baum der Erkenntnis“ in der Christuskirche, der die Staatsvertreter sofort auf den Plan rief. Unter der Überschrift „Ich habe einen Traum“ war auf den „Blättern“ des Baumes zum Beispiel zu lesen: „dass die Diktatur verschwindet und endlich Demokratie

---

493 Karin Ritter wirkte in der Untergruppe 1 „Friedenserziehung in Schule und Gesellschaft“ mit und Ulrike Poppe nahm an einer Podiumsdiskussion in der AG 2 teil. Vgl. LKAS, LA KT, Nr. 6: Protokoll der Sitzung des Geschäftsführenden Ausschusses am 4.5.1988, S. 1; LAG, Rep. 200 II 7.3, Nr. 89, Blatt 135: „Information zum Rostocker Kirchentag vom 16.06.-19.06.88“, 19.6.1988, S. 21. Zu Karin Ritter und der Schweriner Gruppe „Frauen für den Frieden“ vgl. weiterführend Pingel-Schliemann: Lebenswege..., S. 179-194, sowie Frank: „Realer, exakter, präziser“?, S. 475-478. Zu Ulrike Poppe und der „Initiative Frieden und Menschenrechte“ vgl. weiterführend Wolfgang Templin/Reinhard Weißhuhn: Initiative Frieden und Menschenrechte, S. 148-165, und Klein: „Frieden und Gerechtigkeit!“, S. 149-153 und S. 243-247.

494 Vgl. BStU, MfS, BV Rostock, AS Nr. 416/88, Bd. 1, Blatt 41: „Aktuelle pol. - op. Lage in Vorbereitung des Kirchentages vom 16. bis 19. Juni 1988 in Rostock“, 13.5.1988, S. 1; ebd. Blatt 16f.: „Zusammenfassende Einschätzung zum gegenwärtigen Vorbereitungsstand des Kirchentages in Rostock“, 28.12.1987, S. 8f.

495 Zu den „Mobilen Friedensseminaren“ vgl. Wunnicke: Die Mobilen Friedensseminare von 1981 bis 1989 in Mecklenburg, in: Zeitgeschichte regional, Heft 1/2001, S. 30-39.

496 UG 1 „Friedenserziehung in Familie und Gesellschaft“, UG 2 „Der Mensch im Spannungsfeld von Macht und Ohnmacht“, UG 3 „Wesen des Friedens“, UG 4 „Opfer und Verzicht“, UG 5 „Natur und Mensch“, UG 6 „Neues Denken – eine Chance für politische Entwicklung“. Vgl. LKAS, Best. Landesbischöfe Rathke und Stier, Nr. 67: Programmheft Kirchentag Rostock 1988, S. 4f.

497 Vgl. LAG, Rep. 200 II 7.3, Nr. 89, Blatt 132: „Information zum Rostocker Kirchentag vom 16.06.-19.06.88“, 19.6.1988, S. 16; ebd. Nr. 47, Blatt 70: „Information zum Evangelischen Kirchentag in Rostock vom 16.-19.6.1988“, 19.6.1988, S. 3.

498 Vgl. BStU, MfS, BV Rostock, AS Nr. 416/88, Bd. 1, Blatt 90: „Tagesbericht über den Verlauf des gemeinsamen Kirchentages der ELLKM und ELKG vom 16. bis 19. Juni 1988 in Rostock“, 18.6.1988, S. 1.

499 Vgl. ebd. Bd. 2, Blatt 96f.: „2. Information über den Verlauf des Kirchentages der ELLKM und ELKG vom 16. bis 19. Juni 1988“, 17.6.1988, S. 5f. Bei der ersten freien Wahl in der DDR am 18. März 1990 kam die kurz zuvor in PDS umbenannte SED übrigens auf 16,4 Prozent der Wählerstimmen. Bei den Volkskammerwahlen 1986 und den Kommunalwahlen 1989 war das Ergebnis für die Einheitsliste der „Nationalen Front“ (Bündnis von SED, den vier Blockparteien und den staatlichen Massenorganisationen) noch mit 99,9 Prozent bzw. 98,8 Prozent angegeben worden. Vgl. Hans M. Kloth: Vom „Zettelfalten“ zum freien Wählen, S. 113 und S. 719.

herrscht", „dass wir als mündige Bürger betrachtet werden", „dass wir nicht mehr hinter Mauern und Stacheldraht leben müssen" oder „dass Recht und Gesetz für alle gleichermaßen ausgelegt wird"[500]. Diese „staatsfeindliche Hetze" konnte aus Sicht der Staatsorgane natürlich nicht für alle Besucher der Christuskirche sichtbar bleiben. Ein CDU-Spitzel hatte den „Baum der Erkenntnis" entdeckt, woraufhin der Vorsitzende des Rostocker Bezirksvorstands der CDU, Dieter Klemm, die „Arbeitsgruppe Information" der SED-Bezirksleitung telefonisch über den Vorfall in Kenntnis setzte[501]. Roland Macht vom Rat des Bezirks beschwerte sich daraufhin bei der Kirchentagsleitung und verlangte die umgehende Entfernung des Baumes aus der Kirche[502]. Dieser Forderung kamen die Kirchentagsverantwortlichen schließlich auch nach[503], wohl um den Verlauf des Treffens nicht durch weitere Auseinandersetzungen mit den staatlichen Stellen zu belasten.
Auch beim Thema Umwelt fanden die Teilnehmer der AG 2 offene und kritische Worte. In der Untergruppe 5 „Natur und Mensch" standen Möglichkeiten umweltgerechten Handelns im Alltag, Umweltprobleme in der Landwirtschaft und in den Städten, alternative und gesunde Ernährung, Verkehrsmobilität sowie Gewässerschutz und Artenschutz in Mecklenburg zur Diskussion[504]. Die mehrheitlich jugendlichen Teilnehmer[505] hörten einen Vortrag von Hans-Peter Gensichen, in dem der Leiter des Kirchlichen Forschungsheims in Wittenberg[506] die mangelnde Informationspolitik in Bezug auf Umweltbelastungen in der DDR kritisierte und Untersuchungsergebnisse zum Artensterben, zur Gewässerbelastung sowie zu den Auswirkungen des Uran-Bergbaus und der Kohlekraftwerke erläuterte[507]. Darüber hinaus informierte der Greifswalder Ökologiekreis über das Waldsterben und die Gewässerverschmutzung in der Region[508]. Für weitere Informationen konnten die Besucher der Untergruppe 5 Adressen von Umweltkreisen in Wismar, Rostock, Jarmen und Greifswald erhalten[509]. Die SED hatte zur Podiumsdiskussion im

500 Vgl. BStU, MfS, BV Rostock, AS Nr. 416/88, Bd. 1, Blatt 101: „Tagesbericht über den Verlauf des gemeinsamen Kirchentages der ELLKM und ELKG vom 16. bis 19. Juni 1988 in Rostock", 19.6.1988, S. 2.

501 Vgl. LAG, Rep. 200 II 7.3, Nr. 48, Blatt 296: „Information durch Kollegen Klemm, Bezirksvorstand der CDU (telefonisch)", 18.6.1988.

502 Vgl. ebd. Blatt 76: „Information über den Verlauf des Kirchentags der ELKG und der ELLKM vom 16. bis 19. Juni 1988", 18.6.1988, S. 1; BStU, MfS, BV Rostock, 384/81, TA 8341, Bd. 6, Blatt 368: Bericht von IMB „Gisela" am 18.6.1988, S. 1.

503 Vgl. ebd.

504 Vgl. LKAS, Best. Landesbischöfe Rathke und Stier, Nr. 67: Programmheft Kirchentag Rostock 1988, S. 4.

505 Laut staatlicher Angaben hatte die UG 5 rund 60 Teilnehmer, und zwar „fast alles Jugendliche". Vgl. LAG, Rep. 200 II 7.3, Nr. 89, Blatt 133: „Information zum Rostocker Kirchentag vom 16.06.-19.06.88", 19.6.1988, S. 18.

506 Das bereits 1927 gegründete Kirchliche Forschungsheim spielte eine zentrale Rolle in der sich seit Ende der 1970er Jahre formierenden Umweltbewegung in der DDR. Vgl. dazu Neubert: Geschichte der Opposition in der DDR 1949-1989, S. 449-451.

507 Vgl. LAG, Rep. 200 II 7.3, Nr. 89, Blatt 133: „Information zum Rostocker Kirchentag vom 16.06.-19.06.88", 19.6.1988, S. 18. Zur SED-Umweltpolitik und der Umweltzerstörung in der DDR Ende der 1980er Jahre vgl. Buck: Umweltpolitik und Umweltbelastung, S. 223-257; Kowalczuk: Endspiel, S. 125-128; Huff: Natur und Industrie im Sozialismus, S. 253-312.

508 Vgl. BStU, MfS, BV Rostock, AS Nr. 416/88, Bd. 1, Blatt 42f.: „Aktuelle pol.-op. Lage in Vorbereitung des Kirchentages vom 16. bis 19. Juni 1988 in Rostock", 13.5.1988, S. 2f.

509 Vgl. LAG, Rep. 200 II 7.3, Nr. 89, Blatt 133: „Information zum Rostocker Kirchentag vom 16.06.-19.06.88", 19.6.1988, S. 18.

Themenbereich 2 zwar einen Vertreter der staatlichen Umweltschutzbehörde entsandt, aber Joe Duty, der Kreisnaturschutzbeauftragte von Rostock, hatte offensichtlich nur den Auftrag erhalten, die Umweltpolitik der SED zu verteidigen und sich auf keine offene Debatte einzulassen. So behauptete er beispielsweise, dass die DDR-Medien umfangreich und ausreichend über Umweltprobleme berichteten[510], obwohl jeder Zeitungsleser und Fernsehzuschauer in der DDR wusste, dass dieses Thema in den staatlichen Medien keine Rolle spielte[511].
Vertreter von Basisinitiativen engagierten sich aber nicht nur in der AG 2, sondern organisierten auch ein Basisgruppentreffen in der Christuskirche. Dieses Angebot unter der Leitung von Heiko Lietz fand im Rahmen von „Treffpunkt junge Leute" am 18. Juni statt und war im Programmheft unkonkret als „Gruppengespräche zum Thema Frieden und Ökologie in der Christuskirche" deklariert[512]. Während des Kirchentags wurde das Treffen dann allerdings mit Plakaten unter der Überschrift „Bei der Schalomgemeinschaft zu Gast: Eine Begegnung mit und unter Basisgruppen" beworben[513]. An der Veranstaltung, bei der unter anderem das spannungsreiche Verhältnis von Kirchengemeinden und Basisgruppen zur Diskussion stehen sollte[514], nahmen etwa 30 Personen teil, darunter Mitglieder der Rostocker Schalomgemeinschaft und Teilnehmer von Friedenskreisen aus Stralsund und Neubrandenburg, von Ökologiegruppen aus Schwerin und Wismar, vom Arbeitskreis „Frieden und Gerechtigkeit" Greifswald und vom INKOTA-Arbeitskreis Rügen[515]. Während der Veranstaltung verlas Heiko Lietz einen Brief von Bärbel Bohley und Regina und Wolfgang Templin[516], die im Zusammenhang mit den Ereignissen bei der Luxemburg-Liebknecht-Demonstration verhaftet und im Februar 1988 zur zeitweiligen Ausreise gedrängt worden waren[517]. In diesem Schreiben vom April 1988 wandten sich Bohley und das Ehepaar Templin an ihre Freunde und Unterstützer in der DDR und baten um Hilfe bei der Durchsetzung ihrer Wiedereinreise[518]. So riefen sie zum Beispiel dazu auf, in Gemeinden und Synoden, bei Seminaren und Kirchentagen sowie bei den Treffen der Friedensgruppen auf ihre Lage aufmerksam zu machen[519]. Diesem Aufruf war Heiko Lietz offenbar gefolgt. Die Staatssicherheit vermutete, dass er damit Solidarisierungsaktionen initiieren wollte, und vermeldete

510 Vgl. ebd. S. 23.
511 Vgl. Buck: Umweltpolitik und Umweltbelastung, S. 225.
512 Vgl. BStU, MfS, BV Rostock, AS Nr. 416/88, Bd. 1, Blatt 60: „Zum Stand der Vorbereitung der politisch-operativen Maßnahmen", S. 1; LKAS, Best. Landesbischöfe Rathke und Stier, Nr. 67: Programmheft Kirchentag Rostock 1988, S. 26.
513 Vgl. LAG, Rep. 200 II 7.3, Nr. 48, Blatt 295: Plakat zur Veranstaltung „Bei der Schalomgemeinschaft zu Gast".
514 Vgl. BStU, MfS, BV Rostock, AS Nr. 416/88, Bd. 1, Blatt 68: „Aktuelle politisch-operative Erkenntnisse in Vorbereitung des Kirchentages vom 16. bis 19. Juni 1988 in Rostock", 13.6.1988, S. 1.
515 Vgl. ebd. Blatt 105: „Tagesbericht über den Verlauf des gemeinsamen Kirchentages der ELLKM und ELKG vom 16. bis 19. Juni 1988 in Rostock", 19.6.1988, S. 6.
516 Vgl. ebd. S. 7.
517 Vgl. Neubert: Geschichte der Opposition in der DDR 1949-1989, S. 698. Bärbel Bohley kehrte Anfang August 1988 in die DDR zurück, Wolfgang Templin war erst im November 1989 wieder in der DDR. Vgl. Timmer: Vom Aufbruch zum Umbruch, S. 128; Kowalczuk/Polzin (Hg.): Fasse Dich kurz!, S. 1029.
518 Vgl. Brief von Bärbel Bohley, Regine und Wolfgang Templin vom 6.4.1988, abgedruckt in: Carlo Jordan/Hans M. Kloth (Hg.): Arche Nova, S. 231.
519 Vgl. ebd.

stolz, dass er dieses Ziel dank des Einsatzes „politisch-realistischer Kräfte" nicht erreichen konnte[520]. Auch die SED resümierte zufrieden, das „zielgerichtet feindliche Auftreten" von Heiko Lietz habe bei den Kirchentagsbesuchern wenig Resonanz hervorgerufen[521]. Anderen „politisch-negativen Kräften" sei es laut SED-Bericht aber gelungen, ihre „illegal hergestellten Materialien" während einiger Veranstaltungen zu verbreiten[522]. Jürgen Haß, Stellvertreter für Inneres des RdB Rostock, habe sich deswegen bei der Kirchentagsleitung beschwert, doch diese hätte trotz ihrer Bemühungen nicht alle betreffenden Aktivitäten unterbinden können[523]. Dazu gehörte zum Beispiel die Verteilung des Schreibens „Neues Handeln: Ein Brief an Christen in der DDR und ihre Gemeindevertretungen", den Mitglieder des Gemeindekirchenrats der Bartholomäusgemeinde Berlin, des Arbeitskreises „Solidarische Kirche" und der Initiative „Absage an Praxis und Prinzip der Abgrenzung" verfasst hatten[524]. Das Papier, das einen grundlegenden gesellschaftlichen und politischen Wandel in der DDR forderte und die Leser ermunterte, nach Möglichkeiten zu suchen, sich bei den Kommunalwahlen im Mai 1989 als Kandidat aufstellen zu lassen[525], lag in Rostock zum Beispiel beim „Markt der Möglichkeiten" am 17. und 18. Juni in der Marienkirche aus[526]. Außerdem verteilte es ein Mitglied der Bartholomäusgemeinde vor der Marienkirche an die Besucher des Vortrags von Helmut Schmidt[527]. Laut MfS-Bericht hatte ein Vertreter des Kirchentagsbüros diese Aktion abgebrochen und einen Koffer konfisziert, in dem sich weitere Briefexemplare befanden[528]. Selbst wenn dieser Vorfall tatsächlich stattgefunden haben sollte – in den kirchlichen Akten fand sich kein entsprechender Beleg dafür –, kann man das Verhalten der Kirchentagsorganisatoren gegenüber den Basisinitiativen insgesamt als entgegenkommend und integrativ bezeichnen. Der Landesausschuss Mecklenburg war seit Beginn der Vorbereitungsphase für eine Einbeziehung der Gruppen eingetreten und Joachim Gauck hatte den aktivsten Basisgruppenvertreter beim Kirchentag, Heiko Lietz, im

520 Vgl. BStU, MfS, BV Rostock, AS Nr. 416/88, Bd. 1, Blatt 106: „Tagesbericht über den Verlauf des gemeinsamen Kirchentages der ELLKM und ELKG vom 16. bis 19. Juni 1988 in Rostock", 19.6.1988, S. 7. Zu diesen „politisch-realistischen Kräften" mögen auch die fünf IM gehört haben, die bei der Veranstaltung eingesetzt waren. Vgl. BStU, MfS, BV Rostock, Abt. XX, Nr. 545, Blatt 64: „Kirchentag 1988 in Rostock, Veranstaltungsübersicht 18.6.88".

521 Vgl. LAG, Rep. 200 II 7.3, Nr. 47, Blatt 70f.: „Information zum Evangelischen Kirchentag in Rostock vom 16.-19.6.1988", 19.6.1988, S. 3f.

522 Vgl. ebd. S. 4.

523 Vgl. ebd.

524 Vgl. ebd. Blatt 237: Manuskript „Neues Handeln: Ein Brief an Christen in der DDR und ihre Gemeindevertretungen", S. 8. Zu den Unterzeichnern gehörten unter anderem Pastorin Almuth Berger, Hans-Jürgen Fischbeck, Pastor Stephan Bickhardt, Ludwig Mehlhorn und Martin Böttger. Zur Initiative „Absage an Praxis und Prinzip der Abgrenzung" vgl. Neubert: Geschichte der Opposition in der DDR 1949-1989, S. 678-682, und Jan Wielgohs/Helmut Müller-Enbergs: Die Bürgerbewegung „Demokratie Jetzt", S. 105-112. Zum Arbeitskreis „Solidarische Kirche" vgl. Neubert: Geschichte der Opposition in der DDR 1949-1989, S. 620-622.

525 Vgl. LAG, Rep. 200 II 7.3, Nr. 47, Blatt 234-236: Manuskript „Neues Handeln: Ein Brief an Christen in der DDR und ihre Gemeindevertretungen", S. 2-7.

526 Vgl. BStU, MfS, BV Rostock, AS Nr. 416/88, Bd. 1, Blatt 96: „Tagesbericht über den Verlauf des gemeinsamen Kirchentages der ELLKM und ELKG vom 16. bis 19. Juni 1988 in Rostock: Anlage", 18.6.1988.

527 Vgl. ebd. Blatt 104: „Tagesbericht über den Verlauf des gemeinsamen Kirchentages der ELLKM und ELKG vom 16. bis 19. Juni 1988 in Rostock", 19.6.1988, S. 5.

528 Vgl. ebd.

Vorfeld mehrfach unterstützt[529]. So wie sich die Veranstalter um eine Beteiligung der Basisinitiativen bemühten, versuchten sie auch zwei anderen Zielgruppen mehr Raum zu geben, wie das nächste Kapitel veranschaulicht.

8.4 Neuland unterm Pflug: das Frauenforum

Folgt man den Angaben der Organisatoren, hatte das Rostocker Treffen 1988 einen neuen Mitarbeiterrekord aufgestellt: Rund 800 Menschen sollen sich an den Vorbereitungen beteiligt haben[530]. Darunter waren nicht nur kirchliche Mitarbeiter, sondern auch viele Laien. Der gemeinsame Landesausschuss wurde nicht müde zu betonen, dass es sich in Rostock um einen Kirchentag der Basis, einen echten „Kirchentag von unten“, handelte[531]. Und tatsächlich hatte man dieses Ziel durch die Involvierung von Gemeindemitgliedern bei den Beratungskonferenzen 1985, 1986 und 1987[532] zu einem gewissen Grad realisiert. Vor allem bei der Vorbereitung der sechs Themenbereiche hatten kirchliche Laien sich eingebracht[533]. Bei der Betrachtung der Zuständigkeiten zeigt sich allerdings, dass die Leitung fast aller Veranstaltungen in den Händen von Pfarrern lag[534]. Laien mögen sich verstärkt bei den Vorbereitungen engagiert und damit entscheidend zum Gelingen des Treffens beigetragen haben, aber führende Rollen in der Organisation wurden ihnen selten übertragen. Das traf auch auf die Jugendarbeit des Kirchentags zu. Zu Beginn der Vorbereitungsphase tendierte der gemeinsame Landesausschuss dazu, wie 1985 in Greifswald den Versuch zu unternehmen, das gesamte Programm jugendgemäß zu gestalten[535]. Schließlich sprach man sich aber doch dafür aus, Sonderveranstaltungen für jüngere Teilnehmer anzubieten, welche die Jugendarbeit der beiden Landeskirchen vorbereiten sollte[536]. Daraufhin unterbreitete der Greifswalder Stadtjugendwart Bernd Schröder den Organisatoren eine Reihe von Vorschlägen, darunter die Einrichtung eines Jugendzentrums beim Kirchentag, wobei er darauf bestand, dass die Jugendmitarbeiter die Angebote in absoluter Eigenverantwortung vorbereiteten[537]. Als angestrebte Diskussionsschwerpunkte nannte Schröder unter anderem den Wehrdienst, die Reiseregelungen und die Möglichkeiten der Persönlichkeitsentfaltung in der Gesellschaft[538]. Diese Konfliktfelder griff der Stadtjugendwart übrigens auch bei seiner Arbeit in Greifswald auf, wo er zum Beispiel einen Friedenskreis, einen Ökologiekreis und

529 Siehe Kapitel 8.2.

530 Vgl. LKAS, LA KT, Nr. 6: Presseinformation Nr. 1.

531 Vgl. ebd. Nr. 3: Protokoll der Sitzung der Verantwortlichen der vier Kirchentage 1988 am 25.2.1987, S. 3.

532 Siehe Kapitel 8.1.

533 Vgl. LKAS, LA KT, Nr. 4: Protokoll der Sitzung des gemeinsamen Landesausschusses am 14.10.1988, S. 2.

534 Siehe Kapitel 8.1.

535 Vgl. LKAS, LA KT, Nr. 4: Protokoll der Sitzung des gemeinsamen Landesausschusses am 10.1.1987, S. 2.

536 Vgl. ebd.; ebd. Nr. 5: Brief von Eberhard Beyer an das Landesjugendpfarramt Schwerin, das Leitungsteam der Landeskirchlichen Jugendarbeit Greifswald sowie die Landesjugendkonvente Mecklenburg und Greifswald, 17.2.1987.

537 Vgl. BStU, MfS, BV Rostock, AIM 4171/90, Teil II, Blatt 152: „Information zum Stadtjugendwart [Name geschwärzt] Greifswald im Zusammenhang mit der Vorbereitung des Kirchentages 1988 in Rostock (Bericht von IMB ‚Titus‘)“, 29.7.1987, S. 1.

538 Vgl. ebd. S. 2.

eine „NVA-Beratung“ ins Leben gerufen hatte[539]. Der Geschäftsführende Ausschuss soll die Schwerpunktvorschläge für das Jugendprogramm jedoch abgelehnt haben[540], obwohl sie in anderen Veranstaltungen wie der Arbeitsgruppe 2 ebenfalls zur Sprache kamen. Siegfried Bohl habe der Stasi sogar berichtet, der Ausschuss hätte nicht nur die Themenvorschläge, sondern die Mitarbeit des Stadtjugendwarts insgesamt abgelehnt[541]. Stattdessen sei der Landesjugendpastor der ELKG, Johannes Affolderbach, den Bohl angeblich als „politisch realistisch denkend“ einstufte[542], mit der Planung des Programms beauftragt worden[543]. Affolderbach übernahm zwar tatsächlich die Leitung der Großveranstaltung für Jugendliche am 19. Juni[544], aber in der Vorbereitungsgruppe waren Mitarbeiter beider Landeskirchen vertreten, darunter auch Bernd Schröder[545]. Das Extra-Programm für Jugendliche fiel jedoch in der Tat größtenteils unpolitisch aus. Beim „Treffpunkt junge Leute“ am 18. Juni dominierten musikalische Angebote und Bibelarbeiten[546]. Lediglich in der Christuskirche waren jüngere Teilnehmer zu Gesprächen zu den Themen Frieden, Ökologie und Dritte Welt eingeladen[547].

Immerhin erwies sich das Jugendprogramm in Rostock im Vergleich zu den vorangegangenen Treffen als deutlich umfangreicher. Somit hatten die Veranstalter dem seit langer Zeit bestehenden starken Interesse der Jugendlichen am Kirchentag[548] erstmals in größerem Rahmen Rechnung getragen. Die Beteiligung von Jugendlichen an den Vorbereitungen ließ allerdings auch 1988 einiges zu wünschen übrig, denn wieder wurden sie hauptsächlich als Ordner oder musikalisch Mitwirkende eingesetzt. Thematische Arbeit leisteten sie eher selten, als Ausnahmen wären hier die Gestaltung des „Gebets zur Nacht“ am 16. Juni durch eine von Pastor Friedrich-Karl Sagert geleitete Jugendgruppe aus Schwerin oder die Mitwirkung eines Vertreters des Landesjugendkonvents beim Podiumsgespräch in der Arbeitsgruppe 3 zu nennen[549]. Zu den Veranstaltungen, die eine größere Anzahl von Jugendlichen anzogen, gehörten neben den explizit für sie ausgewiesenen Angeboten das „Gebet zur Nacht“ und die sechs Arbeitsgruppen[550]. Für die jüngsten Besucher hatte es

539 Vgl. Frank: Einsam oder gemeinsam?, S. 224.

540 Vgl. BStU, MfS, BV Rostock, AIM 4171/90, Teil II, Blatt 152: „Information zum Stadtjugendwart [Name geschwärzt, d. V.] Greifswald im Zusammenhang mit der Vorbereitung des Kirchentages 1988 in Rostock (Bericht von IMB ‚Titus‘)“, 29.7.1987, S. 2.

541 Vgl. ebd.

542 Vgl. ebd. Teil I, Blatt 218: Bericht von IMB „Titus“, 2.3.1987, S. 2.

543 Vgl. ebd. Teil II, Blatt 203: „Bericht des IMB ‚Titus‘ vom 21.1.1988 zum Kirchentag im Juni 1988“, S. 2.

544 Vgl. LKAS, LA KT, Nr. 6: „Einsatzplan der Ordner beim Kirchentag 1988“, S. 2.

545 Vgl. ebd. Nr. 7: „Mitglieder der Vorbereitungsgruppe ‚Großveranstaltung für Jugendliche‘ beim Rostocker Kirchentag 1988“.

546 Vgl. LKAS, Best. Landesbischöfe Rathke und Stier, Nr. 67: Programmheft Kirchentag Rostock 1988, S. 25f. Siehe dazu auch Kapitel 8.1.

547 Vgl. ebd. S. 26. Verbunden war dieses Angebot mit einem Basisgruppentreffen. Vgl. dazu Kapitel 8.3.

548 Auch der Rostocker Kirchentag 1988 hatte wieder viele jüngere Besucher. Nach staatlichen Schätzungen waren mehr als ein Drittel der Teilnehmer Jugendliche. Vgl. LAG, Rep. 200 II 7.3, Nr. 47, Blatt 68: „Information zum Evangelischen Kirchentag in Rostock vom 16.-19.6.1988“, 19.6.1988, S. 1.

549 Vgl. LKAS, Best. Landesbischöfe Rathke und Stier, Nr. 67: Programmheft Kirchentag Rostock 1988, S. 19; LKAS, LA KT, Nr. 7: Protokoll der Sitzung der Vorbereitungsgruppe „AG 3“ am 9.1.1988, S. 3.

550 An der Großveranstaltung auf dem Platz der Jugend nahmen nach staatlichen Angaben rund

ebenfalls eigene Angebote gegeben, die sehr gut angenommen wurden. An den zwei Programmpunkten „Kinder und Erwachsene feiern den Kirchentag“ am 18. und 19. Juni auf dem Kastanienplatz nahmen insgesamt rund 2.600 Personen teil[551]. Auch bei den anderen drei Treffen in Görlitz, Erfurt und Halle/Saale waren die Angebote für Kinder besondern gut besucht gewesen[552]. Der gemeinsame Landesausschuss zeigte sich rückblickend insgesamt zufrieden mit dem Jugendprogramm in Rostock, mahnte aber gleichzeitig an, dass eine stärkere Einbindung und Qualifizierung jüngerer Menschen für die zukünftige Kirchentagsarbeit unerlässlich seien[553]. Ein Fazit, das die Verantwortlichen im Nordosten in den vorangegangenen zehn Jahren bereits oft gezogen hatten, ohne eine grundlegende Verbesserung in Angriff zu nehmen[554]. Einen Schritt in Richtung Zukunft gingen die Organisatoren allerdings mit einem für sie völlig neuen Programmpunkt: dem Frauenforum.

Beim DEKT in der Bundesrepublik bereits seit 1981 etabliert[555], tauchte das Frauenforum in der DDR erstmals beim Berliner Kirchentag 1987 auf[556]. Ein Jahr später fand es Eingang in die Programme der Treffen in Rostock, Halle und Erfurt. Im Rahmen des Erfurter Treffens wurde ein „Forum von Frauen für Frauen“ mit Gesprächsgruppen beispielsweise zu Sexismus in der Sprache, Frauengestalten der Bibel und Kindererziehung durchgeführt[557]. Außerdem kam dort die AG „Die Frau lebt nicht vom Mann allein“ zusammen, die sich mit Geschlechterrollen und feministischer Theologie beschäftigte[558]. In Halle gab es den „Frauen-Tag“ unter der Losung „Umkehr führt weiter – werde, die du bist“, bei dem unter anderem Elisabeth Moltmann-Wendel, damals eine der bedeutendsten Vertreterinnen der feministischen Theologie in der Bundesrepublik, einen Vortrag hielt[559].

1.200 Jugendliche teil und bei den Besuchern des „Gebets zur Nacht“ habe es sich zu 90 Prozent um Jugendliche gehandelt. In Bezug auf die Teilnehmerzahlen der sechs Themenbereiche waren die Angaben der Organisatoren und der staatlichen Stellen identisch. Die staatlichen Beobachter hielten fest, dass von den insgesamt 1.200 Besuchern die Jugendlichen etwa ein Drittel ausgemacht hätten. Vgl. LAG, Rep. 200 II 7.3, Nr. 89, Blatt 126: „Information zum Rostocker Kirchentag vom 16.06.-19.06.88“, 19.6.1988, S. 3; ebd. Nr. 48, Blatt 89: „2. Information über den Verlauf des Kirchentags der ELKG und der ELLKM vom 16. bis 19. Juni 1988“, 17.6.1988, S. 1; LAG, IV/E/2.14, Nr. 599: „Kurzinformation zu einzelnen Veranstaltungen am 16.6.1988 während des Kirchentags in Rostock“, 17.6.1988; LKAS, LA KT, Nr. 1: Protokoll der Sitzung der Konferenz der Landesausschüsse am 26.11.1988, S. 3.

551 Vgl. „Kirchentag 16.-18. Juni Rostock“ In: Mecklenburgische Kirchenzeitung, Jg. 43, Nr. 30 vom 24.7.1988, S. 3. Die staatliche Schätzung für die Veranstaltung am 19. Juni lautete 700 Teilnehmer. Vgl. LAG, Rep. 200 II 7.3, Nr. 89, Blatt 126: „Information zum Rostocker Kirchentag vom 16.06.-19.06.88“, 19.6.1988, S. 3.

552 Vgl. LKAS, LA KT, Nr. 1: Protokoll der Sitzung der Konferenz der Landesausschüsse am 26.11.1988, S. 1f und S. 4.

553 Vgl. ebd. Nr. 4: Protokoll der Sitzung des gemeinsamen Landesausschusses am 14.10.1988, S. 4.

554 Siehe dazu auch Kapitel 9.3.

555 Vgl. Runge/Käßmann: Kirche in Bewegung, S. 162; Elisabeth Moltmann-Wendel: Aufbruch der Frauen, in: Rüdiger Runge/Christian Krause (Hg.): Zeitansage, S. 83-98.

556 Es stand unter der Überschrift „Rahel, Rosa und Auguste … Frauengeschichte(n) in Berlin“ und fand am 27. Juni 1987 im Elias-Gemeindehaus (Prenzlauer Berg) statt. Außerdem sollten in der Arbeitsgruppe 3 „Gemeinschaft von Frauen und Männern in Kirche und Gesellschaft“ feministische und feministisch-theologische Fragen zur Diskussion stehen. Vgl. LKAS, LA KT, Nr. 2: Programmheft zum Berliner Kirchentag 1987, S. 27; ebd.: Faltblatt zum Berliner Kirchentag 1987, S. 2.

557 Vgl. BArch, DO-4/1428, Blatt 990: Programmheft Erfurter Kirchentag 1988, S. 11.

558 Vgl. ebd. S. 5.

559 Vgl. BArch, DO-4/1429, Blatt 1244: Programmheft Kirchentag Halle/Saale 1988, S. 9. Zu

Im Norden hatten zum ersten Mal die Besucher des Greifswalder Kirchentags 1985 den Wunsch nach der Durchführung eines Frauenforums geäußert[560]. Bei der „Ideenkonferenz" im September 1986 sprachen sich die Teilnehmer ebenfalls dafür aus[561]. Dass das Interesse am Frauenforum beim EKT später einsetzte als bei den Treffen in der Bundesrepublik, lag vermutlich daran, dass die kirchliche Frauenbewegung und die Rezeption feministischer Theologie in der DDR ebenfalls erst Mitte der 1980er Jahre deutlich stärker wurde[562]. Lange Zeit hatte sich in der evangelischen Kirche die Frage gehalten, ob Feminismus in der sozialistischen Gesellschaft überhaupt ein Thema sein müsse, da Mann und Frau dort doch rechtlich gleichgestellt wären[563]. Dass der Alltag oft ganz anders aussah, kam in den 1980er Jahren allerdings häufiger zur Sprache, vor allem im Hinblick auf die Doppelbelastung der Frauen durch Familie und Beruf, die in den familienpolitischen Debatten stets verharmlost wurde[564]. Die SED propagierte das Bild der modernen Frau, die voll berufstätig war, sich vorbildlich um Haushalt, Ehemann und Kinder kümmerte und sich nebenbei auch noch aktiv in gesellschaftlichen Organisationen engagierte[565]. Ende der 1980er lag die Erwerbstätigkeit von Frauen in der DDR bei über 90 Prozent[566]. Das brachte ihnen einerseits finanzielle Unabhängigkeit, erhöhte andererseits aber ihre Belastung, denn die Rollenbilder hatten sich auch in der sozialistischen Gesellschaft nicht grundlegend gewandelt[567]. An dieser Situation konnten auch das flächendeckende Kindergartenangebot, die verbesserten Regelungen für die Pflege kranker Kinder oder der monatliche „Haushaltstag" nicht viel ändern[568]. Hinzu kam, dass höhere Funktionen in Politik, Wirtschaft und Wissenschaft fast ausschließlich von Männern besetzt waren[569]. Darüber hinaus erhielten Frauen im Vergleich zu ihren männlichen Kollegen im Durchschnitt etwa ein Drittel weniger Lohn[570]. In den evangelischen Kirchen zeigte sich ein ähnliches Bild. Zwar erfolgte die Gleichstellung im Pfarramt in der DDR teilweise früher als in der Bundesrepublik[571], doch Spitzenpositionen bekleideten Pastorinnen nie[572]. In der mecklenburgischen Landeskirche waren in den 1980er Jahren lediglich zwei Frauen Mitglied der Kirchenleitung, die Arztsekretärin

---

Moltmann-Wendel vgl. Claudia Janssen: Elisabeth Moltmann-Wendel. In: Gerburgis Feld et. al. (Hg.): Wie wir wurden, was wir sind: Gespräche mit feministischen Theologinnen der ersten Generation, Gütersloh 1998, S. 52-60; Moltmann-Wendel: Wer die Erde nicht berührt, kann den Himmel nicht erreichen – Autobiographie, Zürich 1997.

560 Vgl. LKAG, Best. KT, Nr. 37: „'Sie fragen- wir antworten' in der Kirche St. Joseph, 23.6.1985" In: Greifswalder Informationsdienst (hrsg. von der Pressestelle der ELKG), Nr. 3/85 vom 30.6.1985, S. 12.

561 Vgl. LKAS, LA KT, Nr. 5: Protokoll zur Ideenkonferenz am 27.9.1986, S. 2.

562 Vgl. Ulrike Auga: „Stiefschwestern", S. 308; Samirah Kenawi: Zwischenzeiten, S. 161; Antje Röckemann: Arbeitskreis Feministische Theologie in der DDR, S. 47f.

563 Vgl. Auga: „Stiefschwestern", S. 308 und S. 314.

564 Vgl. ebd. S. 320.

565 Vgl. Anna Kaminsky: Frauen in der DDR, S. 10.

566 Vgl. ebd. S. 13.

567 Vgl. Auga: „Stiefschwestern", S. 320.

568 Vgl. Kaminsky: Frauen in der DDR, S. 17.

569 Vgl. ebd. S. 19.

570 Vgl. ebd.

571 Vgl. Helga Kuhlmann: Protestantismus, Frauenbewegung und Frauenordination, S. 150.

572 Vgl. Detlef Pollack/Hedwig Richter: Protestantische Theologie und Politik in der DDR, S. 689f. Erst 2009 wurde die erste Bischöfin einer ostdeutschen Landeskirche gewählt: Ilse Junkermann von der EKM. Die erste deutsche Bischöfin war Maria Jepsen, die 1992 die Leitung des Hamburger Sprengels der Nordelbischen Kirche übernahm.

Johanna Schmidt aus Rostock und ihre Stellvertreterin Magdalene Hartig, Katechetin aus Rittermannshagen[573]. In der ELKG wirkten ab 1980 ebenfalls nur zwei Frauen in der Kirchenleitung mit: die Stralsunder Kinderdiakonin Renate Engel und die Greifswalder Lehrerin Marieluise Rudloff[574]. Auch andere Leitungsfunktionen in den beiden nördlichen Landeskirchen übten nahezu ausschließlich Männer aus[575].

Diese strukturellen Ungleichheiten und antiquierten Geschlechterrollen hinterfragten die Teilnehmer der Arbeitsgruppe 6.2 „Frauen laden ein" beim Rostocker Kirchentag. Pastorin Elisabeth Krummacher kritisierte, dass man Frauen im Beruf strenger beurteile als Männer und ihnen zudem weniger Förderung zukommen lasse[576]. Dadurch gebe es in Gesellschaft und Kirche kaum Frauen in höheren Leitungsfunktionen – stattdessen werde ihnen immer noch die Hauptlast bei der Kindererziehung übertragen[577]. Frauen dürften jedoch nicht darauf warten, dass sich ihre Probleme von selbst lösten, sondern müssten eigenständig ihre Rechte einfordern, erklärte die Leiterin der AG[578]. Diesen Appell unterstützte die feministische Theologin Dorothee Sölle[579]. Im Gespräch mit den Teilnehmern – 130 Frauen und erstaunlicherweise auch sechs Männer[580] – rief die Kölnerin dazu auf, gegen erlebte Ohnmacht anzukämpfen statt im Zustand der „Weinerlichkeit" zu verharren[581]. Die Aufgabe von Christinnen und Christen sei es, sich mit Gottes Hilfe für Frieden und Gerechtigkeit in allen Bereichen des Lebens einzusetzen[582]. Dazu wollten auch die Organisatorinnen der Arbeitsgruppe 6.2 ermutigen[583], zum Beispiel im Podiumsgespräch „Auf der Suche nach Solidarität unter Frauen"[584]. Das Thema Gleichberechtigung bildete

---

573 Vgl. Kirchliches Amtsblatt der Evangelisch-Lutherischen Landeskirche Mecklenburgs, Nr. 11/12 vom 20.3.1988, S. 82, und Nr. 5/6 vom 22.6.1988, S. 33.

574 Vgl. LKAG, Verhandlungen der Landeskirchenleitung, Bd. XXIX: Protokoll der Sitzung der Kirchenleitung der ELKG am 9.5.1980. Im Jahr 1986 schied Renate Engel aus der Kircheleitung aus und Gisela Zschockelt, Leiterin des Schwesternheimathauses in Stralsund, wurde Mitglied. Vgl. LAG, IV/E/2.14, Nr. 619, Blatt 62: Anlage zur „Konzeption der politisch-ideologischen Arbeit im Bereich der Greifswalder Landeskirche im Synodenzeitraum 1986-1992", S. 5.

575 Erst im wiedervereinten Deutschland übernahmen Pastorinnen der ELLKM und der PEK die Leitung eines Kirchenkreises: Im Jahr 1995 wurde Annemargret Pilgrim Superintendentin des Kirchenkreises Barth, 2004 gewann Christiane Körner die Wahl zur Landessuperintendentin des Kirchenkreises Stargard. Das Amt des Präses der mecklenburgischen Landessynode hatte erstmals von 1965 bis 1970 eine Frau inne: die Rechtsanwältin Hilde Lewerenz. In der PEK wurde Elke König 1998 zur Präses gewählt. Vgl. „Amtsblatt der Pommerschen Evangelischen Kirche" vom 30.9.1995, S. 107; „Kirchliches Amtsblatt der Evangelisch-Lutherischen Landeskirche Mecklenburgs" vom 30.6.2004, S. 79, und vom 2.7.1965, S. 28; „Kirche muss sich einmischen" In: Mecklenburgische und Pommersche Kirchenzeitung, Jg. 71, Nr. 5 vom 31.1.2016, S. 2.

576 Vgl. LAG, Rep. 200 II 7.3, Nr. 89, Blatt 141: „Information zum Rostocker Kirchentag vom 16.06.-19.06.88", 19.6.1988, S. 33.

577 Vgl. ebd.

578 Vgl. ebd.

579 Zu Dorothee Sölle vgl. Ilona Nord: Dorothee Sölle. In: Feld et. al. (Hg.): Wie wir wurden, was wir sind, S. 137-145; Sonja Sailer-Pfister: Theologie der Arbeit vor neuen Herausforderungen, S. 225-248; Dorothee Sölle: Gegenwind: Erinnerungen, Hamburg 1995.

580 Vgl. „Neu auf dem Kirchentag: Frauen laden ein" In: Mecklenburgische Kirchenzeitung, Jg. 43, Nr. 28 vom 10.7.1988, S. 3.

581 Vgl. ebd.

582 Vgl. ebd.

583 Vgl. LKAS, Best. Landesbischöfe Rathke und Stier, Nr. 67: Programmheft Kirchentag Rostock 1988, S. 14.

584 Das Podium bildeten Pastorin Krummacher, eine Psychologin aus Erfurt, eine Rostocker Theologin

dabei den Schwerpunkt[585]. Bei aller Kritik an den bestehenden Verhältnissen kam auch die selbstkritische Frage auf, ob Frauen ihr Monopol bei der Kindererziehung nicht selber förderten, indem sie beispielsweise aus eigenem Antrieb Teilzeitarbeit annahmen, um mehr Zeit für die Kinderbetreuung zu haben[586]. Neben Aspekten des gesellschaftlichen und alltäglichen Lebens stellte die AG 6.2 die geistliche Zurüstung von Frauen in den Mittelpunkt. Den Ausgangspunkt dazu bildete eine Bibelarbeit zur Geschichte von der Heilung einer verkrümmten Frau am Sabbat (Lk 13,10-17)[587]. Anhand von Gesprächen, Musik und Bewegung gingen die Teilnehmer der Frage nach, was Frauen brauchen, um sich innerlich und äußerlich aufrichten zu können[588]. Die Pastorinnen Heide Emse vom Frauenwerk der Nordelbischen Kirche, Inge Heiling von der Frauenhilfe Mecklenburg und Elisabeth Krummacher legten den Bibeltext aus und verwiesen dabei besonders auf die Bedeutung der Hinwendung Jesu zu der kranken Frau[589]. Diese Anteilnahme habe ihr letztlich Stärkung und Heilung gebracht und sei damit vorbildhaft für den Umgang der Menschen untereinander[590]. In diesem Sinne rief die Arbeitsgruppe vor allem zu Solidarität und gegenseitiger Ermutigung auf, um Frauen auf dem Weg zu echter Unabhängigkeit und Freiheit zu unterstützen[591].

Das Thema Feminismus wurde im Rostocker Frauenforum also vor allem von der lebenspraktischen Seite betrachtet. Mit feministischen Neuinterpretationen der biblischen Texte oder der Neu- respektive Wiederentdeckung bedeutender Frauengestalten der Bibel und Kirchengeschichte setzten sich die Teilnehmer nicht auseinander. Auch andere Aspekte wie Gewalt gegen Frauen, sexistische Sprachmuster oder lesbische Beziehungen – in Erfurt und Halle thematisiert[592] – waren offenbar nicht von Interesse. Gesellschaftskritik kam in der Arbeitsgruppe vor allem in Bezug auf die berufliche Situation der Frauen in der DDR zum Ausdruck. Am wichtigsten schien den Organisatoren und Besuchern aber die Stärkung durch und im Glauben gewesen zu sein – letztlich eines der Grundanliegen der Kirchentagsbewegung. Obwohl das Treffen 1988 in Rostock gesellschaftspolitischen Fragen deutlich mehr Raum bot als vorherige Kirchentage im Norden, überwogen auch dort die geistlichen Themen.

---

sowie je eine Vertreterin des Bezirksvorstands des Demokratischen Frauenbunds Deutschland, der CDU und des Facharbeitskreises „Mann und Frau in Kirche und Gesellschaft". Vgl. „Neu auf dem Kirchentag: Frauen laden ein" In: Mecklenburgische Kirchenzeitung, Jg. 43, Nr. 28 vom 10.7.1988, S. 3.

585 Vgl. ebd.

586 Vgl. ebd.

587 Vgl. LKAS, Best. Landesbischöfe Rathke und Stier, Nr. 67: Programmheft Kirchentag Rostock 1988, S. 15.

588 Vgl. „Neu auf dem Kirchentag: Frauen laden ein" In: Mecklenburgische Kirchenzeitung, Jg. 43, Nr. 28 vom 10.7.1988, S. 3.

589 Vgl. ebd.

590 Vgl. ebd.

591 Vgl. ebd.

592 Vgl. BArch, DO-4/1428, Blatt 990: Programmheft Erfurter Kirchentag 1988, S. 11; BArch, DO-4/1429, Blatt 1244: Programmheft Kirchentag Halle/Saale 1988, S. 9.

8.5 Über viele Brücken kannst du gehen – die geistliche Dimension

„Brücken bauen“ – diese Losung wurde in Rostock auch in geistlicher Hinsicht durchaus vielfältig interpretiert. Das Motiv der Brücke zog sich durch das gesamte Programm. Bei den theologischen Vorüberlegungen hatten die Organisatoren den Fokus vor allem auf zwei Aspekte gerichtet: Gottes Bund mit dem Volk Israel durch Abraham und Mose (Gen 17; Ex 19 und 24) sowie Gottes Bund mit allen Völkern durch Jesus Christus[593]. Die in Jesus Christus manifestierte Liebe Gottes und die neutestamentlichen Bundeszeichen Taufe und Abendmahl sollten bei der Themenentfaltung besondere Berücksichtigung finden[594]. Darüber hinaus wollten die Veranstalter die Brücken von Mensch zu Mensch, zum Beispiel in Form von Nächstenliebe, in den Blick nehmen[595].

Am 19. Juni 1988 widmete Dorothee Sölle ihre Bibelarbeit einer „Brückengeschichte“ aus dem Alten Testament, und zwar dem Schöpfungsbericht (Gen 1, 1-2,4a). Das Interesse der Kirchentagsbesucher an der Schriftauslegung unter der Überschrift „Und es ward Licht – Gott baut die erste Brücke“ erwies sich als sehr groß: Mit rund 300 Teilnehmern war die Johanniskirche überfüllt[596]. Die Kölner Theologin hatte sich bereits in ihrem erstmals 1985 erschienenen Werk „Lieben und Arbeiten“ mit dem biblischen Schöpfungsbericht und der Schöpfungstheologie aus feministischer Sicht auseinandergesetzt[597]. Ihre Bibelarbeit in Rostock entwarf sie auf der Grundlage dieses Textes, einige Passagen hatte sie wortwörtlich daraus entnommen. Den Kern ihrer Ausführungen bildete die Beziehung, die den Schöpfergott mit seinen Geschöpfen verbindet. Für Sölle stellte die Stimme Gottes, die mit dem Ausruf „Es werde Licht“ (Gen 1,3) die Welt zum Leben erweckte, die erste sinnbildliche Brücke des Schöpfungsprozesses dar[598]. Die Verbindung, die Gott damit zur Welt und allen seinen Geschöpfen aufbaute, sei bis in die Gegenwart erfahrbar[599]. Gleich zu Beginn grenzte sich die Referentin von buchstabengetreuen Interpretationen des alttestamentlichen Berichts ab: Der Genesis-Text sei nur *eine* Antwort, *eine* Umschreibung des Ereignisses „Schöpfung“[600]. Eine mögliche Vereinbarkeit der biblischen Erzählung mit modernen naturwissenschaftlichen Erkenntnissen stand nicht im Mittelpunkt ihres Vortrags – obwohl dieser Aspekt für Christen in der DDR vielleicht von großer Bedeutung gewesen wäre, da sie sich vor allem im Bildungsbereich oft spöttischen Äußerungen in Bezug auf diesen Bibeltext ausgesetzt sahen. Dorothee Sölles Hauptaugenmerk richtete sich vielmehr auf ein Konzept der abendländischen Theologie, das ihrer Ansicht nach die absolute Trennung von

593 Vgl. LKAS, Landesbischöfe Rathke und Stier, Nr. 67: „Theologische Überlegungen zum Kirchentagsthema für 1988 (Themenausschuss der Landesausschüsse Mecklenburg/Greifswald)“, S. 1.

594 Vgl. ebd. S. 2.

595 Vgl. ebd. S. 3.

596 So hielten es die staatlichen Stellen fest. Vgl. LAG, Rep. 200 II 7.3, Nr. 47, Blatt 1: „Tagesinformation zum Kirchentag“, 19.6.1988, S. 1.

597 Vgl. Sailer-Pfister: Theologie der Arbeit vor neuen Herausforderungen, S. 253f. Zu den zentralen Aspekten und Hintergründen dieses Werks vgl. ebd. S. 248-293. „Lieben und Arbeiten: eine Theologie der Schöpfung“ erschien zuletzt 2001 in einer leicht überarbeiteten Fassung im Piper Verlag.

598 Vgl. LKAS, LA KT, Nr. 2: Manuskript zur Bibelarbeit von Dorothee Sölle, S. 2.

599 Vgl. ebd. S. 3.

600 Vgl. ebd. S. 2.

Schöpfer und Schöpfung betonte[601]. Die „überzogene" Unterscheidung von Gott und Welt sowie die Überbetonung der absoluten Überlegenheit Gottes gegenüber seiner Schöpfung hielt sie für eine große Gefahr, weil das Beharren auf der Theorie der *creatio ex nihilo*[602] und die Verwerfung des Pantheismus[603] aus Gott ein unbegreifliches, willkürliches und beziehungsloses Wesen mache[604]. An dieser Stelle trat zudem Sölles deutlichste feministisch-theologische Kritik dieser Bibelarbeit hervor: Der transzendente Gott in seiner absoluten Freiheit entspreche dem patriarchalen Ideal des unabhängigen Königs, Kriegers und Helden – er sei deshalb ein echter „Männergott"[605]. „Wer aber braucht einen solchen Gott?", fragte die Theologin in Rostock. Jenem patriarchalen Gottesbild stellte sie den liebenden Gott gegenüber, der die Welt als „creatio ex amore" geschaffen habe[606]. Die Entdeckung von Gott als liebender Mutter verändere nicht nur die Sicht auf die Menschen, die sich nun als gewollte und gebrauchte Kinder verstehen könnten, sondern auch auf die Natur[607]. Ist Gott von der Schöpfung getrennt, verliere diese das Sakrale und werde zu einem vom Menschen unterdrückten und ausgebeuteten Objekt[608]. Die Aufgabe der Menschen bestehe aber darin, Gottes Licht in der sie umgebenden Welt zu entdecken und zu verstehen, dass alle Geschöpfe durch ihre Grundbedürfnisse und Sterblichkeit miteinander verbunden seien[609]. In diesem umweltethischen Ansatz sah Sölle das Potential für eine Lösung der globalen Umweltprobleme[610]. Er dürfte für die meisten Teilnehmer in Rostock durchaus neue Aspekte enthalten haben, weil er den Menschen als Bestandteil und nicht nur als Hüter der Natur verstand und damit über die bekannte Forderung einer Bewahrung der Schöpfung durch den Menschen hinausging. Das Engagement von Dorothee Sölle in der Ökologiebewegung und auf dem Gebiet der feministischen Theologie drückte sich somit auch in ihrer Bibelarbeit aus. Sie nahm die biblische Erzählung von der Erschaffung der Welt zum Anlass, um auf eine Neuentdeckung der Brücken zu verweisen, die den Menschen mit seinen Mitgeschöpfen und mit Gott verbindet. Den Aufruf zum Handeln, zur Hinwendung und zum Eintreten für den Nächsten[611], hatte diese Bibelarbeit mit der Predigt von Joachim Gauck beim Abschlussgottesdienst gemeinsam.

Der Vorsitzende des Landesausschusses betrachtete die Kirchentagslosung allerdings im neutestamentlichen Kontext. Bei seiner Auslegung von 1. Joh 1,5-9 stellte Joachim Gauck die Hoffnung auf eine neue Art zu leben und die Suche nach der „Brücke", die zu diesem neuen Leben führt, in den Mittelpunkt. Den in der Bibelstelle thematisierten Kontrast zwischen Licht (Gott) und Dunkelheit (Sünde) bezog er auf die Erfahrung von Licht- und Schattenseiten im täglichen Leben und in der

601 Vgl. ebd. S. 7.

602 Vgl. dazu einführend Walter Groß/Christian Link: Art. Creatio ex nihilo, in: RGG[4] 2, Tübingen 1999, Sp. 485-489; Johannes von Lüpke: Art. Schöpfung VII, in: TRE 30, Berlin/New York 1999, S. 305-326; Jürgen Moltmann: Art. Ökologie, in: TRE 25, Berlin/New York 1995, S. 39f.

603 Vgl. dazu einführend Bernhard Maier et al.: Art. Pantheismus, in: TRE 25, Berlin/New York 1995, S. 627-641; Matthias Wolfes: Art. Pantheismus, in: RGG[4] 6, Tübingen 2003, Sp. 853-857.

604 Vgl. LKAS, LA KT, Nr. 2: Manuskript zur Bibelarbeit von Dorothee Sölle, S. 7f.

605 Vgl. ebd. S. 8.

606 Vgl. ebd. S. 10.

607 Vgl. ebd. S. 11.

608 Vgl. ebd.

609 Vgl. ebd. S. 15f.

610 Vgl. ebd. S. 16.

611 Vgl. ebd.

Gesellschaft. Dabei griff er ein Thema auf, das ursprünglich für alle vier Kirchentage des Jahres 1988 angedacht war: Umkehr[612]. Eine Grundvoraussetzung für einen Neuanfang seien das Erkennen und Bekennen der eigenen Schuld[613]. Das gelte nicht nur für den Einzelnen, sondern auch für die Kirche als Ganzes und für die Gesellschaft[614]. Erst wenn das Schönreden und Leugnen der eigenen Fehler aufhörten, könne die Distanz zwischen den Menschen überwunden werden[615]. Statt „tönende[r] Phrasen" entstünde so ein echter Dialog, eine tragende Brücke[616]. Diese Anspielung auf die meist sinnentleerten Parolen der SED dürfte jeder Teilnehmer der Abschlussversammlung verstanden haben. Gauck legte den Fokus seiner Predigt aber trotz aller versteckten oder offenen Kritik an der DDR-Gesellschaft auf einen Kernaspekt der christlichen Theologie: die Vergebung der Sünden durch das Wirken Jesu Christi[617]. Dieser Ausdruck der Liebe Gottes befreie den Menschen zu einem neuen Leben, zum „Brückenbau" zu Gott und den Mitmenschen[618]. Sich am Handeln Jesu zu orientieren, bedeute dann, die ersehnte Brücke zum Leben im Lichte Gottes zu betreten[619]. Wie viele Theologen vor ihm bei Kirchentagen ging Joachim Gauck damit in seiner Predigt auf die Sehnsucht der Besucher nach einer positiven Veränderung und einer tragenden Hoffnung für ihr persönliches Leben ein. Nicht ganz neu, aber überraschend in seiner Deutlichkeit, war der Bezug auf konkrete Missstände in der sozialistischen Gesellschaft[620]. Mit seinen Forderungen nach einem gesellschaftlichen Neuanfang gehörte der Pastor zu den Vorboten jener umwälzenden Aufbruchstimmung, die ein Jahr später das gesamte Land erfassen sollte.
Die Kirchentagsteilnehmer konnten sich der Losung des Treffens aber nicht nur auf der kognitiven Ebene nähern. Bei der „Aktion Brückenschlag" am 18. Juni auf dem Platz der Jugend stand das gemeinsame Singen als eine Form des „Brückenbauens" zwischen den Menschen im Fokus[621]. Als spielerisches und entspannendes Gegenstück zur intellektuellen Auseinandersetzung mit der Losung in den Podiumsdiskussionen, Arbeitsgruppen und Vorträgen gedacht[622], zog diese Veranstaltung mehr als 1.000 Besucher an[623]. Musikalisch begleitet von Posaunenchören der ELLKM, der ELKG und der Nordelbischen Kirche, vom Jugendchor und der Band Sondershausen/Stockhausen sowie dem Liedermachertrio „Circus Lila" aus Jena knüpften die Teilnehmer auf ganz konkrete Weise neue Verbindungen, wie beim Austausch von Adressen und dem Anfertigen einer meterlangen Wimpelkette für den

612 Siehe dazu Kapitel 8.1.
613 Vgl. „Joachim Gauck: Predigt beim Abschlussgottesdienst des Kirchentages, Rostock, 19.6.1988" In: epd-Dokumentation Nr. 39a/88 vom 26.9.1988, S. 16.
614 Vgl. ebd.
615 Vgl. ebd. S. 17.
616 Vgl. ebd.
617 Vgl. ebd.
618 Vgl. ebd.
619 Vgl. ebd.
620 Siehe dazu Kapitel 8.3.
621 Vgl. LKAS, LA KT, Nr. 5: Information zur „Aktion Brückenschlag", S. 1. Zur Vorbereitungsgruppe gehörten LSPW Hans-Peter Günther (Greifswald), Kantor Hans-Jürgen Küsel (Neustrelitz) und Volker von der Heydt (BEK Berlin).
622 Vgl. ebd.
623 So lautete die kirchliche Schätzung. Vgl. „Aktion Brückenschlag" In: Mecklenburgische Kirchenzeitung, Jg. 43, Nr. 30 vom 17.7.1988, S. 4. Die Rostocker SED-Kreisleitung zählte sogar etwa 3.500 Teilnehmer. Vgl. LAG, Rep. 200 II 7.3, Nr. 48, Blatt 302: „Information über weitere Veranstaltungen am 18.6.1988 anläßlich des Kirchentages in der Stadt Rostock", 19.6.1988, S. 1.

Abschlussgottesdienst[624]. Die Brückenmetapher fand sich auch in den Abendmahlsfeiern des Kirchentags wieder. Zwar fiel das Gottesdienstangebot in Rostock recht schmal aus, doch es ist bezeichnend, dass bei vier von insgesamt sechs Gottesdiensten ein Abendmahl abgehalten wurde. Auch die Abschlussveranstaltung konzipierte man ganz bewusst als Abendmahlsgottesdienst, weil dieses Sakrament den Brückenschlag von Gott zu den Menschen sowie von einem Menschen zum anderen auf besondere Weise verdeutliche[625].
Die geistlichen Angebote des Rostocker Treffens waren allerdings nicht von großer Vielfalt geprägt. Neben den Gottesdiensten setzte man auf bewährte Kirchentagsklassiker, die größtenteils gut besucht waren. Dazu gehörten die „Liturgische Nacht" am 17. Juni in der Christuskirche und die Bibelarbeiten, die sowohl in den sieben Arbeitsgruppen als auch zusätzlich am 19. Juni angeboten wurden[626]. Traditionellerweise gab es bei den Kirchentagen im Norden außerdem Gottesdienste oder Bibelarbeiten in plattdeutscher Sprache. Beim Rostocker Treffen 1988 hatte man dieses Angebot deutlich erweitert: Im „Plattdütsch Hus" in der Nikolaikirche fanden vom 17. bis 19. Juni nicht nur ein Abendmahlsgottesdienst und Bibelarbeiten statt, sondern auch eine Podiumsdiskussion zum Thema „Kark up platt – wat sall dat?", Vorträge, Lesungen und musikalische Veranstaltungen[627]. Der „Markt der Möglichkeiten" informierte am 17. und 18. Juni in der Marienkirche über kirchliches Leben und Initiativen. An rund 30 Ständen präsentierten sich unter anderem diakonische Einrichtungen der Kirchen Mecklenburg und Greifswald, das mecklenburgische Posaunenwerk, das Bibelwerk, evangelische Buchhandlungen und das Ökumenisch-Missionarische Zentrum Berlin[628]. Außerdem gab es Informationsstände zu Gemeindepartnerschaften, zur Bibelwoche, zur kirchlichen Forstwirtschaft, zur Kirchensteuer sowie zum Thema Dritte Welt[629]. Fragen und Aspekte des kirchlichen Lebens kamen zudem in Foren und Arbeitsgruppen zur Sprache. Am „Forum Kirchgemeinderäte/Gemeindekirchenräte" am 18. Juni in der Kirche in Warnemünde nahmen rund 150 Kirchenälteste teil, um sich über Erfahrungen mit Laienvorsitzenden auszutauschen

624 Vgl. „Aktion Brückenschlag" In: Mecklenburgische Kirchenzeitung, Jg. 43, Nr. 30 vom 17.7.1988, S. 4.

625 Vgl. LKAS, LA KT, Nr. 6: Brief der Vorbereitungsgruppe des Abschlussgottesdienstes an den Landesausschuss, 24.10.1987.

626 Die „Liturgische Nacht" unter der Leitung von Pastor Frieder Jelen (Middelhagen/Rügen) hatte nach staatlichen Angaben rund 300 Teilnehmer. Vgl. LAG, IV/E/2.14, Nr. 599, Blatt 151: Bericht zur „Liturgischen Nacht", 17.6.1988. Am 19. Juni boten Dorothee Sölle, Ingo Baldermann (Siegen), Harvey Cox (New York) und Roland Springborn Bibelarbeiten an. Nach staatlichen Schätzungen waren die Bibelarbeiten der ausländischen Gäste besonders gut besucht: Etwa 300 Teilnehmer kamen zu Sölle und je 150 zu Cox und Baldermann. An Springborns Bibelarbeit sollen rund 50 Personen teilgenommen haben. Vgl. LAG, Rep. 200 II 7.3, Nr. 89, Blatt 126: „Information zum Rostocker Kirchentag vom 16.06.-19.06.88", 19.6.1988, S. 3; ebd. S. 45.

627 Vgl. LKAS, Best. Landesbischöfe Rathke und Stier, Nr. 67: Programmheft Kirchentag Rostock 1988, S. 27. Nach Angaben der Veranstalter kamen insgesamt rund 700 Besucher ins „Plattdütsch Hus". Die meisten Teilnehmer verzeichneten die Vorträge, die Podiumsdiskussion und der Gottesdienst. Vgl. LKAS, LA KT, Nr. 5: Brief von Pastor Peter Wittenburg an den Landesausschuss, 21.6.1988.

628 Vgl. „Markt mit vielen Möglichkeiten" In: Mecklenburgische Kirchenzeitung, Jg. 43, Nr. 28 vom 10.7.1988, S. 3; BStU, MfS, BV Rostock, AS Nr. 416/88, Bd. 2, Blatt 97f.: „2. Information über den Verlauf des Kirchentages der ELLKM und ELKG vom 16. bis 19. Juni 1988", 17.6.1988, S. 6f.

629 Vgl. „Markt mit vielen Möglichkeiten" In: Mecklenburgische Kirchenzeitung, Jg. 43, Nr. 28 vom 10.7.1988, S. 3.

und Aufgaben der Gemeindeleitung zu diskutieren[630]. Die Veranstalter hatten gezielt Mitglieder von Gemeinderäten aus der mecklenburgischen und der Greifswalder Kirche eingeladen[631]. Das Forum betonte, ein Kirchengemeinderat solle neben organisatorischen Aspekten wie Baufragen, Finanzen und Friedhofsverwaltung das geistige Leben in der Gemeinde nicht aus dem Blick verlieren und es aktiv gestalten[632]. Mit diesem Hinweis deuteten sie an, dass organisatorische Fragen in den Sitzungen der Gemeindeleitungen offenbar dominierten und inhaltlich-theologisches Arbeiten entweder aus Zeitmangel oder aus fehlendem Interesse oft vernachlässigt wurde. Welche Ansichten die Teilnehmer zum Laienvorsitz äußerten, ist in den Akten nicht überliefert, aber bereits die Rahmenbedingungen waren in den beiden Landeskirchen unterschiedlich. So gab es in Mecklenburg seit 1969 die Möglichkeit, dass ein Laie den Vorsitz im Kirchengemeinderat übernahm – allerdings ließ schon die entsprechende Formulierung im Kirchengesetz erahnen, dass man eine echte Förderung dieser Variante nicht anstrebte[633]. Die Ordnung der Greifswalder Landeskirche zeigte sich noch rückständiger: Sie hielt fest, dass nur ein Ordinierter die oberste Leitung der Gemeinde innehaben durfte[634]. Vor diesem Hintergrund verwundert es nicht, dass die Rostocker Organisatoren für ihr Forum lediglich zwei Kirchengemeinderäte mit Laien als Vorsitzenden fanden[635]. Damit ließ sich im Kontext der Kirchentage einmal mehr die defizitäre Unterstützung eines verantwortlichen Engagements der Laien und die herausgehobene Stellung der Pastoren in den Gemeinden erkennen, wie sie für diese zwei Landeskirchen typisch war[636]. Die starke Zentrierung auf die Pastoren bei der Gestaltung des Gemeindelebens wurde auch in der Arbeitsgruppe 6.1 „Klarheit – Durchsichtigkeit – Neues Denken in unserer Kirche“ diskutiert. Dort kritisierten die Teilnehmer, die Mitarbeit von Laien beschränke sich vor allem

630 Vgl. „Forum Kirchgemeinderäte“ In: Mecklenburgische Kirchenzeitung, Jg. 43, Nr. 30 vom 17.7.1988, S. 5.

631 Vgl. LKAS, LA KT, Nr. 6: Protokoll der Sitzung der Vorbereitungsgruppe „Forum KGR/GKR“ am 3.11.1987.

632 Vgl. „Forum Kirchgemeinderäte“ In: Mecklenburgische Kirchenzeitung, Jg. 43, Nr. 30 vom 17.7.1988, S. 5.

633 In Paragraph 35 der Kirchgemeindeordnung der ELLKM vom 20. März 1969 hieß es: „(1) Vorsitzender des Kirchgemeinderats ist in der Regel der Pastor (Pastorin). […] (3) Der Kirchgemeinderat wählt […] einen Kirchenältesten als zweiten Vorsitzenden. Dieser führt den Vorsitz, […] (c) wenn in einem Kirchgemeinderat mit nur einem Pastor dieser auf den Vorsitz verzichtet hat. Dieser Verzicht kann widerrufen werden.“ Vgl. „Kirchliches Amtsblatt der Evangelisch-Lutherischen Landeskirche Mecklenburgs“ Nr. 5/6 vom 30.5.1969, S. 28.

634 Im ersten Abschnitt der Ordnung vom 2. Juni 1950 legte Artikel 67 die Bestimmungen zum Vorsitz fest: „(1) Den Vorsitz im Gemeindekirchenrat führt der Pfarrstelleninhaber. In Gemeinden mit mehreren Pfarrstellen wechseln die Pfarrstelleninhaber in der Reihenfolge ihres kirchlichen Dienstalters von drei zu drei Jahren im Vorsitz. […] (2) Der Gemeindekirchenrat wählt aus den Ältesten einen stellvertretenden Vorsitzenden, jedoch kommt in Gemeinden mit mehreren Pfarrstellen die Vertretung im Vorsitz in erster Linie dem jeweiligen Vorgänger im Vorsitz und in Ermangelung eines solchen dem nächsten zum Vorsitz berufenen Pfarrstelleninhaber zu.“ Vgl. „Amtsblatt der Evangelischen Landeskirche Greifswald“ Nr. 2/3 vom 15.3.1986, S. 24. Erst in der Fassung der Kirchenordnung vom 14. April 1991 wurde Artikel 67 dahingehend geändert, dass entweder der Vorsitzende des GKR oder sein Stellvertreter ein Laie sein musste. Vgl. „Amtsblatt der Pommerschen Evangelischen Kirche“ Nr. 2 vom 28.2.1993, S. 22.

635 Dabei handelte es sich um die Kirchengemeinderäte von St. Johannis in Rostock und von Reinshagen bei Güstrow. Vgl. LKAS, LA KT, Nr. 5: Protokoll der Sitzung der Vorbereitungsgruppe „Forum KGR/GKR“ am 9.4.1988, S. 1.

636 Vgl. Frank: Einsam oder gemeinsam?, S. 343; dies.: „Realer, exakter, präziser“?, S. 305 und S. 313.

auf technisch-organisatorische Aspekte oder die Kirchenmusik, da eine Mitwirkung in anderen Bereichen erschwert sei[637]. Ob die Besucher der Arbeitsgruppe die Ursache dieser Problematik aufseiten der Pastoren sahen, die womöglich eine eigenständige inhaltliche Mitarbeit der Laien nicht genügend förderten, oder ob sie das Problem an einer mangelnden Bereitschaft respektive Qualifikation der Laien selbst festmachten, muss offen bleiben. Auf alle Fälle gehörte für sie die als eingeschränkt empfundene Laienmitarbeit zu den Aspekten, die eine Umgestaltung der Kirche nötig machten. Die Organisatoren der AG hatten in der Vorankündigung erklärt, bei der kirchlichen Basis sei die Erwartung spürbar, dass auch in die Institution Kirche mehr Klarheit, Durchsichtigkeit und „Neues Denken" einzögen[638]. Dabei war die sprachliche Anlehnung an die in der Sowjetunion initiierten Reformprozesse *Glasnost* (Transparenz) und *Perestroika* (Umgestaltung) unverkennbar. Offensichtlich wollte die Vorbereitungsgruppe um den Neubrandenburger Pastor Andreas Riemann deutlich machen, dass sie Reformen sowohl im politischen als auch im kirchlichen Bereich für dringend notwendig erachtete. In diesem Zusammenhang sollten die entscheidenden Fragen – zum Beispiel nach den erforderlichen Veränderungen in der Struktur der Kirche angesichts ihrer finanziellen Lage, nach der Nachvollziehbarkeit der innerkirchlichen Entscheidungs- und Informationsprozesse sowie den Vorstellungen der Gemeindeglieder zur Zukunft ihrer Kirche – mit Mitgliedern des Oberkirchenrats, des Konsistoriums und der Kirchenleitungen diskutiert werden[639]. Innerkirchliche Probleme sprach ebenso Generalsuperintendent Krusche an. In seinem Vortrag „Brücken bauen – Probleme und Chancen einer Kirche in der Großstadt" ging er insbesondere auf Kommunikationsprobleme ein. Diese bestanden seiner Meinung nach auf mehreren Ebenen: zwischen der Kirchenleitung und der Basis, zwischen Gemeinden und Basisgruppen und zwischen den verschiedenen Generationen[640]. Günter Krusche bezog sich dabei nicht nur auf seine Landeskirche, sondern stellte die fehlende bzw. mangelhafte Kommunikation als ein allgemeines Problem der Kirchen dar[641]. Seine eigene Rolle, zum Beispiel bei der Auseinandersetzung mit den Basisinitiativen in Berlin[642], ließ er in seinem Vortrag allerdings außer Acht. Diese fehlende Selbstkritik lässt ein Stück weit an der Ernsthaftigkeit seiner prinzipiell wichtigen Forderungen nach mehr Verständigung und Toleranz sowie nach einem Brückenschlag zwischen „den unterschiedlichen politischen Standpunkten in der Gemeinde, […] den Angepassten und den Verweigerern, […] denen, die hier bleiben, und denen, die weggehen wollen"[643] zweifeln. Allerdings waren die in Krusches Referat und in der AG 6.1 angesprochenen Themen hochaktuell. Vor allem in der Greifswalder Kirche häufte sich die Kritik an der Kirchenführung. Intransparente Entscheidungsprozesse und fehlende Kommunikation führten dort ein Jahr später zu einem einmaligen Vorfall in der DDR: dem Rücktritt eines Bischofs[644].

637 Vgl. LKAS, LA KT, Nr. 6: Presseinformation Nr. 6.
638 Vgl. LKAS, Best. Landesbischöfe Rathke und Stier, Nr. 67: Programmheft Kirchentag Rostock 1988, S. 12.
639 Vgl. ebd. S. 12f.
640 Vgl. LKAS, LA KT, Nr. 2: Manuskript des Vortrags von Günter Krusche, S. 2.
641 Vgl. ebd.
642 Vgl. Findeis/Pollack (Hg.): Selbstbewahrung oder Selbstverlust, S. 577-585. Siehe dazu auch Kapitel 8.3.
643 Vgl. LKAS, LA KT, Nr. 2: Manuskript des Vortrags von Günter Krusche, S. 6f. und S. 9.
644 Vgl. Frank: Einsam oder gemeinsam?, S. 288.

Der Konflikt, der im Kontext der Einweihung des Greifswalder Doms im Juni 1989 öffentlich zutage trat[645], demonstrierte, wie sehr sich die Kluft zwischen Gienke und seinen engsten Mitarbeitern[646] auf der einen und den Gemeindemitgliedern und der Pastorenschaft auf der anderen Seite im Laufe der 1980er Jahre vergrößert hatte. Abgrenzung und ein unzureichender Dialog standen jedoch nicht nur in Bezug auf innerkirchliche Abläufe zur Debatte. Günter Krusche kritisierte, viele Gemeinden würden sich aufgrund ihrer kleinen Mitgliederzahl von ihrer Umgebung abgrenzen, anstatt bekennend und missionarisch mit Nichtgläubigen in Kontakt zu treten[647]. Den von ihm beklagten Mitgliederschwund kannten auch die beiden nördlichen Landeskirchen. Insgesamt war seit der Gründung der DDR der Anteil der evangelischen Christen an der Gesamtbevölkerung von rund 80 Prozent (14,8 Millionen) auf etwa 25 Prozent (3,9 Millionen) im Jahr 1989 gesunken[648]. Im Norden hatte die mecklenburgische Kirche noch größere Verluste zu verzeichnen als die ELKG: Im Jahr 1946 gab es in Mecklenburg rund 1,1 Millionen Protestanten[649], Ende der 1980er hatte sie ca. 500.000 Mitglieder[650]. Auf dem Gebiet der Greifswalder Kirche lebten 1946 etwa 640.000 evangelische Christen, gegen Ende der 1980er Jahre waren es rund 450.000[651]. Das Thema Mission hatte aber seit dem Stralsunder Treffen 1978[652] bei den Kirchentagen der ELLKM und ELKG kaum noch eine Rolle gespielt. Dabei hatte der „Ökumenisch-Missionarische Verbindungsausschuss" des Kirchenbunds im Herbst 1979 noch dazu aufgerufen, die 1980er zu einem missionarischen Jahrzehnt zu machen[653]. Die Mitgliederzahlen der evangelischen Kirchen veränderten sich in den 1980ern jedoch nur geringfügig zum Positiven. So stieg zwar zum Beispiel die Rate der Erwachsenentaufen in den Kirchen im Norden zwischen 1980 und 1989 merklich an, aber insgesamt in sehr bescheidenem Umfang[654]. Mögliche Ursachen für das leicht zunehmende Interesse an Religion und Kirche in den 1980er Jahren sieht Detlef Pollack in der Suche der Bürger nach Alternativen zur erstarrten SED-Ideologie und im Nachlassen staatlicher Repressionen gegenüber den Kirchenmitgliedern[655]. In Rostock deuteten der Besucherandrang bei der Evangelisationsveranstaltung mit Altbischof Werner Krusche in der Universitätskirche und

645 Konkreter Auslöser der offen geäußerten Kritik waren unter anderem die Einladung von Erich Honecker zum Festgottesdienst und fehlende innerkirchliche Absprachen in Bezug auf die Domeinweihung. Siehe dazu Anm. 73 in Kapitel 3.2.

646 Dazu gehörten OKR Siegfried Plath, OKR Hans-Martin Harder und Konsistorialrat Christoph Ehricht. Dass diese drei nicht von ihren Ämtern zurücktraten, beruhte nach Ansicht von Rahel Frank auf deren persönlichem Geschick. Nach außen hätten sie sich zunehmend vom Bischof distanziert, obwohl sie viele seiner Entscheidungen mitgetragen hatten. Vgl. Frank: Einsam oder gemeinsam?, S. 310.

647 Vgl. LKAS, LA KT, Nr. 2: Manuskript des Vortrags von Günter Krusche, S. 2.

648 Vgl. Pollack: Kirche in der Organisationsgesellschaft, S. 373 und S. 380.

649 Vgl. Vogel: Abgestorben?, S. 142.

650 Siehe dazu Anm. 115 in Kapitel 3.3.

651 Vgl. Vogel: Abgestorben?, S. 142; Maser: Die Kirchen in der DDR, S. 12.

652 Siehe Kapitel 4.5.

653 Vgl. „Die achtziger Jahre – ein missionarisches Jahrzehnt" In: Mecklenburgische Kirchenzeitung, Jg. 34, Nr. 39 vom 30.9.1979, S. 1.

654 In der ELLKM waren 1980 unter den insgesamt 2.246 Neugetauften 87 Erwachsene, 1989 wurden 2.373 Mecklenburger getauft, darunter 289 Erwachsene. In der ELKG gab es 1980 1.174 Taufen, darunter 33 Erwachsenentaufen, und 1985 waren unter den 1.122 Täuflingen 88 Erwachsene. Vgl. Pollack: Kirche in der Organisationsgesellschaft, S. 386.

655 Vgl. ebd. S. 441 und S. 444f.

die ebenfalls gut besuchte Arbeitsgruppe 1[656] darauf hin, dass das Thema Mission und die Suche nach geistlicher Erneuerung an Bedeutung gewonnen hatten. In der AG 1 sollten Fragen zur Mission durchaus sehr kritisch reflektiert werden. Vor dem Hintergrund des Wahrheits- und Absolutheitsanspruches der Religionen stellten die Veranstalter die Sehnsucht nach Wahrheit und den Umgang mit Glaubenszweifeln in den Mittelpunkt[657]. Außerdem wollte man sich in dem Podiumsgespräch „Christsein im Spannungsfeld zwischen Verdichtung und Öffnung" der Frage widmen, ob bzw. auf welche Weise die Kirche gleichzeitig ihrem Anspruch einer Berücksichtigung des Missionsbefehls (Mt 28,16-20) und der Betreuung der vorhandenen Gemeindemitglieder gerecht werden könne[658].

Wie bei den vorherigen Kirchentagen hatten somit auch die Organisatoren des Rostocker Treffens 1988 den Versuch unternommen, das Hauptthema vielschichtig zu entfalten. Die Losung „Brücken bauen" erwies sich dabei als passende Grundlage, weil sie eine Vielzahl von Interpretationsmöglichkeiten eröffnete. So setzte zum Beispiel Dorothee Sölle mit ihrer ökofeministischen[659] Auslegung des biblischen Schöpfungsberichts neue theologische Akzente und Joachim Gauck erweiterte beim Abschlussgottesdienst seine Ausführungen zum Thema Umkehr um mitunter sehr deutliche Gesellschaftskritik. Zwar hätte man das geistliche Angebot besonders im Hinblick auf die Gottesdienste um einiges umfangreicher und abwechslungsreicher gestalten können, doch dafür zeigten die Veranstalter, dass sie in Bezug auf Fragen des kirchlichen Lebens ein Gespür für aktuell bedeutsame Themen besaßen, mit denen sie sich durchaus sehr kritisch auseinandersetzen wollten. Ebenfalls hochaktuell und dabei völliges Neuland für einen Kirchentag im Norden der DDR war der interreligiöse Dialog, dem sich das folgende Kapitel widmet.

8.6 Eine neue alte Brücke: Juden und Christen

Aus ökumenischer Sicht gehörte das Rostocker Treffen 1988 zu den bis dato vielseitigsten Kirchentagen im Norden der DDR. Erstmals gab es nicht nur eine Zusammenarbeit und einen Austausch zwischen den verschiedenen christlichen Konfessionen, sondern auch einen interreligiösen Dialog. Dabei stand als eine besondere „Brücke" das Verhältnis von Juden und Christen im Fokus. Neu war für einen Kirchentag in Rostock außerdem die große Anzahl internationaler Gäste. Mit 150 Gästen[660] blieb das Rostocker Treffen zwar etwas hinter dem vorangegangen Greifswalder Kirchentag zurück, aber im Vergleich zu 1983 hatte sich die Zahl immerhin verdreifacht[661]. Wie

656 Bei der Evangelisation mit Werner Krusche „Gott in Aktion" war die Kirche laut staatlichen Angaben überfüllt. Vgl. LAG, Rep. 200 II 7.3, Nr. 89, Blatt 147: „Information zum Rostocker Kirchentag vom 16.06.-19.06.88", 19.6.1988, S. 45. An der AG 1 nahmen nach Schätzungen der Veranstalter etwa 100 Menschen teil. Vgl. LKAS, LA KT, Nr. 5: Stellungnahme des Leiters der AG 1.

657 Vgl. LKAS, Best. Landesbischöfe Rathke und Stier, Nr. 67: Programmheft Kirchentag Rostock 1988, S. 2.

658 Vgl. ebd. S. 2f.

659 Vgl. dazu Sailer-Pfister: Theologie der Arbeit vor neuen Herausforderungen, S. 254 und S. 517.

660 Vgl. LKAS, LA KT, Nr. 6: Presseinformation Nr. 1.

661 In Greifswald hatten 200 internationale Gäste am Kirchentag teilgenommen, nach Rostock kamen 1983 rund 50 Gäste. Vgl. LKAG, Best. KT, Nr. 37: „Kirchentag in Zahlen'" In: Greifswalder Informationsdienst (hrsg. von der Pressestelle der ELKG), Nr. 3/85 vom 30.6.1985, S. 26; LKAS, Best. Landesbischöfe Rathke und Stier, Nr. 66: Bericht des Landesausschusses Mecklenburg bei der Tagung der Landessynode der ELLKM vom 15. bis 18.3.1984, S. 5.

im Lutherjahr kamen die meisten Gäste aus den beiden Partnerkirchen der ELLKM und ELKG: Bayern und Nordelbien[662]. Aus der Bundesrepublik reiste zudem erneut eine Delegation des DEKT an, darunter der ehemalige Kirchentagspräsident Klaus von Bismarck und die FDP-Politikerin Hildegard Hamm-Brücher[663]. Darüber hinaus ergingen Einladungen nach Frankreich, Skandinavien, Osteuropa und in die USA[664]. Zum ersten Mal wurden Gäste aus den Niederlanden, Großbritannien, Kuba und Israel in Rostock begrüßt[665]. Viele Gäste und Vertreter der Ökumene wirkten an den Veranstaltungen mit, zum Beispiel bereits beim allerersten Programmpunkt am 16. Juni in der Andreaskirche, einer Gesprächsrunde mit Gästen aus Szczecin, Turku und Bremen – Rostocks Partnerstädten. Laut staatlichem Bericht wurden dort jedoch keine ökumenischen Themen behandelt. Vielmehr seien aufgrund der Beteiligung von Manfred Manteuffel vom Rat der Stadt Rostock Fragen zum Verhältnis von Staat und Kirche in den Fokus gerückt[666]. Die Veranstaltung „Ökumene zum Anfassen" wurde zweimal in der Hansestadt angeboten, am 18. Juni in der Christus- und am 19. Juni in der Andreaskirche. Als Vorbild hatte wohl der „Treffpunkt Ökumene" des Greifswalder Treffens 1985 gedient, welcher ebenfalls als offenes Gespräch in zwangloser Runde konzipiert gewesen war[667]. Nach gemeinsamer Andacht tauschten sich die Teilnehmer in Rostock bei Kaffee und Kuchen mit den Gästen aus Kuba, Schweden, Finnland, Großbritannien, den Niederlanden und den USA über die Situation in ihren Kirchen aus, während ein bayrischer Posaunenchor für die musikalische Umrahmung sorgte[668]. Dazu hatten die Veranstalter gezielt Gemeindemitglieder aus dem ländlichen Raum eingeladen, die sonst eher selten die Gelegenheit zur Begegnung mit Christen aus anderen Ländern bekamen[669]. Die aus Schweden und Finnland angereisten Chöre waren zudem stark in die musikalische Gestaltung eingebunden, unter anderem bei der Jugendveranstaltung auf dem Platz der Jugend, der „Aktion Brückenschlag", dem Chor- und Bläserkonzert in der Marienkirche, der Veranstaltung „Musik und Singen in der Kirche" oder dem Abschlussgottesdienst[670].

---

662 Vgl. LKAS, Landesbischöfe Rathke und Stier, Nr. 67: Liste der ökumenischen Gäste des Rostocker Kirchentags (Stand: 14.12.1987), S. 1f.

663 Vgl. LAG, IV/E/2.14, Nr. 598, Blatt 33: „Ökumenische Gästeliste zum Kirchentag Rostock (Stand: 31.1.1988), S. 2. Zur DEKT-Delegation gehörten die Präsidiumsmitglieder Barbara Brandes, Heinz Zahrnt, Erika Reihlen, Hildegard Hamm-Brücher und Klaus von Bismarck sowie Kirchentagspastor Reiner Degenhardt, Organisationsleiter Heinz Steege und Werner Wiechelt.

664 Eingeladen wurden unter anderem Vertreter der Kirche in Turku (Finnland), Bischof Carl-Gunnar Grape (Schweden), Vertreter der dänischen Kirche, der Warschauer Bischof Narzynski und ein Chor aus Polen, Erzbischof Mesters (Riga), Erzbischof Pajula (Tallinn), ein Chor aus Ungarn, Vertreter des Synodalrates der Evangelischen Kirche der Böhmischen Brüder (Prag) sowie eine Delegation aus New York. Vgl. LKAS, Landesbischöfe Rathke und Stier, Nr. 67: Liste der ökumenischen Gäste des Rostocker Kirchentags (Stand: 14.12.1987), S. 1f.

665 Darunter Mitarbeiter des Keston College in Kent und Yaakov Zur (Beth Schean/Israel). Vgl. ebd.; LAG, Rep. 200 II 7.3, Nr. 47: „Besuch einer Delegation des Protestantischen Christenrates Kuba vom 13.6.1988 bis 2.7.1988".

666 Vgl. LAG, Rep. 200 II 7.3, Nr. 89, Blatt 128: „Information zum Rostocker Kirchentag vom 16.06.-19.06.88", 19.6.1988, S. 7. Siehe dazu auch Kapitel 8.3.

667 Siehe dazu Kapitel 7.6.

668 Vgl. „Ökumene zum Anfassen" In: Mecklenburgische Kirchenzeitung, Jg. 43, Nr. 28 vom 10.7.1988, S. 3; LAG, Rep. 200 II 7.3, Nr. 48: Presseinformation Nr. 19.

669 Vgl. LAG, Rep. 200 II 7.3, Nr. 48: Presseinformation Nr. 19.

670 Vgl. ebd. Nr. 47: „Vorgesehenes Auftreten von ökumenischen Gästen auf dem Kirchentag in Rostock 16.-19.6.1988", S. 4; LKAS, LA KT, Nr. 6: Ablaufplan des Besuchs des schwedischen Chors „Falbygdens Kantorei", 22.4.1988.

Darüber hinaus zeigten die Besucher wieder großes Interesse an den von ausländischen Gästen gehaltenen Bibelarbeiten, zum Beispiel von Dorothee Sölle oder Professor Harvey Cox (New York)[671]. Die Möglichkeit, von weit her angereiste oder prominente westliche Kirchenvertreter live zu erleben, hatte offensichtlich auch 1988 für die Teilnehmer nichts an Faszination verloren.

Ökumene bedeutete in Rostock aber nicht nur eine Einbeziehung internationaler Gäste, sondern auch die Zusammenarbeit mit anderen Konfessionen vor Ort. Zum einen stellten die methodistische und die katholische Gemeinde gastfreundlich ihre Räumlichkeiten für Kirchentagsveranstaltungen zur Verfügung. Die Arbeitsgruppe 4, die Lesung mit Werner Heiduczek, ein Abendmahlsgottesdienst und ein Konzert konnten in der methodistischen Michaeliskirche stattfinden. Die Katholiken boten zum Beispiel für die „Liturgische Nacht", „Ökumene zum Anfassen" sowie die Arbeitsgruppen 2, 6.1 und 6.2 die Nutzung der Christus-, der Josef- und der Thomas-Morus-Kirche an. Eine engere Zusammenarbeit erfolgte bei der Vorbereitung und Durchführung der ökumenischen „Liturgischen Nacht" am 18. Juni in der Christuskirche, die evangelische und katholische Christen gemeinsam zum Thema „Die Kraft des Gebets" gestalteten[672]. Auch beim „Abend der Begegnung" am 17. Juni brachten sich die katholische Gemeinde in der Christuskirche und die Methodisten in der Michaeliskirche mit eigenen Programmvorbereitungen ein[673]. Insgesamt gesehen war die inhaltliche Mitwirkung der Vertreter der verschiedenen Konfessionen in Rostock dennoch recht überschaubar, denn der Fokus im Bereich Ökumene lag eindeutig auf dem Verhältnis von Juden und Christen. Auf Empfehlung der EKT-Zentrale hätte auch das Thema 1.000 Jahre Taufe Russlands[674] eine Rolle bei den Kirchentagen spielen sollen[675], doch in der Hansestadt wurde es nahezu

---

671 Siehe Kapitel 8.5.

672 Vgl. LKAS, Best. Landesbischöfe Rathke und Stier, Nr. 67: Programmheft Kirchentag Rostock 1988, S. 22. Zur Vorbereitungsgruppe gehörten unter anderem der Jesuitenpater Peter Kegebein aus Berlin und ein katholischer Diakon aus Marlow sowie die Pastoren Joachim Anders (Sternberg), Folker Hachtmann (Güstrow) und Gerd Robatzek (Boltenhagen). Vgl. LKAS, LA KT, Nr. 7: Protokoll der Vorbereitungsgruppe „Liturgische Nacht 18.6.1988" am 8.12.1987, S. 1.

673 Vgl. ebd.: Protokoll der Sitzung der Vorbereitungsgruppe „AG 4" am 19.5.1988; ebd.: Protokoll der Sitzung der Vorbereitungsgruppe „AG 2" am 1.6.1988.

674 Das Jubiläum der Taufe des Großfürsten Wladimir I. und seines Volkes in Kiew im Jahr 988 wurde in der Sowjetunion außergewöhnlich groß zelebriert. Michail Gorbatschow erklärte das Ereignis zum allgemeinen russischen Festtag und traf sich im April 1988 mit dem Moskauer Patriarchen. Daraufhin kam es zur Wiedereröffnung zahlreicher Kirchen, Klöster und christlicher Schulen. Vgl. Michail Shkarovskij: Die Russisch-Orthodoxe Kirche und antireligiöse Staatspolitik in der Sowjetunion (1943-1988), S. 29; Konstantin Kostjuk: Russland – Kirchen als Faktoren des revolutionären Umbruchs 1988 bis 1991, S. 120. In der DDR blieb das Jubiläum größtenteils unbeachtet. Auch das gemeinsame Wort an die Gemeinden von BEK und EKD vom 22. Januar 1988, in dem die Kirchenleitungen an das Taufjubiläum erinnerten und vor dem Hintergrund des Zweiten Weltkriegs zu Verständigung und Versöhnung zwischen den Deutschen und den Völkern der Sowjetunion aufriefen, erfuhr nur geringe Resonanz. Vgl. Besier: Der SED-Staat und die Kirche 1983-1991, S. 196; Silomon: Anspruch und Wirklichkeit der „besonderen Gemeinschaft", S. 584. Eine umfangreichere wissenschaftliche Auseinandersetzung fand allerdings im April 1988 im Rahmen eines internationalen Symposiums an der Sektion Theologie der Universität Halle/Saale statt. Vgl. dazu Hermann Goltz (Hg.): Tausend Jahre Taufe Russlands – Russland in Europa: Beiträge zum Interdisziplinären und Ökumenischen Symposium in Halle (Saale), 13.-16. April 1988, Leipzig 1993.

675 Vgl. LKAS, LA KT, Nr. 3: Protokolle der Sitzungen der Verantwortlichen der vier Kirchentage 1988 am 26.9.1986, S. 3.

völlig ignoriert. Einzig eine von der Berliner Kirchentagszentrale zur Verfügung gestellte Ausstellung in der Andreaskirche befasste sich damit[676]. Der Blick gen Osten richtete sich in Rostock nicht auf das Jubiläum der Russisch-Orthodoxen Kirche, sondern auf das von Nazi-Deutschland verursachte Leid während des Zweiten Weltkriegs in Osteuropa. So hatten die Veranstalter der AG 4 ursprünglich zwei Unterthemen geplant: Juden und Christen sowie Versöhnung zwischen Ost und West[677]. Für die zweite Untergruppe waren Gespräche mit Christen aus Polen, der ČSSR und der Sowjetunion vorgesehen, in denen die Überwindung der einstigen Feindschaft und die aktuellen politischen Beziehungen zwischen Ost- und Westeuropa zur Diskussion stehen sollten[678]. Da die Organisatoren aber bis zum Frühjahr 1988 keine geeigneten Referenten gewinnen konnten, kam die zweite Untergruppe nicht zustande[679]. Das geplante Thema wurde stattdessen in kleinerem Rahmen in der Veranstaltung „Schuld – Vergebung – Hoffnung" in der Johanniskirche aufgegriffen[680]. Dort erhielten die Besucher am 18. Juni die Gelegenheit, sich in einem Gespräch mit Gästen aus zehn Ländern über Möglichkeiten des „Brückenbauens" zwischen (ehemaligen) Feinden auszutauschen[681]. Der Titel dieses Programmpunkts war auch kennzeichnend für die Ausgestaltung des Themenbereichs Juden und Christen.

Vor dem Hintergrund des 50. Jahrestags der Reichspogromnacht am 9. November 1988 rückte erstmals bei einem nördlichen Kirchentag das Verhältnis zwischen Christen- und Judentum in den Fokus. Beim Berliner Treffen 1987 hatte dieses Thema bereits breiteren Raum eingenommen[682] und die anderen drei Kirchentage 1988 setzten sich ebenfalls damit auseinander. In Görlitz fand ein Forum zum Thema „Erfahrungen und Einsichten des christlich-jüdischen Dialogs" statt[683]. Beim Treffen in Erfurt umfasste die Arbeitsgruppe 7 „Umkehr zum Neuanfang: Kirche und Judentum" unter anderem eine Einführung in den jüdischen Gottesdienst, eine Sabbatfeier in der Synagoge, ein Podiumsgespräch mit dem US-amerikanischen Rabbiner Isaak Neuman zum Gedenken an die

676 Vgl. ebd. Nr. 1: Anlage I (Bericht des Beauftragten des EKT) zum Protokoll der Sitzung der Konferenz der Landesausschüsse am 26.11.1988, S. 2; LKAS, Best. Landesbischöfe Rathke und Stier, Nr. 67: Programmheft Kirchentag Rostock 1988, S. 2.

677 Vgl. LKAS, LA KT, Nr. 5: Protokoll der Sitzung des Geschäftsführenden Ausschusses mit den Verantwortlichen der Arbeitsgruppen 1 bis 6 am 5.11.1987, S. 3f.

678 Vgl. ebd. S. 4.

679 Vgl. ebd. Nr. 6: Protokoll der Sitzung des Geschäftsführenden Ausschusses mit den AG-Leitern am 4.5.1988, S. 1.

680 Vgl. ebd. Nr. 7: Protokoll der Sitzung der Vorbereitungsgruppe „AG 4" am 30.3.1988, S. 2.

681 Vgl. LKAS, Best. Landesbischöfe Rathke und Stier, Nr. 67: Programmheft Kirchentag Rostock 1988, S. 20.

682 Siehe Kapitel 8.1. Das Verhältnis von Christen und Juden kam erstmals beim Stuttgarter Kirchentag 1952 zur Sprache. Seit dem Kirchentag in München 1959 hatte die Thematik einen festen Platz im Programm des DEKT und 1960 wurde die Arbeitsgruppe „Juden und Christen" gegründet. Bei den Treffen in der DDR fand das Thema in den 1960er und 70er Jahren nur sehr vereinzelt Eingang in die Programme. Das erste große christlich-jüdische Forum bei einem DDR-Kirchentag fand vor dem Hintergrund des 40. Jahrestags der Reichspogromnacht 1978 in Leipzig statt. Im Kontext der Haltung Martin Luthers zum Judentum wurde das Thema Juden und Christen auch bei einzelnen Treffen 1983 diskutiert, vor allem in Eisleben und Magdeburg. Vgl. Schroeter: Kirchentag als vor-läufige Kirche, S. 124 und S. 250; Runge/Käßmann: Kirche in Bewegung, S. 97; Irena Ostmeyer: Zwischen Schuld und Sühne, S. 234-237. Zur Geschichte der AG „Juden und Christen" vgl. Gabriele Kammerer: In die Haare, in die Arme: 40 Jahre Arbeitsgemeinschaft „Juden und Christen" beim Deutschen Evangelischen Kirchentag, Gütersloh 2001.

683 Vgl. LKAS, LA KT, Nr. 2: Informationsheft zum Görlitzer Kirchentag 1988, S. 2.

Reichspogromnacht und eine Andacht auf dem jüdischen Friedhof[684]. In Halle gab es im Rahmen der Arbeitsgruppe 2 „Umkehr führt weiter – im Verstehen zwischen Juden und Christen" ebenfalls eine Einführung in den jüdischen Gottesdienst und eine Sabbatfeier in der Synagoge, außerdem Vorträge zum Verhältnis von Juden und Christen sowohl aus jüdischer als auch aus christlicher Sicht und Bibelarbeiten mit Oberrabbiner Albert Friedlander (London)[685]. Diese Veranstaltungen dürften für die meisten Teilnehmer die erste Möglichkeit gewesen sein, überhaupt mit Juden in Kontakt zu treten. Wie gelebtes Judentum konkret aussah, blieb den meisten DDR-Bürgern sonst verborgen – allein schon aufgrund der äußerst niedrigen Anzahl von jüdischen Gläubigen. Im Jahr 1949 hatten noch rund 3.700 Juden in der DDR gelebt, 1970 zählten die Gemeinden insgesamt nur mehr ca. 1.000 Mitglieder und bis 1990 war die Zahl der bekennenden Juden in der DDR sogar auf etwa 370 gesunken[686]. In Berlin, Dresden, Leipzig, Karl-Marx-Stadt, Halle, Magdeburg, Thüringen und Mecklenburg hatten sich nach dem Zweiten Weltkrieg wieder jüdische Gemeinden gegründet, aber ihre Mitgliederzahlen waren sehr gering: So hatte die Landesgemeinde Mecklenburg im Jahr 1987 gerade noch vier Mitglieder[687]. In Rostock gab es zudem keine Synagoge mehr, da diese im Zuge der Reichspogromnacht abgebrannt und während des Weltkriegs durch Bomben zerstört wurde[688]. Auf dem Grundstück in der Augustenstraße 101 hatte die Stadt zur DDR-Zeit ein Wohnhaus errichtet[689]. Die Präsenz des Judentums im Gebiet der beiden nördlichen Landeskirchen war aber auch vor dem Krieg nicht sehr stark gewesen. Zwar hatten sich Juden in Mecklenburg und Pommern etwa seit dem 13. Jahrhundert angesiedelt, vor allem in den Handelsstädten Stralsund, Greifswald, Rostock und Wismar, doch bis ins späte 19. Jahrhundert wurden sie durch Gesetzgebungen ausgegrenzt, isoliert oder ganz vertrieben[690]. Zu Beginn des Dritten Reichs lebten in Vorpommern etwa 600 Juden und in Mecklenburg rund 1.000[691]. Die Naziherrschaft hatten nur 18 vorpommersche Juden überlebt, Gemeinden existierten dort in den folgenden Jahren nicht mehr[692]. Von den ursprünglich 47 mecklenburgischen Gemeinden

684 Vgl. BArch, DO-4/1428, Blatt 989: Programmheft Erfurter Kirchentag 1988, S. 9.

685 Vgl. BArch, DO-4/1429, Blatt 1242: Programmheft Kirchentag Halle/Saale 1988, S. 4f.

686 Vgl. Harald Schmid: Antifaschismus und Judenverfolgung, S. 12.

687 Vgl. Ostmeyer: Zwischen Schuld und Sühne, S. 314; Georg Handy: Zur Geschichte der Juden in Mecklenburg, S. 2.

688 Vgl. http://www.synagoge-rostock.de/de/verein-„arnold-bernhard-e-v-".html [Stand: 16.1.2020].

689 Vgl. ebd.

690 Vgl. Helmut Eschwege: Geschichte der Juden im Gebiet der ehemaligen DDR. Bd. 3, S. 990 und S. 1140-1143. In Pommern erhielten die Juden nach dem Wiener Kongress 1814/15 die Bürgerrechte, allerdings immer wieder mit Ausnahmen. In Mecklenburg trat erst 1869 ein Gesetz über die Gleichberechtigung der Juden in Kraft. Vgl. ebd. S. 1143; Handy: Zur Geschichte der Juden in Mecklenburg, S. 17. Zur jüdischen Geschichte in Pommern und Mecklenburg vgl. auch Peter Hofmann: Jüdisches Leben in Mecklenburg-Strelitz, Friedland 2007; Wolfgang Wilhelmus: Geschichte der Juden in Pommern, Rostock 2004; Norbert Francke/Bärbel Krieger: Schutzjuden in Mecklenburg. Ihre rechtliche Stellung, ihr Gewerbe, wer sie waren und wo sie lebten, Schwerin 2002; Hans-Michael Bernhardt: Bewegung und Beharrung. Studien zur Emanzipationsgeschichte der Juden im Großherzogtum Mecklenburg-Schwerin 1813-1869, Hannover 1998.

691 Vgl. Eschwege: Geschichte der Juden im Gebiet der ehemaligen DDR. Bd. 3, S. 1143; „Die Jüdische Landesgemeinde in Mecklenburg", in: Studienhefte zur mecklenburgischen Kirchengeschichte, Heft 1/1989, S. 28.

692 Vgl. Eschwege: Geschichte der Juden im Gebiet der ehemaligen DDR. Bd. 3, S. 1161 und S. 1175.

waren 1945 die meisten zerstört, und so fasste man die verbliebenen 46 Gläubigen in einer Landesgemeinde zusammen[693].

Die Situation der Juden in der DDR entwickelte sich mitunter sehr wechselvoll. Zwar beanspruchte der SED-Staat von Anfang an für sich, durch und durch antifaschistisch zu sein und damit den Antisemitismus ausgerottet zu haben, aber eine Auseinandersetzung mit den weiterhin bestehenden Folgen der NS-Verbrechen stand nie zur Debatte[694]. Laut staatlicher Propaganda waren die Täter allein in der Bundesrepublik zu finden und in der sozialistischen Gesellschaft galten antisemitische Tendenzen stets als unmöglich[695]. Die nicht als Widerstandskämpfer eingestuften Juden mussten sich ihren Status als „Opfer des Faschismus" und die damit verbundenen Wiedergutmachungsleistungen in den ersten Nachkriegsjahren und zum Zeitpunkt der Gründung der DDR zum Teil hart erkämpfen[696]. In den 1950ern setzte dann fast im gesamten Ostblock eine Welle antisemitischer Hetze und Prozesse ein, in deren Folge etwa ein Drittel der Mitglieder der jüdischen Gemeinden und nahezu alle Gemeindevorsitzenden die DDR verließen[697]. Doch Ende der 1950er Jahre entdeckte die Staatsführung die jüdischen Gemeinden als Mittel zur Propagierung der DDR als „das bessere Deutschland"[698]. Daraufhin traten der Verband der Jüdischen Gemeinden und insbesondere die Ostberliner Gemeinde stärker in den Vordergrund und unterstützten öffentlich die Politik der SED[699]. Diese staatsloyale Haltung steigerte sich ab 1962, als SED-Mitglied Helmut Aris Präsident des Verbandes der Jüdischen Gemeinden wurde[700]. Wandte sich die DDR-Führung einerseits aus politisch-taktischen Gründen den jüdischen Gemeinden zu, nährte sie andererseits indirekt antisemitische Einstellungen durch ihre konfrontative Darstellung des Staates Israel als „imperialistischer Aggressor"[701]. Wie in Bezug auf die evangelische Kirche versuchte die Regierung Ende der 1970er auch die jüdischen Gemeinden noch intensiver zur außenpolitischen Aufwertung der DDR zu instrumentalisieren[702]. So fand 1977 das erste Gespräch zwischen Erich Honecker und den beiden wichtigsten Vertretern der jüdischen Gemeinden in der DDR, Helmut Aris und Peter Kirchner (Vorsitzender der Ost-Berliner Gemeinde), statt[703]. Dieses Treffen stand im Zusammenhang mit dem Gedenken zum 40. Jahrestag der Reichspogromnacht, das die SED erstmals in einem größeren öffentlichen Rahmen in Berlin und Dresden zelebrierte[704]. Den

693 Vgl. „Die Jüdische Landesgemeinde in Mecklenburg", in: Studienhefte zur mecklenburgischen Kirchengeschichte, Heft 1/1989, S. 28.

694 Vgl. Harald Schmid: Antifaschismus und Judenverfolgung, S. 13. Vgl. dazu auch Zimmering: Mythen in der Politik der DDR, S. 37-168.

695 Vgl. Schmid: Antifaschismus und Judenverfolgung, S. 18f.

696 Vgl. Jutta Illichmann: Die DDR und die Juden, S. 50-57.

697 Vgl. ebd. S. 79-131; Schmid: Antifaschismus und Judenverfolgung, S. 34f.

698 Vgl. Schmid: Antifaschismus und Judenverfolgung, S. 46f.

699 Vgl. Illichmann: Die DDR und die Juden, S. 192.

700 Vgl. ebd. S. 196f.

701 Vgl. ebd. S. 209. Vgl. dazu auch Angelika Timm: Hammer, Zirkel, Davidstern. Das gestörte Verhältnis der DDR zu Zionismus und Staat Israel, Bonn 1997.

702 Vgl. Schmid: Antifaschismus und Judenverfolgung, S. 106.

703 Vgl. ebd. S. 81. Sowohl Helmut Aris als auch Peter Kirchner hatten darüber hinaus Kontakte zur Stasi gepflegt. Helmut Aris war von 1954 bis 1956 als IM „Lanus" registriert worden, Peter Kirchner wurde von 1977 bis 1989 als IM „Burg" geführt. Vgl. die Artikel zu Aris und Kirchner auf https://www.bundesstiftung-aufarbeitung.de/de/recherche/kataloge-datenbanken/biographische-datenbanken [Stand: 14.5.2020].

704 Vgl. Schmid: Antifaschismus und Judenverfolgung, S. 83-94.

Höhepunkt der staatlichen Inszenierung des Pogromgedenkens als Bestandteil der Außenpolitik bildeten allerdings die Feierlichkeiten 1988, die sich in die pompösen Feiern des Berlin-Jubiläums 1987 und des 40-jährigen Bestehens der DDR 1989 einreihten[705]. So lud die Regierung zu einer Sondersitzung der Volkskammer am 8. November 1988 mehr als 100 jüdische Gäste aus dem In- und Ausland ein, initiierte die Grundsteinlegung für den Wiederaufbau der Neuen Synagoge in der Oranienburger Straße in Berlin und ließ etliche Denkmäler und Gedenktafeln einweihen[706]. Hinzu kamen zahlreiche Publikationen, Tagungen, Theatermatineen, Konzerte, Lesungen, Empfänge, Arbeitseinsätze der FDJ auf jüdischen Friedhöfen und eine bis dato beispiellose staatliche Medienoffensive[707].

Der 50. Jahrestag der Reichspogromnacht stellte auch innerhalb der evangelischen Kirchen die intensivste Beschäftigung mit der jüdischen Vergangenheit und Gegenwart dar. Bis in die 1970er Jahre spielten die Erinnerung an die Judenverfolgung im Dritten Reich und das Thema Judentum allgemein nur eine sehr untergeordnete Rolle. Erst anlässlich des 25. Jahrestags der Reichspogromnacht 1963 fanden in evangelischen Gemeinden die ersten Gedenkveranstaltungen statt[708]. Das geschah unter anderem vor dem Hintergrund des 1961 durchgeführten Prozesses gegen den früheren SS-Obersturmbannführer Adolf Eichmann in Jerusalem und antisemitischen Ausschreitungen in der Bundesrepublik[709]. Allerdings gab es bis Ende der 1970er Jahre nur vereinzelt kirchliche Veranstaltungen zum 9. November, bedingt durch mangelndes Interesse der Kirchenmitglieder und die harsche Propaganda der SED-Führung im Hinblick auf Israel[710]. Theologische Veränderungen traten im Jahr 1968 ein, als die DDR-Kirchen die Judenmission[711] aufgaben und den „Ausschuss für Mission unter Israel" in „Arbeitsgemeinschaft Kirche und Judentum" umbenannten[712]. In der Folge wurden Mitte der 1970er im Kontext des 40. Jahrestags der Pogromnacht erste Versuche unternommen, den christlich-jüdischen Dialog wieder aufzunehmen[713]. Für 1978 planten die Kirchen schließlich eine Reihe größerer Veranstaltungen und die kirchliche Presse griff das Thema relativ breit auf[714]. Außerdem stand seit 1978 vermehrt die Frage zur Diskussion, inwiefern der Antijudaismus jahrhundertelang ein Bestandteil des Christentums gewesen sei, und man rief verstärkt zur selbstkritischen Auseinandersetzung mit negativen Sichtweisen auf das Judentum in der christlichen Verkündigung auf[715]. Die erste offizielle Stellungnahme des Kirchenbunds zur Mitverantwortung der Kirchen an der Judenverfolgung im Dritten Reich war das Wort der KKL zum 40. Pogromgedenken[716]. Darin gestanden die Kirchenleitungen eine Abgrenzung von den Juden und unterlassene Hilfe durch Christen ein – eine theologische Mitschuld der Kirchen an der Schoah blieb jedoch

705 Vgl. ebd. S. 108.
706 Vgl. Illichmann: Die DDR und die Juden, S. 261-266; Schmid: Antifaschismus und Judenverfolgung, S. 112 und S. 119.
707 Vgl. Schmid: Antifaschismus und Judenverfolgung, S. 114f.
708 Vgl. Ostmeyer: Zwischen Schuld und Sühne, S. 163.
709 Vgl. ebd. S. 164.
710 Vgl. ebd. S. 165-167 und S. 181.
711 Zur Geschichte der Judenmission in Deutschland im 20. Jahrhundert vgl. ebd. S. 203-213.
712 Vgl. Schmid: Antifaschismus und Judenverfolgung, S. 95.
713 Vgl. ebd.
714 Vgl. ebd. S. 96f und S. 100-102; Ostmeyer: Zwischen Schuld und Sühne, S. 167-174.
715 Vgl. Ostmeyer: Zwischen Schuld und Sühne, S. 141f.
716 Vgl. ebd. S. 51f.

unerwähnt[717]. Erst zehn Jahre später, im gemeinsamen Wort von BEK und EKD, erfolgte ein entsprechendes Schuldgeständnis[718]. Darüber hinaus fanden im Jahr 1988 die kirchlichen Veranstaltungen zum Pogromgedenktag in einem sehr großen Rahmen statt[719]. Der BEK und die einzelnen Landeskirchen planten eine Vielzahl von Gottesdiensten, Gedenkstunden, Gemeindeveranstaltungen und Ausstellungen[720]. Die Kirchentage waren Teil dieses Gedenkens. So organisierten die Verantwortlichen nicht nur Foren und Arbeitsgruppen zum Thema Juden und Christen, sondern verfassten auch eine gemeinsame Fürbitte, die bei allen vier Treffen verlesen werden sollte[721]. Darin bekannten sie wie die Verfasser des gemeinsamen Wortes von Kirchenbund und EKD zum 9. November 1988 den über viele Jahrhunderte im Christentum verankerten Antijudaismus, welcher zu Ausgrenzung und Verfolgung beigetragen hatte[722]. Außerdem schloss die Fürbitte ebenso wie das Wort von BEK und EKD die Hoffnung auf ein neues christlich-jüdisches Miteinander ein[723]. Deutlicher als das „gemeinsame Wort" sprachen aber die Vorsitzenden der vier Kirchentage die Mitverantwortung der Deutschen für den Konflikt im Nahen Osten an: „War es nicht die Schuld unserer Vorfahren, die die Juden dazu getrieben haben, in das Land ihrer Väter zurückzukehren und dadurch die Probleme mit den Palästinensern zu verstärken?"[724] In einem Land, in dem die politische Führung und die staatlichen Medien Israel lange Zeit ausschließlich als „Speerspitze des Imperialismus im Nahen Osten" und „Aggressor" gegenüber den Palästinensern dargestellt hatten[725], besaßen diese Worte durchaus eine gewisse politische Brisanz, da sie die propagierte Alleinschuld der Israelis am Nahostkonflikt infrage stellten.

Ein weiterer Kernaspekt der Fürbitte zum 50. Jahrestag der Reichspogromnacht war das tiefe Bedauern über das durch die Schoah verursachte Ende des Zusammenlebens von Juden und Christen in Deutschland[726]. Aus diesem fehlenden Miteinander war schließlich auch das Wissensdefizit der DDR-Bürger im Hinblick auf gelebtes Judentum resultiert, das die Organisatoren der Rostocker Arbeitsgruppe 4 „Schuld – Versöhnung – Leben" zu bedenken hatten. So hielt die Vorbereitungsgruppe bei der Beratung über die inhaltliche Zielstellung fest: „Versöhnung [ist] wohl noch zu weit gegriffen, vielleicht erst einmal ein Kennenlernen, [denn ein] Zusammenleben von Juden und Christen ist nicht gegeben"[727]. Um den Teilnehmern den Zugang zu der

717 Vgl. ebd. S. 52.
718 Vgl. ebd.
719 Vgl. Schmid: Antifaschismus und Judenverfolgung, S. 111.
720 Vgl. ebd.; Ostmeyer: Zwischen Schuld und Sühne, S. 176-181.
721 Vgl. LKAS, LA KT, Nr. 1: Anlage I (Bericht des Beauftragten des EKT) zum Protokoll der Sitzung der Konferenz der Landesausschüsse am 26.11.1988, S. 2; EZA, Best. 95, Nr. 216: Protokoll der Beratung mit Vertretern aus den Vorbereitungsgruppen der vier Kirchentage 1988 zur Thematik „Juden und Christen" am 20.5.1988, S. 3.
722 „Viele Jahrhunderte haben in Deutschland Juden unter uns gelebt. Obwohl wir den gemeinsamen Gott anbeten und eine gemeinsame Bibel haben, wurde oft die Ablehnung gegenüber unseren jüdischen Mitbrüdern und –schwestern religiös begründet: Sie hätten den Messias Jesus gekreuzigt und nicht angenommen. Über solche Vorurteile sind wir heute stark betroffen." Vgl. EZA, Best. 95, Nr. 216: „Fürbitte zum 50. Jahrestag der Pogromnacht am 9.11.38 auf den 4 KT 1988".
723 Vgl. ebd.
724 Vgl. ebd.
725 Vgl. Illichmann: Die DDR und die Juden, S. 209.
726 Vgl. EZA, Best. 95, Nr. 216: „Fürbitte zum 50. Jahrestag der Pogromnacht am 9.11.38 auf den 4 KT 1988".
727 Vgl. LKAS, LA KT, Nr. 5: Protokoll der Sitzung des Geschäftsführenden Ausschusses mit den

Thematik zu erleichtern, sollten persönliche Berichte von Zeitzeugen in der AG 4 eine wichtige Rolle spielen[728]. Ein besonderer Schwerpunkt lag dabei auf der Geschichte der Juden in Mecklenburg und der Reichspogromnacht in der Kirchentagsstadt Rostock[729]. Die Vorbereitungsgruppe stand allerdings vor der großen Herausforderung, gesprächsbereite Juden aus der DDR für eine Mitarbeit zu gewinnen[730]. Letztlich war der Historiker Helmut Eschwege aus Dresden das einzige Mitglied einer jüdischen Gemeinde in der DDR, das in dieser Arbeitsgruppe mitwirkte[731]. Eschwege, der seit den 1960er Jahren Vorträge über das Judentum in christlichen Gemeinden gehalten hatte[732], referierte in Rostock zum Thema Juden in Mecklenburg[733]. Die Kontaktaufnahme zu Juden und Theologen mit Erfahrungen auf dem Gebiet des christlich-jüdischen Dialogs außerhalb der DDR gestaltete sich für die Veranstalter offenbar deutlich leichter. Dabei erwies sich die Mitarbeit der Vorsitzenden der mecklenburgischen Arbeitsgemeinschaft „Kirche und Judentum"[734], Christiane Niemann, sicher als sehr hilfreich. So konnten die Organisatoren zum Beispiel Günther Ginzel, den Vorsitzenden der Kölnischen Gesellschaft für jüdisch-christliche Zusammenarbeit, für den Vortrag „Anfragen eines Juden an den christlichen Glauben und die Kirche" sowie für eine Bibelarbeit zu Sacharja 8,20-23[735] gewinnen. Um den christlich-jüdischen Dialog in der AG 4 zu fördern, bot der Leiter des Instituts „Kirche und Judentum" der Kirchlichen Hochschule West-Berlin, Professor Peter von der Osten-Sacken, zu demselben Schrifttext eine Bibelarbeit an[736]. Der wichtigste Gastreferent der Arbeitsgruppe 4 dürfte Yaakov Zur aus Israel gewesen sein. Zur, der 1924

Verantwortlichen der Themenbereiche 1 bis 6 am 5.11.1987, S. 3.

728 Vgl. ebd. Nr. 7: Protokoll der Sitzung der Vorbereitungsgruppe des Themenbereichs 4 am 19.6.1987, S. 1.

729 Vgl. LKAS, Best. Landesbischöfe Rathke und Stier, Nr. 67: Programmheft Kirchentag Rostock 1988, S. 8f.

730 Vgl. LKAS, LA KT, Nr. 3: Protokoll der Sitzung des Geschäftsführenden Ausschusses und der Arbeitsgruppen am 16.1.1988, S. 1.

731 Die Ost-Berliner Sängerin Jalda Rebling, die beim Rostocker Kirchentag drei Konzerte mit jiddischen Liedern gab, war in einer nichtreligiösen jüdischen Familie aufgewachsen und auch kein Mitglied der jüdischen Gemeinde in Berlin. Vgl. Robin Ostow: Jüdisches Leben in der DDR, S. 83-97.

732 Vgl. Ostmeyer: Zwischen Schuld und Sühne, S. 217.

733 Vgl. LKAS, Best. Landesbischöfe Rathke und Stier, Nr. 67: Programmheft Kirchentag Rostock 1988, S. 9.

734 In Rostock gab es seit 1946 eine Arbeitsgemeinschaft „Kirche und Judentum", die sich um einen Dialog mit der jüdischen Landesgemeinde bemühte und durch Vorträge, Seminare und Publikationen das geringe Wissen über das Judentum in den Kirchengemeinden verbessern wollte. In der ELKG gab es seit Anfang der 1960er vereinzelt Veranstaltungen zu der Thematik, 1975 gründete sich eine Arbeitsgemeinschaft „Kirche und Judentum" in Greifswald. Da im Gebiet der ELKG aber keine jüdischen Gesprächspartner lebten, blieb die Tätigkeit des Arbeitskreises bis zum Ende der DDR sporadisch. Vgl. Ostmeyer: Zwischen Schuld und Sühne, S. 271-275.

735 „So spricht der Herr Zebaoth: Es werden noch viele Völker kommen und die Bürger einer Stadt werden zur andern gehen und sagen: Lasst uns gehen, den Herrn anzuflehen und zu suchen den Herrn Zebaoth; wir selber wollen hingehen. So werden viele Völker, Heiden in Scharen, kommen, den Herrn Zebaoth in Jerusalem zu suchen und den Herrn anzuflehen. So spricht der Herr Zebaoth: Zu der Zeit werden zehn Männer aus allen Sprachen der Heiden einen jüdischen Mann beim Zipfel seines Gewandes ergreifen und sagen: Wir wollen mit euch gehen, denn wir hören, dass Gott mit euch ist." (Die Bibel in der Übersetzung Martin Luthers, revidierte Fassung von 1984.)

736 Vgl. LKAS, LA KT, Nr. 7: Protokoll der Sitzung der Vorbereitungsgruppe „AG 4" am 15.4.1988, S. 1.

als Alfred Zuckermann in Rostock geboren wurde, war 1939 mit seinem Vater und zwei Brüdern nach Palästina geflohen, während seine Mutter und seine Schwester 1942 in Auschwitz ums Leben kamen[737]. In Israel arbeitete Yaakov Zur als Historiker und Dozent an der Universität in Ramathban[738]. Er lebte seit Ende der 1940er Jahre in einem religiösen Kibbuz[739], in dem er 2013 verstarb[740]. Erstmals kehrte Zur im Jahr 1987 in seine Heimatstadt zurück[741], die ihn 1993 zum Ehrenbürger ernannte[742]. Im Themenbereich 4 berichtete er von seinem Leben im Kibbuz und stellte sich den Fragen der Besucher zu Aspekten des jüdischen Glaubens[743]. Ganz im Sinne der Kirchentagslosung setzte die AG 4 beim „Abend der Begegnung" am 17. Juni ebenfalls stark auf einen Austausch zwischen den jüdischen Gästen und den Teilnehmern. Bei einem gemeinsamen Essen sollten die Besucher mit Helmut Eschwege, Günther Ginzel und Yaakov Zur über die Situation der Juden in Israel, in der DDR und in der Bundesrepublik sowie über jüdische Bräuche und Sitten ins Gespräch kommen[744]. Neben der Begegnung zwischen Juden und Christen standen zudem das Ausmaß und die Folgen der Schoah im Fokus der Arbeitsgruppe. Professor Hans-Friedrich Weiß von der Universität Rostock hielt einen Vortrag über „Christliche Theologie nach Auschwitz" und in einer jüdisch-christlichen Gedenkstunde in der Johanniskirche berichteten Zeitzeugen von der Reichspogromnacht in der Hansestadt[745]. Außerdem endete der „Abend der Begegnung" im Rahmen der AG 4 mit einer Gedenkandacht auf dem jüdischen Friedhof[746]. Mit etwa 250 Besuchern gehörte dieser Themenbereich zu den besonders gefragten Arbeitsgruppen des Rostocker Treffens[747]. Das macht deutlich, wie sehr sich das einstige Desinteresse an den Themen Judentum und Judenverfolgung in den evangelischen Kirchen zum Ende der 1980er Jahre gewandelt hatte. Vielleicht hatten sich viele Teilnehmer diese Arbeitsgruppe gerade deshalb ausgesucht, weil sie sich ihres großen Aufholbedarfs an Wissen zu der dort aufgegriffenen Thematik bewusst waren. Im Gespräch mit jüdischen Gläubigen wollten sie eventuell auch eigene fast vergessene Wurzeln wiederentdecken – schließlich war das Christentum einst aus dem Judentum heraus entstanden.

---

737 Vgl. „Anfang eines Versuches, zu Verständnis und Dialog zu kommen" In: Mecklenburgische Kirchenzeitung, Jg. 43, Nr. 35 vom 28.8.1988, S. 2.

738 Vgl. ebd.

739 Vgl. ebd.

740 Vgl. „Hansestadt trauert um Yaakov Zur" In: Ostsee-Zeitung vom 12.12.2013 [URL: https://www.ostsee-zeitung.de/Mecklenburg/Rostock/Hansestadt-trauert-um-Yaakov-Zur; Stand: 16.1.2020].

741 Vgl. „Anfang eines Versuches, zu Verständnis und Dialog zu kommen" In: Mecklenburgische Kirchenzeitung, Jg. 43, Nr. 35 vom 28.8.1988, S. 2.

742 Vgl. „Hansestadt trauert um Yaakov Zur" In: Ostsee-Zeitung vom 12.12.2013.

743 Vgl. „Begegnung zwischen Juden und Christen" In: Mecklenburgische Kirchenzeitung, Jg. 43, Nr. 27 vom 3.7.1988, S. 3.

744 Vgl. LKAS, LA KT, Nr. 7: Protokoll der Sitzung der Vorbereitungsgruppe „AG 4" am 15.4.1988, S. 2.

745 Vgl. LKAS, Best. Landesbischöfe Rathke und Stier, Nr. 67: Programmheft Kirchentag Rostock 1988, S. 8f.; „Begegnung zwischen Juden und Christen" In: Mecklenburgische Kirchenzeitung, Jg. 43, Nr. 27 vom 3.7.1988, S. 3.

746 Vgl. LKAS, LA KT, Nr. 7: Protokoll der Sitzung der Vorbereitungsgruppe „AG 4" am 15.4.1988, S. 2.

747 Vgl. ebd. Nr. 5: Stellungnahme des Leiters der AG 4; ebd. Nr. 1: Protokoll der Sitzung der Konferenz der Landesausschüsse am 26.11.1988, S. 3. Nach staatlichen Angaben hatte die AG 4 rund 200 Besucher. Vgl. BStU, MfS, BV Rostock, AKG Nr. 282, Blatt 83: „Information über den Verlauf des Gemeinsamen Kirchentages 1988 in Rostock", 17.6.1988, S. 3.

8.7 Auswertungen und Presseecho

Die Stimmen zum Verlauf des Rostocker Kirchentags 1988 waren auf kirchlicher wie auf staatlicher Seite größtenteils positiv. So zeigte sich der gemeinsame Ausschuss erfreut über die erreichten Besuchererzahlen, vor allem im Hinblick auf den Abschlussgottesdienst, die Arbeitsgruppen und die Dauerteilnehmer[748]. Das Treffen habe einen substantiellen Beitrag zum Dialog zwischen Christen und Marxisten geleistet und durch die Verlängerung um einen Tag an Qualität gewonnen[749]. Kritische Äußerungen gab es unter anderem zur Vorsortierung der Publikumsfragen bei den Podiumsdiskussionen, die einige Teilnehmer und Mitarbeiter als Zensur empfanden, und zum nachlassenden Kirchentagsengagement kirchlicher Mitarbeiter[750]. Die mecklenburgische Landessynode lobte die Förderung des Dialogs zwischen Gemeindegliedern, Basisgruppen und staatlichen Vertretern während des Treffens[751]. Dadurch seien viele Menschen ermutigt worden, „bewusst und hoffnungsvoll in unserem Land zu leben"[752]. Auch die Leitung der Greifswalder Kirche würdigte die gute Gesprächsatmosphäre in Rostock und bezeichnete den Kirchentag als Höhepunkt im Leben der Kirchengemeinden[753].

Die staatlichen Stellen bemühten sich in ihren Auswertungsberichten in gewohnter Weise, die Wirkung des Kirchentags herunterzuspielen und den ruhigen Verlauf als Ergebnis der effizienten staatlichen Kirchenpolitik darzustellen. Wie in den vorherigen Jahren hielt die SED fest, dass die erreichten Teilnehmerzahlen beträchtlich hinter den Erwartungen der Veranstalter zurückgeblieben wären[754]. Außerdem habe das Treffen wieder einmal keinen größeren Einfluss auf das öffentliche Leben in der Stadt ausgeübt[755]. Nahezu unerwähnt blieben die Auseinandersetzungen zwischen den Staatsorganen und den Veranstaltern, zum Beispiel im Hinblick auf den Besuch von Helmut Schmidt oder die Arbeitsgruppe 2. Die Kirchentagsverantwortlichen hätten sich „im Wesentlichen" an die staatliche Konzeption gehalten und sich für einen „konstruktiven" und störungsfreien Verlauf eingesetzt[756]. Besonders positiv bewertete die SED das Verhalten von Siegfried Plath, Joachim Gauck und Eberhard Beyer[757]. Bischof Stier habe sich zwar oft widersprüchlich geäußert, aber ebenfalls offene „Provokationen" vermieden[758]. Zufriedenheit drückte die SED auch darüber

748 Die Verantwortlichen zählten rund 2.000 Dauerteilnehmer, 25.000 Besucher beim Abschlussgottesdienst und insgesamt etwa 1.200 Teilnehmer in den sieben Arbeitsgruppen. Vgl. LKAS, LA KT, Nr. 1: Protokoll der Sitzung der Konferenz der Landesausschüsse am 26.11.1988, S. 3.

749 Vgl. ebd. Nr. 4: Protokoll der Sitzung des gemeinsamen Landesausschusses am 14.10.1988, S. 1.

750 Vgl. ebd. S. 2f.

751 Vgl. ebd.: Drucksache Nr. 25a der Tagung der Landessynode der ELLKM vom 3. bis 6.11.1988.

752 Vgl. ebd.

753 Vgl. SAPMO-BArch, DY 30/IV B 2/14, Nr. 132: Bericht der Kirchenleitung der ELKG für die 5. Tagung der VIII. Landessynode vom 3. bis 6.11.1988, S. 4f.

754 Vgl. SAPMO-BArch, DY 30/IV B 2/14, Nr. 133: „Information zum Evangelischen Kirchentag in Rostock vom 16. bis 19.6.1988", 20.6.1988, S. 1.

755 Vgl. LAG, Rep. 200 II 7.3, Nr. 47, Blatt 69: „Information zum Evangelischen Kirchentag in Rostock vom 16.-19.6.1988", 19.6.1988, S. 2.

756 Vgl. ebd. S. 1; BArch, DO-4/1427, Blatt 690: Anlage zur „Abschlußeinschätzung der evangelischen Kirchentage 1988", 2.8.1988, S. 3.

757 Vgl. BArch, DO-4/1427, Blatt 690: Anlage zur „Abschlußeinschätzung der evangelischen Kirchentage 1988", 2.8.1988, S. 3.

758 Vgl. SAPMO-BArch, DY 30/IV B 2/14, Nr. 133: „Information zum Evangelischen Kirchentag in Rostock vom 16. bis 19.6.1988", 20.6.1988, S. 1.

aus, dass der Dialog zwischen Christen und Marxisten „sachlich und überwiegend konstruktiv“ verlaufen sei und „Übersiedlungsersuchende“ in den Veranstaltungen nicht „öffentlichkeitswirksam“ werden konnten[759]. Darüber hinaus habe der Kirchentag einen außenpolitischen Erfolg erbracht, denn die ausländischen Gäste hätten sich beeindruckt davon gezeigt, wie positiv sich das Verhältnis von Staat und Kirche in der DDR entwickelt habe[760]. Selbst Bischof Stier unterstrich angeblich, dass das Treffen ohne staatliche Unterstützung nicht durchführbar gewesen wäre[761]. Zu Erfolgsvermeldungen verdammt, überhöhte die SED-Bezirksleitung wie üblich die staatliche Einflussnahme, die man durch eine ununterbrochene Zusammenarbeit mit den Veranstaltern gewährleistet habe[762]. Dazu hätten außerdem die vom RdB Rostock angeleiteten Referenten für Kirchenfragen der drei Nordbezirke beigetragen[763]. Ähnlich wie das Fazit der SED fiel das Resümee des Rates des Bezirks aus: Der Mehrheit der beteiligten Kirchenvertreter sei an einem Ausbau des „gut entwickelten“ Verhältnisses von Staat und Kirche gelegen gewesen[764]. Daher hätten die geführten Diskussionen vorwiegend „realistische“ Züge getragen und die Aktivitäten „destruktiver Kräfte“ wenig Resonanz hervorgerufen[765].
Auch die Abschlussberichte des MfS waren von Erfolgsmeldungen geprägt, konzentrierten sich aber deutlich stärker auf das Wirken „negativer Kräfte“ und sahen die Vertreter der mecklenburgischen Kirche um einiges kritischer als die der ELKG. Demnach gehörten Bischof Stier, Joachim Gauck, Eberhard Beyer und Oberkirchenrat Eckart Schwerin zu den „destruktiven Kräften“ der Kirchentagsleitung[766], während Bischof Gienke, OKR Plath, Superintendent Bohl und Konsistorialrat Ehricht sich darum bemühten, „die im Verhältnis zwischen Kirche und Staat erreichten Ergebnisse seit dem 6.3.1978 weiter zu vertiefen und auszubauen“[767]. Für die Stasi waren die Folgen des Fehlverhaltens der Mecklenburger eindeutig zu beziffern: „Die insbesondere von den reaktionären Kräften der Landeskirche Mecklenburgs eingenommene politische Position führte zu einer teilweisen Unterstützung und Duldung feindlicher Kräfte aus dem politischen Untergrund.“[768] Insbesondere Pastor Gauck habe mit seiner Predigt beim Abschlussgottesdienst die „feindlichen Kräfte“ unterstützt[769]. Dieses Vorgehen ermöglichte laut MfS Äußerungen, die eine Einmischung in staatliche Angelegenheiten darstellten, wie die Diskussion „angeblicher“ Defizite der DDR-Regierung bei der Verwirklichung der Menschenrechte oder die

759 Vgl. BArch, DO-4/1427, Blatt 690: Anlage zur „Abschlußeinschätzung der evangelischen Kirchentage 1988“, 2.8.1988, S. 3; LAG, Rep. 200 II 7.3, Nr. 47, Blatt 68: „Information zum Evangelischen Kirchentag in Rostock vom 16.-19.6.1988“, 19.6.1988, S. 1.

760 Vgl. LAG, Rep. 200 II 7.3, Nr. 47, Blatt 72: „Information zum Evangelischen Kirchentag in Rostock vom 16.-19.6.1988“, 19.6.1988, S. 5.

761 Vgl. ebd.

762 Vgl. ebd. S. 6.

763 Vgl. ebd.

764 Vgl. ebd. Nr. 89, Blatt 126: „Information zum Rostocker Kirchentag vom 16.06.-19.06.88“, 19.6.1988, S. 3.

765 Vgl. ebd.

766 Vgl. BStU, MfS, BV Rostock, AKG Nr. 1128, Blatt 03: „Information über den Verlauf des gemeinsamen Kirchentages der ELLKM und ELKG vom 16. bis 19. Juni 1988 in Rostock“, 27.6.1988, S. 2.

767 Vgl. BStU, MfS, BV Rostock, AS Nr. 416/88, Bd. 1, Blatt 155f.: „Abschlußeinschätzung zum Verlauf des gemeinsamen Kirchentages der ELLKM und ELKG vom 16. bis 19. Juni 1988 in Rostock“, 23.6.1988, S. 9f.

768 Vgl. ebd. S. 6.

769 Vgl. ebd. S. 9.

Forderungen eines Mitspracherechts der Kirchen bei gesellschaftlichen Fragen und nach einer Legalisierung „oppositioneller Gruppierungen“[770]. Die Durchsetzung des Besuchs von Helmut Schmidt verdeutlichte in den Augen des MfS die negative Haltung der mecklenburgischen Kirche, da ihre Leitung die gegen den Besuch gerichteten Hinweise „politisch realistischer Kräfte, insbesondere der Evangelischen Landeskirche Greifswald“, ignoriert habe[771]. Als positives Ergebnis wertete die Staatssicherheit, dass der „Differenzierungsprozess“ zwischen den beiden Landeskirchen im Kontext des Kirchentags vorangetrieben worden sei[772]. Das habe sich am stärksten an der Absicht „realistischer Kräfte“ der Greifswalder Kirche gezeigt, keinen weiteren gemeinsamen Kirchentag mit der ELLKM durchzuführen[773]. Deshalb ordnete die Bezirksverwaltung eine Weiterführung des Differenzierungsprozesses an, und zwar in Form einer Stärkung der „politisch-realistischen Positionen“ der leitenden Amtsträger der ELKG und der Förderung „bestehender Vorbehalte“ bezüglich zukünftiger gemeinsamer Kirchentage[774]. Außerdem hielt die Stasi erfreut fest, dass das Treffen trotz einiger „massiver Angriffe“ gegen die SED-Politik insgesamt ohne bedeutsame Störungen und „öffentlichkeitswirksame“ Aktionen verlaufen sei[775]. Ähnlich wie die SED betrachtete sie dies als Ergebnis der erfolgreichen staatlichen Einflussnahme, vor allem durch die enge Zusammenarbeit der Staatsorgane, kontinuierliche Gespräche mit den verantwortlichen kirchlichen Amtsträgern sowie den langfristigen Einsatz Inoffizieller Mitarbeiter[776].

In ihren Abschlussberichten hatten die staatlichen Stellen behauptet, die Äußerungen von Personen, die ihrer Meinung nach zu den „destruktiven Kräften“ gehörten, seien kaum oder gar nicht öffentlich beachtet worden. Mag das hinsichtlich der Mehrheit der Einwohner Rostocks sowie der staatlichen Presse zugetroffen haben – in Bezug auf die westdeutschen Medien lag der Fall anders. Insgesamt hatten rund 70 Journalisten aus der DDR und dem Ausland eine Akkreditierung zur Berichterstattung aus Rostock erhalten[777]. ARD und ZDF sendeten beispielsweise Beiträge zum Besuch von Helmut Schmidt und Joachim Gaucks Predigt beim Abschlussgottesdienst in ihren Nachrichtenprogrammen[778]. Das Auftreten von Helmut Schmidt, des prominentesten bundesdeutschen Kirchentagsgastes, dominierte einen Großteil der Berichterstattung. *Die Zeit* widmete seiner Rede in der Marienkirche sogar einen eigenen Beitrag[779] – dabei dürfte neben der andauernden Bedeutung von Schmidt für Politik und Gesellschaft in der Bundesrepublik auch der Umstand

770 Vgl. ebd. S. 2.
771 Vgl. ebd.
772 Vgl. ebd. S. 9f.
773 Vgl. ebd.
774 Vgl. ebd. S. 13.
775 Vgl. ebd. S. 9.
776 Vgl. ebd. S. 12.
777 Vgl. LAG, IV/E/2.14, Nr. 609: Brief von Hermann Beste an den Oberkirchenrat der ELLKM, 6.2.1989, S. 1. Dazu gehörte neben den bundesdeutschen Journalisten auch die britische Nachrichtenagentur Reuters. Vgl. BStU, MfS, BV Rostock, AS Nr. 416/88, Bd. 1, Blatt 71: „Aktuelle politisch-operative Erkenntnisse in Vorbereitung des Kirchentages vom 16. bis 19. Juni 1988 in Rostock“, 13.6.1988, S. 4.
778 Vgl. LAG, Rep. 200 II 7.3, Nr. 47, Blatt 72: „Information zum Evangelischen Kirchentag in Rostock vom 16.-19.6.1988“, 19.6.1988, S. 5; Gauck: Winter im Sommer – Frühling im Herbst, S. 139.
779 Vgl. „Helmut Schmidt in Rostock“ In: Die Zeit, Nr. 26 vom 24.6.1988, S. 2.

eine Rolle gespielt haben, dass er Mitherausgeber dieser Wochenzeitung war. Andere westdeutsche Zeitungen zitierten aus Schmidts Vortrag vor allem die Passagen zur möglichen Wiedervereinigung Deutschlands und der noch ausstehenden völligen Realisierung der Menschenrechte in der DDR und in Europa[780]. Darüber hinaus hoben sie den begeisterten Empfang des Politikers durch die Kirchentagsteilnehmer hervor[781]. Nach Helmut Schmidt gehörten Joachim Gauck und Bischof Stier zu den meistzitierten Rednern. Von Pastor Gauck wurden die politisch besonders brisanten Sätze aus seiner Predigt am 19. Juni aufgegriffen, die die Zeitungen mitunter sogar als Titelüberschrift verwendeten: „Wir werden bleiben wollen, wenn wir gehen dürfen" und „Nehmen wir Abschied, Freunde, vom Schattendasein, das wir leben in den Tarnanzügen der Anpassung"[782]. Christoph Stier schaffte es ebenfalls mit einer gesellschaftspolitischen Äußerung in die Berichterstattung der westlichen Presse. Im Anschluss an den Vortrag von Helmut Schmidt hatte der Bischof in seinem Grußwort die Besucher dazu aufgefordert, angesichts schmerzlicher Realitäten nicht zu resignieren und die Licht- und Schattenseiten der gesellschaftlichen Wirklichkeit in der DDR offen anzusprechen[783]. Die Worte von Gauck und Stier ließen die Journalisten resümieren, dass man innerhalb der Kirche die Probleme ansprach, „die von der SED nach wie vor unter den Teppich gekehrt werden"[784]. Dazu zählte auch das Thema Ausreise. Die *Bremer Kirchenzeitung* berichtete davon, wie die Stasi die anwesenden Ausreisewilligen bei den Veranstaltungen „fest im Blick" gehabt habe und *Die Zeit* konstatierte, die Kirchentage machten deutlich, „dass vielen in der DDR Brot und Spiele nicht mehr reichen: Manche wollen politische Veränderungen, andere wollen einfach weg"[785]. Als Beispiel für den Wunsch vieler Besucher nach Veränderungen in Politik und Gesellschaft wurden die Diskussionen im Themenbereich 2 angeführt, in denen die Teilnehmer von ihren Ohnmachtserfahrungen im Umgang mit den Staatsorganen gesprochen und ihre Hoffnung auf eine Durchsetzung echter Demokratie und aller Menschenrechte in der DDR zum Ausdruck gebracht hatten[786]. Die meisten Pressebeiträge hoben allerdings auch hervor, dass es in Rostock zu einem Dialog zwischen Marxisten und Christen gekommen war. Dabei sahen die bundesdeutschen Korrespondenten das Auftreten der beiden Professoren für Marxismus-Leninismus, Gerhard Winter und Olof Klohr, oder des Rostocker Oberbürgermeisters jedoch äußerst skeptisch. Es sei eindeutig gewesen, dass viele ihrer Behauptungen nicht der Realität in der DDR entsprachen und das

---

780 Vgl. „'Wir werden bleiben wollen, wenn wir gehen dürfen'", In: Bremer Kirchenzeitung, 3.7.1988, S. 3; „Aus Tarnzügen der Anpassung aussteigen" In: Frankfurter Rundschau, Jg. 44, Nr. 140 vom 20.6.1988, S. 4; „Ex-Kanzler erntet in Rostock Beifall" In: Die Welt, Nr. 141 vom 20.6.1988, S. 2.

781 Vgl. ebd.

782 Vgl. „Im Zwielicht der Widersprüche" In: Die Zeit, Nr. 26 vom 24.6.1988, S. 2; „'Wir werden bleiben wollen, wenn wir gehen dürfen'", In: Bremer Kirchenzeitung, 3.7.1988, S. 3; „Aus Tarnzügen der Anpassung aussteigen" In: Frankfurter Rundschau, Jg. 44, Nr. 140 vom 20.6.1988, S. 4; „Kirchentag in Rostock fordert gesellschaftliche Veränderungen" In: Der Tagesspiegel, Nr. 12990 vom 21.6.1988, S. 2; „Ex-Kanzler erntet in Rostock Beifall" In: Die Welt, Nr. 141 vom 20.6.1988, S. 2.

783 Vgl. ebd.; BStU, MfS, BV Rostock, AS Nr. 416/88, Bd. 1, Blatt 122: Tonbandabschrift des Grußworts von Landesbischof Stier in der Marienkirche am 18.6.1988, S. 2.

784 Vgl. „Im Zwielicht der Widersprüche" In: Die Zeit, Nr. 26 vom 24.6.1988, S. 2; „'Wir werden bleiben wollen, wenn wir gehen dürfen'" In: Bremer Kirchenzeitung, 3.7.1988, S. 3.

785 Vgl. ebd.

786 Vgl. „Im Zwielicht der Widersprüche" In: Die Zeit, Nr. 26 vom 24.6.1988, S. 2. Siehe dazu Kapitel 8.3.

von ihnen gezeichnete rosige Bild der Beziehung von Staat und Kirche „allenfalls ein Wunschtraum" sei[787]. Sozusagen als Beweis für den mangelnden Wahrheitsgehalt der Äußerungen der Staatsvertreter in Rostock fand die staatliche Zensur der kirchlichen Presse Eingang in alle Berichte zum Kirchentag[788]. Somit konzentrierten sich die bundesdeutschen Medien in ihren Beiträgen wie in den Jahren zuvor auf gesellschaftspolitisch relevante Statements beim Kirchentag. Vor dem Hintergrund des Reformprogramms von Michail Gorbatschow und der zunehmenden Ausreisewelle standen dabei Forderungen nach politischen Veränderungen und der Durchsetzung grundlegender Bürgerrechte im Fokus.

Betrachtet man hingegen die Beiträge in den staatlichen DDR-Medien, so scheint es, als hätten in Rostock zwei verschiedene Kirchentage stattgefunden. Das Ziel der staatlichen Berichterstattung legte das ZK der SED fest: Demnach sollten die Medien „überzeugend" darstellen, wie „dem Anliegen und den Bedürfnissen gläubiger Bürger Rechnung getragen und dadurch Beziehungen vertrauensvollen Miteinanders der Kirchen zum Staat gefördert werden"[789]. Nach den Querelen im Kontext der Ereignisse in Berlin Ende 1987 und Anfang 1988[790] besann sich die SED also darauf, die Kirchen – und damit auch die Kirchentage – als Mittel zur innen- und außenpolitischen Verbesserung ihres Ansehens einzusetzen. Dafür war sie bereit, die Berichte umfangreicher als üblich gestalten zu lassen. So sollten auch das Fernsehen und Radio eingespannt werden: Die wichtigste Nachrichtensendung im DDR-Fernsehen, die „Aktuelle Kamera", hatte während der Treffen tägliche Beiträge zu senden[791] und *Radio DDR* zeichnete nicht nur den Rostocker Eröffnungsgottesdienst auf, sondern brachte am 19. Juni eine etwa zehnminütige Zusammenfassung sowie einen weiteren halbstündigen Bericht zum Rostocker Treffen[792]. Zwar fielen die Meldungen der SED-Organe *Neues Deutschland* und *Berliner Zeitung* wieder einmal äußerst knapp aus, aber dafür gab das *Neue Deutschland* in seiner Ausgabe vom 17. Juni Programmhinweise zum Rostocker Kirchentag, die fast schon werbenden Charakter hatten[793]. Ungewöhnlich war ebenfalls, dass die *Ostseezeitung* die Beiträge zum Kirchentag jeweils auf Seite 1 abdruckte[794] und dem Treffen damit

---

787 Vgl. ebd.; „'Wir werden bleiben wollen, wenn wir gehen dürfen'" In: Bremer Kirchenzeitung, 3.7.1988, S. 3; „Aus Tarnzügen der Anpassung aussteigen" In: Frankfurter Rundschau, Jg. 44, Nr. 140 vom 20.6.1988, S. 4; „Positive Wendung und staatliche Zensur" In: ebd. S. 3.

788 Vgl. ebd.; „Evangelische Kirchenzeitungen in der DDR erneut zensiert" In: Der Tagesspiegel, Nr. 12988 vom 18./19.6.1988, S. 2; „Eingriffe gegen Kirchenzeitungen" In: Die Welt, Nr. 140 vom 19.6.1988, S. 2. Zur Pressezensur siehe Kapitel 8.3.

789 Vgl. SAPMO-BArch, DY 30/IV B 2/14, Nr. 97, Blatt 62: „Zur Vorbereitung der regionalen Kirchentage", 1.6.1988, S. 4.

790 Siehe dazu Kapitel 8.2.

791 Vgl. BStU, MfS, BV Rostock, AS Nr. 416/88, Bd. 1, Blatt 57: „Politisch-operative Lage in Vorbereitung des Kirchentages vom 16. bis 19. Juni 1988 in Rostock", 31.5.1988, S. 6.

792 Vgl. ebd. Blatt 67: „Aktuelle politisch-operative Erkenntnisse in Vorbereitung des Kirchentages in Rostock", 2.6.1988, S. 4; LKAS, LA KT, Nr. 6: Information der Konferenz der Landesausschüsse, 30.5.1988.

793 Vgl. „Evangelischer Kirchentag beendet" In: Berliner Zeitung, Jg. 44, Nr. 144 vom 20.6.1988, S. 2; „Evangelischer Kirchentag wurde in Rostock eröffnet" In: Neues Deutschland, Jg. 43, Nr. 142 vom 17.6.1988, S. 2. Der Hinweis auf Film- und Konzertvorführungen war völlig neu. Wenn überhaupt, wurden üblicherweise nur geistliche Angebote des Kirchentags erwähnt, denn die SED befürchtete, dass sich auch Nichtchristen für das kulturelle Programm interessieren könnten.

794 Vgl. „Evangelischer Kirchentag in Rostock eröffnet" In: Ostsee-Zeitung, Jg. 37, Nr. 142 vom 17.6.1988, S. 1; „Unverzichtbarer Beitrag christlichen Engagements" In: ebd. Nr. 143 vom 18.6.1988,

deutlich mehr Aufmerksamkeit verschaffte und mehr Bedeutung beizumessen schien als in vorherigen Jahren. Auch die CDU-Zeitung *Der Demokrat* veröffentlichte ihre Artikel zum Kirchentag stets auf der Titelseite und widmete ihm zum Abschluss zusätzlich eine ganze Seite[795]. Die CDU-Presse hatte zwar auch in den Jahren zuvor stets umfangreicher als die SED-Organe berichtet, aber noch nie waren ihre Beiträge derart ausführlich und an so exponierter Stelle platziert wie 1988.
Inhaltlich hielt sich die staatliche Presse an die Vorgaben des Zentralkomitees und betonte das gute Miteinander von Christen und Marxisten während des Treffens. Ironischerweise gehörten Bischof Stier und Joachim Gauck auch in den DDR-Medien zu den sehr häufig zitierten Rednern – allerdings mit völlig anderen Äußerungen als in der bundesdeutschen Presse. Joachim Gaucks Anspielungen auf die Ausreiseproblematik und gesellschaftliche Missstände oder Christoph Stiers Aufforderung zu offeneren Worten im gesellschaftlichen Dialog konnte die DDR-Presse natürlich nicht aufgreifen. Stattdessen war zu lesen, der Landesausschussvorsitzende habe den staatlichen Stellen vielfach für die organisatorische Hilfe gedankt und sich für ein engagiertes Wirken der Christen in der Gesellschaft ausgesprochen[796]. Von Gaucks Predigt wurde nur erwähnt, dass er sich über die während des Kirchentags begonnenen Gespräche zwischen Christen und Marxisten erfreut zeigte[797]. Einzig *Der Demokrat* zitierte etwas ausführlicher aus der Abschlusspredigt und führte sogar die durchaus brisante Forderung nach Abrüstung und Entspannung im gesellschaftlichen Dialog an[798]. Vom Bischof hieß es ebenfalls, er habe gegenüber den staatlichen Vertretern immer wieder seinen Dank für ihren Beitrag zum Gelingen des Kirchentags zum Ausdruck gebracht[799]. Außerdem soll er das Gespräch vom 6. März 1978 als einen wichtigen Durchbruch auf dem Weg zur Gleichberechtigung der christlichen Bürger in der sozialistischen Gesellschaft gewürdigt haben[800]. Damit schien sich das Auftreten von Christoph Stier und Joachim Gauck während des Treffens in der Hansestadt nicht von dem der Vertreter der ELKG unterschieden zu haben. Da Bischof Gienke – sonst immer ein verlässlicher Lieferant passender Zitate für die staatliche Berichterstattung – diesmal nicht am Kirchentag teilgenommen hatte,

S. 1; „Den begonnenen Dialog im Alltag fortsetzen" In: ebd. Nr. 144 vom 20.6.1988, S. 1f.

795 Vgl. „Herausragendes Ereignis im Norden unseres Landes" In: Der Demokrat, Jg. 43, Nr. 141 vom 16.6.1988, S. 1; „'Fest der Brückenbauer' aus christlichem Glauben" In: ebd. Nr. 142 vom 17.6.1988, S. 1; „Brücken bauen, die zu sicherem Frieden führen" In: ebd. Nr. 143 vom 18/19.6.1988, S. 1; „Beeindruckender Abschluß des Rostocker Kirchentags" In: ebd. Nr. 144 vom 20.6.1988, S. 1; „Evangelischer Kirchentag in Rostock" In: ebd. S. 3.

796 Vgl. „Evangelischer Kirchentag in Rostock eröffnet" In: Ostsee-Zeitung, Jg. 37, Nr. 142 vom 17.6.1988, S. 1; „Den begonnenen Dialog im Alltag fortsetzen" In: ebd. Nr. 144 vom 20.6.1988, S. 1f.; „Evangelischer Kirchentag in Rostock abgeschlossen" In: Neues Deutschland, Jg. 43, Nr. 144 vom 20.6.1988, S. 2; „Kirchentag in Rostock beendet" In: Schweriner Volkszeitung, Jg. 43, Nr. 144 vom 20.6.1988, S. 2.

797 Vgl. „Den begonnenen Dialog im Alltag fortsetzen" In: Ostsee-Zeitung, Jg. 37, Nr. 144 vom 20.6.1988, S. 1f.; „Mut zu verantwortlichem Leben" In: Neue Zeit, Jg. 44, Nr. 144 vom 20.6.1988, S. 1; „Beeindruckender Abschluß des Rostocker Kirchentags" In: Der Demokrat, Jg. 43, Nr. 144 vom 20.6.1988, S. 1.

798 Vgl. „Beeindruckender Abschluß des Rostocker Kirchentags" In: Der Demokrat, Jg. 43, Nr. 144 vom 20.6.1988, S. 1.

799 „'Fest der Brückenbauer' aus christlichem Glauben" In: ebd. Nr. 142 vom 17.6.1988, S. 1; „Unverzichtbarer Beitrag christlichen Engagements" In: Ostsee-Zeitung, Jg. 37, Nr. 143 vom 18.6.1988, S. 1.

800 Vgl. „Mut zu verantwortlichem Leben" In: Neue Zeit, Jg. 44, Nr. 144 vom 20.6.1988, S. 1.

konzentrierte man sich auf seinen Stellvertreter in Rostock, OKR Siegfried Plath. Besonders oft wurden Passagen aus Plaths Predigt beim Eröffnungsgottesdienst und aus seiner Ansprache beim Empfang der Kirchenleitung wiedergegeben, in denen er vom „Brückenbau“ zwischen Christen und Marxisten sowie gelebtem Vertrauen in der Gesellschaft und gegenseitiger Unterstützung sprach[801]. Um das harmonische Bild abzurunden, griffen die staatlichen Zeitungen Worte von Staatsvertretern auf, zum Beispiel von Oberbürgermeister Schleiff und Jürgen Haß vom RdB Rostock, die das „vertrauliche Miteinander“ von Kirche und Staat, die engagierte Mitarbeit christlicher Bürger in der Gesellschaft sowie die völlige Gewährleistung der Gleichberechtigung von Christen in der DDR hervorhoben[802]. Selbst Helmut Schmidt schien beim Kirchentag die Politik der SED unterstützt und damit zur Aufrechterhaltung der einträchtigen Stimmung in Rostock beigetragen zu haben. Zwar wurde der Auftritt des Altbundeskanzlers in den Berichten größtenteils verschwiegen, aber *Der Demokrat* erwähnte, dass Schmidt sich – ganz im Sinne der SED-Friedenspolitik – vehement dafür ausgesprochen habe, alles zu tun, damit von deutschem Boden nie wieder ein Krieg ausgehe[803]. Von einem solchen Redner durfte es dann auch heißen, er habe zu den „herzlich begrüßten“ Gästen des Treffens gehört[804].

Den Vorgaben der SED in Bezug auf die Berichterstattung zu den Kirchentagen wurde von den staatlichen Medien also wie nicht anders zu erwarten voll und ganz entsprochen. Ob sie dadurch das außen- und innenpolitische Ziel einer Stärkung des Ansehens der DDR erreichen konnten, ist allerdings mehr als fraglich. Die Medienvertreter aus der Bundesrepublik ließen sich jedenfalls von der Postulierung des angeblich so vertrauensvollen Verhältnisses von Staat und Kirche nicht beeindrucken. Auch innenpolitisch schwelte der Konflikt zwischen der SED und den Kirchen weiter – nicht zuletzt wegen der andauernden Zensur der kirchlichen Presse.

8.8 Fazit

Wollte man den Rostocker Kirchentag in einem Wort zusammenfassen, wäre „Dialog“ sicherlich das passendste. Von Anfang an waren die Veranstalter darauf bedacht, bei der Vorbereitung und Durchführung den Austausch mit vielen verschiedenen Protagonisten zu suchen. Besonders die Mecklenburger drängten darauf, den Kirchentag „von unten“ aufzubauen, also die Gemeindemitglieder und Basisinitiativen in die organisatorische und inhaltliche Vorbereitung einzubeziehen. Die Beratungskonferenzen von September 1985, September 1986 und April 1987 waren ein deutlicher Ausdruck des Anliegens, die kirchliche Basis für den Kirchentag zu begeistern und zu mobilisieren. Es erforderte aber auch eine deutlich längere

801 Vgl. „Im Gedenken an Vergangenes unser Zusammenleben fördern“ In: ebd. Nr. 143 vom 18.6.1988, S. 1; „Brücken bauen, die zu sicherem Frieden führen“ In: Der Demokrat, Jg. 43, Nr. 143 vom 18/19.6.1988, S. 1; „Verstehen und Vertrauen“ In: ebd. Nr. 144 vom 20.6.1988, S. 3; „Evangelischer Kirchentag in Rostock abgeschlossen“ In: Neues Deutschland, Jg. 43, Nr. 144 vom 20.6.1988, S. 2; „Kirchentag in Rostock beendet“ In: Schweriner Volkszeitung, Jg. 43, Nr. 144 vom 20.6.1988, S. 2.

802 Vgl. „Unverzichtbarer Beitrag christlichen Engagements“ In: Ostsee-Zeitung, Jg. 37, Nr. 143 vom 18.6.1988, S. 1; „'Fest der Brückenbauer' aus christlichem Glauben“ In: Der Demokrat, Jg. 43, Nr. 142 vom 17.6.1988, S. 1; „Brücken bauen, die zu sicherem Frieden führen“ In: ebd. Nr. 143 vom 18/19.6.1988, S. 1.

803 Vgl. „Fest der Freude und Begegnung“ In: Der Demokrat, Jg. 43, Nr. 144 vom 20.6.1988, S. 3.

804 Vgl. ebd.

Vorbereitungszeit, das Thema und den Aufbau des Kirchentags in einem größeren Rahmen als sonst zur Diskussion zu stellen[805]. Dieser Mehraufwand ließ offenbar bei manchen kirchlichen Mitarbeitern den Willen zu einem aktiven Engagement sinken. Die Organisatoren rühmten sich dennoch damit, rund 800 Personen für eine Mitarbeit gewonnen zu haben[806]. Trotz der großen Beteiligung von Laien an der Gestaltung des Programms kann man dieses Treffen aber noch nicht als Laienkirchentag bezeichnen, weil die Hauptverantwortung vorrangig in den Händen von Pastoren lag. Sie stellten die Mehrheit im gemeinsamen Landesausschuss und fungierten bei nahezu allen Vorbereitungsgruppen als Leiter. Vielleicht lag es an mangelnder Qualifikation oder fehlender Bereitschaft der Laien, führende Rollen in der Kirchentagsorganisation zu übernehmen. Womöglich fühlten sie sich durch berufliche Belastungen von einer Übernahme größerer Verantwortung überfordert. Oder hatten ihnen vielmehr die hauptamtlichen Kirchenmitarbeiter einfach zu wenig zugetraut und sie nicht ausreichend motiviert? Der gemeinsame Ausschuss fand bei der Auswertung des Treffens eine eigene Erklärung: „Laien haben in der Öffentlichkeit oft große Schwierigkeiten, sich auszudrücken, zu leiten und sich zu profilieren."[807] Das traf seiner Ansicht nach wohl auch auf Jugendliche zu, denn obwohl das Jugendprogramm des Rostocker Kirchentags im Vergleich zu früheren Treffen deutlich umfangreicher war, kamen junge Christen wieder einmal nur selten als Mitarbeiter zum Einsatz.

Eine bessere Einbindung gelang den Veranstaltern mit den Vertretern der Basisgruppen. Auch wenn einige Mitglieder des gemeinsamen Ausschusses, überwiegend aus der ELKG, einer Einbeziehung von Friedens- und Ökologiekreisen bei der Planung eher ablehnend gegenübergestanden hatten, wirkten in den sechs Themenbereichen Mitglieder von Basisinitiativen mit. Die Mecklenburger, die den Gruppen im Raum ihrer Landeskirche grundsätzlich offener begegneten als die Greifswalder[808], förderten ihr Engagement vor allem innerhalb der Arbeitsgruppe 2. Dort übernahmen sie mitunter sogar die Leitung einzelner Untergruppen. Besonders engagiert trat Heiko Lietz auf, der als Vorsitzender der „Arbeitsgruppe Frieden" und Mitglied der Rostocker Schalomgemeinschaft über viele Kontakte und ein großes Maß an Erfahrung im Bereich der Basisgruppenarbeit verfügte. Unterstützt durch Joachim Gauck konnten die Teilnehmer der AG 2 ein Programm erarbeiteten, das nahezu alle brennenden gesellschaftspolitischen Fragen der damaligen Zeit umfasste. Die staatlichen Stellen beobachteten diese Entwicklungen genau und die Stasi arbeitete daran, Heiko Lietz aus der Arbeitsgruppe zu drängen. Doch die darauf angesetzten IM konnten dieses Ziel – auch aufgrund der Rückendeckung durch den Vorsitzenden des mecklenburgischen Landesausschusses – nicht erreichen.

Die allgemeine Zusammenarbeit zwischen den Staatsorganen und den Verantwortlichen des Kirchentags gestaltete sich zu Beginn der Vorbereitungsphase hingegen recht positiv. So befürwortete der Rat des Bezirks im Frühjahr 1987 eine großzügige Unterstützung des Treffens, wenn die Veranstalter den üblichen staatlichen

805 Die längste Vorbereitungszeit hatte der Rostocker Kirchentag 1983 in Anspruch genommen, bedingt durch die Einbindung in die umfangreichen Feierlichkeiten anlässlich des 500. Geburtstags Martin Luthers. Siehe dazu Kapitel 6.1.

806 Vgl. LKAS, LA KT, Nr. 6: Presseinformation Nr. 1.

807 Vgl. ebd. Nr. 4: Protokoll der Sitzung des gemeinsamen Landesausschusses am 14.10.1988, S. 2.

808 Vgl. Frank: „Realer, exakter, präziser"?, S. 426-430; Dies.: Einsam oder gemeinsam?, S. 245-249. Siehe dazu auch Kapitel 6.3.

Erwartungen Rechnung trugen[809]. Auch nach der „Zion-Affäre" setzte der Staat zunächst auf seine bisherige Strategie, die Kirchentage durch großzügige Hilfe im organisatorischen Bereich an sich zu binden und zur Aufbesserung seines Ansehens im In- und Ausland zu instrumentalisieren. Als sich die kirchenpolitische Lage im Januar 1988 aber weiter verschärfte, war er nicht mehr zu einem größeren Entgegenkommen bereit. Erhielt noch bis Ende 1987 der Großteil der gestellten Anträge eine Genehmigung, zeigten sich die staatlichen Behörden nach den Ereignissen im Kontext der Luxemburg-Liebknecht-Demonstration zunehmend restriktiver. So wurde den Organisatoren in Rostock zum Beispiel die Nutzung eines zentralen öffentlichen Platzes für den Abschlussgottesdienst mit einer fadenscheinigen Begründung verwehrt und die Werbekampagne des Kirchentags durch Verzögerung der Programmheftauslieferung boykottiert. Während des Treffens selbst setzten jedoch sowohl Staatsvertreter als auch Veranstalter auf versöhnende Worte und ein harmonisches Miteinander. Die Betonung, die Kirche wolle nicht Gegner, sondern Partner des Staates sein, zog sich durch das gesamte Programm. Staatliche Vertreter, die sich zu einer Mitwirkung am Kirchentag bereit erklärt hatten, wie die Professoren für Marxismus-Leninismus Olof Klohr, Günter Hoffmann und Gerhard Winter, strichen vor allem die Gemeinsamkeiten von Sozialismus und Christentum heraus und propagierten die Gleichberechtigung aller Bürger in der DDR. Nicht alle Besucher und Mitwirkenden ließen diese Parolen unkommentiert stehen. So lehnte zum Beispiel Pastor Reinhard Glöckner aus Greifswald die Behauptung einer Gleichberechtigung radikal ab und erklärte, die DDR habe sich zu einem Zwei-Klassen-Staat entwickelt, in dem die Macht jenen vorbehalten sei, welche die Ideologie der SED vertraten[810]. Doch die Repräsentanten des Staates ließen sich nicht auf eine ehrliche Diskussion gesellschaftlicher und politischer Probleme ein. Der große Besucherandrang bei den Angeboten mit staatlicher Beteiligung verdeutlichte wiederum das starke Bedürfnis der Bürger nach einem gleichberechtigten, offenen Austausch mit Staatsvertretern.

Im Hinblick auf den Umgang mit staatlichen Stellen ließen sich durchaus unterschiedliche Ansätze bei den Vertretern der beiden am Kirchentag beteiligten Landeskirchen erkennen, was mitunter auch innerkirchliche Konflikte hervorrief. Besonders die Bischöfe Stier und Gienke waren in manchen Punkten uneins, vor allem bei der Einladung des ehemaligen Bundeskanzlers Helmut Schmidt. Während Christoph Stier gemeinsam mit Joachim Gauck die Teilnahme auch gegen den Willen des Staates durchsetzen wollte, distanzierte Horst Gienke sich von diesem Vorhaben und pochte darauf, den staatlichen Vorgaben Folge zu leisten. Die Auseinandersetzungen sollen sogar so weit gegangen sein, dass sich der Greifswalder Landesausschuss gegen einen weiteren gemeinsamen Kirchentag aussprach. Die Staatsorgane, allen voran das MfS, zeigten sich hocherfreut über diese Entwicklung. Im Auswertungsbericht der Stasi wurde daher festgelegt, diesen „Differenzierungsprozess" weiter zu fördern, wovon man sich eine Stärkung der „realistischen Kräfte" in beiden Landeskirchen erhoffte[811].

809 Vgl. LAG, Rep. 200 II 7.3, Nr. 113, Blatt 14: „Konzeption für das Gespräch mit Bischof Stier, Bischof Gienke und den Vorsitzenden der Kirchentagsausschüsse beider Landeskirchen am 28.4.1987", S. 2.

810 Vgl. ebd. Nr. 89, Blatt 139: „Information zum Rostocker Kirchentag vom 16.06.-19.06.88", 19.6.1988, S. 29.

811 Vgl. BStU, MfS, BV Rostock, AKG Nr. 282, Blatt 119: „Information über die Vorbereitung des Gemeinsamen Kirchentages 1988 in Rostock", 24.5.1988, S. 6; BStU, MfS, BV Rostock, AKG Nr. 1128, Blatt 09: „Information über den Verlauf des gemeinsamen Kirchentages der ELLKM und ELKG vom 16. bis 19. Juni 1988 in Rostock", 27.6.1988, S. 8.

In Bezug auf die gemeinsame Kirchentagsarbeit bedeutete das Treffen 1988 tatsächlich das Ende. Zum einen wollte der Greifswalder Landesausschuss der Planung eines nächsten Kirchentags mit den Mecklenburgern vorerst nicht zustimmen. Zum anderen führten die politischen Umwälzungen 1989/90 zu einer wiedervereinten Kirchentagsorganisation in Deutschland, deren Hauptaugenmerk auf den zentralen Treffen lag. Allerdings setzte das Rostocker Treffen 1988 der Geschichte der DDR-Kirchentage im Norden einen würdigen Schlusspunkt. In vieler Hinsicht hatten die Verantwortlichen Neuland betreten und ihr Innovationspotential bewiesen – ob beim Frauenforum, beim interreligiösen Dialog oder dem Gespräch zwischen Christen und Marxisten. Veranstaltungen wie die Arbeitsgruppen „Gerechtigkeit – Frieden – Bewahrung der Schöpfung", „Kirche – Gesellschaft – Politik" und „Schuld – Versöhnung – Leben", der Vortrag von Helmut Schmidt oder die Predigt von Joachim Gauck beim Abschlussgottesdienst dürften den Besuchern lange im Gedächtnis geblieben sein. Die Veranstalter hatten mit der Losung „Brücken bauen" offenbar die richtige Wahl getroffen, denn sie bot eine Vielzahl von Interpretationsmöglichkeiten. Das Element der Verbindung und Versöhnung zog sich durch alle Themen, vom Verhältnis zwischen Staat und Kirche über politische und soziale Gerechtigkeit, die Ausreiseproblematik, die Zusammenarbeit von Haupt- und Ehrenamtlichen in den Gemeinden, die innerkirchliche Kommunikation sowie die Beziehung von Juden und Christen. Somit zeigt die inhaltliche Gestaltung dieses Treffens, dass die evangelischen Kirchentage in der DDR nicht nur eine Festveranstaltung und ein Rückzug in die Stärke der großen Gemeinschaft waren, sondern auch einen eigenen Beitrag zur Diskussion gesellschaftspolitischer und kirchlicher Fragen leisten konnten.

9. Schlussbetrachtungen

9.1 Der Kirchentag als landeskirchliches Projekt

Die Kirchentage stellten die größten Veranstaltungen dar, die die evangelischen Kirchen in der DDR organisiert haben. Für die Realisierung der einzelnen Vorhaben war ein großes Maß an inhaltlicher und organisatorischer Planung, an ehrenamtlichen Mitarbeitern, an Ideen, Geduld, Kraft und Ausdauer vonnöten. Die Hauptverantwortung für die Treffen trugen die Landesausschüsse. Im mecklenburgischen Landesausschuss gab es zwischen 1978 und 1988 zwar etwas mehr personelle Veränderungen als im Greifswalder, aber in beiden Gremien blieben die meisten Mitglieder über längere Zeit aktiv[1]. Vor allem in der zweiten Hälfte der 1980er Jahre bemühten sich beide Ausschüsse, mehr Laienmitglieder zu gewinnen. Folgt man der Definition des Laien als einem Nicht-Theologen[2], so bestanden sowohl der mecklenburgische als auch der Greifswalder Ausschuss ab 1986 zur Hälfte aus Laien. Der Anteil „einfacher" Gemeindemitglieder, die nicht als Angestellte der Kirchen wirkten, fiel in beiden Landesausschüssen allerdings trotzdem relativ gering aus[3].

Zur Planung der Kirchentage benötigten die Landesausschüsse die Unterstützung von zusätzlichen Mitwirkenden. Sie beriefen zur Umsetzung ihrer Beschlüsse und zur Koordinierung der Vorbereitungen eine Organisationsgruppe[4] ein, die sich aus Mitgliedern des Landesausschusses und kirchlichen Mitarbeitern zusammensetzte. Außerdem wurde bei jedem Treffen ein Ortsausschuss gebildet, der eng mit den Gemeinden im jeweiligen Veranstaltungsort zusammenarbeitete und für die Quartierbeschaffung, die Einweisung der Ordner, Transportfragen, die Verpflegung der Teilnehmer und die Betreuung der offiziellen Gäste zuständig war. Beim Rostocker Kirchentag 1988 gestaltete sich die Bildung dieses Ausschusses im Gegensatz zu den vorherigen Treffen äußerst schwierig. Das Arbeitspensum wirkte offenbar so abschreckend, dass niemand bereit war, den Vorsitz zu übernehmen[5], und sich letztlich nur ein sehr kleiner Kreis von vier Personen[6] mit der Bewältigung der Aufgaben konfrontiert sah. Das führte teilweise zu Defiziten beim organisatorischen Ablauf des Treffens und machte den Veranstaltern darüber hinaus eine schwerwiegende

1 In Bezug auf den Greifswalder Ausschuss sind hier Siegfried Plath, Ingrid Plath, Siegfried Bohl, Pfarrer Friedrich Harder, Pfarrer Winrich Jax und Pfarrer Roland Springborn hervorzuheben. Sie gestalteten alle fünf Kirchentage zwischen 1978 und 1988 mit, wobei Plath und Bohl als Vorsitzende des Landesausschusses eine herausgehobene Stellung hatten, zum Beispiel bei den Verhandlungen mit den staatlichen Organen. Im mecklenburgischen Ausschuss gehörten Joachim Gauck, Pastor Jens Langer, Gisela Meer, Fritz Döscher und Diakon Eberhard Beyer zu den Mitgliedern, die die Kirchentagsarbeit in den 1980er Jahren kontinuierlich mitgestalteten. Joachim Gauck als Ausschussvorsitzender und Eberhard Beyer als Regionalsekretär waren bei der Vorbereitung der Kirchentage 1983 und 1988 besonders stark involviert.

2 Vgl. Barth: Art. Laie II, in: TRE 20, Berlin/New York 2000, S. 386 und S. 389; Foitzik: Art. Laien IV, in: RGG[4] 5, Tübingen 2002, Sp. 24.

3 Nach den Wahlen im März 1986 handelte es sich bei acht der zwölf Mitglieder des Ausschusses Mecklenburg um Angestellte der ELLKM, darunter Pastoren, Diakone und Katechetinnen. Der Greifswalder Landesausschuss setzte sich ab Frühjahr 1986 aus zehn Mitgliedern zusammen. Sieben Mitglieder waren als Pastoren, Kirchenmusiker oder Katecheten bei der ELKG angestellt.

4 Die Organisationsgruppe umfasste je nach Kirchentag fünf bis neun Mitglieder.

5 Vgl. LKAS, LA KT, Nr. 5: Brief von Eberhard Beyer an Joachim Wiebering, 7.7.1988, S. 2.

6 Beim vorherigen Kirchentag in Rostock 1983 hatte der Ortsausschuss noch aus 14 Mitgliedern bestanden.

Problematik der Kirchentagsbewegung deutlich: Einerseits hatten die Besucherzahlen stark zugenommen, andererseits war die Bereitschaft zur aktiven Beteiligung an der Vorbereitung und Durchführung der Treffen bei vielen Mitarbeitern zurückgegangen, weil immer mehr und immer größere Veranstaltungen[7] sehr viel zusätzliche Arbeit verlangten, die ausschließlich ehrenamtlich geleistet wurde. Hatte sich Anfang der 1980er noch ein großer Enthusiasmus bei den Mitarbeitern gezeigt, indem zum Beispiel die ELKG nicht auf ihren nächsten regulären Landeskirchentag 1981 verzichten wollte, obwohl der Greifswalder Ausschuss fast zeitgleich mit den Vorbereitungen des gemeinsam mit der ELLKM organisierten Rostocker Treffens 1983 beschäftigt gewesen war, schienen Ende des Jahrzehnts viele Mitwirkende der Anstrengungen des Projekts Kirchentag müde geworden zu sein. Das erkannten schließlich auch die Mitglieder der beiden Landesausschüsse, sodass sie bei der Auswertung des Kirchentags 1988 beschlossen, für kommende Treffen hauptamtliche Mitarbeiter anzustellen und eine Freistellung von Arbeitnehmern der Kirche für die Vorbereitungsphase anzustreben. Die Umwälzungen in der Kirchentagsarbeit nach der Friedlichen Revolution 1989/90 verhinderten allerdings eine Umsetzung dieser Pläne.

Die Vorbereitungen der Treffen im Norden nahmen im Zeitraum von 1978 bis 1988 etwa eineinhalb bis vier Jahre in Anspruch. Beim Rostocker Kirchentag im Lutherjahr und beim ebenfalls in der Warnowstadt durchgeführten Treffen 1988 waren die Vorbereitungsphasen mit jeweils rund vier Jahren besonders umfangreich. Im Fall des Kirchentags 1983 hing dies mit der Einbindung in die insgesamt sehr langfristig geplanten Feierlichkeiten anlässlich des 500. Geburtstags von Martin Luther zusammen. Im Hinblick auf den Kirchentag 1988 ergab sich die ungewöhnlich lange Vorbereitungszeit aus dem Ziel der Veranstalter, das Treffen als einen „Kirchentag von unten“ aufzubauen. Erstmals in der Geschichte der Kirchentage der ELLKM und ELKG bezogen die Veranstalter die Gemeinden und Basisinitiativen in größerem Umfang in die Themenfindung und die inhaltliche Entfaltung des Kirchentagsthemas ein. Dazu führte der mecklenburgische Landesausschuss zwischen 1985 und 1987 drei Tagungen in Güstrow und Rostock durch, bei denen Gemeindemitglieder und Vertreter von Basisgruppen ihre Erwartungen und Wünsche bezüglich der Ausgestaltung des Programms vorbrachten und diskutierten. Diese „Ideenkonferenzen“ trugen schließlich entscheidend dazu bei, dass der Dialog mit Vertretern von Staat und Ökumene zu den wichtigsten Kennzeichen des Rostocker Treffens 1988 gehörte.

Die Festlegung des Rahmenthemas war einer der ersten Schritte auf dem Weg der Planung eines Kirchentags. Meist fanden in der DDR mehrere Kirchentage in einem Jahr statt[8], für die die Konferenz der Landesausschüsse einen gemeinsamen Themenkonvent anbot. Zu diesen Konventen entsandten die betreffenden Landesausschüsse Delegierte, die über die Formulierung der Kirchentagslosung und mögliche Themenkomplexe für die Programme berieten. Fast immer diente dabei die jeweilige Jahreslosung als Inspirationsquelle, nur bei den Kirchentagen 1983 entwickelten die Konventteilnehmer das Motto aus Anlass des Jubiläums auf der

7 Das Kirchentagsprogramm 1978 umfasst rund 45 Veranstaltungen, beim Kirchentag 1988 waren es etwa doppelt so viele, darunter sieben große Arbeitsgruppen mit jeweils sehr umfangreichem Programm.

8 Siehe die Übersicht zu den Kirchentagen in der DDR von 1962 bis 1989 im Anhang, Abschnitt III.

Grundlage eines Lutherzitats. Eine weitere Besonderheit der Treffen im Jahr 1983 bestand darin, dass alle beteiligten Ausschüsse die im Themenkonvent beschlossene Losung übernommen hatten. Denn die im Konvent erarbeitete Formulierung hatte lediglich den Rang einer Empfehlung. Ob die einzelnen Ausschüsse sie annahmen, war ihnen letztlich freigestellt. Die beiden nördlichen Landesausschüsse entschieden sich – mit Ausnahme des Treffens 1983 – stets für eine Umformulierung der vorgeschlagenen Losungen. Entweder hielten sie die Vorschläge für nicht religiös genug oder aber für zu theologisch formuliert und damit unattraktiv für nichtchristliche Besucher[9]. An den Diskussionen zur Losung zeigt sich somit, dass die Veranstalter als Zielgruppe keinesfalls nur Kirchenmitglieder im Blick hatten, sondern ebenso kirchenferne Menschen ansprechen wollten. So griffen sie beispielsweise bei der inhaltlichen Gestaltung der Programme neben religiösen Fragen auch Themen auf, die alle Bürger gleichermaßen betrafen, wie Frieden, Gerechtigkeit oder Ökologie[10]. Der Anspruch der Organisatoren, die Kirchentage für ein breites Publikum zu konzipieren, lässt sich zudem an einigen Veranstaltungen erkennen. Zum Beispiel nahm man im untersuchten Zeitraum modernere Gottesdienstformate wie Meditations- und Gesprächsgottesdienste, Friedensgebete oder einen „Gottesdienst in anderer Form“ in die Programme auf. Darüber hinaus gab es viele kulturelle und musikalische Angebote, unter anderem Kabarett, Theaterstücke, Lesungen, Filme sowie Orgel-, Chor- und Bandkonzerte. Die Veranstaltungen für jüngere Besucher sollten ebenfalls mehr Vielfalt in das Programm bringen. Dabei etablierten sich der „Kinderkirchentag“, Familiengottesdienste und Großveranstaltungen für Jugendliche in den 1980er Jahren als feste Größen. Insgesamt gesehen erwies sich das Kinder- und Jugendprogramm bei den Treffen der ELLKM und ELKG aber als relativ überschaubar, was wiederholt Kritik hervorrief[11]. Durchweg positive Resonanz erfuhren die Kirchentagsverantwortlichen hingegen in Bezug auf die Entdeckung respektive eigene Entwicklung neuer Veranstaltungsformate. Dazu gehörte vor allem das von Pastor Winrich Jax und Stralsunder Gemeindemitgliedern konzipierte Gesprächsmodell „Sei unser Gast“, das als Reaktion auf die Unzufriedenheit mit den traditionellen Arbeitsgruppen entstand und erstmals beim Kirchentag 1978 durchgeführt wurde. Vom Deutschen Evangelischen Kirchentag in der Bundesrepublik übernahmen die Programmgestalter die „Liturgische Nacht“, den „Abend der Begegnung“ und den „Markt der Möglichkeiten“. Diese Formate zielten ebenso wie die Aktion „Sei unser Gast“ darauf ab, die Besucher näher zusammenzubringen, ihnen einen intensiveren Austausch und mehr Partizipation zu ermöglichen[12]. Bei der Konzeption der Programme achteten die Verantwortlichen also durchaus auf Vielseitigkeit und Originalität. Sie bemühten sich, den unterschiedlichen Erwartungen der Besucher an die Kirchentage Rechnung zu tragen und Angebote für verschiedene Zielgruppen zu erstellen. Auch wenn sich die Grundstruktur der Kirchentage – Großveranstaltungen, Gottesdienste, Gespräche – im Laufe der Jahre nicht veränderte, erprobten die Organisatoren immer wieder Neues. Dass sie mit diesem Ansatz beim Kirchentagspublikum Erfolg hatten, belegen die erreichten Besucherzahlen.

9 Siehe dazu Kapitel 4.1, 5.1 und 8.1.
10 Siehe dazu Kapitel 9.4.
11 Siehe dazu Kapitel 9.3.
12 Vgl. Schroeter-Wittke: Der Deutsche Evangelische Kirchentag in den 1960er und 70er Jahren, S. 219f.

Als Hauptverantwortliche hatten sich die Landesausschussmitglieder neben der Planung des Programms mit der Klärung weiterer Grundsatzfragen zu befassen, zum Beispiel mit der Finanzierung der Treffen. Beim Kirchentag handelte es sich zwar um ein Projekt der Landeskirchen, dennoch sollte er finanziell unabhängig bleiben, wie es seit der Gründung des Deutschen Evangelischen Kirchentags im Jahr 1949 Tradition gewesen war[13]. Dafür musste man verschiedene Einnahmequellen erschließen. Eine wichtige Basis stellten die Teilnehmerbeiträge dar, die zwischen 1978 und 1988 teilweise deutlich anstiegen[14]. Die Erhöhung der Gebühren für die Dauerteilnehmer hing mit der Entwicklung des Programmumfangs zusammen. Im untersuchten Zeitraum nahm man immer mehr Angebote in die Planung auf, sodass der Rostocker Kirchentag 1988 schließlich etwa doppelt so viele Veranstaltungen umfasste wie das Stralsunder Treffen 1978[15]. Mit den Beiträgen allein konnte man die daraus entstehenden Kosten nicht abdecken. Durch die Sammlung von Kollekten im Vorfeld und während der Kirchentage sowie den Verkauf von Informationsmaterial, Souvenirs und Eintrittskarten für einzelne kulturelle Angebote gelang es jedoch, alle fünf Treffen ohne landeskirchliche Zuschüsse finanziell abzusichern. Bei den Kirchentagen 1983 und 1988 erhielten die beteiligten Ausschüsse außerdem eine indirekte finanzielle Unterstützung durch die Berliner EKT-Zentrale, die Ausstellungen zur Verfügung stellte, einen Großteil der Werbemittel selbst in Auftrag gab und zusätzliche Öffentlichkeitsarbeit leistete.

Weitere grundlegende Fragen, die die Veranstalter bei der Vorbereitung eines Kirchentags zu beachten hatten, betrafen neben der öffentlichen Werbung den Transport und die Verpflegung der Teilnehmer. In diesen Punkten waren sie allerdings in starkem Maße auf das Wohlwollen der staatlichen Organe angewiesen. Ende der 1970er Jahre zeigte sich jedoch, dass die SED ihre kirchenpolitische Strategie im Hinblick auf die Kirchentage verändert hatte[16]. So eröffneten sich den Veranstaltern zum Beispiel mehr Möglichkeiten für Werbemaßnahmen im öffentlichen Raum. Was bis Mitte der 1970er Jahre noch völlig undenkbar gewesen wäre, war nun von staatlicher Seite geduldet: Kirchentagsplakate auf öffentlichen Werbeflächen,

---

13 Der DEKT bemühte sich stets um weitgehende finanzielle Unabhängigkeit, war und ist aber zum Teil auch auf Zuschüsse und Spenden angewiesen, zum Beispiel von den gastgebenden Landeskirchen und der EKD. Vgl. Leudesdorff: Das Uhrwerk des Kirchentages, S. 200-204.

14 Beim Kirchentag 1978 in Stralsund hatten die Dauerteilnehmer 20 Mark zu zahlen (für Rentner, Schüler, Studenten und Lehrlinge ermäßigt 10 Mark), beim Kirchentag 1983 in Rostock 30 Mark (ermäßigt 20 Mark) und beim Rostocker Kirchentag 1988 schließlich 35 Mark (ermäßigt 20 Mark). Kinder bis 14 Jahre waren von der Gebühr befreit. Im direkten Vergleich mit kulturellen Veranstaltungen, die vom Staat subventioniert wurden, wie Kino (eine Karte kostete durchschnittlich 1 Mark) oder Theater (der Eintritt lag zwischen 2 und 12 Mark), erscheint die Kirchentagsgebühr auf den ersten Blick hoch. Für ein drei- bis viertägiges Event mit vielfältigem Programm kann sie jedoch als moderat gelten, zumal das durchschnittliche monatliche Bruttoeinkommen in der DDR jährlich anstieg: Im Jahr 1979 lag es bei 1.006 Mark, 1984 bei 1.102 Mark und 1988 bei 1.290 Mark. Studenten erhielten zwar in der Regel nur ein Grundstipendium in Höhe von 190 Mark pro Monat (200 Mark ab 1981), aber dafür waren die Lebenshaltungskosten in der DDR sehr niedrig. Vgl. Dieter Wiedemann: Von gewollten und gestatteten „Nischen" – die kino- und filmsoziologischen Forschungen am ZIJ, in: Uta Schlegel/Peter Förster (Hg.): Ostdeutsche Jugendliche. Vom DDR-Bürger zum Bundesbürger, Opladen 1997, S. 407; Manfred G. Schmidt: Sozialpolitik der DDR, S. 79; Christa Hasche et al.: Theater in der DDR, S. 198; Schroeder: Der SED-Staat, S. 521.

15 Siehe Anm. 7 in diesem Kapitel.

16 Siehe dazu Kapitel 9.2.

Großaufsteller an Bahnhöfen und in Hauptverkehrsstraßen, Kirchentagsfahnen an Häusern und Masten mitten in der Innenstadt. Den Höhepunkt bildeten die Werbemaßnahmen im Lutherjahr, die sogar außerhalb des Veranstaltungsortes erfolgen durften[17]. Mitte der 1980er nahm die Großzügigkeit der Staatsorgane in puncto Kirchentagswerbung allerdings langsam wieder ab[18] und im Zuge der Verschärfung des Verhältnisses von Staat und Kirche Anfang 1988 häuften sich die Ablehnungen von kirchlichen Genehmigungsanträgen. In Bezug auf den Transport und die Verpflegung der Kirchentagsteilnehmer zeigten sich die staatlichen Stellen hingegen im gesamten Zeitraum sehr entgegenkommend, wobei der Rostocker Kirchentag 1983 auch in diesem Punkt hervorstach: Erteilten die Staatsorgane 1978 für zwei Sonderzüge eine Genehmigung und 1985 lediglich für einen, waren es im Lutherjahr sechs, die außerdem noch nach bedeutenden Vertretern der Reformation benannt werden durften. Zum Rostocker Treffen im Jahr 1988 fuhren dann immerhin noch vier Sonderzüge. Der Umfang der genehmigten Verpflegung stieg im Laufe der 1980er Jahre sogar deutlich an – vermutlich hatten die staatlichen Handelsorganisationen die guten Umsatzmöglichkeiten bei den Kirchentagen erkannt. Insgesamt ist die mit den Treffen 1978 einsetzende Unterstützungsbereitschaft der Staatsorgane vor allem auf eine Veränderung der kirchenpolitischen Strategie der SED zurückzuführen. Besonders aus der Sicht der Leitung der Greifswalder Kirche war das staatliche Entgegenkommen jedoch als eine Folge der oft beschworenen „vertrauensvollen Zusammenarbeit" zwischen Kirche und Staat zu betrachten.

Die Verhandlungen mit den staatlichen Stellen führten in erster Linie die Vorsitzenden der Landesausschüsse und die Bischöfe. Die Vertreter beider Landeskirchen legten viel Wert darauf, ihre Ansprechpartner beim RdB Rostock[19] frühzeitig über die geplanten Kirchentage zu informieren und betont höflich um Unterstützung zu bitten. Aus der Perspektive der Kirchentagsverantwortlichen musste man in den Gesprächen mit den Staatsvertretern mit viel Fingerspitzengefühl agieren, um die erhofften Genehmigungen zu erhalten. In den staatlichen Berichten hieß es entsprechend, die Ausschussvorsitzenden und die Bischöfe hätten versichert, alles in ihrer Macht Stehende zu unternehmen, um „provokatorische Handlungen" während der Kirchentage und damit eine Belastung des „vertrauensvollen Verhältnisses" zwischen Staat und Kirche zu verhindern[20]. Mag die tatsächliche Wortwahl auch anders ausgefallen sein, an offenen Konflikten mit den Staatsorganen waren die Veranstalter durchaus nicht interessiert, denn das hätte zu starken Beschränkungen ihrer Vorhaben führen können. Um sich das Wohlwollen der staatlichen Stellen zu sichern, luden die Verantwortlichen bei jedem der fünf Treffen zwischen 1978 und 1988

17 Für den Rostocker Kirchentag 1983 erhielten die Veranstalter die Genehmigung für eine öffentliche Plakatierung in allen Kreisstädten der drei Nordbezirke.

18 Beim Greifswalder Kirchentag 1985 erlaubte der RdB Rostock zwar Plakate, Aufsteller und Fahnen, aber nur auf dem Gebiet der ELKG und nicht an den Häusern am Greifswalder Marktplatz. Drei Jahre später lehnten die staatlichen Stellen eine Plakatierung an öffentlichen Plätzen in Rostock und in anderen Städten der drei Nordbezirke völlig ab.

19 Dabei handelte es sich um den Referenten für Kirchenfragen, Roland Macht, und die Stellvertretenden Vorsitzenden des RdB Rostock Werner Steinbach (bis 1981) und Jürgen Haß (bis 1989).

20 Vgl. LAG, IV/D/2.13, Nr. 612, Blatt 148: „Aktenvermerk über ein Gespräch mit Bischof Gienke, Präses Affeld und Oberkonsistorialrat Dr. Plath", 2.1.1978, S. 5; LAG, Rep. 200 II 7.3, Nr. 31, Blatt 358: Aktenvermerk von Jürgen Haß zum Gespräch mit Bischof Rathke und Bischof Gienke am 30.5.1983, S. 1; BStU, MfS, BV Rostock, AS Nr. 416/88, Bd. 1, Blatt 39: „Politisch-operative Lage in Vorbereitung des Kirchentages vom 16. bis 19. Juni 1988 in Rostock", 11.4.1988, S. 2.

eine Reihe von lokalen Politikern zu einem Empfang für Mitarbeiter und Gäste des Kirchentags ein. Dort brachten die Bischöfe und Vorsitzenden der Landesausschüsse ihren Dank für die staatliche Unterstützung zum Ausdruck und hielten sich mit kritischen Äußerungen sehr zurück. Die Staatsvertreter schätzten diese Empfänge, weil sie ihnen die Gelegenheit boten, vor den Augen der internationalen Gäste ein harmonisches Verhältnis von Staat und Kirche zu inszenieren und damit ihr Ziel zu verfolgen, das Ansehen der DDR im Ausland zu verbessern. Somit trugen also nicht die Gastfreundschaft und Dankesbekundungen der Kirchentagsorganisatoren per se zur Unterstützungsbereitschaft der staatlichen Stellen bei, sondern die Zielvorstellungen, die die SED mit diesen Treffen verband.
Bis Mitte der 1980er Jahre dominierte bei den Kirchentagsverantwortlichen sowohl aus der ELKG als auch aus der ELLKM ein Kurs der Konfliktvermeidung im Umgang mit den staatlichen Stellen. Die Greifswalder gingen dabei allerdings noch einen Schritt weiter als die Mecklenburger. So kam es zum Beispiel beim Landeskirchentag der ELKG 1978 wie auch beim Rostocker Kirchentag 1983 zum Abbruch von inoffiziellen Teilnehmeraktionen. Beim Stralsunder Treffen unterbanden die Veranstalter eine Unterschriftensammlung gegen die Einführung des Wehrunterrichts und in Rostock entfernte der Vorsitzende des mecklenburgischen Ausschusses, Joachim Gauck, einen in der Marienkirche ausgehängten Offenen Brief. Während die Verantwortlichen des Stralsunder Treffens von sich aus die Aktion beendeten, um einen Konflikt mit den Staatsorganen vorsorglich zu vermeiden, handelten die Veranstalter in Rostock erst auf Drängen der staatlichen Stellen. Außerdem gaben Bischof Rathke und Joachim Gauck in diesem Punkt zwar nach, wiesen aber andere Forderungen zurück, wie zum Beispiel die Entfernung gesellschaftskritischer Plakate in der Marienkirche und an einem „Kirchenkarren". Offene Kritik an der Politik der SED wurde bei den Kirchentagen von 1978 bis 1985 allerdings weder vonseiten der mecklenburgischen noch der Greifswalder Organisatoren geübt. Trotzdem unterschieden sich die Äußerungen von Horst Gienke von jenen seiner mecklenburgischen Kollegen. Der Greifswalder Bischof beließ es nicht bei einer Vermeidung kritischer Aussagen, sondern überschritt oftmals die Grenze zur Anbiederung, indem er sich dem sprachlichen Duktus der Staatsvertreter anpasste und Behauptungen aufstellte, die den Lebenserfahrungen der meisten Christen in der DDR diametral entgegenstanden. So wertete er zum Beispiel die staatliche Unterstützung der Kirchentage als Zeichen des „praktizierten Vertrauens" im Umgang von Staat und Kirche und als Ausdruck des guten kirchenpolitischen Weges seit dem Gespräch vom 6. März 1978[21]. Das Treffen zwischen Erich Honecker und dem Vorstand der KKL 1978 habe überhaupt ein „vertrauensvolles Miteinander" und ein „konstruktives Zusammenleben" von Christen und Marxisten bewirkt, erklärte Gienke unter anderem beim Rostocker Kirchentag 1983[22]. Im Rahmen des Greifswalder Treffens 1985 lief der Bischof dann aus staatlicher Perspektive zu wahrer Höchstform auf. Im Sendungswort beim Abschlussgottesdienst postulierte er vor 8.000 Besuchern: „Ja, wir Christen haben unseren Platz in unserer Gesellschaft, gleichberechtigt,

21 Vgl. LAG, IV/D/4.09, Nr. 166, Blatt 43: Bericht vom Empfang des Oberbürgermeisters von Stralsund am 17.6.1978; „Eine bunte Kette" In: Die Kirche (Greifswalder Ausgabe), Jg. 36, Nr. 32 vom 9.8.1981, S. 4; BStU, MfS, BV Rostock, AS 361/83, Blatt 168: „Begegnung zum Beginn des Kirchtages am 10.6.1983 Rostock Michaelshof", S. 1f.

22 Vgl. „Sich selber wagen im Vertrauen" In: Neue Zeit, Jg. 39, Nr. 142 vom 18.6.1983, S. 5; „Keine wichtigere Frage" In: Der Demokrat, Jg. 38, Nr. 137 vom 13.6.1983, S. 3.

gleichgeachtet, chancengleich."[23] Diese Worte wiederholte er in einem Interview mit dem ZDF, was die SED besonders zufrieden gestellt haben dürfte. Die Realitätsferne seiner Äußerungen in Greifswald war Horst Gienke im Übrigen selbst mehr als zehn Jahre später nicht bewusst geworden[24].

Gegen Ende der 1980er traten die verschiedenen Ansätze der Vertreter der ELKG und ELLKM beim Umgang mit den staatlichen Stellen, die sich bei den Treffen von 1978 bis 1985 teilweise angedeutet hatten, immer offener zutage. Bereits im Vorfeld des Rostocker Kirchentags 1988 war zu erkennen, dass Bischof Stier und Joachim Gauck ganz andere Standpunkte vertraten als Bischof Gienke und Siegfried Bohl. Der größte Streitpunkt betraf die Einladung des ehemaligen Bundeskanzlers Helmut Schmidt. Obwohl die Staatsorgane eine Einreise von Helmut Schmidt vehement ablehnten, setzten sich Christoph Stier und Joachim Gauck unentwegt für die Teilnahme des SPD-Politikers ein. Siegfried Bohl und Bischof Gienke plädierten hingegen dafür, die staatliche Entscheidung zu akzeptieren und auf die Veranstaltungen mit Schmidt beim Rostocker Treffen zu verzichten. Das Beharren der Mecklenburger auf der Teilnahme des Altbundeskanzlers soll Horst Gienke gegenüber dem RdB Rostock sogar als „peinlich" bezeichnet und sich ausdrücklich vom Standpunkt Christoph Stiers distanziert haben[25]. Auch im Hinblick auf die Einbeziehung von Basisgruppenvertretern gingen die Meinungen auseinander. Den staatlichen Stellen war vor allem die Mitwirkung des früheren Pastors Heiko Lietz, der zu den Schlüsselfiguren in der mecklenburgischen Basisgruppenszene gehörte, ein Dorn im Auge. Siegfried Bohl teilte die Ansicht der Staatsorgane und hätte es ebenfalls begrüßt, wenn Lietz seine Mitarbeit im Themenbereich 2 beendet hätte, aber die mecklenburgischen Kirchentagsorganisatoren, insbesondere Joachim Gauck, unterstützten den Leiter der „Arbeitsgruppe Frieden". Aufgrund der vielen Meinungsverschiedenheiten kam es nach dem Rostocker Treffen fast zum Bruch zwischen den Ausschüssen Greifswald und Mecklenburg, indem die Mitglieder des Greifswalder Gremiums der Planung eines weiteren gemeinsamen Kirchentags vorerst nicht zustimmen wollten.

Die staatlichen Stellen schätzten die Hauptverantwortlichen der Kirchentage ebenfalls unterschiedlich ein. So bezeichnete der Staatssekretär für Kirchenfragen Ende der 1970er Jahre Horst Gienke als den „gegenwärtig klarste[n] Kopf unter den Bischöfen der DDR"[26] und der RdB Rostock hielt fest, dass der Greifswalder Bischof „stets einen realistischen Standpunkt" vertrete[27]. In ihren Berichten hoben die Staatsorgane immer wieder hervor, dass Bischof Gienke, Siegfried Plath und Siegfried Bohl

---

23 Vgl. LKAG, Best. KT, Nr. 37: Manuskript des Sendungswortes von Bischof Gienke bei der Abschlussversammlung des Kirchentags in Greifswald am 23. Juni 1985, S. 2.

24 In dem 1999 erschienenen Interview mit dem Historiker Hagen Findeis und dem Religionssoziologen Detlef Pollack ging Gienke zwar nicht direkt auf seine Äußerungen beim Sendungswort ein, stellte aber wie schon 1985 die Abschlussversammlung auf dem Greifswalder Marktplatz als Zeichen für eine angebliche Aufwertung der Stellung der Kirche in der sozialistischen Gesellschaft und als Demonstration der vom Staat gewährten Freiheit dar. Vgl. Findeis/Pollack (Hg.): Selbstbewahrung oder Selbstverlust, S. 472f.

25 Vgl. BArch, DO-4/1474, Blatt 1371: „Information über ein Gespräch mit der Kirchenleitung der Greifswalder Landeskirche am 25.5.1988", S. 3.

26 Vgl. LAG, Rep. 200 II 7.3, Nr. 71, Blatt 85: Staatssekretär für Kirchenfragen: „Information über ein Gespräch bei Bischof Gienke, Greifswald", 18.2.1977, S. 1.

27 Vgl. LAG, IV/D/2.13 Nr. 612, Blatt 104: „Einige Aspekte über die kirchenpolitische Situation in der Evangelischen Landeskirche Greifswald, ausgearbeitet von den Genossen Macht und Brüssow", August 1977, S. 8.

zu den „positiven Kräfte" zählten, während Heinrich Rathke, Christoph Stier und Joachim Gauck eher „negativ" auffielen. Der Grundtenor blieb dabei über die Jahre hinweg gleich: Die Greifswalder hätten sich um einen Ausbau des konstruktiven Verhältnisses von Staat und Kirche bemüht, während die Mecklenburger „feindlich-negative Kräfte" unterstützten oder, wie im Fall von Pastor Gauck, selbst staatsfeindlich eingestellt wären. Hatte diese unterschiedliche Sicht der Staatsorgane auf die Vertreter der beiden Kirchen einen Einfluss auf die staatliche Unterstützungsbereitschaft in Bezug auf die Kirchentage? Horst Gienke war davon überzeugt, dass seine Art des Entgegenkommens im Umgang mit den staatlichen Stellen für seine Landeskirche viele Erfolge nach sich gezogen hatte[28]. Bei der Analyse der Kirchentage zeigt sich aber, dass die Großzügigkeit andere Gründe hatte als das „Wohlverhalten" bestimmter Kirchenvertreter. Die zunehmende Unterstützung seit 1978 war Teil einer veränderten kirchenpolitischen Taktik der SED-Führung, die nichts damit zu tun hatte, wie „vertrauensvoll" das Verhältnis zwischen den Verantwortlichen der Kirchentage und den staatlichen Stellen im Bezirk Rostock aussah. Das galt auch im umgekehrten Fall: Als sich die Staatsorgane ab Anfang 1988 deutlich restriktiver gegenüber dem Kirchentag verhielten, stand das ebenfalls nicht mit der Situation vor Ort in Rostock in Zusammenhang, sondern mit der Reaktion der Regierung auf Ereignisse in Berlin.
Im Rahmen des Rostocker Kirchentags 1988 bewiesen die Veranstalter deutlich mehr Wagemut als bei den vorangegangenen Treffen, und zwar nicht nur im Hinblick auf die Verhandlungen mit den staatlichen Stellen, sondern auch durch die Konzeption des Treffens als „Kirchentag von unten", die Einbeziehung von Basisgruppen und die Thematisierung gesellschaftspolitischer Fragen im offiziellen Programm. Diese Initiativen gingen vor allem von Vertretern der mecklenburgischen Kirche aus. Aber auch wenn sie bei der Vorbereitung des Kirchentags aus staatlicher Sicht unbequeme Entscheidungen trafen, suchten sie nicht die harte Konfrontation. Das Ziel des Treffens 1988 war durch dessen Motto klar definiert: „Brücken bauen" – und zwar in alle Richtungen. Damit war jedoch nicht ausgeschlossen, dass die Mecklenburger ihre Standpunkte, zum Beispiel in Bezug auf die Einladung von Helmut Schmidt, selbstbewusst gegenüber den staatlichen Organen vertraten. So erwies sich die Strategie der Zurückhaltung und zum Teil stark übertriebenen Zuvorkommenheit, wie sie einige Greifswalder Kirchentagsorganisatoren verfolgten, nicht als der grundsätzlich bessere Weg. Es bleibt zu bedenken, dass die Verhandlungen mit dem SED-Staat für die Kirchen stets eine Gratwanderung darstellten. Doch mit der auf Konfliktvermeidung, Ruhe und Harmonie ausgerichteten Verhaltenslinie, die die Treffen von 1978 bis 1985 in stärkerem Maße prägte, schränkten die Veranstalter nicht nur die offene, freie Diskussion drängender gesellschaftspolitischer Fragen bei den Kirchentagen ein, sondern spielten damit zugleich der SED in die Hände, die diese kirchlichen Großereignisse für ihre eigenen Zwecke nutzen wollte.

9.2 Die Kirchentage aus staatlicher Perspektive

Bis in die 1970er Jahre hinein verfolgte die SED im Hinblick auf die Kirchentage nur ein Ziel: sie größtmöglich einzuschränken. In der zweiten Hälfte der 1970er Jahre veränderte die Partei ihre kirchenpolitische Strategie und damit ihren Blick

28 Vgl. Gienke: Dome, Dörfer, Dornenwege, S. 279, S. 383 und S. 391; Findeis/Pollack (Hg.): Selbstbewahrung oder Selbstverlust, S. 474.

auf die kirchlichen Großveranstaltungen. Zwar missbilligten die Staatsorgane diese Treffen nach wie vor, besonders wegen deren Ausrichtung auf Jugendliche und Nichtchristen. Auf der anderen Seite versprachen sie sich von der Instrumentalisierung der Kirchentage große innen- und außenpolitische Erfolge. Durch gezielte Unterstützung der Vorhaben erhoffte sich die SED eine in ihrem Sinne „positive" Entwicklung des Verhältnisses von Staat und Kirche sowie eine Verbesserung des internationalen Ansehens der DDR. Sie versuchte mittels großzügiger Hilfe im organisatorischen Bereich die Haltung der Kirchenvertreter zum sozialistischen Staat positiv zu beeinflussen und das Vertrauen der christlichen Bürger in die SED-Politik zu stärken. Damit die Kirchentage ein Abbild der angeblich so „konstruktiven" und „vertrauensvollen" Beziehung von Staat und Kirche in der DDR darstellten, knüpften die Staatsorgane ihr Entgegenkommen an bestimmte Bedingungen. So forderten sie von den zuständigen Bischöfen und Vertretern der Kirchentagsausschüsse eine Garantie dafür, dass es während der Treffen zu keinen „Provokationen" gegen den Staat kam und in den Veranstaltungen nur „realistische Positionen" zu gesellschaftlichen und politischen Fragen bezogen wurden. Durch einseitige Berichterstattung in den staatlichen Medien, die sich meist auf die Erwähnung der Äußerungen von Staatsvertretern und „loyale" Zitate von kirchlichen Mitwirkenden beschränkte, wollte man eine „vertrauensvolle Zusammenarbeit" von Staat und Kirche nach innen propagieren. Wichtig für die Außenwirkung erschienen den staatlichen Stellen die anlässlich der Kirchentage ausgerichteten Empfänge. Ob bei den Empfängen der Kirchenleitungen und Kirchentagsausschüsse oder den staatlicherseits initiierten Zusammenkünften mit dem jeweiligen Oberbürgermeister als Gastgeber – bei allen fünf Treffen zwischen 1978 und 1988 versuchten die Staatsvertreter, vor den Augen der internationalen Gäste ein auf Freiheit, Gleichheit und Brüderlichkeit basierendes Staat-Kirche-Verhältnis zu inszenieren. Dort erklärten der Oberbürgermeister, der Stellvertreter für Inneres des RdB Rostock oder der Staatssekretär für Kirchenfragen mit Vorliebe, dass allen DDR-Bürgern Chancengleichheit und freie Religionsausübung garantiert seien, die Beziehung zwischen Staat und Kirche sich durch Konstruktivität, Offenheit und Vertrauen auszeichne und der Staat das Wirken der Christen als einen unverzichtbaren Beitrag für die Entwicklung der sozialistischen Gesellschaft achte.
Überzeugt von der Effektivität ihres Vorgehens hielten die Staatsorgane an ihrer Strategie der gezielten Unterstützung der Kirchentage fast die gesamten 1980er Jahre hindurch fest. Zu den technisch-organisatorischen Bereichen, bei denen die Veranstalter auf die Hilfe der staatlichen Stellen angewiesen waren, gehörten die Genehmigung von Druckerzeugnissen, öffentlicher Werbung und der Nutzung öffentlicher Plätze und Gebäude, der Transport und die Verpflegung der Teilnehmer sowie die Einreise und Unterbringung der offiziellen Gäste. In allen diesen Punkten zeigte sich der Staat ab 1978 deutlich entgegenkommender, wobei das Lutherjubiläum 1983 den absoluten Höhepunkt bildete. In diesem Jahr blickte die Welt auf die DDR, denn dort befanden sich die meisten Wirkungsstätten von Luther. Man erwartete zehntausende Besucher aus dem Ausland und die Kirchentage versprachen ebenfalls hohe Teilnehmerzahlen. Diese besondere Aufmerksamkeit politisch zu nutzen, machte sich die SED-Führung bereits Ende der 1970er Jahre zur Aufgabe[29]. Dafür sparte sie

29 Erich Honecker sagte den Vertretern der Kirche bereits beim Gespräch am 6. März 1978 organisatorische Hilfe für das Lutherjahr zu. Vgl. SAPMO-BArch, DY 30/IV B 2/14 Nr. 49, Blatt 72: „Festlegungen zu den vom Bund der Evangelischen Kirchen in der DDR gestellten Sachfragen", S. 2.

nicht mit großen Gesten wie der Restaurierung zahlreicher Lutherstätten, gemeinsamen Auftritten mit leitenden kirchlichen Amtsträgern und eigenen umfangreichen kulturellen und wissenschaftlichen Angeboten. Besondere Privilegien und damit große Zeichen staatlichen Entgegenkommens stellten die Genehmigungen der Einreise ausländischer Gäste und der Nutzung öffentlicher Plätze und Gebäude für kirchliche Veranstaltungen dar. In dieser Hinsicht profitierten die Kirchentage im Lutherjahr und beim zwei Jahre später von der Greifswalder Kirche durchgeführten Bugenhagenjubiläum ungewöhnlich stark von der kalkulierten staatlichen Großzügigkeit. Der RdB Rostock hatte den Organisatoren zwar bereits 1978 und 1981 die Freilichtbühne in Stralsund für je zwei Veranstaltungen überlassen, aber beim Rostocker Kirchentag 1983 konnten die Veranstalter mit dem Parkplatz „Fischerbastion" zum ersten Mal in der Geschichte der Kirchentage im Norden einen öffentlichen Platz in der Innenstadt nutzen. Darüber hinaus durften sie ein öffentliches Gebäude – die Sport- und Kongresshalle – für die gesamte Dauer des Treffens mieten, was ebenfalls ein absolutes Novum war. Beim Greifswalder Kirchentag wurden der Marktplatz, das Kreiskulturhaus und die in staatlichem Besitz befindliche Klosterruine Eldena für mehrere Programmpunkte zugesagt. Von den fünf untersuchten Kirchentagen verzeichnete das Greifswalder Treffen außerdem die größte Anzahl ausländischer Gäste[30]. Den Feierlichkeiten zum 500. Geburtstag des pommerschen Reformators Bugenhagen maß die SED ähnlich wie dem Lutherjubiläum eine hohe innen- und außenpolitische Bedeutung bei und die staatlichen Organe waren davon überzeugt, dass Bischof Gienke in diesem Rahmen seine „realistischen" Positionen besonders gut zum Ausdruck bringen konnte[31]. Mit dem Verlauf des Kirchentags 1985 zeigten sich die staatlichen Stellen schließlich auch sehr zufrieden, sodass die SED zunächst keine Veranlassung sah, ihr Konzept für die kommenden Treffen zu ändern. Hinzu kam, dass der zehnte Jahrestag des Gesprächs vom 6. März 1978 nahte und die Partei zu diesem Anlass eine positive Bilanz der Entwicklung des Verhältnisses von Staat und Kirche präsentieren wollte. Somit setzte der RdB Rostock in der ersten Phase der Vorbereitungen auf eine relativ großzügige Unterstützung des Rostocker Treffens 1988, indem er zum Beispiel erneut eine Nutzungsgenehmigung für die Kongresshalle und den Parkplatz „Fischerbastion" in Aussicht stellte. Auch nachdem es Ende November 1987 im Zusammenhang mit dem MfS-Einsatz in der „Umweltbibliothek" der Berliner Zionskirche zu größeren Spannungen zwischen Staat und Kirche gekommen war, hielt das Staatssekretariat für Kirchenfragen an der bisherigen Strategie fest. Da die Voraussetzung für das Entgegenkommen darin bestand, dass sich die Kirchentagsverantwortlichen gegen einen „politischen Missbrauch" der Treffen und für ein „positives" Verhältnis von Kirche und Staat einsetzten, kann der vom Staatssekretariat verfolgte Kurs auch als Versuch gelten, den durch die „Zionsaffäre" hervorgerufenen Imageschaden des SED-Staats auszugleichen. Als sich jedoch die kirchenpolitische Lage im Zuge der Verhaftungen am Rande der Luxemburg-Liebknecht-Demonstration im Januar 1988 weiter verschärfte, zeigten sich die Staatsorgane nicht mehr zu einer größeren Unterstützung bereit. Das führte im Bezirk Rostock beispielsweise dazu, dass die Behörden eine Genehmigung der

30 Siehe Kapitel 9.6.

31 Vgl. BArch, DO-4/590, Blatt 198: Brief von Klaus Gysi an Jürgen Haß vom 10.10.1983; LAG, Rep. 200 II 7.3, Nr. 46: „Information über die Vorhaben der ELKG zum 450. Reformationsjubiläum und 500. Geburtstag des Reformators Johannes Bugenhagen", S. 1.

öffentlichen Plakatwerbung für den Kirchentag komplett ablehnten und eine Nutzung des Parkplatzes „Fischerbastion" für unmöglich erklärten. Statt auf dem zentral gelegenen Platz musste der Abschlussgottesdienst nun am Stadtrand im Barnstorfer Wald stattfinden. Damit hatten die Staatsvertreter die größte Veranstaltung des Kirchentags nahezu völlig aus dem öffentlichen Bild der Hansestadt verdrängt. Aber auch vor 1988 war die Strategie der SED in Bezug auf die kirchlichen Großereignisse nicht nur von großzügigem Entgegenkommen gekennzeichnet. Die Widersprüchlichkeit ihrer Taktik bestand darin, dass sie einerseits den Kirchentagen zu einer gewissen Größe und öffentlichen Wirkung verhalf und gleichzeitig Maßnahmen ergriff, um die „Massenwirksamkeit" und damit den Erfolg für die Kirche einzuschränken. So ordnete die SED-Bezirksleitung zum Beispiel in den 1980er Jahren die parallele Durchführung von Sport- und Wohngebietsfesten an, um die Teilnehmerzahlen der Kirchentage zu minimieren[32].

Das blieb allerdings nicht der einzige staatliche Versuch, den Verlauf der Treffen zu beeinflussen. Zur Gewährleistung einer „gezielten Einflussnahme" bildeten die staatlichen Organe im Bezirk Rostock verschiedene Arbeitsgruppen. Dabei liefen die Fäden bei der Bezirksleitung der SED zusammen, an die die Mitarbeiter der SED-Kreisleitung, des RdB Rostock, der MfS-Bezirksverwaltung, der Bezirksdirektion der Volkspolizei und des CDU-Bezirksvorstands ihre Berichte und Informationen zu übermitteln hatten. Der RdB Rostock war der direkte Ansprechpartner für die Organisatoren des Kirchentags, daher hatten der dortige Stellvertreter für Inneres und der Referent für Kirchenfragen die Aufgabe, in den Gesprächen mit den Bischöfen und Kirchentagsvertretern während der Vorbereitungsphase Konkretes zum Programminhalt zu erfahren und sich für Auftritte „realistischer Kräfte" einzusetzen. Darüber hinaus oblag es den Mitarbeitern des Rates des Bezirks, bei „negativen" Erscheinungen während des Treffens Kontakt zum Bischof und zum Vorsitzenden des Landesausschusses aufzunehmen, damit diese die entsprechenden Aktionen beendeten. Dazu kam es zum Beispiel beim Rostocker Kirchentag 1983, als Jürgen Haß und Roland Macht bei Bischof Rathke und Joachim Gauck Beschwerde über einen in der Marienkirche ausgehängten Brief einlegten. An einem weiteren Vorfall lässt sich gut erkennen, wie eng die einzelnen Staatsorgane zusammenarbeiteten: Beim Treffen in Rostock 1988 hatten Teilnehmer des Themenbereichs 2 an einem „Baum der Erkenntnis" ihre Wünsche in Bezug auf Politik und Gesellschaft in der DDR angebracht. Nachdem ein Mitglied der CDU die staatskritischen Formulierungen entdeckt hatte, informierte der Vorsitzende des CDU-Bezirksvorstands die „Arbeitsgruppe Information" der SED-Bezirksleitung telefonisch über die Aktion. Kurz darauf verlangte dann der Referent für Kirchenfragen des RdB Rostock von der Kirchentagsleitung die Entfernung des „Baums" aus der Christuskirche.

Der Rat des Bezirks und die CDU wurden zwar in die „operative Absicherung" der Kirchentage eingebunden, doch der Hauptakteur in diesem Aufgabenbereich war die Staatssicherheit. Das Ziel der Stasi bestand darin, einen „politischen Missbrauch" der Veranstaltungen durch „negativ-feindliche Kräfte" zu verhindern. Zu diesem Zweck setzte die Rostocker Bezirksverwaltung vor allem auf den Einsatz von inoffiziellen Quellen. Im Vorfeld der Kirchentage versuchte die für die Kirchen zuständige Abteilung XX/4, über Inoffizielle Mitarbeiter an Informationen zum Programm, Mitwirkenden und Gästen zu gelangen. Während des Kirchentags hatten die IM

32 Siehe Kapitel 6.7, 7.2 und 8.2.

die Aufgabe, Berichte zu Äußerungen hinsichtlich der SED-Politik und des Verhältnisses von Staat und Kirche in der DDR sowie zum Auftreten der ausländischen Gäste und Korrespondenten abzugeben. Hinter diesen Vorgaben verbarg sich die Absicht, den innen- und außenpolitischen Erfolg für die SED abzuschätzen und eine Entscheidungsgrundlage für ein potentielles „operatives Eingreifen" zu erarbeiten. Besonders stark observiert wurden Großveranstaltungen, Angebote für Jugendliche, Veranstaltungen zu gesellschaftspolitischen Themen und Programmteile, an denen offizielle Gäste mitwirkten. Damit deckte die Stasi zum einen die Bereiche ab, welche aus ihrer Sicht besondere Gefahren bargen, weil sie dort Angriffe „negativer Kräfte" befürchtete, und zum anderen jene, von denen sich die SED-Führung ein großes Erfolgspotential versprach, weil dort hohe Besucherzahlen und internationale Gäste zu erwarten waren. Für die „Absicherung" der Kirchentage plante die BV Rostock in Zusammenarbeit mit den Kreisdienststellen des Bezirks stets eine große Anzahl Inoffizieller Mitarbeiter ein[33].

Einige Quellen kamen regelmäßig zum Einsatz. Dazu zählten IMS/IMB „Hiller" alias OKR Siegfried Plath, Superintendent Siegfried Bohl (IMB „Titus"), IM-Kandidat „Erich" alias Konsistorialrat Christoph Ehricht und Ines Fleckstein (IMB „Gisela"). Alle vier hatten Schlüsselpositionen inne: Siegfried Plath und Siegfried Bohl als Vorsitzende des Greifswalder Landesausschusses und Christoph Ehricht und Ines Fleckstein innerhalb der staatlicherseits sehr kritisch beäugten kirchlichen Friedensarbeit[34]. Siegfried Plath lieferte nicht nur Informationen zur Kirchentagsplanung, sondern erhielt vom MfS auch konkrete Aufträge. So sollte er zum Beispiel 1978 in Stralsund die Ansichten der offiziellen Gäste zum Verhältnis von Staat und Kirche in der DDR in Erfahrung bringen und war 1988 beim Kirchentag in Rostock zur „rechtzeitigen Einleitung innerkirchlicher Disziplinierungsmaßnahmen bei politisch negativen Erscheinungen"[35] vorgesehen. Eine ganz besondere Aufgabe wurde dem Oberkonsistorialrat 1988 in Rostock übertragen: Im Rahmen der Aktion „Mütze" hatte ihn die Stasi dazu ausgewählt, Altkanzler Schmidt zu beeinflussen. Das MfS erwartete von Siegfried Plath, dass er den SPD-Politiker dazu brachte, in dem Vortrag in der Marienkirche ausschließlich „positive" Akzente zu setzen und „politischen Zündstoff" zu vermeiden[36]. Die Stasi muss großes Vertrauen in die Fähigkeiten von OKR Plath gehabt haben, denn zwischen dem Eintreffen von Helmut Schmidt am Grenzübergang in Selmsdorf und seinem für 14 Uhr geplanten Vortrag in Rostock

---

33 Selten liegen dazu genauere Zahlen vor. Da aber sowohl die Bezirksverwaltung Rostock als auch die Kreisdienststellen - unter anderem in Rostock, Stralsund, Greifswald oder Grimmen - Inoffizielle Mitarbeiter zu den Kirchentagen beorderten, ist von einer größeren Anzahl IM auszugehen. So wurden zum Beispiel beim Rostocker Kirchentag 1988 allein aus der Abteilung XX der BV Rostock und der KD Rostock 54 IM mit der „Bearbeitung" der Veranstaltungen beauftragt.

34 Ehricht war Mitglied des Synodalausschusses „Friedenserziehung" und Fleckstein wirkte im Auftrag des MfS in Rostock in der ESG und im Friedenskreis „Schalomgemeinschaft" mit. Zu den Kontakten der beiden zur Stasi vgl. auch Frank: Einsam oder gemeinsam?, S. 84-93; dies.: „Realer, exakter, präziser"?, S. 392-396.

35 Vgl. BStU, MfS, BV Rostock, AS Nr. 416/88, Bd. 1, Blatt 61: „Zum Stand der Vorbereitung der politisch-operativen Maßnahmen", S. 2.

36 Vgl. BStU, MfS, BV Rostock, Abt. XX, Nr. 507, Bd. 1, Blatt 394: „Interne Abstimmung zwischen Konsistorialpräsident Stolpe und Oberkonsistorialrat Plath zum Auftritt des Altbundeskanzlers der BRD Schmidt während des Kirchentags in Rostock", 14.6.1988, S. 1.

lagen nur wenige Stunden[37]. Einen „positiven“ Einfluss auf die inhaltliche Gestaltung der Kirchentage erhoffte sich das MfS auch von Siegfried Bohl und Christoph Ehricht. In Vorbereitung des Greifswalder Kirchentags 1985 nahm die Stasi zu ihnen Kontakt auf, um Informationen zum Programm und zur Gästeliste zu erhalten[38]. Als potentiell problematisch stufte das MfS das geplante Forum C „Hunger nach Recht und Frieden“ ein und verlangte daher von Bohl als Vorsitzendem des Landesausschusses und von Ehricht, der das Forum mitorganisierte, eine Garantie für den „störungsfreien“ Ablauf dieser Veranstaltung. Beide sollen erklärt haben, dass sie und die anderen Vertreter der Greifswalder Landeskirche sich für die Vermeidung jeglicher Konflikte beim Kirchentag einsetzen wollten[39]. Die BV Rostock scheint besonders mit dem Engagement von Siegfried Bohl zufrieden gewesen zu sein, denn als Anerkennung für die gute Zusammenarbeit überreichte ein MfS-Mitarbeiter ihm einen Bildband im Wert von 40 Mark. Christoph Ehricht hatte aus Sicht der Stasi offenbar ebenfalls gute Arbeit geleistet, denn auch beim Rostocker Kirchentag 1988 hatte sie ihn zur „sachlichen Einflussnahme“ auf die Programminhalte vorgesehen. Enttäuscht hielt das MfS jedoch fest, dass Ehricht die Teilnahme an der „operativ bedeutsamen“ Arbeitsgruppe 2 aus Gründen der „arbeitsmäßigen Überlastung“ abgesagt hatte[40]. Durch die regelmäßigen Berichte von Siegfried Bohl über die Sitzungen des Greifswalder und des gemeinsamen Ausschusses war die Stasi aber trotzdem über viele Aspekte der Programmgestaltung 1988 informiert. Von Bohl erwartete sie außerdem, dass er „politisch-negativen“ Diskussionen und Aktivitäten beim Rostocker Treffen entgegenwirkte. Erneut zeigte sich das MfS über den Einsatz des Vorsitzenden des Landesausschusses Greifswald erfreut und soll ihm zum Dank bereits während der Vorbereitungsphase Geschenke überreicht haben[41]. Eine weitere „Musterschülerin“ war Ines Fleckstein alias IMB „Gisela“. Sie berichtete der BV Rostock von „Schwerpunktveranstaltungen“ der Kirchentage 1983, 1985 und 1988. Als Mitglied der kirchlichen Basisgruppenszene in Mecklenburg wirkte sie selbst aktiv an der Vorbereitung und Gestaltung einzelner Programmpunkte mit und lieferte der Stasi damit Informationen aus erster Hand. Beim Treffen 1988 tat sie sich hervor, indem sie die Vorbereitungsgruppe des Themenbereichs 1 davon überzeugte, den als „politisch-negativ“ eingestuften Ost-Berliner Musiker Stephan Krawczyk nicht zum Kirchentag einzuladen. Für diese erfolgreiche Arbeit und ihre „hohe Einsatzbereitschaft“ während des Rostocker Treffens bedachte die Stasi Ines Fleckstein schließlich

37 Ob Siegfried Plath den Inhalt des Vortrags noch beeinflussen konnte, ist indessen äußerst fraglich, denn die Staatssicherheit zeigte sich im Nachhinein mit den Äußerungen Schmidts deutlich unzufrieden. Vgl. BStU, MfS, BV Rostock, AKG Nr. 1128, Blatt 04: „Information über den Verlauf des gemeinsamen Kirchentages der ELLKM und ELKG vom 16. bis 19. Juni 1988 in Rostock“, 27.6.1988, S. 3.

38 Vgl. BStU, MfS, BV Rostock, AIM 4171/90, Teil I, Blatt 150: „Bericht über das 3. Gespräch mit dem IM-Kandidaten ‚Grimm'“, 2.5.1985, S. 1; BStU, MfS, BV Rostock, AIM 381/91, Teil I, Blatt 90: „Bericht über das 3. Gespräch mit dem IM-Kandidaten ‚Erich'“, 26.4.1985, S. 1.

39 Vgl. BStU, MfS, BV Rostock, AIM 4171/90, Teil I, Blatt 152: „Bericht über das 3. Gespräch mit dem IM-Kandidaten ‚Grimm'“, 2.5.1985, S. 3; Vgl. BStU, MfS, BV Rostock, AIM 381/91, Teil I, Blatt 91: „Bericht über das 3. Gespräch mit dem IM-Kandidaten ‚Erich'“, 26.4.1985, S. 2.

40 Vgl. BStU, MfS, BV Rostock, AIM 381/91, Teil I, Blatt 228: „Bericht über die durchgeführte Werbung des IM-Kandidaten ‚Erich' als IME“, 8.5.1987, S. 2.

41 Nach dem Kirchentag seien ihm als Anerkennung noch einmal „Genussmittel“ im Wert von 183,10 Mark überreicht worden. Vgl. BStU, MfS, BV Rostock, AIM 4171/90, Teil I, Blatt 336: Quittung vom 29.6.1988.

mit einer Belohnung in Höhe von 200 Mark. Aus der Sicht der Staatssicherheit hatte sich die Zusammenarbeit mit den inoffiziellen Quellen stets bewährt und wesentlich zum Gelingen der Einflussnahme auf die Kirchentage beigetragen. Von Erfolgsmeldungen waren auch die Berichte der anderen Staatsorgane geprägt. Dabei standen entsprechend der in den Konzeptionen festgelegten Zielstellungen vor allem zwei Aspekte im Fokus: die innen- und die außenpolitische Wirkung der Kirchentage. In beiden Punkten zogen die staatlichen Stellen immer wieder eine positive Bilanz: Vor den Augen der Weltöffentlichkeit habe man die Gleichberechtigung der Christen in der sozialistischen Gesellschaft demonstrieren, Vorurteile gegenüber der SED-Kirchenpolitik abbauen und das Bild der ausländischen Gäste von der DDR positiv verändern können. Innenpolitisch hätten die Kirchentage den Teilnehmern die von Konstruktivität und Sachlichkeit geprägte Politik der SED veranschaulicht, auch weil sich in den Veranstaltungen überwiegend „realistische Positionen" durchgesetzt hätten. Um den Erfolg für den Staat noch stärker herauszustreichen, enthielten die staatlichen Auswertungsberichte stets die Behauptung, der Kirchentag habe kaum Ausstrahlung auf den Veranstaltungsort ausgeübt und die Besucherzahlen seien unter den Erwartungen der Organisatoren geblieben.

Wie fiel die Bilanz für die Staatsorgane im Hinblick auf die Kirchentage aber tatsächlich aus? In einigen Punkten konnten sie durchaus Erfolge verbuchen. So gelang dem MfS eine Beeinflussung der Programmgestaltung des Stralsunder Treffens 1978, indem es einen Auftritt der als „politisch negativ" betrachteten Sängerin Bettina Wegner verhinderte. Zum Abbruch der gegen den Wehrunterricht gerichteten Unterschriftensammlung hatte die Stasi in Stralsund ebenfalls beigetragen. „Provokatorische Handlungen" ließen die Staatsorgane auch bei den Rostocker Kirchentagen 1983 und 1988 unterbinden: Nachdem sich Vertreter des Rates des Bezirks beschwert hatten, entfernten Kirchentagsmitarbeiter einen Offenen Brief an Erich Honecker und einen mit kritischen Äußerungen beschriebenen „Baum der Erkenntnis"[42]. Dennoch konnten die staatlichen Stellen kontroversen Aussagen, Aktionen und Diskussionen bei den Kirchentagen insgesamt kaum entgegenwirken. Themen wie der Wehrunterricht, Frieden, Umweltprobleme oder die Benachteiligung von Christen in der Gesellschaft kamen trotz aller Bemühungen zur Sprache und einige „destruktive Kräfte" wie der Friedensaktivist Heiko Lietz oder Studentenpastor Harro Lucht ließen sich letztlich nicht aus der Programmgestaltung herausdrängen. Der außenpolitische Erfolg dürfte sich ebenso in Grenzen gehalten haben. Die staatliche Unterstützung der Treffen, die Propagierung eines harmonischen Verhältnisses von Staat und Kirche bei den anlässlich der Kirchentage gegebenen Empfängen oder die staatloyalen Aussagen einzelner Kirchenvertreter konnten zwar durchaus bei manchen ausländischen Gästen einen Eindruck zunehmender Toleranz in der DDR erweckt haben, doch die Gespräche mit der kirchlichen Basis, die bei den Kirchentagen ebenfalls stattfanden[43], mochten diesen Eindruck relativiert haben. Außerdem ließen sich die ausländischen Medien von der SED-Strategie nicht blenden. So nahm die bundesdeutsche Presse den veränderten Kurs der DDR-Führung zwar zur Kenntnis,

42 Vgl. BStU, MfS, BV Rostock, 384/81 Teil II, TA 4784, Blatt 422: Bericht von IMB „Gisela" zu den Ereignissen am 12.6.1983, S. 1; LAG, Rep. 200 II 7.3, Nr. 48, Blatt 76: „Information über den Verlauf des Kirchentags der ELKG und der ELLKM vom 16. bis 19. Juni 1988", 18.6.1988, S. 1.

43 Siehe Kapitel 9.6.

beurteilte die Haltung des Staats gegenüber der Kirche jedoch eher kritisch und verwies immer wieder auf Missstände in der sozialistischen Gesellschaft, wie die Verhaftung und Ausbürgerung von Oppositionellen, die Pressezensur, die Ausreiseproblematik oder die mangelnde Realisierung der Menschenrechte[44]. Der Widerspruch zwischen der Unterstützung der Kirchentage und den alltäglichen Erfahrungen von Christen mit Staatsvertretern erschwerte wiederum den innenpolitischen Erfolg. Die Kirchentage stellten eine große Ausnahme dar und wenn die Teilnehmer wieder in ihren Schul- und Berufsalltag zurückkehrten, dürfte ihre Hoffnung auf mehr Freiraum, Gleichberechtigung und Anerkennung bald gedämpft worden sein. Nach dem herausragenden Lutherjahr hatte sich zwar bei den Kirchentagsverantwortlichen im Norden zunächst die Meinung gehalten, die Zusammenarbeit mit den Staatsorganen habe eine neue Qualität erreicht, auf der man aufbauen konnte. Aber die staatlichen Stellen erklärten der Leitungsebene des EKT sehr bald, dass das Entgegenkommen anlässlich des Lutherjubiläums eine einmalige Sache bleiben sollte.

Im Prinzip war die Strategie, die Kirchentage durch Großzügigkeit in organisatorischen Fragen zur Verbesserung des Ansehens der Politik der SED zu instrumentalisieren, von Anfang an zum Scheitern verurteilt, weil es sich nur um ein punktuelles Vorgehen handelte. Allen Beschwörungen des „vertrauensvollen" Miteinanders von Staat und Kirche zum Trotz blieb das Verhältnis zwischen Marxisten und Christen weiter angespannt und die Benachteiligung von Kirchenmitgliedern in Schule, Ausbildung und Beruf hielt an. Selbst die generalstabsmäßig geplante Propaganda des Lutherjahrs konnte nicht darüber hinwegtäuschen, dass die SED-Führung an einer gleichberechtigten Beziehung mit den Kirchen keinesfalls interessiert war und den Bürgern grundlegende Rechte wie Meinungs- und Religionsfreiheit weiterhin vorenthielt. Der Unmut der Bevölkerung über die gesellschaftspolitischen Zustände nahm zu und führte schließlich zum Zusammenbruch jenes Systems, welches die SED unter anderem mit ihrer kirchenpolitischen Strategie aufrechtzuerhalten versuchte. Somit trat genau das ein, was die Partei eigentlich verhindern wollte: Dank der staatlichen Unterstützung eröffneten sich den Landeskirchen bis dato ungekannte Möglichkeiten, wodurch die Kirche letztlich mehr von der staatlichen Taktik profitierte als die SED selbst.

9.3 Die Laien und der Kirchentag

Bei der Deutschen Evangelischen Woche 1949 in Hannover hatte sich der Deutsche Evangelische Kirchentag ausdrücklich als Bewegung von Laien für Laien gegründet, das hielt die Präambel der Ordnung des DEKT aus dem Jahr 1955 gleich im ersten Satz fest. Initiator Reinold von Thadden-Trieglaff und seine Mitstreiter wollten den kirchlichen Laien mit dem Kirchentag eine Möglichkeit bieten, sich über geistliche, soziale und politische Themen auszutauschen, damit sie die Erneuerung von Kirche und Gesellschaft im Nachkriegsdeutschland aktiv mitgestalteten. Zur verfassten

---

44 Vgl. „Die DDR-Behörden lassen die Christen gewähren und zeigen sich kleinlich bei Friedensaktionen" In: Frankfurter Allgemeine Zeitung, Nr. 135 vom 14.6.1983, S. 3; „Protest aus Greifswald" In: Kölnische Rundschau, Jg. 40, Nr. 142 vom 24.6.1985, S. 4; „Im Zwielicht der Widersprüche" In: Die Zeit, Nr. 26 vom 24.6.1988, S. 2; „Positive Wendung und staatliche Zensur" In: Frankfurter Rundschau, Jg. 44, Nr. 140 vom 20.6.1988.

Kirche hielt der DEKT zwar stets einen engen Kontakt, aber er versuchte einer möglichen Vereinnahmung durch die EKD entgegenzusteuern, indem er sich seit seiner Gründung größtenteils selbstständig finanzierte und bei der Mitgliederstruktur seiner wichtigsten Gremien auf einen hohen Anteil von Laien achtete. Als es nach dem Bau der Berliner Mauer 1961 zur Trennung der Kirchentagsarbeit in der Bundesrepublik und der DDR kam, veränderte sich jedoch im Osten die Stellung der Laien innerhalb der Kirchentagsstruktur. Während die Ordnung des DEKT festgelegt hatte, dass mindestens zwei Drittel der Präsidiumsmitglieder, die Hälfte der Mitglieder der Präsidialversammlung, mindestens zwei der fünf Mitglieder des Präsidialrates, der Präsident sowie die Vorsitzenden der Landesausschüsse Laien sein mussten[45], sah die Ordnung des Kirchentags in der DDR von 1972/74 nicht nur weniger Gremien[46], sondern auch eine niedrigere Laienquote vor. So forderte sie lediglich, dass sich unter den fünf bis sieben Mitgliedern des Präsidiums „möglichst" drei Laien befanden und entweder der Vorsitzende der Konferenz der Landesausschüsse, der gleichzeitig den Vorsitz im Präsidium innehatte, oder dessen Stellvertreter ein Laie waren[47]. Darüber hinaus bestand zwischen dem EKT und der institutionalisierten Kirche in der DDR eine deutlich stärkere Verbindung als zwischen dem bundesdeutschen Kirchentag und der EKD[48]. Da sich die Kirchentagsarbeit in der DDR oftmals staatlichen Repressionen ausgesetzt sah, bedurfte sie eines größeren Rückhalts von der verfassten Kirche. Deshalb erkannte die KKL den EKT 1974 als Arbeitsgemeinschaft des Bundes an und gewährte ihm dadurch Rechtsschutz[49]. Außerdem machten es die Einbindung in den 1971 von der SED anerkannten Kirchenbund und die enge personelle Verzahnung von Landeskirchen und Kirchentagsausschüssen den Verantwortlichen der Kirchentage leichter, während der Vorbereitungen in Verhandlungen mit den staatlichen Organen zu treten[50]. Das Wort eines Bischofs besaß in den Augen der staatlichen Funktionäre schließlich deutlich mehr Autorität als das eines „einfachen" Kirchenmitglieds. Vor diesem Hintergrund zeigte sich auch die Kirchentagsarbeit im Norden sehr dominiert von kirchlichen Amtsträgern. In den wichtigsten Gremien – dem Landesausschuss und der zentralen Vorbereitungsgruppe – waren vor allem Pastoren und andere kirchliche Mitarbeiter vertreten[51]. Den Vorsitz hatte darüber

45 Vgl. EZA, Best. 71, Nr. 130: Ordnung des Deutschen Evangelischen Kirchentags, 30.11.1955, S. 3, § 14, und S. 8, § 42.

46 Die Ordnung nennt drei Gremien, die die Kirchentagsarbeit in der DDR steuern sollten: das Präsidium, die Konferenz der Landesausschüsse und den Leitungskreis der Konferenz. Vgl. LKAG, Best. KT, Nr. 59: Ordnung des Evangelischen Kirchentags in der DDR, S. 1-3.

47 Vgl. ebd. S. 1, Abschnitt I.1, und S. 2, Abschnitt II.4.

48 Finanziell blieb die Kirchentagsarbeit in der DDR von den Landeskirchen unabhängig. Siehe Kapitel 9.1.

49 Vgl. Beier: Missionarische Gemeinde in sozialistischer Umwelt, S. 37; LKAG, Best. KT, Nr. 59: „Beschluß der Konferenz der Evangelischen Kirchenleitungen in der DDR zur Ordnung des Evangelischen Kirchentages in der DDR vom 8. Mai 1976".

50 Vgl. dazu auch Beier: Missionarische Gemeinde in sozialistischer Umwelt, S. 66f.

51 Der Greifswalder Landesausschuss hatte zwischen sieben und zehn Mitglieder, von denen maximal ein Drittel nicht bei der Kirche angestellt war. Pastoren waren im Landesausschuss der ELKG stets am stärksten vertreten. Im mecklenburgischen Landesausschuss erwies sich der Anteil der Laien mitunter etwas höher: Beim Kirchentag 1983 war die Hälfte der 14 Mitglieder nicht beruflich bei der Kirche tätig, beim Kirchentag 1988 handelte es sich bei vier der zwölf Mitglieder nicht um hauptamtliche Kirchenmitarbeiter. Doch auch im mecklenburgischen Ausschuss bildeten Pastoren die größte Gruppe. In den zentralen Vorbereitungsgruppen wirkten ebenfalls fast ausschließlich Angestellte der Landeskirchen mit: Bei einer Gruppenstärke von fünf bis neun Personen waren

hinaus stets ein ordinierter Theologe inne. Da die Programme in den 1980er Jahren immer umfangreicher wurden, war aber auch das Engagement von ehrenamtlichen Gemeindemitgliedern in zunehmendem Maße gefragt[52]. Sie beteiligten sich an den Vorbereitungen vieler Veranstaltungen, aber nur sehr selten in leitender Funktion, denn diese übernahmen nahezu ausschließlich Pfarrer. Während der Treffen traten Laien oftmals als Darsteller in Spielszenen, als Chorsänger und Bläser oder im organisatorischen Bereich als Ordner, bei der Austeilung des Abendmahls und bei der Verpflegung der Besucher in Erscheinung.

Eine besondere Form der inhaltlichen Programmgestaltung durch Laien war die Aktion „Sei unser Gast". Sie wurde erstmals beim Stralsunder Treffen 1978 durchgeführt und erwies sich als so erfolgreich, dass man sie 1983 auch beim Rostocker und beim Magdeburger Kirchentag ins Programm aufnahm und ebenso für das Rostocker Treffen 1988 plante[53]. Mit 300 Teilnehmern in Stralsund und 900 Besuchern in Rostock 1983 gehörten diese kleinen Gesprächsgruppen in Privatwohnungen zu den größten Veranstaltungen der jeweiligen Treffen. Auch wenn die Idee zu der Aktion von einem Stralsunder Pastor stammte, war ihre Entwicklung und Durchführung vor allem von Laien geprägt. Sie engagierten sich in den Vorbereitungsgruppen und übten als Gastgeber Einfluss auf die inhaltliche Gestaltung der Gespräche aus. Im Vorfeld des Rostocker Kirchentags 1983 hatte der gemeinsame Landesausschuss der ELLKM und ELKG extra drei Gesprächsleiterschulungen für „Sei unser Gast" angeboten, an dem rund 120 Laien teilnahmen. Hatte der Greifswalder Ausschuss die Aktion im Vorfeld des Stralsunder Treffens zunächst mit großer Skepsis betrachtet – ein Mitglied hatte sogar die Mitwirkung im Ausschuss beendet, weil es die Durchführung nicht mittragen wollte – war er rückblickend voll des Lobes. „Sei unser Gast" habe nicht nur entscheidend zur familiären Atmosphäre in Stralsund beigetragen, sondern auch das Engagement der Stralsunder Gemeindemitglieder im Hinblick auf den Kirchentag wesentlich gesteigert[54]. Um eine Steigerung des Engagements von Laien bemühten sich auch die Organisatoren des Kirchentags 1988 in Rostock. Sie bezogen die kirchliche Basis deutlich stärker in die Themen- und Programmentwicklung ein, als es bei vorherigen Treffen im Norden üblich war. Dazu führte der Landesausschuss 1985, 1986 und 1987 drei „Ideenkonferenzen" durch, bei denen hauptamtliche Mitarbeiter, Gemeindemitglieder und Vertreter von Basisgruppen gemeinsam über mögliche Themenbereiche und die Ausgestaltung des Programms berieten. Viele der Vorschläge wurden realisiert, darunter ein Format,

---

jeweils nur ein bis zwei Ehrenamtliche involviert. Vgl. LKAG, Best. KT, Nr. 53.1: Protokolle der Sitzungen des Greifswalder Landesausschusses am 22.1.1977, am 29.9.1977, S. 1, und am 27.9.1978; LKAG, Best. KT, Nr. 2: Protokoll der Sitzung des Greifswalder Landesausschusses am 11.2.1980; LKAS, LA KT, Nr. 2: Liste der Mitglieder des Landesausschusses Mecklenburg; LKAS, OKR Gen., Nr. 754: Protokoll der Sitzung der Arbeitsgruppenleiter am 23.4.1982, S. 6; EZA, Best. 95, Nr. 259: Protokoll der Sitzung des Landesausschusses und der ZORG am 30.11.1983, S. 1; ebd.: Protokoll der Sitzung der ZORG am 23.1.1984, S. 1; LKAG, Best. KT, Nr. 59: Protokoll der Sitzung des Landesausschusses Greifswald am 16.10.1985; LKAS, LA KT, Nr. 5: Liste der Mitglieder des Landesausschusses Mecklenburg, 6.6.1986; ebd.: Protokoll der Sitzung des Geschäftsführenden Ausschusses am 3.12.1986, S. 1.

52 Den Stralsunder Kirchentag 1978 bereiteten insgesamt 170 Personen vor, beim Rostocker Kirchentag 1988 waren es rund 800 Mitarbeiter.

53 Letztlich wurde die Durchführung 1988 in Rostock aber nicht realisiert. Siehe Kapitel 8.1.

54 Vgl. LKAG, Best. KT, Nr. 53.1: Protokoll über die Auswertung des 7. Kirchentags der ELKG, August 1978, S. 1 und S. 4.

das Frauen als eigene Zielgruppe des Kirchentags in den Blick nahm. Auf Initiative von Besuchern des Greifswalder Kirchentags 1985 und Teilnehmern der „Ideenkonferenz“ 1986 fand ein „Frauenforum“ beim Rostocker Treffen statt. „Frauenforen“ waren bei den bundesdeutschen Kirchentagen bereits seit 1981 etabliert, ab 1987 gab es sie auch in der DDR. Die verhältnismäßig rege Teilnahme an der Rostocker Arbeitsgruppe 6.2 „Frauen laden ein!“ machte deutlich, dass zielgruppenorientierte Angebote für die Besucher der Kirchentage einen hohen Stellenwert besaßen. Das zeigte sich ebenfalls im Hinblick auf eine andere Besuchergruppe des Kirchentags: Kinder und Jugendliche.

Insgesamt gesehen erhielten allerdings die jüngeren Teilnehmer von den Organisatoren zu wenig Aufmerksamkeit. Das erscheint in vieler Hinsicht unverständlich, denn Ende der 1970er hatte das Interesse Jugendlicher an den kirchlichen Treffen stark zugenommen und war auch in den folgenden Jahren auf einem relativ hohen Niveau geblieben. Enttäuscht von der SED-Ideologie und unzufrieden mit den gesellschaftspolitischen Verhältnissen in der DDR suchten viele Jugendliche nach anderen Wertesystemen und wurden angezogen von dem Freiraum, den ihnen die Kirche im Gegensatz zu staatlichen Organisationen bieten konnte[55]. Ein weiteres Argument für eine besondere Berücksichtigung von Kindern und Jugendlichen bei der Kirchentagsgestaltung wäre gewesen, dass die Einbeziehung der jüngeren Generation eine große Bedeutung für die Zukunftsfähigkeit der Treffen hatte. Denn ihnen oblag es schließlich, als potentielle Teilnehmer oder Mitarbeiter das nächste Kapitel Kirchentagsgeschichte zu schreiben. Das war den Verantwortlichen zwar durchaus bewusst[56], dennoch gehörte der Umgang mit dieser wichtigen Zielgruppe zu den Defiziten der fünf Treffen im untersuchten Zeitraum. Für den Stralsunder Kirchentag 1978 könnte man vielleicht noch annehmen, dass die Organisatoren von der deutlich gestiegenen Teilnahme Jugendlicher überrascht wurden, obwohl es grundsätzlich bei allen Kirchentagen angezeigt gewesen wäre, diese Gruppe stärker in den Blick zu nehmen. Doch die Veranstalter des achten Landeskirchentags hätten definitiv auf den Erfahrungen von 1978 aufbauen können. Stattdessen verkannte der Landesausschuss erneut das Potential einer zielgruppengerechten Programmplanung, indem er sich gegen gesonderte Veranstaltungen für Jugendliche stellte. Das führte dazu, dass Landesjugendpfarrer Christoph Schramm und seine Mitarbeiter 1981 ein vom Kirchentag unabhängiges Jugendprogramm anbieten wollten. Dem Ausschuss gelang ein Kompromiss, der aber dennoch einen Tiefpunkt im Hinblick auf die Jugendarbeit des Kirchentags darstellte: Der „landeskirchliche Jugendtreff“ übernahm zwar die Losung und Thematik des Landeskirchentags, fand jedoch einen Tag zuvor statt und lag nicht in der Verantwortung der Kirchentagsorganisatoren. Im Nachhinein betrachtete der Greifswalder Ausschuss diese Lösung nicht als zufriedenstellend und beschloss daher, die Jugendarbeit bei künftigen Treffen stärker in die Programme zu integrieren[57]. In gewisser Hinsicht setzten die Organisatoren des Rostocker Treffens 1983 diesen Beschluss auch um, da sie Vertreter der Jugendarbeit an den Programmvorbereitungen beteiligten: Die Jugendmitarbeiter der ELKG und

55 Vgl. Pollack: Kirche in der Organisationsgesellschaft, S. 438f. und S. 444.

56 In jeder Auswertungssitzung der Kirchentage im untersuchten Zeitraum mahnten die Landesausschüsse eine stärkere Gewichtung des Kinder- und Jugendprogramms an, ohne jedoch konkrete Beschlüsse zu fassen.

57 Vgl. LKAG, Best. KT, Nr. 2: Protokoll der Auswertung des 8. Landeskirchentags am 30.6.1981, S. 3.

der ELLKM waren mit der Planung von zwei Großveranstaltungen beauftragt, die sich explizit an Jugendliche richteten. Damit blieb das Jugendprogramm einerseits sehr überschaubar, andererseits hatten sich dessen Dimensionen verändert, denn die Verantwortlichen konzipierten die Veranstaltungen für ein deutlich größeres Publikum als bei den vorangegangenen Treffen. Im von der UNO ausgerufenen „Internationalen Jahr der Jugend" 1985 wollten die Verantwortlichen des Greifswalder Kirchentags noch einen entscheidenden Schritt weiter gehen, indem sie zeitweilig das ambitionierte Konzept verfolgten, die jüngeren Besucher bei der Planung des gesamten Programms zu berücksichtigen. Zu diesem Zweck lud der Landesausschuss Vertreter der Jugendarbeit zur Mitwirkung in der ZORG und in den Vorbereitungsgruppen aller vorgesehenen Großveranstaltungen ein. Inhaltliche Differenzen führten allerdings dazu, dass leitende Jugendmitarbeiter diese Zusammenarbeit beendeten. Das hehre Ziel eines jugendgemäßen Programms konnte also letztlich nicht realisiert werden, was sich auch der Greifswalder Landesausschuss in seiner Auswertungssitzung im Dezember 1985 eingestehen musste[58]. Vor diesem Hintergrund entschied sich der gemeinsame Ausschuss beim Rostocker Kirchentag 1988 wieder für die Durchführung von Sonderveranstaltungen für jüngere Teilnehmer. Neben einer Großveranstaltung planten die Jugendmitarbeiter der beiden Kirchen eine Vielzahl kleinerer Angebote, die unter dem Titel „Treffpunkt junge Leute" an verschiedenen Orten in Rostock stattfanden. Somit fiel das Jugendprogramm 1988 im Vergleich zu den vorherigen Kirchentagen am umfangreichsten aus[59].

Die Anzahl von Veranstaltungen für Jugendliche hatte Ende der 1980er Jahre zwar zugenommen, aber die Zusammenarbeit mit Jugendlichen bei den Vorbereitungen des Programms erfolgte bei allen Treffen zwischen 1978 und 1988 nur in einem sehr begrenzten Rahmen. Wie die meisten anderen Laienmitarbeiter des Kirchentags wirkten Jugendliche vorwiegend als Darsteller in Spielszenen und bei Chorauftritten oder im organisatorischen Bereich, unter anderem als Ordner, mit. Thematische Vorarbeit war selten von ihnen gefragt. Sie gestalteten ab dem Rostocker Treffen 1983 einige wenige Programmpunkte inhaltlich mit, zum Beispiel gesellschaftskritische Sketche, Gebete oder Podiumsdiskussionen[60]. Obwohl Jugendliche kaum in die Planung der Veranstaltungen einbezogen worden waren, nahmen sie die für sie konzipierten Programmpunkte sehr gut an. Darüber hinaus zeigten sie eine rege Teilnahme an Großveranstaltungen, modernen Gottesdienstformaten, den Arbeitsgruppen und kulturellen Angeboten. Jugendliche suchten bei den Kirchentagen also neben Unterhaltung und neueren geistlichen Angeboten auch das Erlebnis einer großen Gemeinschaft und den Austausch zu Fragen des Glaubens und der Gesellschaft. Im Gegensatz zu ihren Erfahrungen im Alltag, in dem sie sich als Christen oft in der absoluten Minderheit befanden und gesellschaftliche Probleme so gut wie

58 Der Landesausschuss konstatierte rückblickend: „Die Konzeption der ZORG, […] alle Veranstaltungen jugendgemäß vorzubereiten, blieb im Ansatz stecken". Vgl. ebd.: Auswertungsprotokoll zum Greifswalder Kirchentag vom Landesausschuss Greifswald, Dezember 1985, S. 6.

59 Der Programmpunkt „Treffpunkt junge Leute" umfasste 14 Veranstaltungen an verschiedenen Orten in Rostock. Außerdem wurden ein „Band-Konzert für junge Leute" in der Petrikirche am 18. Juni und eine Großveranstaltung für Jugendliche auf dem Platz der Jugend am 19. Juni angeboten. Vgl. LKAS, Best. Landesbischöfe Rathke und Stier, Nr. 67: Programmheft Kirchentag Rostock 1988, S. 17 und S. 25f.

60 Zum Beispiel bei den beiden Jugendveranstaltungen in Rostock 1983, beim Forum C des Greifswalder Kirchentags 1985 oder bei der Arbeitsgruppe 3 und dem „Gebet zur Nacht" 1988 in Rostock.

nie offen diskutieren konnten, bot der Kirchentag ihnen die Vergewisserung der Eingebundenheit in eine größere Gruppe sowie die Möglichkeit, sich mit vielen Gleichgesinnten über Themen wie Frieden und Gerechtigkeit frei auszutauschen. Der Festcharakter und die fröhliche Stimmung dürften für sie ebenfalls zur Attraktivität der Treffen beigetragen haben.

Warum schenkten die Verantwortlichen den jugendlichen und erwachsenen Laien bei der Planung und Gestaltung der Kirchentage insgesamt gesehen so wenig Beachtung? In Bezug auf die Jugendlichen mag die Personalstruktur der kirchlichen Jugendarbeit eine Rolle gespielt haben. Die Greifswalder Kirche hatte in dieser Hinsicht über Jahre hinweg ein großes Problem, da viele Stellen in den Kirchenkreisen unbesetzt blieben – erst Ende der 1980er entspannte sich die Lage zum Teil[61]. Zu wenig Personal musste wohl letztlich zu wenig Kapazitäten für ein intensiveres Engagement beim Kirchentag bedeutet haben[62]. In der mecklenburgischen Landeskirche war die Jugendarbeit in den 1980er Jahren zwar sehr aktiv[63], aber dort könnte gerade die umfangreiche Arbeit in den Gemeinden dazu geführt haben, dass eine stärkere Beteiligung an den Vorbereitungen der Kirchentage organisatorische Schwierigkeiten verursacht hätte. Andererseits hing die geringfügige Einbeziehung der Jugend in die Ausgestaltung der Kirchentage womöglich auch mit der Haltung der Landesausschüsse in Bezug auf die Mitarbeit von Laien im Allgemeinen zusammen. Rückblickend erklärte der frühere Vorsitzende Joachim Gauck, dass im Ausschuss grundsätzlich eine positive Einstellung im Hinblick auf die Beteiligung von Laien an der Kirchentagsarbeit vorgeherrscht habe[64]. Eine derartige Position war jedoch allein schon unter praktischen Gesichtspunkten angezeigt, denn ohne die Mitarbeit von Laien wäre die Organisation und Durchführung der Kirchentage gar nicht möglich gewesen. Aber auf welche Art und Weise sollten die Laien beteiligt werden und wie viel Verantwortung konnte man ihnen aus Sicht des Landesausschusses übertragen? Das Fazit des Ausschusses von 1988, Laien hätten oft große Probleme, sich in der Öffentlichkeit auszudrücken und zu leiten[65], erhellt den Standpunkt der Kirchentagsverantwortlichen im untersuchten Zeitraum. Offenbar trauten sie den Laien die Übernahme größerer Verantwortung nicht zu, unternahmen aber gleichzeitig wenig, um deren Qualifizierung voranzutreiben. Hier wird deutlich, dass es sich bei der ELKG und ELLKM in den 1970er und 80er Jahren um Landeskirchen handelte, in denen die Leitungsfunktion der Pfarrer in den Gemeinden stark ausgeprägt gewesen ist[66]. Man war es gewohnt, dass die Pastoren bei der Organisation und Gestaltung des Gemeindelebens den Ton angaben und Laienmitgliedern leitende Aufgaben nur selten übertragen wurden[67]. Das wirkte sich auch auf die Verteilung der

61 Vgl. Frank: Einsam oder gemeinsam?, S. 208f und S. 222.

62 So sei es zum Beispiel beim Greifswalder Treffen 1985 für Landesjugendpastor Günter Lembcke aufgrund der „schlechten personellen Situation“ nicht möglich gewesen, die Jugendveranstaltung in der Jakobikirche mit Vertretern der kirchlichen Jugendarbeit vorzubereiten, weshalb er sich andere Mitstreiter suchen musste. Vgl. LKAG, Planung, Protokolle und Programm KT 1985: Brief von Günter Lembcke an die ZORG, 1.3.1985.

63 Vgl. Frank: „Realer, exakter, präziser“?, S. 348 und S. 358.

64 Vgl. Gespräch mit Joachim Gauck am 4. Dezember 2019.

65 Vgl. LKAS, LA KT, Nr. 4: Protokoll der Sitzung des gemeinsamen Landesausschusses am 14.10.1988, S. 2.

66 Vgl. Frank: Einsam oder gemeinsam?, S. 343; dies.: „Realer, exakter, präziser“?, S. 305 und S. 313.

67 So gab es in der ELLKM zwar seit 1969 die Möglichkeit, dass Laien den Vorsitz im Kirchengemeinderat übernahmen, aber sie wurde sehr selten genutzt. Vgl. Frank: „Realer, exakter, präziser“?,

Zuständigkeiten bei den Kirchentagen aus, denn bedingt durch die schwierige Stellung des Kirchentags in der DDR nach der durch den Mauerbau hervorgerufenen Trennung vom DEKT war die Durchführung der Treffen nicht mehr Sache eines selbstständigen Vereins, sondern der jeweiligen Landeskirchen.
Vielleicht vor dem Hintergrund, dass der evangelische Kirchentag in Deutschland 1949 als Laienbewegung begann, gab es im Nordosten auch Bestrebungen nach einer stärkeren Einbindung von Laien in die Planung und Ausführung des Programms, wie 1978 und 1983 mit „Sei unser Gast" oder den „Ideenkonferenzen" im Vorfeld des Treffens 1988. Doch so löblich und wichtig diese einzelnen Bemühungen waren, konnten sie nicht darüber hinwegtäuschen, dass die Kirchentage im Norden der DDR vornehmlich *für* und nicht *von* Laien organisiert wurden.

9.4 Kirchentag und Gesellschaft

Die Gründerväter des Kirchentags im Nachkriegsdeutschland befürworteten nachdrücklich, dass Christen die sich im Neubeginn befindende Gesellschaft aktiv mitgestalteten. Deshalb sollte es ein wichtiges Anliegen des Kirchentags sein, ihnen Handlungsmöglichkeiten im Hinblick auf soziale und politische Probleme aufzuzeigen, denn – davon war die Gruppe um Reinold von Thadden-Trieglaff überzeugt: „Die Epoche ist vorbei, wo man diese Dinge dem Staat vertrauensvoll überließ und sich selber auf die rein religiösen Bezirke zurückzog."[68] Die Diskussion gesellschaftspolitischer Themen gehörte somit von Anfang an zum Programm des DEKT. Nach der Trennung der Kirchentagsarbeit in Ost und West als Folge des Mauerbaus blieb die Erörterung sozialer und politischer Fragen bei den bundesdeutschen Treffen weiterhin stark präsent[69]. In der DDR hingegen setzten die Staatsorgane in den 1960er und teilweise noch in den 70er Jahren alles daran, die Kirchentagsarbeit so weit wie möglich zu beschränken[70]. Angesichts dessen erschien es den Verantwortlichen offensichtlich taktisch unklug, den Unmut der staatlichen Stellen durch ein Aufgreifen gesellschaftspolitischer Themen noch zu steigern. Aus staatlicher Sicht hatte sich die Kirche generell auf den kultischen Bereich zu konzentrieren und aus gesellschaftlichen Belangen herauszuhalten[71]. Ab Ende der 1970er Jahre ließ die SED den Kirchentagen aus strategischen Gründen zwar eine gewisse Unterstützung zukommen, aber ihre Grundüberzeugung änderte sich nicht: In den Veranstaltungen waren alle Themen ausschließlich unter religiösen Aspekten zu betrachten, weil die Kirche nicht das Recht besäße, „sich in innere Entwicklungsprozesse des real existierenden Sozialismus einzumischen"[72]. Besonders vehement verbat sich die SED eine „Einmischung" in die Bereiche Volksbildung, Landesverteidigung und Ökonomie. Hier galten Äußerungen von Kirchenvertretern nach Meinung der Staatsführung nur dann als legitim, wenn sie die Parteipolitik positiv hervorhoben. Dennoch

S. 305. Die übergeordnete Stellung der Pastoren gegenüber den Laien in den Gemeinden diskutierten auch die Kirchentagsteilnehmer, zum Beispiel in der AG 6.1 beim Rostocker Treffen 1988.

68 Vgl. EZA, Best. 71, Nr. 1253: „Deutscher Evangelischer Kirchentag in Hannover: Rückblick und Ausblick" von Reinold von Thadden-Trieglaff, S. 3-5.

69 Vgl. Runge/Käßmann (Hg.): Kirche in Bewegung, S. 93-182.

70 Vgl. Beier: Missionarische Gemeinde in sozialistischer Umwelt, S. 58-102.

71 Vgl. Goeckel: Die offizielle Religionspolitik und die evangelischen Kirchen in der DDR, S. 167.

72 Vgl. BArch, DO-4/665, Blatt 402: „Konzeption zur Einflußnahme auf die Kirchentage 1978 in der DDR vom 17.1.1978", S. 2.

wurden bei den Kirchentagen der Greifswalder und der mecklenburgischen Kirche zwischen 1978 und 1988 Themen aufgegriffen, die sich auf Politik und Gesellschaft in der DDR bezogen – und zwar nicht nur im Rahmen staatsloyaler Statements. Dazu gehörten die Friedensproblematik, die Menschenrechte, das Verhältnis von Staat und Kirche sowie der Umweltschutz.

Dass das Themenfeld Frieden bei den Treffen eine wichtige Rolle spielte, hing mit den politischen Entwicklungen auf internationaler Ebene zusammen. Ende der 1970er Jahre hatte der Rüstungswettlauf zwischen den USA und der Sowjetunion äußerst bedrohliche Ausmaße angenommen und wurde von der Bevölkerung beider deutscher Staaten mit wachsender Besorgnis betrachtet. Die Angst vor einem Atomkrieg führte in der Bundesrepublik vor allem Anfang der 1980er zu zahlreichen Massendemonstrationen gegen die Sicherheitspolitik[73]. In der DDR schlossen sich vor allem innerhalb der Kirche immer mehr Menschen zu Basisgruppen zusammen, um über die Friedensproblematik zu diskutieren und nach eigenständigen Beiträgen zur Friedenssicherung zu suchen[74]. Darüber hinaus nahm die Anzahl von Bausoldaten und Wehrdienstverweigerern zu und an den Universitäten verweigerten Studenten die Teilnahme an den obligatorischen Schulungen zur Zivilverteidigung[75]. Ausgehend von der sächsischen Landeskirche etablierte sich zudem ab 1980 die jährlich im November stattfindende „Friedensdekade“ in vielen Gemeinden in der DDR[76]. Allgemein betonten die Kirchenvertreter immer wieder die Verantwortung der Christen im Hinblick auf die Erhaltung des Friedens, so auch in den Predigten und Ansprachen bei den Kirchentagen. Wie diese Verantwortung konkret gelebt werden konnte, ließen sie dabei oft im Unklaren.

Die Besucher forderten allerdings wiederholt von den kirchlichen Amtsträgern, zu einigen Aspekten der Friedensproblematik persönlich Stellung zu beziehen. So zum Beispiel beim Stralsunder Treffen 1978 im Hinblick auf die geplante Einführung des Wehrunterrichts, die in den Landeskirchen zum Teil erheblichen Protest ausgelöst hatte. Folgt man den staatlichen Berichten, vermieden die Vertreter der Greifswalder Kirchenleitung bei einem Treffen im Rahmen der Aktion „Sei unser Gast“ allerdings eindeutige Aussagen, indem sie lediglich auf die Gespräche zwischen der KKL und dem Staatssekretariat für Kirchenfragen verwiesen und den betroffenen Schülern und Eltern seelsorgerlichen Beistand in Aussicht stellten. Bischof Gienke soll beim „Ökumenischen Forum“ zwar erklärt haben, dass die Kirche ihre Bemühungen um eine Verhinderung der Einführung des neuen Schulfachs fortführen wolle, aber auch er hielt sich mit direkten kritischen Äußerungen in Bezug auf die SED-Führung zurück[77]. Damit verfolgte die Leitung der ELKG nicht nur ihre eigene kirchenpolitische Strategie der größtmöglichen Konfliktvermeidung, sondern spiegelte darüber hinaus die Haltung wider, die sich auch in anderen Landeskirchen herausbildete: Um einer Störung der im Gespräch vom 6. März 1978 erzielten Verständigung zwischen Staat und Kirche entgegenzuwirken, waren die Kirchenleitungen nämlich sehr bald von einer grundsätzlichen Ablehnung des Wehrunterrichts abgerückt und richteten den Fokus stattdessen auf die individuelle Betreuung der Schüler, die eine

73 Vgl. Schmitt: Die Friedensbewegung in der Bundesrepublik Deutschland, S. 13f.
74 Vgl. Neubert: Geschichte der Opposition in der DDR 1949-1989, S. 381.
75 Vgl. ebd. S. 382.
76 Vgl. ebd. S. 382f.
77 Vgl. BStU, MfS, BV Rostock, AS Nr. 194/78, Blatt 231: Bericht vom „Ökumenischen Forum“ in der Marienkirche, 18.6.1978, S. 2.

Teilnahme aus Gewissensgründen verweigerten[78]. Dass die Basis diese Ansicht oftmals nicht teilte, zeigten in Stralsund die kritischen Nachfragen in den Gesprächen mit der Kirchenleitung sowie eine inoffizielle Unterschriftensammlung gegen den Wehrunterricht. Vermutlich aus Angst vor Auseinandersetzungen mit den staatlichen Stellen ließen die Kirchentagsverantwortlichen die Aktion jedoch abbrechen und wiegelten darauf bezogene Anfragen von Journalisten mit der Verlautbarung ab, dass die Kirchenleitung bezüglich der Wehrunterrichtsproblematik nicht auf Konfrontation setzen wolle[79]. Potentielle Konflikte mit dem Staat befürchtete die Kirchenleitung auch beim Greifswalder Treffen 1985 durch die Veranstaltung „Jugend lädt ein zur Meditation". Aufgrund der von den Teilnehmern formulierten Gebetsanliegen, welche unter anderem die Wehrdienstverweigerung sowie mangelnde Meinungs-, Glaubens- und Gewissensfreiheit in der DDR aufgriffen, soll die Kirchenleitung einen Abbruch der Veranstaltung erwogen haben[80]. Anders als im Fall der Unterschriftenaktion 1978 handelte es sich hierbei aber um einen offiziellen Programmpunkt, und so sah die Kirchenleitung von einem Eingriff ab – auch weil sie anscheinend mögliche Unmutsäußerungen der rund 400 Besucher in der Jakobikirche scheute[81].
Bei den Landeskirchentagen 1978 und 1981 fand sich im regulären Programm keine einzige Veranstaltung zum Thema Frieden oder anderen gesellschaftlichen Fragen. Das änderte sich 1983 beim gemeinsamen Treffen von ELKG und ELLKM in Rostock ebenfalls kaum. Dabei war die Friedensfrage gerade in jenem Jahr brandaktuell, weil die Abrüstungsverhandlungen in Genf weiterhin keinen nennenswerten Fortschritt machten und die Sowjetunion im Juli 1982 mit der Stationierung von Mittelstreckenraketen auf dem Gebiet der DDR begonnen hatte[82]. Die überwältigende Resonanz auf die einzige offizielle Veranstaltung zu diesem Thema, das „Nachtgebet für den Frieden"[83], wies jedoch deutlich auf die große Nachfrage der Kirchentagsteilnehmer nach einer Auseinandersetzung mit der Problematik hin. Eine weitere Besonderheit des „Nachtgebets für den Frieden" bestand darin, dass es vom Friedenskreis der ESG Rostock verantwortet wurde. Damit brachten sich Teilnehmer von Basisgruppen erstmals in die Gestaltung von Kirchentagen im Nordosten ein. Dass dies bei einem Treffen auf dem Gebiet der mecklenburgischen Kirche geschah, ist nicht verwunderlich. In Mecklenburg waren mehr Basisinitiativen aktiv als in Pommern, was wesentlich mit der offeneren Haltung von Bischof Rathke und seinem Nachfolger Christoph Stier zusammenhing. Zu den etwa 20 mecklenburgischen Basisgruppen pflegten beide gute Kontakte und ermutigten sie, ihr gesellschaftspolitisches Engagement fortzuführen[84]. Weitere Unterstützung erhielten die Basisinitiativen durch die 1981 von der Landessynode eingesetzte „Arbeitsgruppe Frieden", die Arbeitsmaterialien erstellte, die Durchführung von Friedensseminaren

78 Vgl. Maser: Die Kirchen in der DDR, S. 54f.
79 Vgl. LAG, Rep. 200 II 7.3, Nr. 30, Blatt 20: Bericht vom Pressegespräch, 18.6.1978, S. 2.
80 Vgl. BStU, MfS, BV Rostock, AIM 4171/90, Teil I, Blatt 167: „Bericht über [das] Kontaktgespräch mit IM-Kandidat ‚Grimm'", 7.8.1985, S. 2.
81 Vgl. ebd.
82 Vgl. Maser: Die Kirchen in der DDR, S. 59.
83 Die Veranstalter hatten mit etwa 50 Teilnehmern gerechnet, doch schließlich kamen nach staatlichen Schätzungen rund 600 Besucher, sodass die Petrikirche völlig überfüllt war.
84 Vgl. Frank: „Realer, exakter, präziser"?, S. 421 und S. 426-429.

begleitete und zur Vernetzung der kirchlichen Friedensarbeit beitrug[85]. Die etwa vier bis zehn Basisgruppen auf dem Gebiet der ELKG erfuhren hingegen von der Kirchenleitung kaum Rückhalt[86]. Zwar setzte die Greifswalder Synode ebenfalls 1981 eine Arbeitsgruppe zur Förderung der landeskirchlichen Friedensarbeit ein, doch dieser so genannte „Friedensausschuss" fungierte eher als Kontrollorgan[87]. Darüber hinaus ignorierte der Landesausschuss Greifswald die Basisgruppen völlig und bezog sie bei keinem Landeskirchentag in die Programmgestaltung ein. Womöglich aus Besorgnis um eine Gefährdung der Unterstützung des Kirchentags durch die Staatsorgane zeigten allerdings auch im Jahr 1983 die Verantwortlichen im Hinblick auf die Involvierung von Basisgruppen eine gewisse Zurückhaltung. So handelte es sich beim „Nachtgebet für den Frieden" und der Veranstaltung „Ich habe es satt, daß andere hungern" um die einzige offizielle Mitwirkung von Basisinitiativen. Die von Friedenskreismitgliedern aus Rostock und dem Nachbarort Kessin organisierte „Anti-Kriegs-Ausstellung" in der Marienkirche war nicht im Programmheft verzeichnet. Außerdem gingen Bischof Rathke und Joachim Gauck auf die Forderung des Rates des Bezirks ein, einen im Rahmen der Ausstellung ausgehängten Offenen Brief an Erich Honecker zu entfernen, in dem die Verfasser unter anderem die Notwendigkeit einer gesamtgesellschaftlichen Friedensbewegung anmahnten. Andererseits verteidigten die Kirchentagsorganisatoren andere Bestandteile der Ausstellung, wie die Auslage von Gesetzesblättern zum Bausoldatendienst, und ließen Friedenskreisteilnehmer in der Kongresshalle ihre Materialien verteilen. Beim nächsten Kirchentag in Rostock gingen die Verantwortlichen einen großen Schritt weiter.

Während der Vorbereitungen zum gemeinsamen Treffen 1988 wurde erkennbar, dass die Mitglieder des mecklenburgischen Landesausschusses stärker an einer Einbeziehung der Basisinitiativen interessiert waren als ihre Greifswalder Kollegen. Die Mecklenburger hatten sich von Anfang an für ein integratives Konzept ausgesprochen und einzelne Basisgruppenvertreter, die die Staatsorgane als *persona non grata* ansahen, mehrfach unterstützt, während die Mitglieder des Landesausschusses Greifswald diesem Ansatz eher ablehnend gegenüberstanden. Wie verschieden die Ansichten zum Verhältnis von Kirche und Basisgruppen ausfielen, verdeutlichten auch die Äußerungen mancher Referenten und Podiumsteilnehmer in Rostock. Der Berliner Generalsuperintendent Günter Krusche zum Beispiel fand in seinem Vortrag in der Warnemünder Kirche sehr kritische Worte in Bezug auf die Vereinbarkeit von Gemeinden und Gruppen, indem er die Kirchen ermahnte, sich genau zu überlegen, ob sie ein Sammelbecken für Systemkritiker und Unzufriedene sein wollten[88]. Manfred Stolpe, Konsistorialpräsident der EKiBB, hielt dagegen beim Forum „Kirche in der DDR – 10 Jahre 6. März 1978" ein Plädoyer für die Zusammenarbeit von Basisinitiativen und Landeskirchen und lobte die Gruppen für die wichtigen Impulse, die von ihnen in Richtung Staat und Kirche ausgingen[89].

Ganz im Sinne der Losung „Brücken bauen" fand beim Rostocker Kirchentag 1988 außerdem ein Basisgruppentreffen statt. In der Christuskirche kamen rund

85 Vgl. Probst: Die Rolle von kirchlichen Basisgruppen und Netzwerken vor und in der Wende in Mecklenburg-Vorpommern, S. 298-304.

86 Vgl. Frank: Einsam oder gemeinsam?, S. 239f. und S. 243.

87 Vgl. ebd. S. 245-250.

88 Vgl. LKAS, LA KT, Nr. 2: Manuskript des Vortrags von Günter Krusche, S. 5.

89 Vgl. „Kirche – eigenständige Kraft in der Gesellschaft" In: Mecklenburgische Kirchenzeitung, Jg. 43, Nr. 28 vom 10.7.1988, S. 2.

30 Vertreter von Friedens-, Umwelt- und Dritte-Welt-Kreisen aus den drei Nordbezirken zusammen und tauschten sich über ihre Arbeit aus. Dass diese Veranstaltung im Programmheft wenig konkret als „Gruppengespräche zum Thema Frieden und Ökologie in der Christuskirche“ deklariert war und erst während des Kirchentags mit Plakaten unter der Überschrift „Bei der Schalomgemeinschaft zu Gast: Eine Begegnung mit und unter Basisgruppen“ beworben wurde, lässt wiederum auf eine Vorsichtsmaßnahme der Organisatoren des Kirchentags im Hinblick auf mögliche Reaktionen der Staatsorgane schließen. Bei aller erfreulichen Kühnheit, die anhand der Konzeption und inhaltlichen Ausgestaltung des Treffens deutlich wurde, waren die Verantwortlichen nach wie vor um eine Vermeidung größerer Konflikte mit den staatlichen Stellen bemüht. Das zeigte sich ebenfalls, als sie auf Drängen des RdB Rostock den „Baum der Erkenntnis“ aus der Christuskirche entfernen ließen, dessen „Blätter“ mit staatskritischen Äußerungen beschrieben waren. Den Weg der direkten Konfrontation wollten offenbar auch die Mecklenburger nicht gehen.

Zu den Themenfeldern, die die Basisgruppenvertreter in die Veranstaltungen einbrachten, gehörten neben der Friedensproblematik die Grund- und Menschenrechte. Vor allem 1988 spielte dieser Themenbereich eine größere Rolle. In der Arbeitsgruppe 2 „Gerechtigkeit – Frieden – Bewahrung der Schöpfung“, an deren Gestaltung sich Basisinitiativen in starkem Maße beteiligten – schließlich griff die Überschrift der AG ihre Hauptinteressengebiete auf –, fielen die Diskussionen besonders kontrovers aus. Dort bezeichneten einige Teilnehmer die DDR als Diktatur, forderten Parteienpluralismus, Reisefreiheit und die Abschaffung der Mauer und kritisierten die Entmündigung der Bürger durch die Staatsorgane, die Willkür bei der Rechtsauslegung und den fehlenden innergesellschaftlichen Dialog. Ein weiteres Grundrecht, das die Arbeitsgruppe 2 in den Blick nahm, war die Pressefreiheit. Das geschah aus höchst aktuellem Anlass, denn in der ersten Jahreshälfte 1988 sahen sich die fünf kirchlichen Zeitungen in der DDR zunehmender Zensur durch das staatliche Presseamt ausgesetzt[90]. Mehrere Ausgaben waren mit Auslassungen, verspätet oder sogar überhaupt nicht erschienen. Allem Protest zum Trotz zogen sich die Auseinandersetzungen zwischen dem Presseamt und den Kirchenzeitungen noch bis zum Ende des Jahres hin.

Das Recht auf Reisefreiheit und die Ausreisewelle zählten zu den am meisten diskutierten Themen beim Rostocker Kirchentag 1988. Erstmals wurde diese Problematik 1985 beim Landeskirchentag in Greifswald öffentlich aufgegriffen. Dort kritisierte Manfred Stolpe in seinem Vortrag beim Forum C einerseits die Ungleichbehandlung von Jugendlichen und Rentnern in Bezug auf die Reiseregelung, warnte aber im selben Atemzug vor einer leichtfertigen Auswanderung aus der DDR[91]. Von „leichtfertiger“ Ausreise sprach beim Kirchentag 1988 in Rostock niemand mehr. In der zweiten Hälfte der 1980er Jahre war die Ausreisebewegung stark angewachsen, vor allem in Ost-Berlin und im Bezirk Dresden[92]. Doch auch in den drei Nordbezirken hatte die Zahl der Anträge deutlich zugenommen[93]. Viele Ausreisewillige wandten sich mit der Bitte um Unterstützung an die Kirchen und nutzten deren Räume als

90 Vgl. Nixdorf: Kirchliche Pressearbeit unter den Bedingungen der DDR, S. 40.
91 Vgl. LKAG, Best. KT, Nr. 37: Manuskript des Vortrags von Manfred Stolpe beim Forum C, S. 5f.
92 Vgl. Neubert: Geschichte der Opposition in der DDR 1949-1989, S. 526f.; Kowalczuk: Endspiel, S. 188.
93 Vgl. Langer: „Ihr sollt wissen, daß der Norden nicht schläft …“, S. 51.

Treffpunkte[94]. Die Landeskirchen waren durchaus bereit, den Antragstellern seelsorgerliche Beratung anzubieten – der Ausreise als solcher standen sie allerdings ablehnend gegenüber[95]. So betonte auch die Konferenz der Landesausschüsse, dass sich die Kirchentage nicht zum Sprachrohr von Ausreisewilligen machen dürften. Gegen eine Teilnahme von „Übersiedlungsersuchenden", wie sie im staatlichen Jargon hießen, wäre zwar nichts einzuwenden, aber eigene Aktionen sollten ihnen bei den vier Treffen verwehrt bleiben[96]. Dieser Empfehlung folgten die Verantwortlichen in Rostock, indem sie es zum Beispiel ablehnten, den in der Arbeitsgruppe 3 eingereichten Offenen Brief einer Gruppe von Ausreiseantragstellern aus Wismar bei einer Großveranstaltung des Kirchentags zu verlesen. Zu dieser Entscheidung mag die Überlegung beigetragen haben, dass eine öffentliche Verlesung dieses sehr kritisch formulierten Briefs negative Auswirkungen auf die Zusammenarbeit mit den staatlichen Stellen haben konnte. Trotzdem wurde die Thematik in Rostock nicht unter den Teppich gekehrt. Man brachte sie in Podiumsgespräche und Diskussionen ein, erwähnte sie in Vorträgen und Predigten – und zwar mitunter aus west- und ostdeutscher Perspektive. Altbundeskanzler Helmut Schmidt appellierte in seinem Referat in der Marienkirche an die SED-Regierung, dass die Ausreisethematik an Gewicht verlöre, „je mehr Brücken es geben wird, hinüber und herüber, je mehr wir alle über diese Brücken reisen können"[97]. Ähnlich äußerte sich Joachim Gauck in seiner Predigt beim Abschlussgottesdienst. Der Vorsitzende des Landesausschusses brachte eine der Hauptursachen der Ausreisewelle in seinem Satz „Wir werden bleiben wollen, wenn wir gehen dürfen"[98] genial auf den Punkt.

Die eingeschränkte Reisefreiheit war allerdings nicht der einzige Grund für den Anstieg der Ausreiseanträge. Viele Antragsteller sahen für sich keine Perspektive mehr in einem Land, dessen Entscheidungsträger sie in nahezu allen Lebensbereichen bevormundeten und in dem berufliche Chancen an die Parteizugehörigkeit geknüpft waren[99]. Obwohl der Staat die Kirchen nicht mehr so stark drangsalierte wie noch in den 1950er und 60er Jahren, wurden Christen auch in den 1970ern und 80ern in Schule, Ausbildung und Beruf benachteiligt[100]. Bei den Kirchentagen kamen die Stellung der Christen in der Gesellschaft und das Verhältnis von Staat und Kirche immer wieder zur Sprache, und zwar durchaus in Form sehr unterschiedlicher Bewertungen. Vertreter der Greifswalder Kirchenführung traten in diesem Kontext oftmals mit deutlich staatsloyalen Aussagen in Erscheinung. Vor allem Bischof Gienke lobte bei den Kirchentagen den angeblich klar erkennbaren Willen der SED zur Realisierung der Gleichberechtigung der Christen und verstieg sich 1985 sogar zu der Behauptung, die volle Gleichstellung sei bereits erreicht. Auch Siegfried Plath erklärte, die Staatsorgane betrachteten die Kirche als eigenständige

94 Vgl. Neubert: Geschichte der Opposition in der DDR 1949-1989, S. 528; Frank: Einsam oder gemeinsam?, S. 271.
95 Vgl. Pollack: Kirche in der Organisationsgesellschaft, S. 314.
96 Vgl. EZA, Best. 95, Nr. 217: Protokoll der 8. Beratung mit den Hauptverantwortlichen für die vier Kirchentage 1988 am 12.4.1988, S. 2.
97 Vgl. „Das Zeitdokument: Brücken bauen in Europa – meine Erwartungen an die Kirche" In: Studienhefte zur mecklenburgischen Kirchengeschichte, Heft 5/1988, S. 29.
98 Vgl. „Joachim Gauck: Predigt beim Abschlussgottesdienst des Kirchentages, Rostock, 19.6.1988" In: epd-Dokumentation Nr. 39a/88 vom 26.9.1988, S. 17.
99 Vgl. Pollack: Kirche in der Organisationsgesellschaft, S. 363.
100 Vgl. ebd. S. 261f.

Kraft in der Gesellschaft und seien auf eine gute Zusammenarbeit bedacht[101]. Der Oberkonsistorialrat verwies außerdem darauf, dass man im Hinblick auf die Forderungen an den Staat die „Grenze des Zumutbaren" nicht überschreiten dürfe[102]. Es kam bei den Treffen allerdings auch zur Äußerung gegenteiliger Auffassungen, zum Beispiel vom früheren Rostocker Pastor Walther Bindemann und Pfarrer Reinhard Glöckner aus Greifswald. Sie widersprachen 1988 bei Podiumsdiskussionen der Postulierung einer Gleichberechtigung von Christen in der DDR und kritisierten den alleinigen Machtanspruch der SED sowie die fehlende Dialogbereitschaft der Parteifunktionäre[103].

Das Rostocker Treffen 1988 war der erste Kirchentag im Norden, bei dem man dem Thema Verhältnis von Staat und Kirche eigene Veranstaltungen widmete. Dort sollte aber nicht nur über, sondern auch mit Staatsvertretern gesprochen werden. Deshalb versuchten die Verantwortlichen, möglichst viele staatliche Funktionäre für eine Mitwirkung am Programm zu gewinnen. Neben Vertretern aus den drei Nordbezirken hatten sie dabei auch Mitarbeiter überregionaler staatlicher Einrichtungen im Blick, doch das Staatssekretariat für Kirchenfragen lehnte eine Teilnahme von Repräsentanten der höheren Leitungsebene kategorisch ab. Zusagen beispielsweise von Mitgliedern des ZK der SED hätten aus staatlicher Sicht eine viel zu starke Würdigung und Potenzierung der öffentlichen Wirksamkeit der Veranstaltungen bedeutet. Eine Mitwirkung von Vertretern aus den zuständigen Bezirken befürwortete das Staatssekretariat jedoch ausdrücklich, denn diese konnten seiner Ansicht zufolge auch im Anschluss an die Kirchentage noch eine „zielgerichtete politische Einflussnahme" auf die jeweiligen Landeskirchen unterstützen[104]. Die Organisatoren waren vor dem Hintergrund der Losung „Brücken bauen" darauf bedacht, den Staatsvertretern offen und freundlich zu begegnen und dafür Sorge zu tragen, dass sie bei Vorträgen und Podiumsdiskussionen keinerlei „Angriffen" ausgesetzt waren. In diesem Sinne rief Joachim Gauck die Teilnehmer des Abschlussgottesdienstes dazu auf, für ein neues Miteinander in der Gesellschaft mit gegenseitigen Verurteilungen aufzuhören und stattdessen den echten Dialog zu suchen, wie man ihn beim Kirchentag zwischen Christen und Marxisten begonnen habe[105]. Zu einem wirklichen Dialog waren die Repräsentanten des Staates, wie die Professoren für Marxismus-Leninismus Olof Klohr, Günter Hoffmann und Gerhard Winter, aber im Grunde genommen nicht bereit. Sie entsprachen den Erwartungen der SED, indem sie sich stets „parteilich konsequent" äußerten, wie es das MfS ausdrückte[106]. Auf kritische Fragen gingen sie nicht näher ein, sondern beantworteten diese mit den üblichen ausweichenden und beschönigenden Floskeln. Dem setzten die Veranstalter, vielleicht aus falsch verstandener Rücksichtnahme, offenbar nur selten etwas entgegen.

101 Vgl. „Das Zeitdokument: Brücken verbinden" In: Studienhefte zur mecklenburgischen Kirchengeschichte, Heft 5/1988, S. 24.

102 Vgl. ebd.

103 Vgl. LAG, Rep. 200 II 7.3, Nr. 89, Blatt 135: „Information zum Rostocker Kirchentag vom 16.06.-19.06.88", 19.6.1988, S. 22 und S. 29.

104 Vgl. BArch, DO-4/1427, Blatt 753: „Schriftliche Konzeption zur Vorbereitung auf die evangelischen Kirchentage 1988", 16.12.1987, S. 4.

105 Vgl. „Joachim Gauck: Predigt beim Abschlussgottesdienst des Kirchentages, Rostock, 19.6.1988" In: epd-Dokumentation Nr. 39a/88 vom 26.9.1988, S. 17.

106 Vgl. BStU, MfS, BV Rostock, AS Nr. 416/88, Bd. 1, Blatt 103: „Tagesbericht über den Verlauf des gemeinsamen Kirchentages der ELLKM und ELKG vom 16. bis 19. Juni 1988 in Rostock", 19.6.1988, S. 4.

Der große Besucherandrang bei den Programmpunkten mit staatlicher Beteiligung deutete allerdings an, wie stark sich die kirchliche Basis einen direkten Austausch mit Vertretern des Staates wünschte. Die Bedingungen für eine offene Streitkultur waren bei den Kirchentagen aber nicht gegeben. Einerseits, weil die staatlichen Gesprächspartner sich ihr aus machtpolitischen Gründen prinzipiell verweigerten und andererseits, weil die Organisatoren sie vermutlich aus Angst vor negativen Konsequenzen für die Kirchentagsvorhaben und die kirchliche Arbeit allgemein ausbremsten.
Zurückhaltung zeigten die Kirchentagsverantwortlichen außerdem im Hinblick auf das Thema Umweltschmutz. Bei den Landeskirchentagen der ELKG spielte es so gut wie keine Rolle[107]. In der Greifswalder Landeskirche nahm man die Problematik erst ab der Herbstsynode 1984 in den Blick[108]. Dabei bemühte sich die Kirchenleitung jedoch stets darum, keine Konflikte mit den Staatsorganen entstehen zu lassen[109]. Mecklenburgische Christen engagierten sich seit Ende der 1970er Jahre in der Umweltbewegung. Eines ihrer Zentren war die Jugendarbeit in der Schweriner Paulskirche, die Baumpflanzaktionen und Ökologieseminare organisierte[110]. Das wirkte sich auch auf den Kirchentag 1983 aus, bei dem im Rahmen des „Abends der Begegnung" eine Baumpflanzung vor der Kongresshalle stattfand. Darüber hinaus ging Bischof Rathke 1983 beim Abschlussgottesdienst auf die weltweite Gewässerverschmutzung und die zunehmende Knappheit von sauberem Trinkwasser ein, ohne allerdings auf konkrete Zustände in der DDR zu verweisen[111]. Direkte Kritik an der Umweltpolitik der SED kam erst beim Kirchentag 1988 zur Sprache. Im Zuge der Reaktorkatastrophe von Tschernobyl 1986 hatte sich in der Öffentlichkeit ein breiteres Bewusstsein für ökologische Themen entwickelt und zahlreiche Basisgruppen erweiterten ihr Themenspektrum um Umweltfragen[112]. Der Leiter des für die DDR-Umweltbewegung sehr bedeutenden Kirchlichen Forschungsheims in Wittenberg, Hans-Peter Gensichen, gab 1988 in seinem Vortrag in der Arbeitsgruppe 2 einen Überblick zum Artensterben, zur Gewässerbelastung, zum Uran-Bergbau und zur Umweltbelastung durch Kohlekraftwerke und kritisierte die mangelnde Informationspolitik der SED im Hinblick auf die Umweltbelastungen. Damit wurden zum ersten Mal bei einem Kirchentag im Norden die ökologischen Missstände in der DDR offen angeprangert. Die Besucher der Untergruppe „Natur und Mensch" der AG 2 hatten außerdem die Möglichkeit, Adressen von Umweltgruppen in Mecklenburg und Pommern zu erhalten, um sich über die Lage in ihren Heimatregionen zu informieren. Da der Staat seinen Bürgern verlässliche Daten zur Umweltverschmutzung vorenthielt und dieses Thema in den staatlichen Medien keine Rolle spielte[113], leisteten die Veranstalter der

107 Beim Stralsunder Treffen 1978 griff Raimund Hoenen (Potsdam) das Thema Umwelt in seinem Referat zur Kirchentagslosung nur am Rande auf, indem er den allgemeinen Egoismus der Menschen kritisierte, die im Namen des Wohlstands und des Fortschritts Bodenschätze ausbeuten und die Umwelt verschmutzen. In Greifswald war 1985 beim Forum C eine Fotoausstellung eines Dresdener Ökologiekreises zu sehen und die Teilnehmer der Veranstaltung „Jugend lädt ein zur Meditation" nahmen in das Abschlussgebet die Forderung nach einem verantwortungsvollen Umgang mit der Natur auf.

108 Vgl. Frank: Einsam oder gemeinsam?, S. 265.

109 Vgl. ebd. S. 265-267.

110 Vgl. Dies.: „Realer, exakter, präziser"?, S. 452f.

111 Vgl. BStU, MfS, BV Rostock, AS 361/83, Blatt 254: Abschrift der Predigt von Bischof Rathke, S. 3.

112 Vgl. Klein: „Frieden und Gerechtigkeit!", S. 259-261; Neubert: Geschichte der Opposition in der DDR 1949-1989, S. 626f.

113 Vgl. Buck: Umweltpolitik und Umweltbelastung, S. 225.

AG 2 somit wichtige Grundlagenarbeit. Dass ökologische Fragestellungen bei den Treffen im untersuchten Zeitraum insgesamt gesehen nur wenig Berücksichtigung fanden, mag damit zusammengehangen haben, dass die Umweltbelastung im Norden weit niedriger ausfiel als in den südlichen Bezirken[114]. Im Vergleich zu Halle, Leipzig oder Karl-Marx-Stadt schien man in den Nordbezirken noch gesunde Luft und eine relativ intakte Natur vorzufinden[115].

Zusammenfassend lässt sich sagen, dass gesellschaftliche Fragen bei den Kirchentagen von 1978 bis 1985 von den Organisatoren weitgehend an den Rand gedrängt oder völlig ignoriert wurden. Erst während der Vorbereitungen zum Rostocker Treffen 1988 bemühten sich die Veranstalter, gesellschaftspolitische Problemstellungen im offiziellen Programm aufzugreifen. Das Verhältnis von Staat und Kirche, die Situation der Christen in der DDR, die Ausreiseproblematik oder die Verschmutzung der Umwelt – erstmals waren dazu offene kritische Äußerungen von mitwirkenden Referenten, Podiumsteilnehmern und Predigern zu hören. Einen entscheidenden Anteil an dieser Entwicklung hatte die Einbeziehung von Basisgruppenmitgliedern und anderen Laien in die Konzeption des Kirchentags 1988. Bereits beim Stralsunder Treffen 1978 hatten sich die Besucher an einer Thematisierung von gesellschaftlichen Fragen deutlich interessierter gezeigt als die Veranstalter. Sie hatten die Wehrunterrichtsproblematik überhaupt erst in die Diskussionen während des Kirchentags eingebracht, sodass die Organisatoren schließlich darauf reagieren mussten. Auch 1983 in Rostock und 1985 in Greifswald waren es Laien, die sich in Gesprächen, Ausstellungen und Gebeten beispielsweise zur Friedenspolitik oder zur defizitären Umsetzung der Menschenrechte in der DDR äußerten. Dem Bedürfnis der Besucher nach einer Auseinandersetzung mit gesellschaftspolitischen Themen trugen die Veranstalter 1988 schließlich in größerem Umfang Rechnung. Bei den „Ideenkonferenzen" während der Vorbereitungsphase hatten die teilnehmenden Laien mehrfach auf die dringende Notwendigkeit einer Erörterung dieser Themenkomplexe im offiziellen Programm hingewiesen. Mit dem Ziel, das Rostocker Treffen zu einem echten „Kirchentag von unten" zu machen, berücksichtigte man die Vorschläge der Teilnehmer.

Die Initiative zu dieser veränderten Kirchentagskonzeption ging eindeutig vom mecklenburgischen Landesausschuss aus. Dessen Mitglieder bewiesen im Kontext des Treffens von 1988 durchaus mehr Mut und Konfliktbereitschaft als ihre Greifswalder Kollegen. Doch die Kühnheit der Mecklenburger hatte Grenzen – direkte Konfrontationen mit Vertretern der Staatsorgane wollten auch Bischof Stier und Joachim Gauck vermeiden. Der Anspruch, dem versöhnlichen Motto „Brücken bauen" gerecht zu werden, und Angst vor staatlichen Repressionsmaßnahmen mögen dabei eine Rolle gespielt haben. Während es sich die Organisatoren der Landeskirchentage der ELKG relativ einfach machten, indem sie sich an der kirchenpolitischen Haltung von Bischof Gienke orientierten und somit potentielle

114 Vgl. ebd. S. 226; Frank: Einsam oder gemeinsam?, S. 265.

115 Vgl. Buck: Umweltpolitik und Umweltbelastung, S. 225-227 und S. 239f. Die Gewässerverschmutzung war aber auch im Norden der DDR ein Problem. Hinzu kamen die Auswirkungen der industrialisierten Landwirtschaft, die die Bezirke Neubrandenburg, Schwerin und Rostock besonders prägte. Vgl. ebd. S. 244; Wunnicke: Der Bezirk Neubrandenburg im Jahr 1989, S. 46-55. Zu den Folgen der Landwirtschaft auf die Umwelt in der DDR vgl. Buck: Umwelt- und Bodenbelastungen durch eine ökologisch nicht abgesicherte industriemäßig organisierte Tier- und Pflanzenproduktion, S. 425-455.

Konfliktthemen bei der Programmgestaltung nahezu völlig ausklammerten, bewegten sich die Mecklenburger in einem stärkeren Spannungsfeld. Einerseits wollten sie der Auseinandersetzung mit gesellschaftspolitischen Fragen mehr Freiräume schaffen, andererseits waren sie im Interesse des organisatorischen Gelingens um eine gute Zusammenarbeit mit den staatlichen Stellen bemüht. Die daraus resultierende Vorsicht, die in manchen Punkten bis zur Selbstzensur reichte, hat somit auch bei den gemeinsamen Kirchentagen zu einer gewissen Einschränkung der freien Diskussion geführt. Dies trug dazu bei, dass von den nördlichen Kirchentagen im untersuchten Zeitraum insgesamt gesehen nur wenige Impulse zu einer Veränderung der DDR-Gesellschaft ausgingen.

9.5 Kirchliche und theologische Themenfelder beim Kirchentag

Eines der wichtigsten Ziele der Kirchentagsbewegung seit 1949 war die Stärkung des Glaubens und der christlichen Gemeinschaft. In den Präambeln der Ordnungen des DEKT und des EKT hieß es unisono, der Kirchentag wolle die evangelischen Christen sammeln, sie im Glauben stärken und für die Verantwortung in ihrer Kirche rüsten[116]. Zur Zurückhaltung im Hinblick auf eine Thematisierung gesellschaftspolitischer Fragen gezwungen, verstand sich die Kirchentagsarbeit in der DDR nach dem Mauerbau vorrangig als religiöse Bewegung. Das veranschaulichten auch die Programme der Treffen im Nordosten, bei denen religiöse Themen und geistliche Angebote deutlich überwogen. Zu den klassischen geistlichen Formaten des Kirchentags gehörten Bibelarbeiten, Vorträge, Gebetsandachten und Gottesdienste. Mit Bezug auf Letztere zeigt sich in den 1980ern eine deutliche Abnahme sowohl des Umfangs als auch der Vielfalt der Angebote. Beim Stralsunder Treffen 1978 konnten die Besucher am Kirchentagssonntag noch unter 14 Gottesdiensten unterschiedlicher Art auswählen. Dabei bemühte sich der Greifswalder Landesausschuss um ein breites Spektrum: vom Familiengottesdienst über musikalische Gottesdienste bis hin zu eher ungewöhnlichen Angeboten wie dem „Gottesdienst in anderer Form“ oder dem Meditationsgottesdienst. Die Ausschussmitglieder betonten während der Planungsphase die Gleichwertigkeit von traditionellen und modernen Formen und erhofften sich vor allem von Letzteren neue Impulse für die Gestaltung der Gottesdienste in den Gemeinden. Mit den moderneren Formaten und den musikalischen Gottesdiensten versuchten die Veranstalter offensichtlich auch kirchenferne Menschen anzusprechen, die sich wohl eher für eine Teilnahme an einem Gottesdienst „in anderer Form“ oder mit musikalischen Darbietungen entschieden als für einen Abendmahlsgottesdienst oder die Deutsche Messe.
Einen derartigen Aufwand betrieben die Organisatoren der darauffolgenden Kirchentage nicht mehr, obwohl die Teilnehmerzahlen der Gottesdienste 1978 die Begeisterung der Besucher angesichts der Vielfalt verdeutlicht hatten[117]. Der erste Bruch erfolgte mit dem Landeskirchentag der ELKG 1981. Aus organisatorischen Gründen dauerte dieses Treffen nur einen Tag, und so verzichtete man auf ein

116 Vgl. EZA, Best. 71, Nr. 130: Ordnung des Deutschen Evangelischen Kirchentags, 30.11.1955, S. 1; LKAG, Best. KT, Nr. 59: Ordnung des Evangelischen Kirchentags in der DDR, S. 1.
117 Insgesamt hatten nach kirchlichen Schätzungen etwa 6.000 Menschen an den Gottesdiensten am 18. Juni 1978 teilgenommen.

umfangreiches Gottesdienstangebot. Sozusagen als Ausgleich konzipierte man allerdings die Abschlussversammlung als Open-Air-Gottesdienst mit Abendmahl. Die positive Resonanz auf dieses Experiment führte zu einer Fortführung bei den folgenden Treffen im Norden. Beim Rostocker Kirchentag 1983 feierten die Besucher den Abschlussgottesdienst mitten in der Stadt auf einem öffentlichen Platz – ein bis dato ungekanntes Zugeständnis der Staatsorgane. Abgesehen von diesem zentralen Abendmahlsgottesdienst fanden sich 1983 jedoch nur sehr wenige Gottesdienste im Programm. Am frühen Sonntagmorgen wurden lediglich drei Feiern angeboten[118], hinzu kamen ein musikalischer Bußgottesdienst und zwei abendliche Gebetsandachten am Samstagabend. Der gemeinsame Landesausschuss war scheinbar der Meinung, dass dieses schmale Angebot ausreichte, denn die Sitzungsprotokolle enthielten keine entsprechende Kritik oder Erweiterungswünsche. Geprägt war dieses Treffen dann vor allem durch die zahlreichen Großveranstaltungen, die vielleicht aus Sicht der Landesausschussmitglieder ein breiteres Gottesdienstprogramm überflüssig machten. Auch der Rostocker Kirchentag 1988 zeichnete sich nicht durch ein vielfältiges Gottesdienstangebot, sondern durch Massenveranstaltungen aus. Allerdings ließen sich die Organisatoren bei der Planung stark von der Losung „Brücken bauen“ leiten, indem sie für fast alle sechs Gottesdienste ein Abendmahl vorsahen. Dieses Sakrament sollte den Teilnehmern den Brückenschlag von Gott zu den Menschen und untereinander in besonderer Weise vor Augen führen[119]. Beim Landeskirchentag der ELKG in Greifswald 1985 versuchten die Verantwortlichen, den Gottesdiensten wieder mehr Raum zu geben. Sie kehrten zur früheren Konzeption zurück, nach welcher die Besucher am Vormittag des Abschlusstages zu mehreren Gottesdiensten eingeladen waren und sich am Nachmittag zu einer gottesdienstähnlichen Versammlung zusammenfanden. Mit acht Feiern erwies sich das Angebot zwar umfangreicher als bei den Treffen 1981, 1983 und 1988, in puncto Vielfalt aber trotzdem deutlich magerer als 1978, da ungewöhnliche Formate sich nicht finden ließen. Dass die Mehrzahl der Gottesdienste in Greifswald von Gästen aus anderen Landeskirchen und aus dem Ausland gestaltet wurden, mag ein wichtiger Faktor für deren große Resonanz gewesen sein[120].

Darüber hinaus belegen die Teilnehmerzahlen den generell hohen Stellenwert der gottesdienstlichen Angebote für die Kirchentagsbesucher. Wann immer Gottesdienste stattfanden, waren sie gut besucht. Das mag einerseits mit der Zusammensetzung des Kirchentagspublikums zusammengehangen haben, das zu einem gewissen Teil aus traditionsbewussten Gemeindemitgliedern bestand[121], für die der sonntägliche Gottesdienst allgemein eine relativ große Bedeutung besaß. Insgesamt gesehen war aber in den 1980er Jahren der prozentuale Anteil der Gemeindeglieder, die sonntags am Gottesdienst teilnahmen, in allen Landeskirchen der DDR verhältnismäßig

118 Ein Abendmahl in der Petrikirche (8 Uhr), ein Morgenlob in der Michaeliskirche (8.15 Uhr) und eine „Liturgische Morgenfeier“ in der Universitätskirche (8.30 Uhr).

119 Vgl. LKAS, LA KT, Nr. 6: Brief der Vorbereitungsgruppe des Abschlussgottesdienstes an den Landesausschuss, 24.10.1987.

120 Nach kirchlichen Schätzungen hatten an den Gottesdiensten am 23. Juni 1985 insgesamt rund 6.400 Menschen teilgenommen. Bereits gegen 9 Uhr – die meisten Gottesdienste begannen um 10 Uhr – sollen die Kirchen überfüllt gewesen sein.

121 Nach Ansicht der Konzeptionsgruppe des Landesausschusses Mecklenburg nahmen traditionell eingestellte Gemeindeglieder vor allem am zweiten und am Abschlusstag am Kirchentag teil. Vgl. LKAS, LA KT, Nr. 4: Protokoll der Sitzung der Konzeptionsgruppe am 4.1.1986, S. 1.

niedrig[122]. Entscheidend für die Attraktivität der bei den Kirchentagen angebotenen Gottesdienste dürften die Auswahl der Prediger und das kirchenmusikalische Begleitprogramm gewesen sein. Viele Besucher wollten es sich vermutlich nicht entgehen lassen, einen Gottesdienst mit einem Bischof oder einem ausländischen Gastprediger und einem versierten Chor zu erleben. Der Vorteil des Kirchentags bestand (und besteht bis heute) in seinem nichtalltäglichen und festlichen Charakter, der bei den Teilnehmern größere Erwartungen schürt und damit auch größeres Interesse hervorruft als das „normale" Gottesdienstangebot in den Gemeinden.

Die Organisatoren bereicherten das geistliche Programm der Kirchentage mitunter auch durch neue Formate. Dabei orientierten sie sich stark an den Entwicklungen in der Bundesrepublik. Eine Verbindung zur Kirchentagsarbeit in Westdeutschland war vor allem durch den Austausch der beiden Präsidien bestehen geblieben[123]. Reisegenehmigungen für kleine Delegationen von Kirchentagsmitarbeitern und Gemeindemitgliedern zur Teilnahme am DEKT erteilte die SED-Führung aber erst ab 1977[124]. Bis sie sich vor Ort wieder selbst ein Bild machen konnten, erfuhren die Mitglieder der DDR-Gremien durch Berichte aus Fulda von den Erfahrungen und Neuerungen beim DEKT[125]. Dort hatte sich Mitte der 1970er Jahre eine grundlegende Wandlung vollzogen, indem die Veranstalter durch neue Programmpunkte eine deutlich stärkere Partizipation der Teilnehmer anstrebten[126]. Davon inspiriert entwickelten die Stralsunder das erstmals 1978 erprobte Gesprächsmodell „Sei unser Gast". Außerdem fand die „Liturgische Nacht" Eingang in die Programme der Treffen von 1983, 1985 und 1988. Sie wurde zum ersten Mal beim Düsseldorfer DEKT 1973 mit der Intention gefeiert, die gottesdienstliche Liturgie mithilfe eines auf alle Sinne ausgerichteten Konzepts neu erlebbar zu machen[127]. Zu den Bestandteilen der „Liturgischen Nacht" gehörten Taizé-Gesänge, Meditation, eine Prozession durch den Kirchenraum und die Abendmahlsfeier. Die Besucher nahmen diesen Programmpunkt sehr gut an und bewiesen damit ihre Offenheit gegenüber neueren Konzepten in der Kirchentagsgestaltung. Neu war außerdem der „Markt der Möglichkeiten", der beim Rostocker Kirchentag 1983 als Aktion „Kirche auf Karren" im Programm auftauchte. Bei den bundesdeutschen Treffen 1973 und 1975 erhielt dieses Kommunikations- und Informationszentrum für Besucher, Gemeindegruppen, Vereine und Organisationen seine Gestalt und Bezeichnung[128]. Daran anknüpfend hatte der Landesausschuss Mecklenburg bereits beim Landeskirchentag 1976 eine „Messe der

122 Dieser Anteil lag im Durchschnitt bei etwa drei Prozent. Vgl. Pollack: Kirche in der Organisationsgesellschaft, S. 406.

123 Regelmäßige Treffen fanden aber erst ab 1982 statt. Vgl. Schönherr: Kirchentage in der DDR, S. 79.

124 Zum DEKT 1977 in West-Berlin durften nur zwei Delegierte reisen, beim Nürnberger DEKT 1979 waren es immerhin bereits 24. In den 1980er Jahren erhöhte sich die Anzahl der Delegierten stetig – am DEKT 1989 in West-Berlin konnten insgesamt rund 550 DDR-Bürger teilnehmen. Vgl. ebd.; LKAG, Best. KT, Nr. 70: „Evangelischer Kirchentag in der DDR: Dokumentation II (1979-1982)", Dezember 1982, S. 8; LKAS, LA KT, Nr. 2: „Evangelischer Kirchentag in der DDR: Dokumentation IV (1984-1986)", März 1987, S. 16.

125 Vgl. Schönherr: Kirchentage in der DDR, S. 79; Schröder: Werden und Wachsen des Evangelischen Kirchentages in der DDR, S. 116.

126 Vgl. Schroeter-Wittke: Der Deutsche Evangelische Kirchentag in den 1960er und 70er Jahren, S. 219f.

127 Vgl. ebd. S. 220.

128 Vgl. Schroeter-Wittke: Der Deutsche Evangelische Kirchentag in den 1960er und 70er Jahren, S. 220.

kirchlichen Dienste" veranstaltet, bei der Gemeindegruppen und kirchliche Einrichtungen ihre Arbeit vorstellen konnten. In Rostock 1983 sollte dieser „Markt" mobil sein, sodass die teilnehmenden kirchlichen Dienste, Gemeinden und Basisgruppen dafür verschiedene Karren bauten, die in origineller Anlehnung an die Kirchentagslosung „Vertrauenswagen" genannt wurden. Kam 1983 durch die Beteiligung von Basisinitiativen an einzelnen Ständen gesellschaftspolitische Kritik zum Ausdruck, lag der Fokus des „Marktes" beim Greifswalder Treffen 1985 auf der Darstellung des landeskirchlichen Lebens. Dort informierten vor allem kirchliche Einrichtungen wie die Züssower Anstalten, das Schwesternheimathaus Stralsund oder das Seminar Kirchlicher Dienst über ihre Arbeit. Gemeinden beteiligten sich nur am Rande, wie zum Beispiel die Jugendgruppe aus Greifswald-Schönwalde, die ein Kreativangebot vorbereitete. Ähnlich verlief der „Markt der Möglichkeiten" 1988, bei dem sich ebenfalls viele kirchliche Werke, darunter die Diakonie, die Posaunenarbeit und das Bibelwerk, präsentierten und an dem nur wenige Gemeindegruppen teilnahmen. Die kirchliche Basis war bei dieser Veranstaltung also kaum vertreten – vielleicht, weil die Organisatoren in den Gemeinden zu wenig Werbung dafür betrieben hatten oder weil die Gemeindegruppen und die sie anleitenden Pastoren den Arbeitsaufwand einer Teilnahme am „Markt" als zu groß einschätzten.
Das Leben in den Landeskirchen wurde bei den Kirchentagen aber nicht nur vorgestellt, sondern auch durchaus kritisch diskutiert. Vor allem beim Rostocker Treffen 1988 rückten Problemfelder der Institution Kirche stärker in den Fokus. So hatte sich zum Beispiel die Arbeitsgruppe 6.1 die Überschrift „Klarheit – Durchsichtigkeit – Neues Denken in unserer Kirche" gegeben. Unverkennbar an die Schlagwörter des veränderten politischen Kurses in der UdSSR unter Michail Gorbatschow angelehnt, wollten die Veranstalter notwendige Strukturveränderungen innerhalb der Kirche diskutieren. Schon beim Berliner Kirchentag 1987 waren Forderungen nach „Glasnost in Staat und Kirche" laut geworden[129]. In Rostock sollten mögliche Konsequenzen der finanziellen Lage der Landeskirchen sowie eine verbesserte Transparenz der innerkirchlichen Entscheidungsprozesse im Fokus stehen. Auch der Berliner Generalsuperintendent Günter Krusche benannte in seinem Referat die mangelhafte Kommunikation als eines der größten Probleme innerhalb der Kirche[130]. Er bezog sich dabei nicht nur auf die Kommunikation zwischen den Kirchenleitungen und der Basis, sondern ebenso auf das Verhältnis von Gemeinden und Basisgruppen oder zwischen den verschiedenen Generationen. Generationenkonflikte und Probleme im Umgang mit Basisinitiativen betrafen die Gemeinden im Norden durchaus auch, doch die Kluft zwischen Kirchenführung und Basis rief besonders in der Greifswalder Landeskirche stärkere Kritik hervor. Dort führten undurchsichtige Entscheidungsprozesse und fehlende Kommunikation ein Jahr später sogar zum Rücktritt von Bischof Gienke[131]. Für die AG 6.1 stellte zudem die unausgewogene Zusammenarbeit von Haupt- und Ehrenamtlichen in den Gemeinden ein bedeutsames innerkirchliches Problem dar. Die Teilnehmer kritisierten die starke Zentrierung auf die Pastoren bei der Gestaltung des Gemeindelebens, die eine selbstständige inhaltliche Mitwirkung von Laien erschwerte. Demselben Problem widmete sich das „Forum Kirchgemeinderäte/Gemeindekirchenräte". Bei der Veranstaltung standen Erfahrungen mit Laienvorsitzenden in der Gemeindeleitung im Mittelpunkt. In der

129 Vgl. Neubert: Geschichte der Opposition in der DDR 1949-1989, S. 686.
130 Vgl. LKAS, LA KT, Nr. 2: Manuskript des Vortrags von Günter Krusche, S. 2.
131 Vgl. Frank: Einsam oder gemeinsam?, S. 287-314.

mecklenburgischen Landeskirche gab es seit 1969 die Möglichkeit, dass ein Laie den Vorsitz im KGR übernahm, doch die entsprechende Formulierung im Kirchengesetz ließ erahnen, dass eine echte Förderung dieser Variante nicht angedacht war. Die Kirchenordnung der Greifswalder Landeskirche zeigte sich noch rückständiger, da sie festhielt, dass nur ein Ordinierter die oberste Leitung einer Gemeinde innehaben durfte[132]. Daher verwundert es nicht, dass die Rostocker Organisatoren für ihr Forum nur zwei Kirchengemeinderäte mit Laienvorsitzenden ausfindig machten[133]. Somit ließ sich im Kontext der Kirchentage einmal mehr die defizitäre Unterstützung des verantwortlichen Laienengagements und die herausgehobene Stellung der Pastoren in den Gemeinden erkennen, wie sie für die beiden nördlichen Landeskirchen typisch war[134].

Zu den die Gemeinden betreffenden Themenfeldern gehörte bei den Kirchentagen auch die Mission. Sie kam bei den Treffen in Stralsund 1978 und in Rostock 1988 zur Sprache. Gemeint war dabei nicht eine potentielle Beteiligung der DDR-Kirchen an missionarischer Arbeit im Ausland, sondern die Aufgabe in ihrem unmittelbaren Umfeld. Im Zuge der zunehmenden Säkularisierung der Gesellschaft und der Minorisierung der Gemeinden hatten sich einige Theologen seit den 1960er Jahren der Entwicklung des Konzepts der „missionarischen Gemeinde" gewidmet, nach welchem die Mission das Hauptaufgabenfeld der Kirche darstellt[135]. Diesem Auftrag könne sie nur gerecht werden, indem sie sich der Welt öffne und die Kirchenfernen einbeziehe, ohne aus ihnen Proselyten zu machen[136]. Gegen Ende der 1970er ließ das Interesse an Entwürfen wie der „missionarischen Gemeinde" deutlich nach, weil deren Umsetzung sich schwieriger gestaltete als gedacht[137]. Auch wenn eine Ausarbeitung neuer Programme ausblieb[138], rückte das Thema nicht völlig in den Hintergrund. So hatte zum Beispiel Bischof Gienke bei der Tagung der Landessynode im November 1977 eine Neuentdeckung des Missionsauftrags gefordert[139]. Im Zusammenhang mit dem Gedenken an die Missionsreise in Pommern von Bischof Otto von Bamberg im Jahr 1128 fand die Thematik Eingang in die Veranstaltungen des Stralsunder Kirchentags 1978. Im Musik-Spiel „Otto von Bamberg" standen der Mut und die Entschlossenheit des Bischofs im Mittelpunkt, den eigenen Glauben offen zu bekunden und mit Nichtchristen darüber ins Gespräch zu kommen. Daneben boten ein Evangelisationsgottesdienst und das „Volksmissionarische Angebot" den Besuchern die Gelegenheit, sich intensiver mit dem Thema „Mission heute" auseinanderzusetzen. Bis 1988 spielte es bei den nördlichen Kirchentagen allerdings kaum noch eine Rolle. Dabei hatte der Ökumenisch-Missionarische Verbindungsausschuss des BEK im Herbst 1979 noch dazu aufgerufen, die 1980er als missionarisches Jahrzehnt zu gestalten[140]. Während der drei Treffen 1981, 1983 und 1985 war davon jedoch keine Rede.

132 Zu den entsprechenden Passagen der Kirchengesetze vgl. Kapitel 8.6.
133 Dabei handelte es sich um die KGR von St. Johannis in Rostock und Reinshagen bei Güstrow.
134 Vgl. Frank: Einsam oder gemeinsam?, S. 343; dies.: „Realer, exakter, präziser"?, S. 305 und S. 313.
135 Vgl. Pollack: Kirche in der Organisationsgesellschaft, S. 205f. und S. 241-243. Zum Rückgang der Mitgliederzahlen der evangelischen Kirchen seit der Gründung der DDR vgl. ebd. S. 373 und S. 380; Maser: Die Kirchen in der DDR, S. 12.
136 Vgl. Pollack: Kirche in der Organisationsgesellschaft, S. 206.
137 Vgl. ebd. S. 324.
138 Vgl. ebd. S. 325.
139 Vgl. LKAG, 4. Tagung der 6. Landessynode vom 4.-6.11.1977: Bericht des Bischofs, S. 2.
140 Vgl. „Die achtziger Jahre – ein missionarisches Jahrzehnt" In: Mecklenburgische Kirchenzeitung, Jg. 34, Nr. 39 vom 30.9.1979, S. 1.

Erst im Vorfeld des Rostocker Treffens 1988 hatten die „Ideenkonferenzen" die Thematik wieder in die Programmplanung eingebracht, sodass sie in verschiedenen Veranstaltungen aufgegriffen wurde. Dazu gehörte die Arbeitsgruppe 1 „Kirche – Ökumene – Mission", in welcher die Organisatoren die Frage zur Diskussion stellten, ob die Institution Kirche sich vorrangig um ihre bestehenden Mitglieder kümmern und sich damit vor allem nach innen stärken sollte oder ob alle Kräfte in die Verbreitung des Evangeliums nach außen zu setzen wären. Günter Krusche plädierte bei seinem Vortrag in der Warnemünder Kirche dafür, dass die Gemeinden ihre missionarischen Aktivitäten verstärkten, indem sie ihre Überzeugungen im Gespräch mit Nichtgläubigen offener bekannten. Nicht Abgrenzung, sondern intensiver Dialog sei das Gebot der Stunde[141]. Das Verständnis von Mission als Dialog fügte sich somit in den Kontext des übergeordneten Themas „Brücken bauen" des Rostocker Treffens ein. Man griff den Missionsauftrag dort letztlich nicht deshalb auf, weil er im Vorfeld stärker in den Fokus theologischer Debatten gerückt wäre, sondern weil es sich im Rahmen der Kirchentagslosung anbot, ihn als eine Form des „Brückenbaus" von Mensch zu Mensch respektive von Mensch zu Gott näher zu betrachten.

Auf Veränderungen im Bereich der Theologie ging 1988 allerdings das „Frauenforum" zurück. Mitte der 1980er hatten sich die Rezeption feministischer Theologie in der DDR und die kirchliche Frauenbewegung verstärkt[142]. Daraufhin entdeckten die Organisatoren der DDR-Kirchentage ein Veranstaltungsformat, das bei den bundesdeutschen Treffen bereits seit 1981 etabliert war. Im Norden hatten zum ersten Mal Besucher des Greifswalder Treffens 1985 den Wunsch nach einer Durchführung des „Frauenforums" geäußert und auch die Teilnehmer der vom gemeinsamen Landesausschuss initiierten „Ideenkonferenz" 1986 hatten sich dafür ausgesprochen. Andere Landesausschüsse nahmen das Format ebenfalls in die Programme auf, zum Beispiel 1987 in Berlin oder 1988 in Halle und Erfurt. In Rostock hinterfragten die Teilnehmer der AG „Frauen laden ein" unter anderem die strukturellen Ungleichheiten und antiquierten Geschlechterrollen in Kirche und Gesellschaft und formulierten den Appell, dass Frauen eigenständig ihre Rechte einfordern und gegen erlebte Ohnmacht ankämpfen sollten. Als Expertin auf dem Gebiet der feministischen Theologie hatten die Veranstalterinnen die Kölner Theologin Dorothee Sölle eingeladen, mit der die Besucher allerdings mehr über die Defizite im Hinblick auf die Realisierung der Gleichberechtigung von Mann und Frau als über theologische Fragen diskutierten[143]. Insgesamt wurde das Thema Feminismus in dieser Arbeitsgruppe vor allem unter gesellschaftlichen Gesichtspunkten betrachtet. Mit feministischen Neuinterpretationen der biblischen Texte oder der Neu- respektive Wiederentdeckung bedeutender Frauengestalten in Bibel und Kirchengeschichte setzte man sich nicht auseinander. Jedoch war es den Organisatorinnen ein Anliegen, den teilnehmenden Frauen eine geistliche Zurüstung zu vermitteln, damit sie daraus Kraft für die Einforderung ihrer Rechte schöpfen konnten. Durch die Beschäftigung mit biblischen Geschichten von der Hinwendung Jesu zu ausgegrenzten Frauen

141 Vgl. LKAS, LA KT, Nr. 2: Manuskript des Vortrags von Günter Krusche, S. 2.

142 Vgl. Auga: „Stiefschwestern", S. 308; Kenawi: Zwischenzeiten, S. 161; Röckemann: Arbeitskreis Feministische Theologie in der DDR, S. 47f.

143 Vgl. „Neu auf dem Kirchentag: Frauen laden ein" In: Mecklenburgische Kirchenzeitung, Jg. 43, Nr. 28 vom 10.7.1988, S. 3.

gingen sie gemeinsam der Frage nach, was für ein innerliches und äußerliches Aufrichten nötig wäre[144]. Die Stärkung der Solidarität unter Frauen sowie die gegenseitige Ermutigung im Glauben an Gottes Hilfe und die eigenen Fähigkeiten besaß für die Veranstalterinnen offenbar eine größere Bedeutung als die Diskussion feministisch-theologischer Ansätze.

Dorothee Sölle wirkte 1988 nicht nur im „Frauenforum" mit, sondern brachte mit ihrer Bibelarbeit „Und es ward Licht – Gott baut die erste Brücke" auch das Themenfeld Schöpfungstheologie und Umweltethik ins Kirchentagsprogramm ein. Die Bibelarbeit fußte auf ihrem 1985 erschienenen Buch „Lieben und Arbeiten"[145], in welchem sie sich mit dem biblischen Schöpfungsbericht aus feministischer Sicht auseinandersetzte. Im Zentrum stand dabei die Beziehung, die Gott mit seinen Geschöpfen verbindet. Diese sei in der abendländischen Theologie durch das Konzept der *creatio ex nihilo* jahrhundertelang falsch interpretiert worden, führte Sölle in Rostock aus. Statt eines am patriarchalen Ideal des unabhängigen Königs ausgerichteten Gottesbilds forderte sie eine Wiederentdeckung von Gott als liebender Mutter, die die Welt als *„creatio ex amore"* geschaffen habe[146]. Auf dieser Grundlage entfaltete die Theologin schließlich ihren umweltethischen Ansatz, nach dem der Mensch nicht als übergeordneter Hüter der Natur zu verstehen sei, sondern als ein Bestandteil der von Gott untrennbaren Schöpfung, in welcher er sich durch seine Grundbedürfnisse und Sterblichkeit mit allen anderen Geschöpfen verbunden sehen müsse[147]. Für Sölle lag der Schlüssel zur Lösung der globalen Umweltprobleme in der Überwindung der Trennung zwischen Schöpfer und Schöpfung sowie zwischen Mensch und Natur. Darin unterschied sie sich von den Theologen in der DDR, die die Rolle des Menschen als (übergeordneter) Haushalter der Natur betonten, seit ökologische Fragen Anfang der 1970er Jahre an Bedeutung gewonnen hatten[148]. Kritisiert wurden dagegen der menschliche Egoismus und die Gier als Ursachen der Umweltkrise[149], die herausgehobene Stellung des Menschen innerhalb der Schöpfung blieb unangetastet. Somit trug die Bibelarbeit von Dorothee Sölle wesentlich zur theologischen Vielfalt des Rostocker Kirchentags bei, indem sie den Teilnehmern die Gelegenheit bot, schöpfungstheologische Aspekte unter einem ganz anderen Blickwinkel zu betrachten.

Bedeutend größeren Raum als die Diskussion theologischer Fragestellungen nahm bei den Kirchentagen im Norden der Bereich Lebensbewältigung und Glaubensstärkung ein. So lag der Fokus beim Stralsunder Treffen 1978 auf der Suche des Einzelnen nach dem Sinn des Lebens. In Verbindung mit einer zeitkritischen Verwerfung des Leistungsdenkens und der Profitgier verwiesen zum Beispiel die Referenten Raimund Hoenen (Potsdam) und Hansjürgen Schulz (Wittenberg) auf das christliche Bild des Lebens als Geschenk Gottes, das in sich selbst einen unantastbaren Sinn hat. Dieser Sinn eröffne sich dem Gläubigen in der gelebten Nachfolge Christi durch Überwindung des eigenen Egoismus, durch Dankbarkeit

---

144 Vgl. ebd.

145 „Lieben und Arbeiten: eine Theologie der Schöpfung" erschien zuletzt 2001 in einer leicht überarbeiteten Fassung im Piper Verlag.

146 Vgl. LKAS, LA KT, Nr. 2: Manuskript zur Bibelarbeit von Dorothee Sölle, S. 7-10.

147 Vgl. ebd. S. 15f.

148 Vgl. Neubert: Geschichte der Opposition in der DDR 1949-1989, S. 274.

149 Vgl. ebd. S. 586.

gegenüber Gott und Engagement für den Nächsten[150]. Die Widrigkeiten und das Leid, denen der Mensch in seiner irdischen Existenz ausgesetzt ist, wurden zwar benannt, aber – und das galt im Übrigen für alle Kirchentage im untersuchten Zeitraum – nicht theologisch hinterfragt. Stattdessen riefen die beiden Referenten die Besucher zum Vertrauen in die trostspendende Kraft des Glaubens auf. Dass der Glaube an Jesus Christus Lebensmut und Hoffnung schenkt, betonten Predigten, Vorträge und Bibelarbeiten bei jedem Kirchentag. Oft ging es dabei auch um die Möglichkeit, nach dem Erleben von Schuld und Enttäuschungen mit Gottes Hilfe einen Neuanfang zu wagen[151]. Das lutherische Bußverständnis[152] aufgreifend, wurde in diesem Kontext der enge Zusammenhang zwischen der Erkenntnis des eigenen Fehlverhaltens und dem neuen Leben (im Glauben) betont: Durch das Erkennen und Benennen der eigenen Fehler werde eine andere, bessere Art zu leben möglich[153]. Im Fokus stand dabei aber nicht eine Selbstoptimierung der Kirchentagsteilnehmer oder die Frage, wie man ein besserer Christ werden könne. Der zentrale Punkt in vielen Predigten und Vorträgen war die Suche nach einem verlässlichen Halt im Leben, der in einer insbesondere durch den internationalen Rüstungswettlauf zunehmend bedrohlichen Welt Hilfe zur Lebensbewältigung geben kann. Als Antwort wurde genannt: Der Aufbau und die Stärkung einer persönlichen Beziehung zu Gott, und zwar sowohl auf der individuellen Ebene durch Beten und Bibelstudium als auch auf der sozialen Ebene durch Teilhabe am Gemeindeleben und Engagement für die Mitmenschen. Zuspruch und Ermutigung im Glauben spielte in nahezu allen Veranstaltungen eine wichtige Rolle. Einerseits mag dies der problematischen Situation der Christen in der sozialistischen Gesellschaft geschuldet gewesen sein. Andererseits berührten die Prediger und Referenten damit zeitlose Themen, denn Zweifel, Angst und Sinnsuche stellen universelle menschliche Erfahrungen dar. Ein oft angesprochener Aspekt der Lage der DDR-Christen war indes die starke Minorisierung der Kirchen und die daraus resultierende Vereinzelung der Gläubigen in der Gesellschaft. Dabei beschränkte man sich jedoch meist darauf, die Teilnehmer mit dem Hinweis zu trösten, dass Gott sie nie allein lasse[154]. Die gesellschaftlichen Ursachen für die seit 1949 rapide vollzogene Abwendung weiter Teile der Bevölkerung von der Kirche blieben in den Ausführungen hingegen unberücksichtigt. Das traf im Übrigen nicht nur auf die Redner bei den Kirchentagen, sondern allgemein auf die Diskurse innerhalb der Kirchen in der DDR zu[155].

150 Vgl. „Auf der Suche nach Leben" – Konzept des Vortrags von Raimund Hoenen, in: epd-Dokumentation Nr. 30/78 vom 3.7.1978, S. 55f.; „Auf der Suche nach Leben" – Konzept des Vortrags von Hans-Jürgen Schulz, in: ebd. S. 59.

151 Vgl. BStU, MfS, BV Rostock, AS 361/83, Blatt 253f.: Abschrift der Predigt von Bischof Rathke, S. 2f.; LKAG, Best. KT, Nr. 37: Manuskript zur Ansprache von Jörg Zink bei der Abschlussversammlung am 23. Juni 1985, S. 3; „Joachim Gauck: Predigt beim Abschlussgottesdienst des Kirchentages, Rostock, 19.6.1988" In: epd-Dokumentation Nr. 39a/88 vom 26.9.1988, S. 16f.

152 Vgl. Rieger: Martin Luthers theologische Grundbegriffe, S. 48f.

153 Vgl. BStU, MfS, BV Rostock, AS 361/83, Blatt 254: Abschrift der Predigt von Bischof Rathke, S. 3; „Joachim Gauck: Predigt beim Abschlussgottesdienst des Kirchentages, Rostock, 19.6.1988" In: epd-Dokumentation Nr. 39a/88 vom 26.9.1988, S. 16f.

154 Vgl. LKAG, Best. KT, Nr. 37: Manuskript des Sendungswortes von Bischof Gienke bei der Abschlussversammlung des Kirchentags in Greifswald am 23. Juni 1985, S. 1; BStU, MfS, BV Rostock, AS 361/83, Blatt 254: Abschrift der Predigt von Bischof Rathke, S. 3.

155 Vgl. Pollack: Kirche in der Organisationsgesellschaft, S. 325.

Konnten die Kirchentage im Norden mit ihrem geistlichen Programm die Besucher also „im Glauben stärken und sie für die Verantwortung in ihrer Kirche rüsten“, wie es in der Präambel der Ordnung des EKT gefordert war[156]? Über den individuellen Glaubensgewinn der Teilnehmer geben die Akten keinen Aufschluss. Aber es lässt sich sagen, dass sich die Kirchentagsorganisatoren bei der Zusammenstellung des geistlichen Angebots um Vielfalt bemühten. So umfassten die Programme stets sowohl intensive Glaubensgespräche in kleineren Runden als auch das Erlebnis der großen Gemeinschaft. Außerdem übertrug man die Gestaltung der Vorträge, Bibelarbeiten und Gottesdienste größtenteils Gästen aus anderen Landeskirchen oder aus dem Ausland. Dadurch eröffneten sich den Teilnehmern verschiedene Perspektiven und mitunter auch neue Ideen, was wesentlich zur Diversität und Attraktivität der Kirchentage beigetragen haben dürfte. Im Hinblick auf thematische Vielfältigkeit stach das Rostocker Treffen 1988 hervor. Schöpfungs- und feministische Theologie, Mission, die Stellung der Laien in den Gemeinden, Kritik an innerkirchlichen Kommunikationsprozessen – das Programm 1988 erwies sich als sehr breit gefächert. Das lag vor allem daran, dass die Verantwortlichen zum einen den Programmumfang durch die Erweiterung um einen Veranstaltungstag stark vergrößert hatten und sie zum anderen dank der „Ideenkonferenzen“ über einen größeren Pool an Gedanken und Vorschlägen zur Ausgestaltung des Kirchentagsthemas verfügten. Theologische Debatten fanden bei den Kirchentagen insgesamt gesehen allerdings kaum statt. Die Organisatoren konzipierten die Treffen nicht als Foren akademisch-theologischer Bildungsarbeit und berücksichtigten bei der Programmplanung selten konkrete Aspekte theologischer Diskurse innerhalb des Kirchenbunds. Statt kontroverse Diskussionen beispielsweise zu friedens- und umweltethischen Fragen, zur Gemeindeentwicklung oder zur Formel „Kirche im Sozialismus“ zu initiieren, konzentrierte man sich vor allem auf seelsorgerliche Themen wie Glaubensstärkung und Lebensbewältigung. Dabei dominierten in den Vorträgen, Bibelarbeiten und Predigten einfache geistliche Botschaften, die häufig die Gefühlswelt der Teilnehmer ansprachen und offenbar eine harmonische Atmosphäre schaffen sollten. Die Vermittlung von Trost und Ermutigung hatte bei den Kirchentagen einen höheren Stellenwert als die kritische Reflexion von Glaubensvorstellungen. Angesichts der durchgehend hohen Besucherzahlen zwischen 1978 und 1988 kann man darauf schließen, dass dieses Konzept den Bedürfnissen und Erwartungen der Mehrheit der Teilnehmer entsprochen hat. In Vorbereitung des Treffens von 1988 zeigte sich jedoch, dass auch eine Erörterung kirchlicher und theologischer Sachthemen durchaus erwünscht war. Diesem bei den „Ideenkonferenzen“ bekundeten Interesse trugen die Veranstalter in einem nach wie vor begrenzten, aber immerhin erkennbar erweiterten Umfang Rechnung.

9.6 Die Kirchentage aus ökumenischer Sicht

Die Ökumene zählte seit den Anfängen 1949 zu den grundlegenden Bestandteilen des evangelischen Kirchentags in Deutschland. So hielt es die Präambel der Ordnung des DEKT fest und auch die EKT-Ordnung übernahm den entsprechenden Passus Anfang der 1970er Jahre[157]. Internationale Kirchenvertreter zu den Treffen in

156 Vgl. LKAG, Best. KT, Nr. 59: Ordnung des Evangelischen Kirchentags in der DDR, S. 1.
157 Vgl. EZA, Best. 71, Nr. 130: Ordnung des Deutschen Evangelischen Kirchentags, 30.11.1955, S. 1; LKAG, Best. KT, Nr. 59: Ordnung des Evangelischen Kirchentags in der DDR, S. 1.

der DDR einzuladen, gestaltete sich aber besonders in den 1960er Jahren äußerst schwierig, da der Staat die nötigen Einreisegenehmigungen oftmals nicht erteilte[158]. In den 1970ern verbesserte sich die Lage zum Teil[159], doch erst ab 1978 wirkte sich die veränderte kirchenpolitische Strategie der SED zunehmend positiv auf die Möglichkeiten der Kirchentagsorganisatoren aus. So stieg die Anzahl der ausländischen Gäste im Norden zwischen 1978 und 1988 deutlich an: Waren es bei den Kirchentagen 1978 und 1981 in Stralsund jeweils 14, konnten im Lutherjahr rund 50 Kirchenvertreter nach Rostock reisen. Am Treffen in Greifswald durften sogar 200 Gäste teilnehmen und in Rostock 1988 belief sich deren Anzahl immerhin auf 150. Dass diese Zahlen überhaupt möglich wurden, hing wesentlich damit zusammen, dass die SED-Führung die Kirchentage zur Verbesserung ihres außenpolitischen Ansehens nutzen wollte.

Die Einladungen zu den Kirchentagen der ELKG und der ELLKM ergingen vor allem nach Skandinavien und in die Bundesrepublik. Die Greifswalder Kirche pflegte besonders zur lutherischen Kirche in Schweden enge Kontakte. Einer der Gründe für diese starke Verbindung war die Herrschaft der Schweden über Pommern zwischen 1648 und 1815, die einen bedeutenden Einfluss auf die Entwicklung der evangelischen Kirche in diesem Gebiet ausübte[160]. Außerdem gewährte die schwedische Kirche der PEK respektive ELKG eine regelmäßige, großzügige finanzielle Unterstützung, wie etwa bei der Sanierung des Greifswalder Doms[161]. Auch die bundesdeutsche Partnerkirche der Greifswalder Kirche, Nordelbien, leistete im Hinblick auf etliche Bauvorhaben wichtige finanzielle Hilfe[162]. Dass ein Großteil der offiziellen Kirchentagsgäste aus Schweden und Nordelbien stammte, war ein Ausdruck dieser engen Partnerschaft. Zu den Treffen in Rostock 1983 und 1988 entsandte darüber hinaus die Partnerkirche von Mecklenburg, die bayrische Kirche[163], größere Delegationen. Zu den Stammgästen bei den nördlichen Kirchentagen gehörten außerdem Vertreter aus weiteren Anrainerstaaten der Ostsee, zum Beispiel von der Evangelisch-Augsburgischen Kirche in Polen, der Estnischen Evangelisch-Lutherischen Kirche und der Evangelisch-Lutherischen Kirche Lettlands. Anlässlich des 500. Geburtstags von Johannes Bugenhagen im Jahr 1985 wurden Gäste aus Ländern und Regionen eingeladen, in denen der *Doctor Pomeranus* in verschiedener Weise an der Einführung und Durchsetzung der Reformation beteiligt war, darunter Lübeck, Braunschweig, Norwegen, Dänemark und Rumänien. Als Zeichen der Verbundenheit zwischen der Kirchentagsbewegung in Ost und West nahmen stets auch Mitglieder des DEKT-Präsidiums an den Treffen teil. Hinzu kamen Gäste aus der

158 Vgl. Beier: Missionarische Gemeinde in sozialistischer Umwelt, 162f.

159 So konnten beispielsweise zum Kirchentag 1976 in Halle/Saale sechs Gäste einreisen, unter anderem aus der Bundesrepublik, Österreich und der Schweiz. Die offiziellen Gäste des Rostocker Treffens im selben Jahr erhielten jedoch keine Einreisegenehmigung. Vgl. LKAS, OKR Gen., Nr. 753: „Evangelischer Kirchentag in der DDR: Dokumentation 1962-1978", 1.2.1979, S. 42 und S. 47.

160 Vgl. Leder: Art. Pommern. In: TRE 27, Berlin/New York 2000, S. 45f.

161 Vgl. Frank: Einsam oder gemeinsam?, S. 37f. und S. 290.

162 Vgl. ebd. S. 290.

163 Die Partnerschaft zwischen der mecklenburgischen und der bayrischen Landeskirche besteht seit 1948. Nach dem Mauerbau hatte nahezu jede Kirchengemeinde der ELLKM eine Partnergemeinde in Bayern. Heute werden noch rund 30 dieser Gemeindepartnerschaften gepflegt. Vgl. „Eine kleine Wundergeschichte" In: Mecklenburgische & Pommersche Kirchenzeitung, Jg. 73, Nr. 4 vom 28.1.2018, S. 16.

ČSSR, Ungarn, Österreich, den USA, Frankreich, Südafrika, den Niederlanden und Großbritannien. Dabei handelte es sich fast ausschließlich um Mitglieder protestantischer Kirchen sowie vor allem um leitende Amtsträger, also Bischöfe, Vorsitzende von Synoden, Pröpste oder Stadtpfarrer. Eine Teilnahme dieser Kirchenvertreter war bei den staatlichen Behörden offenbar einfacher durchzusetzen als Einreisegenehmigungen für kirchliche Laien. Beim Treffen in Rostock 1988 lösten die Veranstalter dieses Problem teilweise, indem sie mehrere Kirchen- und Posaunenchöre, unter anderem aus Ungarn, Schweden und der Bundesrepublik, zur musikalischen Gestaltung des Programms einluden.

Die Gäste wirkten auf verschiedene Weise am Programm mit. Sie leiteten Bibelarbeiten, hielten Predigten, sprachen Gebete, brachten sich als Podiumsteilnehmer ein und nahmen an Kleingruppengesprächen wie „Sei unser Gast" teil. Welche Standpunkte sie bei den Treffen in ökumenischer und theologischer Hinsicht vertraten, ließ sich aufgrund der lückenhaften Überlieferung oft nicht rekonstruieren. Darüber hinaus erfolgte die Einbindung der ausländischen Gäste in das Programm bis zum Landeskirchentag 1985 nur sehr sporadisch. In Greifswald war eine deutlich größere Zahl internationaler Kirchenvertreter anwesend als zuvor, welche außerdem mehr eigene Programmpunkte wie Gottesdienste, Vorträge und Bibelarbeiten übernahmen[164]. Dass vor allem Gäste aus der Bundesrepublik und Schweden in Erscheinung traten, mag zum einen an den engen partnerschaftlichen Beziehungen zu den Kirchen in diesen beiden Ländern gelegen haben. Daneben dürften aber auch praktische Erwägungen entscheidend gewesen sein, besonders im Hinblick auf potentielle Sprachbarrieren zwischen den Referenten und dem Publikum. Beim Rostocker Kirchentag 1988 waren die offiziellen Gäste ähnlich aktiv beteiligt, zum Beispiel im Rahmen der sieben Arbeitsgruppen. Das Besondere am Treffen 1988 bestand allerdings darin, dass es erstmals zu einem interreligiösen Austausch kam. Darüber hinaus involvierten die Kirchentagsorganisatoren Vertreter der Ökumene vor Ort in die Gestaltung. Die Beteiligung der katholischen und freikirchlichen Gemeinden fiel zwar bei den beiden Stralsunder Treffen eher mager aus[165], doch seit Rostock 1983 wurde die Zusammenarbeit ausgebaut. In Rostock leisteten die Methodisten und Katholiken einerseits organisatorische Hilfe bei der Unterbringung und Verpflegung der Besucher. Zum anderen wirkten sie inhaltlich mit, zum Beispiel bei der Aktion „Sei unser Gast", der Veranstaltung „Martin Luther aus der Sicht der katholischen Kirche" oder der „Liturgischen Nacht". Die Durchführung der „Liturgischen Nacht" als ökumenische Veranstaltung stellte die Organisatoren im Vorfeld allerdings vor Herausforderungen. So war im Rahmen dieses Programmteils ein Abendmahl vorgesehen, doch die katholischen Mitwirkenden verwiesen bei der Planung auf die Glaubenslehre und das Kirchenrecht der katholischen Kirche, die eine gemeinsame Eucharistiefeier nicht zulassen. Vermutlich um die Zusammenarbeit mit der katholischen Gemeinde nicht zu gefährden, wurde bei der „Liturgischen Nacht" schließlich auf die Durchführung des Abendmahls verzichtet und die Teilnehmer hielten stattdessen ein Agapemahl

164 Doch auch von diesem Kirchentag sind nur wenige Dokumente mit Äußerungen der Gäste überliefert.

165 In Stralsund 1978 hielten Landespfarrer Polzin (ELKG) und Prediger Günther von der freikirchlichen Gemeinde einen gemeinsamen Evangelisationsgottesdienst und die katholische Pfarrjugend Stralsund wirkte bei Spielszenen während der Abschlussveranstaltung mit. Außerdem gab es einen ökumenischen Gottesdienst in der katholischen Kirche. Beim Kirchentag 1981 kam es zu überhaupt keiner ökumenischen Zusammenarbeit.

ab. Bei den beiden darauffolgenden Treffen kooperierte man bei der „Liturgischen Nacht“ erneut mit katholischen Gemeinden, ohne dass der Vorschlag einer interkonfessionellen Abendmahlsfeier noch einmal aufkam. Offensichtlich hatte man in diesem Punkt die Grenzen ökumenischer Gemeinschaft erkannt. War hier also das Trennende zwischen den christlichen Konfessionen offen zutage getreten, bemühte man sich bei den ökumenischen Podiumsgesprächen um eine Betonung der Gemeinsamkeiten. In Bezug auf das Verhältnis zwischen den verschiedenen Kirchen stand das Einende im Vordergrund, unter besonderer Berücksichtigung der gemeinsamen Aufgabe bei der Friedenssicherung. Dass die Podien sich zum größten Teil aus Vertretern evangelischer Kirchen zusammensetzten, war einer facettenreichen Diskussion eher abträglich, was das Publikum mitunter auch bemängelte[166]. Anstatt ökumenische und gesellschaftliche Fragen von einem kleinen Expertenkreis vor Zuschauern erörtern zu lassen, konzipierte man die Gesprächsforen 1985 und 1988 hingegen als gesellige Runden, bei denen die Gäste mit den Teilnehmern in direkten Kontakt traten. Bei diesen Zusammenkünften mögen allerdings mehr die persönlichen Lebensumstände und Erfahrungen der Gesprächspartner im Mittelpunkt gestanden haben als die Diskussion von Sachthemen. Dem Themenkomplex Ökumene boten die Verantwortlichen der Kirchentage insgesamt sehr wenig Raum. Bei keinem der Treffen zwischen 1978 und 1985 fanden sich im Programm mehr als zwei Veranstaltungen, die sich dezidiert ökumenischen Fragen widmeten. Erst 1988 trat hier eine Veränderung ein, jedoch nicht auf interkonfessioneller, sondern auf interreligiöser Ebene.

Vor dem Hintergrund des 50. Jahrestags der Reichspogromnacht rückte erstmals bei einem Kirchentag im Norden das Verhältnis zwischen Christen und Juden in den Fokus. Bei den bundesdeutschen Kirchentagen war das Thema zum ersten Mal 1952 in Stuttgart zur Sprache gekommen und hatte seit dem Treffen 1959 in München einen festen Platz im Programm des DEKT[167]. In der DDR spielte es in den Kirchen jedoch lange Zeit nur eine untergeordnete Rolle, bedingt durch mangelndes Interesse der Gemeindeglieder und die harsche Propaganda der SED-Führung in Bezug auf Israel[168]. Erst Mitte der 1970er Jahre unternahm man im Zusammenhang mit dem Gedenken zum 40. Jahrestag der Pogromnacht engagiertere Versuche, den christlich-jüdischen Dialog wieder aufzunehmen[169]. So fand 1978 in Leipzig schließlich auch das erste große Kirchentagsforum zum Thema Juden und Christen statt und bei einzelnen Kirchentagen 1983 sowie dem Berliner Treffen 1987 nahm man diesen Themenbereich ebenfalls in den Blick[170]. Im Gedenkjahr 1988 setzten sich alle vier Kirchentage damit auseinander. Die Veranstaltungen in Erfurt, Görlitz, Rostock und Halle dürften für die meisten Teilnehmer eine Erstbegegnung mit jüdischen Gläubigen gewesen sein, die in der DDR eine absolute Minderheit darstellten[171]. Diesen Umstand berücksichtigten die Rostocker Organisatoren,

166 Vgl. BStU, MfS, BV Rostock, AS Nr. 194/78, Blatt 230: Bericht vom „Ökumenischen Forum“ in der Marienkirche, 18.6.1978, S. 1.

167 Vgl. Schroeter: Kirchentag als vor-läufige Kirche, S. 124 und S. 250; Runge/Käßmann: Kirche in Bewegung, S. 97.

168 Vgl. Ostmeyer: Zwischen Schuld und Sühne, S. 165-167.

169 Vgl. Schmid: Antifaschismus und Judenverfolgung, S. 95.

170 Vgl. Ostmeyer: Zwischen Schuld und Sühne, S. 234-237.

171 Ende der 1980er Jahre lebten insgesamt etwa 370 gläubige Juden in der DDR. Die Landesgemeinde Mecklenburg hatte 1987 gerade noch vier Mitglieder. Vgl. Schmid: Antifaschismus und Judenverfolgung, S. 12; Handy: Zur Geschichte der Juden in Mecklenburg, S. 2.

welche das gegenseitige Kennenlernen der jüdischen Gäste und der Besucher als wichtigsten Aspekt der geplanten Veranstaltungen ansahen. Gesprächsbereite Juden aus der DDR für die Arbeitsgruppe 4 „Schuld – Versöhnung – Leben“ und den „Abend der Begegnung“ zu gewinnen, gestaltete sich allerdings sehr schwierig. Der Dresdener Historiker Helmut Eschwege war der einzige Vertreter einer jüdischen Gemeinde aus der DDR, der an den beiden Programmpunkten in Rostock mitwirkte. Aus der Bundesrepublik und aus Israel erklärten sich jedoch einige Vertreter des Judentums sowie Theologen mit Erfahrungen auf dem Gebiet des christlich-jüdischen Dialogs zu einer Mitwirkung bereit. Dazu gehörten der Vorsitzende der Kölnischen Gesellschaft für jüdisch-christliche Zusammenarbeit, Günther Ginzel, der Leiter des Instituts „Kirche und Judentum“ der Kirchlichen Hochschule West-Berlin, Professor Peter von der Osten-Sacken, und der in Rostock geborene Historiker Yaakov Zur aus Israel. Bei dem Programm in Rostock standen neben dem Austausch über religiöse Ansichten und Gebräuche das Ausmaß und die Folgen der Schoah im Fokus. In der AG 4 widmete man sich unter anderem der Geschichte der Juden in Mecklenburg, dem Verlauf der Reichspogromnacht in der Kirchentagsstadt und dem Themenbereich „Christliche Theologie nach Auschwitz“. Die seit Mitte der 1970er Jahre vollzogenen Veränderungen innerhalb der evangelischen Kirchen in der DDR hinsichtlich des Verhältnisses zum Judentum machte darüber hinaus eine Fürbitte deutlich, die die Verantwortlichen der vier Treffen von 1988 entworfen hatten[172]. Darin bekannten und verurteilten sie ähnlich wie die Verfasser des gemeinsamen Wortes zum 9. November 1988 von Kirchenbund und EKD den Jahrhunderte lang im Christentum verankerten Antijudaismus, der zu Ausgrenzung und Verfolgung beigetragen hatte, und sprachen sich für ein neues christlich-jüdisches Miteinander aus.

Für Christen in der DDR, die sich in einem Umfeld bewegten, das der Kirche größtenteils desinteressiert bis feindlich gegenüberstand, war das Erleben grenzüberschreitender Gemeinschaft von besonderer Bedeutung. Die Beteiligung internationaler (ökumenischer) Gäste machte den Kirchentagsbesuchern deutlich, dass sie als Christen einem Verbund angehören, der über ihre Ortsgemeinde und Landeskirche weit hinausgeht. Somit mag die Einbeziehung dieser Gäste in das Programm auch der Horizonterweiterung der Teilnehmer gedient haben. Eine Vielzahl von Kirchenvertretern aus anderen Ländern einzuladen war somit ein großes Anliegen der Verantwortlichen. Sobald der Staat die entsprechenden Weichen gestellt hatte, nutzten sie die neuen Möglichkeiten in größtmöglichem Umfang. Dabei dürfte auch die Einsicht eine Rolle gespielt haben, dass besonders Vertreter aus westlichen Ländern eine starke Anziehungskraft auf die Teilnehmer des Kirchentags ausübten. Die als „ökumenisch“ ausgewiesenen Veranstaltungen gehörten bei allen Treffen im untersuchten Zeitraum zu den besonders gut besuchten Programmpunkten. Dieser hohen Nachfrage trugen die Verantwortlichen der Kirchentage allerdings nur in sehr begrenztem Rahmen Rechnung. Warum ökumenischen Fragestellungen bei den Treffen so wenig Raum gegeben wurde, ist nicht eindeutig zu beantworten. Auf Kirchenbundebene waren die Landeskirchen auf vielerlei Weise in nationale und internationale ökumenische Aktivitäten eingebunden[173]. Darüber hinaus pflegten

172 Vgl. EZA, Best. 95, Nr. 216: „Fürbitte zum 50. Jahrestag der Pogromnacht am 9.11.38 auf den 4 KT 1988“.

173 Vgl. Maser: Die Kirchen in der DDR, S. 79-83.

sowohl die mecklenburgische als auch die Greifswalder Landeskirche noch eigene Partnerschaften über die Grenzen der DDR hinweg. Hinzu kommt, dass den Organisatoren das Defizit im Hinblick auf das ökumenische Programmangebot durchaus bewusst gewesen ist. So beschloss zum Beispiel der gemeinsame Ausschuss 1983, die ökumenische Zusammenarbeit künftig deutlich auszubauen und Vertreter anderer Konfessionen in der zentralen Vorbereitungsgruppe mitwirken zu lassen. Diese Pläne wurden allerdings nie umgesetzt – womöglich auch aus mangelndem Interesse der Vertreter der katholischen und freikirchlichen Gemeinden vor Ort. Joachim Gauck nannte als Ursache für die Vernachlässigung des Themenbereichs Ökumene, bei der Programmplanung habe stets die Stärkung der Teilnehmer im Glauben Priorität gehabt, wodurch ökumenische Themen eher eine untergeordnete Rolle gespielt hätten[174]. Doch warum sollten ökumenische Inhalte zur Glaubensstärkung weniger geeignet gewesen sein? Scheinbar verkannten die Veranstalter die Möglichkeiten, die ihnen eine größere Einbindung dieses Themenkomplexes hätte bieten können, sodass es den Kirchentagen im Norden bis zuletzt an einer Vielfalt interkonfessioneller Themen und Diskussionen fehlte, welche die Programme bereichert und den ökumenischen Dialog vor Ort stärker gefördert hätten.

9.7 Rückblick und Ausblick

Die Kirchentage der ELLKM und der ELKG verdeutlichen exemplarisch die schwierigen Rahmenbedingungen, unter denen die evangelische Kirche zwischen 1978 und 1988 in der DDR existierte. In fast allen organisatorischen Belangen waren die Kirchentagsveranstalter von staatlichen Entscheidungen abhängig. Außerdem versuchten die Staatsorgane, durch direkte und indirekte Maßnahmen die inhaltliche Gestaltung der Treffen zu beeinflussen. Dabei zeigte sich einmal mehr die Heuchelei, Paranoia und Machtbesessenheit der SED, die hinsichtlich der den Kirchen gewährten Vergünstigungen ausschließlich auf ihren eigenen Vorteil bedacht war und hinter jeder noch so zaghaften Kritik an ihrer Politik oder den gesellschaftlichen Verhältnissen feindliche Aktivitäten zu erkennen glaubte. Das Misstrauen und die Vormachtstellung der Staatspartei stellten die Kirchen vor einige Herausforderungen. Wie weit durfte man mit Forderungen, beispielsweise bezüglich der Nutzung öffentlicher Plätze, oder bei der Thematisierung gesellschaftlich relevanter Fragen gehen? Welches Verhalten gegenüber den staatlichen Stellen konnte sich positiv auf die Durchführung der geplanten Kirchentage auswirken? Bei den Verhandlungen mit den Staatsvertretern und der Formulierung gesellschaftspolitischer Äußerungen ließen sich die Veranstalter in Mecklenburg und Greifswald von durchaus unterschiedlichen Prämissen leiten. Zwar bewahrheitete sich die von den staatlichen Stellen vorgenommene radikale Unterscheidung der beiden Kirchen in staatsloyal (ELKG) und konfrontativ (ELLKM) im Hinblick auf das Verhalten der Kirchentagsverantwortlichen bis Mitte der 1980er Jahre eher selten. Aber im Rahmen der Treffen von 1985 und insbesondere 1988 traten die verschiedenen Herangehensweisen der Mecklenburger und Greifswalder im Umgang mit dem Staat deutlich stärker zutage. Somit veranschaulichen die in der vorliegenden Arbeit untersuchten Kirchentage auch die unterschiedlichen Wege und Haltungen der einzelnen evangelischen Landeskirchen in der DDR.

174 Vgl. Gespräch mit Joachim Gauck am 4. Dezember 2019.

Anhand der Kirchentage lässt sich allerdings nicht nur die komplizierte Beziehung von Kirche und Staat in der DDR herausarbeiten. Ebenso spiegeln sie die innerkirchlichen Konflikte und Problemstellungen der damaligen Zeit wider. Das zwiespältige Verhältnis der Kirche zu den Basisgruppen und Ausreisewilligen, die Entfremdung zwischen Leitung und kirchlicher Basis oder das Ungleichgewicht zwischen Hauptamtlichen und Laien bei der Gestaltung der Gemeindearbeit – all diese Themen spielten sowohl bei den nördlichen Kirchentagen als auch im allgemeinen Diskurs des Kirchenbunds eine wichtige Rolle. Darüber hinaus waren die Treffen ein Ausdruck kirchlichen Handelns in einer Zeit zunehmender Säkularisierung. Sie bildeten für die Kirchen die einzige Möglichkeit, in größerem Rahmen in der Öffentlichkeit sichtbar zu werden. Mit ihrem Eventcharakter, vielen niedrigschwelligen geistlichen Angeboten und ihrem vielfältigen Kulturprogramm zielten die Treffen darauf ab, ebenso kirchenferne Menschen anzusprechen. Die Programme richteten sich dezidiert nicht nur an Gemeindemitglieder, sondern auch an diejenigen, die sich in Bezug auf den Glauben noch auf der Suche befanden und vermutlich kaum an einer regulären Gemeindeveranstaltung teilgenommen hätten, weil die Kontaktaufnahme zu so einer scheinbar geschlossenen Gemeinschaft für sie eine zu hohe Hemmschwelle darstellte. Bei den für jedermann offenen Kirchentagsangeboten konnte man hingegen anonym bleiben und sich unverbindlich mit kirchlichen Fragen auseinandersetzen. Zur Attraktivität der Treffen dürfte ebenso beigetragen haben, dass sie einen vergleichsweise freien Austausch über gesellschaftspolitische Themen ermöglichten. Im offiziellen Programm wurde dieser Themenbereich zwar erst beim Kirchentag 1988 in einem größeren Umfang aufgegriffen, aber im gesamten untersuchten Zeitraum waren die nördlichen Kirchentage ein Treffpunkt für Andersdenkende und Oppositionelle.

Für die Christen in den drei Nordbezirken boten die Treffen außerdem die Gelegenheit, sich im Kontrast zu ihren Alltagserfahrungen als Teil einer großen Gemeinschaft von Gläubigen zu erleben. Die Großveranstaltungen, deren Anzahl bei den Treffen in den 1980er Jahren zunahm, lösten die Teilnehmer für eine gewisse Zeit aus ihrer Vereinzelung, was ihnen durchaus Kraft für den Alltag gegeben haben mochte. Aber auch die zahlreichen Kleingruppengespräche, wie bei „Sei unser Gast“, hatten sicherlich eine ermutigende Wirkung auf die Besucher. Dass die Kirchentage einen Austausch mit Gleichgesinnten ermöglichten und auf die Erzeugung eines Gemeinschaftsgefühls ausgelegt waren, scheint wesentlichen Anteil an ihrer starken Anziehungskraft gehabt zu haben. Dank des staatlichen Entgegenkommens bezüglich der Bewilligung von Einreisegenehmigungen konnten die Kirchentagsteilnehmer darüber hinaus die für die Mehrheit der christlichen DDR-Bürger seltene Möglichkeit wahrnehmen, mit Christen aus anderen Ländern in Kontakt zu kommen. Solche Begegnungen verwiesen auf die Einbindung der in der DDR lebenden Kirchenmitglieder in eine weltumspannende Gemeinschaft und trugen zur Horizonterweiterung der Besucher bei.

Die vorliegende Arbeit versteht sich als Teilstudie zur Geschichte der evangelischen Kirchen in der DDR und der Kirchentage in Deutschland. Daher möchte sie auf weitere Forschungsfragen hinweisen. Vor allem die Kirchentagsarbeit in der DDR bedarf zusätzlicher Untersuchungen. So wurde zum Beispiel in der Forschung bisher nicht ausreichend beleuchtet, wie sich der durch den Mauerbau erzwungene Bruch zwischen der Kirchentagsbewegung in Ost- und Westdeutschland auf die Weiterarbeit der einzelnen Landesausschüsse in der DDR in den 1960er Jahren ausgewirkt

hat. Auch eine Analyse der konkreten Umstände der Durchführung der DDR-Kirchentage zwischen 1970 – also unmittelbar nach der Gründung des Kirchenbundes – und 1976 steht noch aus. Des Weiteren wären parallele Entwicklungen zu den in dieser Arbeit vorgestellten Treffen in den Blick zu nehmen. Wie sah die Kirchentagsgestaltung in anderen Kirchenregionen zwischen 1978 und 1989 aus? Welchen Umgang pflegten die übrigen sechs Ausschüsse mit den staatlichen Stellen, wie viel Raum gaben sie gesellschaftspolitischen Themen, welche theologischen Diskurse griffen sie auf und wie förderten sie den ökumenischen Dialog? Im Hinblick auf eine Untersuchung der Kirchentage als Laienbewegung wäre insbesondere eine Betrachtung der Treffen der Evangelisch-Lutherischen Landeskirche Sachsens empfehlenswert, da der Vorsitz des sächsischen Landesausschusses seit den 1960er Jahren von Laien übernommen wurde. Welche Auswirkungen hatte diese in der DDR einmalige Konstellation auf die von diesem Ausschuss durchgeführten Kirchentage? Ein bislang kaum beachtetes Forschungsfeld stellen außerdem die Verbindungen zwischen den bundesdeutschen und den DDR-Kirchentagen dar. Hier könnten beispielsweise die Kontakte zwischen den beiden Präsidien und die ab 1977 erleichterte wechselseitige Kirchentagsteilnahme untersucht werden. Welchen Einfluss hatte die Entwicklung des DEKT insgesamt auf die Gestaltung der Treffen in der DDR? Wie traten die DDR-Delegationen bei den Kirchentagen in der Bundesrepublik auf und welches Bild von Kirche in der DDR präsentierten sie dort? Schließlich wäre noch die Geschichte der Kirchentagsarbeit unmittelbar nach dem Ende der DDR zu erforschen. Dazu gehört die Analyse des Zusammenschlusses von EKT und DEKT im November 1991, zum Beispiel im Hinblick auf die Berücksichtigung der Kirchentagsentwicklung in der DDR bei der Erarbeitung der neuen Kirchentagsordnung. Auch eine Analyse der ersten gesamtdeutschen Treffen nach der Wiedervereinigung – 1991 im Ruhrgebiet und 1993 in München – mit Blick auf die Einbindung und den Einfluss der ostdeutschen Christen böte sich an. In Bezug auf die Geschichte der Kirchentage im Nordosten Deutschlands nach dem Zusammenbruch der DDR wäre außerdem eine interessante Forschungsfrage, inwieweit sich die Enthüllungen und öffentlichen Diskussionen um die Stasi-Verwicklung einiger ranghoher Kirchenvertreter auf die Landeskirchentage – zum Beispiel auf das Greifswalder Treffen 1991 – auswirkten. Eine wichtige Voraussetzung für weitere Studien zur pommerschen Kirche ist allerdings die Wiedereröffnung des landeskirchlichen Archivs in Greifswald. Ab wann der Zugang zu den Greifswalder Akten wieder gewährleistet sein wird, steht jedoch bisher nicht fest. Im Interesse der Forschung ist zu hoffen, dass die verantwortlichen Träger in absehbarer Zeit zu einer Entscheidung kommen.
Die evangelischen Kirchentage sind stets eine Ausnahmeerscheinung gewesen, weil sie in einer damals wie heute stark säkularisierten Umgebung eine große Anzahl von Christen zusammenbringen und kirchliches Leben öffentlich sichtbar werden lassen. Zugleich weisen sie als Spiegel der gesellschaftlichen Um- und Zustände der jeweiligen Zeit über den kirchlichen Raum hinaus. Ihre Vielfalt macht sie zu einem lohnenden Arbeitsfeld, nicht nur für die kirchengeschichtliche Forschung.

ANHANG

I. Abkürzungsverzeichnis

Abt.	Abteilung
AGCK	Arbeitsgemeinschaft Christlicher Kirchen in der DDR
AGF	Arbeitsgruppe Frieden
AKG	Auswertungs- und Kontrollgruppe
AOP	Archivierter Operativer Vorgang
APuZ	Aus Politik und Zeitgeschichte
Art.	Artikel
AfNS	Amt für Nationale Sicherheit
BArch	Bundesarchiv Berlin
BDVP	Bezirksbehörde der Deutschen Volkspolizei
Beifüg.	Beifügung
BEK	Bund der Evangelischen Kirchen in der DDR
Best. KT	Bestand Kirchentag
BK	Bekennende Kirche
BKG	Bezirkskoordinierungsgruppe (MfS)
BL	Bezirksleitung
BStU	Der/Die Bundesbeauftragte für die Unterlagen des Staatssicherheitsdienstes der ehemaligen Deutschen Demokratischen Republik
BV	Bezirksverwaltung
DCSV	Deutsche Christliche Studentenvereinigung
DDR	Deutsche Demokratische Republik
DEKT	Deutscher Evangelischer Kirchentag
DEWAG	Deutsche Werbe- und Anzeigengesellschaft
DVP	Deutsche Volkspolizei
EKBO	Evangelische Kirche Berlin-Brandenburg-schlesische Oberlausitz
EKD	Evangelische Kirche in Deutschland
EKiBB	Evangelische Kirche in Berlin-Brandenburg
EKM	Evangelische Kirche in Mitteldeutschland
EKT	Evangelischer Kirchentag in der DDR
EKU	Evangelische Kirche der Union
ELLKM	Evangelisch-Lutherische Landeskirche Mecklenburgs
ELKG	Evangelische Landeskirche Greifswald
ESG	Evangelische Studentengemeinde
Ev.-Luth.	Evangelisch-Lutherisch
EZA	Evangelisches Zentralarchiv Berlin
FDJ	Freie Deutsche Jugend
FDGB	Freier Deutscher Gewerkschaftsbund
FK	Friedenskreis
GA	Geschäftsführender Ausschuss
Gen.	Generalia
GKR	Gemeindekirchenrat
HA	Hauptabteilung
IFM	Initiative Frieden und Menschenrechte

IHS	Ingenieurhochschule für Seefahrt
IM	Inoffizieller Mitarbeiter
IMB	Inoffizieller Mitarbeiter der Abwehr mit Feindverbindung bzw. zur unmittelbaren Bearbeitung im Verdacht der Feindtätigkeit stehender Personen
IMS	Inoffizieller Mitarbeiter zur Sicherung und Durchdringung eines Verantwortungsbereiches
IMV	Inoffizieller Mitarbeiter mit vertraulichen Beziehungen zur bearbeiteten Person
JG	Junge Gemeinde
Jg.	Jahrgang
KD	Kreisdienststelle
KEK	Konferenz Europäischer Kirchen
KGR	Kirchengemeinderat
KKL	Konferenz der Kirchenleitungen
KMD	Kirchenmusikdirektor
KL	Kirchenleitung
KPS	Kirchenprovinz Sachsen
KKR	Kreiskirchenrat
KSZE	Konferenz für Sicherheit und Zusammenarbeit in Europa
KdLA	Konferenz der Landesausschüsse
LA	Landesausschuss
LAG	Landesarchiv Greifswald
LHAS	Landeshauptarchiv Schwerin
LKAG	Landeskirchliches Archiv Greifswald
LKAS	Landeskirchliches Archiv Schwerin
LKMD	Landeskirchenmusikdirektor
LSPW	Landessinge- und Posaunenwart
LSI	Landessuperintendent
LWB	Lutherischer Weltbund
MfS	Ministerium für Staatssicherheit
MKZ	Mecklenburgische Kirchenzeitung
M-V	Mecklenburg-Vorpommern
NATO	North Atlantic Treaty Organization
NVA	Nationale Volksarmee
ÖRK	Ökumenischer Rat der Kirchen
OKR	Oberkirchenrat/Oberkonsistorialrat
OPK	Operative Personenkontrolle
OV	Operativer Vorgang
PEK	Pommersche Evangelische Kirche
POS	Polytechnische Oberschule
RdB	Rat des Bezirks
RdK	Rat des Kreises
RGG	Religion in Geschichte und Gegenwart
RIAS	Rundfunk im amerikanischen Sektor
SAPMO-BArch	Stiftung Archiv der Parteien und Massenorganisationen der DDR beim Bundesarchiv Berlin
SED	Sozialistische Einheitspartei Deutschlands

SFB	Sender Freies Berlin
Sign.	Signatur
SoFD	Sozialer Friedensdienst
SSR	Sozialistische Sowjetrepublik
StUG	Gesetz über die Unterlagen des Staatssicherheitsdienstes der ehemaligen Deutschen Demokratischen Republik
TRE	Theologische Realenzyklopädie
ÜSE	Übersiedlungsersuchender (Antragsteller auf Ausreise aus der DDR)
UdSSR	Union der Sozialistischen Sowjetrepubliken
VELKD	Vereinigte Evangelisch-Lutherische Kirche Deutschlands
VELKDDR	Vereinigte Evangelisch-Lutherische Kirche in der DDR
VBK	Verband Bildender Künstler der DDR
Vors.	Vorsitzende/r
VR	Volksrepublik
ZK	Zentralkomitee der SED
ZORG	Zentrale Organisationsgruppe

II. Biogramme

AFFELD, Dietrich

1923-2003. Lehrer für Russisch u. Deutsch, ab 1960 Mitglied u. 1974-92 Präses der Synode der PEK bzw. ELKG, Präses der EKU-Synode, CDU-Mitglied.

ARIS, Helmut

1908-87. Ab 1925 Ausbildung zum Textilkaufmann, 1940-45 Zwangsarbeiter im Transportwesen (Dresden), ab 1945 Mitglied der SPD u. ab 1946 der SED, bis 1965 Geschäftsführer in verschiedenen Industriebetrieben, ab 1948 Mitglied des Vorstands u. ab 1953 Vors. der Jüd. Gemeinde Dresden, 1952 Mitbegründer des Verbands der Jüd. Gemeinden der DDR, 1958-62 Vizepräsident u. ab 1962 Präsident des Verbands der Jüd. Gemeinden der DDR, 1962-87 Mitglied des Präsidiums des Nationalrats der Nationalen Front, Mitglied des Präsidiums der Liga für die Vereinten Nationen u. des Friedensrats der DDR sowie der Zentralleitung des Komitees der Antifaschistischen Widerstandskämpfer.

BESTE, Hermann

Geb. 1940. 1958-64 Theologiestudium in Leipzig u. Rostock, 1966-86 Pastor in Kirch Grambow (Meckl.), 1986-91 Chefredakteur der MKZ, 1991-93 Pastor in Kirch Grambow, 1993-96 LSI von Rostock-Land, 1996-2007 Bischof der ELLKM.

BESTE, Niklot

1901-87. 1920-25 Studium der Theologie u. Geschichte in Marburg, Innsbruck, Breslau u. Rostock, danach Pastor in Benthen (Meckl.), 1933-45 Pastor in Neubukow u. Leiter des Pfarrernotbunds in Meckl., ab 1934 Vors. des Meckl. Landesbruderrats, ab 1936 Mitglied des Reichsbruderrates der BK, 1939-40 Militär, 1945 OKR der ELLKM, 1946-71 Bischof der ELLKM, 1948 Mitbegründer der VELKD u. ab 1953 deren stellv. Leiter, 1961-67 Mitglied des EKD-Rates, 1968-69 Vors. der KKL, 1968-71 Leiter der VELKDDR.

BEYER, Eberhard

1931-2004. 1951-54 Ausbildung zum Diakon, 1954-65 Landesjugendwart der ELLKM, danach Leiter des „Hauses der Kirche“ in Güstrow, 1969-87 Mitglied der Synode der ELLKM, 1983 u. 1988 Regionalsekretär des Kirchentags Rostock, 1989 Mitbegründer des „Neuen Forums“ in Güstrow u. Gründungsmitglied der SDP.

BISMARCK, Klaus von

1912-97. Ab 1931 Landwirtschaftslehre, 1934-38 militär. Ausbildung in Kolberg (Pommern), 1939-45 Militär u. Kriegsgefangenschaft, ab Herbst 1945 Leitung des Jugendamts des Landkreises Herford (NRW), ab 1946 Leiter des „Jugendhofs Vlotho“, 1949-61 Leiter des Sozialamts der westfäl. Landeskirche, 1950-95 Mitglied des DEKT-Präsidiums, 1961-76 Intendant des WDR u. Vors. der ARD, 1977-79 Präsident des DEKT, 1977-89 Präsident des Goethe-Instituts in München.

BOHL, Siegfried

1930-2015. 1973-95 Superintendent von Grimmen, Mitglied der Synode der ELKG, ab 1979 Vors. des Landesausschusses Greifswald (EKT).

BOHLEY, Bärbel

1945-2010. Ab 1963 Ausbildung zur Industriekauffrau, 1969-74 Studium an der Kunsthochschule Berlin-Weißensee, ab 1974 freischaffende Malerin, ab 1979 Mitglied der Sektionsleitung Malerei u. des Bezirksvorstands Berlin des VBK, 1982 Gründung des unabhängigen Netzwerks „Frauen für den Frieden“, 1983 Ausschluss aus dem Bezirksvorstand des VBK u. sechs Wochen U-Haft beim MfS, anschließend Auftrags- u. Ausstellungsboycott, 1985/86 Mitbegründerin der „IFM", Jan. 1988 Verhaftung im Kontext der Luxemburg-Liebknecht-Demonstration in Berlin, Abschiebung u. Aufenthalt in Großbritannien, Aug. 1988 Rückkehr in die DDR, Sept. 1989 Initiatorin der illegalen Gründung des „Neuen Forums" in Grünheide, 1990 Mitglied der Berliner Stadtverordnetenversammlung, Sept. 1990 Mitbesetzerin der MfS-Zentrale in Berlin, 1996 Gründungsvors. u. bis 2009 Mitglied des Bürgerbüros zur Aufarbeitung von Folgeschäden der SED-Diktatur (Berlin), 1996-99 EU-Beauftragte in Sarajevo für die Rückkehr von Flüchtlingen u. Wiederaufbau, ab 2000 Bürgermeisterin in Celina (Kroatien), 2008 Rückkehr nach Berlin.

BUSKE, Norbert

Geb. 1936. Ab 1952 CDU-Mitglied, 1954-59 Studium der Theologie u. Kunstgeschichte in Berlin, ab 1962 Pastor in Levenhagen bei Greifswald, ab 1973 Mitglied der Synode der ELKG, 1980-90 Mitglied des Kreistags Greifswald-Land, ab 1982 Lehrbeauftragter für Territorialkirchengeschichte an der Universität Greifswald, 1981-2009 Vors. der AG für pomm. Kirchengeschichte, ab 1985 Mitglied des CDU-Bezirksvorstands Rostock, 1990-94 Mitglied des Landtags M-V, 1990-2005 Mitglied des Vorstands der Historischen Kommission für Pommern, 1995-99 Beauftragter der PEK u. ELLKM bei Parlament u. Landesregierung M-V.

CASTRO, Emilio

1927-2013. Studium der Ev. Theologie in Basel, anschließend Pastor der methodistischen Kirche, ab 1973 Direktor der Kommission für Weltevangelisation u. Mission des ÖRK in Genf, 1985-92 Generalsekretär des ÖRK.

CIESLAK, Johannes

1914-2003. 1929-32 Ausbildung zum Ofensetzer, 1934-37 U-Haft u. Haft wegen „hochverräterischer" Aktionen, 1942-46 Militär u. Kriegsgefangenschaft, ab 1947 Ofensetzermeister in Seifhennersdorf (Sachsen), ab 1950 Mitglied u. ab 1967 Vors. des sächs. Landesausschusses (DEKT bzw. EKT), ab 1951 Mitglied u. 1967-83 Präses der Synode der sächs. Landeskirche, 1967-69 stellv. Präses der EKD-Synode, 1969-77 stellv. Präses der BEK-Synode, 1971-77 Mitglied des EKT-Präsidiums.

DALLMANN, Gerhard

Geb. 1926. Ab 1940 Ausbildung zum Optiker, 1943-47 Militär u. Kriegsgefangenschaft, ab 1948 Ausbildung zum Diakon, ab 1951 Jugendwart der PEK in Altentreptow (Meckl.), ab 1954 Pastor in Tribsees bei Greifswald, ab 1960 Ausbildungsleiter im Diakoniehaus Züssow bei Greifswald, 1965-91 Pastor in Greifswald-Wieck, ab 1975 Veröffentlichung von Erzählungen u. Romanen.

DEMKE, Christoph

Geb. 1935. 1953-58 Theologiestudium in Berlin, 1964-77 Dozent für Neues Testament u. ab 1970 Rektor am Ev. Sprachenkonvikt Berlin, 1975-81 Sekretär der Theol. Kommission des Sekretariats des BEK, 1981-83 Leiter des Sekretariats des BEK, 1980-83 Sekretär des kirchl. Luther-Komitees, 1983-97 Bischof der KPS, 1986-90 stellv. Vors. u. 1990-91 Vors. der KKL, 1998-2006 Bundesvors. der Ev. AG für Kriegsdienstverweigerung u. Frieden.

DRÄGER, Hans-Rolf

1919-2017. 1959-85 Rektor der Theodor-Heuss-Schule in Kiel, 1970-85 Mitglied der EKD-Synode, ab 1972 Präsident der Synode der Landeskirche Schleswig-Holsteins, ab 1977 Präsident der Synode der nordelb. Kirche, 1985-96 Mitglied der Generalsynode der VELKD.

EHLERS, Heinrich

1921-88. 1946-59 Lehrer, 1960-79 Lektor beim Hinstorff Verlag, ab 1979 freiberuflicher Autor.

EHRICHT, Christoph

Geb. 1950. 1968-73 Theologiestudium in Greifswald, danach Pastor in Gützkow bei Greifswald, 1981-89 Mitglied des Friedensausschusses der Synode der ELKG, 1984-2015 Mitglied des Konsistoriums der ELKG bzw. PEK, 1999-2002 Propst in Sankt Petersburg, ab 2002 Landespfarrer für Diakonie der PEK, 2009-18 Vors. der AG für pomm. Kirchengeschichte.

ESCHENBURG, Hartwig

Geb. 1934. 1953-57 Studium an der Ev. Kirchenmusikschule Halle/Saale, 1957-60 Kantor in Bützow (Meckl.), 1960-2000 Kantor der Johannisgemeinde Rostock, 1964 Gründung des Rostocker Motettenchors, 1974 Ernennung zum KMD, 1987-2002 Mitglied des Direktoriums der Neuen Bachgesellschaft (Leipzig), 1990 Moderator des „Runden Tisches Kultur" in Rostock, 1990-99 Vors. des Musikrats der Stadt Rostock.

ESCHWEGE, Helmut

1913-92. 1929-33 SPD-Mitglied, 1934 Emigration nach Dänemark, ab 1937 in Palästina, Mitglied der KP Palästinas, 1946 Rückkehr nach Deutschland, ab Mitte der 1950er Forschungen zur jüd. Geschichte, 1958 Ausschluss aus der SED, ab 1958 Bibliothekar u. Dokumentarist an der TU Dresden, 1989 Mitbegründer der SDP in Dresden.

FORCK, Gottfried

1923-96. 1942-47 Militär u. Kriegsgefangenschaft, 1947-51 Theologiestudium in Bethel, Heidelberg, Basel u. West-Berlin, 1952-54 Assistent an der Kirchl. Hochschule Berlin, 1954-59 Studentenpfarrer an der Humboldt-Universität Berlin, 1959-63 Pastor in Lautawerk (Sachsen), 1963-72 Leiter des Predigerseminars Brandenburg, 1972-81 Generalsuperintendent in Cottbus, 1981-91 Bischof der EKiBB, 1984-87 Vors. des EKU-Rates.

FORTE, Dieter

1935-2019. 1960-61 Hospitant am Düsseldorfer Schauspielhaus, 1962-63 Autor u. Lektor beim NDR in Hamburg, ab 1963 freischaffender Autor in Düsseldorf, ab 1970 Hausautor am Basler Theater.

FRITZSCHE, Helmut

1929-2014. 1947-52 Theologiestudium in Berlin, 1958-68 Pastor der EKiBB, 1966-68 Dozent für Katechetik an der Universität Jena, 1968 Dozent u. 1969-91 Professor für Systematische Theologie an der Universität Rostock, 1977-90 Direktor der Sektion Theologie der Universität Rostock, 1990-91 Dekan der Theol. Fakultät Rostock.

GAUCK, Joachim

Geb. 1940. 1958-65 Theologiestudium in Rostock, ab 1971 Pastor in Rostock-Evershagen, 1981-90 Vors. des Landesausschusses Mecklenburg (EKT), 1982-2003 Mitglied des Präsidiums des EKT bzw. DEKT, 1989 Mitbegründer des „Neuen Forums" in Rostock, März-Okt. 1990 Abgeordneter der Volkskammer (Bündnis 90), ab Okt. 1990 Sonderbeauftragter der Bundesregierung für die Stasi-Unterlagen, 1991-2000 Bundesbeauftragter für die Stasi-Unterlagen, 2012-17 Bundespräsident.

GENSICHEN, Hans-Peter

1943-2019. 1965-72 Theologiestudium in Berlin, 1975-2002 Leiter des Kirchl. Forschungsheims Wittenberg, 1990 Initiator u. Mitarbeiter des „Grünen Tisches der DDR“ im Umweltministerium, 1990-98 Gründungskurator der Dt. Bundesstiftung Umwelt.

GIENKE, Horst

Geb. 1930. 1949-54 Theologiestudium in Rostock, danach Pastor in Blankenhagen (Meckl.), 1960-64 Pfarrer an der Rostocker Johanniskirche, 1964-71 Rektor des Predigerseminars in Schwerin, 1972-89 Bischof der ELKG, 1969-89 Mitglied der BEK-Synode u. der KKL, 1973-76 und 1987-89 Vors. des EKU-Rates, 1981-86 stellv. Vors. der KKL, 1984-89 Mitglied des Exekutivkomitees des LWB.

GIESEN, Heinrich

1910-72. Bis 1936 Theologiestudium in Greifswald, Marburg u. Berlin, 1938-40 Studentenpfarrer der BK in Bonn, 1940-45 Militär, 1945-49 Studentenpfarrer in Bonn, Aachen und Köln, 1949-61 Generalsekretär des DEKT, 1961-72 Leiter der Berliner Stadtmission.

GLÖCKNER, Reinhard

Geb. 1933. 1974-90 Pastor der Marienkirche in Greifswald, 1990-92 Oberbürgermeister von Greisfwald.

GOLDENBAUM, Günter

1922-98. 1946-50 Theologiestudium in Rostock, 1953 Pastor in Warnkenhagen (Meckl.), 1954-70 Pastor der Lutherkirche in Rostock, 1970-85 LSI von Rostock-Stadt, bis 1981 Vors. des Landesausschusses Mecklenburg (EKT).

GROTEWOHL, Otto

1894-1964. Ab 1912 SPD-Mitglied, 1925-33 Abgeordneter des Dt. Reichstags, 1938-40 mehrmals U-Haft wegen „Hochverrats“, ab 1949 Mitglied des ZK der SED, des Politbüros u. der Volkskammer, 1949-64 Ministerpräsident bzw. Vors. des Ministerrats der DDR.

GÜNTHER, Hans-Peter

1941-2015. Studium der Kirchenmusik in Halle/Saale, ab 1964 Organist in Jarmen bei Greifswald, 1965-2006 LSPW der ELKG bzw. PEK, 2001 Ernennung zum KMD.

GYSI, Klaus

1912-99. Ab 1931 KPD-Mitglied, 1931-35 Studium der Volkswirtschaft in Frankfurt (Main), Paris, Innsbruck u. Berlin, 1949-54 u. 1967-90 Abgeordneter der Volkskammer, 1957-66 Leiter des Aufbau-Verlags, 1966-77 Minister für Kultur, 1973-78 DDR-Botschafter in Italien u. Malta, 1979-88 Staatssekretär für Kirchenfragen.

HAMM-BRÜCHER, Hildegard

1921-2016. 1939-45 Chemiestudium in München, 1945-48 wiss. Redakteurin der „Neuen Zeitung“ (München), ab 1948 FDP-Mitglied, 1948-54 Mitglied des Stadtrats München, 1950-66 u. 1970-76 Mitglied des Bayer. Landtags, 1963-76 u. 1985-91 Mitglied des FDP-Bundesvorstands, 1967-69 Staatssekretärin im hess. Kultusministerium, 1969-72 Staatssekretärin im Bundesministerium für Bildung u. Wissenschaft, 1973-76 stellv. FDP-Bundesvors., 1974-88 Mitglied des DEKT-Präsidiums, 1976-82 Staatsministerin im Auswärtigen Amt, 1976-90 Mitglied des Dt. Bundestags, 2002 Austritt aus der FDP.

HANSELMANN, Johannes

1927-99. 1946-50 Studium der Theologie u. Philosophie in Erlangen u. Springfield (Ohio/USA), danach Pastor in Coburg, ab 1966 Leiter des „Hauses der Kirche" der EKiBB in West-Berlin, ab 1974 OKR u. 1975-94 Bischof der bayr. Landeskirche, 1987-90 Präsident des LWB, 1991-94 Catholica-Beauftragter der VELKD.

HANSEN, Johannes

1930-2010. 1958-95 Mitarbeiter u. ab 1973 Leiter des Volksmissionarischen Amtes der Ev. Kirche von Westfalen, 1979-97 Mitglied der EKD-Synode, Mitglied des Lausanner Komitees für Weltevangelisation.

HARDER, Friedrich

Geb. 1939. 1973-83 Landespfarrer für Gemeindedienst der ELKG, ab 1983 Propst in Stralsund.

HARDER, Hans-Martin

Geb. 1942, 1963-67 Ausbildung zum Kirchenjuristen in Naumburg, 1970-76 juristisches Fernstudium an der Humboldt-Universität Berlin, ab 1967 Mitglied des Greifswalder Konsistoriums, ab 1975 dessen juristischer Leiter u. ab 1985 dessen Leiter insgesamt.

HAUSCHILD, Wolf-Dieter

1941-2010. Theologiestudium in Göttingen, Tübingen u. Hamburg, bis 1974 Privatdozent in München, 1974-77 OKR im Kirchenamt der EKD in Hannover, 1977-82 Professor für Kirchengeschichte in München, 1982-84 Professor für Kirchengeschichte in Osnabrück, 1984-2006 Professor für Kirchengeschichte in Münster.

HEIDUCZEK, Werner

1926-2019. 1946 Neulehrerkurs u. Lehrer im Kreis Herzberg (Brandenburg), 1946-49 Studium der Pädagogik u. Germanistik in Halle/Saale, anschließend Schuldienst in Merseburg, 1955-59 Lehrer für Deutsch u. Geschichte in Halle/Saale, ab 1960 Mitglied des Schriftstellerverbands der DDR, 1961-64 Deutschlehrer in Bulgarien, ab 1965 freischaffender Autor, ab 1991 Mitglied des PEN-Zentrums Deutschland.

HEINEMANN, Gustav

1899-1976. 1917 Militär, 1919-22 Jura- u. Politikstudium in Münster, Marburg, München, Göttingen u. Berlin, danach Rechtsanwalt in Essen, 1929-49 Justitiar der Rhein. Stahlwerke Essen, 1935-39 Lehrauftrag für Berg- u. Wirtschaftsrecht an der Universität Köln, ab 1933 Mitglied der BK u. Mitautor der „Barmer Theologischen Erklärung", 1934-38 Mitglied des Bruderrats im Rheinland, 1936 Vors. des CVJM in Essen, 1945 Mitbegründer der CDU, 1945-62 Mitglied der Leitung der Ev. Kirche im Rheinland, 1946-49 Oberbürgermeister von Essen, 1947-50 Landtagsabgeordneter in NRW, 1947-48 Justizminister in NRW, 1949-55 Präses der EKD-Synode, 1949-50 Bundesinnenminister, ab 1957 SPD-Mitglied, 1957-69 Mitglied des Dt. Bundestags, 1958-69 Mtiglied im SPD-Parteivorstand, 1966-69 Bundesjustizminister, 1969-74 Bundespräsident.

HEMPEL, Johannes

1929-2020. 1945 Militär, 1947-52 Studium der Germanistik, Geschichte u. Philosophie sowie Theologiestudium in Tübingen, Heidelberg, Berlin u. Leipzig, 1955-58 Pastor in Gersdorf (Sachsen), 1958-63 Pastor an der Leipziger Thomaskirche, ab 1959 Studieninspektor u. 1967-71 Studiendirektor am Leipziger Predigerkolleg, 1963-71 Studentenpfarrer in Leipzig, 1972-94 Bischof der sächs. Landeskirche, 1973-77 stellv. Vors. u. 1982-86 Vors. der KKL, ab 1975 Mitglied des Zentral-

u. Exekutivausschusses des ÖRK, ab 1977 Mitglied des LWB, 1981-86 Leitender Bischof der VELKDDR, 1983-91 Präsident des ÖRK, 1991 stellv. Vors. des EKD-Rates.

HILDEBRAND, Siegfried

1925-2010. 1959-70 Dompfarrer in Greifswald, ab 1970 Landespfarrer für Diakonie der ELKG.

HOENEN, Raimund

Geb. 1939. 1957-62 Theologiestudium in Berlin, bis 1975 Pastor in Erfurt, 1975-84 Rektor des Kirchl. Oberseminars Potsdam-Hermannswerder, 1984-93 Dozent am Katechetischen Oberseminar in Naumburg.

HOFFMANN, Günter

Geb. 1942. Ab 1980 Dozent u. 1987-90 Professor für Dialekt. u. Histor. Materialismus der Universität Rostock, 1987-90 Direktor der Sektion Marxismus-Leninismus der Universität Rostock, 1990-91 wiss. Oberassistent an der Philosophischen Fakultät Rostock.

HONECKER, Erich

1912-94. Seit 1930 KPD-Mitglied, 1930/31 Studium an der Lenin-Schule in Moskau, 1935-45 Haft, 1946 Mitbegründer der FDJ, 1946-55 Vors. der FDJ, ab 1949 Mitglied des ZK der SED u. Abgeordneter der Volkskammer, ab 1958 Mitglied des Politbüros, ab 1971 1. Sekretär u. 1976-89 Generalsekretär des ZK, Vors. des Nationalen Verteidigungsrats u. Mitglied des Staatsrats, 1976-89 Vors. des Staatsrats, Dez. 1989 Ausschluss aus der SED, Nov. 1990 Haftbefehl u. Flucht nach Moskau, 1992-93 U-Haft, 1993 Ausreise nach Chile.

HOYER, Siegfried

Geb. 1928. 1947-49 Ausbildung zum Bibliothekar in Dresden, 1949-50 Bibliothekar in Dresden, 1950-54 Studium der Romanistik u. Geschichte in Leipzig, 1968-77 Dozent u. 1977-92 Professor für Dt. Geschichte an der Universität Leipzig, 1976-90 Mitglied des Präsidiums der Historikergesellschaft der DDR, 1980-83 Mitglied des staatl. Luther-Komitees, 1984-89 stellv. Direktor für Forschung der Sektion Geschichte der Universität Leipzig, 1992-93 Professor für Geschichte der Frühen Neuzeit an der Universität Leipzig.

HUBER, Wolfgang

Geb. 1942. 1960-66 Theologiestudium in Heidelberg, Göttingen u. Tübingen, 1968-80 Mitarbeiter u. stellv. Leiter der Forschungsstätte der Ev. Studiengemeinschaft in Heidelberg, 1980-84 Professor für Sozialethik in Marburg, 1984-94 Professor für Systematische Theologie in Heidelberg, 1980-94 Mitglied des DEKT-Präsidiums, 1983-85 Präsident des DEKT, 1994-2009 Bischof der EKiBB bzw. EKBO, 2003-2009 Ratsvors. der EKD.

HÜBNER, Friedrich

1911-91. 1930-34 Theologiestudium in Bethel, Erlangen, Tübingen u. Kiel, ab 1937 Missionar der Breklumer Mission in Indien, ab 1948 Pastor auf Föhr, 1950-61 Vors. des Martin-Luther-Bunds der VELKD in Hannover, 1950-62 OKR im Luth. Kirchenamt der VEKLD in Hannover, 1956-81 Mitglied der EKD-Synode, 1962-64 Propst in Storman (Holstein), 1964-76 Bischof des Sprengels Holstein der Landeskirche Schleswig-Holsteins, 1977-81 Bischof des Sprengels Holstein-Lübeck der nordelb. Kirche.

JAHN, Roland

Geb. 1953. Ab 1974 Engagement in oppositionellen Gruppen u. Lesekreisen in Jena, ab 1975 Studium der Wirtschaftswiss. in Jena, 1977 Exmatrikulation wegen Protest gegen die Ausbürgerung Wolf Biermanns, ab März 1977 „Bewährung in der Produktion“ als Transportarbeiter beim VEB Carl Zeiss Jena, Sep. 1982 bis Feb. 1983 MfS-Haft, März 1983 Mitbegründer „Friedensgemeinschaft Jena“, Juni 1983 Zwangsausreise in die Bundesrepublik, 1985-87 Studienprojekt „Opposition in der DDR“ am Institut für Sozialforschung Hamburg, danach freier Journalist, 1991-2011 Redakteur beim SFB-Magazin „Kontraste“, ab 1999 Mitglied des Fachbeirats der Bundesstiftung zur Aufarbeitung der SED-Diktatur, ab 2011 Bundesbeauftragter für die Stasi-Unterlagen.

JANISCH, Wolfgang

Geb. 1940. 1959-61 Ausbildung zum Schriftsetzer in Straußberg, ab 1963 Buchgestalter im Dietz Verlag Berlin, 1975-83 Gebrauchsgrafiker beim Verlag „Volk und Welt“, ab 1977 Fotomontagen zu den Themen Frieden u. Umwelt, 1979-89 ca. 100 Ausstellungen in der DDR, ab 1983 freischaffender Künstler, 1989 Mitbegründer der Künstlergruppe „Leipziger Blauer Reiter“.

JAROWINSKY, Werner

1927-90. 1941-43 Ausbildung zum Industriekaufmann, 1943-45 Militär, ab 1945 Mitglied der KPD u. ab 1946 der SED, 1948-51 Studium der Wirtschafts- u. Rechtswiss. in Berlin u. Halle/Saale, 1951-56 Dozent an der Humboldt-Universität Berlin, ab 1956 Leiter des Forschungsinstituts für Binnenhandel in Berlin, 1957-58 Leiter der Hauptverwaltung u. 1959-63 Staatssekretär im Ministerium für Handel u. Versorgung, 1963-89 Mitglied des ZK der SED, 1963-90 Abgeordneter der Volkskammer, 1984-89 Mitglied des Politbüros, Nov. 1989 bis Jan. 1990 Fraktionsvors. der SED in der Volkskammer, Jan. 1990 Ausschluss aus der SED.

JAX, Winrich

Geb. 1942. Theologiestudium in Greifswald, 1968-2005 Pastor der Stralsunder Nikolaigemeinde, ab 1976 Mitarbeit in der Kirchentagsarbeit der ELKG, ab 1978 Mitglied des Landesausschusses Greifswald (EKT), 1990-2007 Vors. des Landesausschusses der PEK, 1991-2007 Mitglied der KdLA (DEKT).

JELEN, Frieder

Geb. 1943. 1962-67 Theologiestudium in Greifswald u. Rostock, danach Assistent am Ökumenischen Institut der EKU in Berlin, anschließend Referent von Bischof Krummacher in Greifswald u. Pastor in Middelhagen (Rügen), März-Okt. 1990 Abgeordneter der Volkskammer (CDU), 1990-94 Mitglied des Landtags M-V, 1993-94 Umweltminister von M-V, 1995-2000 Bürgerbeauftragter des Landes M-V, 2000-08 Landrat des Kreises Demmin (M-V).

KIRCHNER, Peter

1935-2018. 1943 Zwangseinweisung ins Durchgangslager Große Hamburger Str. (Berlin), danach bis 1945 illegaler Aufenthalt in Neustadt/Dosse, ab 1954 Medizinstudium in Berlin, ab 1967 Facharzt für Neurologie u. Psychiatrie in Berlin, 1971-90 Vors. der Jüd. Gemeinde Berlin, 1985-90 Vizepräsident des Verbands der Jüd. Gemeinden der DDR, 1985-1991 Bereichsleiter in der Zentralstelle für ärztliches Begutachtungswesen in Berlin, ab 1988 Präsident der Stiftung Neue Synagoge Berlin, 1992-98 ärztlicher Gutachter der Bundesversicherungsanstalt für Angestellte.

KLEEMANN, Christoph

1944-2015. 1962-67 Theologiestudium in Rostock, ab 1976 Studentenpfarrer in Rostock, 1978-85 Leiter des Arbeitskreises „Erziehung zum Frieden“ der ESG Rostock, 1986-89 Pastor in Dobbertin (Meckl.), 1989 Sprecher des „Neuen Forums“ Rostock, 1990 Oberbürgermeister von Rostock, 1999-2009 Leiter der BStU-Außenstelle Rostock.

KLOHR, Olof

1927-94. 1949-51 Studium der Gesellschaftswiss. in Leipzig, 1951-57 Dozent für Gesellschaftswiss. in Halle/Saale, 1957-62 Dozent an der Universität Rostock, 1963-69 Professor für Wiss. Atheismus in Jena, 1969-90 Professor für Dialekt. u. Histor. Materialismus in Warnemünde (Meckl.).

KRAWCZYK, Stephan

Geb. 1955. Ab 1976 SED-Mitglied, 1978-82 Fernstudium im Fach Konzertgitarre in Weimar, anschließend freiberuflicher Liedermacher, ab 1984 Engagement in oppositionellen Gruppen in Berlin, 1985 Austritt bzw. Ausschluss aus der SED, danach Berufsverbot, Aufführung staatskritischer Programme in Kirchen u. Privatwohnungen, 1987 Mitarbeit beim illegalen Rundfunksender „Schwarzer Kanal“, Jan. 1988 Verhaftung im Kontext der Luxemburg-Liebknecht-Demonstration in Berlin, Feb. 1988 Zwangsausreise nach West-Berlin, ab Mai 1988 Tourneen u. Auftritte in Europa u. Nordamerika.

KRUMMACHER, Friedrich-Wilhelm

1901-74. 1919-22 Theologiestudium in Berlin, Tübingen u. Greifswald, ab 1925 Hilfsprediger in Berlin, 1926-28 Provinzvikar der Kurmark, 1928-33 Pastor in Essen, ab 1933 Mitglied der NSDAP, 1933-39 Mitarbeiter im Kirchl. Außenamt der Dt. Ev. Kirche, ab 1939 Divisionspfarrer der Wehrmacht, 1943-45 sowjet. Kriegsgefangenschaft u. Mitarbeit im Nationalkomitee Freies Deutschland, 1946-55 Generalsuperintendent in Berlin, 1955-72 Bischof der PEK bzw. ELKG, 1960-68 Vors. der KKL.

KRUSCHE, Günter

1931-2016. 1949-54 Theologiestudium in Leipzig, 1966-69 Pfarrer in Dresden, 1970-84 Mitarbeiter u. ab 1977 Vors. der Studienkommission des LWB, 1983-93 Generalsuperintendent des Sprengels Berlin der EKiBB.

KRUSCHE, Peter

1924-2000. 1942-45 Militär u. Kriegsgefangenschaft, 1945-48 Theologiestudium in Erlangen, danach Stadtvikar in Kitzingen (Bayern), 1950-52 Religionslehrer in Hof (Bayern), ab 1952 Schüler- u. Jugendpfarrer in Nürnberg, ab 1954 Lehrauftrag an der Universität Erlangen, 1956-62 Landesjugendpfarrer in Nürnberg u. Beauftragter für Jugendarbeit der VELKD, ab 1962 Dekan in Coburg, 1967-68 Leiter des Pastoralkollegs der bayr. Landeskirche, ab 1968 Ordinarius für Praktische Theologie an der Ludwig-Maximilians-Universität München, 1983-87 Hauptpastor der Nikolaikirche Hamburg, 1983-92 Bischof des Sprengels Hamburg der nordelb. Kirche, 1984-88 Vorstandsvors. der Forschungsstätte der Ev. Studiengemeinschaft Heidelberg, 1986-92 Vors. des Ev. Missionswerks in Hamburg, 1988 Mitglied der EKD-Synode.

KRUSCHE, Werner

1917-2009. 1937-39 militär. Ausbildung in Dessau, 1939-43 Militär, Nov. 1943 bis März 1945 Theologiestudium in Leipzig, 1945 brit. Kriegsgefangenschaft, 1945-49 Theologiestudium in Bethel, Göttingen, Basel u. Heidelberg, 1949-54 wiss. Assistent an der Universität Heidelberg, 1954-58 Pfarrer in Dresden, 1958-66 Studiendirektor des sächs. Predigerseminars in Lückendorf, 1966-68 Dozent für Systematische Theologie am Theol. Seminar Leipzig, 1968-83 Bischof der KPS u. Domprediger in Magdeburg, 1968-75 Mitglied des EKT-Präsidiums, 1974 Mitglied des Präsidiums der KEK, 1976-79 Leitender Bischof der EKU, 1977-81 stellv. Vors. u. 1981-82 Vors. der KKL.

KÜHL, Eberhard

Geb. 1936. 1952-56 Lehre u. Arbeit als Kfz-Schlosser in Rostock, 1956-60 Mitarbeiter der Abt. Finanzen beim Rat der Stadt Rostock, 1957-59 Finanzwirtschaftsstudium in Gotha, 1960-72 stellv. Leiter der Abt. Finanzen beim RdB Rostock, ab 1963 SED-Mitglied, 1972-75 Mitarbeiter der Abt. Wirtschaft bei der SED-BL Rostock, 1975-78 persönlicher Mitarbeiter des 1. Sekretärs der SED-BL Rostock, 1978-79 Studium an der Akademie für Gesellschaftswiss. des ZK der KPdSU in Moskau, 1979-83 Mitglied des RdB Rostock für Finanzen u. Preise, 1979 bis März 1990 Abgeordneter des Bezirkstags Rostock, ab 1983 1. Stellv. u. 1986-89 Vors. des RdB Rostock, bis Feb. 1990 PDS-Mitglied, danach parteilos, 1990-99 Mitarbeiter in einer Gesellschaft für Wirtschaftsprüfer, Steuerberater u. Rechtsanwälte in Rostock.

LANGE, Siegfried

1916-97. Theologiestudium in Marburg u. Herrnhut, ab 1946 Hilfsprediger u. Pfarrer in Berlin, ab 1958 Superintendent in Altentreptow (PEK), ab 1962 Vors. des Landesausschusses Greifswald (EKT), ab 1969 Mitglied des Konistoriums der ELKG, 1969-74 Präses der Synode der ELKG, 1974-83 Propst des Kirchenkreises Stralsund, Landespfarrer der Ev. Frauenhilfe, Mitglied der Greifswalder Redaktion von „Die Kirche".

LANGER, Jens

Geb. 1939. 1958-64 Theologiestudium in Leipzig, Jena und Rostock, 1964-66 Vikariat in Rostock-Südstadt, 1966-70 Pastor in Kritzkow (Meckl.), 1970-74 Pastor in Rostock-Südstadt, 1974-78 Generalsekretär der ESG in der DDR, 1978-84 Landespfarrer für Gemeindedienst der ELLKM, 1989-92 Dozent für Praktische Theologie an der Universität Rostock, 1989-92 Mitglied der Synode des BEK u. der KKL, 1992-2003 Pastor der Innenstadtgemeinde Rostock.

LEDER, Hans-Günter

Geb. 1930. Theologiestudium in Greifswald, anschließend wiss. Assistent an der Theol. Fakultät Greifswald, ab 1976 Dozent u. ab 1979 Professor für Kirchengeschichte an der Sektion Theologie der Universität Greifswald, ab 1987 stellv. Kreisvors. der CDU Greifswald, Abgeordneter des Bezirkstags Rostock.

LEHMANN, Horst

1929-2016. Bäckerlehre, SED-Mitglied, bis 1971 Vors. des RdK Grimmen, Studium der Gesellschaftswiss. an der SED-Parteihochschule, 1971-1989 Oberbürgermeister von Stralsund u. Mitglied des Sekretariats der SED-Kreisleitung Stralsund.

LEICH, Werner

Geb. 1927. 1942-44 Militär, ab 1945 Schlosserlehre, 1947-51 Theologiestudium in Marburg u. Heidelberg, ab 1954 Pfarrer in Wurzbach (Thür.), ab 1960 Mitglied u. 1967-78 Vizepräsident der thür. Landessynode, 1969 Superintendent in Lobenstein (Thür.), 1969-78 Mitglied der Generalsynode der VELKDDR, 1978-92 Bischof der thür. Kirche, 1980-83 Vors. des kirchl. Luther-Komitees, 1986-90 Vors. der KKL.

LEWEK, Christa

1927-2008. 1946-51 Philologiestudium in Leipzig, CDU-Mitglied, ab 1952 Hauptreferentin in der HA des Ministerrats „Verbindung zu den Kirchen" u. persönliche Referentin des stellv. Ministerpräsidenten Otto Nuschke, 1958 stellv. Cheflektorin der Ev. Verlagsanstalt, 1959 Austritt aus der CDU, 1958-69 Kirchenrätin bzw. OKR der Kirchenkanzlei der EKD-Ost, 1969-88 OKR u. stellv. Leiterin des Sekretariats des BEK, Mitglied des ÖKR.

LIETZ, Heiko

Geb. 1943. 1961-66 Theologiestudium in Rostock, ab 1970 Pastor in Güstrow, ab 1979 Mitarbeit in der unabhängigen Friedensbewegung in Güstrow, Rostock u. Kessin, 1980 Abbruch der kirchl. Amtstätigkeit wegen theol. Konflikte, 1981-88 Mitarbeiter der Volkssolidarität Rostock, ab 1986 Leiter der AGF der ELLKM, 1988-90 Mitarbeiter der Kirchengemeinde Badendiek (Meckl.), ab Sept. 1989 Mitarbeit im „Neuen Forum", 1993 Sprecher des Landesvorstands M-V Bündnis 90/Die Grünen, 1997 Austritt aus Bündnis 90/Die Grünen, 1994-99 Mitglied der Synode der ELLKM.

LILJE, Hanns

1899-1977. 1917-18 Militär, 1919-22 Studium der Theologie u. Kunstgeschichte in Göttingen, Leipzig u. Zürich, 1925-27 Studentenpfarrer in Hannover, 1927-35 Generalsekretär der DCSV, 1932-35 Vizepräsident des Christl. Studenten-Weltbunds, 1933-45 Pfarrer in Berlin, 1935-45 Generalsekretär des Luth. Weltkonvents, Aug. 1944 bis Mai 1945 Gestapo-Haft wegen „Landesverrats", 1945-47 Oberlandeskirchenrat der Ev.-Luth. Kirche Hannovers, 1945-57 Präsident des „Centralausschusses für die Innere Mission", 1945-73 Mitglied u. 1949-67 stellv. Vors. des EKD-Rates, 1947-70 Mitglied des Exekutivkomitees des LWB, ab 1948 Mitglied des Zentral- u. ab 1961 des Exekutivkomitees des ÖRK, 1948 Gründer des „Deutschen Allgemeinen Sonntagsblattes", 1947-71 Bischof der Ev.-Luth. Kirche Hannovers, 1950-77 Abt des Klosters Loccum, 1952-57 Präsident des LWB, 1955-69 Leitender Bischof der VELKD, 1968-75 Präsident des ÖRK.

LÖFFLER, Kurt

Geb. 1932. 1951-55 Studium der Wirtschaftswiss. in Leipzig u. Berlin, ab 1952 SED-Mitglied, 1955-61 Assistent, Dozent u. Prorektor für Gesellschaftswiss. an der Musikhochschule in Weimar, ab 1959 Mitglied der SED-Kreisleitung Weimar-Stadt, 1961-67 Leiter der Abt. Kultur des RdB Erfurt, 1967-70 Mitglied des RdB Erfurt, ab 1971 Mitarbeiter des ZK der SED, ab 1973 Staatssekretär im Kulturministerium, 1980-83 Sekretär des staatl. Lutherkomitees, 1988-89 Staatssekretär für Kirchenfragen, ab 1991 Direktor für Marketing, Werbung u. Öffentlichkeitsarbeit des Ostdt. Sparkassenverbands.

LUCHT, Harro

Geb. 1950. 1957 Umsiedlung nach Hamburg, 1963 Rückkehr in die DDR, 1969-74 Theologiestudium in Greifswald, 1981-87 Studentenpfarrer in Greifswald, 1987-89 Pastor in Berlin, 1994-2009 Krankenhausseelsorger in Neuruppin (Brandenburg), 2009-15 Krankenhausseelsorger in Berlin.

MAGER, Reimer

1906-66. Ab 1934 Geschäftsführer des Bruderrats der BK, ab 1949 Mitglied des EKD-Rates, 1950-66 Präses der Synode der sächs. Kirche, 1955-66 Mitglied des Präsidiums des DEKT bzw. EKT, 1959-66 Vors. des „Ostausschusses" (DEKT) bzw. der KdLA (EKT), 1961-66 Vors. des EKT-Präsidiums.

MAGIRIUS, Christoph

Geb. 1937. 1955-60 Theologiestudium in Halle/Saale, 1962-72 Pfarrer bei Leipzig, ab 1972 Studentenpfarrer in Leipzig, 1979-90 Superintendent von Karl-Marx-Stadt, 1989/90 Mitorganisator des „Runden Tisches" in Karl-Marx-Stadt, 1990-99 Pastor in Chemnitz.

MARLOW, Willi

1928-2007. Elektrikerlehre in Demmin, 1944-45 Militär u. Kriegsgefangenschaft, ab 1945 Mitglied der KPD u. ab 1946 der SED, 1948-49 Sekretär der SED-Kreisleitung Demmin, 1949-51 1. Sekretär der SED-Kreisleitungen Neustrelitz u. Rostock, 1951-52 Studium an der SED-Parteihochschule, 1952-58 Mitarbeiter, Sektorenleiter u. stellv. Leiter der Abt. Leitende Organe der Parteien u. Massenorganisationen im ZK der SED, 1958-66 1. Sekretär der SED-Kreisleitung Greifswald, ab 1966 1. Stellv. des Vors. u. 1969-86 Vors. des RdB Rostock, Mitglied des Sekretariats der SED-BL Rostock, Abgeordneter des Bezirkstags Rostock.

MAU, Carl

1922-95. Theologiestudium in Salem (Oregon) u. Philadelphia, ab 1946 Pastor der Amerikan. Luth. Kirche, ab 1950 im Auftrag des LWB als Berater in Hannover, ab 1957 Pastor in Tacoma (Washington), ab 1960 Studentenpfarrer in Wisconsin, ab 1964 beigeordneter Generalsekretär des LWB in Genf, ab 1972 Generalsekretär des US-Nationalkomitees des LWB, 1974-85 Generalsekretär des LWB, 1985-89 Pastor in Washington D. C.

MÜLLER, Eberhard

1906-89. 1925-31 Studium der Theologie u. Philosophie in Tübingen, Erlangen u. Berlin, 1932-35 Reisesekretär der DCSV, 1935-38 Generalsekretär des DCSV u. Reichsgeschäftsführer der DEW, 1938-40 Studentenpfarrer in Tübingen, 1940-42 Militär, 1942-45 Pfarrer der Wehrmacht (Ostfront), 1945 Geschäftsführer des Hilfsdienstes für Kriegsgefangene u. Vermisste, 1945 Gründer u. 1945-72 Leiter der Ev. Akademie Bad Boll, 1961-79 Vors. der EKD-Kammer für soziale Ordnung.

NATH, Dieter

1938-2020. 1957-62 Theologiestudium in Rostock, 1965-70 Pastor in Reinshagen (Meckl.), ab 1970 Pastor in Kessin (Meckl.), ab 1976 Mitglied der Synode der ELLKM, 1980 Initiator des „Kessiner FK", nach 1990 Amtsvorsteher von Warnow-Ost (Meckl.), 1996-2004 Gefangenenseelsorger der JVA Waldeck.

OPITZ, Bernhard

Geb. 1936. 1966-78 Mitglied der Synode der thür. Kirche, 1969-78 Oberarzt an der Medizinischen Akademie Erfurt, ab 1978 Chefarzt am Ev. Krankenhaus Wittenberg, 1978-90 Mitglied des EKT-Präsidiums, 1984-90 Vors. der KdLA u. des EKT-Präsidiums, April-Okt. 1990 Abgeordneter der Volkskammer.

OSTEN-SACKEN, Peter von der

Geb. 1940. 1959-64 Theologiestudium in Göttingen, Kiel u. Heidelberg, 1964-70 wiss. Assistent an der Universität Göttingen, 1973-93 Professor für Neues Testament u. 1980-82 Rektor der Kirchl. Hochschule in West-Berlin, 1974-94 Leiter des Instituts „Kirche und Judentum" der Kirchl. Hochschule in West-Berlin, 1993-2005 Professor für Neues Testament u. Christl.-Jüd. Studien an der Humboldt-Universität Berlin, 1994-2007 Leiter des Instituts „Kirche und Judentum" der Humboldt-Universität Berlin.

PERTEN, Hanns Anselm

1917-85. Ab 1935 Lehre als Schriftsetzer in Hamburg, 1938 Haft im KZ Fuhlsbüttel wegen Verstoßes gegen das „Heimtückegesetz“, danach Reichsarbeitsdienst, 1939-45 Militär u. Kriegsgefangenschaft, 1944 Schauspieler am Theater in Neustrelitz (Meckl.), ab 1945 Mitglied der KPD u. ab 1946 der SED, 1945-46 Schauspieler in Hamburg, 1946-48 künstlerischer Leiter des Landessenders in Schwerin, ab 1948 Chefintendant der Meckl. Volksbühne, 1950-52 Intendant in Wismar, ab 1958 Generalintendant in Rostock, 1959 Initiator der Rügenfestspiele, 1970-72 Intendant am Dt. Theater Berlin, danach wieder Generalintendant in Rostock.

PLATH, Siegfried

1931-2010. 1950-55 Theologiestudium in Greifswald, ab 1964 Superintendent in Grimmen, 1973-75 Konsistorialrat der ELKG, 1975-92 OKR u. Theol. Leiter des Konsistoriums der ELKG, 1975-85 Gesamtleiter des Konsistoriums, Mitglied der KKL, 1978-93 Mitglied des Präsidiums des EKT bzw. DEKT, bis 1979 Vors. des Landesausschusses Greifswald (EKT).

POPPE, Ulrike

Geb. 1953. 1971-73 Studium der Kunsterziehung u. Geschichte in Berlin, anschließend Hilfserzieherin u. Hilfspflegerin in Berlin, 1976-88 Assistentin im Museum für Dt. Geschichte Berlin, 1980 Mitinitiatorin des ersten „Kinderladens“ in Ost-Berlin, 1982 Gründungsmitglied des Netzwerks „Frauen für den Frieden“, 1983 sechs Wochen U-Haft beim MfS, seit 1985 IFM-Mitglied, Sept. 1989 Erstunterzeichnerin des Gründungsaufrufs der Bürgerbewegung „Demokratie Jetzt“ (DJ), 1989-91 Mitglied des DJ-Sprecherrats, Dez. 1989 bis März 1990 DJ-Vertreterin am Zentralen Runden Tisch, 1990 Mitarbeiterin der Fraktion Bündnis 90/Die Grünen der Volkskammer, 1992-2010 Studienleiterin für Politik u. Zeitgeschichte der Ev. Akademie Berlin-Brandenburg, Mitglied des BStU-Beirats, 1993-99 Mitglied des DEKT-Präsidiums, 2009-2017 Beauftragte des Landes Brandenburg zur Aufarbeitung der Folgen der kommunistischen Diktatur.

PROPHET, Dietmar

Geb. 1946. 1973-1990 Pastor in Reinkenhagen bei Greifswald, danach Pastor der Bonhoeffer-Gemeinde in Stralsund, bis 2011 Krankenhausseelsorger in Stralsund.

PUTTKAMMER, Joachim

Geb. 1942. Ab 1967 Pastor in Ballwitz (Meckl.), danach in Prillwitz (Meckl.), 1979-90 Dompfarrer in Greifswald, 1993-2004 Pastor in Graal-Müritz (Meckl.).

RATHKE, Heinrich

Geb. 1928. 1944-45 Militär u. Kriegsgefangenschaft, 1949-53 Theologiestudium in Kiel, Erlangen, Tübingen u. Mainz, 1953 Rückkehr in die DDR, ab 1954 Pastor in Warnkenhagen (Meckl.), ab 1962 Aufbau der Kirchengemeinde im Neubaugebiet Rostock-Südstadt als Pastor der Rostocker Andreasgemeinde, 1970 Landespastor für Gemeindedienst der ELLKM, 1971-84 Bischof der ELLKM, 1977-81 Leitender Bischof der VELKDDR, 1984-91 Pastor in Crivitz (Meckl.), 1989 Mitbegründer des „Neuen Forums“ in Crivitz, bis 1998 Mitglied des BStU-Beirats.

REINMUTH, Eckart

Geb. 1951. 1969-74 Theologiestudium in Greifswald, 1974-81 wiss. Assistent an der Sektion Theologie der Universität Halle/Saale, 1981-86 Gemeindepastor, 1986-93 Professor für Neues Testament u. 1992-93 Rektor der Kirchl. Hochschule Naumburg, 1993-95 Professor für Ev. Theologie an der Pädagogischen Hochschule Erfurt-Mühlhausen, 1995-2017 Professor für Neues Testament an der Universität Rostock.

RENNERT, Jürgen

Geb. 1943. 1964-75 Werbetexter u. Redakteur im Verlag „Volk und Welt", ab 1974 Mitglied des Schriftstellerverbands der DDR, 1975-90 freischaffender Lyriker, Essayist u. Übersetzer, 1990-2005 Mitarbeiter des Kunstdiensts der Ev. Kirche in Berlin.

RITTER, Karin

1944-90. Medizinstudium u. anschließend Ärztin in Schwedt (Oder), ab 1976 Engagement in der unabhängigen Friedensarbeit in Güstrow, 1983-89 Kinderärztin in Schwerin, 1984 Gründerin der Gruppe „Frauen für den Frieden" in Schwerin, 1986-87 stellv. Vors. der AGF der ELLKM, Redakteurin der AGF-Zeitung „Friedensnetz", Feb. 1988 Teilnahme an der 1. Tagung der „Ökumenischen Versammlung" in Dresden.

ROTENHAN, Eleonore von

Geb. 1939. 1983-87 Mitglied des DEKT-Präsidiums, 1985-87 DEKT-Präsidentin.

SADLER, Otto

1917-92. 1936-39 Ausbildung zum Bankkaufmann, 1939-45 Militär u. Kriegsgefangenschaft, ab 1945 CDU-Mitglied, 1946 Kreisvors. der CDU Hagenow (Meckl.), 1947-50 Abgeordneter des meckl. Landtags, 1950-63 Abgeordneter der Volkskammer, 1952-82 Vors. des CDU-Bezirksverbands Rostock, 1954-87 Mitglied des CDU-Hauptvorstands.

SAGERT, Friedrich-Karl

1935-2018. Ab 1961 Pastor in Rittermannshagen (Meckl.), 1969-75 Landesjugendpastor der ELLKM, ab 1975 LSI von Güstrow, 1986-96 Domprediger in Schwerin.

SCHARNWEBER, Karl

Geb. 1950. 1969-73 Kirchenmusikstudium in Halle/Saale, danach Komponist und Kirchenmusiker in Meckl., 1997-2016 Organist der Innenstadtgemeinde Rostock.

SCHEVEN, Karl von

1882-1954. 1901-05 Theologiestudium in Halle/Saale, Berlin u. Greifswald, 1907-08 Vikar u. Pastor der dt. ev. Gemeinde in Cannes (Frk.), 1908-11 Pastor der Berliner Stadtmission, 1911-28 Pastor im Kreis Greifenhagen (Hinterpommern), 1916-18 Lazarett- u. Militärpfarrer, ab 1925 Mitglied der Pomm. Provinzialsynode, 1928-50 Dompfarrer u. Superintendent von Greifswald, ab 1934 Mitglied im „Pfarrernotbund" u. der BK, 1946 Präses der Kirchenleitung der PEK, 1947-54 Bischof der PEK.

SCHLEIFF, Henning

Geb. 1937. 1955-1960 Studium in Rostock (Dipl.-Ingenieurökonom), ab 1959 SED-Mitglied, 1963-69 1. Sekretär der FDJ-Kreisleitung u. Mitglied der SED-Kreisleitung Rostock, 1963-71 Mitglied des FDJ-Zentralrats, 1965-70 u. ab 1974 Mitglied der Rostocker Stadtverordnetenversammlung, 1974-89 Mitglied des Sekretariats der SED-Kreisleitung Rostock, 1975-90 Oberbürgermeister von Rostock, 1981-89 Mitglied der SED-BL Rostock, ab 1990 Personalchef einer Reederei in Neustadt in Holstein.

SCHLENKER, Manfred

Geb. 1926. Kirchenmusikstudium in Halle/Saale, ab 1956 Domkantor in Stendal, 1974-88 Domkantor in Greifswald, 1975-88 Leiter der Kirchenmusikschule Greifswald, bis 1993 künstlerischer Leiter der Greifswalder Bachwoche.

SCHMIDT, Helmut

1918-2015. 1937-39 militär. Ausbildung in Hamburg u. Bremen, 1939-45 Militär u. Kriegsgefangenschaft, 1945-49 Studium der VWL u. Staatswiss. in Hamburg, ab 1945 SPD-Mitglied, 1953-62 u. 1965-87 Mitglied des Dt. Bundestags, 1961-65 Senator in Hamburg, ab 1969 Bundesminister für Verteidigung u. ab 1972 für Finanzen, 1974-82 Bundeskanzler, ab 1983 Mitherausgeber von „Die Zeit".

SCHNAUER, Arvid

Geb. 1937. 1955-60 Theologiestudium in Rostock, ab 1961 Pastor in Blankenhagen (Meckl.), 1963-81 zuständig für Schülerarbeit beim Landesjugendpfarramt der ELLKM, ab 1974 Pastor in Rostock-Südstadt, 1983 Vors. des Ortsausschusses beim Rostocker Kirchentag, 1983-2002 Pastor in Rostock-Groß Klein, ab Nov. 1989 Mitglied u. 1990-94 Vors. des Gerechtigkeitsausschusses der Stadt Rostock.

SCHNUR, Wolfgang

1944-2016. Maurerlehre, bis 1973 Jurastudium, danach Rechtsanwalt in Binz (Rügen) u. Rostock, 1974-80 Mitglied des EKT-Präsidiums, Mitglied der Synode der ELLKM u. des BEK, 1989 Mitbegründer des „Demokratischen Aufbruchs" (DA), 1990 Rücktritt vom DA-Vorsitz, 1991-93 Rechtsanwalt in Berlin, 1993 Entzug der Rechtsanwaltslizenz.

SCHÖNE, Gerhard

Geb. 1952. 1973-78 Briefträger, 1974-78 Gesangsstudium in Dresden, ab 1979 freischaffender Liedermacher.

SCHÖNHERR, Albrecht

1911-2009. 1929-33 Theologiestudium in Tübingen u. Berlin, ab 1934 Mitglied der BK, 1936 Pastor in Greifswald, ab 1937 Pastor in Brüssow (Uckermark), 1940-45 Militär u. Kriegsgefangenschaft, ab 1946 Superintendent u. 1951-62 Rektor des Predigerseminars in Brandenburg/Havel, 1958 Mitbegründer des „Weißenseer Arbeitskreises", ab 1962 Generalsuperintendent von Eberswalde, 1967-72 Verwalter des Bischofsamtes der EKiBB, 1972-81 Bischof der EKiBB, 1969-81 Vors. der KKL.

SCHÖNHERR, Annemarie

1932-2013. Theologiestudium in Halle/Saale, danach Mitarbeiterin am Institut für neutestamentliche Forschung der Universität Halle/Saale, 1961-63 Pastorin in Halle/Saale, ab 1965 Leiterin der Pfarrfrauenarbeit der EKiBB, ab 1969 Mitglied u. 1990-91 Vors. des EKT-Präsidiums, ab 1981 Vors. der Ev. Frauenarbeit in der DDR, 1986-94 Mitglied im Koordinierungsausschuss des „Ökumenischen Forums Christl. Frauen Europas", 1990-93 Vors. der KdLA (EKT u. DEKT), 1991-2001 Mitglied des DEKT-Präsidiums.

SCHRÖDER, Otto

1921-94. 1941-45 Militär, 1945-50 Theologiestudium in Halle/Saale, Bethel, Göttingen u. Rostock, danach Pfarrer in Burow (Meckl.), ab 1957 Landespfarrer für Volksmission der ELLKM, 1966-80 LSI in Parchim, danach Pfarrer in Alt Jabel (Meckl.), 1967-84 Vors. der KdLA u. des EKT-Präsidiums, 1973-77 Präses der BEK-Synode u. Mitglied des Vorstands der KKL, 1984 Ruhestand u. Übersiedlung in die Bundesrepublik.

SCHULTZ, Walther

1900-57. Ab 1933 „Landeskirchenführer" von Meckl. u. Führer des „Bundes nationalsozialistischer Pastoren", 1934-45 Bischof der ELLKM, 1950-57 Pastor der Ev.-Luth. Landeskirche Hannovers.

SCHULZ, Hansjürgen

1931-90. 1949-54 Theologiestudium in Jena, Neuendettelsau u. Heidelberg, 1975-87 Direktor des Predigerseminars in Wittenberg.

SCHWERIN, Eckart

1937-2009. 1955-60 Theologiestudium in Greifswald, 1962-63 Pädagogikstudium am Katechetischen Oberseminar Naumburg, 1964-66 persönlicher Referent von Bischof Krummacher in Greifswald, 1966-70 Pastor in Züssow bei Greifswald, 1970-82 Mitarbeiter beim BEK in Berlin, 1983-97 OKR der ELLKM, 1996-2007 Vorstandsvors. der Ev. Schulstiftung M-V u. Nordelbien, 1997-2002 OKR-Präsident der ELLKM, ab 2001 Honorarprofessor für Praktische Theologie an der Universität Rostock, 2002-07 Geschäftsführer der Ev. Schulstiftung der EKD.

SEIGEWASSER, Hans

1905-79. 1922-23 Mitglied der SPD u. ab 1932 der KPD, 1934-45 Haft u. a. wegen „Vorbereitung zum Hochverrat", 1950-79 Abgeordneter der Volkskammer, 1959-61 Mitglied der SED-BL Berlin, 1960-79 Staatssekretär für Kirchenfragen.

SIEBALD, Manfred

Geb. 1948. 1967-72 Studium der Anglistik u. Germanistik (Lehramt) in Marburg u. North Manchester (Indiana/USA), ab 1970 Plattenveröffentlichungen, ab 1977 wiss. Mitarbeiter (Amerikanistik) an der Universität Mainz, ab 1983 Gastauftritte bei Kirchentagen in der DDR, 1992 Professur in Wheaton (Illinois/USA), ab 1995 Akademischer Direktor u. ab 1996 Dozent für Amerikanistik an der Universität Mainz, 2002-12 Professor für Amerikanistik an der Universität Mainz.

SÖLLE, Dorothee

1929-2003. 1949-54 Studium der Literaturwissenschaft, Theologie u. Philosophie in Köln, Freiburg u. Göttingen, 1954-60 Lehrerin in Köln, 1968 Mitbegründerin des „Politischen Nachtgebets" in Köln, ab 1971 Dozentin für Neuere dt. Literaturgeschichte in Köln, 1975-87 Professorin für Systematische Theologie in New York.

STIER, Christoph

Geb. 1941. 1959-64 Theologiestudium in Rostock, ab 1970 Pfarrer im Rostocker Neubaugebiet Lütten-Klein, ab 1976 Landespastor für Weiterbildung u. Akademie-Arbeit der ELLKM, ab 1981 Mitglied der KKL, 1984-96 Bischof der ELLKM, 1986-88 Leitender Bischof der VELKDDR, 1997-2004 LSI des Kirchenkreises Stargard, ab 1998 Mitglied des BStU-Beirats.

STOLL, Karlheinz

1927-92. Ab 1957 Pastor in Lübeck, 1970-72 Stellv. des Bischofs der Ev.-Luth. Kirche in Lübeck, 1972-77 Bischof in Vertretung der Ev.-Luth. Kirche in Lübeck, 1977-79 Propst des Kirchenkreises Lübeck, 1979-90 Bischof des Sprengels Schleswig der nordelb. Kirche, 1981-90 Leitender Bischof der VELKD.

STOLPE, Manfred

1936-2019. 1955-59 Jurastudium in Jena, ab 1964 Konsistorialrat der EKiBB, ab 1966 Referent des Konsistoriums der EKiBB, 1966-68 Leiter der Geschäftsstelle der KKL, ab 1969 Leiter des Sekretariats des BEK, 1977-93 Mitglied des Präsidiums des EKT bzw. DEKT, ab 1982 Konsistorialpräsident der EKiBB, ab 1990 SPD-Mitglied, 1990-2002 Ministerpräsident von Brandenburg, 2002-05 Bundesminister für Verkehr, Bau- u. Wohnungswesen.

TEMPLIN, Wolfgang

Geb. 1948. 1965-66 Buchdruckerlehre, 1966-70 Ausbildung zum Bibliothekar u. Bibliothekswesenstudium in Berlin, 1970-74 Philosophiestudium in Berlin, SED-Mitglied, 1976-77 Studienaufenthalt in Warschau u. Kontaktaufnahme zur poln. Opposition, 1977-83 Mitarbeiter am Zentralinstitut für Philosophie der Akademie der Wissenschaften Berlin, 1983 Entlassung aus polit. Gründen u. Austritt aus der SED, anschließend Berufsverbot u. Tätigkeit u. a. als Heizer, ab Ende der 1970er Mitarbeit in verschiedenen Basisgruppen, 1985 Mitbegründer der „IFM", Jan. 1988 Verhaftung im Kontext der Luxemburg-Liebknecht-Demonstration in Berlin, Zwangsausreise in die Bundesrepublik, Nov. 1989 Rückkehr in die DDR, IFM-Vertreter am Zentralen Runden Tisch, 1989-91 Sprecher der IFM, 1990 Mitarbeiter der Volkskammerfraktion Bündnis 90/Die Grünen, 1994-96 wiss. Mitarbeiter im Museum „Haus am Checkpoint Charlie" in Berlin, 1996 Gründungsmitglied des Bürgerbüros zur Aufarbeitung von Folgeschäden der SED-Diktatur (Berlin), ab 1997 freier Publizist, 2007-09 wiss. Mitarbeiter der BStU, 2010-13 Leiter des Büros der Heinrich-Böll-Stiftung in Warschau.

THADDEN-TRIEGLAFF, Reinold von

1891-1976. 1909-13 Jurastudium in Paris, Leipzig, München u. Greifswald, danach Militärdienst, 1920-45 Leitung der Familiengüter in Pommern, 1923-39 Mitglied der DCSV (ab 1924 im Vorstand u. ab 1928 Vors.), 1925-34 Mitglied der Pomm. Provinzialsynode, 1929-1949 Mitglied u. ab 1938 Vizepräsident des Christl. Studenten-Weltbunds, 1932-44 Mitglied der Preuß. Generalsynode, Hauptinitiator des pomm. Kirchentags 1932 in Stettin, ab 1933 Mitglied der BK u. Mitunterzeichner der „Barmer Theologischen Erklärung", 1934-38 Präses der Ev. Bekenntnissynode in Pommern, 1935-37 Vors. des Reichsausschusses der DEW, 1937 Gestapo-Haft, 1940-45 Militär u. Kriegsgefangenschaft, 1946-48 im Auftrag der EKD u. des ÖRK in Genf, 1948-50 Referent der Kirchenkanzlei des EKD-Rates in Schwäbisch Gmünd, 1949-64 DEKT-Präsident, 1951-67 Mitglied der EKD-Synode.

THEISSING, Heinrich

1917-88. Theologiestudium in Breslau, München u. Wien, 1940 Priesterweihe, danach Kaplan in Glogau (Schlesien), 1946-55 Diozösanjugendseelsorger in Görlitz, ab 1953 Ordinariatsrat, ab 1963 Weihbischof von Berlin u. Titularbischof von Mina, 1970 Koadjutor des Bischöflichen Kommissars für Meckl., 1973-87 Apostolischer Administrator des Bischöflichen Amtes in Schwerin, 1982-85 stellv. Vors. der Berliner Bischofskonferenz.

TIMM, Ernst

1926-2005. 1941-44 Ausbildung zum Metallflugzeugbauer, 1944-49 Militär u. sowjet. Kriegsgefangenschaft, ab 1950 SED-Mitglied, 1952-53 Abteilungsleiter im FDJ-Zentralrat in Berlin, 1955-58 Studium der Gesellschaftswiss. an der Parteihochschule der KPdSU in Moskau, 1958-60 Sekretär der SED-Kreisleitung Rostock-Stadt, 1960-61 u. 1966-67 Leiter der Abt. Agitation u. Propaganda der SED-BL Rostock, 1961-66 2. Sekretär der SED-BL Rostock, 1967-75 1. Sekretär der SED-Stadtleitung Rostock, 1970-75 Stadtverordneter in Rostock, 1975-89 1. Sekretär der SED-BL Rostock u. Mitglied des FDGB-Bundesvorstands, 1976-89 Mitglied des ZK der SED, 1976 bis März 1990 Abgeordneter der Volkskammer, Nov. 1989 Ausschluss aus dem FDGB, Dez. 1989 Ausschluss aus der SED, 1990 U-Haft u. 1991 Verurteilung wegen Veruntreuung.

ULBRICHT, Walter

1893-1973. Ab 1912 Mitglied der SPD u. ab 1920 der KPD, ab 1928 Abgeordneter des Dt. Reichstags, ab 1928 Mitglied der KPdSU, 1929-46 Mitglied des Politbüros (KPD), 1933 Emigration nach Paris, 1945 Rückkehr nach Deutschland, 1949-73 Mitglied des Politbüros u. Abgeordneter der Volkskammer, 1950-71 Generalsekretär bzw. ab 1953 1. Sekretär des ZK der SED, 1960-71 Vors. des Nationalen Verteidigungsrates, 1960-73 Vors. des Staatsrats der DDR.

WEGNER, Bettina

Geb. 1947. 1964-66 Ausbildung zur Bibliothekarin, ab 1966 Schauspielstudium in Berlin, 1968 Exmatrikulation u. U-Haft wegen Flugblattaktion im Kontext des Prager Frühlings, 1968-70 „Bewährung in der Produktion" als Fabrikarbeiterin in Berlin, 1970-72 Mitarbeiterin der Berliner Stadtbibliothek, 1972-73 Ausbildung als Sängerin am Zentralen Studio für Unterhaltungskunst, danach freischaffende Liedermacherin, Nov. 1976 nach Protest gegen die Ausbürgerung von Wolf Biermann Auftrittsverbote, ab 1978 Plattenveröffentlichungen u. Auftritte in der Bundesrepublik, 1983 Einleitung eines Ermittlungsverfahrens wegen „Verdachts auf Zoll- und Devisenvergehen" u. Aufforderung zur Ausreise in die Bundesrepublik, Juli 1983 Ausreise nach West-Berlin, 2007 offizieller Abschied von der Bühne.

WEIß, Hans-Friedrich

1929-2016. 1949-53 Theologiestudium in Jena, 1955-57 Bibliothekar an der Theol. Fakultät Jena, 1957-65 wiss. Assistent bzw. Oberassistent im Fachbereich Altes Testament u. Judaistik der Universität Jena, 1965-72 Dozent für Neues Testament an der Universität Jena, 1972-95 Professor für Neues Testament an der Universität Rostock, 1975-81 Vors. der Theol. Kommission der Synode der ELLKM.

WEIZSÄCKER, Richard von

1920-2015. 1938-39 militär. Ausbildung in Potsdam, 1939-45 Militär, 1945-50 Jurastudium in Göttingen, 1950-53 wiss. Hilfskraft der Mannesmann AG in Gelsenkirchen, 1953-58 Mitarbeiter der Mannesmann AG in Düsseldorf, ab 1954 CDU-Mitglied, 1958-62 Geschäftsführer des Bankhauses Waldthausen, 1962-66 Geschäftsführer eines Pharma-Unternehmens, 1962-99 Mitglied des DEKT-Präsidiums, 1964-70 u. 1979-81 Präsident des DEKT, 1964-84 Mitglied des CDU-Bundesvorstands, 1967-85 Mitglied der Synode u. des Rates der EKD, 1968-75 Mitglied des Zentralausschusses des ÖRK, 1969-81 Mitglied des Dt. Bundestags, 1981-84 Regierender Bürgermeister von Berlin, 1984-94 Bundespräsident.

WIEBERING, Joachim

1934-2019. 1952-56 Theologiestudium in Rostock u. Leipzig, danach wiss. Assistent an der Theol. Fakultät Rostock, 1962-67 Pastor in Teterow (Meckl.), 1967-71 Studentenpastor in Rostock, 1971-87 Dozent für Systematische Theologie u. 1976-78 Rektor am Theol. Seminar in Leipzig, 1987-98 LSI von Rostock u. Pastor der Rostocker Marienkirche, ab Dez. 1989 Leiter des Runden Tisches in Rostock.

WILCKENS, Ulrich

Geb. 1928. 1943-45 Mitglied der Waffen-SS, Theologiestudium in Heidelberg u. Tübingen, 1953-55 Pfardienst, 1958-60 Dozent für Neues Testament an der Universität Marburg, 1960-68 Professor für Neues Testament an der Kirchl. Hochschule Berlin, 1968-81 Professor für Neues Testament an der Universität Hamburg, 1981-91 Bischof des Sprengels Holstein-Lübeck der nordelb. Kirche.

WINKELMANN, Kurt

1932-96. 1946-50 Internierter in sowjet. Lagern (u. a. Sachsenhausen), 1951-57 katechetische u. theol. Ausbildung in Schwerin u. Wittenberg, 1954 Katechet in Hagenow (Meckl.), 1957-67 Pastor in Warlin (Meckl.), 1967-71 Pastor in Teterow (Meckl.), 1971-78 Landespastor für Gemeindedienst der ELLKM, 1978-96 LSI des Kirchenkreises Stargard, ab 1982 Mitglied der Kirchenleitung der ELLKM.

WINTER, Gerhard

1928-2011. 1945-48 Maurerlehre, danach Lehramtsstudium Deutsch u. Geschichte, ab 1961 wiss. Assistent an der Philosophischen Fakultät Greifswald, 1971-75 Dozent im Fachbereich Philosophie der Hochschule für Landwirtschaft in Bernburg (Saale), 1975-1990 Dozent bzw. Professor für Dialekt. u. Histor. Materialismus an der Universität Greifswald, ab 1976 Mitglied des Forschungskollektivs „Wiss. Atheismus“ der Pädagogischen Hochschule Güstrow.

WONNEBERGER, Christoph

Geb. 1944. 1960-63 Ausbildung zum Maschinenschlosser, 1963-65 Sprachstudium am Theol. Seminar in Leipzig, 1965-70 Theologiestudium in Rostock, ab 1973 Pastor in Leipzig, ab 1974 Pastor in Taucha (Sachsen), 1977-84 Pastor der Weinbergsgemeinde in Dresden, 1979 Begründer der Initiative „SoFD“, 1984 Ephoralvikar in Meißen, 1985-91 Pfarrer der Leipziger Lukasgemeinde, Mitglied verschiedener oppositioneller Gruppen u. 1986 Gründer der Basisgruppe „AG Menschenrechte“, Sept./Okt. 1989 Verantwortlicher der Friedensgebete in der Leipziger Nikolaikirche u. Mitorganisator der anschließenden Demonstrationen.

ZARNECKOW, Dietrich

1914-82. Bis 1936 Theologiestudium in Berlin u. Tübingen, ab 1940 Pastor der PEK, 1946 u. 1948-58 Dompfarrer in Greifswald, 1958-80 Superintendent von Greifswald, 1982 Übersiedlung nach West-Berlin.

ZINK, Jörg

1922-2016. 1939-45 Militär u. Kriegsgefangenschaft, 1946-50 Studium der Theologie u. Philosophie in Tübingen, 1952-55 Dozent am Ev. Stift Tübingen, 1955-57 Pastor in Esslingen am Neckar, 1957-61 Direktor des Burckhardthauses in Gelnhausen (Hessen), 1961-80 Fernsehbeauftragter der württemb. Landeskirche beim Süddt. Rundfunk, 1980 Gründungsmitglied „Die Grünen“, ab 1983 freischaffender Autor.

III. Evangelische Kirchentage[1] in der DDR von 1962 bis 1989

1962 Schwerin: „Lob Gott getrost mit Singen", 27. Mai
Stralsund: „Gott – unsere Freude", 22. bis 24. Juni
Dessau: „Bekümmert euch nicht, denn die Freude am Herrn ist eure Stärke", 23. bis 24. Juni

1963 Brandenburg/Havel: „Das Wagnis des Glaubens", 1. bis 3. Juni
Zwickau: „Das Wagnis des Glaubens", 1. bis 3. Juni
Erfurt: „Das Wagnis des Glaubens", 8. bis 9. Juni
Görlitz: „Ich bin's, fürchtet euch nicht", 7. bis 9. Juni

1964 Bernburg: „Christus für uns – wir für Christus", 30. bis 31. Mai
Greifswald: „Er ist treu", 19. bis 21. Juni

1965 Wittenberg: „Ihr werdet meine Zeugen sein", 19. bis 20. Juni
Frankfurt/Oder: „Ihr werdet meine Zeugen sein", 24. bis 26. September

1966 Rostock: „Wachsen auf Christus hin", 3. bis 5. Juni
Köthen: „Kirche 66", 14. bis 19. Juni

1967 Stralsund: „Gott schafft Frieden", 2. bis 4. Juni

1968 Dessau: „Dienet einander", 22. bis 23. Juni
Görlitz: „Du stellst meine Füße auf weiten Raum", 28. bis 30. Juni
Stendal: „Dienet einander", 20. bis 22. September

1970 Greifswald: „Wie Gott mir, so ich dir", 29. bis 31. Mai
Erfurt: „Wie Gott mir, so ich dir", 5. bis 7. Juni
Havelberg: „Wie Gott mir, so ich dir", 18. bis 20. September
Cottbus: „Wie Gott mir, so ich dir", 25. bis 27. September

1971 Schwerin: „Unser Gott kommt und schweigt nicht", 18. bis 20. Juni

1974 Magdeburg: „... und ihr sollt auch leben", 7. bis 9. Juni
Stralsund: „... und ihr sollt auch leben", 14. bis 16. Juni
Frankfurt/Oder: „... und ihr sollt auch leben", 21. bis 23. Juni

1975 Dresden: „Unterwegs zur Gemeinde von morgen", 30. Mai bis 1. Juni
Görlitz: „Unterwegs zur Gemeinde von morgen", 6. bis 8. Juni

---

1 Die Liste umfasst die größeren Kirchentagstreffen, das heißt Landeskirchentage sowie Kirchentage, die mehrere Landeskirchen in Kooperation veranstaltet haben. Kirchentagskongresse sowie Bereichs- und Kreiskirchentage werden aufgrund ihrer enormen Vielzahl nicht aufgeführt.

1976	Rostock: „Gottes Wege führen weiter“, 11. bis 13. Juni Halle: „Gottes Wege führen weiter“, 17. bis 19. September
1978	Leipzig: „Leben heißt ein Ziel haben“, 26. bis 28. Mai Erfurt: „Es geht ums Leben“, 2. bis 4. Juni Stralsund: „Auf der Suche nach Leben“, 16. bis 18. Juni Brandenburg/Havel: „Zurück zu Gott, mit Gott ins Leben“, 22. bis 24. September
1980	Havelberg: „Gottes Ja gilt allen Menschen“, 29. Juni
1981	Dessau: „Miteinander leben, teilen, beten“, 26. bis 28. Juni Görlitz: „Füreinander leben – miteinander teilen“, 19. bis 21. Juni Stralsund: „Mit Gott für den Menschen“, 28. Juni
1983	Erfurt: „Vertrauen wagen“, 12. bis 15. Mai Rostock: „Vertrauen wagen“, 10. bis 12. Juni Eisleben: „Vertrauen wagen“, 17. bis 19. Juni Frankfurt/Oder: „Vertrauen wagen“, 17. bis 19. Juni Magdeburg: „Vertrauen wagen“, 23. bis 26. Juni Dresden: „Vertrauen wagen – damit wir leben können“, 7. bis 10. Juli Wittenberg: „Vertrauen wagen“, 22. bis 25. September
1985	Greifswald: „Durch den Glauben reich sein“, 21. bis 23. Juni Havelberg: „...daß Jesus Christus sei mein Herr“, 23. Juni
1987	Berlin: „... und ich will bei euch wohnen“, 24. bis 28. Juni
1988	Görlitz: „Umkehr hilft leben“, 3. bis 5. Juni Erfurt: „Umkehr führt weiter“, 10. bis 12. Juni Rostock: „Brücken bauen“, 16. bis 19. Juni Halle: „Umkehr führt weiter“, 23. bis 26. Juni
1989	Leipzig: „Was ist der Mensch, daß du seiner gedenkst?“, 6. bis 9. Juli

IV. Programmübersichten 1978 bis 1988

„Auf der Suche nach Leben“, Stralsund 1978

Freitag, 16. Juni 1978

Uhrzeit	*Ort*	*Veranstaltung*
15 Uhr	Jakobiturm	„Willkommen im Jakobitreff“
16.30 Uhr	Gustav-Adolf-Saal	„Lieder zur Gitarre“ mit Gerhard Schöne
17 Uhr	Heilgeistkirche	Orgelmusik, Kantor Friedrich Erdmann (Neustrelitz)
18 Uhr	Langenstraße 47	„Schwarzes Theater“
20 Uhr	Nikolaikirche	Startabend „Otto von Bamberg“

Samstag, 17. Juni 1978

Uhrzeit	*Ort*	*Veranstaltung*
7.30 Uhr	Nikolaikirche	Gebet zu früher Stunde mit Bischof Rathke
8 Uhr	Lutherkirche	Morgenandacht mit Hansjürgen Schulz
8 Uhr	Friedrich-Engels-Straße 3	Mahlfeier mit Landesjugendpfarrer Manfred Domrös (Potsdam)
9 Uhr	Katharinenberg 31	Vortrag von Raimund Hoenen
9 Uhr	Heilgeistkirche	Bibelarbeit mit Dr. Wollstadt
9 Uhr	Katholische Kirche	„Meditation mit kleiner Musik“ mit Landespfarrer Harder und Kantorin Röttcher
9 Uhr	Gustav-Adolf-Saal	Podiumsgespräch
10.30 Uhr	Privatwohnungen	„Sei unser Gast“
11 Uhr	Marienkirche	Orgelmusik, KMD Dietrich Prost
16 Uhr	Katharinenberg 31	Vortrag von Raimund Hoenen (Wdh.)
17 Uhr	Marienkirche	Oratorium „Go down, Moses“
17 Uhr	Gemeindehaus Birkenweg	Kabarett „Die DEKA-NAhTLOSEN“ (Meißen)
18 Uhr	Langenstraße 47	„Schwarzes Theater“
18 Uhr	Gustav-Adolf-Saal	„Lieder zur Gitarre“ mit Gerhard Schöne
19 Uhr	Heilgeistkirche	Jugendgottesdienst mit der Gruppe Schalom
19.30 Uhr	Nikolaikirche	Posaunenmusik mit LSPW Hans-Peter Günther
20 Uhr	Gem. Birkenweg	Kabarett „Die DEKA-NAhTLOSEN“ (Meißen)
20 Uhr	Bonhoefferhaus	„Aus Büchern zum Thema“ mit Domprediger Günter Pilgrim (Schwerin)
20 Uhr	Katharinenberg 31	Volksmissionarisches Angebot mit Kurt Winkelmann
20 Uhr	Langenstraße 47	„Schwarzes Theater“
22 Uhr	Katholische Kirche	„Gebet zu später Stunde“ mit LSI Traugott Ohse

Sonntag, 18. Juni 1978

Uhrzeit	*Ort*	*Veranstaltung*
7 Uhr	Nikolaikirche	Deutsche Messe mit Superintendent Ewert und Pfarrer Stiller
8 Uhr	Marienkirche	Fürbittgottesdienst mit Superintendent Zarneckow
9 Uhr	Katholische Kirche	Ökumenischer Gottesdienst mit Propst Lange und Dekan Lewicki
9.30 Uhr	Heilgeistkirche	Abendmahlsgottesdienst mit Propst Haberecht
9.30 Uhr	Langenstraße 48	Evangelisationsgottesdienst mit Pastor Polzin und Pastor Günther
9.30 Uhr	Gem. Birkenweg	Meditationsgottesdienst mit Lektor Heidrich
10 Uhr	Kirche in Altefähr	Plattdeutscher Gottesdienst mit Pfarrer Krüger
10 Uhr	Nikolaikirche	Kantategottesdienst mit Bischof Rathke und KMD Wehmer
10 Uhr	Marienkirche	Gottesdienst mit Chören der Landeskirche, Bischof Gienke und LKMD Manfred Schlenker
10 Uhr	Freilichtbühne	Gottesdienst für Kinder, Jugendliche und Erwachsene mit OKR Siegfried Plath
10 Uhr	Friedenskirche	Familiengottesdienst
10 Uhr	Gustav-Adolf-Saal	Abendmahlsgottesdienst mit Propst Struck
10 Uhr	Bonhoefferhaus	Gesprächsgottesdienst mit Pastor Jelen
10 Uhr	Lutherkirche	„Gottesdienst in anderer Form“ mit Pastor Bindemann und der ESG Greifswald
11.30 Uhr	Nikolaikirche	Vortrag von Kurt Winkelmann
11.30 Uhr	Heilgeistkirche	Vortrag von Hansjürgen Schulz
11.30 Uhr	Marienkirche	„Ökumenisches Forum“
11.30 Uhr	Gem. Birkenweg	Kabarett „Die DEKA-NAhTLOSEN“ (Meißen)
11.30 Uhr	Katholische Kirche	Posaunenmusik mit LPW Helmut Tamm
13.30 Uhr	Freilichtbühne	Abschlussversammlung
17 Uhr	Marienkirche	Orgelkonzert mit KMD Dietrich Prost

„Mit Gott für den Menschen“, Stralsund 1981

Sonntag, 28. Juni 1981

Uhrzeit	*Ort*	*Veranstaltung*
8.30 Uhr	Heilgeistkirche	Morgengebet mit dem KKR Greifswald-Stadt
8.30 Uhr	Gemeindezentrum Knieper-West	„Treffpunkt Gespräch“ mit Landespfarrer Harder
10 Uhr	Marienkirche	„Treffpunkt Gemeinde“ mit einer Gruppe aus dem Kirchenkreis Demmin
10 Uhr	Nikolaikirche	„Treffpunkt Jugend und Familie I“ mit der Gruppe Schalom
10 Uhr	Freilichtbühne	„Treffpunkt Jugend und Familie II“
10 Uhr	Heilgeistkirche	Vortrag von OKR Plath und Bibelarbeit mit Landespfarrer Hildebrandt
13.30 Uhr	Freilichtbühne	Abschlussgottesdienst
17 Uhr	Jakobikirche	„Liturgie zur Ankunft“ (Messe für kleinen Chor und Jazzinstrumente) – Wdh. vom 27. Juni

„Vertrauen wagen“, Rostock 1983

Freitag, 10. Juni 1983

Uhrzeit	*Ort*	*Veranstaltung*
15 Uhr	Kongresshalle	Empfang der Kirchentagsteilnehmer
17.30 Uhr	Universitätskirche	„Stunde der Kirchenmusik“
20 Uhr	Marienkirche	„Startabend“

Samstag, 11. Juni 1983

Uhrzeit	*Ort*	*Veranstaltung*
8.30 Uhr	Kongresshalle	Hauptveranstaltung zum Kirchentagsthema
14.30 Uhr	Privatwohnungen	„Sei unser Gast“
15 Uhr	Kongresshalle	Jugendveranstaltung
16 Uhr	Christuskirche	„Martin Luther aus der Sicht der katholischen Kirche“ – Vortrag von Prof. Sonntag (Erfurt)
16 Uhr	Slüterhaus, Rostock-Dierkow	„Das marxistische Lutherbild“ – Vortrag von Prof. Siegfried Hoyer (Leipzig)
19 Uhr	Kongresshalle	„Abend der Begegnung“

22 Uhr	Christuskirche	„Liturgische Nacht“
22 Uhr	Kirche Warnemünde	„Gebet zur Nacht“
22 Uhr	Hl.-Geist-Kirche	„Liturgie zur Umkehr“ (Bußgottesdienst mit Jazzensemble und Sängern)
22 Uhr	Universitätskirche	Meditation
22 Uhr	Marienkirche	Konzert für Trompete und Streichorchester
23 Uhr	Petrikirche	„Nachtgebet für den Frieden“

Sonntag, 12. Juni 1983

Uhrzeit	*Ort*	*Veranstaltung*
8 Uhr	Petrikirche	Abendmahl am Morgen
8.15 Uhr	Michaeliskirche	Morgenlob
8.30 Uhr	Universitätskirche	Liturgische Morgenfeier
9 Uhr	Hl.-Geist-Kirche	Kinderkirchentag
10 Uhr	Kongresshalle	Großveranstaltung zum Kirchentagsthema
10 Uhr	Johanniskirche	Dialog-Bibelarbeit
10 Uhr	Michaeliskirche	Bibelarbeit mit Bischof Ulrich Wilckens
10 Uhr	Nebenraum Kongresshalle	Bibelarbeit mit Joachim Wiebering
10 Uhr	Nebenraum Kongresshalle	Plattdeutsche Bibelarbeit mit Pastor Schumann
10 Uhr	K. Warnemünde	„Ich habe es satt, dass andere hungern“
10 Uhr	Parkplatz Fischerbastion	Große Bläsermusik
10 Uhr	Marienkirche	Oratorium „Elias“ (Felix Mendelssohn-Bartholdy)
10 Uhr	Universitätskirche	„Ökumenisches Forum“
10 Uhr	Andreaskirche	Schriftstellerlesung mit Heinrich Ehlers und Jürgen Rennert
10 Uhr	Friedhofsweg 11	Themenstunde für Gehörlose
10 Uhr	Petrikirche	Jugendveranstaltung
10 Uhr	Lutherhaus, Schumann-Straße	„Martin Luther: Hier stehe ich“
13.30 Uhr	PP Fischerbastion	Abschlussgottesdienst

„Durch den Glauben reich sein“, Greifswald 1985

Freitag, 21. Juni 1985

Uhrzeit	*Ort*	*Veranstaltung*
15 Uhr	Lutherhof	„Willkommen“
17 Uhr	Jakobikirche	Musik zur Eröffnung
19.30 Uhr	Marienkirche	„Startabend“
22 Uhr	Christuskirche	„Gebet zur Nacht“
22 Uhr	Jakobikirche	Orgelmusik mit Gerhard Kauffeldt

Samstag, 22. Juni 1985

Uhrzeit	*Ort*	*Veranstaltung*
9-12 u. 14-17.30 Uhr	Kreiskulturhaus	Forum A: „Durch den Glauben reich sein – in der Gemeinschaft der Hoffenden“
9-12 u. 14-17.30 Uhr	Jakobikirche	Forum B: „Durch den Glauben reich sein – in der Vielfalt des Lebens“
14-17.30 Uhr	Marienkirche	Forum C: „Durch den Glauben reich sein – Hunger nach Recht und Frieden“
19 Uhr	Klosterruine Eldena	„Abend der Begegnung“
19.30 Uhr	Jakobiturm	Autorenlesung mit Gerhard Dallmann
19.30 Uhr	Annenkapelle	Vortrag von Joachim Wächter
21.30 Uhr	Bugenhagenkirche (Wieck)	Nachtgebet
22 Uhr	Christuskirche	Abendmahlsfeier
22 Uhr	Marienkirche	„Meditation mit Musik“
22 Uhr	St. Josephkirche	„Liturgische Nacht“
22 Uhr	Jakobikirche	„Jugend lädt ein zur Meditation“

Sonntag, 23. Juni 1985

Uhrzeit	*Ort*	*Veranstaltung*
8 Uhr	Bugenhagenhaus	Morgengebet
8 Uhr	Annenkapelle	Andacht
9-12 Uhr	Odebrechtstiftung	Kinderkirchentag
9.30 Uhr	Jakobikirche	Gottesdienst mit Bischof Lindegård
9.30 Uhr	Christuskirche	Gottesdienst mit Bischof Peter Krusche
9.30 Uhr	Bugenhagenhaus	Gottesdienst mit Bischof Stier
9.30 Uhr	Schwedenkirche	Gottesdienst mit Bischof Hallgren
10 Uhr	Marienkirche	Abendmahlsgottesdienst mit Carl Mau
10 Uhr	Bugenhagenkirche	Plattdeutscher Gottesdienst mit Pastor Krüger
10 Uhr	Kirche in Neuenkirchen	Gottesdienst mit Bischof Demke
10.15 Uhr	Platz der Freundschaft	Gottesdienst mit OKR Siegfried Plath
11 Uhr	Jakobikirche	„Treffpunkt Ökumene“
11 Uhr	Jakobiturm	Vortrag von Joachim Wächter (Wdh.)
11.30 Uhr	St. Josephkirche	„Sie fragen – wir antworten“ mit Bischof Gienke, der Kirchenleitung und Gästen
13 Uhr	Pl. der Freundschaft	Vorprogramm zur Abschlussveranstaltung
14.30 Uhr	Pl. der Freundschaft	Abschlussveranstaltung

„Brücken bauen“, Rostock 1988

Donnerstag, 16. Juni 1988

Uhrzeit	*Ort*	*Veranstaltung*
16 Uhr	Andreaskirche	Begegnung mit Gästen aus Szczecin, Turku u. Bremen
16.30 Uhr	Marienkirche	Bläserkonzert
17 Uhr	Universitätskirche	Orgelkonzert mit Christoph Krummacher
20 Uhr	Marienkirche	Eröffnungsgottesdienst
22 Uhr	Universitätskirche	Abendmahlsgottesdienst
22 Uhr	Hl.-Geist-Kirche	Konzert der „Falbygdens Kantorei“
22 Uhr	Christuskirche	„Gebet zur Nacht“
22 Uhr	Metropol-Kino	Film „Rosa Luxemburg“

Freitag, 17. Juni 1988

Uhrzeit	*Ort*	*Veranstaltung*
7.30 Uhr	Universitätskirche	Mette
9 Uhr	Andreaskirche	Themenbereich 1 „Kirche – Ökumene – Mission“
8.30 Uhr	Christuskirche	Themenbereich 2 „Gerechtigkeit – Frieden – Bewahrung der Schöpfung“
9 Uhr	Petrikirche	Themenbereich 3 „Kirche – Gesellschaft – Politik“
9 Uhr	Michaeliskirche	Themenbereich 4 „Schuld – Versöhnung – Leben“
9 Uhr	Stadtmission (Friedhofsweg 11)	Themenbereich 5 „Partnerschaft – Generationen – Geschlechter“
9 Uhr	St. Josefkirche	Themenbereich 6.1 „Gemeinde – Kirche –Zukunft: Klarheit – Durchsichtigkeit – Neues Denken in unserer Kirche“
9 Uhr	Thomas-Morus-Kirche	Themenbereich 6.2 „Gemeinde – Kirche –Zukunft: Frauen laden ein!“
16 Uhr	Hl.-Geist-Kirche	Gehörlosentreff
17 Uhr	Universitätskirche	Michaelisspielschar Leipzig
17 Uhr	Metropol-Kino	Film „Eine Brücke über die Zeit“
19 Uhr	Kirchen und Gemeindezentren	„Abend der Begegnung“
22 Uhr	Petrikirche	Musiktheateraufführung „Elia – Römer 2“
22 Uhr	Marienkirche	Orgelkonzert mit Joachim Vetter
22 Uhr	Universitätskirche	Konzert der Pasewalker Kantorei
22 Uhr	Christuskirche	„Liturgische Nacht“

Samstag, 18. Juni 1988

Uhrzeit	*Ort*	*Veranstaltung*
7.30 Uhr	Universitätskirche	Mette
9 Uhr	Andreaskirche	Themenbereich 1
8.30 Uhr	Christuskirche	Themenbereich 2
9 Uhr	Petrikirche	Themenbereich 3
9 Uhr	Michaeliskirche	Themenbereich 4
9 Uhr	Stadtmission	Themenbereich 5
9 Uhr	Josephkirche	Themenbereich 6.1
9.30 Uhr	Th.-Morus-Kirche	Themenbereich 6.2
9-12 Uhr	Johanniskirche	„Schuld – Vergebung – Hoffnung“
9.30 Uhr	Kirche Warnemünde	Forum Kirchgemeinderäte/Gemeindekirchenräte
14 Uhr	Petrikirche u. a.	„Treffpunkt junge Leute“
14 Uhr	Stadtmission	Gehörlosentreff
14 Uhr	Kastanienplatz	„Kinder und Erwachsene feiern den Kirchentag“
14 Uhr	Marienkirche	Vortrag von Helmut Schmidt
15 Uhr	Universitätskirche	Vortrag von Manfred Stolpe
15 Uhr	Andreaskirche	Podiumsgespräch „Wirklichkeit und Traum zwischen Marxisten und Christen“
15 Uhr	Christuskirche	„Ökumene zum Anfassen“
16 Uhr	Johanniskirche	Konzert mit Jalda Rebling
17 Uhr	Johanniskirche	Jüdisch-christliche Gedenkstunde
17 Uhr	K. Warnemünde	Michaelisspielschar Leipzig
17 Uhr	Hl.-Geist-Kirche	Podiumsgespräch „Was unsere Sache ist“
17 Uhr	Kastanienplatz	Serenadenkonzert mit Posaunenchören
19 Uhr	Platz der Jugend	„Aktion Brückenschlag“
19.30 Uhr	Christuskirche	Ökumenische „Liturgische Nacht“
19.30 Uhr	Michaeliskirche	Dichterlesung mit Werner Heiduczek
19.30 Uhr	Theater	„Mutter und die Neutronenbombe“ (Jewtuschenko)
20 Uhr	Andreaskirche	Konzert mit Jalda Rebling
22 Uhr	Marienkirche	Chor- und Bläserkonzert mit „Falbygdens Kantorei“
22 Uhr	Petrikirche	„Band-Konzert für junge Leute“
22 Uhr	Universitätskirche	Orgelkonzert
22 Uhr	Hl.-Geist-Kirche	Kantate „Bruder Jona“
22 Uhr	K. Warnemünde	Musiktheateraufführung „Elia – Römer 2“
22 Uhr	Stadtmission	Michaelisspielschar Leipzig
22 Uhr	Johanniskirche	Konzert mit „Circus Lila“
22 Uhr	Metropol-Kino	Film „Einer trage des anderen Last“

Sonntag, 19. Juni 1988

Uhrzeit	*Ort*	*Veranstaltung*
7 Uhr	Michaeliskirche	Abendmahlsgottesdienst
7.30 Uhr	Universitätskirche	Mette
9 Uhr	Johanniskirche	Bibelarbeit mit Dorothee Sölle
9 Uhr	Michaeliskirche	Bibelarbeit mit Roland Springborn
9 Uhr	K. Warnemünde	Bibelarbeit mit Harvey Cox
9 Uhr	Marienkirche	„Musik und Singen in der Kirche“
9.30 Uhr	Platz der Jugend	Jugendveranstaltung
9.30 Uhr	Hl.-Geist-Kirche	Bibelarbeit mit Ingo Baldermann
9.30 Uhr	Andreaskirche	„Ökumene zum Anfassen“
10 Uhr	Universitätskirche	Evangelisation „Gott in Aktion“ mit Altbischof Werner Krusche
10 Uhr	Stadtmission	Gottesdienst für Gehörlose
10 Uhr	Kastanienplatz	„Kinder und Erwachsene feiern den Kirchentag“
10.30 Uhr	K. Warnemünde	Vortrag von Günter Krusche
11 Uhr	Petrikirche	Vortrag von Christoph Magirius
11 Uhr	Michaeliskirche	Konzert mit Jalda Rebling
11 Uhr	Hl.-Geist-Kirche	Forum „Kirche in der DDR – 10 Jahre 6. März 1978“
13 Uhr	Kastanienplatz	Vorprogramm zum Abschlussgottesdienst
14 Uhr	Kastanienplatz	Abschlussgottesdienst
16.30 Uhr	Marienkirche	Oratorium „Die Schöpfung“ von Joseph Haydn mit der St.-Johannis-Kantorei Neubrandenburg

V. Quellen- und Literaturverzeichnis

1. Archivalien

Bundesarchiv Berlin (BArch)
Bestand DO-4, Staatssekretär für Kirchenfragen: Nr. 408, 409, 590, 665, 773, 970, 980, 1246, 1391, 1420, 1427, 1428, 1429, 1473, 1474 und 4699
Bestand DR 113, Direktion für das Bühnenrepertoire: Nr. 49

Bundesarchiv Berlin – Stiftung Archiv der Parteien und Massenorganisationen der DDR (SAPMO-BArch)
Bestand DY 30 Politbüro des ZK der SED: Nr. 5175, 9049, 44235, 44237 und 59870
Bestand DY 30/IV B 2/14, Arbeitsgruppe Kirchenfragen im ZK der SED: Nr. 49, 52, 97, 131, 132, 133 und 630
Bestand DY/30/J IV 2/2, Politbüro des ZK der SED, Protokolle: Nr. 1843
Bestand DY/30/J IV 2/3, Sekretariat des ZK der SED, Reinschriftenprotokolle: Nr. 3427

Der Bundesbeauftragte für die Unterlagen des Staatssicherheitsdienstes der ehemaligen Deutschen Demokratischen Republik (BStU)
BStU, MfS, BdL (Büro der Leitung) Nr. 874
BStU, MfS, BV Rostock, 384/81 Teil II, TA 4784 – Ines Fleckstein (IM „Gisela")
BStU, MfS, BV Rostock, 384/81, TA 8341 Bd. 5 und 6 – Ines Fleckstein (IM „Gisela")
BStU, MfS, BV Rostock, Abt. VI, ZMA 673
BStU, MfS, BV Rostock, Abt. XX, Nr. 507, Bd. 1
BStU, MfS, BV Rostock, Abt. XX, Nr. 545
BStU, MfS, BV Rostock, Abt. XX, Nr. 849
BStU, MfS, BV Rostock, AIM 136/91, Teil I, Bd. 1 – Heinz-Peter Scholz (IM „Bäcker")
BStU, MfS, BV Rostock, AIM 381/91, Teil I – Christoph Ehricht (IM-Kandidat „Erich")
BStU, MfS, BV Rostock, AIM 944/86, Teil I – Dietrich Affeld (IM „Dietrich")
BStU, MfS, BV Rostock, AIM 1741/91, Teil I – Dietmar Prophet (IM „Michael")
BStU, MfS, BV Rostock, AIM 2538/91, Beifüg. Bd. 1 – Horst Schargitz (IM „Manfred")
BStU, MfS, BV Rostock, AIM 3275/90, Teil II – Wolfgang Schnur (IM „Torsten")
BStU, MfS, BV Rostock, AIM 4164/90, Teil III – Ines Fleckstein (IM „Gisela")
BStU, MfS, BV Rostock, AIM 4171/90, Teil I und Teil II – Siegfried Bohl (IM „Titus")
BStU, MfS, BV Rostock, AIM 1480/90, TA 8136 – Steffen Radicke (IM „Moses")
BStU, MfS, BV Rostock, AKG Nr. 98
BStU, MfS, BV Rostock, AKG Nr. 188
BStU, MfS, BV Rostock, AKG Nr. 282
BStU, MfS, BV Rostock, AKG Nr. 557
BStU, MfS, BV Rostock, AOP 639/80 – OV „Partnerschaft" (Wolfgang Bernschein)
BStU, MfS, BV Rostock, AOP 2540/88 Bd. 1 – OV „Larve" (Joachim Gauck)
BStU, MfS, BV Rostock, AS 194/78,
BStU, MfS, BV Rostock, AS 217/81
BStU, MfS, BV Rostock, AS 361/83
BStU, MfS, BV Rostock, KD Rostock, Nr. 281
BStU, MfS, BV Schwerin, AKG 12 a
BStU, MfS, HA I: Nr. 15649
BStU, MfS, HA XX: Nr. 6992

Evangelisches Zentralarchiv Berlin (EZA)
Bestand 2, Kirchenkanzlei der Evangelischen Kirche in Deutschland: Nr. 1081
Bestand 71, Deutscher Evangelischer Kirchentag: Nr. 130, 221, 361, 362 und 1253
Bestand 95, Evangelischer Kirchentag in der DDR: Nr. 138, 165, 184, 186, 193, 216, 217, 218, 259, 267 und 287
Bestand 101, Sekretariat des Bundes der Evangelischen Kirchen in der DDR: Nr. 104 und 3327
Bestand 614, Nachlass Lothar Kreyssig: Nr. 9

Landesarchiv Greifswald (LAG)
Bestand IV/D/4/02, Kreisleitung der SED Greifswald: Nr. 50
Bestand IV/D/4.09, Kreisleitung der SED Stralsund: Nr. 166
Bestand IV/D/2.13, Bezirksleitung der SED Rostock, Abt. Kirchenfragen: Nr. 57, 612, 612/1 und 613
Bestand IV/E/2.14, Bezirksleitung der SED Rostock, Abt. Kirchenfragen: Nr. 598, 599, 600, 602, 606, 609, 614, 615, 616, 619 und 621
Bestand IV/E/4/07, Kreisleitung der SED Rostock: Nr. 203
Bestand Rep. 200 II 7.3, Rat des Bezirks Rostock, Abt. Kirchenfragen: Nr. 16/1, 30, 31, 46, 47, 48, 50, 52, 53, 69, 70, 71, 81, 87, 89, 99 und 113

Landeskirchliches Archiv Greifswald (LKAG)
Bestand 3, Tagung der 7. Landessynode vom 6. bis 8.11.1981, Berichte und Vorlagen
Bestand 5 Konsistorium 30108, Landeskirchentage: Bd. I und Bd. II
Bestand Bericht zur Landessynode und Berichte der Superintendenten, 13.-16.11.1975
Bestand Bericht des Konsistoriums für die 3. Tagung der 6. Landessynode 5.-7.11.1976
Bestand 4. Tagung der 6. Landessynode vom 4.-6.11.1977
Bestand 6. Tag der 6. Landessynode vom 3.-5.11.1978
Bestand Kirchentag: Nr. 2, 37, 38, 39, 40, 42, 50, 53.1, 59 und 70
Bestand Planung, Protokolle und Programm Kirchentag 1985
Bestand Verhandlungen der Landeskirchenleitung: Bd. XXIX
Bestand Verhandlungen der Landeskirchenleitung 1981, 10612: Bd. XXXI

Landeskirchliches Archiv Schwerin (LKAS)
Bestand Landesausschuss Kirchentag: Nr. 1, 2, 3, 4, 5, 6, 7 und 8
Bestand Landesbischöfe Rathke und Stier: Nr. 66 und 67
Bestand LSI Doberan Generalia: Nr. 756
Bestand OKR Generalia: Nr. 753 und 754

Privatarchiv Heiko Lietz
BStU, MfS, BV Rostock, AKG Nr. 1128
BStU, MfS, BV Rostock, AS Nr. 416/88, Bd. 1 und 2

2. Veröffentlichte Quellen

„Als Christ leben in der sozialistischen Gesellschaft der DDR“ – Arbeitspapier der Landessynode der ELLKM (1987), abgedruckt in: Studienhefte zur mecklenburgischen Kirchengeschichte, Heft 1/1988, S. 14-23.

„Auf der Suche nach Leben“ – Vortrag von Raimund Hoenen beim Stralsunder Kirchentag 1978, abgedruckt in: epd-Dokumentation Nr. 30/78 vom 3.7.1978, S. 54-57.

„Auf der Suche nach Leben“ – Vortrag von Hansjürgen Schulz beim Stralsunder Kirchentag 1978, abgedruckt in: epd-Dokumentation Nr. 30/78 vom 3.7.1978, S. 58f.

„Bericht über die Kirchentagsarbeit in der DDR, gegeben am 13.3.1971 vor der Konferenz der Evangelischen Kirchenleitungen in der DDR“, abgedruckt in: Schröder: Werden und Wachsen des Evangelischen Kirchentages in der DDR, S. 130-133.

„Bericht vor der Konferenz der Kirchenleitungen am 13.1.79 über die Kirchentage 1978“, abgedruckt in: Schröder: Werden und Wachsen des Evangelischen Kirchentages in der DDR, S. 133-139.

„Bericht über die Kirchentagsarbeit in der DDR, gegeben am 28. Oktober 1983 vor der Konferenz der Kirchenleitungen in der DDR“, abgedruckt in: Schröder: Werden und Wachsen des Evangelischen Kirchentages in der DDR, S. 104-109.

„Beschluß der Bundessynode zum mündlichen Bericht der KKL. Halle, 28. September 1982“, abgedruckt in: Silomon: „Schwerter zu Pflugscharen“ und die DDR, S. 319.

Beschluss des ZK der SED vom 16. Mai 1979: „Vorbereitung und Durchführung der Martin-Luther-Ehrung der DDR 1983 aus Anlaß seines 500. Geburtstages am 10. November 1983“, abgedruckt in: Hartweg (Hg.): SED und Kirche: Bd. 2, S. 409f.

„Brücken bauen in Europa – meine Erwartungen an die Kirche“ - Vortrag von Helmut Schmidt beim Rostocker Kirchentag 1988, abgedruckt in: Studienhefte zur mecklenburgischen Kirchengeschichte, Heft 5/1988, S. 24-31.

„Brücken für den Alltag – Christen als Partner in Beruf und Gesellschaft“ – Vortrag von Gerhard Winter beim Rostocker Kirchentag 1988, abgedruckt in: epd-Dokumentation Nr. 39a/88 vom 26.9.1988, S. 18-21.

„Brücken verbinden“ – Predigt von Siegfried Plath beim Eröffnungsgottesdienst des Rostocker Kirchentags 1988, abgedruckt in: Studienhefte zur mecklenburgischen Kirchengeschichte, Heft 5/1988, S. 20-24.

BStU, MfS, BV Gera, AU 724/83, GA Bd. 3, Blatt 90-96: Urteil in der Strafsache gegen Roland Jahn, 20.1.1983, S. 1-7, abgedruckt in: Aktion „Gegenschlag“. Die Zerschlagung der Jenaer Opposition 1983, hrsg. vom Bundesbeauftragten für die Unterlagen des Staatssicherheitsdienstes der ehemaligen DDR, 2013, S. 29-31 und S. 33-36.

BStU, MfS, HA IX, 9698, Blatt 59-62: „Bericht über die Realisierung der Entlassung aus der Staatsbürgerschaft der DDR/Übersiedlung des Konterrevolutionärs JAHN, Roland aus Jena in die BRD“, 9.6.1983, S. 1-4, abgedruckt in: Aktion „Gegenschlag“, S. 69-72.

„Nachschrift der während der ‚Meditation für die Jugend' beim Kirchentag 1985 vorgetragenen Gebete“, abgedruckt in: Saß, Rahel von: Der „Greifswalder Weg“. Die DDR-Kirchenpolitik und die Evangelische Landeskirche Greifswald 1980 bis 1989. hg. vom Landesbeauftragten für Mecklenburg-Vorpommern für die Unterlagen des Staatssicherheitsdienstes der ehemaligen DDR. Schwerin: 1998, S. 318-320.

„Predigt von Joachim Gauck beim Abschlussgottesdienst des Kirchentages in Rostock am 19.6.1988“, abgedruckt in: epd-Dokumentation Nr. 39a/88 vom 26.9.1988, S. 16f.
„Richtlinie Nr. 1/76 zur Entwicklung und Bearbeitung Operativer Vorgänge (OV) (GVS MfS 008-100/76)“, abgedruckt in: Gill/Schröter: Das Ministerium für Staatssicherheit, S. 346-403.
„Verpflichtendes Vermächtnis. Ökumenisches Bugenhagen-Gedenken in Greifswald aus Anlaß der Reformation im Herzogtum Pommern vor 450 Jahren und des 500. Geburtstages des Reformators D. Johannes Bugenhagen, Pomeranus. Dokumentation des Festtags am 24. Juni 1985 in Greifswald und Hinweise auf weitere Veranstaltungen zum Bugenhagen-Gedenken“, hrsg. im Auftrag des Johannes-Bugenhagen-Komitees der Evangelischen Landeskirche Greifswald, 1985.

3. Zeitungen

Berliner Morgenpost: Jg. 88 (1985)
Berliner Zeitung: Jg. 34 (1978), 39 (1983), 41 (1985) und 44 (1988)
Bremer Kirchenzeitung: Jg. 1988
Der Demokrat: Jg. 33 (1978), 36 (1981), 38 (1983), 40 (1985) und 43 (1988)
Der Tagesspiegel: Jg. 1988
Deutsches Allgemeines Sonntagsblatt: Jg. 1985
Die Kirche (Greifswalder Ausgabe): Jg. 32 (1977) bis 43 (1988)
Die Welt: Jg. 1983, 1985 und 1988
Die Zeit: Jg. 1983 und 1988
Frankfurter Allgemeine Zeitung: Jg. 1978, 1983 und 1985
Frankfurter Rundschau: Jg. 34 (1978), 39 (1983), 41 (1985) und 44 (1988)
Kieler Nachrichten: Jg. 1985
Kölnische Rundschau: Jg. 40 (1985)
Mecklenburgische Kirchenzeitung: Jg. 33 (1978) bis 43 (1988)
Mecklenburgische und Pommersche Kirchenzeitung: Jg. 71 (2016) und 73 (2018)
Neues Deutschland: Jg. 33 (1978), 36 (1981), 38 (1983), 40 (1985) und 43 (1988)
Neue Zeit: Jg. 34 (1978), 37 (1981), 39 (1983), 41 (1985) und 44 (1988)
Ostsee-Zeitung: Jg. 27 (1978), 32 (1983), 34 (1985) und 37 (1988)
Rhein-Neckar-Zeitung: Jg. 1985
Schweriner Volkszeitung: Jg. 43 (1988)
Süddeutsche Zeitung: Jg. 34 (1978) und 41 (1985)
Westfälische Rundschau: Jg. 1983 und 1985

4. Gespräche mit Zeitzeugen

Gespräch mit Wolfgang Bernschein am 24. Februar 2014.
Gespräch mit Joachim Gauck am 4. Dezember 2019.
Gespräch mit Winrich Jax am 29. Mai 2013.

5. Literatur

Albrecht-Birkner, Veronika: Freiheit in Grenzen. Protestantismus in der DDR. Leipzig: Evangelische Verlagsanstalt, 2018.

Ammer, Thomas/Memmler, Hans-Joachim (Hg.): Staatssicherheit in Rostock. Zielgruppen, Methoden, Auflösung. Köln: Wissenschaft und Politik, 1991.

Auga, Ulrike: „Stiefschwestern" – Zum Verhältnis feministisch-theologischer Ansätze aus Ost- und Westdeutschland. In: dies. et al. (Hg.): Das Geschlecht der Wissenschaften. Zur Geschichte von Akademikerinnen im 19. und 20. Jahrhundert. Frankfurt am Main: Campus, 2010, S. 303-326.

Beier, Peter: Missionarische Gemeinde in sozialistischer Umwelt. Die Kirchentagskongreßarbeit in Sachsen im Kontext der SED-Kirchenpolitik (1968-1975). Göttingen: Vandenhoeck & Ruprecht, 1999.

Besier, Gerhard: Der SED-Staat und die Kirche 1969-1990: die Vision vom „dritten Weg". Berlin/Frankfurt a. M.: Propyläen, 1995.

Ders.: Der SED-Staat und die Kirche 1983-1991. Höhenflug und Absturz. Berlin/Frankfurt a. M.: Propyläen, 1995.

Ders./Wolf, Stephan (Hg.): Pfarrer, Christen, Katholiken. Das Ministerium für Staatssicherheit der ehemaligen DDR und die Kirchen. Neukirchen-Vluyn: Neukirchener Verlag des Erziehungsvereins, 1991.

Bormuth, Daniel: Die Deutschen Evangelischen Kirchentage in der Weimarer Republik. Stuttgart: Kohlhammer, 2007.

Boyens, Armin: Das Staatssekretariat für Kirchenfragen. In: Vollnhals, Clemens (Hg.): Die Kirchenpolitik von SED und Staatssicherheit. Eine Zwischenbilanz. Berlin: Links, ²1997, S. 120-138.

Breuer, Ingo: Theatralität und Gedächtnis. Deutschsprachiges Geschichtsdrama seit Brecht. Köln: Böhlau, 2004.

Brinks, Jan Herman: Die DDR-Geschichtswissenschaft auf dem Weg zur deutschen Einheit. Luther, Friedrich II und Bismarck als Paradigmen politischen Wandels. Frankfurt am Main: Campus, 1992.

Brown, Stephen: Von der Unzufriedenheit zum Widerspruch. Der Konziliare Prozess für Gerechtigkeit, Frieden und Bewahrung der Schöpfung als Wegbereiter der friedlichen Revolution in der DDR. Frankfurt am Main: Lembeck, 2010.

Buck, Hannsjörg F.: Umweltpolitik und Umweltbelastung. Das Ausmaß der Umweltbelastung und Umweltzerstörung beim Untergang der DDR 1989/90. In: Kuhrt, Eberhard (Hg.): Am Ende des realen Sozialismus. Bd. 2. Die wirtschaftliche und ökologische Situation der DDR in den 80er Jahren. Opladen: Leske und Budrich, 1996, S. 223-257.

Ders.: Umwelt- und Bodenbelastungen durch eine ökologisch nicht abgesicherte industriemäßig organisierte Tier- und Pflanzenproduktion. In: Kuhrt, Eberhard (Hg.): Am Ende des realen Sozialismus. Bd. 4. Die Endzeit der DDR-Wirtschaft. Analysen zur Wirtschafts-, Sozial- und Umweltpolitik. Opladen: Leske und Budrich, 1999, S. 425-455.

Buske, Norbert: Pommersche Kirchengeschichte in Daten. Schwerin: Helms, 2001.

Ders.: Johannes Bugenhagen. Sein Leben, seine Zeit, seine Wirkungen. Schwerin: Helms, 2010.

Cordes, Martin: Fromm – und politisch wider Willen? Die Deutschen Evangelischen Wochen 1935-1937 und 1949 als Vorläufer des Deutschen Evangelischen Kirchentages. In: Ueberschär, Ellen (Hg.): Deutscher Evangelischer Kirchentag. Wurzeln und Anfänge. Gütersloh: Gütersloher Verlagshaus, 2017, S. 59-82.
Dähn, Horst/Heise, Joachim (Hg.): Luther und die DDR. Der Reformator und das DDR-Fernsehen 1983. Berlin: edition ost, 1996.
Ebert, Martin/Grundner, Thomas: Klöster in Mecklenburg-Vorpommern. Rostock: Hinstorff, 2009.
Ehring, Klaus/Dallwitz, Martin: Schwerter zu Pflugscharen. Friedensbewegung in der DDR. Reinbek bei Hamburg: Rowohlt, 1982.
Ellger-Rüttgardt, Sieglind: Geschichte der Sonderpädagogik – eine Einführung. München: Reinhardt, 2008.
Engelmann, Roger: Zum Quellenwert der Unterlagen des Ministeriums für Staatssicherheit. In: Henke, Klaus-Dieter/Engelmann, Roger (Hg.): Aktenlage. Die Bedeutung der Unterlagen des Staatssicherheitsdienstes für die Zeitgeschichtsforschung. Berlin: Links, 1995, S. 23-39.
Ders.: Der Weg zum Stasi-Unterlagen-Gesetz. In: Suckut, Siegfried/Weber, Jürgen (Hg.): Stasi-Akten zwischen Politik und Zeitgeschichte. Eine Zwischenbilanz. München: Olzog, 2003, S. 81-100.
Eschwege, Helmut: Die Geschichte der Juden im Gebiet der ehemaligen DDR. Band 1 bis 3. Dresden: Selbstverlag, 1991.
Findeis, Hagen/Pollack, Detlef (Hg.): Selbstbewahrung oder Selbstverlust. Bischöfe und Repräsentanten der evangelischen Kirchen in der DDR über ihr Leben – 17 Interviews. Berlin: Links, 1999.
Fischer, Helmut: Gemeinsames Abendmahl? Zum Abendmahlsverständnis der großen Konfessionen. Zürich: Theologischer Verlag, 2009.
Ders.: Einheit der Kirche? Zum Kirchenverständnis der großen Konfessionen. Zürich: Theologischer Verlag, 2010.
Flügel, Wolfgang: Konkurrenz um Luther. Die Kirchen in der DDR und die SED. In: Scheunemann, Jan (Hg.): Reformation und Bauernkrieg. Erinnerungskultur und Geschichtspolitik im geteilten Deutschland. Leipzig: Evangelische Verlagsanstalt, 2010, S. 149-162.
Frank, Rahel: „Realer, exakter, präziser"? Die DDR-Kirchenpolitik gegenüber der Evangelisch-Lutherischen Landeskirche Mecklenburgs von 1971 bis 1989. Hg. vom Landesbeauftragten für Mecklenburg-Vorpommern für die Unterlagen des Staatssicherheitsdienstes der ehemaligen Deutschen Demokratischen Republik, 2. überarbeitete Auflage. Schwerin, 2008.
Dies.: Einsam oder gemeinsam? Der „Greifswalder Weg" und die DDR-Kirchenpolitik 1980 bis 1989. Hg. von der Landesbeauftragten für Mecklenburg-Vorpommern für die Unterlagen des Staatssicherheitsdienstes der ehemaligen Deutschen Demokratischen Republik, 2. überarbeitete und erweiterte Auflage. Schwerin, 2016.
Franke, Heiko/Kießig, Manfred: Wo der Glaube wohnt. Das Wesen und die Sendung der Kirche. Leipzig: Evangelische Verlagsanstalt, 2013.
Gauck, Joachim: Rückblick auf die Anfänge der Behörde des Bundesbeauftragten. In: Suckut, Siegfried/Weber, Jürgen (Hg.): Stasi-Akten zwischen Politik und Zeitgeschichte. Eine Zwischenbilanz. München: Olzog, 2003, S. 17-26.
Ders.: Winter im Sommer – Frühling im Herbst. Erinnerungen. München: Siedler, 2009.

Gienke, Horst: Dome, Dörfer, Dornenwege. Lebensbericht eines Altbischofs. Rostock: Hinstorff, 1996.

Gieseke, Jens: Zeitgeschichtsschreibung und Stasi-Forschung. In: Suckut, Siegfried/ Weber, Jürgen (Hg.): Stasi-Akten zwischen Politik und Zeitgeschichte. Eine Zwischenbilanz. München: Olzog, 2003, S. 218-239.

Gill, David/Schröter, Ulrich: Das Ministerium für Staatssicherheit. Anatomie des Mielke-Imperiums. Berlin: Rowohlt, 1991.

Gill, David: Von den Bürgerkomitees zur Gauck-Behörde. In: Suckut, Siegfried/Weber, Jürgen (Hg.): Stasi-Akten zwischen Politik und Zeitgeschichte. Eine Zwischenbilanz. München: Olzog, 2003, S. 67-80.

Goeckel, Robert F.: Die evangelische Kirche und die DDR: Konflikte, Gespräche, Vereinbarungen unter Ulbricht und Honecker. Leipzig: Evangelische Verlagsanstalt, 1995.

Ders.: Thesen zu Kontinuität und Wandel in der Kirchenpolitik der SED. In: Vollnhals, Clemens (Hg.): Die Kirchenpolitik von SED und Staatssicherheit. Eine Zwischenbilanz. Berlin: Links, ^{2}1997, S. 29-58.

Ders.: Die offizielle Religionspolitik und die evangelischen Kirchen in der DDR. In: Lepp, Claudia/Nowak, Kurt (Hg.): Evangelische Kirche im geteilten Deutschland (1945-1989/90). Göttingen: Vandenhoeck & Ruprecht, 2001, S. 161-177.

Gorys, Erhard: Lexikon der Heiligen. München: dtv, 2005.

Greschat, Martin: Kirchliche Zeitgeschichte. Versuch einer Orientierung. Leipzig: Evangelische Verlagsanstalt, 2005.

Grethlein, Christian: Kirchentheorie. Kommunikation des Evangeliums im Kontext. Berlin/ Boston: De Gruyter, 2018.

Große, Ludwig: Einspruch! Das Verhältnis von Kirche und Staatssicherheit im Spiegel gegensätzlicher Überlieferungen. Leipzig: Evangelische Verlagsanstalt, ^{2}2010.

Gummelt, Eckhard: Kleines „ABC“ der Landeskirche. Ein Handbuch für Kirchenälteste, Mitarbeiter und Gemeindeglieder. Hg. im Auftrag des Konsistoriums der Pommerschen Evangelischen Kirche. Greifswald, 1993.

Halbrock, Christian: „Freiheit heißt, die Angst verlieren“. Verweigerung, Widerstand und Opposition in der DDR: der Ostseebezirk Rostock. Göttingen: Vandenhoeck & Ruprecht, 2014.

Handy, Georg: Zur Geschichte der Juden in Mecklenburg. In: Studienhefte zur mecklenburgischen Kirchengeschichte, Heft 6/1988, S. 2-18.

Hanisch, Anja: Die DDR im KSZE-Prozess 1972-1985. Zwischen Ostabhängigkeit, Westabgrenzung und Ausreisebewegung. München: Oldenbourg, 2012.

Hartweg, Frédéric (Hg.): SED und Kirche: eine Dokumentation ihrer Beziehungen. Bd. 2: 1968-1989. Neukirchen-Vluyn: Neukirchener Verlag, 1995.

Hasche, Christa/Schölling, Traute/Fiebach, Joachim: Theater in der DDR. Chronik und Positionen. Berlin: Henschel, 1994.

Hauschild, Wolf-Dieter: Ertrag und Perspektive des Bugenhagenjubiläums 1985. In: De Kennung (Zeitschrift für plattdeutsche Gemeindearbeit), Jg. 9, Nr. 1/1986, S. 5-21.

Ders.: Lehrbuch der Kirchen- und Dogmengeschichte. Band 2. Reformation und Neuzeit. Gütersloh: Chr. Kaiser/Gütersloher Verlagshaus, ^{3}1999.

Hecht, Jochen: Die Stasi-Unterlagen als Quelle zur DDR-Geschichte. In: Suckut, Siegfried/Weber, Jürgen (Hg.): Stasi-Akten zwischen Politik und Zeitgeschichte. Eine Zwischenbilanz. München: Olzog, 2003, S. 198-217.

Henschel, Martin: Kirchliches Leben und religiöses Brauchtum in Rostock. Einige Beispiele von Anfechtung und Behauptung in der Zeit von 1945 bis 1989. In: Landtag Mecklenburg-Vorpommern (Hg.): Aufarbeitung und Versöhnung. Zur Arbeit der Enquete-Kommission „Leben in der DDR, Leben nach 1989 – Aufarbeitung und Versöhnung". Bd. VI. Schwerin: Stiller & Balewski, 1997, S. 233-250.

Herbst, Andreas et al.: So funktionierte die DDR - Band 1: Lexikon der Organisationen und Institutionen. Hamburg: Rowohlt, 1994.

Herbstritt, Georg: Die Rolle der evangelischen Kirche in Mecklenburg in der Wende unter Einbeziehung der Vorgeschichte. In: Landtag Mecklenburg-Vorpommern (Hg.): Aufarbeitung und Versöhnung. Zur Arbeit der Enquete-Kommission „Leben in der DDR, Leben nach 1989 – Aufarbeitung und Versöhnung". Bd. IX. Schwerin: Stiller & Balewski, 1997, S. 229-273.

Heydemann, Günther et al.: Revolution und Transformation in der DDR 1989/90. Berlin: Duncker & Humblot, 1999.

Hildebrandt, Annette/Lothar Tautz: Protestanten in Zeiten des Kalten Krieges. Der Wittenberger Kirchentag zum Lutherjubiläum 1983 im Fokus der Staatssicherheit. Halle/Saale: Mitteldeutscher Verlag, 2017.

Hildermeier, Manfred: Geschichte der Sowjetunion 1917-1991. Entstehung und Niedergang des ersten sozialistischen Staates. München: Beck, 1998.

Hoffmann, Dierk/Schwartz, Michael/Wentker, Hermann: Die DDR als Chance. Desiderate und Perspektiven künftiger Forschung. In: Mählert, Ulrich (Hg.): Die DDR als Chance. Neue Perspektiven auf ein altes Thema. Berlin: Metropol, 2016, S. 23-70.

Huff, Tobias: Natur und Industrie im Sozialismus: eine Umweltgeschichte der DDR. Göttingen: Vandenhoeck & Ruprecht, 2015.

Illichmann, Jutta: Die DDR und die Juden. Die deutschlandpolitische Instrumentalisierung von Juden und Judentum durch die Partei- und Staatsführung der SBZ/DDR von 1945 bis 1990. Frankfurt am Main [u. a.]: Lang, 1997.

Jordan, Carlo/Kloth, Hans Michael (Hg.): Arche Nova. Opposition in der DDR: das „Grün-ökologische Netzwerk Arche" 1988-90. Berlin: BasisDruck, 1995.

Jordan, Stefan: Theorien und Methoden der Geschichtswissenschaft. Paderborn: Schöningh, 2009.

Kaelble, Hartmut/Kocka, Jürgen (Hg.): Sozialgeschichte der DDR. Stuttgart: Klett-Cotta, 1994.

Kaiser, Jochen-Christoph: Moritz August von Bethmann Hollweg (1795-1877). Grandseigneur – Gelehrter – Christ. In: Häusler, Michael/Kampmann, Jürgen (Hg.): Protestantismus in Preußen. Lebensbilder aus seiner Geschichte. Bd. 3: Von der Mitte des 19. Jahrhunderts bis zum Ersten Weltkrieg. Frankfurt am Main: Ed. Chrismon, 2013, S. 23-50.

Ders.: Verbandsprotestantismus und Kirchentagsbewegung bis 1945. In: Ueberschär, Ellen (Hg.): Deutscher Evangelischer Kirchentag. Wurzeln und Anfänge. Gütersloh: Gütersloher Verlagshaus, 2017, S. 83-103.

Kaminsky, Anna: Frauen in der DDR. Berlin: Links, 2016.

Kaufmann, Thomas: Reformationsgedenken in der Frühen Neuzeit. Bemerkungen zum 16. bis 18. Jahrhundert. In: Zeitschrift für Theologie und Kirche (2010), S. 285-324.

Kenawi, Samirah: Zwischenzeiten. Frauengruppen in der DDR zwischen östlicher Bürger- und westlicher Frauenbewegung. In: Gehrke, Bernd/Rüddenklau, Wolfgang (Hg.): „... das war doch nicht unsere Alternative": DDR-Oppositionelle zehn Jahre nach der Wende. Münster: Westfälisches Dampfboot, 1999, S. 154-167.

Kleiminger, Matthias: Zur Geschichte der Kirchentagsbewegung in Mecklenburg. (o. J., als Manuskript vervielfältigt).

Klein, Thomas: „Frieden und Gerechtigkeit!“ Die Politisierung der Unabhängigen Friedensbewegung in Ost-Berlin während der 80er Jahre. Köln: Böhlau, 2007.

Klohr, Olof: Atheismus und Religion in der DDR. In: Heydemann, Günther/ Kettenacker, Lothar (Hg.): Kirchen in der Diktatur: Drittes Reich und SED-Staat. Göttingen: Vandenhoeck & Ruprecht, 1993, S. 282-293.

Kloth, Hans Michael: Vom „Zettelfalten“ zum freien Wählen. Die Demokratisierung der DDR 1989/90 und die „Wahlfrage“. Berlin: Links, 2000.

Koch-Hallas, Christine: Die Evangelisch-Lutherische Kirche in Thüringen in der SBZ und Frühzeit der DDR (1945-1961). Eine Untersuchung über Kontinuitäten und Diskontinuitäten einer landeskirchlichen Identität. Leipzig: Evangelische Verlagsanstalt, 2009.

Kocka, Jürgen: Grenzüberschreitung als Chance. Überlegungen zur Zukunft der DDR-Forschung. In: Mählert, Ulrich (Hg.): Die DDR als Chance. Neue Perspektiven auf ein altes Thema. Berlin: Metropol, 2016, S. 131-137.

Kostjuk, Konstantin: Russland – Kirchen als Faktoren des revolutionären Umbruchs 1988 bis 1991. In: Veen, Hans-Joachim et al. (Hg.): Kirche und Revolution. Das Christentum in Ostmitteleuropa vor und nach 1989. Köln [u. a.]: Böhlau, 2009, S. 117-122.

Kowalczuk, Ilko-Sascha: Die 101 wichtigsten Fragen: DDR. München: Beck, 2009.

Ders.: Endspiel: die Revolution von 1989 in der DDR. Bonn: Bundeszentrale für Politische Bildung, 2009.

Ders./Polzin, Arno (Hg.): Fasse Dich kurz! Der grenzüberschreitende Telefonverkehr der Opposition in den 1980er Jahren und das Ministerium für Staatssicherheit. Göttingen: Vandenhoeck & Ruprecht, 2014.

Kreis, Georg: Das Europäische Haus. In: Boer, Pim den (Hg.): Europäische Erinnerungsorte. Bd. 2. München: Oldenbourg, 2012, S. 577-584.

Krone, Tina/Schult, Reinhard (Hg.): „Seid untertan der Obrigkeit“. Originaldokumente der Stasi-Kirchenabteilung XX/4. Berlin: Neues Forum/Havemann-Gesellschaft, 1992.

Kuhlmann, Helga: Protestantismus, Frauenbewegung und Frauenordination. In: Hermle, Siegfried et al. (Hg.): Umbrüche. Der deutsche Protestantismus und die sozialen Bewegungen in den 1960er und 70er Jahren. Göttingen: Vandenhoeck & Ruprecht, ²2012, S. 147-162.

Kuhn, Thomas K.: Erinnerung, Identität und Repräsentation. Reformationsfeiern in Baden bis zum Ende des Großherzogtums. In: Schweizerische Zeitschrift für Religions- und Kulturgeschichte 100 (2006), S. 125-153.

Kuhrt, Eberhard/Buck, Hannsjörg/Holzweißig, Gunter (Hg.): Am Ende des realen Sozialismus. Bd. 1: Die SED-Herrschaft und ihr Zusammenbruch. Opladen: Leske + Budrich, 1996.

Kullmann, Claudio: Vorbild und Weggefährte: Der Deutsche Katholikentag und seine Bedeutung für die Gründung des Deutschen Evangelischen Kirchentages. In: Ueberschär, Ellen (Hg.): Deutscher Evangelischer Kirchentag. Wurzeln und Anfänge. Gütersloh: Gütersloher Verlagshaus, 2017, S. 104-131.

Kunter, Katharina: Die Kirchen im KSZE-Prozess 1968-1978. Stuttgart [u. a.]: Kohlhammer, 2000.

Dies.: Die Kirchen – Europa – die Ökumene. In: Lepp, Claudia/Nowak, Kurt (Hg.): Evangelische Kirche im geteilten Deutschland (1945-1989/90). Göttingen: Vandenhoeck & Ruprecht, 2001, S. 255-276.

Dies.: Erfüllte Hoffnungen und zerbrochene Träume. Evangelische Kirchen in Deutschland im Spannungsfeld von Demokratie und Sozialismus (1980-1993). Göttingen: Vandenhoeck & Ruprecht, 2006.

Dies.: Hoffnung auf die erneuerte Laienkirche nach dem Krieg. Ökumenische Wurzeln des frühen Kirchentages. In: Ueberschär, Ellen (Hg.): Deutscher Evangelischer Kirchentag. Wurzeln und Anfänge. Gütersloh: Gütersloher Verlagshaus, 2017, S. 132-146.

Langer, Kai: Vorgeschichte und Geschichte der „Wende" in den drei Nordbezirken der DDR. In: Landtag Mecklenburg-Vorpommern (Hg.): Aufarbeitung und Versöhnung. Zur Arbeit der Enquete-Kommission „Leben in der DDR, Leben nach 1989 – Aufarbeitung und Versöhnung". Bd. IX. Schwerin: Stiller & Balewski, 1997, S. 9-196.

Ders: „Ihr sollt wissen, daß der Norden nicht schläft ...". Zur Geschichte der „Wende" in den drei Nordbezirken der DDR. (Quellen und Studien aus den Landesarchiven Mecklenburg-Vorpommerns. Bd. 3.) Bremen [u. a.]: Ed. Temmen, 1999.

Leder, Hans-Günter: Zum gegenwärtigen Stand der Bugenhagenforschung. In: De Kennung, Jg. 8, Nr. 1/2 1985, S. 21-45.

Lehmann, Hartmut: Luthergedächtnis 1817 bis 2017. Göttingen: Vandenhoeck & Ruprecht, 2012.

Lent, Irmgard: Der Weg des Kirchentages in der DDR durch drei Jahrzehnte. In: Schröder, Otto/Peter, Hans-Detlef (Hg.): Vertrauen wagen. Evangelischer Kirchentag in der DDR. Berlin: Verbum, 1993, S. 157-197.

Leonhardt, Rochus: Grundinformation Dogmatik. Göttingen: Vandenhoeck & Ruprecht, 2008.

Lepp, Claudia: Entwicklungsetappen der Evangelischen Kirche. In: Dies./Nowak, Kurt (Hg.): Evangelische Kirche im geteilten Deutschland (1945-1989/90). Göttingen: Vandenhoeck & Ruprecht, 2001, S. 46-93.

Dies.: Reformationsjubiläum 1967 im geteilten Deutschland. Politische Abgrenzung und konfessionelle Annäherung. In: APuZ 5-7/2017, S. 41-46.

Leudesdorff, René: Das Uhrwerk des Kirchentages. In: Runge, Rüdiger/Krause, Christian (Hg.): Zeitansage. 40 Jahre Deutscher Evangelischer Kirchentag. Stuttgart: Kreuz, 1989, S. 189-210.

Lietz, Heiko: Die Entwicklung der Opposition im Norden. In: Landtag Mecklenburg-Vorpommern (Hg.): Aufarbeitung und Versöhnung. Zur Arbeit der Enquete-Kommission „Leben in der DDR, Leben nach 1989 – Aufarbeitung und Versöhnung", Bd. IX, Schwerin: Stiller & Balewski, 1997, S. 197-228.

Lorentzen, Tim: Johannes Bugenhagen als Reformator der öffentlichen Fürsorge. Tübingen: Mohr Siebeck, 2008.

Mählert, Ulrich: Totgesagte leben länger. Oder: Konjunkturen der DDR-Forschung vor und nach 1989. Eine Einführung. In: Ders. (Hg.): Die DDR als Chance. Neue Perspektiven auf ein altes Thema. Berlin: Metropol, 2016, S. 9-21.

Mäkinen, Aulikki: Der Mann der Einheit: Bischof Friedrich-Wilhelm Krummacher als kirchliche Persönlichkeit in der DDR in den Jahren 1955-1969. Frankfurt am Main: Peter Lang, 2002.

Markschies, Christoph: Arbeitsbuch Kirchengeschichte. Tübingen: Mohr, 1995.

Maser, Peter: Die Kirchen in der DDR. Bonn: Bundeszentrale für politische Bildung, 2000.
Ders.: „Mit Luther alles in Butter?“ Das Lutherjahr 1983 im Spiegel ausgewählter Akten. Berlin: Metropol, 2013.
Mau, Rudolf: Der Protestantismus im Osten Deutschlands (1945-1990). Leipzig: Evangelische Verlagsanstalt, 2005.
Meckel, Markus/Gutzeit, Martin: Opposition in der DDR. Zehn Jahre kirchliche Friedensarbeit – kommentierte Quellentexte. Köln: Bund-Verlag, 1994.
Möbius, Sascha: Überlegungen zur Theorie der „frühbürgerlichen Revolution“. In: Scheunemann, Jan (Hg.): Reformation und Bauernkrieg. Erinnerungskultur und Geschichtspolitik im geteilten Deutschland. Leipzig: Evangelische Verlagsanstalt, 2010, S. 49-62.
Müller-Enbergs, Helmut et al. (Hg.): Wer war wer in der DDR? Ein Lexikon ostdeutscher Biographien. Berlin: Links, 2010.
Neubert, Ehrhart: Geschichte der Opposition in der DDR 1949-1989. Bonn: Bundeszentrale für politische Bildung, ^{2}2000.
Nixdorf, Wolfgang: Kirchliche Pressearbeit unter den Bedingungen der DDR – die Wochenzeitungen „Die Kirche“ (Greifswalder Ausgabe) und „Mecklenburgische Kirchenzeitung“ 1976-1989. In: Zeitgeschichte regional 1/2003, S. 36-48.
Obertreis, Julia: Oral History – Geschichte und Konzeptionen. In: Dies. (Hg.): Oral History. Stuttgart: Franz Steiner, 2012, S. 7-28.
Oelke, Harry: Reformationsjubiläen gestern und heute. Geschichtspolitische Einflussnahmen und die reformatorische Säkularfeier 2017. In: Pastoraltheologie (2016), S. 24-43.
Ohlemacher, Jörg/Blühm, Reimund: Repressionen gegen die christliche Jugend im Bildungs- und Erziehungsbereich. In: Landtag Mecklenburg-Vorpommern (Hg.): Aufarbeitung und Versöhnung. Zur Arbeit der Enquete-Kommission „Leben in der DDR, Leben nach 1989 – Aufarbeitung und Versöhnung“. Bd. VII. Schwerin: Stiller & Balewski, 1997, S. 104-232.
Ostmeyer, Irena: Zwischen Schuld und Sühne. Evangelische Kirche und Juden in SBZ und DDR 1945-1990. Berlin: Inst. Kirche und Judentum, 2002.
Ostow, Robin: Jüdisches Leben in der DDR. Frankfurt am Main: Jüd. Verl. bei Athenäum, 1988.
Ostwald, Werner (Hg.): Die DDR im Spiegel ihrer Bezirke. Berlin: Dietz, 1989.
Palm, Dirk: „Wir sind doch Brüder!“ Der evangelische Kirchentag und die deutsche Frage 1949-1961. Göttingen: Vandenhoeck & Ruprecht, 2002.
Pesch, Otto Hermann: Katholische Dogmatik aus ökumenischer Erfahrung. Bd. 2. Die Geschichte Gottes mit den Menschen. Ekklesiologie, Sakramentenlehre, Eschatologie. Ostfildern: Grünewald, 2010.
Pickel, Gert/Jaeckel, Yvonne/Yendell, Alexander: Der Deutsche Evangelische Kirchentag – Religiöses Bekenntnis, politische Veranstaltung oder einfach nur ein Event? Eine empirische Studie zum Kirchentagsbesuch in Dresden und Hamburg. Baden-Baden: Nomos, 2015.
Pingel-Schliemann, Sandra: Lebenswege...: im Schatten des Staatssicherheitsdienstes. Hg. vom Landesbeauftragten für Mecklenburg-Vorpommern für die Unterlagen des Staatssicherheitsdienstes der ehemaligen Deutschen Demokratischen Republik. Schwerin: 2008.

Pollack, Detlef: Sozialethisch engagierte Gruppen in der DDR. Eine religionssoziologische Untersuchung. In: Ders. (Hg.): Die Legitimität der Freiheit: politisch alternative Gruppen in der DDR unter dem Dach der Kirche. Frankfurt am Main: Lang, 1990.

Ders.: Kirche in der Organisationsgesellschaft. Zum Wandel der gesellschaftlichen Lage der evangelischen Kirchen in der DDR. Stuttgart [u. a.]: Kohlhammer, 1994.

Ders./Richter, Hedwig: Protestantische Theologie und Politik in der DDR. In: Historische Zeitschrift 294 (2012) Heft 3, S- 687-719.

Potthoff, Heinrich: Im Schatten der Mauer. Deutschlandpolitik 1961 bis 1990. Berlin: Propyläen, 1999.

Probst, Lothar: Die Rolle von kirchlichen Basisgruppen und Netzwerken vor und in der Wende in Mecklenburg-Vorpommern. In: Landtag Mecklenburg-Vorpommern (Hg.): Aufarbeitung und Versöhnung. Zur Arbeit der Enquete-Kommission „Leben in der DDR, Leben nach 1989 – Aufarbeitung und Versöhnung". Bd. IX. Schwerin: Stiller & Balewski, 1997, S. 275-314.

Rathke, Heinrich: „Wohin sollen wir gehen?" Der Weg der Evangelischen Kirche in Mecklenburg im 20. Jahrhundert. Erinnerungen eines Pastors und Bischofs und die Kämpfe mit dem Staat. Kiel: Lutherische Verlagsgesellschaft, 2014.

Reichelt, Silvio: Der Erlebnisraum Lutherstadt Wittenberg. Genese, Entwicklung und Bestand eines protestantischen Erinnerungsortes. Göttingen: Vandenhoeck & Ruprecht, 2013.

Reißig, Rolf: Dialog durch die Mauer. Die umstrittene Annäherung von SPD und SED. Frankfurt/Main: Campus, 2002.

Rieger, Reinhold: Martin Luthers theologische Grundbegriffe. Von „Abendmahl" bis „Zweifel". Tübingen: Mohr Siebeck, 2017.

Rittberger-Klas, Karoline: Kirchenpartnerschaften im geteilten Deutschland am Beispiel der Landeskirchen Württemberg und Thüringen. Göttingen: Vandenhoeck & Ruprecht, 2006.

Röckemann, Antje: Arbeitskreis Feministische Theologie in der DDR. In: Matthiae, Gisela et al. (Hg.): Feministische Theologie. Initiativen, Kirchen, Universitäten – eine Erfolgsgeschichte. Gütersloh: Gütersloher Verlagshaus, 2008, S. 47-50.

Roy, Martin: Luther in der DDR. Zum Wandel des Lutherbildes in der DDR-Geschichtsschreibung. Bochum: Winkler, 2000.

Runge, Rüdiger/Krause, Christian (Hg.): Zeitansage. 40 Jahre Deutscher Evangelischer Kirchentag. Stuttgart: Kreuz, 1989.

Runge, Rüdiger/Käßmann, Margot (Hg.): Kirche in Bewegung. 50 Jahre Deutscher Evangelischer Kirchentag. Gütersloh: Gütersloher Verlagshaus, 1999.

Runge, Rüdiger/Ueberschär, Ellen (Hg.): Fest des Glaubens – Forum der Welt. 60 Jahre Deutscher Evangelischer Kirchentag. Gütersloh: Gütersloher Verlagshaus, [2]2010.

Sailer-Pfister, Sonja: Theologie der Arbeit vor neuen Herausforderungen. Sozialethische Untersuchungen im Anschluss an Marie-Dominique Chenu und Dorothee Sölle. Berlin: LIT, 2006.

Scheunemann, Jan (Hg.): Reformation und Bauernkrieg. Erinnerungskultur und Geschichtspolitik im geteilten Deutschland. Leipzig: Evangelische Verlagsanstalt, 2010.

Schieber, Elke: Anfang vom Ende oder Kontinuität des Argwohns 1980 bis 1989. In: Schenk, Ralf (Red.): Das zweite Leben der Filmstadt Babelsberg. DEFA-Spielfilme 1946-1992. Berlin: Henschel, 1994, S. 264-327.

Schilling, Walter: Die „Bearbeitung“ der Landeskirche Thüringen durch das MfS. In: Vollnhals, Clemens (Hg.): Die Kirchenpolitik von SED und Staatssicherheit. Eine Zwischenbilanz. Berlin: Links, ^{2}1997, S. 211-266.

Schittly, Dagmar: Zwischen Regime und Regie: Die Filmpolitik der SED im Spiegel der DEFA-Produktionen. Berlin: Links, 2002.

Schmid, Harald: Antifaschismus und Judenverfolgung. Die „Reichskristallnacht“ als politischer Gedenktag in der DDR. Göttingen: V&R unipress, 2004.

Schmidt, Manfred G.: Sozialpolitik der DDR. Wiesbaden: VS, 2004.

Schmidt, Siegmar et al. (Hg.): Handbuch zur deutschen Außenpolitik. Wiesbaden: VS, 2007.

Schmitt, Rüdiger: Die Friedensbewegung in der Bundesrepublik Deutschland. Ursachen und Bedingungen der Mobilisierung einer neuen sozialen Bewegung. Opladen: Westdeutscher Verlag, 1990.

Schönherr, Annemarie: Kirchentage in der DDR: Gottes Wege führen weiter. In: Runge, Rüdiger/Käßmann, Margot (Hg.): Kirche in Bewegung. 50 Jahre Deutscher Evangelischer Kirchentag. Gütersloh: Gütersloher Verlagshaus, 1999, S. 67-92.

Schroeder, Klaus: Der SED-Staat. Partei, Staat und Gesellschaft 1949-1990. München [u. a.]: Hanser, 1998.

Schröder, Otto/Peter, Hans-Detlef (Hg.): Vertrauen wagen. Kirchentage in der DDR im Lutherjahr 1983. Herausgegeben im Auftrage des Präsidiums des Evangelischen Kirchentages in der DDR. 1983.

Schröder, Otto: Werden und Wachsen des Evangelischen Kirchentages in der DDR. In: Ders./Peter, Hans-Detlef (Hg.): Vertrauen wagen. Evangelischer Kirchentag in der DDR. Berlin: verbum, 1993, S. 11-156.

Ders.: Auf schmalem Grat. Aus dem Leben eines Pastors in der DDR. Berlin: verbum, 1994.

Schröter, Ulrich: Die „Bearbeitung“ der Landeskirche Berlin-Brandenburg durch das MfS. In: Vollnhals, Clemens (Hg.): Die Kirchenpolitik von SED und Staatssicherheit. Eine Zwischenbilanz. Berlin: Links, ^{2}1997, S. 191-210.

Schroeter, Harald: Kirchentag als vor-läufige Kirche: der Kirchentag als eine besondere Gestalt des Christseins zwischen Kirche und Welt. Stuttgart [u. a.]: Kohlhammer, 1993.

Schroeter-Wittke, Harald: Der Deutsche Evangelische Kirchentag in den 1960er und 70er Jahren – eine soziale Bewegung? In: Hermle, Siegfried et al. (Hg.): Umbrüche. Der deutsche Protestantismus und die sozialen Bewegungen in den 1960er und 70er Jahren. Göttingen: Vandenhoeck & Ruprecht, ^{2}2012, S. 213-225.

Schultze, Harald: Die Geschichte der evangelischen Kirchen in der DDR – Beobachtungen zur neuesten Entwicklung der Forschung. In: Lepp, Claudia/Nowak, Kurt (Hg.): Evangelische Kirche im geteilten Deutschland (1945-1989/90). Göttingen: Vandenhoeck & Ruprecht, 2001, S. 277-294.

Shkarovskij, Michail: Die Russisch-Orthodoxe Kirche und antireligiöse Staatspolitik in der Sowjetunion (1943-1988). In: Lehmann, Hartmut/Schjørring, Jens Holger (Hg.): Im Räderwerk des „real existierende Sozialismus“: Kirchen in Ostmittel- und Osteuropa von Stalin bis Gorbatschow. Göttingen: Wallstein, 2003, S. 14-30.

Silomon, Anke: Synode und SED-Staat. Die Synode des Bundes der Evangelischen Kirchen in der DDR in Görlitz vom 18. bis 22. September 1987. Göttingen: Vandenhoeck & Ruprecht, 1997.

Dies.: „Schwerter zu Pflugscharen“ und die DDR. Die Friedensarbeit der evangelischen Kirchen in der DDR im Rahmen der Friedensdekaden 1980 bis 1982. Göttingen: Vandenhoeck & Ruprecht, 1999.

Dies.: Verantwortung für den Frieden. In: Lepp, Claudia/Nowak, Kurt (Hg.): Evangelische Kirche im geteilten Deutschland (1945-1989/90). Göttingen: Vandenhoeck & Ruprecht, 2001, S. 135-160.

Dies.: Anspruch und Wirklichkeit der „besonderen Gemeinschaft". Der Ost-West-Dialog der deutschen evangelischen Kirchen 1969-1991. Göttingen: Vandenhoeck & Ruprecht, 2006.

Sölle, Dorothee: Lieben und arbeiten. Eine Theologie der Schöpfung. München: Piper, 2001.

Sommer, Gert/Stellmacher, Jost: Menschenrechte und Menschenrechtsbildung. Eine psychologische Bestandsaufnahme. Wiesbaden: VS, 2009.

Stier, Christoph: „Um der Kirche willen". Regelüberprüfung und kirchenleitendes Handeln in der Evangelisch-Lutherischen Landeskirche Mecklenburgs. In: Vollnhals, Clemens (Hg.): Die Kirchenpolitik von SED und Staatssicherheit. Eine Zwischenbilanz. Berlin: Links, [2]1997, S. 415-433.

Stokłosa, Katarzyna: Polen und die deutsche Ostpolitik 1945-1990. Göttingen: Vandenhoeck & Ruprecht, 2011.

Suckut, Siegfried (Hg.): Das Wörterbuch der Staatssicherheit. Definitionen zur „politisch-operativen Arbeit". Berlin: Links, [3]2001.

Thadden, Rudolf von: Der Initiator: Reinold von Thadden-Trieglaff. In: Ueberschär, Ellen (Hg.): Deutscher Evangelischer Kirchentag. Wurzeln und Anfänge. Gütersloh: Gütersloher Verlagshaus, 2017, S. 51-58.

Templin, Wolfgang/Weißhuhn, Reinhard: Initiative Frieden und Menschenrechte. In: Müller-Enbergs, Helmut et al. (Hg.): Von der Illegalität ins Parlament. Werdegang und Konzepte der neuen Bürgerbewegungen. Berlin: Links, 1992, S. 148-165.

Timmer, Karsten: Vom Aufbruch zum Umbruch. Die Bürgerbewegung in der DDR 1989. Göttingen: Vandenhoeck & Ruprecht, 2000.

Vogel, Viola: Abgestorben? Religionsrecht der DDR und der Volksrepublik Polen. Tübingen: Mohr Siebeck, 2015.

Vollnhals, Clemens: Zugleich Helfer der Opfer und Helfer der Täter? Gegenwärtige und historische Sperren für die evangelische Kirche bei der Aufarbeitung ihrer DDR-Vergangenheit. In: Ders. (Hg.): Die Kirchenpolitik von SED und Staatssicherheit. Eine Zwischenbilanz. Berlin: Links, [2]1997, S. 434-446.

Walther, Joachim: Sicherungsbereich Literatur: Schriftsteller und Staatssicherheit in der DDR. Berlin: Links, 1996.

Weber, Hermann: Geschichte der DDR. Erfstadt: area, 1999.

Weiss, Johannes: Geöffnete Schranken, neue Grenzen. In: Runge, Rüdiger/Käßmann, Margot (Hg.): Kirche in Bewegung. 50 Jahre Deutscher Evangelischer Kirchentag. Gütersloh: Gütersloher Verlagshaus, 1999, S. 183-186

Wentker, Hermann: Die kirchenpolitische Abteilung der Ost-CDU: Organisation, Wirkungsweise und personelle Besetzung. In: Vollnhals, Clemens (Hg.): Die Kirchenpolitik von SED und Staatssicherheit. Eine Zwischenbilanz. Berlin: Links, [2]1997, S. 159-189.

Wielgohs, Jan/Müller-Enbergs, Helmut: Die Bürgerbewegung „Demokratie Jetzt". In: Müller-Enbergs, Helmut et al. (Hg.): Von der Illegalität ins Parlament. Werdegang und Konzepte der neuen Bürgerbewegungen. Berlin: Links, 1992, S. 105-147.

Wolle, Stefan: Die Aktenüberlieferung der SED als historische Quelle. In: Henke, Klaus-Dieter/Engelmann, Roger (Hg.): Aktenlage. Die Bedeutung der Unterlagen des Staatssicherheitsdienstes für die Zeitgeschichtsforschung. Berlin: Links, 1995, S. 211-219.

Ders.: Die heile Welt der Diktatur. Alltag und Herrschaft in der DDR 1971-1989. Berlin: Links, 1998.
Wunnicke, Christoph: Die Mobilen Friedensseminare von 1981 bis 1989 in Mecklenburg. In: Zeitgeschichte regional 1/2001, S. 30-39.
Ders.: „Auf der Suche nach Leben". Das MfS, die Westmedien, die CDU und auch ein wenig Friedensbewegung. Der Kirchentag in Stralsund vom 16. bis 18. Juni 1978. In: Zeitgeschichte regional 1/2004, S. 72-76.
Ders.: Der Bezirk Neubrandenburg im Jahr 1989. Hg. von der Landesbeauftragten für Mecklenburg-Vorpommern für die Unterlagen des Staatssicherheitsdienstes der ehemaligen Deutschen Demokratischen Republik. Schwerin, 2010.
Ders.: Die Blockparteien der DDR. Kontinuitäten und Transformation 1945-1990. Hg. vom Berliner Landesbeauftragten für die Unterlagen des Staatssicherheitsdienstes der ehemaligen DDR. Berlin, 2014.
Zimmering, Raina: Mythen in der Politik der DDR. Ein Beitrag zur Erforschung politischer Mythen. Opladen: Leske + Budrich, 2000.

6. Bildnachweise

Abb. 1 und Abb. 7 bis 21: Privatarchiv Dorothea Puttkammer/Dorothea Puttkammer.
Abb. 2 bis 6: Archiv der Mecklenburgischen & Pommerschen Kirchenzeitung/Dorothea Puttkammer.
Abb. 22 bis 25: epd-bild/Bernd Bohm.
Abb. 26: Archiv der Mecklenburgischen & Pommerschen Kirchenzeitung/Rainer Cordes.

VI. Fotos von den Kirchentagen 1978 bis 1988

Abb. 1: Das „Ökumenische Forum" in der Marienkirche in Stralsund 1978.

Abb. 2: Uraufführung des Stückes „Otto von Bamberg" beim „Startabend" des Stralsunder Kirchentags 1978.

Abb. 3: Bischof Gienke neben der Freilichtbühne in Stralsund am 18. Juni 1978.

Abb. 4: Abschlussversammlung des Stralsunder Kirchentags 1978.

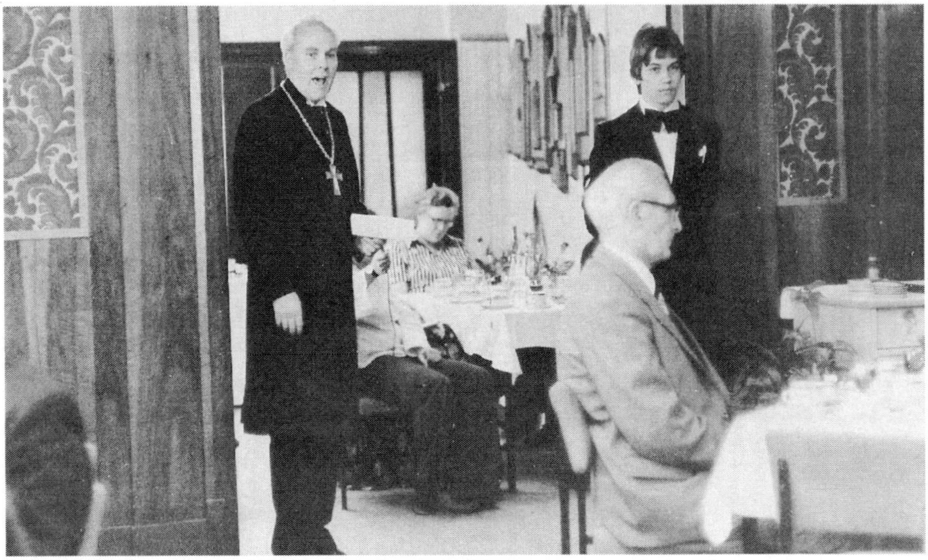

Abb. 5: Horst Gienke während seiner Ansprache beim Empfang der Kirchenleitung und des Greifswalder Landesausschusses am 17. Juni 1978 im „Schweriner Hof".

Abb. 6: Ein Kirchentagsbesucher bedankt sich bei einem Volkspolizisten für die Regelung des Verkehrs während des Stralsunder Treffens 1978[2].

2 Vgl. dazu „Ganz ohne Empfänge geht es nicht" In: Mecklenburgische Kirchenzeitung, Jg. 33, Nr. 27 vom 2.7.1978, S. 2.

Abb. 7: Der Abschlussgottesdienst des Stralsunder Kirchentags 1981 an der Freilichtbühne.

Abb. 8: Beim Abendmahl während des Abschlussgottesdienstes in Stralsund 1981 kamen 75 Kelche aus allen Kirchenkreisen der ELKG zum Einsatz.

Abb. 9: Jugendliche vor der Petrikirche beim Rostocker Kirchentag 1983.

Abb. 10: Einer von vielen „Vertrauenswagen" beim mobilen „Kirchenmarkt" in Rostock 1983.

Abb. 11: Die Sport- und Kongresshalle während des Rostocker Kirchentags 1983.

Abb. 12: Der Abschlussgottesdienst auf dem Parkplatz „Fischerbastion“ beim Kirchentag 1983 in Rostock.

Abb. 13: Abendmahl beim Abschlussgottesdienst 1983 in Rostock.

Abb. 14: Bischof Rathke während seiner Predigt beim Abschlussgottesdienst 1983.

Abb. 15: Pastor Johannes Görlich (l.) interviewt Johannes Bugenhagen (Propst Hans-Georg Haberecht) in einer Spielszene beim „Startabend" des Greifswalder Kirchentags 1985.

Abb. 16: Jörg Zink bei seiner Bibelarbeit im Forum A des Kirchentags 1985 im Greifswalder Kreiskulturhaus.

Abb. 17: Podiumsdiskussion beim Forum C in Greifswald 1985 mit Reinhard Glöckner, Wolfgang Huber, Fred Mahlburg, Jörg Zink und Manfred Stolpe (v. l. n. r.).

Abb. 18: Der „Treffpunkt Ökumene“ in der Greifswalder Jakobikirche 1985.

Abb. 19: Die Bühne für die Abschlussversammlung stand 1985 auf dem Greifswalder Marktplatz, dem „Platz der Freundschaft".

Abb. 20: Horst Gienke (2. v. l.), Ingrid Plath (3. v. l.) und Siegfried Bohl (4. v. l.) bei der Abschlussversammlung 1985.

Abb. 21: Die Abschlussversammlung auf dem Greifswalder Marktplatz 1985.

Abb. 22: Die Veranstaltung „Kinder und Erwachsene feiern den Kirchentag“ auf dem Kastanienplatz in Rostock 1988.

Abb. 23: Begeisterter Empfang für Helmut Schmidt in der Marienkirche am 18. Juni 1988.

Abb. 24: Dorothee Sölle bei ihrer Bibelarbeit in der Rostocker Johanniskirche 1988.

Abb. 25: Das Podiumsgespräch „Wirklichkeit und Traum zwischen Marxisten und Christen" in der Rostocker Andreaskirche mit Jens Langer, Günter Hoffmann, Fred Mahlburg, Helmut Fritzsche und Olof Klohr (v. r. n. l.) am 18. Juni 1988.

Abb. 26: Eberhard Beyer (1. v. l.), Bischof Stier (3. v. l.), Joachim Gauck (4. v. r.) und Siegfried Bohl (1. v. r.) beim Abschlussgottesdienst des Rostocker Kirchentags 1988.

VII. Personenregister

I

J

K

L

M

N

O

P

R

S

T

U

V

W

Z

Religion – Kultur – Gesellschaft

Studien zur Kultur- und Sozialgeschichte des Christentums in Neuzeit und Moderne
hrsg. von Prof. Dr. Thomas K. Kuhn (Universität Greifswald) und Prof. Dr. Bernhard Schneider (Theologische Fakultät Trier)

Ute Niethammer
Evangelischer Adel und Moderne
Ein Beitrag zur Geschichte des Johanniterordens (1852 – 1919)
Das achtspitzige weiße Kreuz auf rotem Grund hat bis heute als Symbol für den (katholischen) Malteser- und den (evangelischen) Johanniterorden einen hohen Wiedererkennungswert. Die neuere Geschichte des evangelischen Ordens ist Gegenstand des vorliegenden Buchs: Von seiner Restituierung durch den preußischen König Friedrich Wilhelm IV. im Jahr 1852 bis zum Untergang des deutschen Reiches 1918.
Das spezielle Interesse Friedrich Wilhelms IV. an einem Wiederaufleben der Ordenstraditionen erschließt sich im Zusammenhang der politischen Herausforderungen seiner Zeit. Zunächst positionierte sich der Orden durch Krankenhausgründungen in großer Nähe zur Inneren Mission. Doch erst die Organisation der Freiwilligen Kriegskrankenpflege in den Reichseinigungskriegen brachte die Ritter ihrem Ziel näher, mittels der Ordensarbeit das Image des Adels zu erneuern und zu stabilisieren. Bis zum Ende des Kaiserreichs bewegte sich der Johanniter-Orden in seiner weiteren Profilierung zwischen Bewahrung von Traditionen und Anpassung an die Herausforderungen der Moderne.
Bd. 6, 2018, 458 S., 49,90 €, br., ISBN 978-3-643-13892-7

Thomas K. Kuhn; Veronika Albrecht-Birkner (Hg.)
Zwischen Aufklärung und Moderne
Erweckungsbewegungen als historiographische Herausforderung
Die christlichen Erweckungsbewegungen des 19. Jahrhunderts stellen ein vielgestaltiges und international agierendes historisches Phänomen der neueren Religionsgeschichte dar. In den letzten Jahrzehnten fanden sie zwar in der internationalen, nicht aber in der deutschsprachigen Historiographie die ihnen gebührende wissenschaftliche Beachtung. Die sechzehn internationalen Beiträge des vorliegenden Bandes widmen sich diesen unterschiedlichen religiösen Formationen multiperspektivisch und bieten nicht nur neue Ergebnisse, sondern markieren zudem zentrale Perspektiven und Probleme ihrer Erforschung.
Bd. 5, 2017, 382 S., 49,90 €, br., ISBN 978-3-643-13156-0

Nina Kogler
GeschlechterGeschichte der Katholischen Aktion im Austrofaschismus
Diskurse – Strukturen – Relationen
Bd. 4, 2014, 512 S., 39,90 €, br., ISBN 978-3-643-50545-3

Christian Schröder
Armenfürsorge und katholische Identität
Südbaden und die Saarregion im historischen Vergleich (1803 – 1870)
Bd. 3, 2014, 368 S., 39,90 €, br., ISBN 978-3-643-12020-5

Michaela Collinet Hg.)
Caritas – Barmherzigkeit – Diakonie
Studien zu Begriffen und Konzepten des Helfens in der Geschichte des Christentums vom Neuen Testament bis ins späte 20. Jahrhundert
Bd. 2, 2014, 192 S., 19,90 €, br., ISBN 978-3-643-12004-5

Michaela Maurer; Bernhard Schneider (Hg.)
Konfessionen in den west- und mitteleuropäischen Sozialsystemen im langen 19. Jahrhundert
Ein „edler Wettkampf der Barmherzigkeit"?
Bd. 1, 2013, 416 S., 39,90 €, br., ISBN 978-3-643-12003-8

LIT Verlag Berlin – Münster – Wien – Zürich – London
Auslieferung Deutschland / Österreich / Schweiz: siehe Impressumsseite

Entwürfe zur christlichen Gesellschaftswissenschaft
hrsg. von Prof. Dr. Günter Brakelmann, Prof. Dr. Traugott Jähnichen (Bochum), Prof. Dr. Karl-Wilhelm Dahm Prof. Dr. Hans-Richard Reuter (Münster) und Prof. Dr. Arnulf von Scheliha (Münster)

Sungsoo Kim
Menschenrechte sichern durch gerechten Frieden
Zur Grundlegung der Sozialethik bei Wolfgang Huber
Sungsoo Kim rekonstruiert in seiner Dissertationsschrift eindrucksvoll die grundlegende Bedeutung der Ekklesiologie für die Sozialethik Wolfgang Hubers. Dabei wird deutlich, wie bei Huber theologische Theorie und kirchliche Praxis – etwa im Blick auf die Denkschriften der EKD – einen einheitlichen Bezugsrahmen für die christliche Verantwortung für den Schutz der Menschenrechte und die Entwicklung eines gerechten Friedens bilden. Kim zeigt, dass Hubers Friedenskonzept den starren Gegensatz von Gewaltfreiheit und Gewalt in der Friedensethik überwindet mit dem Ziel der Durchsetzung und Sicherung der Menschenrechte.
Bd. 41, 2020, 198 S., 29,90 €, br., ISBN 978-3-643-14654-0

Roland Mierzwa
Gutes Arbeiten, das Zukunft hat
Eine Arbeitsethik
„Wer sich über die gegenwärtige Diskussion in Wissenschaft und Öffentlichkeit über das Thema „Arbeit“ umfassend informieren möchte; wer Interesse daran hat, sich mit dem Thema „Arbeit“ theologisch und ethisch auseinanderzusetzen; wer wissen möchte, wie sich die Arbeitswelt in der Zukunft verändern wird und wer in diesem Diskurs eine klare Position beziehen möchte, der sollte dieses Buch kaufen und mit großem Gewinn lesen“. (OKR a.D. Dr. Wolfgang Leineweber)
Bd. 40, 2020, 126 S., 24,90 €, br., ISBN 978-3-643-14553-6

Clemens Wustmans; Maximilian Schell (Hg.)
Hermeneutik
Fundamentaltheologische Abwägungen – materialethische Konsequenzen
Wie funktioniert *Verstehen*? Die Grundfrage der Hermeneutik als Wissenschaftsdisziplin konfrontiert eine Theologie, die nicht nur innerhalb eigener Mauern relevant sein will, sondern öffentlich zu Herausforderungen einer komplexen Wirklichkeit Stellung bezieht, zwangsläufig mit der Frage, auf welchem Fundament sie steht und wie sie angesichts der Pluralität biblischer Traditionen Kriterien des Verstehens benennen und Orientierung geben kann.
Dreizehn Beiträge widmen sich fundamentaltheologischen sowie konkreten materialethischen Themen und beleuchten deren hermeneutische Dimensionen.
Bd. 39, 2019, 208 S., 34,90 €, br., ISBN 978-3-643-14473-7

Günter Brakelmann
Kirche, Protestantismus und Soziale Frage im 19. und 20. Jahrhundert
Band 2: Beiträge zur Theologie, Anthropologie und Ethik der Arbeit – Zukunft der Arbeit – Gestaltung der „Sozialen Marktwirtschaft“
Der Verfasser hat über 50 Jahre die politische, gesellschafts- und sozialpolitische Entwicklung der Bundesrepublik intensiv miterlebt. Als engagierter politischer Mensch hat er sich als Sozialpfarrer und Professor für evangelische Sozialethik und Zeitgeschichte an der Ruhr-Universität Bochum besonders für die Weiterentwicklung der Arbeitnehmerrechte im Betrieb und im Unternehmen im Rahmen des Modells der Sozialen Marktwirtschaft eingesetzt. Die einzelnen Aufsätze und Reden spiegeln diesen argumentativen Einsatz für den Ausbau unseres Sozialstaates wider.
Bd. 38, 2018, 286 S., 39,90 €, gb., ISBN 978-3-643-14185-9

Günter Brakelmann
Kirche, Protestantismus und Soziale Frage im 19. und 20. Jahrhundert
Band 1: Personen und Positionen in der Geschichte des sozialen Protestantismus – Kirche und Arbeiterbewegung – Ruhrgebietsprotestantismus
Bd. 37, 2018, 412 S., 49,90 €, gb., ISBN 978-3-643-14184-2

LIT Verlag Berlin – Münster – Wien – Zürich – London
Auslieferung Deutschland / Österreich / Schweiz: siehe Impressumsseite